實用說文解字

臧克和 劉本才 編

上海古籍出版社

教育部人文社會科學重大項目：
漢字斷代調查與漢字發展史

目　録

例言 ··· 1

说文解字弟一

一 ······················· 1	气 ······················ 11
丄 ······················· 1	士 ······················ 12
示 ······················· 2	丨 ······················ 12
三 ······················· 5	中 ······················ 12
王 ······················· 5	艸 ······················ 13
玉 ······················· 6	蓐 ······················ 29
玨 ······················ 11	茻 ······················ 29

说文解字弟二

小 ······················ 31	此 ······················ 47
八 ······················ 31	正 ······················ 48
釆 ······················ 32	是 ······················ 48
半 ······················ 32	辵 ······················ 48
牛 ······················ 33	彳 ······················ 53
犛 ······················ 34	廴 ······················ 55
告 ······················ 35	延 ······················ 55
口 ······················ 35	行 ······················ 56
凵 ······················ 42	齒 ······················ 56
吅 ······················ 42	牙 ······················ 58
哭 ······················ 43	足 ······················ 58
走 ······················ 43	疋 ······················ 62
止 ······················ 46	品 ······················ 62
癶 ······················ 47	龠 ······················ 62
步 ······················ 47	冊 ······················ 63

说文解字弟三

㗊 ······················ 64	句 ······················ 65
舌 ······················ 64	丩 ······················ 66
干 ······················ 64	古 ······················ 66
𧮫 ······················ 65	十 ······················ 66
只 ······················ 65	卅 ······················ 67
㕯 ······················ 65	言 ······················ 67

誩	76	史	88
音	76	支	88
䇂	77	聿	88
丵	77	聿	89
菐	78	畫	89
収	78	隶	89
𠬞	79	臤	89
共	79	臣	90
異	79	殳	90
舁	80	殺	91
臼	80	几	91
晨	80	寸	91
爨	81	皮	92
革	81	㒸	92
鬲	83	攴	93
䰜	84	教	96
爪	85	卜	96
丮	85	用	97
鬥	85	爻	97
又	86	㸚	97
ナ	88		

说文解字弟四

夏	98	羴	111
目	98	瞿	111
䀠	102	雔	111
眉	103	雥	111
盾	103	鳥	112
自	103	烏	116
白	103	華	117
鼻	104	冓	117
皕	104	幺	117
習	105	丝	118
羽	105	叀	118
隹	106	玄	118
奞	108	予	119
雈	108	放	119
丫	109	受	119
苜	109	奴	120
羊	109	歺	120

死	122	刃	131
凸	122	韧	132
骨	122	丯	132
肉	123	耒	132
筋	128	角	133
刀	129		

说文解字弟五

竹	135	丹	153
箕	140	青	153
丌	141	井	153
左	141	皀	154
工	142	鬯	154
㠭	142	食	155
巫	142	亼	157
甘	142	會	158
曰	143	倉	158
乃	143	入	158
丂	144	缶	159
可	144	矢	160
兮	144	高	160
号	145	冂	161
亏	145	亯	161
旨	145	亰	161
喜	146	㐭	162
壴	146	㐭	162
鼓	146	畗	162
豈	147	㐭	163
豆	147	嗇	163
豊	148	來	163
豐	148	麥	163
虍	148	夊	164
虗	148	舛	165
虎	149	舜	165
虤	150	韋	165
皿	150	弟	166
凵	151	夂	167
去	152	久	167
血	152	桀	167
丶	153		

说文解字弟六

木……168	華……187
東……183	禾……187
林……183	稽……187
才……184	巢……188
叒……184	桼……188
之……185	束……188
帀……185	橐……189
出……185	囗……189
宋……186	員……190
生……186	貝……190
乇……186	邑……193
巫……187	䢔……200
㯰……187	

说文解字弟七

日……201	秝……216
旦……204	黍……216
倝……205	香……217
㫃……205	米……217
冥……206	毇……219
晶……206	臼……219
月……207	凶……219
有……207	朩……219
朙……208	枾……220
囧……208	麻……220
夕……208	尗……220
多……209	耑……220
毌……209	韭……221
予……210	瓜……221
朿……210	瓠……221
鹵……210	宀……222
齊……211	宫……225
朿……211	呂……225
片……211	穴……226
鼎……212	寢……227
克……212	疒……228
彔……212	冖……232
禾……212	冃……232

冃	232	巿	237
网	233	帛	238
𦉶	233	白	238
襾	234	㡀	238
巾	235	黹	239

说文解字弟八

人	240	尺	261
匕	250	尾	261
匕	250	履	262
从	250	舟	262
比	251	方	263
北	251	儿	263
丘	251	兄	264
㐺	252	先	264
壬	252	兒	264
重	252	兂	264
臥	253	先	265
身	253	禿	265
㐆	253	見	265
衣	253	覞	267
裘	258	欠	267
老	258	㱃	270
毛	259	次	270
毳	260	旡	270
尸	260		

说文解字弟九

頁	271	司	279
百	274	卮	279
面	275	卪	280
丏	275	印	280
首	275	色	281
㬎	275	卯	281
須	276	辟	281
彡	276	勹	281
彣	277	包	282
文	277	茍	282
髟	277	鬼	283
后	279	甶	284

厶	284	勿	294
嵬	284	冉	294
山	284	而	295
屾	287	豕	295
屵	287	㣇	296
广	288	彑	296
厂	290	豚	297
丸	291	豸	297
危	291	舄	298
石	291	易	298
長	294	象	298

说文解字弟十

馬	299	矢	320
廌	303	夭	320
鹿	304	交	321
麤	305	尤	321
㲋	305	壺	321
兔	305	壹	322
萈	306	幸	322
犬	306	奢	322
犾	309	亢	323
鼠	310	本	323
能	310	夰	323
熊	311	亣	324
火	311	夫	324
炎	315	立	324
黑	316	竝	325
囪	317	囟	325
焱	318	思	326
炙	318	心	326
赤	318	龍	365
大	319	惢	336
亦	320		

说文解字弟十一

水	337	巜	355
沝	355	川	356
瀕	355	泉	356
く	355	灥	357

永	357	魚	361
辰	357	鱟	365
谷	357	燕	365
欠	358	飛	366
雨	359	非	366
雲	361	卂	366

說文解字第十二

乙	367	氏	394
不	367	氐	394
至	367	戈	395
西	368	戉	396
鹵	368	我	396
鹽	369	亅	397
戶	369	珡	397
門	369	乚	397
耳	372	亾	398
臣	373	匸	398
手	374	匚	399
巫	383	曲	399
女	384	甾	400
毋	393	瓦	400
民	393	弓	401
丿	393	弜	402
厂	394	弦	403
乁	394	系	403

說文解字弟十三

糸	404	二	424
素	413	土	424
絲	414	垚	430
率	414	堇	430
虫	414	里	431
蚰	420	田	431
蟲	421	畕	432
風	422	黃	432
它	422	男	433
龜	423	力	433
黽	423	劦	435
卵	424		

说文解字弟十四

金	436	丁	458
开	443	戊	458
勺	443	己	459
几	444	巴	459
且	444	庚	459
斤	444	辛	459
斗	445	辡	460
矛	446	壬	460
車	446	癸	460
自	450	子	461
𠂤	450	了	462
䭫	454	孨	462
厽	454	㐬	462
四	455	丑	462
宁	455	寅	463
叕	455	卯	463
亞	455	辰	463
五	455	巳	464
六	456	午	464
七	456	未	464
九	456	申	464
内	456	酉	465
嘼	457	酋	468
甲	457	戌	468
乙	457	亥	468
丙	458		

说文解字弟十五

部首檢字表 ······ 475
筆畫檢字表 ······ 477
音序檢字表 ······ 510

說文解字弟一

十四部　六百七十二文　重八十一

凡萬六百三十九字

文三十一新附

一 部

一 yī　一（甲骨　金文　簡帛　古幣　石刻）惟初太始，道立於一，造分天地，化成萬物。凡一之屬皆从一。 於悉切。弌，古文一。

元 yuán　元（甲骨　金文　簡帛　漢印　石刻）始也。从一从兀。徐鍇曰："元者，善之長也，故从一。" 愚袁切。

天 tiān　兲（甲骨　金文　簡帛　石刻）顛也。至高無上，从一、大。 他前切。

丕 pī　丕（金文　古陶　石刻）大也。从一不聲。 敷悲切。

吏 lì　吏（石刻）治人者也。从一从史，史亦聲。徐鍇曰："吏之治人，心主於一，故从一。" 力置切。

　　　　文五　重一

丄 部

丄 shàng　丄（甲骨　金文　簡帛　古璽　古幣　漢印　石刻）高也。此古文上，指事也。凡丄之屬皆从丄。 時掌切。上，篆文丄。

帝 dì　帝（甲骨　金文　簡帛　古璽　石刻）諦也。王天下之號也。从丄朿聲。 都計切。帝，古文帝。古文諸丄字皆从一，篆文皆从二。二，古文上字。辛示辰龍童音章皆从古文丄。

旁 páng （▦甲骨 ▦金文 ▦簡帛 ▦漢印 ▦石刻）溥也。从二，闕；方聲。步光切。▦，古文旁。▦，亦古文旁。▦，籀文。

丅 xià 丅（▦甲骨 ▦金文 ▦簡帛 ▦古璽 ▦古幣 ▦漢印 ▦石刻）底也。指事。胡雅切。下篆文丅。

文四　重七（當作重六）

示　部

示 shì 示（▦甲骨 ▦金文 ▦古陶 ▦古幣 ▦石刻）天垂象，見吉凶，所以示人也。从二。二，古文上字。三垂，日月星也。觀乎天文，以察時變。示，神事也。凡示之屬皆从示。神至切。▦，古文示。

祜 hù 祜（▦金文）上諱。臣鉉等曰：此漢安帝名也。福也。當从示古聲。候古切。

禮 lǐ 禮（▦金文 ▦漢印 ▦石刻）履也。所以事神致福也。从示从豊，豊亦聲。靈啓切。▦，古文禮。

禧 xī 禧（▦漢印）禮吉也。从示喜聲。許其切。

禛 zhēn 禛（▦石刻）以眞受福也。从示眞聲。側鄰切。

祿 lù 祿（▦▦▦▦▦▦古璽 ▦▦石刻）福也。从示彔聲。盧谷切。

禠 sī 禠 福也。从示虒聲。息移切。

禎 zhēn 禎 祥也。从示貞聲。陟盈切。

祥 xiáng 祥（▦甲骨 ▦漢 ▦石刻）福也。从示羊聲。一云善。似羊切。

祉 zhǐ 祉 福也。从示止聲。敕里切。

福 fú 福（▦▦甲骨 ▦▦▦▦▦▦▦▦▦▦▦▦▦▦▦▦▦▦▦▦金文 ▦簡帛 ▦古璽 ▦▦▦漢印 ▦▦▦▦石刻）祐也。从示畐聲。方六切。

祐 yòu 祐（▦金文 ▦石刻）助也。从示右聲。于救切。

祺 qí 祺（▦漢印 ▦石刻）吉也。从示其聲。渠之切。禥，籀文从基。

祇 zhī 祇（▦石刻）敬也。从示氏聲。旨移切。

禔 zhī 禔 安福也。从示是聲。《易》曰："禔既平。"市支切。

神 shén 神（▦▦金文 ▦▦▦簡帛 ▦▦▦漢印 ▦▦▦▦▦▦▦▦▦▦石刻）天神，引出萬物者也。从示、申。食鄰切。

祇 qí　祇（金文　簡帛　漢印）地祇，提出萬物者也。从示氏聲。　巨支切。

祕 mì　祕（漢印　石刻）神也。从示必聲。　兵媚切。

齋 zhāi　齋（金文　簡帛　漢印）戒，潔也。从示，齊省聲。　側皆切。𥙰，籒文齋从𥚁省。𥚁音禱。

禋 yīn　禋（金文）潔祀也。一曰精意以享爲禋。从示垔聲。　於眞切。𥛪，籒文从宀。

祭 jì　祭（甲骨　金文　簡帛　古陶　漢印　石刻）祭祀也。从示，以手持肉。　子例切。

祀 sì　祀（甲骨　金文　簡帛　石刻）祭無已也。从示巳聲。　詳里切。禩，祀或从異。

祡 chái　祡　燒祡（按：祡當作柴）樊燎以祭天神。从示此聲。《虞書》曰："至于岱宗，祡。"　仕皆切。禷，古文祡从隋省。

禷 lèi　禷　以事類祭天神。从示類聲。　力遂切。

祪 guǐ　祪　祔、祪，祖也。从示危聲。　過委切。

祔 fù　祔（石刻）後死者合食於先祖。从示付聲。　符遇切。

祖 zǔ　祖（甲骨　金文　簡帛　漢印　石刻）始廟也。从示且聲。　則古切。

祊 bēng　祊　門內祭，先祖所以徬徨。从示彭聲。《詩》曰："祝祭于祊。"　補盲切。𥛱，祊或从方。

祰 kǎo　祰　告祭也。从示，从告聲。　苦浩切。

祏 shí　祏（甲骨）宗廟主也。《周禮》有郊宗石室。一曰大夫以石爲主。从示从石，石亦聲。　常隻切。

祕 bǐ　祕　以豚祠司命。从示比聲。漢律曰："祠祕司命。"　卑履切。

祠 cí　祠（金文　簡帛　石刻）春祭曰祠。品物少，多文詞也。从示司聲。仲春之月，祠不用犧牲，用圭璧及皮幣。　似茲切。

礿 yuè　礿（漢印）夏祭也。从示勺聲。　以灼切。

禘 dì　禘　諦祭也。从示帝聲。《周禮》曰："五歲一禘。"　特計切。

祫 xiá　祫　大合祭先祖親疏遠近也。从示、合。《周禮》曰："三歲一祫。"　侯夾切。

祼 guàn　祼　灌祭也。从示果聲。　古玩切。

祽 cuì　祽　數祭也。从示毳聲。讀若春麥爲𪍒之𪍒。臣鉉等曰：春麥爲𪍒，今無此語，且非異文，所未詳也。　此芮切。

祝 zhù　祝（甲骨　金文　玉盟書　簡帛）祭主贊詞者。从示从人口。一曰从兌省。《易》

曰："兌爲口爲巫。"之六切。

禷 liù　禷　祝禷也。从示畱聲。 力救切。

祓 fú　祓　除惡祭也。从示犮聲。敷勿切。

祈 qí　祈　（金文　簡帛　古陶　石刻） 求福也。从示斤聲。 渠稀切。

禱 dǎo　禱　（簡帛　石刻）告事求福也。从示壽聲。 都浩切。禂，禱或省。䙼，籀文禱。

禜 yǒng　禜　設緜蕝爲營，以禳風雨雪霜水旱癘疫於日月星辰山川也。从示，營省聲。一曰禜，衛使災不生。《禮記》曰："雩禜祭水旱。"爲命切。

禳 ráng　禳　磔禳，祀除癘殃也。古者燧人禜子所造。从示襄聲。 汝羊切。

禬 guì　禬　會福祭也。从示从會，會亦聲。《周禮》曰："禬之祝號。" 古外切。

禪 shàn　禪　（石刻）祭天也。从示單聲。 時戰切。

禦 yù　禦　（金文　石刻）祀也。从示御聲。 魚舉切。

祒 huó　祒　祀也。从示昏聲。 古末切。

禖 méi　禖　祭也。从示某聲。 莫桮切。

禑 xǔ　禑　祭具也。从示胥聲。 私呂切。

祳 shèn　祳　社肉，盛以蜃，故謂之祳。天子所以親遺同姓。从示辰聲。《春秋傳》曰："石尚來歸祳。" 時忍切。

祴 gāi　祴　宗廟奏祴樂。从示戒聲。 古哀切。

禡 mà　禡　師行所止，恐有慢其神，下而祀之曰禡。从示馬聲。《周禮》曰："禡於所征之地。" 莫駕切。

禂 dǎo　禂　禱牲馬祭也。从示周聲。《詩》曰："既禡既禂。" 都皓切。䮪，或從馬，壽省聲。

社 shè　社　（金文　簡帛）地主也。从示、土。《春秋傳》曰："共工之子句龍爲社神。"《周禮》："二十五家爲社，各樹其土所宜之木。" 常者切。䄼，古文社。

禓 yáng　禓　道上祭。从示昜聲。 與章切。

祲 jìn　祲　精氣感祥。从示，㑴省聲。《春秋傳》曰："見赤黑之祲。" 子林切。

禍 huò　禍　（金文　簡帛）害也，神不福也。从示咼聲。 胡果切。

祟 suì　祟　神禍也。从示从出。 雖遂切。䃂，籀文祟从襲省。

祆 yāo　祆　地反物爲祆也。从示芺聲。 於喬切。

祘 suàn　祘　明視以筭之。从二示。《逸周書》曰："士分民之祘。均分以祘之也。"讀若筭。 蘇貫切。

禁 jìn 禁（⿱ ⿱ 漢印 ⿱ 石刻）吉凶之忌也。从示林聲。 居蔭切。

禫 dàn 禫 除服祭也。从示覃聲。 徒感切。

　　　　文六十（當作文六十三） 重十三

禰 nǐ 禰 親廟也。从示爾聲。一本云古文禮也。 泥米切。

祧 tiāo 祧 遷廟也。从示兆聲。 他彫切。

祆 xiān 祆 胡神也。从示天聲。 火千切。

祚 zuò 祚（⿱ ⿱ 簡帛）福也。从示乍聲。臣鉉等曰：凡祭必受胙，胙即福也。此字後人所加。 徂故切。

　　　　文四新附

三部

三 sān 三（⿱甲骨 ⿱ 三 金文 ⿱簡帛 川 ⿱ 古幣 ⿱ ⿱ 貳 ⿱ ⿱ 二 石刻）天地人之道也。从三數。凡三之屬皆从三。 穌甘切。弎，古文三从弋。

　　　　文一 重一

王部

王 wáng 王（⿱ ⿱ ⿱ 甲骨 ⿱ ⿱ 王 ⿱ ⿱ ⿱ ⿱ 金文 ⿱簡帛 ⿱ ⿱ 古璽 古陶 ⿱ 古幣 ⿱ ⿱ ⿱ 漢印 ⿱ ⿱ ⿱ 王 ⿱ ⿱ ⿱ ⿱ ⿱ 石刻）天下所歸往也。董仲舒曰："古之造文者，三畫而連其中謂之王。三者，天、地、人也，而參通之者王也。"孔子曰："一貫三爲王。"凡王之屬皆从王。李陽冰曰："中畫近上。王者，則天之義。" 雨方切。𠙻，古文王。

閏 rùn 閏（⿱簡帛 閏 ⿱ 石刻）餘分之月，五歲再閏，告朔之禮，天子居宗廟，閏月居門中。从王在門中。《周禮》曰："閏月，王居門中，終月也。" 如順切。

皇 huáng 皇（⿱ ⿱ ⿱ ⿱ ⿱ ⿱ ⿱ ⿱ ⿱ 金文 ⿱ ⿱ ⿱ 簡帛 ⿱ ⿱ 漢印 ⿱ ⿱ ⿱ ⿱ ⿱ ⿱ ⿱ ⿱ 石刻）大也。从自。自，始也。始皇者，三皇，大君也。自，讀若鼻，今俗以始生子爲鼻子。 胡光切。

　　　　文三 重一

玉 部

玉 yù 王（甲骨 金文 玉盟書 簡帛 古幣 石刻）石之美。有五德：潤澤以溫，仁之方也；䚡理自外，可以知中，義之方也；其聲舒揚，專以遠聞，智之方也；不橈而折，勇之方也；銳廉而不技，絜之方也。象三玉之連。丨，其貫也。凡玉之屬皆从玉。陽冰曰："三畫正均如貫玉也。" 魚欲切。玉，古文玉。

璙 liáo 璙 玉也。从玉尞聲。 洛蕭切。

瓘 guàn 瓘 玉也。从玉雚聲。《春秋傳》曰："瓘斚。" 工玩切。

璥 jǐng 璥 玉也。从玉敬聲。 居領切。

琠 tiǎn 琠 玉也。从玉典聲。 多殄切。

瑈 náo 瑈 玉也。从玉矞聲。讀若柔。 耳由切。

璽 lì 璽 玉也。从玉設聲。讀若鬲。 郎擊切。

璠 fán 璠 璵璠。魯之寶玉。从玉番聲。孔子曰："美哉璵璠。遠而望之，奐若也；近而視之，瑟若也。一則理勝，二則孚勝。" 附袁切。

璵 yú 璵 璵璠也。从玉與聲。 以諸切。

瑾 jǐn 瑾（石刻）瑾瑜，美玉也。从玉堇聲。 居隱切。

瑜 yú 瑜 瑾瑜，美玉也。从玉俞聲。 羊朱切。

玒 hóng 玒 玉也。从玉工聲。 戶工切。

琜 lái 琜 琜瓄，玉也。从玉來聲。 落哀切。

瓊 qióng 瓊（漢印 石刻）赤玉也。从玉夐聲。 渠營切。瓗，瓊或从裔。璚，瓊或从矞。瓗，瓊或从旋省。臣鉉等曰：今與璿同。

珦 xiàng 珦 玉也。从玉向聲。 許亮切。

瓎 là 瓎 玉也。从玉剌聲。 盧達切。

珣 xún 珣 醫無閭珣玗琪，《周書》所謂夷玉也。从玉旬聲。一曰器。讀若宣。 相倫切。

璐 lù 璐 玉也。从玉路聲。 洛故切。

瓚 zàn 瓚（漢印）三玉二石也。从玉贊聲。《禮》："天子用全，純玉也；上公用駹，四玉一石；侯用瓚；伯用埒，玉石半相埒也。" 徂贊切。

瑛 yīng 瑛 玉光也。从玉英聲。 於京切。

璑 wú 璑 三采玉也。从玉無聲。 武扶切。

珛 xiù	珛	朽玉也。从玉有聲。讀若畜牧之畜。 許救切。
璿 xuán	璿（璿石刻）美玉也。从玉睿聲。《春秋傳》曰："璿弁玉纓。" 似沿切。璇，古文璿。𤨲，籒文璿。	
球 qiú	球 玉聲也。从玉求聲。 巨鳩切。璆，球或从翏。	
琳 lín	琳（琳石刻）美玉也。从玉林聲。 力尋切。	
璧 bì	璧（甲骨 金文 簡帛）瑞玉圜也。从玉辟聲。 比激切。	
瑗 yuàn	瑗（簡帛）大孔璧。人君上除陛以相引。从玉爰聲。《爾雅》曰："好倍肉謂之瑗，肉倍好謂之璧。" 王眷切。	
環 huán	環（簡帛 漢印）璧也。肉好若一謂之環。从玉睘聲。 戶關切。	
璜 huáng	璜（金文）半璧也。从玉黃聲。 戶光切。	
琮 cóng	琮 瑞玉。大八寸，似車釭。从玉宗聲。 藏宗切。	
琥 hǔ	琥（簡帛）發兵瑞玉，爲虎文。从玉从虎，虎亦聲。《春秋傳》曰："賜子家雙琥。" 呼古切。	
瓏 lóng	瓏（石刻）禱旱玉。龍文。从玉从龍，龍亦聲。 力鍾切。	
琬 wǎn	琬（石刻）圭有琬者。从玉宛聲。 於阮切。	
璋 zhāng	璋（金文 古璽 古陶 漢印）剡上爲圭，半圭爲璋。从玉章聲。《禮》六幣：圭以馬，璋以皮，璧以帛，琮以錦，琥以繡，璜以黼。 諸良切。	
琰 yǎn	琰 璧上起美色也。从玉炎聲。 以冉切。	
玠 jiè	玠 大圭也。从玉介聲。《周書》曰："稱奉介圭。" 古拜切。	
瑒 chàng	瑒 圭。尺二寸，有瓚，以祠宗廟者也。从玉昜聲。 丑亮切。	
瓛 huán	瓛 桓圭。公所執。从玉獻聲。 胡官切。	
珽 tǐng	珽 大圭。長三尺，抒上，終葵首。从玉廷聲。 他鼎切。	
瑁 mào	瑁 諸侯執圭朝天子，天子執玉以冒之，似犁冠。《周禮》曰："天子執瑁四寸。"从玉、冒，冒亦聲。 莫報切。玥，古文省。	
璬 jiǎo	璬 玉佩。从玉敫聲。 古了切。	
珩 héng	珩 佩上玉也。所以節行止也。从玉行聲。 戶庚切。	
玦 jué	玦 玉佩也。从玉夬聲。 古穴切。	
瑞 ruì	瑞（簡帛 石刻）以玉爲信也。从玉、耑。徐鍇曰："耑，諦也。會意。" 是偽切。	
珥 ěr	珥（簡帛）瑱也。从玉、耳，耳亦聲。 仍吏切。	
瑱 tiàn	瑱 以玉充耳也。从玉眞聲。《詩》曰："玉之瑱兮。"臣鉉等曰：今充耳字更从玉旁充，非是。	

他甸切。𦕓，瑱或从耳。

| 琫 běng | 琫（瑃漢印）佩刀上飾。天子以玉，諸侯以金。从玉奉聲。 邊孔切。
| 珌 bì | 珌 佩刀下飾。天子以玉。从玉必聲。 卑吉切。
| 璏 zhì | 璏 劍鼻玉也。从玉彘聲。 直例切。
| 瑵 zhǎo | 瑵 車蓋玉瑵。从玉蚤聲。 側絞切。
| 瑑 zhuàn | 瑑 圭璧上起兆瑑也。从玉，篆省聲。《周禮》曰："瑑圭璧。" 直戀切。
| 珇 zǔ | 珇 琮玉之瑑。从玉且聲。 則古切。
| 璂 qí | 璂 弁飾，往往冒玉也。从玉綦聲。 渠之切。璂，璂或从基。
| 璪 zǎo | 璪 玉飾。如水藻之文。从玉喿聲。《虞書》曰："璪火粉米。" 子皓切。
| 瑬 liú | 瑬 垂玉也。冕飾。从玉流聲。 力求切。
| 璹 shú | 璹 玉器也。从玉𦉾聲。讀若淑。 殊六切。
| 瓃 léi | 瓃 玉器也。从玉畾聲。臣鉉等案：畾字注象回轉之形，畾不成字，凡从畾者並當从畾省。 魯回切。
| 瑳 cuō | 瑳 玉色鮮白。从玉差聲。 七何切。
| 玼 cǐ | 玼 玉色鮮也。从玉此聲。《詩》曰："新臺有玼。" 千禮切。
| 瑟 sè | 瑟 玉英華相帶如瑟弦。从玉瑟聲。《詩》曰："瑟彼玉瓚。" 所櫛切。
| 瓅 lì | 瓅 玉英華羅列秩秩。从玉㮚聲。《逸論語》曰："玉粲之瓅兮。其璊猛也。" 力質切。
| 瑩 yíng | 瑩（瑩石刻）玉色。从玉，熒省聲。一曰石之次玉者。《逸論語》曰："如玉之瑩。" 烏定切。
| 璊 mén | 璊 玉經色也。从玉㒼聲。禾之赤苗謂之虋，言璊，玉色如之。 莫奔切。玧，璊或从允。
| 瑕 xiá | 瑕（瑕瑕瑕漢印瑕瑕石刻）玉小赤也。从玉叚聲。 乎加切。
| 琢 zhuó | 琢（琢石刻）治玉也。从玉豖聲。 竹角切。
| 琱 diāo | 琱（琱琱琱琱金文）治玉也。一曰石似玉。从玉周聲。 都寮切。
| 理 lǐ | 理（理漢印理石刻）治玉也。从玉里聲。 良止切。
| 珍 zhēn | 珍（珍珍漢印珍石刻）寶也。从玉㐱聲。 陟鄰切。
| 玩 wán | 玩 弄也。从玉元聲。 五換切。貦，玩或从貝。
| 玲 líng | 玲（玲石刻）玉聲。从玉令聲。 郎丁切。
| 瑲 qiāng | 瑲 玉聲也。从玉倉聲。《詩》曰："鞗革有瑲。" 七羊切。
| 玎 dīng | 玎 玉聲也。从玉丁聲。齊太公子伋諡曰玎公。 當經切。
| 琤 chēng | 琤 玉聲也。从玉爭聲。 楚耕切。
| 瑣 suǒ | 瑣 玉聲也。从玉𧴪聲。 蘇果切。
| 瑝 huáng | 瑝 玉聲也。从玉皇聲。 乎光切。

| 瑀 yǔ | 瑀 | 石之似玉者。从玉禹聲。 王矩切。
| 玤 bàng | 玤 | 石之次玉者。以爲系璧。从玉丰聲。讀若《詩》曰"瓜瓞菶菶"。一曰若盒蚌。 補蠓切。
| 玪 jiān | 玪 | 玪䃲，石之次玉者。从玉今聲。 古函切。
| 䃲 lè | 䃲 | 玪䃲也。从玉勒聲。 盧則切。
| 琚 jū | 琚 | 瓊琚。从玉居聲。《詩》曰："報之以瓊琚。" 九魚切。
| 璓 xiù | 璓 | 石之次玉者。从玉莠聲。《詩》曰："充耳璓瑩。" 息救切。
| 玖 jiǔ | 玖 | 石之次玉黑色者。从玉久聲。《詩》曰："貽我佩玖。"讀若芑。或曰若人句脊之句。 舉友切。
| 㺿 yí | 㺿 | 石之似玉者。从玉㠯聲。讀若貽。 與之切。
| 㺱 yín | 㺱 | 石之似玉者。从玉艮聲。 語巾切。
| 瓍 yì | 瓍 | 石之似玉者。从玉曳聲。 余制切。
| 璅 zǎo | 璅 | 石之似玉者。从玉巢聲。 子浩切。
| 璡 jīn | 璡 | 石之似玉者。从玉進聲。讀若津。 將鄰切。
| 璶 zēn | 璶 | 石之似玉者。从玉朁聲。 側岑切。
| 璁 cōng | 璁 | 石之似玉者。从玉悤聲。讀若蔥。 倉紅切。
| 璬 hào | 璬 | 石之似玉者。从玉號聲。讀若鎬。 乎到切。
| 瑎 xiá | 瑎 | 石之似玉者。从玉䮻聲。讀若曷。 胡捌切。
| 瑌 wàn | 瑌 | 石之似玉者。从玉䏍聲。 烏貫切。
| 瓊 xiè | 瓊 | 石之次玉者。从玉燮聲。 穌叶切。
| 珣 gǒu | 珣 | 石之次玉者。从玉句聲。讀若苟。 古厚切。
| 瑌 yán | 瑌 | 石之似玉者。从玉言聲。 語軒切。
| 璶 jìn | 璶 | 石之似玉者。从玉盡聲。 徐刃切。
| 瑈 wéi | 瑈 | 石之似玉者。从玉隹聲。讀若維。 以追切。
| 瑦 wǔ | 瑦 | 石之似玉者。从玉烏聲。 安古切。
| 瑂 méi | 瑂 | 石之似玉者。从玉眉聲。讀若眉。 武悲切。
| 璒 dēng | 璒 | 石之似玉者。从玉登聲。 都騰切。
| 玍 sī | 玍 | 石之似玉者。从玉厶聲。讀與私同。 息夷切。
| 玗 yú | 玗 | 石之似玉者。从玉于聲。 羽俱切。
| 瑏 mò | 瑏 | 玉屬。从玉冒聲。讀若没。 莫悖切。

瑎 xié 瑎 黑石似玉者。从玉皆聲。讀若諧。 戶皆切。

碧 bì 碧（琂漢印 碧 琂石刻）石之青美者。从玉、石，白聲。 兵尺切。

琨 kūn 琨（琨 琨漢印）石之美者。从玉昆聲。《虞書》曰："楊州貢瑤琨。" 古渾切。瑻，琨或从貫。

珉 mín 珉（珉石刻）石之美者。从玉民聲。 武巾切。

瑤 yáo 瑤（瑤漢印）玉之美者。从玉䍃聲。《詩》曰："報之以瓊瑤。" 余招切。

珠 zhū 珠（珠漢印）蚌之陰精。从玉朱聲。《春秋國語》曰："珠以禦火災"是也。 章俱切。

玓 dì 玓 玓瓅，明珠色。从玉勺聲。 都歷切。

瓅 lì 瓅 玓瓅。从玉樂聲。 郎擊切。

玭 pín 玭 珠也。从玉比聲。宋弘云："淮水中出玭珠。"玭，珠之有聲。 步因切。蠙，《夏書》玭从虫、賓。

玲 lì 玲 蠥屬。从玉劦聲。《禮》："佩刀，士玲琫而珧珌。"臣鉉等曰：劦亦音麗，故以為聲。 郎計切。

珧 yáo 珧 蜃甲也。所以飾物也。从玉兆聲。《禮》云："佩刀，天子玉琫而珧珌。" 余昭切。

玫 méi 玫 火齊，玫瑰也。一曰石之美者。从玉文聲。 莫桮切。

瑰 guī 瑰 玫瑰。从玉鬼聲。一曰圜好。 公回切。

璣 jī 璣（璣漢印）珠不圜也。从玉幾聲。 居衣切。

琅 láng 琅（琅 琅 琅漢印 琅 琅石刻）琅玕，似珠者。从玉良聲。 魯當切。

玕 gān 玕 琅玕也。从玉干聲。《禹貢》："雝州球琳琅玕。" 古寒切。玕，古文玕。

珊 shān 珊 珊瑚，色赤，生於海，或生於山。从玉，刪省聲。 穌干切。

瑚 hú 瑚 珊瑚也。从玉胡聲。 戶吳切。

瑠 liú 瑠 石之有光，璧瑠也。出西胡中。从玉丣聲。 力求切。

琀 hán 琀（琀簡帛）送死口中玉也。从玉从含，含亦聲。 胡紺切。

璷 yǒu 璷 遺玉也。从玉敻聲。 以周切。

璗 dàng 璗 金之美者。與玉同色。从玉湯聲。《禮》："佩刀，諸侯璗琫而璆珌。" 徒朗切。

靈 líng 靈（靈金文 靈 靈漢印 靈 靈 靈 靈 靈石刻）靈巫。以玉事神。从玉霝聲。 郎丁切。霛，靈或从巫。

　　　　　　　　　　　文一百二十六　重十七（當作重十六）

珈 jiā 珈（珈金文）婦人首飾。从玉加聲。《詩》曰："副笄六珈。" 古牙切。

| 璩 qú | 璩 | 環屬。从玉豦聲。見《山海經》。 彊魚切。
| 琖 zhǎn | 琖 | 玉爵也。夏曰琖，殷曰斚，周曰爵。从玉戔聲。或从皿。 阻限切。
| 琛 chēn | 琛（琛石刻）寶也。从玉，深省聲。 丑林切。
| 璫 dāng | 璫 | 華飾也。从玉當聲。 都郎切。
| 琲 bèi | 琲 | 珠五百枚也。从玉非聲。 普乃切。
| 珂 kē | 珂（珂古璽）玉也。从玉可聲。 苦何切。
| 玘 qǐ | 玘 | 玉也。从玉己聲。 去里切。
| 珝 xǔ | 珝 | 玉也。从玉羽聲。 況主切。
| 璀 cuǐ | 璀 | 璀璨，玉光也。从玉崔聲。 七罪切。
| 璨 càn | 璨 | 玉光也。从玉粲聲。 倉案切。
| 琡 chù | 琡 | 玉也。从玉叔聲。 昌六切。
| 瑄 xuān | 瑄 | 璧六寸也。从玉宣聲。 須緣切。
| 珙 gǒng | 珙 | 玉也。从玉共聲。 拘竦切。

　　　　　文十四新附

珏 部

珏 jué　珏（甲骨 簡帛 王 王 王 王古幣）二玉相合爲一珏。凡珏之屬皆从珏。 古岳切。瑴，珏或从彀。

班 bān　班（金文 簡帛）分瑞玉。从珏从刀。 布還切。

琫 fú　琫　車笭閒皮篋。古者使奉玉以藏之。从車、珏。讀與服同。 房六切。

　　　　　文三　重一

气 部

气 qì　气（金文 簡帛）雲气也。象形。凡气之屬皆从气。 去既切。

氛 fēn　氛　祥气也。从气分聲。 符分切。雰，氛或从雨。

　　　　　文二　重一

士 部

士 shì 士（[金文][簡帛][古璽][古幣][石刻]）事也。數始於一，終於十。从一从十。孔子曰："推十合一爲士。"凡士之屬皆从士。 鉏里切。

壻 xù 壻 夫也。从士胥聲。《詩》曰："女也不爽，士貳其行。"士者，夫也。讀與細同。 穌計切。婿，壻或从女。

壯 zhuàng 壯（[金文][簡帛][漢印][石刻]）大也。从士爿聲。 側亮切。

壿 cūn 壿 舞也。从士尊聲。《詩》曰："壿壿舞我。" 慈損切。

　　　　文四　重一

丨 部

丨 gǔn 丨 上下通也。引而上行讀若囟，引而下行讀若退。凡丨之屬皆从丨。古本切。

中 zhōng 中（[甲骨][金文][簡帛][古璽][古幣][漢印][石刻]）內也。从口。丨，上下通。 陟弓切。中，古文中。中，籀文中。

屮 chǎn 屮 旌旗杠皃。从丨从屮，屮亦聲。 丑善切。

　　　　文三　重二

屮 部

屮 chè 屮（[甲骨][金文][簡帛][古幣]）艸木初生也。象丨出形，有枝莖也。古文或以爲艸字。讀若徹。凡屮之屬皆从屮。尹彤說。臣鉉等曰：丨，上下通也，象艸木萌芽，通徹地上也。 丑列切。

屯 zhūn 屯（[甲骨][金文][簡帛][古璽][古幣][漢印][石刻]）難也。象艸木之初生。屯然而難。从屮貫一。一，地也。尾曲。《易》曰："屯，剛柔始交而難生。" 陟倫切。

每 měi　茻（甲骨　金文　簡帛　漢印）艸盛上出也。从屮母聲。臣鉉等案：《左傳》："原田每每。"今別作莓，非是。 武罪切。

毒 dú　毒（漢印）厚也。害人之艸，往往而生。从屮从毒。 徒沃切。𧄔，古文毒从刀、葍。

芬 fēn　芬（簡帛　漢印　石刻）艸初生，其香分布。从屮从分，分亦聲。 撫文切。芬，芬或从艸。

𦯎 lù　𦯎　菌𦯎，地蕈。叢生田中。从屮六聲。 力竹切。𦱤，籒文𦯎从三𦯎。

熏 xūn　熏　火煙上出也。从屮从黑。中黑，熏黑也。 許云切。

文七　重三

艸　部

艸 cǎo　艸（簡帛）百芔也。从二屮。凡艸之屬皆从艸。 倉老切。

莊 zhuāng　莊（簡帛　漢印　石刻）上諱。臣鉉等曰：此漢明帝名也。从艸从壯，未詳。 側羊切。𢍳，古文莊。

蓏 luǒ　蓏（簡帛）在木曰果，在地曰蓏。从艸从㼌。 郎果切。

芝 zhī　芝（古璽　漢印　石刻）神艸也。从艸从之。 止而切。

萐 shà　萐　萐莆，瑞艸也。堯時生於庖廚，扇暑而涼。从艸疌聲。 士洽切。

莆 fǔ　莆（玉盟書　簡帛　古幣）萐莆也。从艸甫聲。 方矩切。

虋 mén　虋　赤苗，嘉穀也。从艸釁聲。 莫奔切。

荅 dá　荅（漢印　石刻）小尗也。从艸合聲。 都合切。

萁 qí　萁（漢印）豆莖也。从艸其聲。 渠之切。

䕍 huò　䕍　尗之少也。从艸靃聲。 虛郭切。

莥 niǔ　莥　鹿藿之實名也。从艸狃聲。 敕久切。

䕩 láng　䕩　禾粟之采，生而不成者，謂之蕫䕩。从艸郎聲。 魯當切。穅，䕩或从禾。

莠 yǒu　莠（漢印）禾粟下生莠。从艸秀聲。讀若酉。 与久切。

萉 fèi　萉　枲實也。从艸肥聲。 房未切。蘼，萉或从麻、賁。

芓 zì　芓　麻母也。从艸子聲。一曰芓即枲也。 疾吏切。

蓂 yì　蓂（簡帛）芓也。从艸異聲。 羊吏切。

蘇 sū　蘇（金文　古璽　古陶　漢印　石刻）桂荏也。从艸穌聲。 素孤切。

荏 rěn　荏　桂荏，蘇。从艸任聲。　如甚切。

芺 shǐ　芺　菜也。从艸矢聲。　失匕切。

葽 qǐ　葽　菜之美者。雲夢之葽。从艸豈聲。　驅喜切。

葵 kuí　葵　菜也。从艸癸聲。　彊惟切。

薑 jiāng　薑　禦溼之菜也。从艸彊聲。　居良切。

蓼 liǎo　蓼　（漢印　石刻）辛菜，薔虞也。从艸翏聲。　盧鳥切。

菹 zǔ　菹　菜也。从艸祖聲。　則古切。

蘧 qú　蘧　菜也。似蘇者。从艸豦聲。　彊魚切。

薇 wēi　薇　菜也。似藿。从艸微聲。　無非切。薇，籀文薇省。

蓶 wéi　蓶　菜也。从艸唯聲。　以水切。

芹 qín　芹　菜，類蒿。从艸斤聲。《周禮》有"芹菹"。　巨巾切。

蘘 niàng　蘘　菜也。从艸釀聲。　女亮切。

莧 xiàn　莧　（甲骨　簡帛　古幣）莧菜也。从艸見聲。　侯澗切。

芋 yù　芋　（簡帛　古璽　漢印）大葉實根，駭人，故謂之芌也。从艸亏聲。徐鍇曰："芌猶言吁。吁，驚辭，故曰駭人。"　王遇切。

莒 jǔ　莒　（漢印）齊謂芌為莒。从艸呂聲。　居許切。

蘧 qú　蘧　（漢印）蘧麥也。从艸遽聲。　彊魚切。

菊 jú　菊　大菊，蘧麥。从艸匊聲。　居六切。

葷 hūn　葷　臭菜也。从艸軍聲。　許云切。

蘘 ráng　蘘　（簡帛　漢印）蘘荷也。一名葍蒩。从艸襄聲。　汝羊切。

菁 jīng　菁　韭華也。从艸青聲。　子盈切。

蘆 lú　蘆　（古陶）蘆菔也。一曰薺根。从艸盧聲。　落乎切。

菔 fú　菔　蘆菔。似蕪菁，實如小尗者。从艸服聲。　蒲北切。

苹 píng　苹　（漢印）蓱也。無根，浮水而生者。从艸平聲。　符兵切。

莀 chén　莀　（漢印）艸也。从艸臣聲。　積鄰切。

蘋 pín　蘋　大蓱也。从艸賓聲。　符真切。

藍 lán　藍　（簡帛　漢印　石刻）染青艸也。从艸監聲。　魯甘切。

萱 xuān　萱　令人忘憂艸也。从艸憲聲。《詩》曰："安得萱艸？"　況袁切。蘐，或从煖。藼，或从宣。

营 qiōng　营　营藭，香艸也。从艸宮聲。　去弓切。芎，司馬相如說，营或从弓。

藭 qióng　蘮　营藭也。从艸窮聲。　渠弓切。

蘭 lán　蘭　（蘭　蘭漢印　石刻）香艸也。从艸闌聲。　落干切。

菅 jiān　菅　艸，出吳林山。从艸姦聲。　古顏切。

荽 suī　荽　薑屬。可以香口。从艸俊聲。　息遺切。

芄 wán　芄　芄蘭，莞也。从艸丸聲。《詩》曰："芄蘭之枝。"　胡官切。

蘪 xiāo　蘪　楚謂之蘺，晉謂之蘪，齊謂之茝。从艸脜聲。　許嬌切。

蘺 lí　蘺　江蘺，蘪蕪也。从艸離聲。　呂之切。

茝 chǎi　茝　（茝漢印）蘪也。从艸臣聲。　昌改切。

蘪 méi　蘪　蘪蕪也。从艸麋聲。　靡爲切。

薰 xūn　薰　香艸也。从艸熏聲。　許云切。

藩 dú　藩　水藊筑。从艸从水，毒聲。讀若督。　徒沃切。

藊 biān　藊　藊筑也。从艸扁聲。　方沔切。

筑 zhú　筑　藊筑也。从艸，筑省聲。　陟玉切。

藒 qiè　藒　芞輿也。从艸揭聲。　去謁切。

芞 qì　芞　芞輿也。从艸气聲。　去訖切。

苺 měi　苺　（古陶）馬苺也。从艸母聲。　武辠切。

茖 gé　茖　（茖　茖簡帛　茖古璽　茖漢印）艸也。从艸各聲。　古額切。

苷 gān　苷　甘艸也。从艸从甘。　古三切。

芧 zhù　芧　艸也。从艸予聲。可以爲繩。　直呂切。

藎 jìn　藎　艸也。从艸盡聲。　徐刃切。

莯 shù　莯　艸也。从艸述聲。　食聿切。

荵 rěn　荵　荵冬艸。从艸忍聲。　而軫切。

萇 cháng　萇　（萇　萇　萇　萇漢印　萇石刻）萇楚，銚弋。一名羊桃。从艸長聲。　直良切。

薊 jì　薊　（薊　薊漢印）芺也。从艸劍聲。　古詣切。

董 lí　董　艸也。从艸里聲。讀若釐。　里之切。

藋 diào　藋　（藋簡帛）蓄艸也。一曰拜商藋。从艸翟聲。　徒弔切。

芨 jī　芨　董艸也。从艸及聲。讀若急。　居立切。

葥 jiàn　葥　山苺也。从艸前聲。　子賤切。

蓩 mòu　蓩　毒艸也。从艸務聲。　莫候切。

葧 mǎo　葧　卷耳也。从艸務聲。　亡考切。

| 蔓 shēn | 蔓 | 人蔓，藥艸，出上黨。从艸浸聲。 山林切。
| 虉 luán | 虉 | 鳧葵也。从艸鑾聲。 洛官切。
| 茢 lì | 茢 | 艸也。可以染留黃。从艸戾聲。 郎計切。
| 茷 qiáo | 茷 | 蚍虸也。从艸收聲。 渠遙切。
| 茈 pí | 茈 | 蒿也。从艸毗聲。 房脂切。
| 萭 yǔ | 萭 | 艸也。从艸禹聲。 王矩切。
| 荑 tí | 荑 | 艸也。从艸夷聲。 杜兮切。
| 薛 xuē | 薛（金文 漢印 石刻）艸也。从艸辥聲。 私剡切。
| 苦 kǔ | 苦（石刻）大苦，苓也。从艸古聲。 康杜切。
| 菩 bèi | 菩 | 艸也。从艸音聲。 步乃切。
| 蕢 yì | 蕢 | 薏苢。从艸啻聲。一曰蕢英。 於力切。
| 茅 máo | 茅（簡帛 古璽 漢印 石刻）菅也。从艸矛聲。 莫交切。
| 菅 jiān | 菅（漢印）茅也。从艸官聲。 古顏切。
| 蘄 qí | 蘄（漢印）艸也。从艸鄿聲。江夏有蘄春亭。臣鉉等案：《說文》無鄿字，他字書亦無。此篇下有薪字，注云：江夏平春亭名。疑相承誤，重出一字。 渠支切。
| 莞 guān | 莞（簡帛 漢印 石刻）艸也。可以作席。从艸完聲。 胡官切。
| 藺 lìn | 藺（漢印）莞屬。从艸閵聲。 良刃切。
| 蒢 chú | 蒢 | 黃蒢，職也。从艸除聲。 直魚切。
| 蒲 pú | 蒲（漢印）水艸也。可以作席。从艸浦聲。 薄胡切。
| 蒻 ruò | 蒻 | 蒲子。可以爲平席。从艸弱聲。 而灼切。
| 葠 shēn | 葠 | 蒲蒻之類也。从艸深聲。 式箴切。
| 蓷 tuī | 蓷 | 萑也。从艸推聲。《詩》曰："中谷有蓷。" 他回切。
| 萑 zhuī | 萑 | 艸多皃。从艸隹聲。 職追切。
| 蘷 guī | 蘷（漢印）缺盆也。从艸圭聲。 苦圭切。
| 莙 jùn | 莙 | 井藻也。从艸君聲。讀若威。 渠殞切。
| 蕍 huán | 蕍 | 夫蘺也。从艸睆聲。 胡官切。
| 藶 lì | 藶 | 夫蘺上也。从艸鬲聲。 力的切。
| 苢 yǐ | 苢 | 芣苢。一名馬舄。其實如李，令人宜子。从艸目聲。《周書》所說。 羊止切。
| 薚 tán | 薚 | 芄藩也。从艸尋聲。 徒含切。 薚，薚或从爻。

字	拼音	篆	釋義
藪	jī	藪	艸也。从艸毄聲。 古歷切。
蓲	qiū	蓲	艸也。从艸區聲。 去鳩切。
茼	gù	茼	艸也。从艸固聲。 古慕切。
藓	gàn	藓	艸也。从艸榦聲。 古案切。
藷	zhū	藷	藷蔗也。从艸諸聲。 章魚切。
蔗	zhè	蔗	藷蔗也。从艸庶聲。 之夜切。
薴	níng	薴	荓薴，可以作縻緪。从艸甯聲。 女庚切。
蕩	sì	蕩	艸也。从艸賜聲。 斯義切。
芇	zhōng	芇	艸也。从艸中聲。陟宮切。
葍	fù	葍 （金文）	王葍也。从艸負聲。 房九切。
芺	ǎo	芺 （簡帛）	艸也。味苦，江南食以下气。从艸夭聲。 烏皓切。
茲	xián	茲	艸也。从艸弦聲。 胡田切。
蕕	yòu	蕕	艸也。从艸圖聲。圖，籀文囿。 于救切。
莩	fú	莩	艸也。从艸孚聲。 芳無切。
蕒	yín	蕒	兔苜也。从艸寅聲。 翼眞切。
荓	píng	荓	馬帚也。从艸幷聲。 薄經切。
蕕	yóu	蕕	水邊艸也。从艸猶聲。 以周切。
荌	àn	荌	艸也。从艸安聲。 烏旰切。
蘻	qí	蘻	綦月爾也。从艸綦聲。 渠之切。
茶	xī	茶	兔葵也。从艸，稀省聲。 香衣切。
夢	méng	夢	灌渝。从艸夢聲。讀若萌。 莫中切。
蕧	fù	蕧	盜庚也。从艸復聲。 房六切。
苓	líng	苓	卷耳也。从艸令聲。 郎丁切。
贛	gòng	贛	艸也。从艸贛聲。一曰薏苢。 古送切。又，古禫切。
藑	qióng	藑	茅，藑也。一名葬。从艸敻聲。 渠營切。
葍	fù	葍	藑也。从艸富聲。 方布切。
蔔	fú	蔔	葍也。从艸畐聲。 方六切。
蓨	tiáo	蓨（古璽、石刻）	苗也。从艸脩聲。 徒聊切。又，湯彫切。
苖	dí	苖	蓨也。从艸由聲。 徒歷切。又，他六切。
蕩	tāng	蕩	艸。枝枝相值，葉葉相當。从艸易聲。 楮羊切。

薁 yù	薁	嬰薁也。从艸奧聲。 於六切。
葴 zhēn	葴	馬藍也。从艸咸聲。 職深切。
蘆 lǔ	蘆	艸也。可以束。从艸魯聲。 郎古切。 蘆，蘆或从鹵。
蔽 kuǎi	蔽	艸也。从艸欪聲。臣鉉等案：《說文》無欪字，當是欮字之省，而聲不相近。未詳。 苦怪切。
蔞 lóu	蔞（蔞簡帛 蔞 蔞 漢印）艸也。可以亨魚。从艸婁聲。 力朱切。
藟 lěi	藟	艸也。从艸畾聲。《詩》曰："莫莫葛藟。"一曰秬鬯也。 力軌切。
菀 yuān	菀	棘菀也。从艸冤聲。 於元切。
茈 zǐ	茈（茈簡帛 茈 古璽）茈艸也。从艸此聲。 將此切。
藐 mò	藐	茈艸也。从艸貌聲。 莫覺切。
萴 cè	萴	烏喙也。从艸則聲。 阻力切。
蒐 sōu	蒐（蒐 蒐金文 蒐 蒐玉盟書）茅蒐，茹藘。人血所生，可以染絳。从艸从鬼。 所鳩切。
茜 qiàn	茜	茅蒐也。从艸西聲。 倉見切。
藙 sì	藙	赤藙也。从艸、隸。 息利切。
薛 bì	薛（薛漢印）牡贊也。从艸辟聲。 蒲計切。
莣 wáng	莣	杜榮也。从艸忘聲。 武方切。
苞 bāo	苞	艸也。南陽以爲麤履。从艸包聲。 布交切。
艾 ài	艾（艾 艾 艾漢印）冰臺也。从艸乂聲。 五蓋切。
葦 zhāng	葦（葦簡帛）艸也。从艸章聲。 諸良切。
芹 qín	芹	楚葵也。从艸斤聲。 巨巾切。
蒸 zhēn	蒸	豕首也。从艸甄聲。 側鄰切。
蔦 niǎo	蔦	寄生也。从艸鳥聲。《詩》曰："蔦與女蘿。" 都了切。樢，蔦或从木。
芸 yún	芸	艸也。似目宿。从艸云聲。《淮南子》說："芸艸可以死復生。" 王分切。
蔌 cè	蔌	艸也。从艸欶聲。 麤最切。
葎 lù	葎	艸也。从艸律聲。 呂戌切。
萊 cì	萊	莿也。从艸束聲。 楚革切。
苽 guā	苽	苦婁，果蓏也。从艸昏聲。 古活切。
葑 fēng	葑	須從也。从艸封聲。 府容切。
薺 cí	薺（薺簡帛）蒺藜也。从艸齊聲。《詩》曰："牆有薺。" 疾咨切。又，徂礼切。
莿 cì	莿	萊也。从艸刺聲。 七賜切。
董 dǒng	董（董 董 董 董 董 董漢印 董 董石刻）鼎董也。从艸童聲。杜林曰：藕根。多動切。

藄 jì	藄	狗毒也。从艸綦聲。 古詣切。
蓃 sǎo	蓃	艸也。从艸嫂聲。 蘇老切。
芐 hù	芐	地黃也。从艸下聲。《禮記》："鈃毛：牛、藿；羊、芐；豕、薇。"是。 侯古切。
薟 liǎn	薟	白薟也。从艸僉聲。 良冉切。 蘞，薟或从斂。
菳 qín	菳	黃菳也。从艸金聲。 具今切。
芩 qín	芩	艸也。从艸今聲。《詩》曰："食野之芩。" 巨今切。
麃 biāo	麃	鹿藿也。从艸麃聲。讀若剽。一曰蔽屬。 平表切。
薏 yì	薏	綬也。从艸鶂聲。《詩》曰："邛有旨薏"是。 五狄切。
薐 líng	薐	芰也。从艸淩聲。楚謂之芰，秦謂之薢茩。 力膺切。 䔖，司馬相如說：薐从遴。
芰 jì	芰	（古陶）薐也。从艸支聲。 奇記切。 茤，杜林說：芰从多。
薢 xiè	薢	薢茩也。从艸解聲。 胡買切。
茩 gòu	茩	薢茩也。从艸后聲。 胡口切。
芡 qiàn	芡	雞頭也。从艸欠聲。 巨險切。
蘜 jú	蘜	日精也。以秋華。从艸，鞠省聲。 居六切。 菊，蘜或省。
䔤 yuè	䔤	爵麥也。从艸龠聲。 以勺切。
蔌 sù	蔌	牡茅也。从艸遫聲。遫，籀文速。 桑谷切。
䒳 sī	䒳	茅秀也。从艸私聲。 息夷切。
蒹 jiān	蒹	藋之未秀者。从艸兼聲。 古恬切。
薍 wàn	薍	荔也。从艸亂聲。八月薍爲葦也。 五患切。
菼 tǎn	菼	藋之初生。一曰薍。一曰雛。从艸剡聲。 土敢切。 炎，菼或从炎。
薕 lián	薕	蒹也。从艸廉聲。 力鹽切。
蕃 fán	蕃	青蕃，似莎者。从艸煩聲。 附袁切。
茚 áng	茚	昌蒲也。从艸印聲。益州云。 五剛切。
茒 yé	茒	茚茒也。从艸邪聲。 以遮切。
苕 tiáo	苕	葦華也。从艸刀聲。 徒聊切。
茢 liè	茢	苕也。从艸列聲。 良辥切。
菡 hàn	菡	菡萏也。从艸函聲。 胡感切。
萏 dàn	萏	菡萏。芙蓉華未發爲菡萏，已發爲芙蓉。从艸閻聲。 徒感切。
蓮 lián	蓮	（漢印）芙蕖之實也。从艸連聲。 洛賢切。
茄 jiā	茄	芙蕖莖。从艸加聲。 古牙切。

荷 hé	芙蕖葉。从艸何聲。 胡哥切。
蔤 mì	芙蕖本。从艸密聲。 美必切。
藕 ǒu	芙蕖根。从艸、水，禺聲。 五厚切。
蘢 lóng	天蘥也。从艸龍聲。 盧紅切。
蓍 shī	（漢印）蒿屬。生十歲，百莖。《易》以爲數。天子蓍九尺，諸侯七尺，大夫五尺，士三尺。从艸耆聲。 式脂切。
菣 qìn	香蒿也。从艸臤聲。 去刃切。 ，菣或从堅。
莪 é	（簡帛 漢印）蘿莪，蒿屬。从艸我聲。 五何切。
蘿 luó	莪也。从艸羅聲。 魯何切。
菻 lǐn	蒿屬。从艸林聲。 力稔切。
蔚 wèi	（石刻）牡蒿也。从艸尉聲。 於胃切。
蕭 xiāo	（漢印 石刻）艾蒿也。从艸肅聲。 蘇彫切。
萩 qiū	（漢印）蕭也。从艸秋聲。 七由切。
芍 xiào	（漢印）鳧茈也。从艸勺聲。 胡了切。
蕑 jiǎn	王彗也。从艸閒聲。 昨先切。
蔿 wěi	（漢印）艸也。从艸爲聲。 于鬼切。
芫 chén	艸也。从艸尤聲。 直深切。
鞠 jú	治牆也。从艸鞠聲。 居六切。
蘠 qiáng	蘠靡，虋冬也。从艸牆聲。 賤羊切。
芪 qí	芪母也。从艸氏聲。 常之切。
菀 wǎn	（漢印）茈菀，出漢中房陵。从艸宛聲。 於阮切。
茵 méng	貝母也。从艸，明（按：明當作朙）省聲。 武庚切。
朮 zhú	山薊也。从艸术聲。 直律切。
蓂 mì	析蓂，大薺也。从艸冥聲。 莫歷切。
菋 wèi	荎藸也。从艸味聲。 无沸切。
荎 chí	荎藸，艸也。从艸至聲。 直尼切。
藸 chú	荎藸也。从艸豬聲。 直魚切。
葛 gé	（漢印 石刻）絺綌艸也。从艸曷聲。 古達切。
蔓 màn	（漢印）葛屬。从艸曼聲。 無販切。
藁 gāo	葛屬。白華。从艸皋聲。 古勞切。

| 莕 xìng | （󠄀漢印）菨餘也。从艸杏聲。何梗切。荇，莕或从行，同。
| 菨 jiē | （簡帛）菨餘也。从艸妾聲。子葉切。
| 薫 kūn | 艸也。从艸翼聲。古渾切。
| 芫 yuán | 魚毒也。从艸元聲。愚袁切。
| 蘦 líng | 大苦也。从艸霝聲。郎丁切。
| 薃 tí | 薃矦也。从艸稊聲。大兮切。
| 芺 dié | 薃矦也。从艸失聲。徒結切。
| 芋 tīng | 芋薂，朐也。从艸丁聲。天經切。
| 蔣 jiāng | （漢印　石刻）苽蔣也。从艸將聲。子良切。又，即兩切。
| 苽 gū | （簡帛）雕苽。一名蔣。从艸瓜聲。古胡切。
| 菁 yù | 艸也。从艸育聲。余六切。
| 藣 bēi | 艸也。从艸罷聲。符羈切。
| 蘸 rán | 艸也。从艸難聲。如延切。
| 茛 láng | 艸也。从艸良聲。魯當切。
| 葽 yāo | 艸也。从艸要聲。《詩》曰："四月秀葽。"劉向說：此味苦，苦葽也。於消切。
| 薖 kē | 艸也。从艸過聲。苦禾切。
| 菌 jùn | 地蕈也。从艸囷聲。渠殞切。
| 蕈 xùn | （漢印）桑荑。从艸覃聲。慈袵切。
| 荋 ruǎn | 木耳也。从艸奭聲。一曰薃茈。而兗切。
| 葚 shèn | 桑實也。从艸甚聲。常袵切。
| 蒟 jǔ | 果也。从艸竘聲。俱羽切。
| 芘 pí | 艸也。一曰芘茮木。从艸比聲。房脂切。
| 蕣 shùn | 木菫，朝華暮落者。从艸舜聲。《詩》曰："顏如蕣華。"舒閏切。
| 萸 yú | 茱萸也。从艸臾聲。羊朱切。
| 茱 zhū | 茱萸，茮屬。从艸朱聲。市朱切。
| 茮 jiāo | 茮莍。从艸尗聲。子寮切。
| 莍 qiú | 茮樧實裹如表者。从艸求聲。巨鳩切。
| 荊 jīng | （漢印　石刻）楚木也。从艸刑聲。舉卿切。𣏟，古文荊。
| 菭 tái | 水衣。从艸治聲。徒哀切。

| 芽 yá | 萌芽也。从艸牙聲。 五加切。
| 萌 méng | （漢印）艸芽也。从艸明聲。 武庚切。
| 茁 zhuó | 艸初生出地皃。从艸出聲。《詩》曰："彼茁者葭。" 鄒滑切。
| 莖 jīng | （漢印）枝柱也。从艸巠聲。 戶耕切。
| 莛 tíng | 莖也。从艸廷聲。 特丁切。
| 葉 yè | （金文 漢印）艸木之葉也。从艸枼聲。 与涉切。
| 蔪 jì | 艸之小者。从艸剡聲。剡，古文銳字。讀若芮。 居例切。
| 茇 fú | 華盛。从艸不聲。一曰芣苢。 縛牟切。
| 葩 pā | （漢印）華也。从艸皅聲。 普巴切。
| 芛 wěi | 艸之皇榮也。从艸尹聲。 羊捶切。
| 蘳 huà | 黃華。从艸難聲。讀若壞。 乎瓦切。
| 蔈 biāo | （簡帛）苕之黃華也。从艸㶾聲。一曰末也。 方小切。
| 英 yīng | （漢印 石刻）艸榮而不實者。一曰黃英。从艸央聲。 於京切。
| 薾 ěr | 華盛。从艸爾聲。《詩》曰："彼薾惟何？" 兒氏切。
| 萋 qī | 艸盛。从艸妻聲。《詩》曰："菶菶萋萋。" 七稽切。
| 菶 běng | 艸盛。从艸奉聲。 補蠓切。
| 薿 nǐ | 茂也。从艸疑聲。《詩》曰："黍稷薿薿。" 魚己切。
| 蕤 ruí | 艸木華垂皃。从艸甤聲。 儒佳切。
| 葼 zōng | 青齊沇冀謂木細枝曰葼。从艸燮聲。 子紅切。
| 荾 yí | 艸萎荾。从艸移聲。 弋支切。
| 薳 yuán | 艸木形。从艸遠聲。 愚袁切。
| 莢 jiá | 艸實。从艸夾聲。 古叶切。
| 芒 máng | （簡帛 古璽）艸耑。从艸亾聲。 武方切。
| 蕍 wéi | 藍蓼秀。从艸，隨省聲。 羊捶切。
| 蔕 dì | 瓜當也。从艸帶聲。 都計切。
| 荄 gāi | 艸根也。从艸亥聲。 古哀切。又，古諧切。
| 荺 yǔn | 茇也。茅根也。从艸均聲。 于敏切。
| 茇 bá | （漢印）艸根也。从艸犮聲。春艸根枯，引之而發土爲撥，故謂之茇。一曰艸之白華爲茇。 北末切。
| 芃 péng | 艸盛也。从艸凡聲。《詩》曰："芃芃黍苗。" 房戎切。

尃 fū　華葉布。从艸尃聲。讀若傅。　方遇切。

埶 zí　（簡帛）艸木不生也。一曰茅芽。从艸執聲。　姊入切。

荶 yín　艸多皃。从艸狋聲。江夏平春有荶亭。　語斤切。

茂 mào　（漢印　石刻）艸豐盛。从艸戊聲。　莫候切。

蓎 chàng　艸茂也。从艸暢聲。　丑亮切。

蔭 yìn　艸陰地。从艸陰聲。　於禁切。

蓨 chòu　艸皃。从艸造聲。　初救切。

茲 zī　（甲骨　金文　簡帛　古幣　漢印　石刻）艸木多益。从艸，茲省聲。　子之切。

荻 dí　艸旱盡也。从艸俶聲。《詩》曰："荻荻山川。"　徒歷切。

藃 xiāo　艸皃。从艸歊聲。《周禮》曰："轂獘不藃。"　許嬌切。

蔇 jì　艸多皃。从艸既聲。　居味切。

薋 cí　艸多皃。从艸資聲。　疾茲切。

蓁 zhēn　（簡帛）艸盛皃。从艸秦聲。　側詵切。

莦 shāo　惡艸皃。从艸肖聲。　所交切。

芮 ruì　（石刻）芮芮，艸生皃。从艸內聲。讀若汭。　而銳切。

茬 chí　（漢印）艸皃。从艸在聲。濟北有茬平縣。　仕甾切。

薈 huì　艸多皃。从艸會聲。《詩》曰："薈兮蔚兮。"　烏外切。

莪 mào　細艸叢生也。从艸敄聲。　莫候切。

芼 mào　艸覆蔓。从艸毛聲。《詩》曰："左右芼之。"　莫抱切。

蒼 cāng　（簡帛　古璽　古陶　漢印　石刻）艸色也。从艸倉聲。　七岡切。

嵐 lán　艸得風皃。从艸、風。讀若婪。　盧含切。

萃 cuì　（金文　古璽　漢印）艸皃。从艸卒聲。讀若瘁。　秦醉切。

蒔 shì　更別種。从艸時聲。　時吏切。

苗 miáo　（漢印）艸生於田者。从艸从田。　武鑣切。

苛 kē　（金文　簡帛　漢印）小艸也。从艸可聲。　乎哥切。

蕪 wú　薉也。从艸無聲。　武扶切。

薉 huì　（漢印）蕪也。从艸歲聲。　於廢切。

荒 huāng　（石刻）蕪也。从艸巟聲。一曰艸淹地也。　呼光切。

薴 níng　薴　艸亂也。从艸寍聲。杜林說：艸葶薴皃。　女庚切。

葶 zhēng　葶　葶薴皃。从艸爭聲。　側莖切。

落 luò　落（石刻）凡艸曰零，木曰落。从艸洛聲。　盧各切。

蔽 bì　蔽（簡帛）蔽蔽，小艸也。从艸敝聲。　必袂切。

蘀 tuò　蘀　艸木凡皮葉落陊地爲蘀。从艸擇聲。《詩》曰："十月隕蘀。"　它各切。

蕰 yùn　蕰　積也。从艸溫聲。《春秋傳》曰："蕰利生孽。"　於粉切。

蔫 yān　蔫　菸也。从艸焉聲。　於乾切。

菸 yū　菸　鬱也。从艸於聲。一曰萎也。　央居切。

縈 yíng　縈　艸旋皃也。从艸榮聲。《詩》曰："葛藟縈之。"　於營切。

蔡 cài　蔡（金文　漢印　石刻）艸也。从艸祭聲。　蒼大切。

茷 fá　茷　艸葉多。从艸伐聲。《春秋傳》曰："晉糴茷。"　符發切。

菜 cài　菜（簡帛）艸之可食者。从艸采聲。　蒼代切。

荋 ér　荋　艸多葉皃。从艸而聲。沛城父有楊荋亭。　如之切。

芝 fàn　芝　艸浮水中皃。从艸乏聲。　匹凡切。

薄 bó　薄（漢印　石刻）林薄也。一曰蠶薄。从艸溥聲。　旁各切。

苑 yuàn　苑（漢印）所以養禽獸也。从艸夗聲。　於阮切。

藪 sǒu　藪　大澤也。从艸數聲。九州之藪：楊州具區，荊州雲夢，豫州甫田，青州孟諸，沇州大野，雝州弦圃，幽州奚養，冀州楊紆，并州昭餘祁是也。　蘇后切。

菑 zī　菑（古陶　漢印　石刻）不耕田也。从艸、甾。《易》曰："不菑畬。"徐鍇曰："當言从艸从巛从田，田不耕則艸塞之，故从巛，巛音災。若从甾，則下有甾缶字相亂。側詞切。甾，菑或省艸。

蘨 yáo　蘨　艸盛皃。从艸繇聲。《夏書》曰："厥艸惟蘨。"　余招切。

薙 tì　薙　除艸也。《明堂月令》曰："季夏燒薙。"从艸雉聲。　他計切。

茉 lèi　茉　耕多艸。从艸、耒，耒亦聲。　盧對切。

茥 zhì　茥　艸大也。从艸致聲。　陟利切。

蘄 jiàn　蘄　艸相蘄苞也。从艸斬聲。《書》曰："艸木蘄苞。"　慈冉切。蘄，蘄或从槧。

茀 fú　茀（金文　玉盟書　漢印）道多艸，不可行。从艸弗聲。　分勿切。

苾 bì　苾（漢印　石刻）馨香也。从艸必聲。　毗必切。

蔎 shè　蔎　香艸也。从艸設聲。　識列切。

| 芳 fāng | 芳（簡帛）香艸也。从艸方聲。 敷方切。
| 蕡 fén | 蕡 雜香艸。从艸賁聲。 浮分切。
| 藥 yào | 藥（簡帛 漢印）治病艸。从艸樂聲。 以勺切。
| 藶 lí | 藶 艸木相附藶土而生。从艸麗聲。《易》曰："百穀艸木藶於地。" 呂支切。
| 蓆 xí | 蓆 廣多也。从艸席聲。 祥易切。
| 芟 shān | 芟 刈艸也。从艸从殳。 所銜切。
| 荐 jiàn | 荐 薦蓆也。从艸存聲。 在甸切。
| 藉 jiè | 藉（漢印）祭藉也。一曰艸不編，狼藉。从艸耤聲。 慈夜切。又，秦昔切。
| 苴 zū | 苴 茅藉也。从艸租聲。《禮》曰："封諸侯以土，苴以白茅。" 子余切。
| 蕝 jué | 蕝（簡帛）朝會束茅表位曰蕝。从艸絕聲。《春秋國語》曰："致茅蕝，表坐。" 子說切。
| 茨 cí | 茨（簡帛 古璽）以茅葦蓋屋。从艸次聲。 疾茲切。
| 葺 qì | 葺（石刻）茨也。从艸咠聲。 七入切。
| 蓋 gài | 蓋（甲骨 簡帛 古璽 漢印 石刻）苫也。从艸盍聲。 古太切。
| 苫 shān | 苫 蓋也。从艸占聲。 失廉切。
| 藹 ài | 藹 蓋也。从艸渴聲。 於蓋切。
| 苖 qū | 苖 刷也。从艸屈聲。 區勿切。
| 藩 fān | 藩（漢印 石刻）屏也。从艸潘聲。 甫煩切。
| 菹 zū | 菹（漢印）酢菜也。从艸沮聲。 側魚切。䕅，或从皿。䔹，或从缶。
| 荃 quán | 荃 芥脃也。从艸全聲。 此緣切。
| 藞 kù | 藞 韭鬱也。从艸酷聲。 苦步切。
| 蘫 lán | 蘫 瓜菹也。从艸監（按：監當作濫）聲。 魯甘切。
| 菭 zhī | 菭 菹也。从艸派聲。 直宜切。䀅，菭或从皿。皿，器也。
| 藔 lǎo | 藔 乾梅之屬。从艸寮聲。《周禮》曰："饋食之籩，其實乾藔。"後漢長沙王始煑艸爲藔。 盧皓切。藔，藔或从潦。
| 薿 yì | 薿 煎茱萸。从艸顡聲。漢津：會稽獻薿一斗。 魚旣切。
| 莘 zǐ | 莘 羹菜也。从艸宰聲。 阻史切。
| 若 ruò | 若（甲骨 金文 簡帛 石刻）擇菜也。从艸、右。右，手也。一曰杜若，香

艸。而灼切。

尃 tuán 蒲叢也。从艸專聲。常倫切。

茬 zhì 以艸補缺。从艸西聲。讀若陸。或以爲綴。一曰約空也。直例切。

蓴 zǔn 叢艸也。从艸尊聲。慈損切。

莜 diào （古璽）艸田器。从艸，條省聲。《論語》曰："以杖荷莜。"今作蓧。徒弔切。

䕮 pì 雨衣。一曰衰衣。从艸卑聲。一曰䕮蔴，似烏韭。扶歷切。

蒔 chí （簡帛）艸也。从艸是聲。是支切。

苴 jū （漢印）履中艸。从艸且聲。子余切。

麤 cū 艸履也。从艸麤聲。倉胡切。

蕢 kuì 艸器也。从艸貴聲。求位切。𠷎，古文蕢，象形。《論語》曰："有荷臾而過孔氏之門。"

蓁 qǐn 覆也。从艸，侵省聲。七朕切。

茵 yīn 車重席。从艸因聲。於眞切。鞇，司馬相如說：茵从革。

芻 chú （甲骨）（金文）（簡帛）（古璽）（漢印）刈艸也。象包束艸之形。叉愚切。

茭 jiāo （漢印）乾芻。从艸交聲。一曰牛蘄艸。古肴切。

莁 bù 亂艸。从艸步聲。薄故切。

茹 rú （石刻）飤馬也。从艸如聲。人庶切。

莝 cuò 斬芻。从艸坐聲。麤臥切。

萎 wěi 食牛也。从艸委聲。於僞切。

莿 cè 以穀萎馬，置莝中。从艸敕聲。楚革切。

苗 qū 蠶薄也。从艸曲聲。丘玉切。

蔟 cù 行蠶蓐。从艸族聲。千木切。

苣 jù 束葦燒。从艸巨聲。臣鉉等曰：今俗別作炬，非是。其呂切。

蕘 ráo 薪也。从艸堯聲。如昭切。

薪 xīn （金文）蕘也。从艸新聲。息鄰切。

蒸 zhēng 折（按：折當作析）麻中榦也。从艸烝聲。煮仍切。𦸔，蒸或省火。

蕉 jiāo 生枲也。从艸焦聲。即消切。

蒒 shǐ 糞也。从艸，胃省。式視切。

薶 mái 瘞也。从艸貍聲。莫皆切。

苫 shān 喪藉也。从艸佔聲。失廉切。

斯 shé （金文）（簡帛）（石刻）斷也。从斤斷艸。譚長說。食列切。𣂪，籀文折从艸在仌中，仌寒故折。挰，篆文折从手。

芔 huì 艸（图 图 图 简帛）艸之總名也。从艸、屮。 許偉切。

芁 qiú 芁（图 古璽）遠荒也。从艸九聲。《詩》曰："至于芁野。" 巨鳩切。

蒜 suàn 蒜 葷菜。从艸祘聲。 蘇貫切。

左文五十三 重二大篆从茻

芥 jiè 芥（图 图 漢印）菜也。从艸介聲。 古拜切。

蔥 cōng 蔥 菜也。从艸悤聲。 倉紅切。

雚 yù 雚 艸也。从艸崔聲。《詩》曰："食鬱及雚。" 余六切。

堇 diǎn 堇 亭歷也。从艸單聲。 多殄切。

苟 gǒu 苟（图 图 金文 图 石刻）艸也。从艸句聲。 古厚切。

蕨 jué 蕨 鼈也。从艸厥聲。 居月切。

莎 suō 莎 鎬侯也。从艸沙聲。 蘇禾切。

萍 píng 萍 苹也。从艸汫聲。 薄經切。

堇 jǐn 堇（图 图 簡帛）艸也。根如薺，葉如細柳，蒸食之，甘。从艸堇聲。 居隱切。

菲 fěi 菲 芴也。从艸非聲。 芳尾切。

芴 wù 芴 菲也。从艸勿聲。 文弗切。

䕞 hàn 䕞 艸也。从艸鶾聲。 呼旰切。

萑 huán 萑 薍也。从艸隹聲。 胡官切。

葦 wěi 葦 大葭也。从艸韋聲。 于鬼切。

葭 jiā 葭（图 漢印）葦之未秀者。从艸叚聲。 古牙切。

萊 lái 萊（图 图 漢印）蔓華也。从艸來聲。 洛哀切。

荔 lì 荔 艸也。似蒲而小，根可作㕞。从艸劦聲。 郎計切。

蒙 méng 蒙（图 图 图 图 漢印 图 石刻）王女也。从艸冡聲。 莫紅切。

藻 zǎo 藻 水艸也。从艸从水，巢聲。《詩》曰："于以采藻？" 子皓切。 藻，藻或从澡。

菉 lù 菉（图 图 甲骨）王芻也。从艸彔聲。《詩》曰："菉竹猗猗。" 力玉切。

曹 cáo 曹 艸也。从艸曹聲。 昨牢切。

䒿 yóu 䒿 艸也。从艸卣聲。 以周切。

藮 qiáo 藮 艸也。从艸焦聲。 昨焦切。

菩 wú 菩 艸也。从艸吾聲。《楚詞》有菩蕭艸。 吾乎切。

范 fàn 范（图 图 古璽 图 图 石刻）艸也。从艸氾聲。 房㚓切。

芿 réng 芿（甲骨 金文）艸也。从艸乃聲。 如乘切。

苳 xuè 苳 艸也。从艸血聲。 呼決切。

萄 táo 萄 艸也。从艸匋聲。 徒刀切。

芑 qǐ 芑（簡帛 漢印）白苗嘉穀。从艸己聲。 驅里切。

藚 xù 藚 水舄也。从艸賣聲。《詩》曰："言采其藚。" 似足切。

苳 dōng 苳 艸也。从艸冬聲。 都宗切。

薔 sè 薔 薔虞，蓼。从艸嗇聲。 所力切。

苕 tiáo 苕 艸也。从艸召聲。 徒聊切。

蕑 mào 蕑 艸也。从艸楙聲。 莫厚切。

萺 mào 萺 艸也。从艸冒聲。 莫報切。

芇 mǎo 芇（金文 簡帛 漢印）鳧葵也。从艸丣聲。《詩》曰："言采其芇。" 力久切。（按：對照出土文獻字从卯，小篆从丣為形近訛誤，大徐依據訛篆注音亦誤。）

荼 tú 荼（古璽 石刻）苦荼也。从艸余聲。 同都切。臣鉉等曰：此即今之茶字。

蘩 fán 蘩 白蒿也。从艸繁（按：繁當作緐）聲。 附袁切。

蒿 hāo 蒿（甲骨 金文 簡帛 古璽）菣也。从艸高聲。 呼毛切。

蓬 péng 蓬（漢印）蒿也。从艸逢聲。 薄紅切。�，籀文蓬省。

藜 lí 藜 艸也。从艸黎聲。 郎奚切。

蘬 kuī 蘬 薺實也。从艸歸聲。 驅歸切。

葆 bǎo 葆（漢印）艸盛皃。从艸保聲。 博襃切。

蕃 fán 蕃（金文 漢印）艸茂也。从艸番聲。 甫煩切。

茸 róng 茸 艸茸茸皃。从艸，聰省聲。 而容切。

薦 jiān 薦 艸皃。从艸津聲。 子僊切。

叢 cóng 叢 艸叢生皃。从艸叢聲。 徂紅切。

草 zào 草 草斗，櫟實也。一曰象斗子。从艸早聲。 自保切。臣鉉等曰：今俗以此為艸木之艸，別作皁字，為黑色之皁。案：櫟實可以染帛，為黑色，故曰草。通用為草棧字。今俗書皁或从白从十，或从白从七，皆無意義，無以下筆。

菆 zōu 菆（古璽 漢印 石刻）麻蒸也。从艸取聲。一曰蓐也。 側鳩切。

蓄 xù 蓄（石刻）積也。从艸畜聲。 丑六切。

萅 chūn 萅（甲骨 金文 簡帛 古璽 漢印 石刻）推也。从艸从日，艸春時生也；屯聲。 昌純切。

菰 gū		艸多皃。从艸狐聲。江夏平春有菰亭。	古狐切。
菿 dào		艸木倒。从艸到聲。	都盜切。

文四百四十五　重三十一（當作重三十二）

芙 fú		（□□簡帛）芙蓉也。从艸夫聲。	方無切。
蓉 róng		芙蓉也。从艸容聲。	余封切。
蔿 wěi		艸也。《左氏傳》："楚大夫蔿子馮。"从艸遠聲。	韋委切。
荀 xún		（□漢印 □石刻）艸也。从艸旬聲。臣鉉等案：今人姓荀氏，本郇侯之後，宜用郇字。	相倫切。
莋 zuó		越雟縣名，見《史記》。从艸作聲。	在各切。
蓀 sūn		香艸也。从艸孫聲。	思渾切。
蔬 shū		菜也。从艸疏聲。	所菹切。
芊 qiān		艸盛也。从艸千聲。	倉先切。
茗 míng		茶芽也。从艸名聲。	莫迥切。
薌 xiāng		穀气也。从艸鄉聲。	許良切。
藏 cáng		（□簡帛 □ □石刻）匿也。臣鉉等案：《漢書》通用臧字。从艸，後人所加。	昨郎切。
蔵 chǎn		《左氏傳》："以蔵陳事。"杜預注云：蔵，敕也。从艸未詳。	丑善切。
蘸 zhàn		以物沒水也。此蓋俗語。从艸未詳。	斬陷切。

文十三新附

蓐　部

蓐 rù		陳艸復生也。从艸辱聲。一曰蔟也。凡蓐之屬皆从蓐。	而蜀切。□，籀文蓐从茻。
薅 hāo		拔去田艸也。从蓐，好省聲。呼毛切。□，籀文薅省。□，薅或从休。《詩》曰："既茠荼蓼。"	

文二　重三

茻　部

茻 mǎng		眾艸也。从四屮。凡茻之屬皆从茻。讀與冈同。	模朗切。
莫 mù		（□□□□甲骨 □□□□□金文 □簡帛□□□□漢印□）	

（石刻）日且冥也。从日在茻中。 莫故切。又，慕各切。

莽 mǎng　茻（甲骨　漢印）南昌謂犬善逐菟（按：菟當作兔）艸中爲莽。从犬从茻，茻亦聲。謀朗切。

葬 zàng　茻（甲骨　簡帛　石刻）藏也。从死在茻中；一其中，所以薦之。《易》曰："古之葬者，厚衣之以薪。" 則浪切。

　　　　文四

說文解字弟二

三十部　六百九十三文　重八十八

凡八千四百九十八字

文三十四新附

小 部

小 xiǎo　ㄒㄧㄠ（甲骨　金文　簡帛　漢印　石刻）物之微也。從八，丨見而分之。凡小之屬皆從小。　私兆切。

少 shǎo　（甲骨　金文　簡帛　古幣　漢印　石刻）不多也。從小丿聲。　書沼切。

尐 jié　（石刻）少也。從小乀聲。讀若輟。　子結切。

文三

八 部

八 bā　（甲骨　金文　簡帛　古幣　漢印　石刻）別也。象分別相背之形。凡八之屬皆從八。　博拔切。

分 fēn　（甲骨　金文　簡帛　古幣　漢印　石刻）別也。從八從刀，刀以分別物也。　甫文切。

尒 ěr　（金文　簡帛　石刻）詞之必然也。從入、丨、八。八，象气之分散。　兒氏切。

曾 zēng　（甲骨　金文　漢印　石刻）詞之舒也。從八從曰，囪聲。　昨稜切。

尚 shàng　（金文　簡帛　古璽　古幣　漢印　石刻）曾也。庶幾也。從八向聲。　時亮切。

㒸 suì　（金文）從意也。從八豕聲。　徐醉切。

詹 zhān　（漢印）多言也。從言從八從厃。臣鉉等曰：厃，高也；八，分也，多故可分也。　職廉切。

介 jiè　介（甲骨　簡帛　石刻）畫也。从八从人。人各有介。 古拜切。

兯 bié　从 分也。从重八。八，別也。亦聲。《孝經說》曰："故上下有別。" 兵列切。

公 gōng　公（甲骨　金文　簡帛　古璽　古陶　古幣　漢印　石刻）平分也。从八从厶。音司。八猶背也。韓非曰：背厶爲公。 古紅切。

必 bì　必（甲骨　金文　簡帛　漢印　石刻）分極也。从八、弋，弋亦聲。 卑吉切。

余 yú　余（甲骨　金文　簡帛　古璽　古陶　漢印）語之舒也。从八，舍省聲。 以諸切。𠆍，二余也。讀與余同。

　　　文十二　重一

釆　部

釆 biàn　釆（金文）辨別也。象獸指爪分別也。凡釆之屬皆从釆。讀若辨。 蒲莧切。𠂹，古文釆。

番 fán　番（金文　簡帛　古幣　石刻）獸足謂之番。从釆；田，象其掌。 附袁切。𨆌，番或从足从煩。𥙹，古文番。

宷 shěn　宷 悉也。知宷諦也。从宀从釆。徐鍇曰："宀，覆也。釆，別也。包覆而深別之。宷，悉也。" 式荏切。審，篆文宷从番。

悉 xī　悉（石刻）詳盡也。从心从釆。 息七切。𢝫，古文悉。

釋 shì　釋（石刻）解也。从釆；釆，取其分別物也。从睪聲。 賞職切。

　　　文五　重五

半　部

半 bàn　半（金文　玉盟書　古璽　古幣　石刻）物中分也。从八从牛。牛爲物大，可以分也。凡半之屬皆从半。 博幔切。

胖 pàn　胖 半體肉也。一曰廣肉。从半从肉，半亦聲。 普半切。

叛 pàn　叛 半也。从半反聲。 薄半切。

　　　文三

牛 部

牛 niú　牛（[甲骨][金文][簡帛][漢印][石刻]）大牲也。牛件也；件，事理也。象角頭三、封尾之形。凡牛之屬皆从牛。徐鍇曰："件，若言物一件、二件也。封，高起也。" 語求切。

牡 mǔ　牡（[甲骨][金文]）畜父也。从牛土聲。 莫厚切。

犅 gāng　犅（[金文]）特牛也。从牛岡聲。 古郎切。

特 tè　特（[金文][石刻]）朴特，牛父也。从牛寺聲。 徒得切。

牝 pìn　牝（[甲骨][簡帛]）畜母也。从牛匕聲。《易》曰："畜牝牛，吉。" 毗忍切。

犢 dú　犢（[漢印]）牛子也。从牛，賣省聲。 徒谷切。

㹜 bèi　㹜 二歲牛。从牛市聲。 博蓋切。

犙 sān　犙 三歲牛。从牛參聲。 穌含切。

牭 sì　牭 四歲牛。从牛从四，四亦聲。 息利切。 䎙，籒文牭从貳。

犗 jiè　犗 騬牛也。从牛害聲。 古拜切。

牻 máng　牻 白黑雜毛牛。从牛尨聲。 莫江切。

㹁 liáng　㹁 牻牛也。从牛京聲。《春秋傳》曰："牻㹁。" 呂張切。

犡 lì　犡 牛白脊也。从牛厲聲。 洛帶切。

㸁 tú　㸁 黃牛虎文。从牛余聲。讀若塗。 同都切。

犖 luò　犖 駁牛也。从牛，勞省聲。 呂角切。

㸎 liè　㸎 牛白脊也。从牛寽聲。 力輟切。

㸋 pēng　㸋 牛駁如星。从牛平聲。 普耕切。

㸄 piāo　㸄 牛黃白色。从牛麃聲。 補嬌切。

犉 rún　犉（[漢印]）黃牛黑脣也。从牛辜聲。《詩》曰："九十其犉。" 如均切。

㸌 yuè　㸌 白牛也。从牛隺聲。 五角切。

㸊 jiāng　㸊 牛長脊也。从牛畺聲。 居良切。

㹎 tāo　㹎 牛徐行也。从牛㕟聲。讀若滔。 土刀切。

犨 chōu　犨（[古璽]）牛息聲。从牛雔聲。一曰牛名。 赤周切。

牟 móu　牟（[甲骨][漢印]）牛鳴也。从牛，象其聲气从口出。 莫浮切。

㹌 chǎn　㹌 畜牷也。从牛產聲。 所簡切。

牲 shēng　牲（金文　簡帛　石刻）牛完全。从牛生聲。　所庚切。

牷 quán　牷　牛純色。从牛全聲。　疾緣切。

牽 qiān　牽（石刻）引前也。从牛，象引牛之縻也。玄聲。　苦堅切。

牿 gù　牿　牛馬牢也。从牛告聲。《周書》曰："今惟牿牛馬。"　古屋切。

牢 láo　牢（甲骨　金文　簡帛）閑，養牛馬圈也。从牛，冬省。取其四周帀也。　魯刀切。

犓 chú　犓　以芻莖養牛也。从牛、芻，芻亦聲。《春秋國語》曰："犓豢幾何？"　測愚切。

㸰 rǎo　㸰　牛柔謹也。从牛夒聲。　而沼切。

犕 bèi　犕　《易》曰："犕牛乘馬。"从牛葡聲。　平祕切。

犁 lí　犁（漢印）耕也。从牛黎聲。　郎奚切。

𤙱 fèi　𤙱　兩壁耕也。从牛非聲。一曰覆耕穜也。讀若匪。　非尾切。

𤚥 tāo　𤚥　牛羊無子也。从牛䆉聲。讀若糗糧之糗。　徒刀切。

牴 dǐ　牴（漢印）觸也。从牛氐聲。　都禮切。

犚 wèi　犚　牛踶犚也。从牛衛聲。　于歲切。

㹂 qiǎn　㹂　牛很，不從引也。从牛从臤，臤亦聲。一曰大兒。讀若賢。　喫善切。

牼 kēng　牼（金文）牛厀下骨也。从牛巠聲。《春秋傳》曰："宋司馬牼字牛。"　口莖切。

牣 jìn　牣　牛舌病也。从牛今聲。　巨禁切。

犀 xī　犀（金文　簡帛　古璽）南徼外牛。一角在鼻，一角在頂，似豕。从牛尾聲。　先稽切。

牣 rèn　牣　牣，滿也。从牛刃聲。《詩》曰："於牣魚躍。"　而震切。

物 wù　物（甲骨　石刻）萬物也。牛爲大物；天地之數，起於牽牛，故从牛。勿聲。　文弗切。

犧 xī　犧（簡帛　漢印）宗廟之牲也。从牛羲聲。賈侍中說：此非古字。　許羈切。

文四十五　重一

犍 jiān　犍　犗牛也。从牛建聲。亦郡名。　居言切。

犝 tóng　犝　無角牛也。从牛童聲。古通用僮。　徒紅切。

文二新附

氂 部

氂 lí　氂（漢印）西南夷長髦牛也。从牛𠩺聲。凡氂之屬皆从氂。　莫交切。

氂 máo　氂 犛牛尾也。从犛省，从毛。 里之切。

斄 lái　斄（斄 斄 斄 漢印）彊曲毛，可以箸起衣。从犛省，來聲。 洛哀切。 斄，古文斄省。

　　　　　　文三　重一

告　部

告 gào　告（告 甲骨 告 告 告 告 告 金文 告 告 告 簡帛 告 漢印 告 告 告 石刻）牛觸人，角箸橫木，所以告人也。从口从牛。《易》曰："僮牛之告。"凡告之屬皆从告。 古奧切。

嚳 kù　嚳 急告之甚也。从告，學省聲。 苦沃切。

　　　　　　文二

口　部

口 kǒu　口（口 甲骨 口 口 口 金文 口 簡帛 口 口 古幣 口 石刻）人所以言食也。象形。凡口之屬皆从口。 苦后切。

嗷 jiào　嗷 吼也。从口敫聲。一曰嗷，呼也。 古弔切。

噣 zhòu　噣 喙也。从口蜀聲。 陟救切。

喙 huì　喙（喙 漢印）口也。从口彖聲。 許穢切。

吻 wěn　吻 口邊也。从口勿聲。 武粉切。 脗，吻或从肉从昏。

嚨 lóng　嚨（嚨 嚨 嚨 甲骨）喉也。从口龍聲。 盧紅切。

喉 hóu　喉 咽也。从口侯聲。 乎鉤切。

噲 kuài　噲（噲 噲 噲 漢印）咽也。从口會聲。讀若快。一曰嚵，噲也。 苦夬切。

吞 tūn　吞 咽也。从口天聲。 土根切。

咽 yān　咽 嗌也。从口因聲。 烏前切。

嗌 yì　嗌 咽也。从口益聲。 伊昔切。 嗌，籒文嗌上象口，下象頸脈理也。

喗 yǔn　喗 大口也。从口軍聲。 牛殞切。

哆 chǐ　哆 張口也。从口多聲。 丁可切。

呱 gū　呱 小兒嗁聲。从口瓜聲。《詩》曰："后稷呱矣。" 古乎切。

啾 jiū　啾 小兒聲也。从口秋聲。 即由切。

喤 huáng　喤 小兒聲。从口皇聲。《詩》曰："其泣喤喤。" 乎光切。

| 咺 xuǎn | 咺（石刻）朝鮮謂兒泣不止曰咺。从口，宣省聲。 況晚切。

| 唴 qiàng | 唴 秦晉謂兒泣不止曰唴。从口羌聲。 丘尚切。

| 咷 táo | 咷 楚謂兒泣不止曰噭咷。从口兆聲。 徒刀切。

| 喑 yīn | 喑 宋齊謂兒泣不止曰喑。从口音聲。 於今切。

| 嶷 yì | 嶷 小兒有知也。从口疑聲。《詩》曰："克岐克嶷。" 魚力切。

| 咳 hái | 咳 小兒笑也。从口亥聲。 戶來切。孩，古文咳从子。

| 嗛 xián | 嗛（石刻）口有所銜也。从口兼聲。 戶監切。

| 咀 jǔ | 咀 含味也。从口且聲。 慈呂切。

| 啜 chuò | 啜 嘗也。从口叕聲。一曰喙也。 昌說切。

| 噍 jí | 噍 噍也。从口集聲。讀若集。 子入切。

| 嚌 jì | 嚌 嘗也。从口齊聲。《周書》曰："大保受同祭嚌。" 在詣切。

| 噍 jiào | 噍 齧也。从口焦聲。 才肖切。嚼，噍或从爵。又，才爵切。

| 吮 shǔn | 吮 欶也。从口允聲。 徂沇切。

| 嗺 shuì | 嗺 小歠也。从口率聲。讀若刷。 所劣切。

| 嚵 chán | 嚵 小嗺也。从口毚聲。一曰喙也。 士咸切。

| 噬 shì | 噬 啗也。喙也。从口筮聲。 時制切。

| 啗 dàn | 啗 食也。从口臽聲。讀與含同。 徒濫切。

| 嘰 jī | 嘰 小食也。从口幾聲。 居衣切。

| 嗺 bó | 嗺 嗺兒。从口專聲。 補各切。

| 含 hán | 含（簡帛 石刻）嗛也。从口今聲。 胡男切。

| 哺 bǔ | 哺（簡帛）哺咀也。从口甫聲。 薄故切。

| 味 wèi | 味（簡帛 石刻）滋味也。从口未聲。 無沸切。

| 嚛 hù | 嚛 食辛嚛也。从口樂聲。 火沃切。

| 噣 zhuó | 噣 口滿食。从口窡聲。 丁滑切。

| 噫 ǎi | 噫 飽食息也。从口意聲。 於介切。

| 嘽 tān | 嘽 喘息也。一曰喜也。从口單聲。《詩》曰："嘽嘽駱馬。" 他干切。

| 唾 tuò | 唾 口液也。从口巠聲。 湯臥切。涶，唾或从水。

| 咦 yí | 咦 南陽謂大呼曰咦。从口夷聲。 以之切。

| 呬 xì | 呬 東夷謂息爲呬。从口四聲。《詩》曰："犬夷呬矣。" 虛器切。

| 喘 chuǎn | 喘（古璽 石刻）疾息也。从口耑聲。 昌沇切。

呼 hū （漢印）外息也。从口乎聲。 荒烏切。

吸 xī （漢印）內息也。从口及聲。 許及切。

嘘 xū 吹也。从口虛聲。 朽居切。

吹 chuī 嘘也。从口从欠。 昌垂切。

喟 kuì （漢印 石刻）大息也。从口胃聲。 丘貴切。嚭，喟或从貴。

啍 tūn 口气也。从口享聲。《詩》曰："大車啍啍。" 他昆切。

嚏 tì 悟解气也。从口疐聲。《詩》曰："願言則嚏。" 都計切。

嚍 zhì 野人言之。从口質聲。 之日切。

唫 jìn 口急也。从口金聲。 巨錦切。又，牛音切。

噤 jìn 口閉也。从口禁聲。 巨禁切。

名 míng （甲骨 金文 簡帛 石刻）自命也。从口从夕。夕者，冥也。冥不相見，故以口自名。 武并切。

吾 wú （金文 漢印 石刻）我，自稱也。从口五聲。 五乎切。

哲 zhé （金文 簡帛 古璽）知也。从口折聲。 陟列切。悊，哲或从心。嚞，古文哲从三吉。

君 jūn （甲骨 金文 玉盟書 簡帛 古璽 古幣 漢印 石刻）尊也。从尹。發號，故从口。 舉云切。𠁈，古文象君坐形。

命 mìng （金文 簡帛 古璽 石刻）使也。从口从令。 眉病切。

咨 zī （漢印）謀事曰咨。从口次聲。 即夷切。

召 zhào （甲骨 金文 漢印 石刻）評也。从口刀聲。 直少切。

問 wèn （甲骨）訊也。从口門聲。 亡運切。

唯 wěi （甲骨 金文 簡帛 漢印）諾也。从口隹聲。 以水切。

唱 chàng 導也。从口昌聲。 尺亮切。

和 hè （金文 簡帛 古璽 古陶 石刻）相譍也。从口禾聲。 戶戈切。

咥 xì 大笑也。从口至聲。《詩》曰："咥其笑矣。" 許既切。又，直結切。

| 啞 è | 笑也。从口亞聲。《易》曰："笑言啞啞。" 於革切。
| 噱 jué | 大笑也。从口豦聲。 其虐切。
| 唏 xī | 笑也。从口，稀省聲。一曰哀痛不泣曰唏。 虛豈切。
| 听 yǐn | 笑皃。从口斤聲。 宜引切。
| 呭 yì | 多言也。从口世聲。《詩》曰："無然呭呭。" 余制切。
| 噭 jiāo | 聲噭噭也。从口敫聲。 古堯切。
| 咄 duō | 相謂也。从口出聲。 當沒切。
| 唉 āi | 應也。从口矣聲。讀若埃。 烏開切。
| 哉 zāi | (金文 簡帛 石刻) 言之間也。从口𢦒聲。 祖才切。
| 噂 zǔn | 聚語也。从口尊聲。《詩》曰："噂沓背憎。" 子損切。
| 咠 qì | (簡帛) 聶語也。从口从耳。《詩》曰："咠咠幡幡。" 七入切。
| 呷 xiā | 吸呷也。从口甲聲。 呼甲切。
| 嘒 huì | 小聲也。从口彗聲。《詩》曰："嘒彼小星。" 呼惠切。𠰙，或从慧。
| 嘫 rán | 語聲也。从口然聲。 如延切。
| 唪 běng | 大笑也。从口奉聲。讀若《詩》曰"瓜瓞菶菶"。 方蠓切。
| 嗔 tián | 盛气也。从口眞聲。《詩》曰："振旅嗔嗔。" 待年切。
| 嘌 piāo | 疾也。从口票聲。《詩》曰："匪車嘌兮。" 撫招切。
| 嘑 hū | (玉盟書) 唬也。从口虖聲。 荒烏切。
| 喅 yù | 音聲喅喅然。从口昱聲。 余六切。
| 嘯 xiào | 吹聲也。从口肅聲。 穌弔切。歗，籀文嘯从欠。
| 台 yí | (金文 簡帛 漢印) 說也。从口㠯聲。 與之切。
| 噊 yáo | 喜也。从口䍃聲。 余招切。
| 启 qǐ | 開也。从戶从口。 康禮切。
| 噉 tǎn | 聲也。从口貪聲。《詩》曰："有噉其饁。" 他感切。
| 咸 xián | (甲骨 金文 簡帛 古陶 漢印 石刻) 皆也。悉也。从口从戌。戌，悉也。 胡監切。
| 呈 chéng | (甲骨 簡帛 古璽) 平也。从口壬聲。 直貞切。
| 右 yòu | (金文 簡帛 古璽 古陶 古幣 石刻) 助也。从口从又。徐鍇曰："言不足以左，復手助之。" 于救切。
| 啻 chì | (金文 簡帛 古璽 古幣) 語時不啻也。从口帝聲。一曰啻，諟

		也。讀若鞮。 施智切。
吉 jí	吉(甲骨 金文 簡帛 古璽 漢印 石刻)	
		善也。从士、口。 居質切。
周 zhōu	周(甲骨 金文 簡帛 古璽 古幣 漢印 石刻)	密也。从用、口。 職雷切。周，古文周字从古文及。
唐 táng	唐(甲骨 金文 古璽 石刻)	大言也。从口庚聲。徒郎切。啺，古文唐从口、昜。
噂 chóu		誰也。从口、丂，又聲。丂，古文疇。 直由切。
噡 dàn		含深也。从口覃聲。 徒感切。
噎 yē		飯窒也。从口壹聲。 烏結切。
嗢 wà		咽也。从口㕰聲。 烏沒切。
哯 xiàn		不歐而吐也。从口見聲。 胡典切。
吐 tǔ	吐(石刻)	寫也。从口土聲。 他魯切。
噦 yuē		气牾也。从口歲聲。 於月切。
咈 fú		違也。从口弗聲。《周書》曰："咈其耉長。" 符弗切。
嚘 yōu		語未定皃。从口憂聲。 於求切。
吃 jī	吃(古陶)	言蹇難也。从口气聲。 居乙切。
嗜 shì		嗜欲，喜之也。从口者聲。 常利切。
啖 dàn		噍啖也。从口炎聲。一曰噉。 徒敢切。
哽 gěng		語爲舌所介也。从口更聲。讀若井級綆。 古杏切。
嘐 xiāo		誇語也。从口翏聲。 古肴切。
啁 zhāo		啁嘐也。从口周聲。 陟交切。
哇 wā		諂聲也。从口圭聲。讀若醫。 於佳切。
咢 è		語相訶歫也。从口歫屰。屰，惡聲也。讀若櫱。 五葛切。
吺 dōu		讘吺，多言也。从口，投省聲。 當矦切。
呧 dǐ		苛也。从口氐聲。 都禮切。
呰 zǐ		苛也。从口此聲。 將此切。
嗻 zhè		遮也。从口庶聲。 之夜切。
唊 jiá		妄語也。从口夾聲。讀若莢。 古叶切。
嗑 kè		多言也。从口盍聲。讀若甲。 候榼切。

| 唪 bēng | 詞聲。唪喻也。从口弟聲。司馬相如說，淮南宋蔡舞唪喻也。 補盲切。
| 嘼 xiè | 高气多言也。从口，蕫省聲。《春秋傳》曰："嘼言。" 訶介切。
| 卥 qiú | （卥 簡帛 卥 古璽）高气也。从口九聲。臨淮有卥猶縣。 巨鳩切。
| 嘮 cháo | 嘮呶，謹也。从口勞聲。 敕交切。
| 呶 náo | 謹聲也。从口奴聲。《詩》曰："載號載呶。" 女交切。
| 叱 chì | 訶也。从口七聲。 昌栗切。
| 噴 pēn | 吒也。从口賁聲。一曰鼓鼻。 普魂切。
| 吒 zhà | 噴也。叱怒也。从口乇聲。 陟駕切。
| 噊 yù | 危也。从口矞聲。 余律切。
| 啐 cuì | （啐 簡帛）驚也。从口卒聲。 七外切。
| 唇 zhēn | （唇 簡帛）驚也。从口辰聲。 側鄰切。
| 吁 xū | （吁 金文 吁 簡帛 吁 古璽）驚也。从口于聲。 況于切。
| 嘵 xiāo | 懼也。从口堯聲。《詩》曰："唯予音之嘵嘵。" 許么切。
| 嘖 zé | 大呼也。从口責聲。 士革切。讀，嘖或从言。
| 嗷 áo | 眾口愁也。从口敖聲。《詩》曰："哀鳴嗷嗷。" 五牢切。
| 唸 diàn | 呎也。从口念聲。《詩》曰："民之方唸呎。" 都見切。
| 呎 xī | 唸呎，呻也。从口尸聲。 馨伊切。
| 嚴 yán | 呻也。从口嚴聲。 五銜切。
| 呻 shēn | 吟也。从口申聲。 失人切。
| 吟 yín | （吟 簡帛 吟 石刻）呻也。从口今聲。 魚音切。訡，吟或从音。訡，或从言。
| 嗞 zī | 嗟也。从口兹聲。 子之切。
| 哤 máng | 哤異之言。从口尨聲。一曰雜語。讀若龍。 莫江切。
| 叫 jiào | 嘑也。从口丩聲。 古弔切。
| 嘅 kài | 嘆也。从口旣聲。《詩》曰："嘅其嘆矣。" 苦蓋切。
| 唌 xián | 語唌嘆也。从口延聲。 夕連切。
| 嘆 tàn | 吞歎也。从口，歎省聲。一曰太息也。 他案切。
| 喝 yè | 濁也。从口曷聲。 於介切。
| 哨 shào | 不容也。从口肖聲。 才肖切。
| 吪 é | 動也。从口化聲。《詩》曰："尚寐無吪。" 五禾切。
| 噆 cǎn | 嗛也。从口朁聲。 子荅切。

| 吝 lìn | 吝（甲骨 簡帛）恨惜也。从口文聲。《易》曰："以往吝。"臣鉉等曰：今俗別作悋，非是。良刃切。𠬛，古文吝从彣。

| 各 gè | 各（甲骨 金文 簡帛）異辭也。从口、夂。夂者，有行而止之，不相聽也。 古洛切。

| 否 fǒu | 否 不也。从口从不。 方九切。

| 唁 yàn | 唁 弔生也。从口言聲。《詩》曰："歸唁衛侯。" 魚變切。

| 哀 āi | 哀（金文 簡帛 漢印 石刻）閔也。从口衣聲。 烏開切。

| 嗁 tí | 嗁 號也。从口虒聲。 杜兮切。

| 㱎 hù | 㱎 歐皃。从口㱿聲。《春秋傳》曰："君將㱎之。" 許角切。

| 咼 kuā | 咼（古璽）口戾不正也。从口冎聲。 苦媧切。

| 嘁 jì | 嘁 嘆也。从口叔聲。 前歷切。

| 嘆 mò | 嘆 嘁嘆也。从口莫聲。 莫各切。

| 𠯑 guā | 𠯑 塞口也。从口，氒省聲。氒，音厥。古活切。𠯑，古文从甘。

| 嗾 sǒu | 嗾 使犬聲。从口族聲。《春秋傳》曰："公嗾夫獒。" 穌奏切。

| 吠 fèi | 吠 犬鳴也。从犬、口。 符廢切。

| 咆 páo | 咆 嘷也。从口包聲。 薄交切。

| 嗥 háo | 嗥（石刻）咆也。从口皋聲。 乎刀切。獆，譚長說：嗥从犬。

| 喈 jiē | 喈 鳥鳴聲。从口皆聲。一曰鳳皇鳴聲喈喈。 古諧切。

| 哮 xiāo | 哮 豕驚聲也。从口孝聲。 許交切。

| 喔 wō | 喔 雞聲也。从口屋聲。 於角切。

| 呝 è | 呝 喔也。从口戹聲。 烏格切。

| 咮 zhòu | 咮 鳥口也。从口朱聲。 章俱切。

| 嚶 yīng | 嚶 鳥鳴也。从口嬰聲。 烏莖切。

| 啄 zhuó | 啄 鳥食也。从口豖聲。 竹角切。

| 唬 xiāo | 唬（金文 簡帛）嗁聲也。一曰虎聲。从口从虎。讀若暠。 呼訝切。

| 呦 yōu | 呦 鹿鳴聲也。从口幼聲。 伊虯切。㘅，呦或从欠。

| 噳 yǔ | 噳 麋鹿羣口相聚皃。从口虞聲。《詩》曰："麀鹿噳噳。" 魚矩切。

| 喁 yóng | 喁 魚口上見。从口禺聲。 魚容切。

| 局 jú | 局（石刻）促也。从口在尺下，復局之。一曰博，所以行棋。象形。徐鍇曰："人之無涯者唯口，故口在尺下則爲局。博局外有垠堮周限也。" 渠綠切。

㕣 yǎn　㕣　山閒陷泥地。从口，从水敗皃。讀若沇州之沇。九州之渥地也，故以沇名焉。 以轉切。 㕃，古文㕣。

　　　　　　　文一百八十　重二十一

哦 é　哦　吟也。从口我聲。 五何切。

嗃 hè　嗃　嗃嗃，嚴酷皃。从口高聲。 呼各切。

售 shòu　售　賣去手也。从口，雔省聲。《詩》曰："賈用不售"。 承臭切。

噞 yǎn　噞　噞喁，魚口上見也。从口僉聲。 魚檢切。

唳 lì　唳　鶴鳴也。从口戾聲。 朗計切。

喫 chī　喫　食也。从口契聲。 苦擊切。

喚 huàn　喚　評也。从口奐聲。古通用奐。 呼貫切。

咍 hāi　咍　蚩笑也。从口从台。 呼來切。

嘲 cháo　嘲　謔也。从口朝聲。《漢書》通用啁。 陟交切。

呀 xiā　呀　張口皃。从口牙聲。 許加切。

　　　　　　　文十新附

凵 部

凵 kǎn　凵（凵 簡帛）張口也。象形。凡凵之屬皆从凵。 口犯切。

　　　　　　　文一

吅 部

吅 xuān　吅　驚嘑也。从二口。凡吅之屬皆从吅。讀若讙。臣鉉等曰：或通用讙。今俗別作喧，非是。 況袁切。

㖵 níng　㖵（甲骨　金文　簡帛　古幣）亂也。从爻、工、交、吅。一曰窒㖵。讀若襄。徐鍇曰："二口噂沓也。爻，物相交質也。工，人所作也。己，象交構形。" 女庚切。 㖵，籀文㖵。

嚴 yán　嚴（金文　簡帛　漢印　石刻）教命急也。从吅厰聲。 語杴切。 嚴，古文。

咢 è 　譁訟也。从吅屰聲。 五各切。

單 dān 　（甲骨／金文／簡帛／古璽／漢印／石刻）大也。从吅、甲，吅亦聲。闕。 都寒切。

㕅 zhōu 　呼雞重言之。从吅州聲。讀若祝。 之六切。

　　　文六　重二

哭　部

哭 kū 　（簡帛）哀聲也。从吅，獄省聲。凡哭之屬皆从哭。 苦屋切。

喪 sàng 　（甲骨／金文／簡帛／漢印／石刻）亡也。从哭从亡。會意。亡亦聲。 息郎切。

　　　文二

走　部

走 zǒu 　（金文／簡帛）趨也。从夭、止。夭止者，屈也。凡走之屬皆从走。徐鍇曰："走則足屈，故从夭。" 子苟切。

趨 qū 　（漢印）走也。从走芻聲。 七逾切。

赴 fù 　趨也。从走，仆省聲。臣鉉等曰：《春秋傳》赴告用此字。今俗作訃，非是。 芳遇切。

趣 qù 　（古陶）疾也。从走取聲。 七句切。

超 chāo 　（漢印／石刻）跳也。从走召聲。 敕宵切。

趫 qiāo 　（金文／漢印）善緣木走之才。从走喬聲。讀若王子蹻。 去嚻切。

赳 jiū 　輕勁有才力也。从走丩聲。讀若鐈。 居黝切。

趬 qí 　緣大木也。一曰行皃。从走支聲。 巨之切。

趮 zào 　疾也。从走喿聲。臣鉉等曰：今俗別作躁，非是。 則到切。

趯 yuè 　踊也。从走翟聲。 以灼切。

趣 jué 　躩也。从走厥聲。 居月切。

越 yuè 　（漢印／石刻）度也。从走戉聲。 王伐切。

趁 chèn 　䠆也。从走㐱聲。讀若塵。 丑刃切。

䠆 zhān 　趁也。从走亶聲。 張連切。

趞 què　䞘（[金文][簡帛]）趞趞也。一曰行皃。从走昔聲。　七雀切。

趬 qiāo　䞚　行輕皃。一曰趬，舉足也。从走堯聲。　牽遙切。

趪 xián　䞕　急走也。从走弦聲。　胡田切。

赼 cī　䞣　蒼（按：蒼當作倉）卒也。从走垐聲。讀若資。　取私切。

趮 piāo　䞝　輕行也。从走翲聲。　撫招切。

趣 qǐn　䞡　行皃。从走臤聲。讀若敢。　棄忍切。

趥 qiū　䞓　行皃。从走酋聲。　千牛切。

趗 zhú　䞒　行皃。从走蜀聲。讀若燭。　之欲切。

趣 jiàng　䞛　行皃。从走匠聲。讀若匠。　疾亮切。

趨 xún　䞐　走皃。从走叡聲。讀若紃。臣鉉等以爲叡聲遠，疑从容。　祥遵切。

趫 jié　䞏　走意。从走蒴聲。讀若髻結之結。　古屑切。

趣 yǔn　䞍　走意。从走囷聲。　丘忿切。

趖 suō　䞌　走意。从走坐聲。　蘇和切。

趣 xiàn　䞊　走意。从走憲聲。　許建切。

趲 biān　䞉　走意。从走鼻聲。　布賢切。

趧 zhí　䟉　走也。从走戠聲。讀若《詩》"威儀秩秩"。　直質切。

趶 yòu　䟇　走也。从走有聲。讀若又。　于救切。

趮 wǔ　䟆　走輕也。从走烏聲。讀若鄔。　安古切。

趯 qú　䟅　走顧皃。从走瞿聲。讀若劬。　其俱切。

寋 qiān　寋　走皃。从走，寋省聲。　九輦切。

赵 cāi　赵　疑之，等赵而去也。从走才聲。　倉才切。

赺 cǐ　赺　淺渡也。从走此聲。　雌氏切。

趜 qióng　趜　獨行也。从走匀聲。讀若煢。　渠營切。

趣 yú　趣　安行也。从走與聲。　余呂切。

起 qǐ　起（[簡帛][漢印][石刻]）能立也。从走巳聲。　墟里切。忌，古文起从辵。

趪 hái　趪　留意也。从走里聲。讀若小兒孩。　戶來切。

趌 xiòng　趌　行也。从走臭聲。　香仲切。

趛 yǐn　趛（[金文]）低頭疾行也。从走金聲。　牛錦切。

趌 jí　趌　趌趌，怒走也。从走吉聲。　去吉切。

| 趌 jié | 趌趌也。从走曷聲。居謁切。
| 趫 xuān | 疾也。从走睘聲。讀若讙。況袁切。
| 赽 jí | 直行也。从走气聲。魚訖切。
| 趩 yì | 趩進趩如也。从走翼聲。與職切。
| 赽 jué | 踶也。从走，決省聲。古穴切。
| 趩 chì | （金文）行聲也。一曰不行皃。从走異聲。讀若敕。丑亦切。
| 赿 dī | 趨也。从走氐聲。都禮切。
| 趍 chí | 趍（按：趍當作趍）趙，夂也。从走多聲。直离切。
| 趙 zhào | （金文 玉盟書 漢印 石刻）趍（按：趍當作趍）趙也。从走肖聲。治小切。
| 赾 qǐn | 行難也。从走斤聲。讀若堇。丘堇切。
| 趜 jú | 走意也。从走夐聲。讀若繘。居聿切。
| 趠 chuò | （金文 簡帛）遠也。从走卓聲。敕角切。
| 趫 yuè | 趠趫也。从走龠聲。以灼切。
| 趯 jué | 大步也。从走矍聲。丘縛切。
| 趨 chì | 超特也。从走契聲。丑例切。
| 譏 jī | 走也。从走幾聲。居衣切。
| 趫 fú | 走也。从走弗聲。敷勿切。
| 趫 jú | 狂走也。从走矞聲。余律切。
| 趨 mán | 行遲也。从走曼聲。莫還切。
| 趉 jué | 走也。从走出聲。讀若無尾之屈。瞿勿切。
| 趜 jú | 窮也。从走匊聲。居六切。
| 趑 cī | 趑趄，行不進也。从走次聲。取私切。
| 趄 jū | 趑趄也。从走且聲。七余切。
| 趌 qiān | 蹇行趌趌也。从走虔聲。讀若愆。去虔切。
| 趚 quán | 行趚趠也。一曰行曲脊皃。从走雚聲。巨員切。
| 趚 lù | 趚趚也。从走录聲。力玉切。
| 趁 qūn | 行趁趁也。从走夋聲。七倫切。
| 趚 qì | 側行也。从走束聲。《詩》曰："謂地蓋厚，不敢不趚。"資昔切。
| 趌 kuǐ | 半步也。从走圭聲。讀若跬同。丘弭切。

趍 chí　趍趍，輕薄也。从走虒聲。讀若池。　直离切。

趵 bó　僵也。从走音聲。讀若匐。　朋北切。

赿 chě　距也。从走，庶省聲。《漢令》曰："赿張百人。"　車者切。

趚 lì　動也。从走樂聲。讀若《春秋傳》曰"輔趚"。　郎擊切。

趡 cuǐ　動也。从走隹聲。《春秋傳》曰："盟于趡。"趡，地名。　千水切。

趄 yuán　（金文　簡帛）趄田，易居也。从走亘聲。　羽元切。

趛 diān　走頓也。从走眞聲。讀若顛。　都年切。

踊 yǒng　喪辟踊。从走甬聲。　余隴切。

趩 bì　止行也。一曰竈上祭名。从走畢聲。　卑吉切。

趣 jiàn　進也。从走斬聲。　藏監切。

趧 tí　趧婁，四夷之舞，各自有曲。从走是聲。　都兮切。

趒 tiáo　雀行也。从走兆聲。　徒遼切。

赶 qián　舉尾走也。从走干聲。　巨言切。

　　　　文八十五　重一

止 部

止 zhǐ　止（甲骨　金文　簡帛　古璽　古陶　古幣　漢印　石刻）下基也。象艸木出有址，故以止爲足。凡止之屬皆从止。　諸市切。

踵 zhǒng　（金文）跟也。从止重聲。　之隴切。

堂 chēng　歫也。从止尚聲。　丑庚切。

跱 chí　躇也。从止寺聲。　直离切。

歫 jù　止也。从止巨聲。一曰槍（按：槍當作搶）也。一曰超歫。　其呂切。

前 qián　歬（甲骨　金文　簡帛　漢印　石刻）不行而進謂之歬。从止在舟上。　昨先切。

歷 lì　歷（漢印　石刻）過也。从止厤聲。　郎擊切。

歗 chù　至也。从止叔聲。　昌六切。

壁 bì　人不能行也。从止辟聲。　必益切。

歸 guī　歸（甲骨　金文　簡帛　漢印　石刻）女嫁也。从止，从婦省，𠂤聲。　舉韋切。歸，籀文省。

癶 部

辻 jié　疾也。从止从又。又，手也。中聲。　疾葉切。

尵 niè　機下足所履者。从止从又，入聲。　尼輒切。

㢟 tà　蹈也。从反止。讀若撻。　他達切。

澀 sè　不滑也。从四止。　色立切。

　　文十四　重一

癶 部

癶 bō　足剌癶也。从止、少。凡癶之屬皆从癶。讀若撥。　北末切。

登 dēng　（甲骨　金文　簡帛　古璽　古陶　漢印　石刻）上車也。从癶、豆。象登車形。　都滕切。　籀文登从収。

癹 bá　（甲骨　玉盟書　簡帛　古璽）以足蹋夷艸。从癶从殳。《春秋傳》曰："癹夷蘊崇之。"　普活切。

　　文三　重一

步 部

步 bù　（甲骨　金文　簡帛　古陶　漢印　石刻）行也。从止少相背。凡步之屬皆从步。　薄故切。

歲 suì　（甲骨　金文　簡帛　古璽　古陶　漢印　石刻）木星也。越歷二十八宿，宣徧陰陽，十二月一次。从步戌聲。律歷書名五星爲五步。　相銳切。

　　文二

此 部

此 cǐ　（甲骨　金文　玉盟書　簡帛　石刻）止也。从止从匕。匕，相比次也。凡此之屬皆从此。　雌氏切。

啙 zǐ　窳也。闕。　將此切。

紫 zuǐ　識也。从此束聲。一曰藏也。　遵誄切。

些 suò　㱿　語辭也。見《楚辭》。从此从二。其義未詳。 蘇箇切。

文一新附

正 部

正 zhèng　正（甲骨　金文　簡帛　古璽　古幣　石刻）是也。从止，一以止。凡正之屬皆从正。徐鍇曰："守一以止也。" 之盛切。疋，古文正从二。二，古上字。疋，古文正从一、足。足者亦止也。

乏 fá　乏（金文）《春秋傳》曰："反正爲乏。" 房法切。

文二 重二

是 部

是 shì　是（金文　簡帛　古璽　古幣　漢印　石刻）直也。从日、正。凡是之屬皆从是。 承旨切。㫺，籀文是从古文正。

韙 wěi　韙　是也。从是韋聲。《春秋傳》曰："犯五不韙。" 于鬼切。愇，籀文韙从心。

尟 xiǎn　尟　是少也。尟俱存也。从是、少。賈侍中說。 酥典切。

文三 重二

辵 部

辵 chuò　辵　乍行乍止也。从彳从止。凡辵之屬皆从辵。讀若《春秋公羊傳》曰"辵階而走"。 丑略切。

迹 jī　迹（石刻）步處也。从辵亦聲。 資昔切。蹟，或从足、責。𨒪，籀文迹从朿。

逪 huì　逪　無違也。从辵羣聲。讀若害。 胡蓋切。

達 shuài　達　先道也。从辵率聲。 疏密切。

邁 mài　邁（金文　石刻）遠行也。从辵，蠆省聲。 莫話切。遭，邁或不省。

巡 xún　巡（古璽　石刻）延行皃。从辵川聲。 詳遵切。

邀 jiù　邀　恭謹行也。从辵𠭯聲。讀若九。 居又切。

徒 tú　徒（ 金文　簡帛　古璽　古陶　漢印　石刻）步行也。从辵土聲。 同都切。

遊 yóu　遊（ 簡帛）行遊徑也。从辵斿聲。 以周切。

征 zhēng　征（ 石刻）正行也。从辵正聲。 諸盈切。㣟，延或从彳。

隨 suí　隨（ 漢印　石刻）从也。从辵，隋省聲。 旬爲切。

迫 bó　迫　行皃。从辵巿聲。 蒲撥切。

迋 wàng　迋　往也。从辵王聲。《春秋傳》曰："子無我迋。" 于放切。

逝 shì　逝　往也。从辵折聲。讀若誓。 時制切。

徂 cú　徂　往也。从辵且聲。徂，齊語。 全徒切。䢐，徂或从彳。𧻴，籒文从虘。

述 shù　述（ 金文　簡帛　古璽　石刻）循也。从辵术聲。 食聿切。𨗻，籒文从秫。

遵 zūn　遵（ 漢印）循也。从辵尊聲。 將倫切。

適 shì　適（ 簡帛　漢印　石刻）之也。从辵啻聲。適，宋魯語。 施隻切。

過 guò　過（ 金文　古璽　漢印　石刻）度也。从辵咼聲。 古禾切。

遺 guàn　遺　習也。从辵貫聲。 工患切。

遺 dú　遺　媟遺也。从辵賣聲。 徒谷切。

進 jìn　進（ 金文　簡帛　漢印　石刻）登也。从辵，閵省聲。 即刃切。

造 zào　造（ 金文　簡帛　漢印　石刻）就也。从辵告聲。譚長說：造，上士也。 七到切。艁，古文造从舟。

逾 yú　逾（ 金文　簡帛　石刻）越進也。从辵俞聲。《周書》曰："無敢昏逾。" 羊朱切。

遝 tà　遝　迨也。从辵眔聲。 徒合切。

迨 hé　迨　遝也。从辵合聲。 侯閤切。

迮 zé　迮（ 金文　簡帛）迮迮，起也。从辵，作省聲。 阻革切。

遣 cuò　遣（ 簡帛）迹遣也。从辵昔聲。 倉各切。

遄 chuán　遄（ 金文　石刻）往來數也。从辵耑聲。《易》曰："㠯事遄往。" 市緣切。

速 sù　速（ 簡帛　漢印　石刻）疾也。从辵束聲。 桑谷切。𨙫，籒文从欶。𧫥，古文从欶从言。

迅 xùn　迅（ 簡帛）疾也。从辵卂聲。 息進切。

适 kuò　适　疾也。从辵𠯑聲。讀與括同。 古活切。

逆 nì　辥（金文　簡帛　古陶　漢印）迎也。从辵屰聲。關東曰逆，關西曰迎。宜戟切。

迎 yíng　訝（漢印）逢也。从辵卬聲。語京切。

逪 jiāo　訝　會也。从辵交聲。古肴切。

遇 yù　遇（玉盟書　簡帛　古璽　漢印　石刻）逢也。从辵禺聲。牛具切。

遭 zāo　遭（石刻）遇也。从辵曹聲。一曰邐行。作曹切。

遘 gòu　遘（甲骨　金文）遇也。从辵冓聲。古候切。

逢 féng　逢（玉盟書　漢印　石刻）遇也。从辵，夆省聲。符容切。

遌 è　訝　相遇驚也。从辵从䚽，䚽亦聲。五各切。

迪 dí　迪（簡帛　石刻）道也。从辵由聲。徒歷切。

遞 dì　遞　更易也。从辵虒聲。特計切。

通 tōng　通（金文　簡帛　漢印　石刻）達也。从辵甬聲。他紅切。

迻 xǐ　迻（甲骨　金文　簡帛　古璽　漢印　石刻）迻也。从辵止聲。斯氏切。
　　　 沶，徙或从彳。屎，古文徙。

迻 yí　迻（簡帛　石刻）遷徙也。从辵多聲。弋支切。

遷 qiān　遷（簡帛　漢印　石刻）登也。从辵䙴聲。七然切。㩰，古文遷从手、西。

運 yùn　運（漢印　石刻）迻徙也。从辵軍聲。王問切。

遁 dùn　遁　遷也。一曰逃也。从辵盾聲。徒困切。

遜 xùn　遜（漢印）遁也。从辵孫聲。蘇困切。

返 fǎn　返（金文　簡帛　石刻）還也。从辵从反，反亦聲。《商書》曰："祖甲返。"扶版切。㧱，《春秋傳》返从彳。

還 huán　還（金文　簡帛）復也。从辵睘聲。戶關切。

選 xuǎn　選（簡帛）遣也。从辵、巽，巽遣之；巽亦聲。一曰選，擇也。思沇切。

送 sòng　送（簡帛）遣也。从辵，倞省。蘇弄切。逡，籀文不省。

遣 qiǎn　遣（金文　簡帛　石刻）縱也。从辵𠳋聲。去衍切。

邐 lǐ　邐（金文）行邐邐也。从辵麗聲。力紙切。

逮 dài　逮（簡帛　古璽　石鼓　漢印　石刻）唐逮，及也。从辵隶聲。臣鉉等曰：或作迨。徒耐切。

遲 chí　遲（金文　簡帛　漢印）徐行也。从辵犀聲。《詩》曰："行道遲遲。"直尼切。𢕪，遲或从尸。迡，籀文遲从屖。

邌 lí　徐也。从辵黎聲。郎奚切。

遰 dì　去也。从辵帶聲。特計切。

逍 yuān　行皃。从辵肙聲。烏玄切。

遱 zhù　不行也。从辵䛆聲。讀若住。中句切。

逗 dòu　（簡帛）止也。从辵豆聲。田候切。

迟 qì　曲行也。从辵只聲。綺戟切。

逶 wēi　（簡帛）逶迆，衺去之皃。从辵委聲。於爲切。䡺，或从虫、爲。

迆 yǐ　衺行也。从辵也聲。《夏書》曰："東迆，北會于匯。"移尒切。

遹 yù　（金文）回避也。从辵矞聲。余律切。

避 bì　（簡帛）回也。从辵辟聲。毗義切。

違 wéi　（金文 簡帛 古陶 石刻）離也。从辵韋聲。羽非切。

遴 lìn　行難也。从辵粦聲。《易》曰："以往遴。"良刃切。僯，或从人。

逡 qūn　復也。从辵夋聲。七倫切。

迡 dǐ　怒不進也。从辵氐聲。都禮切。

達 dá　（金文 簡帛 古璽 漢印 石刻）行不相遇也。从辵羍聲。《詩》曰："挑兮達兮。"徒葛切。达，達或从大。或曰迭。

逯 lù　（簡帛）行謹逯逯也。从辵录聲。盧谷切。

迵 dòng　（簡帛 古璽）迵迭也。从辵同聲。徒弄切。

迭 dié　更迭也。从辵失聲。一曰达。徒結切。

迷 mí　（玉盟書 簡帛 古璽 石刻）或也。从辵米聲。莫兮切。

連 lián　（金文 簡帛 古璽 漢印 石刻）員連也。从辵从車。力延切。

逑 qiú　（簡帛 古璽 漢印）斂聚也。从辵求聲。《虞書》曰："旁逑孱功。"又曰："怨匹曰逑。"巨鳩切。

敗 bài　毀也。从辵貝聲。《周書》曰："我興受其敗。"薄邁切。

逭 huàn　逃也。从辵官聲。胡玩切。㣔，逭或从雚从兆。

遯 dùn　（漢印）逃也。从辵从豚。徒困切。

逋 bū　（金文）亡也。从辵甫聲。博孤切。䐱，籒文逋从捕。

遺 yí　（金文 簡帛 漢印 石刻）亡也。从辵貴聲。以追切。

遂 suì　（金文 簡帛 古璽 漢印 石刻）亡也。从辵㒸聲。徐醉切。䢫，古文遂。

逃 táo　（簡帛）亡也。从辵兆聲。徒刀切。

追 zhuī 追 （甲骨 金文）逐也。从辵自聲。陟佳切。

逐 zhú 逐 （甲骨 金文 簡帛 古璽 漢印 石刻）追也。从辵，从豚省。徐鍇曰："豚走而豕追之。會意。" 直六切。

逎 qiú 逎 迫也。从辵酉聲。字秋切。遒，逎或从酋。

近 jìn 近 （簡帛 漢印 石刻）附也。从辵斤聲。渠遴切。㕻，古文近。

邋 liè 邋 （金文）搚也。从辵巤聲。良涉切。

迫 pò 迫 近也。从辵白聲。博陌切。

遲 rì 遲 近也。从辵至聲。人質切。

邇 ěr 邇 （簡帛 古璽）近也。从辵爾聲。兒氏切。迩，古文邇。

遏 è 遏 （簡帛）微止也。从辵曷聲。讀若桑蟲之蝎。烏割切。

遮 zhē 遮 （簡帛 漢印）遏也。从辵庶聲。止車切。

遯 yàn 遯 遮遯也。从辵羨聲。于線切。

迣 zhì 迣 （漢印）迾也。晉趙曰迣。从辵世聲。讀若寔。征例切。

迾 liè 迾 遮也。从辵列聲。良辥切。

迁 gān 迁 （金文 古璽）進也。从辵干聲。讀若干。古寒切。

逌 qiān 逌 過也。从辵侃聲。去虔切。

遱 lóu 遱 （簡帛）連遱也。从辵婁聲。洛侯切。

遹 zhì 遹 前頡也。从辵帝聲。賈侍中說：一讀若棘，又若郅。北末切。

迦 jiā 迦 迦互，令不得行也。从辵枷聲。徐鍇曰："迦互，猶犬牙左右相制也。" 古牙切。

越 yuè 越 踰也。从辵戉聲。《易》曰："雜而不越。" 王伐切。

逞 chěng 逞 （漢印）通也。从辵呈聲。楚謂疾行爲逞。《春秋傳》曰："何所不逞欲。" 丑郢切。

遼 liáo 遼 （漢印）遠也。从辵尞聲。洛蕭切。

遠 yuǎn 遠 （甲骨 金文 簡帛 漢印 石刻）遼也。从辵袁聲。雲阮切。遠，古文遠。

逖 tì 逖 遠也。从辵狄聲。他歷切。逷，古文逖。

迥 jiǒng 迥 （玉盟書 石刻）遠也。从辵回聲。戶穎切。

逴 chuō 逴 遠也。从辵卓聲。一曰蹇也。讀若棹苕之棹。臣鉉等案：棹苕，今無此語，未詳。敕角切。

迂 yū 迂 避也。从辵于聲。憶俱切。

逮 jiān 逮 目（按：目當作自）進極也。从辵帇聲。子僭切。

遵 yuán 遵 （金文 簡帛 古璽 古幣 漢印）高平之野，人所登。从

道 dào	（金文 簡帛 漢印 石刻）所行道也。从辵从首。一達謂之道。 徒皓切。	古文道从首、寸。
遽 jù	（金文）傳也。一曰窘也。从辵豦聲。 其倨切。	
远 háng	獸迹也。从辵亢聲。 胡郎切。 远或从足从更。	
迪 dì	至也。从辵弔聲。 都歷切。	
邊 biān	（金文 簡帛 漢印 石刻）行垂崖也。从辵臱聲。 布賢切。	

文一百一十八　重三十一（當作三十）

邂 xiè	邂逅，不期而遇也。从辵解聲。 胡懈切。	
逅 hòu	邂逅也。从辵后聲。 胡遘切。	
遑 huáng	急也。从辵皇聲。或从彳。 胡光切。	
逼 bī	近也。从辵畐聲。 彼力切。	
邈 miǎo	遠也。从辵貌聲。 莫角切。	
遐 xiá	（石刻）遠也。从辵叚聲。臣鉉等曰：或通用假字。 胡加切。	
迄 qì	（石刻）至也。从辵气聲。 許訖切。	
迸 bèng	（石刻）散走也。从辵并聲。 北諍切。	
透 tòu	跳也，過也。从辵秀聲。 他候切。	
邏 luó	巡也。从辵羅聲。 郎左切。	
迢 tiáo	（古璽）迢遞也。从辵召聲。 徒聊切。	
逍 xiāo	逍遙，猶翱翔也。从辵肖聲。臣鉉等案：《詩》只用消搖。此二字《字林》所加。 相邀切。	
遙 yáo	（古璽）逍遙也。又遠也。从辵䍃聲。 余招切。	

文十三新附

彳 部

彳 chì	小步也。象人脛三屬相連也。凡彳之屬皆从彳。 丑亦切。	
德 dé	（金文 簡帛 簡帛 石刻）升也。从彳悳聲。 多則切。	

徑 jìng 徑 (▨簡帛 ▨石刻) 步道也。从彳巠聲。徐鍇曰："道不容車，故曰步道。" 居正切。

復 fù 復 (▨▨▨▨▨▨金文 ▨▨▨▨▨▨▨▨玉盟書 ▨▨▨簡帛 ▨古璽 ▨▨▨漢印 ▨▨▨▨▨石刻) 往來也。从彳夏聲。 房六切。

徥 rǒu 徥 復也。从彳从柔，柔亦聲。 人九切。

徎 chěng 徎 徑行也。从彳呈聲。 丑郢切。

往 wǎng 徃 (▨甲骨 ▨▨▨▨金文 ▨▨玉盟書 ▨▨▨▨▨▨簡帛 ▨▨古陶) 之也。从彳㞷聲。 于兩切。 徨，古文从辵。

瞿 qú 瞿 行皃。从彳瞿聲。 其俱切。

彼 bǐ 彼 (▨石刻) 往，有所加也。从彳皮聲。 補委切。

徼 jiào 徼 循也。从彳敫聲。 古堯切。

循 xún 循 (▨▨▨漢印 ▨▨▨石刻) 行順也。从彳盾聲。 詳遵切。

彶 jí 彶 (▨▨▨▨▨▨▨▨金文) 急行也。从彳及聲。 居立切。

彶 sà 彶 行皃。从彳翜聲。一曰此與駁同。 穌合切。

微 wēi 微 (▨甲骨 ▨▨石刻) 隱行也。从彳㣂聲。《春秋傳》曰："白公其徒微之。" 無非切。

偍 shì 偍 偍偍，行皃。从彳是聲。《爾雅》曰："偍，則也。" 是支切。

徐 xú 徐 (▨▨▨▨漢印 ▨▨▨▨石刻) 安行也。从彳余聲。 似魚切。

侇 yí 侇 行平易也。从彳夷聲。 以脂切。

馮 pīng 馮 使也。从彳甹聲。 普丁切。

徟 fēng 徟 使也。从彳夆聲。讀若蠭（按：蠭當作蠡）。 敷容切。

徚 jiàn 徚 (▨簡帛) 迹也。从彳戔聲。 慈衍切。

徬 bàng 徬 (▨金文) 附行也。从彳旁聲。 蒲浪切。

徯 xī 徯 待也。从彳奚聲。 胡計切。蹊，徯或从足。

待 dài 待 竢也。从彳寺聲。 徒在切。

徟 dí 徟 行徟徟也。从彳由聲。 徒歷切。

徧 biàn 徧 (▨漢印 ▨石刻) 帀也。从彳扁聲。 比薦切。

徦 jiǎ 徦 至也。从彳叚聲。 古雅切。

退 tuì 退 (▨金文 ▨▨簡帛 ▨石刻) 卻也。一曰行遲也。从彳从日从夂。 他內切。䘚，退或从內。㺇，古文从辵。

後 hòu 後 (▨甲骨 ▨▨▨▨▨▨▨金文 ▨▨▨玉盟書 ▨▨▨簡帛 ▨▨古璽 ▨▨▨漢印 ▨▨▨石刻) 遲也。从彳、幺、夂者，後也。徐鍇曰："幺，猶纆躓之也。"胡口切。後，古文後从辵。

徲 tí 久也。从彳犀聲。讀若遲。 杜兮切。

很 hěn 不聽從也。一曰行難也。一曰盭也。从彳艮聲。 胡懇切。

徰 zhǒng 相迹也。从彳重聲。 之隴切。

得 dé （甲骨 金文 簡帛 古璽 古陶 古幣 漢印 石刻）行有所得也。从彳导聲。 多則切。㝵，古文省彳。

徛 jì （簡帛）舉脛有渡也。从彳奇聲。 去奇切。

徇 xùn 行示也。从彳匀聲。《司馬法》："斬以徇。" 詞閏切。

律 lǜ （甲骨 金文 漢印 石刻）均布也。从彳聿聲。 呂戌切。

御 yù （甲骨 金文 簡帛 古璽 漢印 石刻）使馬也。从彳从卸。徐鍇曰："卸，解車馬也。或彳或卸，皆御者之職。" 牛據切。馭，古文御从又从馬。

亍 chù 步止也。从反彳。讀若畜。 丑玉切。

　　文三十七　重七

廴 部

廴 yǐn 長行也。从彳引之。凡廴之屬皆从廴。 余忍切。

廷 tíng （金文 簡帛 漢印 石刻）朝中也。从廴壬聲。 特丁切。

延 zhēng 行也。从廴正聲。 諸盈切。

建 jiàn （金文 簡帛 漢印 石刻）立朝律也。从聿从廴。臣鉉等曰：聿，律省也。 居萬切。

　　文四

延 部

延 chān 安步延延也。从廴从止。凡延之屬皆从延。 丑連切。

延 yán （簡帛 漢印 石刻）長行也。从延丿聲。 以然切。

文二

行 部

行 xíng （甲骨　金文　簡帛　古陶　古幣　漢印　石刻）人之步趨也。从彳从亍。凡行之屬皆从行。 戶庚切。

術 shù （漢印　石刻）邑中道也。从行术聲。 食聿切。

街 jiē　四通道也。从行圭聲。 古膎切。

衢 qú （漢印　石刻）四達謂之衢。从行瞿聲。 其俱切。

衝 chōng （漢印）通道也。从行童聲。《春秋傳》曰："及衝，以戈擊之。" 昌容切。

衕 tóng　通街也。从行同聲。 徒弄切。

衎 jiàn　迹也。从行戔聲。 才綫切。

衙 yú （石刻）行皃。从行吾聲。 魚舉切。又音牙。

衎 kàn　行喜皃。从行干聲。 空旱切。

衒 xuàn　行且賣也。从行从言。 黃絢切。衒，衒或从玄。

衛 shuài　將衛也。从行率聲。 所律切。

衛 wèi （金文　簡帛　古璽　漢印　石刻）宿衛也。从韋、帀，从行。行，列衛也。 于歲切。

文十二　重一

齒 部

齒 chǐ （甲骨　金文　簡帛　古璽　漢印）口齗骨也。象口齒之形，止聲。凡齒之屬皆从齒。 昌里切。齒，古文齒字。

齗 yín　齒本也。从齒斤聲。 語斤切。

齔 chèn　毀齒也。男八月生齒，八歲而齔。女七月生齒，七歲而齔。从齒从匕。 初堇切。

齚 zé　齒相值也。一曰齧也。从齒責聲。《春秋傳》曰："皙齚。" 士革切。

齜 chái　齒相齗（按：齗當作齘）也。一曰開口見齒之皃。从齒，柴省聲。讀若柴。 仕街切。

齘 xiè　齒相切也。从齒介聲。 胡介切。

齞 yǎn　口張齒見。从齒只聲。 研繭切。

| 齴 yàn | 齴 | 齒差也。从齒兼聲。 五銜切。 |

齱 zōu　齱　齒搆也。一曰齰也。一曰馬口中橛也。从齒芻聲。 側鳩切。

齵 óu　齵　齒不正也。从齒禺聲。 五婁切。

齇 zhā　齇　齬齒也。从齒虘聲。 側加切。

齺 zōu　齺　齱也。从齒取聲。 側鳩切。

齹 cī　齹　齒參差。从齒差聲。 楚宜切。

齹 cuó　齹　齒差跌兒。从齒佐聲。《春秋傳》曰："鄭有子齹。"臣鉉等曰：《說文》無佐字。此字當從
　　　　　　　　佐，傳寫之誤。 昨何切。

齤 quán　齤　缺齒也。一曰曲齒。从齒季聲。讀若權。 巨員切。

齳 yǔn　齳　無齒也。从齒軍聲。 魚吻切。

齾 yà　齾　缺齒也。从齒獻聲。 五鎋切。

齟 jù　齟　齗腫也。从齒巨聲。 區主切。

齯 ní　齯　老人齒。从齒兒聲。 五雞切。

齮 yǐ　齮　（簡帛、漢印）齧也。从齒奇聲。 魚綺切。

齝 zhí　齝　齚齒也。从齒出聲。 仕乙切。

齰 zé　齰　（古璽、漢印）齧也。从齒昔聲。 側革切。齚，齰或从乍。

齘 jiān　齘　齧也。从齒咸聲。 工咸切。

齦 kěn　齦　齧也。从齒艮聲。 康很切。

齞 yǎn　齞　齒見皃。从齒干聲。 五版切。

齤 zú　齤　齤，齰也。从齒卒聲。 昨沒切。

齺 là　齺　齒分骨聲。从齒剌聲。讀若剌。 盧達切。

齩 yǎo　齩　齧骨也。从齒交聲。 五巧切。

齛 qiè　齛　齒差也。从齒屑聲。讀若切。 千結切。

齤 xiá　齤　齒堅聲。从齒吉聲。 赫鎋切。

齯 ái　齯　齛牙也。从齒豈聲。 五來切。

齝 chī　齝　吐而噍也。从齒台聲。《爾雅》曰："牛曰齝。" 丑之切。

齕 hé　齕　（漢印）齧也。从齒气聲。 戶骨切。

齴 lián　齴　齒見皃。从齒聯聲。 力延切。

齧 niè　齧　噬也。从齒㓞聲。 五結切。

齼 chǔ　齼　齒傷酢也。从齒所聲。讀若楚。 創舉切。

齨 jiù　齨　老人齒如臼也。一曰馬八歲齒臼也。从齒从臼，臼亦聲。　其久切。

齬 yǔ　齬　齒不相值也。从齒吾聲。　魚舉切。

齛 xiè　齛　羊粻也。从齒世聲。　私列切。

齸 yì　齸　鹿麋粻。从齒益聲。　伊昔切。

齳 zhì　齳　齒堅也。从齒至聲。　陟栗切。

齳 huá　齳　齧骨聲。从齒从骨，骨亦聲。　戶八切。

齳 kuò　齳　噍聲。从齒昏聲。　古活切。

齳 bó　齳　噍堅也。从齒，博省聲。　補莫切。

　　　　　文四十四　重二

齡 líng　齡　年也。从齒令聲。臣鉉等案：《禮記》："夢帝與我九齡。"疑通用靈。武王初聞九齡之語，不達其義，乃云西方有九國。若當時有此齡字，則武王豈不達也？蓋後人所加。　郎丁切。

　　　　　文一新附

牙　部

牙 yá　牙（金文　簡帛　古璽　漢印）牡（按：牡當作壯）齒也。象上下相錯之形。凡牙之屬皆从牙。　五加切。齾，古文牙。

齮 qī　齮（金文　古璽）武牙也。从牙从奇，奇亦聲。　去奇切。

齲 qǔ　齲（甲骨）齒蠹也。从牙禹聲。　區禹切。齲，齲或从齒。

　　　　　文三　重二

足　部

足 zú　足（金文　簡帛　古璽　古幣）人之足也。在下。从止、口。凡足之屬皆从足。徐鍇曰："口象股脛之形。"　即玉切。

蹏 tí　蹏（漢印）足也。从足虒聲。　杜兮切。

跟 gēn　跟　足踵也。从足艮聲。　古痕切。踵，跟或从止。

踝 huái　踝（漢印）足踝也。从足果聲。　胡瓦切。

跖 zhí　跖　足下也。从足石聲。　之石切。

| 踦 qī | 踦 (漢印) 一足也。从足奇聲。 去奇切。
| 跪 guì | 跪 (簡帛) 拜也。从足危聲。 去委切。
| 跽 jì | 跽 長跪也。从足忌聲。 渠几切。
| 踧 dí | 踧 行平易也。从足叔聲。《詩》曰："踧踧周道。" 子六切。
| 躣 qú | 躣 行皃。从足瞿聲。 其俱切。
| 踖 jí | 踖 長脛行也。从足昔聲。一曰踧踖。 資昔切。
| 踽 jǔ | 踽 疏行皃。从足禹聲。《詩》曰："獨行踽踽。" 區主切。
| 蹡 qiāng | 蹡 行皃。从足將聲。《詩》曰："管磬蹡蹡。" 七羊切。
| 躖 duàn | 躖 踐處也。从足，斷省聲。 徒管切。
| 趹 fù | 趹 趣越皃。从足卜聲。 芳遇切。
| 踰 yú | 踰 (石刻) 越也。从足俞聲。 羊朱切。
| 跋 yuè | 跋 (漢印) 輕也。从足戉聲。 王伐切。
| 蹺 qiāo | 蹺 舉足行高也。从足喬聲。《詩》曰："小子蹺蹺。" 居勺切。
| 踰 shū | 踰 疾也。長也。从足攸聲。 式竹切。
| 蹌 qiāng | 蹌 動也。从足倉聲。 七羊切。
| 踊 yǒng | 踊 跳也。从足甬聲。 余隴切。
| 躋 jī | 躋 (石刻) 登也。从足齊聲。《商書》曰："予顛躋。" 祖雞切。
| 躍 yuè | 躍 迅也。从足翟聲。 以灼切。
| 踳 zhuān | 踳 蹴也。一曰卑也，絭也。从足全聲。 莊緣切。
| 蹙 cù | 蹙 躡也。从足就聲。 七宿切。
| 躡 niè | 躡 (漢印) 蹈也。从足聶聲。 尼輒切。
| 跨 kuà | 跨 渡也。从足夸聲。 苦化切。
| 蹋 tà | 蹋 踐也。从足㬎聲。 徒盍切。
| 踄 bó | 踄 蹈也。从足步聲。 旁各切。又音步。
| 蹈 dǎo | 蹈 踐也。从足舀聲。 徒到切。
| 躔 chán | 躔 踐也。从足廛聲。 直連切。
| 踐 jiàn | 踐 履也。从足戔聲。 慈衍切。
| 踵 zhǒng | 踵 追也。从足重聲。一曰往來皃。 之隴切。
| 踔 zhào | 踔 踶也。从足卓聲。 知教切。
| 蹛 dài | 蹛 踶也。从足帶聲。 當蓋切。

蹩 bié　蹩　踶也。从足敝聲。一曰跛也。　蒲結切。

踶 dì　踶（踶漢印）躛也。从足是聲。　特計切。

躛 wèi　躛　衛也。从足衛聲。　于歲切。

蹵 dié　蹵　蹵足也。从足執聲。　徒叶切。

跊 shì　跊　尌也。从足氏聲。　承旨切。

蹢 zhí　蹢　住足也。从足，適省聲。或曰蹢躅。賈侍中說：足垢也。　直隻切。

躅 zhú　躅　蹢躅也。从足蜀聲。　直錄切。

踤 zú　踤　觸也。从足卒聲。一曰駭也。一曰蒼踤。　昨沒切。

蹶 jué　蹶　僵也。从足厥聲。一曰跳也。亦讀若纍。　居月切。蹷，蹶或从闕。

跳 tiào　跳　蹶也。从足兆聲。一曰躍也。　徒遼切。

跾 zhèn　跾　動也。从足辰聲。　側鄰切。

躇 chú　躇　跱躇，不前也。从足屠聲。　直魚切。

跰 fú　跰　跳也。从足弗聲。　敷勿切。

蹠 zhí　蹠　楚人謂跳躍曰蹠。从足庶聲。　之石切。

踏 tà　踏　跋也。从足荅聲。　他合切。

蹚 yáo　蹚　跳也。从足䍃聲。　余招切。

跋 sà　跋　進足有所擷取也。从足及聲。《爾雅》曰："跋謂之擷。"　穌合切。

踊 bèi　踊　步行獵跋也。从足貝聲。　博蓋切。

躓 zhì　躓　跲也。从足質聲。《詩》曰："載躓其尾。"　陟利切。

跲 jiá　跲　躓也。从足合聲。　居怯切。

跩 yì　跩　述也。从足世聲。　丑例切。

蹎 diān　蹎　跋也。从足眞聲。　都年切。

跋 bá　跋　蹎跋也。从足犮聲。　北末切。

踖 jí　踖　小步也。从足昔聲。《詩》曰："不敢不踖。"　資昔切。

跌 diē　跌　踢也。从足失聲。一曰越也。　徒結切。

踢 táng　踢　跌踢也。从足易聲。一曰搶也。　徒郎切。

蹲 dūn　蹲　踞也。从足尊聲。　徂尊切。

踞 jù　踞　蹲也。从足居聲。　居御切。

跨 kuà　跨　踞也。从足夸聲。　苦化切。

躩 jué　躩　足躩如也。从足矍聲。　丘縛切。

| 踣 bó | 踣 | 僵也。从足音聲。《春秋傳》曰："晉人踣之。" 蒲北切。
| 跛 bǒ | 跛 | 行不正也。从足皮聲。一曰足排之。讀若彼。 布火切。
| 蹇 jiǎn | 蹇 （漢印） | 跛也。从足，寒省聲。臣鉉等案：《易》："王臣蹇蹇。"今俗作謇，非。 九輦切。
| 蹁 pián | 蹁 | 足不正也。从足扁聲。一曰拖後足馬。讀若苹。或曰徧。 部田切。
| 跻 kuí | 跻 | 脛肉也。一曰曲脛也。从足𢍃聲。讀若逵。 渠追切。
| 踒 wō | 踒 | 足跌也。从足委聲。 烏過切。
| 跣 xiǎn | 跣 | 足親地也。从足先聲。 穌典切。
| 跔 jū | 跔 | 天寒足跔也。从足句聲。 其俱切。
| 踝 kǔn | 踝 | 瘃足也。从足困聲。 苦本切。
| 距 jù | 距 （金文 漢印） | 雞距也。从足巨聲。 其呂切。
| 躧 xǐ | 躧 | 舞履也。从足麗聲。 所綺切。䩕，或从革。
| 跚 xiā | 跚 | 足所履也。从足叚聲。 乎加切。
| 跳 fèi | 跳 | 踄也。从足非聲。讀若匪。 扶味切。
| 跀 yuè | 跀 | 斷足也。从足月聲。 魚厥切。𨇤，跀或从兀。
| 跐 fàng | 跐 | 曲脛馬也。从足方聲。讀與彭同。 薄庚切。
| 趹 jué | 趹 | 馬行皃。从足，決省聲。 古穴切。
| 跰 yàn | 跰 | 獸足企也。从足幵聲。 五甸切。
| 路 lù | 路 （簡帛 漢印 石刻） | 道也。从足从各。臣鉉等曰：言道路人各有適也。 洛故切。
| 蹸 lìn | 蹸 | 轢也。从足粦聲。 良忍切。
| 跂 qí | 跂 （石刻） | 足多指也。从足支聲。 巨支切。

文八十五 重四

| 躚 xiān | 躚 | 蹁躚，旋行。从足䙴聲。 穌前切。
| 蹭 cèng | 蹭 | 蹭蹬，失道也。从足曾聲。 七鄧切。
| 蹬 dèng | 蹬 | 蹭蹬也。从足登聲。 徒亘切。
| 蹉 cuō | 蹉 | 蹉跎，失時也。从足差聲。臣鉉等案：經史通用差池，此亦後人所加。 七何切。
| 跎 tuó | 跎 | 蹉跎也。从足它聲。 徒何切。
| 蹙 cù | 蹙 | 迫也。从足戚聲。臣鉉等案：李善《文選注》通蹴字。 子六切。
| 踸 chěn | 踸 | 踸踔，行無常皃。从足甚聲。 丑甚切。

文七新附

疋 部

疋 shū （甲骨　金文　簡帛　古幣）足也。上象腓腸，下从止。《弟子職》曰："問疋何止。"古文以爲《詩・大疋》字。亦以爲足字。或曰胥字。一曰疋，記也。凡疋之屬皆从疋。　所菹切。

䟽 shū　門戶疏窻也。从疋，疋亦聲。囪象䟽形。讀若疏。　所菹切。

𤴓 shū　通也。从爻从疋，疋亦聲。　所菹切。

文三

品 部

品 pǐn （甲骨　金文　簡帛）眾庶也。从三口。凡品之屬皆从品。　丕飲切。

㗊 niè　多言也。从品相連。《春秋傳》曰："次于㗊北。"讀與聶同。　尼輒切。

喿 zào （金文　簡帛　漢印）鳥羣鳴也。从品在木上。　穌到切。

文三

龠 部

龠 yuè （甲骨　金文）樂之竹管，三孔，以和眾聲也。从品、侖。侖，理也。凡龠之屬皆从龠。　以灼切。

龡 chuī　龡，音律管壎之樂也。从龠炊聲。　昌垂切。

䶵 chí　管樂也。从龠虒聲。　直离切。篪，䶵或从竹。

龢 hé （甲骨　金文　古璽）調也。从龠禾聲。讀與和同。　戶戈切。

龤 xié　樂和龤也。从龠皆聲。《虞書》曰："八音克龤。"　戶皆切。

文五　重一

冊 部

冊 cè 冊（甲骨 金文 古幣 石刻）符命也。諸矦進受於王也。象其札一長一短，中有二編之形。凡冊之屬皆从冊。 楚革切。篰，古文冊从竹。

嗣 sì 嗣（金文 漢印 石刻）諸侯嗣國也。从冊从口，司聲。徐鍇曰："冊必於廟。史讀其冊，故从口。" 祥吏切。𢑱，古文嗣从子。

扁 biǎn 扁（漢印）署也。从戶、冊。戶冊者，署門戶之文也。 方沔切。

　　文三　重二

說文解字弟三

五十三部　六百三十文　重百四十五

凡八千六百八十四字

文十六新附

㗊　部

㗊 jí　㗊（甲骨）眾口也。从四口。凡㗊之屬皆从㗊。讀若戢。阻立切。又讀若呦。

嚚 yín　嚚（甲骨）語聲也。从㗊臣聲。語巾切。𠶷，古文嚚。

囂 xiāo　囂（金文 簡帛 古璽 漢印）聲也。气出頭上。从㗊从頁。頁，首也。許嬌切。𠴿，囂或省。

𠷎 jiào　𠷎 高聲也。一曰大呼也。从㗊丩聲。《春秋公羊傳》曰："魯昭公叫然而哭。" 古弔切。

讙 huàn　讙 呼也。从㗊莧聲。讀若讙。 呼官切。

器 qì　器（金文 石刻）皿也。象器之口，犬所以守之。 去冀切。

　　　　文六　重二

舌　部

舌 shé　舌（甲骨 金文 簡帛）在口，所以言也、別味也。从干从口，干亦聲。凡舌之屬皆从舌。徐鍇曰："凡物入口必干於舌，故从干。" 食列切。

舑 tà　舑 歠也。从舌沓聲。 他合切。

舓 shì　舓 以舌取食也。从舌易聲。 神旨切。䑛，舓或从也。

　　　　文三　重一

干　部

干 gān　干（甲骨 金文 簡帛 古幣 漢印 石刻）犯也。从反入，从一。凡干之屬皆从干。 古寒切。

striking 撇也。从干。入一爲干，入二爲striking。讀若能。言稍甚也。 如審切。

屰 nì 屰（甲骨 金文）不順也。从干下屮。屰之也。 魚戟切。

文三

谷 部

谷 jué 谷 口上阿也。从口，上象其理。凡谷之屬皆从谷。 其虐切。𧮫，谷或如此。臄，或从肉从豦。

㐁 tiàn 㐁 舌皃。从谷省。象形。 他念切。𠯑，古文㐁。讀若三年導服之導。一曰竹上皮。讀若沾。一曰讀若誓。彌字从此。

文二 重三

只 部

只 zhǐ 只（簡帛 古幣）語已詞也。从口，象气下引之形。凡只之屬皆从只。 諸氏切。

䫏 xīng 䫏 聲也。从只𡗜聲。讀若聲。 呼形切。

文二

㕚 部

㕚 nè 㕚（古璽）言之訥也。从口从內。凡㕚之屬皆从㕚。 女滑切。

矞 yù 矞 以錐有所穿也。从矛从㕚。一曰滿有所出也。 余律切。

商 shāng 商（甲骨 金文 簡帛 漢印 石刻）从外知內也。从㕚，章省聲。 式陽切。𠁦，古文商。𠹧，亦古文商。𠼶，籒文商。

文三 重三

句 部

句 gōu 句（金文 簡帛 古幣 漢印）曲也。从口丩聲。凡句之屬皆从句。 古矦切。又，九遇切。

拘 jū （漢印）止也。从句从手，句亦聲。 舉朱切。

笱 gǒu （石刻）曲竹捕魚笱也。从竹从句，句亦聲。 古厚切。

鉤 gōu （金文 簡帛）曲也。从金从句，句亦聲。 古矦切。

文四

丩 部

丩 jiū （甲骨 金文 簡帛 古幣）相糾繚也。一曰瓜瓠結丩起。象形。凡丩之屬皆从丩。 居虯切。

茻 jiū 艸之相丩者。从艸从丩，丩亦聲。 居虯切。

糾 jiū 繩三合也。从糸、丩。 居黝切。

文三

古 部

古 gǔ （金文 簡帛 古幣 古璽 石刻）故也。从十、口。識前言者也。凡古之屬皆从古。臣鉉等曰：十口所傳是前言。 公戶切。 ，古文古。

嘏 jiǎ 大遠也。从古叚聲。 古雅切。

文二 重一

十 部

十 shí （甲骨 金文 簡帛 石刻）數之具也。一爲東西，丨爲南北，則四方中央備矣。凡十之屬皆从十。 是執切。

丈 zhàng （簡帛 石刻）十尺也。从又持十。 直兩切。

千 qiān （甲骨 金文 簡帛 古璽 古幣 石刻）十百也。从十从人。 此先切。

肸 xì （漢印 石刻）響，布也。从十从㐱。臣鉉等曰：㐱，振㐱也。 羲乙切。

卙 jí 卙卙，盛也。从十从甚。汝南名蠶盛曰卙。 子入切。

博 bó （金文 漢印 石刻）大通也。从十从尃。尃，布也。 補各切。

| 劦 lè | 劦 材十人也。从十力聲。 盧則切。
| 廿 niàn | 廿 （甲骨 金文 簡帛 石刻）二十并也。古文省。 人汁切。
| 卅 jí | 卅 詞之卙矣。从十耳聲。 秦入切。

文九

卅 部

| 卅 sà | 卅 （金文 石刻）三十并也。古文省。凡卅之屬皆从卅。 蘇沓切。
| 丗 shì | 丗 （金文 簡帛 古璽 漢印 石刻）三十年爲一丗。从卅而曳長之。亦取其聲也。 舒制切。

文二

言 部

| 言 yán | 言 （甲骨 金文 簡帛 古璽 古幣 石刻）直言曰言，論難曰語。从口辛聲。凡言之屬皆从言。 語軒切。
| 譻 yīng | 譻 聲也。从言賏聲。 烏莖切。
| 謦 qǐng | 謦 欬也。从言殸聲。殸，籒文磬字。 去挺切。
| 語 yǔ | 語 （金文 簡帛 古璽 漢印 石刻）論也。从言吾聲。 魚舉切。
| 談 tán | 談 （簡帛 古璽 漢印）語也。从言炎聲。 徒甘切。
| 謂 wèi | 謂 （石刻）報也。从言胃聲。 于貴切。
| 諒 liàng | 諒 （漢印 石刻）信也。从言京聲。 力讓切。
| 詵 shēn | 詵 （古陶 漢印）致言也。从言从先，先亦聲。《詩》曰："螽斯羽詵詵兮。" 所臻切。
| 請 qǐng | 請 （簡帛 漢印 石刻）謁也。从言青聲。 七井切。
| 謁 yè | 謁 （漢印 石刻）白也。从言曷聲。 於歇切。
| 許 xǔ | 許 （金文 簡帛 漢印 石刻）聽也。从言午聲。 虛呂切。
| 諾 nuò | 諾 （石刻）譍也。从言若聲。 奴各切。
| 譍 yìng | 譍 以言對也。从言雁聲。 於證切。
| 讎 chóu | 讎 （古陶 漢印）猶譍也。从言雔聲。 市流切。
| 諸 zhū | 諸 （漢印 石刻）辯也。从言者聲。 章魚切。

| 詩 shī | （簡帛 石刻）志也。从言寺聲。 書之切。 𧥳，古文詩省。
| 讖 chèn | （漢印 石刻）驗也。从言韱聲。 楚譖切。
| 諷 fěng | 誦也。从言風聲。 芳奉切。
| 誦 sòng | 諷也。从言甬聲。 似用切。
| 讀 dú | 誦書也。从言賣聲。 徒谷切。
| 䇦 yì | （金文 簡帛）快也。从言从中。 於力切。
| 訓 xùn | （簡帛 古璽 石刻）說教也。从言川聲。 許運切。
| 誨 huì | （金文 石刻）曉教也。从言每聲。 荒內切。
| 譔 zhuàn | 專教也。从言巽聲。 此緣切。
| 譬 pì | 諭也。从言辟聲。 匹至切。
| 諢 yuán | 徐語也。从言原聲。《孟子》曰："故諄諄而來。" 魚怨切。
| 訣 yàng | 早知也。从言央聲。 於亮切。
| 諭 yù | （玉盟書 古璽）告也。从言俞聲。 羊戍切。
| 詖 bì | 辯論也。古文以爲頗字。从言皮聲。 彼義切。
| 諄 zhūn | 告曉之孰也。从言𦎧聲。讀若庉。 章倫切。
| 謘 chí | 語諄謘也。从言犀聲。 直离切。
| 詻 è | 論訟也。《傳》曰："詻詻孔子容。"从言各聲。 五陌切。
| 誾 yín | 誾（古陶）和說而諍也。从言門聲。 語巾切。
| 謀 móu | （金文 簡帛 石刻）慮難曰謀。从言某聲。 莫浮切。𢘓，古文謀。𧦧，亦古文。
| 謨 mó | 議謀也。从言莫聲。《虞書》曰："咎繇謨。" 莫胡切。�，古文謨从口。
| 訪 fǎng | （簡帛）汎謀曰訪。从言方聲。 敷亮切。
| 諏 jū | 聚謀也。从言取聲。 子于切。
| 論 lún | （漢印 石刻）議也。从言侖聲。 盧昆切。
| 議 yì | （金文 漢印 石刻）語也。从言義聲。 宜寄切。
| 訂 dìng | 平議也。从言丁聲。 他頂切。
| 詳 xiáng | 審議也。从言羊聲。 似羊切。
| 諟 shì | 理也。从言是聲。 承旨切。
| 諦 dì | （簡帛）審也。从言帝聲。 都計切。
| 識 shí | （古璽 漢印 石刻）常也。一曰知也。从言戠聲。 賞職切。

| 訊 xùn | 訊（甲骨　金文　石刻）問也。从言卂聲。思晉切。古文訊从鹵。

| 誩 chá | 言微親誩也。从言，察省聲。楚八切。

| 謹 jǐn | 謹（漢印　石刻）慎也。从言堇聲。居隱切。

| 訒 réng | 厚也。从言乃聲。如乘切。

| 諶 chén | 諶（金文　石刻）誠諦也。从言甚聲。《詩》曰："天難諶斯。" 是吟切。

| 信 xìn | 信（金文　簡帛　古璽　漢印　石刻）誠也。从人从言。會意。息晉切。古文从言省。古文信。

| 訫 chén | 燕、代、東齊謂信訫。从言㐬聲。是吟切。

| 誠 chéng | 信也。从言成聲。氏征切。

| 誡 jiè | 敕也。从言戒聲。古拜切。

| 誋 jì | 誡也。从言忌聲。渠記切。

| 諱 huì | 諱（金文　玉盟書　漢印）誋也。从言韋聲。許貴切。

| 誥 gào | 誥（金文　簡帛）告也。从言告聲。古到切。古文誥。

| 詔 zhào | 詔（金文　漢印　石刻）告也。从言从召，召亦聲。之紹切。

| 誓 shì | 誓（金文）約束也。从言折聲。時制切。

| 譣 xiǎn | 問也。从言僉聲。《周書》曰："勿以譣人。" 息廉切。

| 詁 gǔ | 詁（簡帛）訓故言也。从言古聲。《詩》曰：詁訓。公戶切。

| 藹 ǎi | 藹（漢印）臣盡力之美。从言葛聲。《詩》曰："藹藹王多吉士。" 於害切。

| 諫 sù | 諫（金文）餔旋促也。从言束聲。桑谷切。

| 諝 xū | 知也。从言胥聲。私呂切。

| 証 zhèng | 諫也。从言正聲。之盛切。

| 諫 jiàn | 諫（石刻）証也。从言柬聲。古晏切。

| 諗 shěn | 深諫也。从言念聲。《春秋傳》曰："辛伯諗周桓公。" 式荏切。

| 課 kè | 試也。从言果聲。苦臥切。

| 試 shì | 試（石刻）用也。从言式聲。《虞書》曰："明試以功。" 式吏切。

| 諴 xián | 和也。从言咸聲。《周書》曰："不能諴于小民。" 胡毚切。

| 詧 yáo | 徒歌。从言、肉。余招切。

| 詮 quán | 具也。从言全聲。此緣切。

訢	xīn	（甲骨 金文 簡帛 古璽 漢印）喜也。从言斤聲。 許斤切。
說	shuō	（簡帛 石刻）說釋也。从言、兌。一曰談說。 失爇切。又，弋雪切。
計	jì	（古璽）會也。筭也。从言从十。 古詣切。
諧	xié	詥也。从言皆聲。 戶皆切。
詥	hé	諧也。从言合聲。 候閤切。
調	tiáo	（石刻）和也。从言周聲。 徒遼切。
話	huà	（簡帛）合會善言也。从言昏聲。《傳》曰："告之話言。" 胡快切。䛡，籒文話从會。
諈	zhuì	諈諉，纍也。从言巫聲。 竹寘切。
諉	wěi	纍也。从言委聲。 女恚切。
警	jǐng	（石刻）戒也。从言从敬，敬亦聲。 居影切。
謐	mì	靜語也。从言䘹聲。一曰無聲也。 彌必切。
謙	qiān	（石刻）敬也。从言兼聲。 苦兼切。
誼	yì	（石刻）人所宜也。从言从宜，宜亦聲。 儀寄切。
詡	xǔ	大言也。从言羽聲。 況羽切。
諓	jiàn	善言也。从言戔聲。一曰謔也。 慈衍切。
誐	é	嘉善也。从言我聲。《詩》曰："誐以溢我。" 五何切。
詷	tóng	（簡帛）共也。一曰諴也。从言同聲。《周書》曰："在夏后之詷。" 徒紅切。
設	shè	（簡帛）施陳也。从言从殳。殳，使人也。 識劣切。
護	hù	（漢印 石刻）救視也。从言蒦聲。 胡故切。
譞	xuān	譞，慧也。从言，睘省聲。 許緣切。
誧	bū	（漢印）大也。一曰人相助也。从言甫聲。讀若逋。 博孤切。
諰	xǐ	思之意。从言从思。 胥里切。
託	tuō	寄也。从言乇聲。 他各切。
記	jì	（漢印 石刻）疏也。从言己聲。 居吏切。
譽	yù	（簡帛 石刻）偁也。从言與聲。 羊茹切。
譒	bò	敷也。从言番聲。《商書》曰："王譒告之。" 補過切。
謝	xiè	（漢印 石刻）辭去也。从言躲聲。 辭夜切。
謳	ōu	齊歌也。从言區聲。 烏侯切。
詠	yǒng	歌也。从言永聲。 爲命切。咏，詠或从口。
諍	zhèng	（簡帛 漢印）止也。从言爭聲。 側迸切。

評 hū	䛑	召也。从言乎聲。 荒烏切。
諕 hū	諕	評諕也。从言虖聲。 荒故切。
訖 qì	訖 （訖漢印）	止也。从言气聲。 居迄切。
諺 yàn	諺 （諺䛑漢印）	傳言也。从言彥聲。 魚變切。
訝 yà	訝	相迎也。从言牙聲。《周禮》曰："諸侯有卿訝發。" 吾駕切。䛚，訝或从辵。
詣 yì	詣 （詣簡帛 詣石刻）	候至也。从言旨聲。 五計切。
講 jiǎng	講 （講 講石刻）	和解也。从言冓聲。 古項切。
謄 téng	謄	迻書也。从言朕聲。 徒登切。
訒 rèn	訒	頓也。从言刃聲。《論語》曰："其言也訒。" 而振切。
訥 nè	訥	言難也。从言从內。 內骨切。
諎 jiē	諎	諎䛉也。从言虘聲。 側加切。
傒 xì	傒	待也。从言㒥聲。讀若䯣。 胡禮切。
警 jiào	警	痛呼也。从言敫聲。 古弔切。
譊 náo	譊 （譊古陶）	恚呼也。从言堯聲。 女交切。
營 yíng	營	小聲也。从言，熒省聲。《詩》曰："營營青蠅。" 余傾切。
譜 zé	譜	大聲也。从言昔聲。讀若笮。 壯革切。咋，譜或从口。
諛 yú	諛	諂也。从言臾聲。 羊朱切。
諂 chǎn	諂	諛也。从言閻聲。 丑琰切。讇，諂或省。
諼 xuān	諼	詐也。从言爰聲。 況袁切。
警 áo	警	不肖人也。从言敖聲。一曰哭不止，悲聲警警。 五牢切。
訹 xù	訹	誘也。从言术聲。 思律切。
詑 tuó	詑	沇州謂欺曰詑。从言它聲。 託何切。
謾 mán	謾	欺也。从言曼聲。 母官切。
譇 zhā	譇	譇拏，羞窮也。从言奢聲。 陟加切。
詐 zhà	詐	慙語也。从言乍聲。 鉏駕切。
讋 zhé	讋	讋讘也。从言執聲。 之涉切。
謰 lián	謰	謰謱也。从言連聲。 力延切。
謱 lóu	謱	謰謱也。从言婁聲。 洛侯切。
詒 yí	詒 （詒漢印）	相欺詒也。一曰遺也。从言台聲。 與之切。
謲 càn	謲	相怒使也。从言參聲。 倉南切。

誑 kuáng　欺也。从言狂聲。居況切。

諰 ài　駃也。从言疑聲。五介切。

詿 guà　相誤也。从言圭聲。古罵切。

訕 shàn　謗也。从言山聲。所晏切。

譏 jī　（石刻）誹也。从言幾聲。居衣切。

誣 wū　加也。从言巫聲。武扶切。

誹 fěi　謗也。从言非聲。敷尾切。

謗 bàng　毀也。从言旁聲。補浪切。

譸 zhōu　訓也。从言壽聲。讀若醻。《周書》曰："無或譸張爲幻。" 張流切。

詶 chóu　譸也。从言州聲。市流切。

詛 zǔ　詶也。从言且聲。莊助切。

詶 zhòu　詶也。从言由聲。直又切。

詎 chǐ　離別也。从言多聲。讀若《論語》"跢予之足"。周景王作洛陽詎臺。尺氏切。

誖 bèi　亂也。从言孛聲。蒲沒切。悖，誖或从心。諄，籒文誖从二或。

䜌 luán　（金文 簡帛 古璽）亂也。一曰治也。一曰不絕也。从言、絲。呂員切。𢚩，古文䜌。

誤 wù　（漢印）謬也。从言吳聲。五故切。

詿 guà　誤也。从言圭聲。古賣切。

詑 xī　可惡之辭。从言矣聲。一曰詑然。《春秋傳》曰："詑詑出出。" 許其切。

譆 xī　痛也。从言喜聲。火衣切。

謲 huì　（簡帛 古璽 漢印）膽气滿，聲在人上。从言自聲。讀若反目相睞。荒內切。

謧 lí　謧詍，多言也。从言离聲。呂之切。

詍 yì　多言也。从言世聲。《詩》曰："無然詍詍。" 余制切。

訾 zǐ　（簡帛 漢印）不思稱意也。从言此聲。《詩》曰："翕翕訿訿。" 將此切。

詢 táo　往來言也。一曰小兒未能正言也。一曰祝也。从言匋聲。大牢切。譸，詢或从包。

誦 nán　誦誦，多語也。从言冉聲。樂浪有誦邯縣。汝閻切。

譅 tà　語相反譅也。从言遝聲。他合切。

諮 tà　譅諮也。从言沓聲。徒合切。

訮 yán　諍語訮訮也。从言开聲。呼堅切。

譮 xié　言壯皃。一曰數相怒也。从言蒦聲。讀若畫。呼麥切。

| 訇 hōng | （金文　簡帛）駭言聲。从言，勻省聲。漢中西城有訇鄉。又讀若玄。　虎橫切。籒文不省。

諞 piǎn　便巧言也。从言扁聲。《周書》曰："戳戳善諞言。"《論語》曰："友諞佞。"　部田切。

譞 pín　匹也。从言頻聲。　符真切。

訽 kòu　扣也。如求婦先訽叕之。从言从口，口亦聲。　苦后切。

詉 nì　言相說司也。从言兒聲。　女家切。

誂 tiǎo　（簡帛）相呼誘也。从言兆聲。　徒了切。

譄 zēng　加也。从言，从曾聲。　作滕切。

詄 dié　忘也。从言失聲。　徒結切。

諅 jì　（簡帛）忌也。从言其聲。《周書》曰："上不諅于凶德。"　渠記切。

諏 hàn　誕也。从言敢聲。　下闞切。　諏，俗諏从忘。

誇 kuā　譀也。从言夸聲。　苦瓜切。

誕 dàn　（漢印　石刻）詞誕也。从言延聲。　徒旱切。　逫，籒文誕省正。

譟 mài　譀也。从言萬聲。　莫話切。

謔 xuè　戲也。从言虐聲。《詩》曰："善戲謔兮。"　虛約切。

詪 hěn　（漢印）眼（按：眼當作很）戾也。从言㫃聲。　乎懇切。

訌 hòng　潰也。从言工聲。《詩》曰："蟊賊內訌。"　戶工切。

讃 huì　中止也。从言貴聲。《司馬法》曰："師多則人讃。"讃，止也。　胡對切。

譢 huì　聲也。从言歲聲。《詩》曰："有譢其聲。"　呼會切。

譌 huà　疾言也。从言咼聲。　呼卦切。

譴 tuí　譟也。从言巂聲。　杜回切。

譟 zào　擾也。从言喿聲。　蘇到切。

訆 jiào　大呼也。从言丩聲。《春秋傳》曰："或訆于宋大廟。"　古弔切。

謞 háo　號也。从言从虎。　乎刀切。

讙 huān　（簡帛）譁也。从言雚聲。　呼官切。

譁 huā　讙也。从言華聲。　呼瓜切。

謣 yú　妄言也。从言雩聲。　羽俱切。　讆，謣或从夸。

譌 é　（簡帛）譌言也。从言爲聲。《詩》曰："民之譌言。"　五禾切。

詿 guà　誤也。从言，佳省聲。　古賣切。

誤 wù （䛃 䛇 漢印）謬也。从言吳聲。 五故切。

謬 miù 狂者之妄言也。从言翏聲。 靡幼切。

詤 huǎng 夢言也。从言㐬聲。 呼光切。

䚔 bó 大呼自勉也。从言，暴省聲。 蒲角切。

訬 chāo （訬 古璽）訬，擾也。一曰訬獪。从言少聲。讀若毚。 楚交切。

諆 qī （諆諆諆諆諆諆 金文）欺也。从言其聲。 去其切。

譎 jué 權詐也。益、梁曰謬欺，天下曰譎。从言矞聲。 古穴切。

詐 zhà （詐詐詐 金文）欺也。从言乍聲。 側駕切。

訏 xū （訏 簡帛）詭譌也。从言于聲。一曰訏，譇。齊、楚謂信曰訏。 況于切。

謯 jiē 咨也。一曰痛惜也。从言差聲。 子邪切。

讋 zhé （讋 漢印）失气言。一曰不止也。从言，龖省聲。傅毅讀若慴。 之涉切。 讋，籀文讋不省。

謵 xí 言謵讋也。从言習聲。 秦入切。

誤 wù 相毀也。从言亞聲。一曰畏惡。 宛古切。

譭 huī 相毀也。从言，隨省聲。 雖遂切。

譠 tà 嗑也。从言闒聲。 徒盍切。

訩 xiōng 說也。从言匈聲。 許容切。詾，或省。諻，訩或从兄。

訟 sòng （訟 金文 訟 簡帛）爭也。从言公聲。曰：謌訟。 似用切。䛦，古文訟。

謓 chēn 恚也。从言眞聲。賈侍中說：謓，笑。一曰讀若振。 昌眞切。

讘 niè 多言也。从言聶聲。河東有狐讘縣。 之涉切。

訶 hē 大言而怒也。从言可聲。 虎何切。

詆 zhǐ 訶也。从言氐聲。讀若指。 職雉切。

訐 jié （訐 簡帛 訐訐 古璽）面相斥罪，相告訐也。从言干聲。 居謁切。

訴 sù 告也。从言，斥省聲。《論語》曰："訴子路於季孫。"臣鉉等曰：斥非聲。蓋古之字音多與今異。如皀亦音香、虋亦音門、乃亦音仍，他皆放此。古今失傳，不可詳究。 桑故切。謬，訴或从言、朔。愬，訴或从朔、心。

譖 zèn 愬也。从言朁聲。 莊蔭切。

讒 chán 譖也。从言毚聲。 士咸切。

譴 qiǎn 謫問也。从言遣聲。 去戰切。

謫 zhé 罰也。从言啻聲。 陟革切。

諯 zhuān （諯諯 古璽）數也。一曰相讓也。从言耑聲。讀若專。 尺絹切。

讓 ràng	讓（簡帛 古璽 漢印）相責讓。从言襄聲。 人漾切。
譙 qiào	譙（石刻）嬈譊也。从言焦聲。讀若嚼。 才肖切。誚，古文譙从肖。《周書》曰："亦未敢誚公。"
諫 cì	諫 數諫也。从言束聲。 七賜切。
誶 suì	誶（簡帛 古璽）讓也。从言卒聲。《國語》曰："誶申胥。" 雖遂切。
詰 jié	詰（簡帛）問也。从言吉聲。 去吉切。
謹 wàng	謹 責望也。从言望聲。 巫放切。
詭 guǐ	詭 責也。从言危聲。 過委切。
證 zhèng	證 告也。从言登聲。 諸應切。
詘 qū	詘（金文 簡帛 漢印）詰詘也。一曰屈襞。从言出聲。 區勿切。誳，詘或从屈。
誉 yuǎn	誉 慰也。从言夗聲。 於願切。
詗 xiòng	詗 知處告言之。从言同聲。 朽正切。
譞 juàn	譞 流言也。从言夐聲。 火縣切。
詆 dǐ	詆（金文）苛也。一曰訶也。从言氏聲。 都禮切。
誰 shuí	誰（金文 漢印 石刻）何也。从言隹聲。 示隹切。
諽 gé	諽 飾也。一曰更也。从言革聲。讀若戒。 古覈切。
讕 lán	讕 詆讕也。从言闌聲。 洛干切。䛨，讕或从閒。
診 zhěn	診 視也。从言㐱聲。 直刃切。又，之忍切。
訢 xī	訢 悲聲也。从言，斯省聲。 先稽切。
訧 yóu	訧 罪也。从言尤聲。《周書》曰："報以庶訧。" 羽求切。
誅 zhū	誅（簡帛）討也。从言朱聲。 陟輸切。
討 tǎo	討（金文）治也。从言从寸。 他皓切。
諳 ān	諳 悉也。从言音聲。 烏含切。
讄 lěi	讄 禱也。累功德以求福。《論語》云："讄曰：'禱尔于上下神祇。'"从言，纍省聲。 力軌切。讄，或不省。
謚 shì	謚 行之迹也。从言、兮、皿。闕。徐鍇曰："兮，聲也。" 神至切。
誄 lěi	誄（石刻）謚也。从言耒聲。 力軌切。
謑 xǐ	謑 恥也。从言奚聲。 胡禮切。䜁，謑或从𠈔。
詬 gòu	詬（簡帛）謑詬，恥也。从言后聲。 呼寇切。訽，詬或从句。
諜 dié	諜 軍中反閒也。从言枼聲。 徒叶切。

該 gāi 該（石刻）軍中約也。从言亥聲。讀若心中滿該。 古哀切。

譯 yì 譯（簡帛 譯漢印）傳譯四夷之言者。从言睪聲。 羊昔切。

訄 qiú 訄 迫也。从言九聲。讀若求。 巨鳩切。

謚 yì 謚 笑皃。从言益聲。 伊昔切。又，呼狄切。

譶 tà 譶 疾言也。从三言。讀若沓。 徒合切。

　　　　　文二百四十五（當作文二百四十九） 重三十三

詢 xún 詢 謀也。从言旬聲。 相倫切。

讜 dǎng 讜（讜漢印）直言也。从言黨聲。 多朗切。

譜 pǔ 譜 籍録也。从言普聲。《史記》从並。 博古切。

詎 jù 詎 詎猶豈也。从言巨聲。 其呂切。

諺 xiǎo 諺 小也，誘也。从言夋聲。《禮記》曰："足以諺聞。" 先鳥切。

謎 mí 謎 隱語也。从言、迷，迷亦聲。 莫計切。

誌 zhì 誌（石刻）記誌也。从言志聲。 職吏切。

訣 jué 訣 訣別也。一曰法也。从言，決省聲。 古穴切。

　　　　　文八新附

誩 部

誩 jìng 誩 競言也。从二言。凡誩之屬皆从誩。讀若競。 渠慶切。

譱 shàn 譱（金文 簡帛 古璽 古陶 古幣 漢印 石刻）吉也。从誩从羊。此與義美同意。 常衍切。善，篆文譱从言。

競 jìng 競（甲骨 金文 簡帛 古璽）彊語也。一曰逐也。从誩，从二人。 渠慶切。

讟 dú 讟 痛怨也。从誩賣聲。《春秋傳》曰："民無怨讟。" 徒谷切。

　　　　　文四 重一

音 部

音 yīn 音（金文 簡帛 古璽 漢印 石刻）聲也。生於心，有節於外，謂之音。宮商角徵羽，聲；絲竹金石匏土革木，音也。从言含一。凡音之屬皆从音。 於今切。

響 xiǎng 響（■漢印 ■石刻）聲也。从音鄉聲。 許兩切。

韽 ān 韽 下徹聲。从音盦聲。 恩甘切。

韶 sháo 韶 虞舜樂也。《書》曰："《簫韶》九成，鳳皇來儀。"从音召聲。 市招切。

章 zhāng 章（■■■■■金文 ■■■■■■簡帛 ■■古璽 ■■漢印 ■■■石刻 ■石刻）樂竟爲一章。从音从十。十，數之終也。 諸良切。

竟 jìng 竟（■■■■金文 ■漢印）樂曲盡爲竟。从音从人。 居慶切。

　　　　　文六

韻 yùn 韻（■石刻）和也。从音員聲。裴光遠云：古與均同。未知其審。 王問切。

　　　　　文一新附

辛 部

辛 qiān 辛 辠也。从干、二。二，古文上字。凡辛之屬皆从辛。讀若愆。張林說。去虔切。

童 tóng 童（■甲骨 ■金文 ■■簡帛 ■古璽 ■漢印 ■石刻）男有辠曰奴，奴曰童，女曰妾。从辛，重省聲。 徒紅切。 ■，籒文童，中與竊中同从廿。廿，以爲古文疾字。

妾 qiè 妾（■■金文 ■■簡帛 ■古璽 ■漢印）有辠女子，給事之得接於君者。从辛从女。《春秋》云："女爲人妾。"妾，不娉也。 七接切。

　　　　　文三 重一

丵 部

丵 zhuó 丵 叢生艸也。象丵嶽相竝出也。凡丵之屬皆从丵。讀若浞。 士角切。

業 yè 業（■金文 ■簡帛 ■漢印 ■石刻）大版也。所以飾縣鐘鼓。捷業如鋸齒，以白畫之。象其鉏鋙相承也。从丵从巾。巾象版。《詩》曰："巨業維樅。" 魚怯切。 ■，古文業。

叢 cóng 叢（■金文 ■漢印）聚也。从丵取聲。 徂紅切。

對 duì 對（■甲骨 ■■■■■■■■■■■■■金文 ■簡帛）譍無方也。从丵从口从寸。 都隊切。 ■，對或从士。漢文帝以爲責對而爲言，多非誠對，故去其口以从士也。

文四　重二

業部

業 pú　　瀆業也。从丵从廾，廾亦聲。凡業之屬皆从業。臣鉉等曰：瀆，讀爲煩瀆之瀆。一本注云：丵，衆多也。兩手奉之，是煩瀆也。　蒲沃切。

僕 pú　　（…金文　…簡帛　…漢印　…石刻）給事者。从人从業，業亦聲。　蒲沃切。𦢊，古文从臣。

𡗞 bān　　賦事也。从業从八。八，分之也。八亦聲。讀若頒。一曰讀若非。　布還切。

文三　重一

廾部

廾 gǒng　　（…古璽）竦手也。从屮从又。凡廾之屬皆从廾。居竦切。今變隸作廾。𠬞，楊雄說：廾从兩手。

奉 fèng　　（…簡帛　…古璽　…古幣　…玉盟書　…漢印　…石刻）承也。从手从廾，丰聲。　扶隴切。

丞 chéng　　（…甲骨　…金文　…石鼓　…漢印　…石刻）翊也。从廾从卩从山。山高，奉承之義。　署陵切。

奐 huàn　　（…玉盟書　…石刻）取奐也。一曰大也。从廾，夐省。臣鉉等曰：夐，營求也。取之義也。　呼貫切。

弇 yǎn　　（…簡帛）蓋也。从廾从合。　古南切。又，一儉切。𠃨，古文弇。

廙 yì　　引給也。从廾睪聲。　羊益切。

舁 qí　　舉也。从廾由聲。《春秋傳》曰："晉人或以廣墜，楚人舁之。"黃顥說：廣車陷，楚人爲舉之。杜林以爲騏驎字。　渠記切。

異 yì　　舉也。从廾目聲。《虞書》曰："岳曰：異哉！"　羊吏切。

弄 lòng　　（…金文　…簡帛　…古幣　…石刻）玩也。从廾持玉。　盧貢切。

舂 yù　　兩手盛也。从廾𢍐聲。　余六切。

𢍏 juàn　　摶飯也。从廾釆聲。釆，古文辨字。讀若書卷。　居券切。

𢍚 kuí　　持弩拊。从廾、肉。讀若逵。臣鉉等曰：从肉未詳。　渠追切。

戒 jiè （甲骨 金文 簡帛 古璽 石刻）警也。从廾持戈，以戒不虞。居拜切。

兵 bīng （甲骨 金文 簡帛 漢印 石刻）械也。从廾持斤，并力之皃。補明切。古文兵，从人、廾、干。籀文。

龏 gōng （甲骨 金文 簡帛）愨也。从廾龍聲。紀庸切。

弈 yì 圍棊也。从廾亦聲。《論語》曰："不有博弈者乎！" 羊益切。

具 jù （甲骨 金文 簡帛 漢印 石刻）共置也。从廾，从貝省。古以貝爲貨。其遇切。

　　　　文十七　重四

癶 部

癶 pān 引也。从反廾。凡癶之屬皆从癶。普班切。今變隸作大。癶或从手从樊。

樊 fán （甲骨 金文 漢印 石刻）鷙（按：鷙當作驚）不行也。从癶从棥，棥亦聲。附袁切。

攣 luán 樊也。从癶纞聲。呂員切。

　　　　文三　重一

共 部

共 gòng （甲骨 金文 簡帛 古璽 古幣 石刻）同也。从廿、廾。凡共之屬皆从共。渠用切。古文共。

龔 gōng （漢印 石刻）給也。从共龍聲。俱容切。

　　　　文二　重一

異 部

異 yì （甲骨 金文 簡帛 古璽 漢印 石刻）分也。从廾从畀。畀，予也。凡異之屬皆从異。徐鍇曰："將欲與物，先分異之也。《禮》曰：'賜君子小人不同日。'" 羊吏切。

戴 dài　（簡帛　漢印　石刻）分物得增益曰戴。从異𢦔聲。 都代切。𢦔，籒文戴。

　　　文二　重一

舁　部

舁 yú　共舉也。从臼从廾。凡舁之屬皆从舁。讀若余。 以諸切。

舝 qiān　升高也。从舁囟聲。七然切。𦥆，舝或从卩。𦥇，古文舝。

與 yǔ　（金文　簡帛　古幣　漢印　石刻）黨與也。从舁从与。 余呂切。㒁，古文與。

興 xīng　（甲骨　金文　簡帛　古璽　古陶　漢印　石刻）起也。从舁从同。同力也。 虛陵切。

　　　文四　重三

臼　部

臼 jū　叉手也。从𠂇、彐。凡臼之屬皆从臼。 居玉切。

要 yāo　（金文　漢印）身中也。象人要自臼之形。从臼，交省聲。 於消切。又，於笑切。𦥮，古文要。

　　　文二　重一

晨　部

晨 chén　（甲骨　金文　簡帛　古璽　漢印　石刻）早昧爽也。从臼从辰。辰，時也。辰亦聲。丮夕爲㚇，臼辰爲晨，皆同意。凡晨之屬皆从晨。 食鄰切。

農 nóng　（甲骨　金文　簡帛　漢印　石刻）耕也。从晨囟聲。徐鍇曰：“當从凶乃得聲。” 奴冬切。𨑎，籒文農从林。𦥑，古文農。𦦀，亦古文農。

　　　文二　重三

爨部

爨 cuàn　爨（▨▨漢印）齊謂之炊爨。臼象持甑，冂爲竈口，廾推林內火。凡爨之屬皆从爨。七亂切。▨，籀文爨省。

䁱 qióng　䁱　所以枝鬲者。从爨省，鬲省。渠容切。

釁 xìn　釁　血祭也。象祭竈也。从爨省，从酉。酉，所以祭也。从分，分亦聲。臣鉉等曰：分，布也。虛振切。

　　　　文三　重一

革部

革 gé　革（▨甲骨 ▨金文 ▨▨▨簡帛 ▨漢印 ▨石刻）獸皮治去其毛，革更之。象古文革之形。凡革之屬皆从革。古覈切。革，古文革从三十。三十年爲一世，而道更也。臼聲。

鞹 kuò　鞹　去毛皮也。《論語》曰："虎豹之鞹。"从革郭聲。苦郭切。

靬 jiān　靬　靬，乾革也。武威有麗靬縣。从革干聲。苦旰切。

䩦 luò　䩦　生革可以爲縷束也。从革各聲。盧各切。

鞄 páo　鞄（▨古璽 ▨古陶）柔革工也。从革包聲。讀若朴。《周禮》曰："柔皮之工鮑氏。"鞄即鮑也。蒲角切。

鞏 yùn　鞏　攻皮治鼓工也。从革軍聲。讀若運。王問切。韗，鞏或从韋。

鞣 róu　鞣　耎也。从革从柔，柔亦聲。耳由切。

靼 dá　靼　柔革也。从革，从旦聲。旨熱切。▨，古文靼从亶。

鞼 guì　鞼　韋繡也。从革貴聲。求位切。

鞶 pán　鞶　大帶也。《易》曰："或錫之鞶帶。"男子帶鞶，婦人帶絲。从革般聲。蒲官切。

鞏 gǒng　鞏（▨漢印）以韋束也。《易》曰："鞏用黃牛之革。"从革巩聲。居竦切。

鞔 mán　鞔　履空也。从革免聲。徐鍇曰："履空，猶言履殼也。"母官切。

靸 sǎ　靸　小兒履也。从革及聲。讀若沓。穌合切。

鞥 áng　鞥　鞥角，鞋屬。从革卬聲。五岡切。

鞮 dī　鞮　革履也。从革是聲。都兮切。

鞈 jiá　鞈　鞈鞈沙也。从革从夾，夾亦聲。古洽切。

| 鞖 xǐ | 鞖 | 鞖屬。从革徙聲。 所綺切。 |

| 鞵 xié | 鞵 | 革生鞮也。从革奚聲。 戶佳切。 |

| 靪 dīng | 靪 | 補履下也。从革丁聲。 當經切。 |

| 鞠 jū | 鞠（鞠 鞠 鞠 鞠 漢印） 蹋鞠也。从革匊聲。 居六切。鞠，鞠或从䪏。 |

| 鞀 táo | 鞀 | 鞀遼也。从革召聲。 徒刀切。鞉，鞀或从兆。鼗，鞀或从鼓从兆。磬，籒文鞀从殸、召。 |

| 鞙 yuān | 鞙 | 量物之鞙。一曰抒井鞙。古以革。从革冤聲。 於袁切。鞙，鞙或从宛。 |

| 鞞 bǐng | 鞞 | 刀室也。从革卑聲。 并頂切。 |

| 鞎 hén | 鞎 | 車革前曰鞎。从革艮聲。 戶恩切。 |

| 靬 hóng | 靬 | 車軾也。从革弘聲。《詩》曰："鞹靬淺幭。"讀若穹。 丘弘切。 |

| 鞪 mù | 鞪 | 車軸束也。从革敄聲。 莫卜切。 |

| 䩰 bì | 䩰 | 車束也。从革必聲。 毗必切。 |

| 韉 zuān | 韉 | 車衡三束也。曲轅韉縛，直轅篸縛。从革䜌聲。讀若《論語》"鑽燧"之"鑽"。借官切。䪆，韉或从革、贊。 |

| 䩞 zhì | 䩞 | 蓋杠絲也。从革旨聲。徐鍇曰："絲，其繫系也。" 脂利切。 |

| 鞁 bèi | 鞁（簡帛） 車駕具也。从革皮聲。 平祕切。 |

| 鞥 ēng | 鞥 | 轡鞥。从革弇聲。讀若鷹。一曰龍頭繞者。 烏合切。 |

| 靶 bà | 靶 | 轡革也。从革巴聲。 必駕切。 |

| 韅 xiǎn | 韅（簡帛） 著掖鞥也。从革顯聲。 呼典切。 |

| 靳 jìn | 靳（靳 靳 漢印） 當膺也。从革斤聲。 居近切。 |

| 鞋 chěng | 鞋 | 騁具也。从革蚩聲。讀若騁蠆。 丑郢切。 |

| 靷 yǐn | 靷 | 引軸也。从革引聲。 余忍切。䩯，籒文靷。 |

| 鞶 guǎn | 鞶 | 車鞁具也。从革官聲。 古滿切。 |

| 䩐 dòu | 䩐 | 車鞁具也。从革豆聲。 田候切。 |

| 靬 yú | 靬 | 鞶內環靶也。从革于聲。 羽俱切。 |

| 轉 bó | 轉（金文 古璽） 車下索也。从革尃聲。 補各切。 |

| 鞥 è | 鞥 | 車具也。从革奄聲。 烏合切。 |

| 鞠 zhuó | 鞠 | 車具也。从革叕聲。 陟劣切。 |

| 鞌 ān | 鞌 | 馬鞁具也。从革从安。 烏寒切。 |

| 鞈 róng | 鞈 | 鞌毳飾也。从革茸聲。 而隴切。 |

鞊 tié	鞊	鞌飾。从革占聲。 他叶切。
韐 gé	韐	防汗也。从革合聲。 古洽切。
勒 lè	勒（金文）馬頭絡銜也。从革力聲。 盧則切。
鞙 xuàn	鞙	大車縛軛靼。从革肙聲。 狂沇切。
鞔 miǎn	鞔	勒靼也。从革面聲。 弥沇切。
靲 qín	靲	鞮也。从革今聲。 巨今切。
鞬 jiān	鞬	所以戢弓矢。从革建聲。 居言切。
韣 dú	韣	弓矢韣也。从革蜀聲。 徒谷切。
鞖 suī	鞖	綏也。从革崔聲。 山垂切。
䩞 jí	䩞	急也。从革亟聲。 紀力切。
鞭 biān	鞭（金文、簡帛、古璽、古陶）驅也。从革便聲。 卑連切。 𠓥，古文鞭。
鞅 yǎng	鞅（金文、簡帛）頸靼也。从革央聲。 於兩切。
韄 hù	韄	佩刀絲也。从革蒦聲。 乙白切。
鞕 tuó	鞕	馬尾駝（按：駝當作鞕）也。从革它聲。今之般緧。 徒何切。
靪 xié	靪	繫牛脛也。从革見聲。 已彳切。

文五十七（當作文五十九） 重十一

鞘 qiào	鞘	刀室也。从革肖聲。 私妙切。
韉 jiān	韉	馬鞁具也。从革薦聲。 則前切。
鞾 xuē	鞾	鞮屬。从革華聲。 許䏶切。
靮 dí	靮	馬羈也。从革勺聲。 都歷切。

文四新附

鬲 部

鬲 lì 鬲（甲骨、金文、簡帛、古幣、漢印、石刻）鼎屬。實五觳。斗二升曰觳。象腹交文，三足。凡鬲之屬皆从鬲。 郎激切。鬲，鬲或从瓦。䰛，《漢令》鬲从瓦厤聲。

䰞 yǐ 䰞 三足鍑也。一曰滫米器也。从鬲支聲。 魚綺切。

䰣 guī 䰣（古璽）三足釜也。有柄喙。讀若媯。从鬲規聲。 居隨切。

鬷 zōng	釜屬。从鬲㚇聲。子紅切。
鬲guō	秦名土釜曰鬲。从鬲𠂇聲。讀若過。古禾切。
䰲 qín	大釜也。一曰鼎大上小下若甑曰䰲。从鬲犾聲。讀若岑。才林切。籀文䰲。
䰝 zèng	䰲屬。从鬲曾聲。子孕切。
鬴 fǔ	鍑屬。从鬲甫聲。扶雨切。釜，鬴或从金父聲。
鬳 yàn	鬲屬。从鬲虍聲。牛建切。
融 róng	(石刻) 炊气上出也。从鬲，蟲省聲。以戎切。融，籀文融不省。
䰙 xiāo	炊气皃。从鬲𡇒聲。許嬌切。
䰞 shāng	煑也。从鬲羊聲。式羊切。
䰯 fèi	涫也。从鬲沸聲。芳未切。

文十三　重五

弻部

弻 lì	䰜也。古文亦鬲字。象孰飪五味气上出也。凡弻之屬皆从弻。郎激切。
䭾 zhān	䭱也。从弻侃聲。諸延切。飦，䭾或从食衍聲。䬩，或从干聲。饘，或从建聲。
䰥 zhōu	(金文　漢印) 鍵也。从弻米聲。武悲切。臣鉉等曰：今俗粥（按：粥當作䰥）作粥，音之六切。
䰤 hú	鍵也。从弻古聲。戶吳切。
䰢 gēng	五味盉羹也。从弻从羔。《詩》曰："亦有和䰢。" 古行切。羹，䰢或省。䇞，或从美，䰢省。羹，小篆从羔从美。
䰠 sù	鼎實。惟葦及蒲。陳畱謂鍵為䰠。从弻速聲。桑谷切。䭃，䰠或从食束聲。
䰡 yù	䰢也。从弻毓聲。余六切。䉵，䰡或省从米。
䰪 miè	涼州謂䰥為䰪。从弻糱聲。莫結切。秣，䰪或省从末。
䰦 ěr	粉餅也。从弻耳聲。仍吏切。餌，䰦或从食耳聲。
䰧 chǎo	熬也。从弻㚔聲。臣鉉等曰：今俗作煼，別作炒，非是。尺沼切。
䰨 yuè	內肉及菜湯中薄出之。从弻翟聲。以勺切。
䰩 zhǔ	孚也。从弻者聲。章與切。煮，䰩或从火。𩱎，䰩或从水在其中。
䰭 bó	吹聲沸也。从弻孛聲。蒲沒切。

文十三　重十二

爪 部

爪 zhǎo 爪（甲骨，金文，古陶）丮也。覆手曰爪。象形。凡爪之屬皆从爪。 側狡切。

孚 fú 孚（甲骨，金文，簡帛，古璽，石刻）卵孚也。从爪从子。一曰信也。徐鍇曰："鳥之孚卵皆如其期，不失信也。鳥褱恆以爪反覆其卵也。" 芳無切。㝣，古文孚从禾。禾，古文保。

爲 wéi 爲（甲骨，金文，玉盟書，簡帛，古陶，漢印，石刻）母猴也。其爲禽好爪。爪，母猴象也。下腹爲母猴形。王育曰："爪，象形也。" 薳支切。𤔔，古文爲象兩母猴相對形。

𠬪 zhǎng 𠬪 亦丮也。从反爪。闕。 諸兩切。

文四 重二

丮 部

丮 jí 丮（甲骨，金文）持也。象手有所丮據也。凡丮之屬皆从丮。讀若戟。 几劇切。

埶 yì 埶（甲骨，金文，簡帛，石刻）種也。从坴、丮。持亟種之。《書》曰："我埶黍稷。"徐鍇曰："坴，土也。" 魚祭切。

𠭖 shú 𠭖（石刻）食飪也。从丮𦎧聲。《易》曰："孰飪。" 殊六切。

𢍰 zài 𢍰（甲骨，金文）設飪也。从丮从食，才聲。讀若載。 作代切。

𢀜 gǒng 𢀜 褱也。从丮工聲。 居悚切。𢪎，𢀜或加手。

𢪙 jué 𢪙 相踦之也。从丮谷聲。 其虐切。

𢧵 huà 𢧵 擊踝也。从丮从戈。讀若踝。 胡瓦切。

𠬞 jú 𠬞 拖（按：拖當作亦）持也。从反丮。闕。 居玉切。

文八 重一

鬥 部

鬥 dòu 鬥（甲骨）兩士相對，兵杖在後，象鬥之形。凡鬥之屬皆从鬥。 都豆切。

鬥 dòu 遇也。从鬥斲聲。 都豆切。

鬨 hòng 鬥也。从鬥共聲。《孟子》曰："鄒與魯鬨。" 下降切。

鬮 liú 經繆殺也。从鬥翏聲。 力求切。

鬮 jiū 鬥取也。从鬥龜聲。讀若三合繩糾。 古矦切。

鬩 nǐ 智少力劣也。从鬥爾聲。 奴礼切。

鬚 fēn 鬥連結鬚紛相牽也。从鬥燓聲。臣鉉等案：燓，今先典切。从豩聲。豩，呼還切。蓋燓亦有豩音，故得爲聲。一本从 焚。《說文》無 焚字。 撫文切。

鬩 pīn 鬥也。从鬥，賓省聲。讀若賓。 匹賓切。

鬩 xì 恆訟也。《詩》云："兄弟鬩于牆。"从鬥从兒。兒，善訟者也。 許激切。

鬩 xuàn 試力士錘也。从鬥从戈，或从戰省。讀若縣。 胡畎切。

　　　　文十

鬧 nào 不靜也。从市、鬥。 奴教切。

　　　　文一新附

又 部

又 yòu （甲骨 金文 簡帛 古幣 石刻）手也。象形。三指者，手之列多略不過三也。凡又之屬皆从又。 于救切。

右 yòu （金文 簡帛 古璽 古陶 古幣 石刻）手口相助也。从又从口。臣鉉等曰：今俗別作佑。 于救切。

厷 gōng （甲骨 金文 簡帛 古幣 漢印）臂上也。从又，从古文[厶]。古薨切。 ，古文厷，象形。 ，厷或从肉。

叉 chā （甲骨 金文）手指相錯也。从又，象叉之形。 初牙切。

叉 zhǎo 手足甲也。从又，象叉形。 側狡切。

父 fù （甲骨 金文 簡帛 古幣 漢印 石刻）矩也。家長率教者。从又舉杖。 扶雨切。

叟 sǒu （甲骨 漢印）老也。从又从灾。闕。 穌后切。 ，籀文从寸。 ，叟或从人。

燮 xiè （甲骨）和也。从言从又、炎。籀文燮从羊。羊，音飪。讀若溼。臣鉉等案：燮字義大孰也。从炎从又。卽孰物可持也。此燮蓋从燮省。言語以和之也。二字義相出入故也。 穌叶切。

曼 màn　曼（金文、簡帛、漢印）引也。从又冒聲。　無販切。

㬰 shēn　㬰 引也。从又昌聲。昌，古文申。　失人切。

夬 guài　夬（簡帛）分決也。从又，ㅋ象決形。徐鍇曰："ㄱ，物也。丨，所以決之。"　古賣切。

尹 yǐn　尹（甲骨、金文、簡帛、古璽、古幣、漢印、石刻）治也。从又、丿，握事者也。　余準切。肀，古文尹。

叡 zhā　叡 又（按：又當作叉）卑也。从又虘聲。　側加切。

𣀔 lí　𣀔 引也。从又𠩺聲。　里之切。

厰 shuā　厰 拭也。从又持巾在尸下。　所劣切。

及 jí　及（甲骨、金文、玉盟書、簡帛、石刻）逮也。从又从人。徐鍇曰："及前人也。"　巨立切。乁，古文及。秦刻石及如此。弓，亦古文及。𨕖，亦古文及。

秉 bǐng　秉（甲骨、金文、簡帛、石刻）禾束也。从又持禾。　兵永切。

反 fǎn　反（金文、簡帛、古幣、漢印）覆也。从又，厂反形。　府遠切。𠬡，古文。

𠬝 fú　𠬝 治也。从又从卪。卪，事之節也。　房六切。

𢍘 tāo　𢍘 滑也。《詩》云："𢍘兮達兮。"从又、中。一曰取也。　土刀切。

叕 zhuì　叕 楚人謂卜問吉凶曰叕。从又持祟，祟亦聲。讀若贅。　之芮切。

叔 shū　叔（金文、漢印、石刻）拾也。从又尗聲。汝南名收芌為叔。　式竹切。𣁋，叔或从寸。

𠬪 mò　𠬪（簡帛）入水有所取也。从又在囘下。囘，古文回。回，淵水也。讀若沫。　莫勃切。

取 qǔ　取（甲骨、金文、簡帛、古璽、古陶、石刻）捕取也。从又从耳。《周禮》："獲者取左耳。"《司馬法》曰："載獻聝。"聝者，耳也。　七庾切。

彗 huì　彗（簡帛）掃竹也。从又持甡。　祥歲切。篲，彗或从竹。𥳑，古文彗从竹从習。

叚 jiǎ　叚（金文、簡帛）借也。闕。　古雅切。𠭊，古文叚。𠭙，譚長說：叚如此。

友 yǒu　友（金文、簡帛、漢印、石刻）同志為友。从二又。相交友也。　云久切。𦫹，古文友。習，亦古文友。

度 dù　度（漢印、石刻）法制也。从又，庶省聲。　徒故切。

文二十八　重十六

ナ 部

ナ zuǒ　ナ手也。象形。凡ナ之屬皆从ナ。　臧可切。

卑 bēi　賤也。執事也。从ナ、甲。徐鍇曰："右重而左卑，故在甲下。"　補移切。

　　　文二

史 部

史 shǐ　記事者也。从又持中。中，正也。凡史之屬皆从史。　疏士切。

事 shì　職也。从史，之省聲。　鉏史切。𢥠，古文事。

　　　文二　重一

支 部

支 zhī　去竹之枝也。从手持半竹。凡支之屬皆从支。　章移切。𢽾，古文支。

敁 jī　持去也。从支奇聲。　去奇切。

　　　文二　重一

聿 部

聿 niè　手之疌巧也。从又持巾。凡聿之屬皆从聿。　尼輒切。

肄 yì　習也。从聿㣿聲。　羊至切。𦘒，籀文肄。𦘔，篆文肄。

肅 sù　持事振敬也。从聿在𣶒上，戰戰兢兢也。　息逐切。𠹭，古文肅从心从卪。

　　　文三　重三

聿 部

聿 yù 聿（甲骨／金文／簡帛）所以書也。楚謂之聿，吳謂之不律，燕謂之弗。从聿一聲。凡聿之屬皆从聿。 余律切。

筆 bǐ 筆（漢印）秦謂之筆。从聿从竹。徐鍇曰："筆尚便捷，故从聿。" 鄙密切。

聿 jīn 聿（簡帛）聿飾也。从聿从彡。俗語以書好爲聿。讀若津。 將鄰切。

書 shū 書（甲骨／金文／簡帛／古璽／古陶／漢印／石刻）箸也。从聿者聲。 商魚切。

文四

畫 部

畫 huà 畫（金文／簡帛／古璽／漢印／石刻）界也。象田四界。聿，所以畫之。凡畫之屬皆从畫。 胡麥切。畫，古文畫省。畫，亦古文畫。

畫 zhòu 畫（簡帛）日之出入，與夜爲界。从畫省，从日。 陟救切。畫，籀文畫。

文二 重三

隶 部

隶 dài 隶（簡帛／古璽）及也。从又，从尾省。又，持尾者，从後及之也。凡隶之屬皆从隶。 徒耐切。

隸 dài 隸 及也。从隶枲聲。《詩》曰："隸天之未陰雨。"臣鉉等曰：枲非聲。未詳。 徒耐切。

隸 lì 隸（金文／石刻）附箸也。从隶柰聲。 郎計切。隸，篆文隸从古文之體。臣鉉等未詳古文所出。

文三 重一

臤 部

臤 qiān 臤（甲骨／金文／簡帛／古璽）堅也。从又臣聲。

凡臤之屬皆从臤。讀若鏗鏘之鏗。古文以爲賢字。苦閑切。

緊 jǐn 　纏絲急也。从臤，从絲省。 糾忍切。

堅 jiān （漢印）剛也。从臤从土。 古賢切。

豎 shù （玉盟書　簡帛　古璽　古陶）豎立也。从臤豆聲。 臣庾切。 籀文豎从殳。

　　　文四　重一

臣　部

臣 chén （甲骨　金文　簡帛　古璽　古幣　漢印　石刻）牽也。事君也。象屈服之形。凡臣之屬皆从臣。 植鄰切。

𦣞 guàng 　乖也。从二臣相違。讀若誑。 居況切。

臧 zāng （金文　簡帛　古璽　古陶　古幣　漢印　石刻）善也。从臣戕聲。 則郎切。 𤔌，籀文。

　　　文三　重一

殳　部

殳 shū （甲骨　金文）以殳殊人也。《禮》："殳以積竹，八觚，長丈二尺，建於兵車，車旅賁以先驅。"从又几聲。凡殳之屬皆从殳。 市朱切。

祋 duì 　殳也。从殳示聲。或說城郭市里，高縣羊皮，有不當入而欲入者，暫下以驚牛馬曰祋。故从示、殳。《詩》曰："何戈與祋。" 丁外切。

杸 shū （簡帛）軍中士所持殳也。从木从殳。《司馬法》曰："執羽从杸。" 市朱切。

毄 jī （簡帛）相擊中也。如車相擊。故从殳从軎。 古歷切。

殼 què 　从上擊下也。一曰素也。从殳青聲。 苦角切。青，苦江切。

㱣 zhěn 　下擊上也。从殳冘聲。 知朕切。

毀 tóu 　繇擊也。从殳豆聲。古文役如此。 度矦切。

𣪏 chóu 　縣物殳擊。从殳𠷎聲。 市流切。

毒 dú 　椎毄物也。从殳豕聲。 冬毒切。

毆 ōu （金文　玉盟書）捶毄物也。从殳區聲。 烏后切。

殼 qiāo　殼　擊頭也。从殳高聲。　口卓切。

殿 diàn　殿　(殿漢印) 擊聲也。从殳屍聲。　堂練切。

毆 yì　毆　(金文 簡帛) 擊中聲也。从殳医聲。　於計切。

段 duàn　段　(金文 古陶 漢印 石刻) 椎物也。从殳，耑省聲。　徒玩切。

毃 tóng　毃　擊空聲也。从殳宮聲。　徒冬切。又，火宮切。

殽 xiáo　殽　(石刻) 相雜錯也。从殳肴聲。　胡茅切。

毅 yì　毅　(金文 漢印) 妄怒也。一曰有決也。从殳豙聲。　魚旣切。

殴 jiù　殴　揉屈也。从殳从叀。叀，古文更字。廄字从此。臣鉉等曰：叀，小謹也。亦屈服之意。　居又切。

役 yì　役　戍邊也。从殳从彳。臣鉉等曰：彳，步也。彳亦聲。　營隻切。役，古文役从人。

殽 gāi　殽　殽改，大剛卯也。以逐精鬼。从殳亥聲。　古哀切。

　　文二十　重一

殺 部

殺 shā　殺　(玉盟書 簡帛 石刻) 戮也。从殳杀聲。凡殺之屬皆从殺。臣鉉等曰：《說文》無杀字。相傳云音察。未知所出。　所八切。殺，古文殺。殺，古文殺。殺，古文殺。

弑 shì　弑　臣殺君也。《易》曰："臣弑其君。"从殺省，式聲。　式吏切。

　　文二　重四（當作重三）

几 部

几 shū　几　鳥之短羽飛几几也。象形。凡几之屬皆从几。讀若殊。市朱切。

凡 zhěn　凡　新生羽而飛也。从几从彡。　之忍切。

鳧 fú　鳧　舒鳧，鶩也。从鳥几聲。　房無切。

　　文三

寸 部

寸 cùn　寸　(古璽 古陶 古幣 石刻) 十分也。人手卻一寸，動脈，謂之寸口。从又寺 sì （．．．金文．．．簡帛．．．古陶．．．古幣．．．．．．．．石刻）廷也。有法度者也。从寸之聲。 祥吏切。

將 jiàng （．．．詛楚文．．．．．．漢印．．．．．．．．．．．．．．．石刻）帥也。从寸，牆省聲。 即諒切。

尋 xún （．．．甲骨．．．金文．．．簡帛．．．漢印．．．石刻）繹理也。从工从口从又从寸。工、口，亂也。又、寸，分理之。彡聲。此與 同意。度，人之兩臂爲尋，八尺也。 徐林切。

專 zhuān （．．．甲骨．．．．．．古璽．．．石刻）六寸簿也。从寸叀聲。一曰專，紡專。 職緣切。

尃 fū （．．．．．．．．．金文．．．．．．．．．簡帛．．．古幣．．．石刻）布也。从寸甫聲。 芳無切。

導 dǎo （．．．．．．石刻）導，引也。从寸道聲。 徒皓切。

文七

皮 部

皮 pí （．．．．．．．．．金文．．．．．．．．．簡帛．．．．．．古璽．．．．．．古幣．．．石鼓．．．．．．漢印）剥取獸革者謂之皮。从又，爲省聲。凡皮之屬皆从皮。 符羈切。．．．，古文皮。．．．，籒文皮。

皰 pào ．．． 面生气也。从皮包聲。 旁教切。

皯 gǎn ．．． 面黑气也。从皮干聲。 古旱切。

文二（當作文三） 重二

皸 jūn ．．． 足坼也。从皮軍聲。 矩云切。

皴 cūn ．．． 皮細起也。从皮夋聲。 七倫切。

文二新附

㲋 部

㲋 ruǎn ．．． 柔韋也。从北，从皮省，从夐省。凡㲋之屬皆从㲋。讀若耎。一曰若儁。臣鉉等曰：北者，反覆柔治之也。夐，營也。 而兗切。．．．，古文㲋。．．．，籒文㲋从夐省。

㲌 jùn ．．． 羽獵韋绔。从㲋弅聲。 而隴切。．．．，或从衣从朕。《虞書》曰："鳥獸㲌毛。"

文三 重二（當作文二 重三）

攴 部

攴 pū　攴（甲骨　金文　古幣）小擊也。从又卜聲。凡攴之屬皆从攴。　普木切。

啟 qǐ　啟（甲骨　金文　簡帛　石刻）教也。从攴启聲。《論語》曰："不憤不啟。"　康禮切。

徹 chè　徹（金文　石刻）通也。从彳从攴从育。　丑列切。　𢻰，古文徹。

肇 zhào　肇（甲骨　金文　古璽）擊也。从攴，肇省聲。　治小切。

敏 mǐn　敏（甲骨　金文　簡帛　漢印　石刻）疾也。从攴每聲。　眉殞切。

敃 mǐn　敃（金文）彊也。从攴民聲。　眉殞切。

孜 wù　孜（金文）彊也。从攴矛聲。　亡遇切。

敀 pò　敀（簡帛　古璽）迮也。从攴白聲。《周書》曰："常敀常任。"　博陌切。

整 zhěng　整（金文　漢印）齊也。从攴从束从正，正亦聲。　之郢切。

效 xiào　效（甲骨　金文　古璽　石刻）象也。从攴交聲。　胡教切。

故 gù　故（金文　簡帛　石刻）使爲之也。从攴古聲。　古慕切。

政 zhèng　政（金文　玉盟書　簡帛　古璽　石刻）正也。从攴从正，正亦聲。　之盛切。

𢻹 shī　𢻹　敷也。从攴也聲。讀與施同。　式支切。

敷 fū　敷（簡帛　古璽）𢻹也。从攴尃聲。《周書》曰："用敷遺後人。"　芳无切。

敟 diǎn　敟　主也。从攴典聲。　多殄切。

斄 lì　斄　數也。从攴麗聲。　力米切。

數 shǔ　數（金文　簡帛）計也。从攴婁聲。　所矩切。

潄 liàn　潄　辟潄鐵也。从攴从湅。　郎電切。

孜 zī　孜　汲汲也。从攴子聲。《周書》曰："孜孜無怠。"　子之切。

攽 bān　攽　分也。从攴分聲。《周書》曰："乃惟孺子攽。"亦讀與彬同。　布還切。

攼 hàn　攼　止也。从攴旱聲。《周書》曰："攼我于艱。"　矦旰切。

敱 ái　敱　有所治也。从攴豈聲。讀若狼。　五來切。

敞 chǎng　敞（漢印）平治高土，可以遠望也。从攴尚聲。　昌兩切。

| 敐 shēn | 理也。从攴伸聲。 直刃切。
| 改 gǎi | 改（石刻）更也。从攴、己。李陽冰曰："己有過，攴之卽改。" 古亥切。
| 變 biàn | 變（石刻）更也。从攴䜌聲。 祕戀切。
| 更 gēng | 更（甲骨　金文　古璽　漢印　石刻）改也。从攴丙聲。 古孟切。又，古行切。
| 敕 chì | 敕（金文）誡也。臿地曰敕。从攴束聲。 恥力切。
| 敨 xiè | 敨 使也。从攴，耴省聲。 而涉切。
| 斂 liǎn | 斂（簡帛　古璽）收也。从攴僉聲。 良冉切。
| 敹 liáo | 敹 擇也。从攴𠭖聲。《周書》曰："敹乃甲冑。" 洛簫切。
| 敽 jiǎo | 敽 繫連也。从攴喬聲。《周書》曰："敽乃干。" 讀若矯。 居夭切。
| 敆 hé | 敆 合會也。从攴从合，合亦聲。 古沓切。
| 敶 chén | 敶 列也。从攴陳聲。 直刃切。
| 敵 dí | 敵（金文）仇也。从攴啻聲。 徒歷切。
| 救 jiù | 救（金文　簡帛　漢印　石刻）止也。从攴求聲。 居又切。
| 敓 duó | 敓（金文　簡帛　古璽）彊取也。《周書》曰："敓攘矯虔。"从攴兌聲。 徒活切。
| 斁 yì | 斁（金文　漢印）解也。从攴睪聲。《詩》云："服之無斁。"斁，猒也。一曰終也。 羊益切。
| 赦 shè | 赦（金文　漢印）置也。从攴赤聲。 始夜切。赦，赦或从亦。
| 攸 yōu | 攸（甲骨　金文　簡帛　古璽　石刻）行水也。从攴从人，水省。徐鍇曰："攴，入水所杖也。" 以周切。𢓡，秦刻石繹山文攸字如此。
| 敂 fǔ | 敂 撫也。从攴亾聲。讀與撫同。 芳武切。
| 敉 mǐ | 敉 撫也。从攴米聲。《周書》曰："亦未克敉公功。"讀若弭。 緜婢切。侎，敉或从人。
| 𢼸 yì | 𢼸 侮也。从攴从易，易亦聲。 以豉切。
| 敳 wéi | 敳 戾也。从攴韋聲。 羽非切。
| 敦 dūn | 敦（金文　古璽　石刻）怒也，詆也。一曰誰何也。从攴䪞聲。 都昆切。又，丁回切。
| 㪋 qún | 㪋 朋侵也。从攴从羣，羣亦聲。 渠云切。
| 敗 bài | 敗（甲骨　金文　簡帛　石刻）毀也。从攴、貝。敗、賊皆从貝，會意。 薄邁切。贁，籀文敗从賏。
| 𢿛 luàn | 𢿛 煩也。从攴从𤔔，𤔔亦聲。 郎段切。

說文解字第三　95

寇 kòu　（金文 玉盟書 簡帛 古璽 古陶 漢印 石刻）暴也。从攴从完。徐鍇曰："當其完聚而欲寇之。"　苦候切。

敊 zhǐ　刺也。从攴虫聲。　豬几切。

敠 dù　閉也。从攴度聲。讀若杜。　徒古切。斁，敠或从刀。

攼 niè　塞也。从攴念聲。《周書》曰："攼乃穽。"　奴叶切。

畢攴 bì　（金文）畢攴盡也。从攴畢聲。　卑吉切。

收 shōu　（簡帛 漢印）捕也。从攴丩聲。　式州切。

鼓 gǔ　擊鼓也。从攴从壴，壴亦聲。　公戶切。

攷 kǎo　（簡帛）敂也。从攴丂聲。　苦浩切。

敂 kòu　（簡帛 石刻）擊也。从攴句聲。讀若扣。　苦候切。

攻 gōng　（金文 簡帛 古璽）擊也。从攴工聲。　古洪切。

敲 qiāo　橫擿也。从攴高聲。　口交切。

豛 zhuó　擊也。从攴豕聲。　竹角切。

攺 wǎng　放也。从攴㞷聲。　迂往切。

敊 xī　坏也。从攴从厂。厂之性坏，果孰有味亦坏。故謂之敊，从未聲。徐鍇曰："厂，厓也。"　許其切。

斀 zhuó　去陰之刑也。从攴蜀聲。《周書》曰："刖劓斀黥。"　竹角切。

敃 mǐn　冒也。从攴昏聲。《周書》曰："敃不畏死。"　眉殞切。

敔 yǔ　（金文 簡帛）禁也。一曰樂器，椌楬也，形如木虎。从攴吾聲。　魚舉切。

敤 kě　研治也。从攴果聲。舜女弟名敤首。　苦果切。

鈙 qín　持也。从攴金聲。讀若琴。　巨今切。

斀 chóu　棄也。从攴𦉨聲。《周書》以爲討。《詩》云："無我斀兮。"　市流切。

畋 tián　（甲骨 金文 簡帛 古璽 古陶）平田也。从攴、田。《周書》曰："畋尒田。"　待年切。

改 gǎi　毅改，大剛卯，以逐鬼魅也。从攴巳聲。讀若巳。　古亥切。

敘 xù　（簡帛 石刻）次弟也。从攴余聲。　徐呂切。

攽 bì　毀也。从攴卑聲。　辟米切。

𢿢 ní　𢿢也。从攴兒聲。　五計切。

牧 mù　牧（甲骨　金文　簡帛　漢印　石刻）養牛人也。从攴从牛。《詩》曰："牧人乃夢。"　莫卜切。

敇 cè　敇　擊馬也。从攴束聲。　楚革切。

敊 chuàn　敊　小舂也。从攴算聲。　初豢切。

敲 qiāo　敲　驚田也。从攴堯聲。　牽遙切。

文七十七　重六

教　部

教 jiào　教（甲骨　金文　簡帛）上所施下所效也。从攴从孝。凡教之屬皆从教。　古孝切。𤕝，古文教。𤕰，亦古文教。

斆 xué　斆（甲骨　簡帛　石刻）覺悟也。从教从冂。冂，尚矇也。臼聲。　胡覺切。學，篆文斆省。

文二　重二（當作重三）

卜　部

卜 bǔ　卜（甲骨　金文　古幣　石刻）灼剝龜也，象灸龜之形。一曰象龜兆之從橫也。凡卜之屬皆从卜。　博木切。卟，古文卜。

卦 guà　卦　筮也。从卜圭聲。臣鉉等曰：圭字聲不相近。當从挂省聲。　古壞切。

卟 jī　卟　卜以問疑也。从口、卜。讀與稽同。《書》云"卟疑"。　古兮切。

貞 zhēn　貞（甲骨　金文　簡帛　古璽　古陶　古幣　石刻）卜問也。从卜，貝以爲贄。一曰鼎省聲。京房所說。　陟盈切。

𩑆 huì　𩑆　《易》卦之上體也。《商書》曰："貞曰𩑆。"从卜每聲。　荒內切。

占 zhān　占（甲骨　簡帛　石刻）視兆問也。从卜从口。　職廉切。

卲 shào　卲　卜問也。从卜召聲。　市沼切。

兆 zhào　兆（簡帛　古幣　漢印　石刻）灼龜坼也。从卜；兆，象形。　治小切。𠧞，古文兆省。

文八　重二

用 部

用 yòng 用（甲骨 金文 簡帛 古幣 石刻）可施行也。从卜从中。衛宏說。凡用之屬皆从用。臣鉉等曰：卜中乃可用也。余訟切。庸，古文用。

甫 fǔ 甫（甲骨 金文 簡帛 古幣 石刻）男子美稱也。从用、父，父亦聲。 方矩切。

庸 yōng 庸（甲骨 金文 石刻）用也。从用从庚。庚，更事也。《易》曰："先庚三日。" 余封切。

葡 bèi 葡（甲骨 金文 簡帛）具也。从用，茍省。臣鉉等曰：茍，急敕也。會意。 平祕切。

甯 nìng 甯（漢印）所願也。从用，寧省聲。 乃定切。

文五 重一

爻 部

爻 yáo 爻（甲骨 金文）交也。象《易》六爻頭交也。凡爻之屬皆从爻。 胡茅切。

棥 fán 棥 藩也。从爻从林。《詩》曰："營營青蠅，止于棥。" 附袁切。

文二

㸚 部

㸚 lǐ 㸚 二爻也。凡㸚之屬皆从㸚。 力几切。

爾 ěr 爾（金文 簡帛 石刻）麗爾，猶靡麗也。从冂从㸚，其孔㸚，尒聲。此與爽同意。 兒氏切。

爽 shuǎng 爽（金文 漢印 石刻）明也。从㸚从大。徐鍇曰："大，其中隙縫光也。" 疏兩切。 㸚，篆文爽。

文三 重一

說文解字弟四

四十五部　七百四十八文　重百一十二

凡七千六百三十八字

文二十四新附

夏 部

夏 xuè　舉目使人也。从攴从目。凡夏之屬皆从夏。讀若颭。　火劣切。

夐 xuàn　營求也。从夏，从人在穴上。《商書》曰："高宗夢得說，使百工夐求，得之傅巖。"巖，穴也。徐鍇曰："人與目隔穴經營而見之，然後指使以求之。攴，所指畫也。"　朽正切。

䦼 wén　（䦼漢印）低目視也。从夏門聲。弘農湖縣有䦼鄉，汝南西平有䦼亭。　無分切。

奯 quán　大視也。从大、夏。讀若鬢。　況晚切。

文四

目 部

目 mù　（金文　簡帛　古璽　古陶　石刻）人眼。象形。重童子也。凡目之屬皆从目。　莫六切。　，古文目。

眼 yǎn　目也。从目艮聲。　五限切。

瞑 biǎn　兒初生瞥者。从目䍏聲。　邦免切。

眩 xuàn　（眩漢印）目無常主也。从目玄聲。　黃絢切。

眥 zì　目匡也。从目此聲。　在詣切。

睞 jié　目旁毛也。从目夾聲。　子葉切。

䀠 xuàn　盧童子也。从目縣聲。　胡畎切。

瞦 xī　目童子精也。从目喜聲。讀若禧。　許其切。

瞞 mián　目旁薄緻宀宀也。从目㒼聲。　武延切。

䯁 fēi　大目也。从目非聲。　芳微切。

䁈 xiàn　大目也。从目臤聲。　矣簡切。

睅 hàn	睅	大目也。从目旱聲。 戶版切。 睆，睅或从完。
瞮 xuān	瞮	大目也。从目爰聲。 況晚切。
瞞 mán	瞞	平目也。从目㒼聲。 母官切。
睴 gùn	睴	大目出也。从目軍聲。 古鈍切。
䀩 mǎn	䀩	目䀩䀩也。从目䜌聲。 武版切。
瞶 gùn	瞶	目大也。从目、侖。《春秋傳》有鄭伯瞶。 古本切。
盼 pàn	盼	（[石刻]）《詩》曰："美目盼兮。"从目分聲。 匹莧切。
盰 gàn	盰	目多白也。一曰張目也。从目干聲。 古旱切。
販 pān	販	多白眼也。从目反聲。《春秋傳》曰："鄭游販，字子明。" 普班切。
睍 xiàn	睍	出目也。从目見聲。 胡典切。
瞿 guàn	瞿	目多精也。从目雚聲。益州謂瞋目曰瞿。 古玩切。
瞵 lín	瞵	目精也。从目粦聲。 力珍切。
窅 yǎo	窅	深目也。从穴中目。 烏皎切。
眊 mào	眊	（[簡帛]）目少精也。从目毛聲。《虞書》耄字从此。 亡報切。
瞠 tǎng	瞠	目無精直視也。从目黨聲。 他朗切。
睒 shǎn	睒	暫視皃。从目炎聲。讀若白蓋謂之苫相似。 失冉切。
眮 dòng	眮	吳楚謂瞋目顧視曰眮。从目同聲。 徒弄切。
䀼 bì	䀼	直視也。从目必聲。讀若《詩》云"泌彼泉水"。 兵媚切。
瞴 móu	瞴	瞴婁，微視也。从目無聲。 莫浮切。
䀹 xié	䀹	蔽人視也。从目耴聲。讀若攝手。一曰直視也。 又，苦叶切。 睫，䀹目或在下。
晚 mǎn	晚	晚䁠，目視皃。从目免聲。 武限切。
眂 shì	眂	眂皃。从目氏聲。 承旨切。
睨 nì	睨	衺視也。从目兒聲。 研計切。
瞀 mào	瞀	低目視也。从目冒聲。《周書》曰："武王惟瞀。" 亡保切。
䁘 huò	䁘	視高皃。从目戉聲。讀若《詩》曰"施罛濊濊"。 呼哲切。
眈 dān	眈	視近而志遠。从目冘聲。《易》曰："虎視眈眈。" 丁含切。
遃 yàn	遃	相顧視而行也。从目从辵，辵亦聲。 于線切。
盱 xū	盱	（[古璽][古幣][漢印]）張目也。从目于聲。一曰朝鮮謂盧童子曰盱。 況于切。
瞏 qióng	瞏	（[金文][簡帛][古璽][古幣][漢印]）目驚視也。从目袁聲。《詩》曰："獨行瞏瞏。" 渠營切。

| 瞻 zhǎn | 瞻 | 視而止也。从目亶聲。 旨善切。
| 眒 mèi | 眒 | 目冥遠視也。从目勿聲。一曰久也。一曰旦明也。 莫佩切。
| 眕 zhěn | 眕 | 目有所恨而止也。从目㐱聲。 之忍切。
| 瞟 piǎo | 瞟 | 瞭也。从目㯱聲。 敷沼切。
| 瞏 qì | 瞏 | 察也。从目祭聲。 戚細切。
| 睹 dǔ | 睹 | 見也。从目者聲。 當古切。 覩，古文从見。
| 眔 dà | 眔 （甲骨 金文）目相及也。从目，从隶省。 徒合切。
| 睽 kuí | 睽 | 目不相聽也。从目癸聲。 苦圭切。
| 眛 mò | 眛 | 目不明也。从目末聲。 莫撥切。
| 瞥 pán | 瞥 | 轉目視也。从目般聲。 薄官切。
| 辮 pàn | 辮 | 小兒白眼也。从目辡聲。 蒲莧切。
| 眽 mò | 眽 | 目財視也。从目𠂢聲。 莫獲切。
| 睇 tì | 睇 | 失意視也。从目脩聲。 他歷切。
| 瞳 zhùn | 瞳 | 謹鈍目也。从目辜聲。 之閏切。
| 瞤 rún | 瞤 | 目動也。从目閏聲。 如勻切。
| 矉 pín | 矉 | 恨張目也。从目賓聲。《詩》曰："國步斯矉。" 符真切。
| 眢 yuān | 眢 | 目無明也。从目夗聲。 一丸切。
| 睢 huī | 睢 （漢印）仰目也。从目隹聲。 許惟切。
| 旬 xuàn | 旬 | 目搖也。从目，勻省聲。 黃絢切。 眴，旬或从旬。
| 矆 huò | 矆 | 大視也。从目蒦聲。 許縛切。
| 睦 mù | 睦 （石刻）目順也。从目㚔聲。一曰敬和也。 莫卜切。 ，古文睦。
| 瞻 zhān | 瞻 （簡帛 漢印 石刻）臨視也。从目詹聲。 職廉切。
| 瞀 mào | 瞀 | 氐目謹視也。从目敄聲。 莫候切。
| 矃 mái | 矃 | 小視也。从目買聲。 莫佳切。
| 監 jiān | 監 | 視也。从目監聲。 古銜切。
| 䁈 qì | 䁈 | 省視也。从目，啓省聲。 苦系切。
| 相 xiāng | 相 （甲骨 金文 簡帛 古璽 漢印 石刻）省視也。从目从木。《易》曰："地可觀者，莫可觀於木。"《詩》曰："相鼠有皮。" 息良切。
| 瞋 chēn | 瞋 | 張目也。从目眞聲。 昌眞切。 䀼，《祕書》瞋从戌。

鵰 diāo	鵰	目孰視也。从目鳥聲。讀若雕。 都僚切。
睗 shì	睗 （金文）目疾視也。从目易聲。 施隻切。
睊 juàn	睊	視兒。从目肙聲。 於絢切。
瞲 yuè	瞲	目深兒。从目、䈇。讀若《易》曰"勿䘏"之"䘏"。 於悅切。
睼 tiàn	睼	迎視也。从目是聲。讀若珥瑱之瑱。 他計切。
暥 yǎn	暥	目相戲也。从目㬎聲。《詩》曰："暥婉之求。" 於殄切。
䁈 wò	䁈	短深目兒。从目叔聲。 烏括切。
睠 juàn	睠	顧也。从目䬻聲。《詩》曰："乃睠西顧。" 居倦切。
督 dū	督 （甲骨 漢印 石刻）察也。一曰目痛也。从目叔聲。 冬毒切。
睎 xī	睎	望也。从目，稀省聲。海岱之閒謂眄曰睎。 香衣切。
看 kān	看 （金文）睎也。从手下目。 苦寒切。 䀛，看或从倝。
瞫 shěn	瞫	深視也。一曰下視也。又竊見也。从目覃聲。 式荏切。
睡 shuì	睡	坐寐也。从目、垂。 是偽切。
瞑 míng	瞑	翕目也。从目、冥，冥亦聲。臣鉉等曰：今俗別作眠，非是。 武延切。
眚 shěng	眚 （簡帛）目病生翳也。从目生聲。 所景切。
瞥 piē	瞥 （漢印）過目也。又，目翳也。从目敝聲。一曰財見也。 普滅切。
眵 chī	眵	目傷眥也。从目多聲。一曰瞢兜。 叱支切。
蔑 miè	蔑	目眵也。从目，莧省聲。 莫結切。
䀣 jué	䀣	涓目也。从目夬聲。臣鉉等曰：當从決省。 古穴切。
䁁 liàng	䁁	目病也。从目良聲。 力讓切。
眛 mèi	眛 （簡帛）目不明也。从目未聲。 莫佩切。
瞯 xián	瞯	戴目也。从目閒聲。江淮之閒謂眄曰瞯。 戶閒切。
眯 mǐ	眯	艸入目中也。从目米聲。 莫禮切。
眺 tiào	眺 （石刻）目不正也。从目兆聲。 他弔切。
睞 lài	睞	目童子不正也。从目來聲。 洛代切。
睩 lù	睩	目睞謹也。从目录聲。讀若鹿。 盧谷切。
眸 chōu	眸	䀮也。从目攸聲。 敕鳩切。 䀮，眸或从刂。
眣 dié	眣	目不正也。从目失聲。 丑栗切。
矇 méng	矇	童矇也。一曰不明也。从目蒙聲。 莫中切。
眇 miǎo	眇	一目小也。从目从少，少亦聲。 亡沼切。

| 眄 miǎn | 眄 | 目偏合也。一曰衺視也。秦語。从目丏聲。 莫甸切。|

| 眳 luò | 眳 | 眄也。从目各聲。 盧各切。|

| 盲 máng | 盲 （古璽）目無牟子。从目亡聲。 武庚切。|

| 䀹 qià | 䀹 | 目陷也。从目咸聲。 苦夾切。|

| 瞽 gǔ | 瞽 | 目但有眹也。从目鼓聲。 公戶切。|

| 瞍 sǒu | 瞍 | 無目也。从目叜聲。 穌后切。|

| 䁝 yíng | 䁝 （漢印）惑也。从目，榮省聲。 戶扃切。|

| 睉 cuó | 睉 | 目小也。从目坐聲。臣鉉等曰：案《尚書》："元首叢睉哉！" 叢睉，猶細碎也。今从肉，非是。 昨禾切。|

| 䀡 wò | 䀡 | 搯目也。从目、叉。 烏括切。|

| 睇 dì | 睇 | 目小視也。从目弟聲。南楚謂眄曰睇。 特計切。|

| 瞚 shùn | 瞚 | 開闔目數搖也。从目寅聲。臣鉉等曰：今俗別作瞬，非是。 舒問切。|

| 眙 chì | 眙 | 直視也。从目台聲。 丑吏切。|

| 眝 zhù | 眝 | 長眙也。一曰張目也。从目宁聲。 陟呂切。|

| 盻 xì | 盻 | 恨視也。从目兮聲。 胡計切。|

| 䁟 fèi | 䁟 | 目不明也。从目弗聲。 普未切。|

文百十三　重八（當作重九）

| 瞼 jiǎn | 瞼 | 目上下瞼也。从目僉聲。 居奄切。|

| 眨 zhǎ | 眨 | 動目也。从目乏聲。 側洽切。|

| 眭 huī | 眭 （簡帛）深目也。亦人姓。从目圭聲。 許規切。|

| 朕 zhèn | 朕 | 目精也。从目弅聲。案：勝字賸（按：勝字賸當作勝賸字），皆从朕聲。疑古以朕爲眹。 直引切。|

| 眸 móu | 眸 | 目童子也。从目牟聲。《說文》直作牟。 莫浮切。|

| 睚 yá | 睚 | 目際也。从目、厓。 五隘切。|

文六新附

朋 部

| 朋 jù | 朋 （　　　金文）左右視也。从二目。凡朋之屬皆从朋。讀若拘。又若良士瞿瞿。 九遇切。|

睊 juàn　目圍也。从䀠、冂。讀若書卷之卷。古文以爲醜字。　居倦切。
奭 jū　目袤也。从䀠从大。大，人也。　舉朱切。

　　　文三

眉 部

眉 méi　（甲骨 金文）目上毛也。从目，象眉之形，上象額理也。凡眉之屬皆从眉。　武悲切。

省 xǐng　（甲骨 金文 古璽 漢印 石刻）視也。从眉省，从屮。臣鉉等曰：屮，通識也。　所景切。𥄬，古文从少从囧。

　　　文二　重一

盾 部

盾 dùn　（金文 簡帛）瞂也。所以扞身蔽目。象形。凡盾之屬皆从盾。　食問切。
瞂 fá　盾也。从盾犮聲。　扶發切。
䤩 kuī　盾握也。从盾圭聲。　苦圭切。

　　　文三

自 部

自 zì　（甲骨 金文 玉盟書 簡帛 石刻）鼻也。象鼻形。凡自之屬皆从自。　疾二切。𪞶，古文自。

𪛊 mián　宮（按：宮當作宀宆）不見也。闕。　武延切。

　　　文二　重一

白 部

白 zì　此亦自字也。省自者，詞言之气，从鼻出，與口相助也。凡白之屬皆从白。　疾二切。

皆 jiē　（甲骨 金文 簡帛 石刻）俱詞也。从比从白。　古諧切。

魯 lǔ （甲骨　金文　簡帛　古璽　漢印　石刻）鈍詞也。从白，魚省聲。《論語》曰："參也魯。" 郎古切。

者 zhě （金文　玉盟書　簡帛　古陶　石刻）別事詞也。从白米聲。米，古文旅字。 之也切。

疇 chóu 詞也。从白丂聲。丂與疇同。《虞書》："帝曰：疇咨。" 直由切。

𥉂 zhì （金文　簡帛　古幣　漢印　石刻）識詞也。从白从亏从知。 知義切。𥋏，古文𥉂。

百 bǎi （甲骨　金文　簡帛　古璽　古幣　石刻）十十也。从一、白。數，十百爲一貫。相章也。 博陌切。百，古文百从自。

文七　重二

鼻部

鼻 bí （甲骨　簡帛　古璽）引气自畀也。从自、畀。凡鼻之屬皆从鼻。 父二切。

齅 xiù 以鼻就臭也。从鼻从臭，臭亦聲。讀若畜牲之畜。 許救切。

鼾 hān 臥息也。从鼻干聲。讀若汗。 矣幹切。

𪖽 qiú 病寒鼻窒也。从鼻九聲。 巨鳩切。

齂 xiè 臥息也。从鼻隶聲。讀若虺。 許介切。

文五

皕部

皕 bì 二百也。凡皕之屬皆从皕。讀若祕。 彼力切。

奭 shì （甲骨　金文　簡帛　古璽）盛也。从大从皕，皕亦聲。此燕召公名。讀若郝。《史篇》名醜。徐鍇曰："《史篇》謂所作《倉頡》十五篇也。" 詩亦切。奭，古文奭。

文二　重一

習 部

習 xí　習（▨甲骨 ▨▨簡帛 ▨古璽）數飛也。从羽从白。凡習之屬皆从習。　似入切。

翫 wàn　翫　習猒也。从習元聲。《春秋傳》曰："翫歲而愒日。"　五換切。

文二

羽 部

羽 yǔ　羽（▨▨▨甲骨 ▨▨▨金文 ▨▨▨簡帛 ▨▨古幣 ▨石刻）鳥長毛也。象形。凡羽之屬皆从羽。　王矩切。

翄 chì　翄　鳥之彊羽猛者。从羽是聲。　俱豉切。

翰 hàn　翰（▨▨金文 ▨石刻）天雞赤羽也。从羽倝聲。《逸周書》曰："大（按：大當作文）翰，若翬雉，一名鷐風。周成王時蜀人獻之。"　矦幹切。

翟 dí　翟（▨甲骨 ▨金文 ▨簡帛 ▨漢印 ▨▨石刻）山雉尾長者。从羽从隹。　徒歷切。

翡 fěi　翡（▨漢印）赤羽雀也。出鬱林。从羽非聲。　房味切。

翠 cuì　翠（▨漢印 ▨石刻）青羽雀也。出鬱林。从羽卒聲。　七醉切。

翦 jiǎn　翦（▨古陶）羽生也。一曰夭羽。从羽前聲。　卽淺切。

翁 wēng　翁（▨▨▨漢印 ▨石刻）頸毛也。从羽公聲。　烏紅切。

翄 chì　翄　翼也。从羽支聲。　施智切。▨，翄或从氏。

翮 gé　翮　翅也。从羽革聲。　古覈切。

翹 qiáo　翹（▨漢印）尾長毛也。从羽堯聲。　渠遙切。

翭 hóu　翭　羽本也。一曰羽初生皃。从羽矦聲。　乎溝切。

翮 hé　翮　羽莖也。从羽鬲聲。　下革切。

翑 qú　翑　羽曲也。从羽句聲。　其俱切。

羿 yì　羿　羽之羿風。亦古諸侯也。一曰射師。从羽幵聲。　五計切。

翥 zhù　翥　飛舉也。从羽者聲。　章庶切。

翕 xī　翕　起也。从羽合聲。　許及切。

翾 xuān　翾　小飛也。从羽睘聲。　許緣切。

翬 huī　翬　大飛也。从羽軍聲。一曰伊、雒而南，雉五采皆備曰翬。《詩》曰："如翬斯飛。" 臣鉉等曰：當从揮省。 許歸切。

翏 liù （金文 簡帛 古璽 漢印）高飛也。从羽从參。 力救切。

翩 piān （石刻）疾飛也。从羽扁聲。 芳連切。

翜 shà 捷也。飛之疾也。从羽夾聲。讀若澀。一曰俠也。 山洽切。

翊 yì （甲骨 石刻）飛皃。从羽立聲。 與職切。

翋 tà 飛盛兒。从羽从月。臣鉉等曰：犯冒而飛，是盛也。 土盍切。

翄 chī 飛盛皃。从羽之聲。 侍之切。

翱 áo 翱翔也。从羽皋聲。 五牢切。

翔 xiáng （漢印）回飛也。从羽羊聲。 似羊切。

翽 huì 飛聲也。从羽歲聲。《詩》曰："鳳皇于飛，翽翽其羽。" 呼會切。

翯 xué 鳥白肥澤兒。从羽高聲。《詩》云："白鳥翯翯。" 胡角切。

翌 huáng 樂舞。以羽擢自翳其首，以祀星辰也。从羽王聲。讀若皇。 胡光切。

翇 fú 樂舞。執全羽以祀社稷也。从羽犮聲。讀若紱。 分勿切。

翿 dào 翳也，所以舞也。从羽䍃聲。《詩》曰："左執翿。" 徒到切。

翳 yì （石刻）華蓋也。从羽殹聲。 於計切。

翣 shà （簡帛 古璽）棺羽飾也。天子八，諸侯六，大夫四，士二。下垂。从羽妾聲。 山洽切。

文三十四　重一

翻 fān 飛也。从羽番聲。或从飛。 孚袁切。

翎 líng 羽也。从羽令聲。 郎丁切。

翃 hóng 飛聲。从羽工聲。 戶公切。

文三新附

隹　部

隹 zhuī （甲骨 金文 簡帛 古璽）鳥之短尾總名也。象形。凡隹之屬皆从隹。 職追切。

雅 yǎ （石刻）楚烏也。一名鸒，一名卑居。秦謂之雅。从隹牙聲。臣鉉等曰：今俗別作鴉，非是。 五下切。又，烏加切。

隻 zhī （甲骨 金文）鳥一枚也。从又持隹。持一隹曰隻，二隹曰雙。 之石切。

雒 luò　雒（[金文]）鵋䳢也。从隹各聲。 盧各切。

䦆 lìn　䦆（[漢印]）今䦆。似鴝鵒而黃。从隹，吝省聲。 良刃切。[籀]，籀文不省。

雟 guī　雟（[漢印][石刻]）周燕也。从隹，屮象其冠也。冏聲。一曰蜀王望帝，婬其相妻，慙亡去，爲子雟鳥。故蜀人聞子雟鳴，皆起云"望帝"。 戶圭切。

䳑 fāng　䳑 鳥也。从隹方聲。讀若方。 府良切。

雀 què　雀（[甲骨][金文][簡帛]）依人小鳥也。从小、隹。讀與爵同。 即略切。

䧹 yá　䧹（[漢印]）鳥也。从隹犬聲。睢陽有䧹水。 五加切。

雗 hàn　雗 雗鷽也。从隹倝聲。 侯榦切。

雉 zhì　雉（[甲骨][石刻]）有十四種：盧諸雉，喬雉，鳪雉，鷩雉，秩秩海雉，翟山雉，翰雉，卓雉，伊洛而南曰翬，江淮而南曰搖，南方曰䎢，東方曰甾，北方曰稀，西方曰蹲。从隹矢聲。 直几切。[雉]，古文雉从弟。

雊 gòu　雊 雄雌（按：雌當作雉）鳴也。雷始動，雉鳴而雊其頸。从隹从句，句亦聲。 古候切。

雞 jī　雞（[甲骨][簡帛][古陶]）知時畜也。从隹奚聲。 古兮切。[籀]，籀文雞从鳥。

雛 chú　雛（[漢印]）雞子也。从隹芻聲。 士于切。[籀]，籀文雛从鳥。

䨥 liù　䨥 鳥大雛也。从隹翏聲。一曰雉之莫子爲䨥。 力救切。

離 lí　離（[甲骨][金文][石刻]）黃，倉庚也。鳴則蠶生。从隹离聲。 呂支切。

雕 diāo　雕 鷻也。从隹周聲。 都僚切。[籀]，籀文雕从鳥。

雁 yīng　雁（[金文]）鳥也。从隹，瘖省聲。或从人，人亦聲。徐鍇曰："鷹隨人所指縱，故从人。" 於凌切。[籀]，籀文雁从鳥。

雎 chī　雎 雖也。从隹氐聲。 處脂切。[籀]，籀文雎从鳥。

雖 shuì　雖 雎也。从隹巠聲。 是僞切。

雃 qiān　雃 石鳥。一名雝䳌。一曰精列。从隹开聲。《春秋傳》："秦有士雃。" 苦堅切。

雝 yōng　雝（[甲骨][金文][簡帛][古璽][古幣][漢印][石刻]）雝䳌也。从隹邕聲。 於容切。

雂 qián　雂 鳥也。从隹今聲。《春秋傳》有公子苦雂。 巨淹切。

雁 yàn　雁（[簡帛][漢印][石刻]）鳥也。从隹从人，厂聲。讀若鴈。臣鉉等曰：雁，知時鳥。大夫以爲摯，昏禮用之。故从人。 五晏切。

䧹 lí　䧹 䧹黃也。从隹黎聲。一曰楚雀也。其色黎黑而黃。 郎兮切。

| 雐 hū | 雐 鳥也。从隹虍聲。 荒烏切。
| 雓 rú | 雓 牟母也。从隹奴聲。 人諸切。䴆，雓或从鳥。
| 雇 hù | 雇（甲骨 簡帛）九雇。農桑候鳥，扈民不婬者也。从隹戶聲。春雇，鳻盾；夏雇，竊玄；秋雇，竊藍；冬雇，竊黃；棘雇，竊丹；行雇，唶唶；宵雇，嘖嘖；桑雇，竊脂；老雇，鷃也。 侯古切。䧹，雇或从雩。䧹，籀文雇从鳥。
| 雛 chún | 雛 離屬。从隹䳨聲。 常倫切。
| 雜 ān | 雜 離屬。从隹舍聲。 恩含切。䳺，籀文雜从鳥。
| 雎 zhī | 雎 鳥也。从隹支聲。一曰雎度。 章移切。
| 雊 hóng | 雊（甲骨 金文）鳥肥大雊雊也。从隹工聲。 戶工切。鴻，雊或从鳥。
| 㪔 sàn | 㪔 繳㪔也。从隹椒聲。一曰飛㪔也。臣鉉等曰：繳，之若切。謂繳以取鳥也。 穌旰切。
| 𨾊 yì | 𨾊 繳射飛鳥也。从隹弋聲。 與職切。
| 雄 xióng | 雄（簡帛 漢印 石刻）鳥父也。从隹厷聲。 羽弓切。
| 雌 cī | 雌（簡帛 漢印）鳥母也。从隹此聲。 此移切。
| 罩 zhào | 罩（甲骨）覆鳥令不飛走也。从网、隹。讀若到。 都校切。
| 雋 juàn | 雋（漢印）肥肉也。从弓，所以射隹。長沙有下雋縣。 徂沇切。
| 瀶 wéi | 瀶 飛也。从隹陸聲。 山垂切。

文三十九　重十二

奞部

| 奞 suī | 奞（金文）鳥張毛羽自奮也。从大从隹。凡奞之屬皆从奞。讀若睢。 息遺切。
| 奪 duó | 奪（金文）手持隹失之也。从又从奞。 徒活切。
| 奮 fèn | 奮（金文 簡帛 漢印）翬也。从奞在田上。《詩》曰："不能奮飛。" 方問切。

文三

萑部

| 萑 huán | 萑（甲骨）鴟屬。从隹从丫，有毛角。所鳴，其民有旤。凡萑之屬皆从萑。讀若和。 胡官切。
| 蒦 huò | 蒦（金文 古璽 古陶）規蒦，商也。从又持萑。一曰視遽皃。一曰蒦，度也。

徐鍇曰："商，度也。雈，善度人禍福也。"乙虢切。 𨾴，蒦或从尋。尋亦度也。《楚詞》曰："求矩彠之所同。"

雚 guàn　雚（甲骨 金文 簡帛 古璽 漢印）小爵也。从雈叩聲。《詩》曰："雚鳴于垤。"工奐切。

舊 jiù　舊（甲骨 金文 簡帛 石刻）雎舊，舊畱也。从雈臼聲。巨救切。 鵂，舊或从鳥休聲。

文四　重二

丫　部

丫 guǎ　丫　羊角也。象形。凡丫之屬皆从丫。讀若乖。工瓦切。

芈 guāi　芈（金文 漢印）戾也。从丫而八。八，古文別。臣鉉等曰：八，兵列切。篆文分別字也。古懷切。

芇 mián　芇　相當也。闕。讀若宀。母官切。

文三

苜　部

苜 mò　苜　目不正也。从丫从目。凡苜之屬皆从苜。莧从此。讀若末。徐鍇曰："丫，角戾也。"徒結切。

䒼 méng　䒼　目不明也。从苜从旬。旬，目數搖也。木空切。

莧 miè　莧　火不明也。从苜从火，苜亦聲。《周書》曰："布重莧席。"織蒻席也。讀與蔑同。莫結切。

蔑 miè　蔑（甲骨 金文 簡帛 古璽）勞目無精也。从苜，人勞則蔑然；从戍。莫結切。

文四

羊　部

羊 yáng　羊（甲骨 金文 簡帛 古璽 古幣 漢印 石刻）祥也。

从丫，象頭角足尾之形。孔子曰："牛羊之字以形舉也。"凡羊之屬皆从羊。 與章切。

羋 mǐ 羊 羊鳴也。从羊，象聲气上出。與牟同意。 緜婢切。

羔 gāo 羔（金文 簡帛 古璽）羊子也。从羊，照省聲。 古牢切。

羜 zhù 羜 五月生羔也。从羊宁聲。讀若貯。 直呂切。

羭 yù 羭 六月生羔也。从羊敄聲。讀若霧。 已遇切。又，亡遇切。

羍 dá 羍 小羊也。从羊大聲。讀若達。 他末切。𢈪，羍或省。

羍 zhào 羍 羊未卒歲也。从羊兆聲。或曰：夷羊百斤左右爲羍。讀若《春秋》"盟于洮"。治小切。

羝 dī 羝 牡羊也。从羊氐聲。 都兮切。

羒 fén 羒 牂羊也。从羊分聲。 符分切。

牂 zāng 牂（簡帛 石刻）牝羊也。从羊爿聲。 則郎切。

羭 yú 羭 夏羊牡曰羭。从羊俞聲。 羊朱切。

羖 gǔ 羖（金文）夏羊牡曰羖。从羊殳聲。 公戶切。

羯 jié 羯 羊羖犗也。从羊曷聲。 居謁切。

羠 yí 羠 騬羊也。从羊夷聲。 徐姊切。

羳 fán 羳 黃腹羊。从羊番聲。 附袁切。

羥 qiāng 羥 羊名。从羊巠聲。 口莖切。

䍩 jìn 䍩 羊名。从羊執聲。汝南平輿有䍩亭。讀若晉。臣鉉曰：執非聲，未詳。 即刃切。

羸 léi 羸 瘦也。从羊羸聲。臣鉉等曰：羊主給膳，以瘦爲病，故从羊。 力爲切。

羛 wèi 羛 羊相羵也。从羊委聲。 於偽切。

羵 zì 羵 羛羵也。从羊責聲。 子賜切。

羣 qún 羣（金文 玉盟書 簡帛 古璽 古幣 石刻）輩也。从羊君聲。
臣鉉等曰：羊性好羣，故从羊。 渠云切。

羺 yān 羺 羣羊相羵也。一曰黑羊。从羊垔聲。 烏閑切。

羋 cī 羋（漢印）羊名。蹏皮，可以割黍。从羊此聲。 此思切。

美 měi 美（甲骨 金文 古璽 古陶 石刻）甘也。从羊从大。羊在六畜主給膳也。美與善同意。臣鉉等曰：羊大則美，故从大。 無鄙切。

羌 qiāng 羌（甲骨 金文 簡帛 古璽 石刻）西戎牧羊人也。从人从羊，羊亦聲。南方蠻閩从虫，北方狄从犬，東方貉从豸，西方羌从羊：此六種也。西南僰人、僬僥，从人；蓋在坤地，頗有順理之性。唯東夷从大。大，人也。夷俗仁，仁者壽，有君子不死之國。孔子曰："道不行，欲之九夷，乘桴浮於海。"有以也。去羊切。𦍋，古文羌如此。

羑 yǒu　羑　進善也。从羊久聲。文王拘羑里，在湯陰。 與久切。

文二十六　重二

羴 部

羴 shān　羴（甲骨　簡帛）羊臭也。从三羊。凡羴之屬皆从羴。 式連切。羶，羴或从亶。

羼 chàn　羼　羊相廁也。从羴在尸下。尸，屋也。一曰相出前也。 初限切。

文二　重一

瞿 部

瞿 jù　瞿（簡帛）鷹隼之視也。从隹从䀠，䀠亦聲。凡瞿之屬皆从瞿。讀若章句之句。 九遇切。又音衢。

矍 jué　矍（簡帛）隹欲逸走也。从又持之，矍矍也。讀若《詩》云"穬彼淮夷"之"穬"。一曰視遽皃。 九縛切。

文二

雔 部

雔 chóu　雔（金文）雙鳥也。从二隹。凡雔之屬皆从雔。讀若醻。 市流切。

靃 huò　靃（甲骨　金文　漢印　石刻）飛聲也。雨而雙飛者，其聲靃然。 呼郭切。

雙 shuāng　雙（石刻）隹二枚也。从雔，又持之。 所江切。

文三

雥 部

雥 zá　雥（簡帛）羣鳥也。从三隹。凡雥之屬皆从雥。 徂合切。

䨾 yuān　䨾　鳥羣也。从雥肙聲。 烏玄切。

集 jí 　（甲骨　　　　　金文　　　　簡帛　　石刻）羣鳥在木上也。从雥从木。秦入切。集，集或省。

文三　重一

鳥　部

鳥 niǎo 　（甲骨　　　　　　金文　　簡帛）長尾禽總名也。象形。鳥之足似匕，从匕。凡鳥之屬皆从鳥。都了切。

鳳 fèng 　（漢印　　　　石刻）神鳥也。天老曰：鳳之象也，鴻前麐後，蛇頸魚尾，鸛顙鴛思，龍文虎背，燕頷雞喙，五色備舉。出於東方君子之國，翱翔四海之外，過崐崘，飲砥柱，濯羽弱水，莫宿風穴。見則天下大安寧。从鳥凡聲。馮貢切。朋，古文鳳，象形。鳳飛，羣鳥從以萬數，故以爲朋黨字。鵬，亦古文鳳。

鸞 luán 　（金文　漢印）亦神靈之精也。赤色，五采，雞形。鳴中五音，頌聲作則至。从鳥䜌聲。周成王時氐羌獻鸞鳥。洛官切。

鷟 yuè 　鸑鷟，鳳屬，神鳥也。从鳥獄聲。《春秋國語》曰："周之興也，鸑鷟鳴於岐山。"江中有鸑鷟，似鳧而大，赤目。五角切。

鷟 zhuó 　鸑鷟也。从鳥族聲。士角切。

鷫 sù 　鷫鸘也。五方神鳥也。東方發明，南方焦明，西方鷫鸘，北方幽昌，中央鳳皇。从鳥肅聲。息逐切。鷫，司馬相如說：从叜聲。

鸘 shuāng 　鷫鸘也。从鳥爽聲。所莊切。

鳩 jiū 　（簡帛）鶻鵃也。从鳥九聲。居求切。

鶌 jué 　鶌鳩也。从鳥屈聲。九勿切。

雂 zhuī 　祝鳩也。从鳥佳聲。思允切。隹，雂或从隹、一。一曰鶉字。

鶻 gǔ 　鶻鵃也。从鳥骨聲。古忽切。

鵃 zhōu 　鶻鵃也。从鳥舟聲。張流切。

鶪 jú 　秸鶪，尸鳩。从鳥臼聲。臣鉉等曰：臼，居六切。與𥳑同。居六切。

鴿 gē 　鳩屬。从鳥合聲。古沓切。

鴠 dàn 　渴鴠也。从鳥旦聲。得案切。

鶪 jú 　伯勞也。从鳥臬聲。古闃切。雉，鶪或从隹。

鷚 liù 　天籥也。从鳥翏聲。力救切。

鸒 yù		卑居也。从鳥與聲。 羊茹切。
鷽 xué		韃鷽，山鵲，知來事鳥也。从鳥，學省聲。 胡角切。 鵻，鷽或从隹。
鶌 jiù		鳥黑色多子。師曠曰："南方有鳥，名曰羌鶌，黃頭赤目，五色皆備。"从鳥就聲。 疾僦切。
鴞 xiāo		鴟鴞，寧鴂也。从鳥号聲。 于嬌切。
鴂 jué		寧鴂也。从鳥夬聲。 古穴切。
鵋 xù		鳥也。从鳥祟聲。 辛聿切。
鴋 fǎng		澤虞也。从鳥方聲。 分兩切。
鶼 jié		鳥也。从鳥戠聲。 子結切。
鵛 qī		鳥也。从鳥柔聲。 親吉切。
鴷 dié		鋪豉也。从鳥失聲。臣鉉等曰：鋪豉，鳥名。 徒結切。
鶤 kūn		鶤雞也。从鳥軍聲。讀若運。 古渾切。
鵭 ǎo		鳥也。从鳥芙聲。 烏浩切。
鵙 jú		鳥也。从鳥臼聲。 居玉切。
鷦 jiāo		鷦鷯，桃蟲也。从鳥焦聲。 即消切。
鷯 miǎo		鷦鷯也。从鳥眇聲。 亡沼切。
鶹 liú		鳥少美長醜爲鶹離。从鳥畱聲。 力求切。
鸛 nán		（金文 簡帛 漢印 石刻）鳥也。从鳥堇聲。 那干切。 雚，鸛或从隹。 雚，古文鸛。 雚，古文鸛。 雚，古文鸛。
鶨 chuàn		欺老也。从鳥彖聲。 丑絹切。
鴥 yuè		鳥也。从鳥，說省聲。 弋雪切。
鴀 tǒu		鳥也。从鳥主聲。 天口切。
鶱 mín		鳥也。从鳥昏聲。 武巾切。
鷯 liáo		刀鷯。剖葦，食其中蟲。从鳥尞聲。 洛簫切。
鷗 yǎn		鳥也。其雌皇。从鳥匽聲。一曰鳳皇也。 於幰切。
鴲 zhī		瞑鴲也。从鳥旨聲。 旨夷切。
鵅 luò		烏鸔也。从鳥各聲。 盧各切。
鸔 bǔ		烏鸔也。从鳥暴聲。 蒲木切。
鶴 hè		（漢印）鳴九皋，聲聞于天。从鳥隺聲。 下各切。
鷺 lù		白鷺也。从鳥路聲。 洛故切。

鵠 hú	鴻鵠也。从鳥告聲。胡沃切。
鴻 hóng	（簡帛 漢印 石刻）鴻鵠也。从鳥江聲。戶工切。
鵻 qiū	禿鵻也。从鳥未聲。臣鉉等曰：未非聲，未詳。七由切。鶖，鵻或从秋。
鴛 yuān	鴛鴦也。从鳥夗聲。於袁切。
鴦 yāng	鴛鴦也。从鳥央聲。於良切。
鵽 duò	鵽鳩也。从鳥叕聲。丁刮切。
鷺 lù	鷺鶿也。从鳥夲聲。力竹切。
鴚 gē	鴚鵝也。从鳥可聲。古俄切。
鵝 é	鴚鵝也。从鳥我聲。五何切。
雁 yàn	（石刻）鵝也。从鳥、人，厂聲。臣鉉等曰：从人从厂，義無所取。當从雁省聲。五晏切。
鶩 wù	舒鳧也。从鳥敄聲。莫卜切。
鷖 yī	鳧屬。从鳥殹聲。《詩》曰："鳧鷖在梁。" 烏雞切。
鶛 jié	鶛鷞，鳧屬。从鳥契聲。古節切。
鷞 jiá	鶛鷞也。从鳥戛聲。魚刈切。
鸏 méng	水鳥也。从鳥蒙聲。莫紅切。
鷸 yù	知天將雨鳥也。从鳥矞聲。《禮記》曰："知天文者冠鷸。" 余律切。鶐，鷸或从遹。
鸊 pì	鸊鷉也。从鳥辟聲。普擊切。
鷉 tī	鸊鷉也。从鳥虒聲。土雞切。
鸕 lú	鸕鶿也。从鳥盧聲。洛乎切。
鶿 cí	鸕鶿也。从鳥玆聲。疾之切。
鷧 yì	鶿也。从鳥壹聲。乙冀切。
鳧 fú	䴔鷗也。从鳥乏聲。平立切。
鴔 bí	䴔鷗也。从鳥皀聲。彼及切。
鴇 bǎo	鳥也。肉出尺胾。从鳥𠬝聲。博好切。鵃，鴇或从包。
鸜 qú	雝鸜也。从鳥瞿聲。強魚切。
鷗 ōu	水鴞也。从鳥區聲。烏侯切。
䴇 bó	鳥也。从鳥犮聲。讀若撥。蒲達切。
鷛 yóng	鳥也。从鳥庸聲。余封切。
鷊 yì	鳥也。从鳥兒聲。《春秋傳》曰："六鷊退飛。" 五歷切。鶃，鷊或从鬲。鵋，司馬

相如說，䨉从赤。

鵜 tí 鵜胡，污澤也。从鳥夷聲。 杜兮切。 𪇳，鵜或从弟。

鴗 lì 天狗也。从鳥立聲。 力入切。

鶬 cāng 麋鴰也。从鳥倉聲。 七岡切。 鸙，鶬或从隹。

鴰 guā 麋鴰也。从鳥昏聲。 古活切。

鵁 jiāo 鵁鶄也。从鳥交聲。一曰鵁鸕也。 古肴切。

鶄 jīng 鵁鶄也。从鳥青聲。 子盈切。

鳽 jiān 鵁鶄也。从鳥幵聲。 古賢切。

鸔 zhēn 鸔鷀也。从鳥箴聲。 職深切。

鷀 cí 鸔鷀也。从鳥此聲。 卽夷切。

鷻 tuán 雕也。从鳥敦聲。《詩》曰："匪鷻匪鳶。" 度官切。

鳶 yuān 鷙鳥也。从鳥屰聲。臣鉉等曰：屰非聲。一本从丫，疑从萑省。今俗別作鳶，非是。 與專切。

鷴 xián 鴟也。从鳥閒聲。 戶間切。

鷂 yào 鷙鳥也。从鳥䍃聲。 弋笑切。

鷢 jué 白鷢，王鴡也。从鳥厥聲。 居月切。

鴡 jū （雎古璽）王鴡也。从鳥且聲。 七余切。

鸛 huān 鸛䳺、䨶鸅。如鵲，短尾。射之，銜矢射人。从鳥雚聲。 呼官切。

鸇 zhān 鷐風也。从鳥亶聲。 諸延切。 䳍，籀文鸇从廛。

鷐 chén 鷐風也。从鳥晨聲。 植鄰切。

鷙 zhì 擊殺鳥也。从鳥執聲。 脂利切。

鴥 yù 鸇飛皃。从鳥穴聲。《詩》曰："鴥彼晨風。" 余律切。

鶯 yīng 鳥也。从鳥，榮省聲。《詩》曰："有鶯其羽。" 烏莖切。

鴝 qú 鴝鵒也。从鳥句聲。 其俱切。

鵒 yù （𪆭簡帛）鴝鵒也。从鳥谷聲。古者鴝鵒不踰泲。 余蜀切。 雊，鵒或从隹从彔。

鷩 biē 赤雉也。从鳥敝聲。《周禮》曰："孤服鷩冕。" 并列切。

䳂 jùn 䳂鸃，鷩也。从鳥夋聲。 私閏切。

鸃 yí 䳂鸃也。从鳥義聲。秦漢之初，侍中冠䳂鸃冠。 魚羈切。

鸐 dí 雉屬，戇鳥也。从鳥，翟省聲。 都歷切。

鶡 hé 似雉，出上黨。从鳥曷聲。 胡割切。

鶣 jiè 鳥，似鶡而青，出羌中。从鳥介聲。 古拜切。

鸚	yīng		鸚䳇，能言鳥也。从鳥嬰聲。 烏莖切。
䳇	wǔ		鸚䳇也。从鳥母聲。 文甫切。
鷮	jiāo		走鳴長尾雉也。乘輿以爲防釳，著馬頭上。从鳥喬聲。 巨嬌切。
鸙	yǎo		雌雉鳴也。从鳥唯聲。《詩》曰"有鷕雉鳴。" 以沼切。
鸓	lěi		鼠形。飛走且乳之鳥也。从鳥畾聲。 力軌切。 ，籀文鸓。
鶾	hàn		雉肥鶾音者也。从鳥倝聲。魯郊以丹雞祝曰：以斯鶾音赤羽，去魯侯之咎。 矦榦切。
鴳	yàn		雇也。从鳥安聲。 烏諫切。
鴆	zhèn		毒鳥也。从鳥冘聲。一名運日。 直禁切。
鷇	kòu		鳥子生哺者。从鳥㱿聲。 口豆切。
鳴	míng		鳥聲也。从鳥从口。 武兵切。
鶱	xiān		飛皃。从鳥，寒省聲。 虛言切。
鳻	fēn		鳥聚皃。一曰飛皃。从鳥分聲。 府文切。

文百十六（當作文百十五） 重二十

鷓	zhè		鷓鴣，鳥名。从鳥庶聲。 之夜切。
鴣	gū		鷓鴣也。从鳥古聲。 古乎切。
鴨	yā		鶩也。俗謂之鴨。从鳥甲聲。 烏狎切。
鶒	shì		鸂鶒，水鳥。从鳥式聲。 恥力切。

文四新附

烏 部

烏 wū 孝鳥也。象形。孔子曰：烏，盱呼也。取其助气，故以爲烏呼。凡烏之屬皆从烏。 哀都切。臣鉉等曰：今俗作嗚，非是。 ，古文烏象形。 ，象古文烏省。

烏 què 雛也。象形。 七雀切。 ，篆文舄，从隹、昔。

焉 yān 焉鳥，黃色，出於江淮。象形。凡字：

朋者，羽蟲之屬；烏者，日中之禽；舄者，知太歲之所在；燕者，請子之候，作巢避戊己。所貴者故皆象形。焉亦是也。 有乾切。

文三　重三

華　部

華 bān　華　箕屬。所以推棄之器也。象形。凡華之屬皆从華。官溥說。 北潘切。

畢 bì　畢（金文 漢印 石刻）田罔也。从華，象畢形微也。或曰：由聲。臣鉉等曰：由，音弗。 卑吉切。

糞 fèn　糞（古璽）棄除也。从廾推華，棄采也。官溥說：似米而非米者，矢字。 方問切。

棄 qì　棄（甲骨 簡帛 古璽 古幣）捐也。从廾推華棄之，从𠫓。𠫓，逆子也。臣鉉等曰：𠫓，他忽切。 詰利切。𠔙，古文棄。𠓴，籀文棄。

文四　重二

冓　部

冓 gòu　冓（金文）交積材也。象對交之形。凡冓之屬皆从冓。 古候切。

再 zài　再（金文 簡帛 石刻）一舉而二也。从[一]，冓省。 作代切。

爯 chēng　爯（甲骨 金文 簡帛 古幣）并舉也。从爪，冓省。 處陵切。

文三

幺　部

幺 yāo　幺（金文 古幣）小也。象子初生之形。凡幺之屬皆从幺。 於堯切。

幼 yòu　幼（甲骨 金文 簡帛 漢印 石刻）少也。从幺从力。 伊謬切。

文二

麼 mǒ　麼　細也。从幺麻聲。 亡果切。

文一新附

丝 部

丝 yōu　8̸8̸　微也。从二幺。凡丝之屬皆从丝。 於虯切。

幽 yōu　（甲骨　金文　古陶　石刻）隱也。从山中丝，丝亦聲。 於虯切。

幾 jī　（金文　簡帛　漢印　石刻）微也。殆也。从丝从戍。戍，兵守也。丝而兵守者，危也。 居衣切。

　　　文三

叀 部

叀 zhuān　（甲骨　金文　簡帛）專小謹也。从幺省；中，財見也；中亦聲。凡叀之屬皆从叀。 職緣切。　，古文叀。　，亦古文叀。

惠 huì　（金文　簡帛　漢印　石刻）仁也。从心从叀。徐鍇曰："爲惠者，心專也。" 胡桂切。　，古文惠从卉。

疐 zhì　（甲骨　金文）礙不行也。从叀，引而止之也。叀者，如叀馬之鼻。从此與牽同意。 陟利切。

　　　文三　重三

玄 部

玄 xuán　（金文　簡帛　古幣　漢印　石刻）幽遠也。黑而有赤色者爲玄。象幽而入覆之也。凡玄之屬皆从玄。 胡涓切。　，古文玄。

玆 zī　（石刻）黑也。从二玄。《春秋傳》曰："何故使吾水玆？" 子之切。

　　　文二　重一

旅 lú　　黑色也。从玄，旅省聲。義當用黸。 洛乎切。

　　　文一新附

予 部

予 yǔ 𠄱 (漢印 石刻) 推予也。象相予之形。凡予之屬皆从予。 余吕切。

舒 shū 舒 (金文 簡帛 漢印 石刻) 伸也。从舍从予，予亦聲。一曰舒，緩也。 傷魚切。

幻 huàn 𠄔 (金文 古璽) 相詐惑也。从反予。《周書》曰："無或譸張爲幻。" 胡辦切。

文三

放 部

放 fàng 放 (金文 漢印) 逐也。从攴方聲。凡放之屬皆从放。 甫妄切。

敖 áo 敖 (金文 漢印 石刻) 出游也。从出从放。 五牢切。

敫 yuè 敫 (石刻) 光景流也。从白从放。讀若龠。 以灼切。

文三

𠬪 部

𠬪 biào 𠬪 (金文) 物落；上下相付也。从爪从又。凡𠬪之屬皆从𠬪。讀若《詩》"摽有梅"。 平小切。

爰 yuán 爰 (金文 簡帛 古璽 古陶 漢印 石刻) 引也。从𠬪从于。籒文以爲車轅字。 羽元切。

𤔔 luàn 𤔔 (金文) 治也。幺子相亂，𠬪治之也。讀若亂同。一曰理也。徐鍇曰："𠔿門，坰也，界也。" 郎段切。𤔐，古文𤔔。

受 shòu 受 (甲骨 金文 簡帛 漢印 石刻) 相付也。从𠬪，舟省聲。 殖酉切。

𠬧 liè 𠬧 撮也。从𠬪从己。臣鉉等曰：己者，物也；又爪撮取之。指事。 力輟切。

爭 zhēng 爭 (簡帛 漢印) 引也。从𠬪、丿。臣鉉等曰：丿，音曳。𠬪，二手也。而曳之，爭之道也。 側莖切。

𠃉 yǐn 𠃉 所依據也。从𠬪、工。讀與隱同。 於謹切。

寽 lù 　（金文　玉盟書　古幣）五指持也。从受一聲。讀若律。 呂戌切。

敢 gǎn 　（金文　玉盟書　簡帛　古璽　古陶　漢印　石刻）進取也。从受古聲。 古覽切。 ，籒文敢。 ，古文敢。

　　　文九　重三

𣦵 部

歺 cán 　　殘穿也。从又从歺。凡𣦵之屬皆从𣦵。讀若殘。 昨干切。

叡 hè 　　（石刻）溝也。从𣦵从谷。讀若郝。 呼各切。 ，叡或从土。

叡 gài 　　𣦵探堅意也。从𣦵从貝。貝，堅寶（按：寶當作實）也。讀若概。 古代切。

𣦸 jǐng 　　坑也。从𣦵从井，井亦聲。 疾正切。

叡 ruì 　　（簡帛）深明也。通也。从𣦵从目，从谷省。 以芮切。 ，古文叡。 ，籒文叡从土。

　　　文五　重三

歹 部

歹 è 　　（甲骨）剮骨之殘也。从半冎。凡歹之屬皆从歹。讀若櫱岸之櫱。徐鍇曰："冎，剔肉置骨也。歹，殘骨也。故从半冎。"臣鉉等曰：義不應有中一。秦刻石文有之。 五割切。 ，古文歹。

矮 wěi 　　病也。从歹委聲。 於爲切。

殙 hūn 　　瞀也。从歹昏聲。 呼昆切。

殰 dú 　　胎敗也。从歹賣聲。 徒谷切。

歿 mò 　　終也。从歹勿聲。 莫勃切。 ，歿或从𠽌。

殂 zú 　　大夫死曰殂。从歹卒聲。 子聿切。

殊 shū 　　（石刻）死也。从歹朱聲。《漢令》曰："蠻夷長有罪，當殊之。" 市朱切。

殟 wēn 　　胎敗也。从歹𥁕聲。 烏沒切。

殤 shāng 殤 (簡帛 石刻) 不成人也。人年十九至十六死，爲長殤；十五至十二死，爲中殤；十一至八歲死，爲下殤。从歹，傷省聲。 式陽切。

殂 cú 殂 往、死也。从歹且聲。《虞書》曰："勛乃殂。" 昨胡切。戕，古文殂从歹从作。

殛 jí 殛 殊也。从歹亟聲。《虞書》曰："殛鯀于羽山。" 己力切。

殪 yì 殪 死也。从歹壹聲。 於計切。壹，古文殪从死。

蓦 mò 蓦 死宋蓦也。从歹莫聲。 莫各切。

殯 bìn 殯 死在棺，將遷葬柩，賓遇之。从歹从賓，賓亦聲。夏后殯於阼階，殷人殯於兩楹之間，周人殯於賓階。 必刃切。

殔 yì 殔 瘞也。从歹隶聲。 羊至切。

殣 jìn 殣 道中死人，人所覆也。从歹堇聲。《詩》曰："行有死人，尚或殣之。" 渠吝切。

殠 chòu 殠 腐气也。从歹臭聲。 尺救切。

殨 kuì 殨 爛也。从歹貴聲。 胡對切。

朽 xiǔ 朽 腐也。从歹丂聲。 許久切。朽，朽或从木。

殆 dài 殆 危也。从歹台聲。 徒亥切。

殃 yāng 殃 咎也。从歹央聲。 於良切。

殘 cán 殘 賊也。从歹戔聲。 昨干切。

殄 tiǎn 殄 (石刻) 盡也。从歹㐱聲。 徒典切。ㄏ，古文殄如此。

殲 jiān 殲 微盡也。从歹韱聲。《春秋傳》曰："齊人殲于遂。" 子廉切。

殫 dān 殫 殛盡也。从歹單聲。 都寒切。

殬 dù 殬 敗也。从歹睪聲。《商書》曰："彝倫攸殬。" 當故切。

㱰 luò 㱰 畜產疫病也。从歹从羸。 郎果切。

殣 ái 殣 殺羊出其胎也。从歹豈聲。 五來切。

殘 cán 殘 禽獸所食餘也。从歹从肉。 昨干切。

殖 zhí 殖 (漢印) 脂膏久殖也。从歹直聲。 常職切。

殆 kū 殆 枯也。从歹古聲。 苦孤切。

殣 qī 殣 棄也。从歹奇聲。俗語謂死曰大殣。 去其切。

文三十二 重六

死 部

死 sǐ　（甲骨　金文　簡帛　石刻）澌也，人所離也。从歺从人。凡死之屬皆从死。 息姊切。 ，古文死如此。

薨 hōng　（石刻）公矦殂也。从死，瞢省聲。 呼肱切。

薧 hāo　死人里也。从死，蒿省聲。 呼毛切。

歾 zì　戰見血曰傷；亂或爲惛；死而復生爲歾。从死次聲。 咨四切。

　　　　文四　重一

冎 部

冎 guǎ　（甲骨）剔人肉置其骨也。象形。頭隆骨也。凡冎之屬皆从冎。 古瓦切。

剮 bié　（漢印　石刻）分解也。从冎从刀。 憑劉切。

𩨳 bēi　別也。从冎卑聲。讀若罷。 府移切。

　　　　文三

骨 部

骨 gǔ　（簡帛　古璽　石刻）肉之覈也。从冎有肉。凡骨之屬皆从骨。 古忽切。

髑 dú　髑髏，頂也。从骨蜀聲。 徒谷切。

髏 lóu　髑髏也。从骨婁聲。 洛矦切。

髆 bó　肩甲也。从骨專聲。 補各切。

髃 ǒu　肩前也。从骨禺聲。 午口切。

骿 pián　并脅也。从骨并聲。晉文公骿脅。臣鉉等曰：骿胼字同。今別作胼，非。 部田切。

髀 bǐ　股也。从骨卑聲。 并弭切。 ，古文髀。

髁 kē　髀骨也。从骨果聲。 苦臥切。

𩩲 jué　臀骨也。从骨厥聲。 居月切。

髖 kuān　髀上也。从骨寬聲。 苦官切。

髕 bìn　厀耑也。从骨賓聲。 毗忍切。

骺 guā	骺	骨耑也。从骨昏聲。 古活切。
髖 kuì	髖	䯊脛間骨也。从骨貴聲。 丘媿切。
骹 qiāo	骹	脛也。从骨交聲。 口交切。
骬 gàn	骬	骹也。从骨干聲。 古案切。
骸 hái	骸	脛骨也。从骨亥聲。 戶皆切。
髓 suǐ	髓	骨中脂也。从骨隓聲。 息委切。
骼 tì	骼	骨間黃汁也。从骨易聲。讀若《易》曰"夕惕若厲"。 他歷切。
體 tǐ	體 (簡帛 體漢印) 緫十二屬也。从骨豊聲。 他禮切。
髍 mó	髍	瘺病也。从骨麻聲。 莫鄱切。
骾 gěng	骾	食骨畱咽中也。从骨䰟聲。 古杏切。
骼 gé	骼	禽獸之骨曰骼。从骨各聲。 古覈切。
骴 cī	骴 (古璽) 鳥獸殘骨曰骴。骴，可惡也。从骨此聲。《明堂月令》曰："掩骼薶骴。"骴或从肉。 資四切。
骫 wěi	骫	骨耑骫奊也。从骨丸聲。 於詭切。
髖 kuài	髖	骨擿之可會髮者。从骨會聲。《詩》曰："髖弁如星。" 古外切。

文二十五　重一

肉　部

肉 ròu	(甲骨 簡帛) 胾肉。象形。凡肉之屬皆从肉。 如六切。
腜 méi	腜	婦始孕腜兆也。从肉某聲。 莫桮切。
胚 pēi	胚	婦孕一月也。从肉不聲。 匹桮切。
胎 tāi	胎 (簡帛) 婦孕三月也。从肉台聲。 土來切。
肌 jī	肌 (古璽) 肉也。从肉几聲。 居夷切。
臚 lú	臚 (石刻) 皮也。从肉盧聲。 力居切。膚，籀文臚。
肫 zhūn	肫	面頯也。从肉屯聲。 章倫切。
膍 jī	膍	頰肉也。从肉幾聲。讀若畿。 居衣切。
脣 chún	脣	口耑也。从肉辰聲。 食倫切。 頤，古文脣从頁。
脰 dòu	脰 (金文 簡帛) 項也。从肉豆聲。 徒候切。
肓 huāng	肓	心上鬲下也。从肉亡聲。《春秋傳》曰："病在肓之下。" 呼光切。

腎 shèn	腎	水藏也。从肉臤聲。 時忍切。
肺 fèi	肺	金藏也。从肉市聲。 芳吠切。
脾 pí	脾	土藏也。从肉卑聲。 符支切。
肝 gān	肝	木藏也。从肉干聲。 古寒切。
膽 dǎn	膽 （膽漢印）連肝之府。从肉詹聲。 都敢切。
胃 wèi	胃 （簡帛）穀府也。从肉；図，象形。 云貴切。
脬 pāo	脬 （古陶）膀光也。从肉孚聲。 匹交切。
腸 cháng	腸 （簡帛）大小腸也。从肉昜聲。 直良切。
膏 gāo	膏 （甲骨 古陶）肥也。从肉高聲。 古勞切。
肪 fáng	肪 肥也。从肉方聲。 甫良切。
膺 yīng	膺 胷也。从肉雁聲。 於陵切。
肊 yì	肊 胷骨也。从肉乙聲。 於力切。臆，肊或从意。
背 bèi	背 脊也。从肉北聲。 補妹切。
脅 xié	脅 （古璽）兩膀也。从肉劦聲。 虛業切。
膀 páng	膀 脅也。从肉旁聲。 步光切。髈，膀或从骨。
胳 liè	胳 脅肉也。从肉寽聲。一曰胳，腸閒肥也。一曰膫也。 力輟切。
肋 lèi	肋 脅骨也。从肉力聲。 盧則切。
胂 shēn	胂 夾脊肉也。从肉申聲。 矢人切。
脢 méi	脢 背肉也。从肉每聲。《易》曰："咸其脢。" 莫桮切。
肩 jiān	肩 （漢印）髆也。从肉，象形。 古賢切。肩，俗肩从戶。
胳 gē	胳 亦下也。从肉各聲。 古洛切。
胠 qū	胠 亦下也。从肉去聲。 去劫切。
臂 bì	臂 （漢印）手上也。从肉辟聲。 卑義切。
臑 nào	臑 臂羊矢也。从肉需聲。讀若襦。 那到切。
肘 zhǒu	肘 （甲骨 簡帛）臂節也。从肉从寸。寸，手寸口也。 陟柳切。
齎 qí	齎 （古璽）肶齎也。从肉齊聲。 徂兮切。
腹 fù	腹 （甲骨 玉盟書 簡帛 古璽 漢印 石刻）厚也。从肉复聲。 方六切。
腴 yú	腴 （石刻）腹下肥也。从肉臾聲。 羊朱切。
脽 shuí	脽 屍也。从肉隹聲。 示隹切。

| 決 | jué | 孔也。从肉，決省聲。讀若決水之決。 古穴切。
| 胯 | kuà | 股也。从肉夸聲。 苦故切。
| 股 | gǔ | （石刻）髀也。从肉殳聲。 公戶切。
| 腳 | jiǎo | 脛也。从肉卻聲。 居勺切。
| 脛 | jìng | （簡帛）胻也。从肉巠聲。 胡定切。
| 胻 | héng | 脛耑也。从肉行聲。 戶更切。
| 腓 | féi | 脛腨也。从肉非聲。 符飛切。
| 腨 | shuàn | 腓腸也。从肉耑聲。 市沇切。
| 胑 | zhī | 體四胑也。从肉只聲。 章移切。肢，胑或从支。
| 胲 | gāi | （漢印）足大指毛也。从肉亥聲。 古哀切。
| 肖 | xiào | （金文 玉盟書 古璽 漢印）骨肉相似也。从肉小聲。不似其先，故曰"不肖"也。 私妙切。
| 胤 | yìn | （金文 漢印）子孫相承續也。从肉；从八，象其長也；从幺，象重累也。 羊晉切。𦝐，古文胤。
| 胄 | zhòu | （石刻）胤也。从肉由聲。 直又切。
| 肵 | qì | （漢印）振肵也。从肉八聲。 許訖切。
| 膻 | dàn | 肉膻也。从肉亶聲。《詩》曰："膻裼暴虎。" 徒旱切。
| 䑋 | rǎng | 益州鄙言人盛，諱其肥，謂之䑋。从肉襄聲。 如兩切。
| 腤 | jiē | 腥也。从肉皆聲。 古諧切。
| 臞 | qú | （漢印）少肉也。从肉瞿聲。 其俱切。
| 脫 | tuō | （漢印）消肉臞也。从肉兌聲。 徒活切。
| 脙 | qiú | 齊人謂臞脙也。从肉求聲。讀若休止。 巨鳩切。
| 臠 | luán | 臞也。从肉䜌聲。一曰切肉，臠也。《詩》曰："棘人臠臠兮。" 力沇切。
| 瘠 | jí | 瘦也。从肉𦟙聲。 資昔切。𦝁，古文膌从广从朿，朿亦聲。
| 𦞠 | chéng | 駿也。从肉丞聲。讀若丞。 署陵切。
| 胗 | zhěn | 脣瘍也。从肉㐱聲。 之忍切。疹，籒文胗从广。
| 腄 | zhuī | （漢印）瘢胝也。从肉垂聲。 竹垂切。
| 胝 | zhī | 腄也。从肉氐聲。 竹尼切。
| 肬 | yóu | 贅也。从肉尤聲。 羽求切。𪐗，籒文肬从黑。
| 肒 | huàn | 搔生創也。从肉丸聲。 胡岸切。

腫 zhǒng	𦠼	癰也。从肉重聲。 之隴切。
胅 dié	𦙄	骨差也。从肉失聲。讀與跌同。 徒結切。
胗 xìn	𦙷	創肉反出也。从肉希聲。 香近切。
朎 zhèn	𦙹	瘢也。从肉引聲。一曰遽也。 羊晉切。
臘 là	臘	(簡帛) 冬至後三戌，臘祭百神。从肉巤聲。 盧盍切。
膢 lú	膢	楚俗以二月祭飲食也。从肉婁聲。一曰祈穀食新曰離膢。 力俱切。
朓 tiǎo	朓	祭也。从肉兆聲。 土了切。
胙 zuò	胙	(簡帛 石刻) 祭福肉也。从肉乍聲。臣鉉等曰：今俗別作祚，非是。 昨誤切。
隋 duò	𦜕 (漢印)	裂肉也。从肉，从隓省。 徒果切。
膳 shàn	膳 (簡帛 石刻)	具食也。从肉善聲。 常衍切。
腬 róu	腬	嘉善肉也。从肉柔聲。 耳由切。
肴 yáo	肴 (簡帛)	啖也。从肉爻聲。徐鍇曰："謂已修庖之可食也。" 胡茅切。
腆 tiǎn	腆	設膳腆腆多也。从肉典聲。 他典切。𦞨，古文腆。
腯 tú	腯	牛羊曰肥，豕曰腯。从肉盾聲。 他骨切。
朎 bié	朎	肥肉也。从肉必聲。 蒲結切。
胡 hú	胡 (古璽 肭 胡漢印 石刻)	牛顄垂也。从肉古聲。 戶孤切。
胘 xián	胘	牛百葉也。从肉，弦省聲。 胡田切。
膍 pí	膍	牛百葉也。从肉毘聲。一曰鳥膍胵。 房脂切。𦜕，膍或从比。
胵 chī	胵	鳥胃也。从肉至聲。一曰胵，五藏總名也。 處脂切。
膘 piǎo	膘	牛脅後髀前合革肉也。从肉㶾聲。讀若繇。 敷紹切。
膟 lù	膟	血祭肉也。从肉帥聲。 呂戌切。𦢋，膟或从率。
膋 liáo	膋	牛腸脂也。从肉勞聲。《詩》曰："取其血膋。" 洛蕭切。𦞨，膋或从勞省聲。
脯 fǔ	脯 (簡帛)	乾肉也。从肉甫聲。 方武切。
脩 xiū	脩 (金文 簡帛 古璽 漢印 石刻)	脯也。从肉攸聲。 息流切。
膎 xié	膎	脯也。从肉奚聲。 戶皆切。
䏙 liǎng	䏙	膎肉也。从肉兩聲。 良獎切。
膊 pò	膊	薄脯，膊之屋上。从肉尃聲。 匹各切。
脘 wǎn	脘	胃府也。从肉完聲。讀若患。舊云脯。 古卵切。
朐 qú	朐 (簡帛 漢印)	脯挺也。从肉句聲。 其俱切。
膴 hū	膴	無骨腊也。楊雄說：鳥腊也。从肉無聲。《周禮》有膴判。讀若謨。 荒烏切。

| 胥 xū | 𦙫 （𦙫古璽 𦙫漢印 𦙫石刻）蟹醢也。从肉疋聲。 相居切。
| 腒 jū | 腒 北方謂鳥腊曰腒。从肉居聲。傳曰：堯如腊，舜如腒。 九魚切。
| 肍 qiú | 肍 孰肉醬也。从肉九聲。讀若舊。 巨鳩切。
| 膅 sōu | 膅 乾魚尾膅膅也。从肉肅聲。《周禮》有"腒膅"。 所鳩切。
| 腝 ní | 腝 有骨醢也。从肉耎聲。 人移切。𦠊，腝或从難。
| 脠 shān | 脠 生肉醬也。从肉延聲。 丑連切。
| 䐣 bù | 䐣 豕肉醬也。从肉咅聲。 薄口切。
| 胹 ér | 胹 爛也。从肉而聲。 如之切。
| 膞 sǔn | 膞（𦘒金文）切孰肉，內於血中和也。从肉員聲。讀若遜。 穌本切。
| 胜 xīng | 胜 犬膏臭也。从肉生聲。一曰不孰也。 桑經切。
| 臊 sāo | 臊 豕膏臭也。从肉喿聲。 穌遭切。
| 膮 xiāo | 膮 豕肉羹也。从肉堯聲。 許幺切。
| 腥 xìng | 腥 星見食豕，令肉中生小息肉也。从肉从星，星亦聲。 穌佞切。
| 脂 zhī | 脂 （𦙖簡帛 𦙖𦙖古璽）戴角者脂，無角者膏。从肉旨聲。 旨夷切。
| 膄 suò | 膄 臛也。从肉肖聲。 穌果切。
| 膩 nì | 膩 上肥也。从肉貳聲。 女利切。
| 膜 mó | 膜 肉閒胲膜也。从肉莫聲。 慕各切。
| 腝 ruò | 腝 肉表革裏也。从肉弱聲。 而勺切。
| 臛 hè | 臛 肉羹也。从肉隺聲。 呼各切。
| 膹 fèn | 膹 臛也。从肉賁聲。 房吻切。
| 臇 juǎn | 臇 臛也。从肉雋聲。讀若纂。 子沇切。𤈦，臇或从火、巽。
| 胾 zì | 胾 （𣩂古璽）大臠也。从肉𢦒聲。 側吏切。
| 牒 zhé | 牒 薄切肉也。从肉枼聲。 直葉切。
| 膾 kuài | 膾 細切肉也。从肉會聲。 古外切。
| 腌 yān | 腌 漬肉也。从肉奄聲。 於業切。
| 脆 cuì | 脆 小耎易斷也。从肉，从絕省。 此芮切。
| 膬 cuì | 膬 耎易破也。从肉毳聲。 七絕切。
| 散 sàn | 散 （𢾭𢾭𢾭金文 散漢印 𢾭𢾭𢾭石刻）雜肉也。从肉㪔聲。 穌旰切。
| 膞 zhuǎn | 膞 切肉也。从肉專聲。 市沇切。
| 腏 chuò | 腏 挑取骨閒肉也。从肉叕聲。讀若《詩》曰"啜其泣矣"。 陟劣切。

字	拼音	篆文	解說
胾	zǐ		食所遺也。从肉仕聲。《易》曰："噬乾胾。" 阻史切。䐒，楊雄說：胾从宋。
脂	xiàn		食肉不猒也。从肉臽聲。讀若陷。 戶猎切。
肰	rán	（簡帛）犬肉也。从犬、肉。讀若然。 如延切。㹊，古文肰。秋，亦古文肰。
䐜	chēn		起也。从肉眞聲。 昌眞切。
肒	tǎn		肉汁滓也。从肉冘聲。 他感切。
膠	jiāo	（漢印）昵也。作之以皮。从肉翏聲。 古肴切。
蠃	luó		或曰嬴名。象形。闕。 郎果切。
胆	qū		蠅乳肉中也。从肉且聲。 七余切。
肙	yuàn	（簡帛）小蟲也。从肉口聲。一曰空也。 烏玄切。臣鉉等曰：口，音韋。
腐	fǔ		爛也。从肉府聲。 扶雨切。
肎	kěn	（古璽）骨間肉肎肎箸也。从肉，从冎省。一曰骨無肉也。 苦等切。肯，古文肎。
肥	féi	（簡帛 漢印 石刻）多肉也。从肉从卩。臣鉉等曰：肉不可過多，故从卩。 符非切。

文一百四十　重二十

字	拼音	篆文	解說
肵	qǐ		肥腸也。从肉，啓省聲。 康禮切。
脧	zuī		赤子陰也。从肉夋聲。或从血。 子回切。
腔	qiāng		內空也。从肉从空，空亦聲。 苦江切。
朐	rùn		朐朘，蟲名。漢中有朐朘縣，地下多此蟲，因以爲名。从肉旬聲。考其義，當作潤蠢。 如順切。
朘	chǔn		朐朘也。从肉忍聲。 尺尹切。

文五新附

筋　部

字	拼音	篆文	解說
筋	jīn		肉之力也。从力从肉从竹。竹，物之多筋者。凡筋之屬皆从筋。 居銀切。
笏	jiàn		筋之本也。从筋，从夗省聲。 渠建切。腱，筋或从肉、建。
筯	bó		手足指節鳴也。从筋省，勺聲。 北角切。肑，筯或省竹。

文三　重三（當作重二）

刀 部

刀 dāo　刀（甲骨／金文／簡帛／古陶／古幣）兵也。象形。凡刀之屬皆从刀。都牢切。

刨 fǒu　刀握也。从刀缶聲。方九切。

剽 è　刀劍刃也。从刀咢聲。臣鉉等曰：今俗作鍔，非是。 五各切。籀文剽从刃从各。

削 xuē　（簡帛）鞞也。一曰析也。从刀肖聲。 息約切。

刨 gōu　鎌也。从刀句聲。 古矦切。

剴 gāi　（簡帛）大鎌也。一曰摩也。从刀豈聲。 五來切。

剞 jī　剞劂，曲刀也。从刀奇聲。 居綺切。

劂 jué　剞劂也。从刀厥聲。 九勿切。

利 lì　（甲骨／金文／簡帛／古璽／漢印／石刻）銛也。从刀。和然後利，从和省。《易》曰："利者，義之和也。" 力至切。古文利。

剡 yǎn　銳利也。从刀炎聲。 以冉切。

初 chū　（金文／簡帛／石刻）始也。从刀从衣。裁衣之始也。 楚居切。

剪 jiǎn　齊斷也。从刀前聲。 子善切。

則 zé　（金文／玉盟書／簡帛／漢印／石刻）等畫物也。从刀从貝。貝，古之物貨也。 子德切。古文則。亦古文則。籀文則从鼎。

剛 gāng　（甲骨／金文／簡帛／漢印）彊斷也。从刀岡聲。 古郎切。古文剛如此。

剬 duān　斷齊也。从刀耑聲。 旨兗切。

劊 guì　斷也。从刀會聲。 古外切。

切 qiē　（石刻）刌也。从刀七聲。 千結切。

刌 cǔn　切也。从刀寸聲。 倉本切。

劈 xiè　斷也。从刀辥聲。 私列切。

刏 jī　劃傷也。从刀气聲。一曰斷也。又讀若殪。一曰刀不利，於瓦石上刏之。 古外切。

劌 guì		利傷也。从刀歲聲。 居衛切。
刻 kè		（石刻）鏤也。从刀亥聲。 苦得切。
副 pì		判也。从刀畐聲。《周禮》曰："副辜祭。" 芳逼切。疈，籀文副。
剖 pōu		判也。从刀音聲。 浦后切。
辧 biàn		判也。从刀辡聲。 蒲莧切。
判 pàn		分也。从刀半聲。 普半切。
劇 duó		判也。从刀度聲。 徒洛切。
刳 kū		判也。从刀夸聲。 苦孤切。
列 liè		（石刻）分解也。从刀歺聲。 良薛切。
刊 kān		（石刻）剟也。从刀干聲。 苦寒切。
剫 zhuō		刊也。从刀叕聲。 陟劣切。
刪 shān		剟也。从刀、冊。冊，書也。 所姦切。
劈 pī		破也。从刀辟聲。 普擊切。
剝 bō		裂也。从刀从彔。彔，刻割也。彔亦聲。 北角切。卟，剝或从卜。
割 gē		（金文 簡帛）剝也。从刀害聲。 古達切。
剺 lí		剝也。劃也。从刀犛聲。 里之切。
劃 huá		（簡帛）錐刀曰劃。从刀从畫，畫亦聲。 呼麥切。
剈 yuān		挑取也。从刀肙聲。一曰窒也。 烏玄切。
劀 guā		刮去惡創肉也。从刀矞聲。《周禮》曰："劀殺之齊。" 古鎋切。
劑 jì		（金文）齊也。从刀从齊，齊亦聲。 在詣切。
刷 shuā		刮也。从刀，㕁省聲。《禮》："布刷巾。" 所劣切。
刮 guā		掊把也。从刀昏聲。 古八切。
剽 piào		（漢印）砭刺也。从刀㒱聲。一曰剽，劫人也。 匹妙切。
刲 kuī		刺也。从刀圭聲。《易》曰："士刲羊。" 苦圭切。
剉 cuò		折傷也。从刀坐聲。 麤臥切。
剿 jiǎo		絕也。从刀喿聲。《周書》曰："天用剿絕其命。" 子小切。
刖 yuè		絕也。从刀月聲。 魚厥切。
刜 fú		（甲骨 金文）擊也。从刀弗聲。 分勿切。
刺 chì		傷也。从刀朿聲。 親結切。
劖 chán		斷也。从刀毚聲。一曰剽也，釗也。 鉏銜切。

刓 wán　剸也。从刀元聲。一曰齊也。　五丸切。

釗 zhāo　刓也。从刀从金。周康王名。　止遙切。

制 zhì　（石刻）裁也。从刀从未。未，物成有滋味，可裁斷。一曰止也。　征例切。古文制如此。

刮 diàn　缺也。从刀占聲。《詩》曰："白圭之刮。"　丁念切。

罰 fá　（金文 簡帛 石刻）辠之小者。从刀从詈。未以刀有所賊，但持刀罵詈，則應罰。　房越切。

刵 èr　斷耳也。从刀从耳。　仍吏切。

劓 yì　刑鼻也。从刀臬聲。《易》曰："天且劓。"　魚器切。臬或从鼻。

刑 xíng　（金文 簡帛 古璽 漢印 石刻）剄也。从刀开聲。　戶經切。

剄 jǐng　刑也。从刀巠聲。　古零切。

劋 zǔn　減也。从刀尊聲。　茲損切。

劊 jié　楚人謂治魚也。从刀从魚。讀若鍥。　古屑切。

券 quàn　契也。从刀关聲。券別之書，以刀判契其旁，故曰契券。　去願切。

刺 cì　（漢印 石刻）君殺大夫曰刺。刺，直傷也。从刀从束，束亦聲。　七賜切。

剔 tī　解骨也。从刀易聲。　他歷切。

文六十二　重九（當作文六十四　重十）

刎 wěn　剄也。从刀勿聲。　武粉切。

剜 wān　削也。从刀宛聲。　一丸切。

劇 jí　（漢印 石刻）尤甚也。从刀。未詳。豦聲。　渠力切。

剎 chà　（石刻）柱也。从刀。未詳。殺省聲。　初轄切。

文四新附

刃 部

刃 rèn　（金文 簡帛）刀堅也。象刀有刃之形。凡刃之屬皆从刃。　而振切。

刅 chuāng　（金文 石刻）傷也。从刃从一。　楚良切。或从刀倉聲。臣鉉等曰：今俗別作瘡，非是也。

劍 jiàn 劍 人所帶兵也。从刃僉聲。 居欠切。劒，籀文劍从刀。

文三　重二

刧部

刧 qià 刧 巧刧也。从刀丯聲。凡刧之屬皆从刧。 恪八切。
䚟 jiá 䚟 齘䚟，刮也。从刧夬聲。一曰䚟，畫堅也。 古黠切。
栔 qì 栔 刻也。从刧从木。 苦計切。

文三

丯部

丯 jiè 丯 艸蔡也。象艸生之散亂也。凡丯之屬皆从丯。讀若介。 古拜切。
垎 gé 垎 枝垎也。从丯各聲。 古百切。

文二

耒部

耒 lěi 耒 （金文）手耕曲木也。从木推丯。古者垂作耒耜以振民也。凡耒之屬皆从耒。 盧對切。
耕 gēng 耕 （簡帛 石刻）犂也。从耒井聲。一曰古者井田。 古莖切。
耦 ǒu 耦 耒廣五寸爲伐，二伐爲耦。从耒禺聲。 五口切。
耤 jí 耤 （甲骨 金文 古陶）帝耤千畝也。古者使民如借，故謂之耤。从耒昔聲。 秦昔切。
鞋 guī 鞋 冊又（按：又當作叉），可以劃麥，河內用之。从耒圭聲。 古攜切。
耘 yún 耘 除苗閒穢也。从耒員聲。 羽文切。耘，耘或从芸。
耡 chú 耡 商人七十而耡。耡，耤稅也。从耒助聲。《周禮》曰：「以興耡利萌。」 牀倨切。

文七　重一

角 部

角 jiǎo　角（甲骨 金文 玉盟書 簡帛 古璽 漢印）獸角也。象形，角與刀、魚相似。凡角之屬皆从角。　古岳切。

觼 xuān　觼（漢印）揮角皃。从角葟聲。梁隝縣有觼亭，又讀若繕。　況袁切。

䚎 lù　䚎　角也。从角樂聲。張掖有䚎得縣。　盧谷切。

𧢲 sāi　𧢲　角中骨也。从角思聲。　穌來切。

觠 quán　觠　曲角也。从角弄聲。　巨員切。

䚢 ní　䚢　角䚢曲也。从角兒聲。西河有䚢氏縣。　研啓切。

觢 shì　觢　一角仰也。从角刧聲。《易》曰："其牛觢。"臣鉉等曰：當從契省乃得聲。　尺制切。

觤 zhì　觤　角傾也。从角疐聲。　敕豸切。

觭 qī　觭（漢印）角一俛一仰也。从角奇聲。　去奇切。

觓 qiú　觓　角皃。从角丩聲。《詩》曰："兕觵其觓。"　渠幽切。

䚡 wēi　䚡　角曲中也。从角畏聲。　烏賄切。

䚭 zhuó　䚭　角長皃。从角𠂆聲。　士角切。

觼 jué　觼　角有所觸發也。从角厥聲。　居月切。

觸 chù　觸（漢印）抵也。从角蜀聲。　尺玉切。

觲 xīng　觲　用角低仰便也。从羊、牛、角。《詩》曰："觲觲角弓。"　息營切。

舡 gāng　舡　舉角也。从角公聲。　古雙切。

觷 xué　觷　治角也。从角，學省聲。　胡角切。

衡 héng　衡（金文 漢印）牛觸，橫大木其角。从角从大，行聲。《詩》曰："設其楅衡。"　戶庚切。奐，古文衡如此。

觿 duān　觿　角觿，獸也。狀似豕，角善爲弓，出胡休多國。从角耑聲。　多官切。

觰 zhā　觰　觰挐，獸也。从角者聲。一曰下大者也。　陟加切。

觤 guǐ　觤　羊角不齊也。从角危聲。　過委切。

䚳 huà　䚳（簡帛）牝牂羊生角者也。从角圭聲。　下瓦切。

觡 gé　觡　骨角之名也。从角各聲。　古百切。

觜 zuǐ　觜　鴟舊頭上角觜也。一曰觜觿也。从角此聲。　遵爲切。

解 jiě　解（甲骨 金文 簡帛 漢印 石刻）判也。从刀判牛角。

一曰解廌，獸也。 佳買切。又，戶賣切。

觿 xī 觿 佩角，銳耑可以解結。从角巂聲。《詩》曰："童子佩觿。" 戶圭切。

觵 gōng 觵 兕牛角可以飲者也。从角黃聲。其狀觵觵，故謂之觵。 古橫切。觥，俗觵从光。

觶 zhì 觶 鄉飲酒角也。《禮》曰："一人洗，舉觶。"觶受四升。从角單聲。臣鉉等曰：當从戰省乃得聲。之義切。觛，觶或从辰。觝，《禮經》觶。

觛 dàn 觛 小觶也。从角旦聲。 徒旱切。

觴 shāng 觴 （金文）觶實曰觴，虛曰觶。从角，𩰚省聲。 式陽切。𧤑，籀文觴从爵省。

觚 gū 觚 鄉飲酒之爵也。一曰觴受三升者謂之觚。从角瓜聲。 古乎切。

䚇 xuān 䚇 角匕也。从角亘聲。讀若讙。臣鉉等曰：亘，音宣。俗作古鄧切。篆文有異。 況袁切。

觋 xí 觋 杖耑角也。从角敫聲。 胡狄切。

觼 jué 觼 環之有舌者。从角夐聲。 古穴切。鐍，觼或从金、矞。

觠 nuò 觠 調弓也。从角，弱省聲。 於角切。

䂎 fèi 䂎 隹射收繁具也。从角發聲。 方肺切。

觓 qiú 觓 隹射收繳具。从角酋聲。讀若鰌。 字秋切。

觳 hú 觳 盛觵卮也。一曰射具。从角殼聲。讀若斛。 胡谷切。

觱 bì 觱 （玉盟書）羌人所吹角屠觱，以驚馬也。从角䛠聲。䛠，古文詩字。 卑吉切。

　　　　文三十九　重六

說文解字弟五

六十三部　五百二十七文　重百二十二

凡七千二百七十三字

文十五新附

竹　部

竹 zhú　艸（甲骨　金文　簡帛　石刻）冬生艸也。象形。下垂者，箁箬也。凡竹之屬皆从竹。陟玉切。

箭 jiàn　箭（金文）矢也。从竹前聲。子賤切。

箘 jùn　箘　箘簬也。从竹囷聲。一曰博棊也。渠隕切。

簬 lù　簬　箘簬也。从竹路聲。《夏書》曰："惟箘簬楛。"洛故切。簵，古文簬从輅。

筱 xiǎo　筱　箭屬。小竹也。从竹攸聲。先杳切。

蕩 dàng　蕩　大竹也。从竹湯聲。《夏書》曰："瑤琨筱蕩。"蕩可爲幹，筱可爲矢。徒朗切。

薇 wéi　薇　竹也。从竹微聲。無非切。薇，籀文从微省。

筍 sǔn　筍（金文）竹胎也。从竹旬聲。思允切。

籉 tái　籉　竹萌也。从竹怠聲。徒哀切。

箁 póu　箁　竹箬也。从竹音聲。薄侯切。

箬 ruò　箬（石鼓）楚謂竹皮曰箬。从竹若聲。而勺切。

節 jié　節（金文　簡帛　古幣　漢印　石刻）竹約也。从竹卽聲。子結切。

筡 tú　筡（漢印）折（按：折當作析）竹笢也。从竹余聲。讀若絮。同都切。

籋 mí　籋　筡也。从竹彌聲。武移切。

笢 mǐn　笢　竹膚也。从竹民聲。武盡切。

笨 bèn　笨　竹裏也。从竹本聲。布忖切。

篘 wēng　篘　竹兒。从竹翁聲。烏紅切。

篸 chēn　篸　差也。从竹參聲。所今切。

篆 zhuàn　篆（石刻）引書也。从竹彖聲。持兖切。

籀 zhòu 籀 讀書也。从竹㩜聲。《春秋傳》曰"卜籀"云。 直又切。

篇 piān 篇（篇 篇 石刻）書也。一曰關西謂榜曰篇。从竹扁聲。 芳連切。

籍 jí 籍（籍 漢印）簿書也。从竹耤聲。 秦昔切。

篁 huáng 篁（篁 簡帛）竹田也。从竹皇聲。 戶光切。

牂 jiǎng 牂 剖竹未去節謂之牂。从竹將聲。 即兩切。

篥 yè 篥 籥也。从竹枼聲。 與接切。

籥 yuè 籥 書僮竹笘也。从竹龠聲。 以灼切。

鎦 liú 鎦 竹聲也。从竹劉聲。 力求切。

簡 jiǎn 簡（簡 石刻）牒也。从竹閒聲。 古限切。

笐 gāng 笐 竹列也。从竹亢聲。 古郎切。

箁 bù 箁 竹箬也。从竹部聲。 薄口切。

等 děng 等（等 等 簡帛 等 等 等 等 石刻）齊簡也。从竹从寺。寺，官曹之等平也。 多肯切。

范 fàn 范（范 范 范 漢印 范 石刻）法也。从竹，竹，簡書也；氾聲。古法有竹刑。 防嫠切。

箋 jiān 箋（箋 漢印）表識書也。从竹戔聲。 則前切。

符 fú 符（符 金文 符 石刻）信也。漢制以竹，長六寸，分而相合。从竹付聲。 防無切。

筮 shì 筮（筮 筮 筮 簡帛 筮 石刻）《易》卦用蓍也。从竹从巫。巫，古文巫字。 時制切。

笄 jī 笄 簪也。从竹开聲。 古兮切。

箎 jī 箎 取蟣比也。从竹匜聲。 居之切。

籆 yuè 籆 收絲者也。从竹蒦聲。 王縛切。䈇，籆（按：籆當作籆）或从角从閒。

筳 tíng 筳 繀絲筦也。从竹廷聲。 特丁切。

筦 guǎn 筦 筟也。从竹完聲。 古滿切。

筟 fū 筟 筳也。从竹孚聲。讀若《春秋》魯公子彄。 芳無切。

笮 zé 笮 迫也。在瓦之下，棼上。从竹乍聲。 阻厄切。

簾 lián 簾 堂簾也。从竹廉聲。 力鹽切。

簣 zé 簣 牀棧也。从竹責聲。 阻厄切。

第 zǐ 第 牀簀也。从竹弟聲。 阻史切。

筵 yán 筵（筵 石刻）竹席也。从竹延聲。《周禮》曰："度堂以筵。"筵一丈。 以然切。

簟 diàn 簟（簟 簟 金文）竹席也。从竹覃聲。 徒念切。

籧 qú 籧（籧 漢印）籧篨，粗竹席也。从竹遽聲。 彊魚切。

篨 chú	𦽡	籧篨也。从竹除聲。	直魚切。
籭 shāi	𦻙	竹器也。可以取粗去細。从竹麗聲。	所宜切。
籓 fān	𥰜	大箕也。从竹潘聲。一曰蔽也。	甫煩切。
籅 yù	𥰔	漉米籔也。从竹奧聲。	於六切。
籔 sǒu	𥯉	炊箅也。从竹數聲。	蘇后切。
箅 bì	𥰈	蔽也，所以蔽甑底。从竹畀聲。	必至切。
䈰 shāo	𥯡	飯筥也。受五升。从竹稍聲。秦謂筥曰䈰。	山樞切。
筲 shāo	𥫗	陳留謂飯帚曰筲。从竹捎聲。一曰飯器，容五升。一曰宋魏謂箸筩爲筲。	所交切。
筥 jǔ	筥 (金文 漢印) 䈰也。从竹呂聲。		居許切。
笥 sì	笥 (簡帛) 飯及衣之器也。从竹司聲。		相吏切。
簞 dān	簞	笥也。从竹單聲。漢律令：簞，小筐也。《傳》曰："簞食壺漿。"	都寒切。
箷 shāi	𥳀	箷筜，竹器也。从竹徙聲。	所綺切。
筚 bǐ	𥬰 (簡帛) 箷筚也。从竹卑聲。		并弭切。
簹 tuán	簹	圜竹器也。从竹專聲。	度官切。
箸 zhù	箸 (簡帛 漢印 石刻) 飯攲也。从竹者聲。		陟慮切。又，遲倨切。
簍 lǒu	簍	竹籠也。从竹婁聲。	洛侯切。
筤 láng	筤	籃也。从竹良聲。	盧黨切。
籃 lán	籃	大篝也。从竹監聲。	魯甘切。 㔿，古文籃如此。
篝 gōu	篝	笭也。可熏衣。从竹冓聲。宋楚謂竹篝牆以居也。	古侯切。
笿 luò	笿 (簡帛) 桮笿也。从竹各聲。		盧各切。
䇶 gòng	䇶	桮笿也。从竹夅聲。或曰盛箸籠。	古送切。
籢 lián	籢	鏡籢也。从竹斂聲。	力鹽切。
簪 zuǎn	簪	竹器也。从竹贊聲。讀若纂。一曰叢。	作管切。
籯 yíng	籯	笭也。从竹嬴聲。	以成切。
籂 sān	𥳑	竹器也。从竹删聲。	蘇旰切。
簋 guǐ	簋 (甲骨 …… 金文 漢印) 黍稷方器也。从竹从皿从皀。		居洧切。 匭，古文簋从匚、飢。朹，古文簋或从軌。𣪘，亦古文簋。
簠 fǔ	簠 (……)		

簠 （金文 簡帛）黍稷圜器也。从竹从皿，甫聲。 方矩切。 医，古文簠从匚从夫。

籩 biān 籩 竹豆也。从竹邊聲。 布玄切。 籩，籀文籩。

笔 dùn 笔 簞也。从竹屯聲。 徒損切。

籑 chuán 籑 以判竹圜以盛穀也。从竹耑聲。 市緣切。

簏 lù 簏 竹高篋也。从竹鹿聲。 盧谷切。 箓，簏或从录。

簜 dàng 簜 大竹筒也。从竹昜聲。 徒朗切。

箽 tóng 箽 （簡帛）斷竹也。从竹甬聲。 徒紅切。

籩 biān 籩 竹輿也。从竹便聲。 旁連切。

笯 nú 笯 鳥籠也。从竹奴聲。 乃故切。

竿 gān 竿 （簡帛）竹梃也。从竹干聲。 古寒切。

籗 zhuó 籗 罩魚者也。从竹靃聲。 竹角切。 籗，籗或省。

箇 gè 箇 竹枚也。从竹固聲。 古賀切。

筊 jiǎo 筊 竹索也。从竹交聲。 胡茅切。

筰 zuó 筰 筊也。从竹作聲。 在各切。

箝 qián 箝 蔽絮簀也。从竹沾聲。讀若錢。 昨鹽切。

箑 shà 箑 （簡帛）扇也。从竹疌聲。 山洽切。 箑，箑或从妾。

籠 lóng 籠 舉土器也。一曰笭也。从竹龍聲。 盧紅切。

襄 ráng 襄 襄也。从竹襄聲。 如兩切。

笒 hù 笒 可以收繩也。从竹，象形，中象人手所推握也。 胡誤切。 互，笒或省。

簝 liáo 簝 宗廟盛肉竹器也。从竹尞聲。《周禮》："供盆簝以待事。" 洛蕭切。

筥 jǔ 筥 飲牛筐也。从竹呂聲。方曰筐，圜曰筥。 居許切。

篼 dōu 篼 飲馬器也。从竹兜聲。 當侯切。

籚 lú 籚 積竹矛戟矜也。从竹盧聲。《春秋國語》曰："朱儒扶籚。" 洛乎切。

箝 qián 箝 籋也。从竹拑聲。 巨淹切。

籋 niè 籋 箝也。从竹爾聲。臣鉉等曰：爾非聲，未詳。 尼輒切。

簦 dēng 簦 （簡帛）笠蓋也。从竹登聲。 都滕切。

笠 lì 笠 簦無柄也。从竹立聲。 力入切。

箱 xiāng 箱 大車牝服也。从竹相聲。 息良切。

篚 fěi 篚 車笭也。从竹匪聲。 敷尾切。

笭 líng 笭 （金文）車笭也。从竹令聲。一曰笭，籯也。 郎丁切。

箊 tán	箊	搔馬也。从竹剡聲。 丑廉切。
策 cè	策（金文 簡帛 石刻） 馬箠也。从竹束聲。 楚革切。
箠 chuí	箠	擊馬也。从竹巫聲。 之壘切。
䇻 zhuā	䇻	箠也。从竹朵聲。 陟瓜切。
笍 zhuì	笍	羊車騶箠也。箸箴其耑，長半分。从竹內聲。 陟衛切。
籣 lán	籣	所以盛弩矢，人所負也。从竹闌聲。 洛干切。
箙 fú	箙	弩矢箙也。从竹服聲。《周禮》："仲秋獻矢箙。" 房六切。
笶 zhū	笶	桴雙也。从竹朱聲。 陟輸切。
笘 shān	笘	折竹箠也。从竹占聲。穎川人名小兒所書寫爲笘。 失廉切。
笪 dá	笪	笞也。从竹旦聲。 當割切。
笞 chī	笞	擊也。从竹台聲。 丑之切。
籤 qiān	籤	驗也。一曰銳也，貫也。从竹韱聲。 七廉切。
籘 tún	籘	榍也。从竹殿聲。臣鉉等曰：當从臀省聲。 徒魂切。
箴 zhēn	箴	綴衣箴也。从竹咸聲。 職深切。
箾 shuò	箾	以竿擊人也。从竹削聲。虞舜樂曰箾韶。 所角切。又音簫。
竽 yú	竽（甲骨 簡帛 古璽） 管三十六簧也。从竹亏聲。 羽俱切。
笙 shēng	笙	十三簧。象鳳之身也。笙，正月之音。物生，故謂之笙。大者謂之巢，小者謂之和。从竹生聲。古者隨作笙。 所庚切。
簧 huáng	簧	笙中簧也。从竹黃聲。古者女媧作簧。 戶光切。
箷 shí	箷	簧屬。从竹是聲。 是支切。
簫 xiāo	簫	參差管樂。象鳳之翼。从竹肅聲。 穌彫切。
筒 dòng	筒	通簫也。从竹同聲。 徒弄切。
籟 lài	籟	三孔龠也。大者謂之笙，其中謂之籟，小者謂之箹。从竹賴聲。 洛帶切。
箹 yuè	箹	小籟也。从竹約聲。 於角切。
管 guǎn	管（漢印 石刻） 如篪，六孔。十二月之音。物開地牙，故謂之管。从竹官聲。 古滿切。 琯，古者玉琯以玉。舜之時，西王母來獻其白琯。前零陵文學姓奚，於伶道舜祠下得笙玉琯。夫以玉作音，故神人以和，鳳皇來儀也。从玉官聲。
篎 miǎo	篎	小管謂之篎。从竹眇聲。 亡沼切。
笛 dí	笛	七孔筩也。从竹由聲。羌笛三孔。徐鍇曰："當从胄省乃得聲。" 徒歷切。
筑 zhú	筑	以竹曲五弦之樂也。从竹从巩。巩，持之也。竹亦聲。 張六切。

箏 zhēng 鼓弦竹身樂也。从竹爭聲。 側莖切。

箛 gū 吹鞭也。从竹孤聲。 古乎切。

篍 qiū 吹筩也。从竹秋聲。 七肖切。

籌 chóu 壺矢也。从竹壽聲。 直由切。

簺 sài 行棊相塞謂之簺。从竹从塞，塞亦聲。 先代切。

簙 bó 局戲也。六箸十二棊也。从竹博聲。古者烏胄作簙。 補各切。

篳 bì （漢印）藩落也。从竹畢聲。《春秋傳》曰："篳門圭窬。" 卑吉切。

簓 ài 蔽不見也。从竹愛聲。 烏代切。

籭 yán 雉射所蔽者也。从竹嚴聲。 語杴切。

籞 yǔ 禁苑也。从竹御聲。《春秋傳》曰："澤之目籞。" 魚舉切。鰅，籞或从又魚聲。

筭 suàn （簡帛）長六寸。計歷數者。从竹从弄。言常弄乃不誤也。 蘇貫切。

算 suàn 數也。从竹从具。讀若筭。 蘇管切。

笑 xiào （簡帛 石刻）此字本闕。臣鉉等案：孫愐《唐韻》引《說文》云："喜也。从竹从犬。"而不述其義。今俗皆从犬。又案：李陽冰刊定《說文》从竹从夭，義云：竹得風，其體夭屈如人之笑。未知其審。 私妙切。

文百四十四　重十五

簃 yí 閣邊小屋也。从竹移聲。《說文》通用誃。 弋支切。

筠 yún 竹皮也。从竹均聲。 王春切。

笏 hù 公及士所搢也。从竹勿聲。案：籀文作㫚，象形。義云佩也。古笏佩之。此字後人所加。 呼骨切。

篦 bì 導也。今俗謂之篦。从竹毘聲。 邊兮切。

篙 gāo 所以進船也。从竹高聲。 古牢切。

文五新附

箕 部

箕 jī （甲骨 金文 玉盟書 簡帛 古璽 古幣 漢印 石刻）簸也。从竹；𠀠，象形；下其丌也。凡箕之屬皆从箕。 居之切。𠀠，古文箕省。𠙹，亦古文箕。𠔋，亦古文箕。𠥩，籒文箕。𠥓，籒文箕。

簸 bǒ　簸 揚米去糠也。从箕皮聲。 布火切。

　　　　文二　重五

丌 部

丌 jī　丌（[金文][簡帛]）下基也。薦物之丌。象形。凡丌之屬皆从丌。讀若箕同。 居之切。

辺 jì　辺 古之遒人，以木鐸記詩言。从辵从丌，丌亦聲。讀與記同。徐鍇曰："遒人行而求之，故从辵。丌，薦而進之於上也。" 居吏切。

典 diǎn　典（[甲骨][金文][簡帛][古璽][漢印][石刻]）五帝之書也。从冊在丌上，尊閣之也。莊都說，典，大冊也。多殄切。𠂭，古文典从竹。

巺 xùn　巺 巽也。从丌从頀。此《易》巺卦"爲長女，爲風"者。臣鉉等曰：頀之義亦選具也。 蘇困切。

畁 bì　畁（[甲骨][金文][簡帛]）相付與之。約在閣上也。从丌由聲。 必至切。

巽 xùn　巽（[金文][簡帛][古幣][漢印]）具也。从丌𢆉聲。臣鉉等曰：庶物皆具丌以薦之。 蘇困切。𢁓，古文巽。𢁒，篆文巽。

奠 diàn　奠（[甲骨][金文][簡帛][古陶][石刻]）置祭也。从酋。酋，酒也。下其丌也。《禮》有奠祭者。 堂練切。

　　　　文七　重三

左 部

左 zuǒ　左（[金文][簡帛][古璽][古陶][古幣][漢印][石刻]）手相左助也。从𠂇、工。凡左之屬皆从左。 則箇切。臣鉉等曰：今俗別作佐。

差 chā　差（[金文][簡帛][古陶]）貳也。差不相值也。从左从巫。徐鍇曰："左於事，是不當值也。" 初牙切。又，楚佳切。𢀩，籒文差从二。

　　　　文二　重一

工 部

工 gōng 工（甲骨 金文 簡帛 古幣 石刻）巧飾也。象人有規榘也。與巫同意。凡工之屬皆从工。徐鍇曰："爲巧必遵規矩法度，然後爲工。否則，目巧也。巫事無形，失在於詭，亦當遵規榘。故曰與巫同意。" 古紅切。𢒄，古文工从彡。

式 shì 式（簡帛 漢印 石刻）法也。从工弋聲。賞職切。

巧 qiǎo 巧（石刻）技也。从工丂聲。苦絞切。

巨 jù 巨（金文 簡帛 古璽 漢印 石刻）規巨也。从工，象手持之。其呂切。榘，巨或从木、矢。矢者，其中正也。𠟭，古文巨。

文四　重三

𠫓 部

𠫓 zhǎn 𠫓（石刻）極巧視之也。从四工。凡𠫓之屬皆从𠫓。知衍切。

窒 sè 窒 室也。从𠫓从廾，室宀中。𠫓猶齊也。穌則切。

文二

巫 部

巫 wū 巫（甲骨 金文 玉盟書 漢印 石刻）祝也。女能事無形，以舞降神者也。象人兩褎舞形。與工同意。古者巫咸初作巫。凡巫之屬皆从巫。武扶切。𤮾，古文巫。

覡 xí 覡（玉盟書）能齋肅事神明也。在男曰覡，在女曰巫。从巫从見。徐鍇曰："能見神也。" 胡狄切。

文二　重一

甘 部

甘 gān 甘（甲骨 金文 簡帛 古璽 古幣 石刻）美也。从口含一。一，道也。凡甘之屬皆从甘。古三切。

甜 tián　甜　美也。从甘从舌。舌，知甘者。　徒兼切。

麿 gān　麿　和也。从甘从麻。麻，調也。甘亦聲。讀若函。　古三切。

猒 yān　猒（[金文][簡帛][石刻]）飽也。从甘从肰。　於鹽切。䭾，猒或从目。

甚 shèn　是（[金文][簡帛]）尤安樂也。从甘，从匹耦也。　常枕切。㼜，古文甚。

　　　　　　文五　重二

曰 部

曰 yuè　凵（[甲骨][金文][簡帛][石刻]）詞也。从口乙聲。亦象口气出也。凡曰之屬皆从曰。　王伐切。

曾 cè　曾　告也。从曰从冊，冊亦聲。　楚革切。

曷 hé　曷（[石刻]）何也。从曰匃聲。　胡葛切。

曶 hū　曶（[金文]）出气詞也。从曰，象气出形。《春秋傳》曰："鄭太子曶。"呼骨切。曶，籀文曶。一曰佩也。象形。

朁 cǎn　朁（[簡帛]）曾也。从曰兓聲。《詩》曰："朁不畏明。"臣鉉等曰：今俗有噆字，蓋朁之譌。七感切。

沓 tà　沓（[漢印]）語多沓沓也。从水从曰。遼東有沓縣。臣鉉等曰：語多沓沓，若水之流。故从水會意。　徒合切。

曹 cáo　曹（[金文][簡帛][古陶][漢印][石刻]）獄之兩曹也。在廷東。从棘，治事者；从曰。徐鍇曰："以言詞治獄也。故从曰。"　昨牢切。

　　　　　　文七　重一

乃 部

乃 nǎi　𠄎（[甲骨][金文][簡帛][漢印][石刻]）曳詞之難也。象气之出難。凡乃之屬皆从乃。　奴亥切。臣鉉等曰：今隸書作乃。𠄏，古文乃。𠄐，籀文乃。

卥 réng　卥（[甲骨][金文][簡帛][石刻]）驚聲也。从乃省，西聲。籀文卥不省。或曰：卥，往也。讀若仍。臣鉉等曰：西非聲。未詳。如乘切。卥，古文卥。

卣 yóu　卣　气行皃。从乃卤聲。讀若攸。　以周切。

丂 部

丂 kǎo　丂（甲骨、金文、古幣）气欲舒出。ㄅ上礙於一也。丂，古文以爲亏字，又以爲巧字。凡丂之屬皆从丂。　苦浩切。

粤 pīng　粤（甲骨、金文）亟詞也。从丂从由。或曰：粤，俠也。三輔謂輕財者爲粤。臣鉉等曰：由，用也。任俠用气也。　普丁切。

寧 níng　寧（甲骨、金文、簡帛、古陶、古幣、石刻）願詞也。从丂寍聲。　奴丁切。

叵 hē　叵　反丂也。讀若呵。　虎何切。

文四

可 部

可 kě　可（甲骨、金文、簡帛、古璽、古幣、石刻）肎也。从口丂，丂亦聲。凡可之屬皆从可。　肯我切。

奇 qí　奇（簡帛、古璽、古幣、石刻）異也。一曰不耦。从大从可。　渠羈切。

哿 gě　哿　可也。从可加聲。《詩》曰："哿矣富人。"　古我切。

哥 gē　哥　聲也。从二可。古文以爲謌字。　古俄切。

文四

叵 pǒ　叵　不可也。从反可。　普火切。

文一新附

兮 部

兮 xī　兮（甲骨、金文）語所稽也。从丂，八象气越亏也。凡兮之屬皆从兮。　胡雞切。

呁 sǔn　呁　驚辤也。从兮旬聲。　思允切。㤎，呁或从心。

羲 xī　羲　气也。从兮義聲。　許羈切。

乎 hū 乎（甲骨 金文 石刻）語之餘也。从兮，象聲上越揚之形也。 戶吳切。

文四　重一

号　部

号 háo 号（金文 古璽）痛聲也。从口在丂上。凡号之屬皆从号。 胡到切。
號 háo （石刻）呼也。从号从虎。 乎刀切。

文二

亏　部

亏 yú 亏（甲骨 金文 簡帛 古璽 古幣 漢印 石刻）於也。象气之舒亏。从丂从一。一者，其气平之也。凡亏之屬皆从亏。羽俱切。今變隸作于。
虧 kuī （石刻）气損也。从亏雐聲。 去爲切。 ，虧或从兮。
粵 yuè 粵（石刻）亏也。審慎之詞者。从亏从宷。《周書》曰：粵三日丁亥。 王伐切。
吁 xū 吁 驚語也。从口从亏，亏亦聲。臣鉉等案：口部有吁，此重出。 況于切。
平 píng 平（金文 古璽 古幣 漢印 石刻）語平舒也。从亏从八。八，分也。爰禮說。 符兵切。 ，古文平如此。

文五　重二

旨　部

旨 zhǐ 旨（甲骨 金文 簡帛）美也。从甘匕聲。凡旨之屬皆从旨。 職雉切。 ，古文旨。
嘗 cháng 嘗（金文 簡帛 石刻）口味之也。从旨尚聲。 市羊切。

文二　重一

喜 部

喜 xǐ 喜（甲骨 金文 簡帛 古璽 古陶 古幣 漢印）樂也。从壴从口。凡喜之屬皆从喜。 虛里切。 𢤿，古文喜从欠，與歡同。

憙 xǐ 憙（金文 簡帛 古璽 漢印 石刻）說也。从心从喜，喜亦聲。 許記切。

嚭 pǐ 嚭 大也。从喜否聲。《春秋傳》："吳有太宰嚭。" 匹鄙切。

　　　　文三　重一

壴 部

壴 zhù 壴（甲骨 金文 簡帛）陳樂立而上見也。从屮从豆。凡壴之屬皆从壴。 中句切。

尌 shù 尌（金文 簡帛）立也。从壴从寸，持之也。讀若駐。 常句切。

䨻 qì 䨻 夜戒守鼓也。从壴蚤聲。《禮》：昏鼓四通爲大鼓，夜半三通爲戒晨，旦明五通爲發明。讀若戚。 倉歷切。

彭 péng 彭（甲骨 金文 簡帛 古陶 漢印 石刻）鼓聲也。从壴彡聲。臣鉉等曰：當从形省乃得聲。 薄庚切。

嘉 jiā 嘉（甲骨 金文 玉盟書 簡帛 石刻）美也。从壴加聲。 古牙切。

　　　　文五

鼓 部

鼓 gǔ 鼓（甲骨 金文 簡帛）郭也。春分之音，萬物郭皮甲而出，故謂之鼓。从壴，支象其手擊之也。《周禮》六鼓：靁鼓八面，靈鼓六面，路鼓四面，鼖鼓、皋鼓、晉鼓皆兩面。凡鼓之屬皆从鼓。徐鍇曰："郭者，覆冒之意。" 工戶切。 鼔，籒文鼓从古聲。

鼛 gāo 鼛 大鼓也。从鼓咎聲。《詩》曰："鼛鼓不勝。" 古勞切。

鼖 fén 鼖 大鼓謂之鼖。鼖八尺而兩面，以鼓軍事。从鼓，賁省聲。 符分切。 鼖，鼖或从革，賁不省。

鼙 pí　鼙　騎鼓也。从鼓卑聲。　部迷切。

鼟 lóng　鼟　鼓聲也。从鼓隆聲。　徒冬切。

鼘 yuān　鼘　鼓聲也。从鼓肙聲。《詩》曰："鼛鼓鼘鼘。"　烏玄切。

鼞 tāng　鼞　鼓聲也。从鼓堂聲。《詩》曰："擊鼓其鼞。"　土郎切。

鼛 tà　鼛　鼓聲也。从鼓合聲。　徒合切。鞈，古文鼛从革。

鼜 qì　鼜　鼓無聲也。从鼓聑聲。　他叶切。

鼛 tà　鼛　鼓鼛聲。从鼓缶聲。　土盍切。

　　　　文十　重三

豈　部

豈 qǐ　豈（豈古璽　豈　豈石刻）還師振旅樂也。一曰欲也，登也。从豆，微省聲。凡豈之屬皆从豈。　墟喜切。

愷 kǎi　愷　康也。从心、豈，豈亦聲。　苦亥切。

譏 qí　譏　譤也。訖事之樂也。从豈幾聲。臣鉉等曰：《說文》無譤字，从幾从气，義無所取。當是訖字之誤爾。　渠稀切。

　　　　文三

豆　部

豆 dòu　豆（豆甲骨　豆豆豆金文　豆簡帛　豆豆古陶　豆豆豆豆石刻）古食肉器也。从口，象形。凡豆之屬皆从豆。　徒候切。梪，古文豆。

梪 dòu　梪（梪梪梪梪簡帛）木豆謂之梪。从木、豆。　徒候切。

䇺 jǐn　䇺　䘇也。从豆，蒸省聲。　居隱切。

䘾 juàn　䘾　豆屬。从豆弄聲。　居倦切。

豌 wān　豌　豆飴也。从豆夗聲。　一丸切。

登 dēng　登　禮器也。从廾持肉在豆上。讀若鐙同。　都縢切。

　　　　文六　重一

豊 部

豊 lǐ 豊（甲骨 金文 簡帛）行禮之器也。从豆，象形。凡豊之屬皆从豊。讀與禮同。 盧啓切。

豑 zhì 豑 爵之次弟也。从豊从弟。《虞書》曰："平豑東作。" 直質切。

　　　　文二

豐 部

豐 fēng 豐（甲骨 金文 簡帛 石刻）豆之豐滿者也。从豆，象形。一曰《鄉飲酒》有豐侯者。凡豐之屬皆从豐。 敷戎切。豐，古文豐。

豔 yàn 豔 好而長也。从豐。豐，大也。盍聲。《春秋傳》曰："美而豔。" 以贍切。

　　　　文二　重一

虍 部

虘 xī 虘（簡帛 古陶）古陶器也。从豆虍聲。凡虘之屬皆从虘。 許羈切。

號 hào 號 土鏊也。从虘号聲。讀若鎬。 胡到切。

虠 zhù 虠 器也。从虘、宁，宁亦聲。闕。 直呂切。

　　　　文三

虍 部

虍 hū 虍（甲骨 古璽）虎文也。象形。凡虍之屬皆从虍。徐鍇曰：象其文章屈曲也。 荒烏切。

虞 yú 虞（金文 漢印 石刻）騶虞也。白虎黑文，尾長於身。仁獸，食自死之肉。从虍吳聲。《詩》曰："于嗟乎騶虞。" 五俱切。

虙 fú 虙 虎皃。从虍必聲。 房六切。

虔 qián 虔（金文 古陶）虎行皃。从虍文聲。讀若矜。臣鉉等曰：文非聲。未詳。 渠

說文解字第五　149

虘 cuó （金文　簡帛　古璽）虎不柔不信也。从虍且聲。讀若鄌縣。　昨何切。

虖 hū （金文　簡帛　石刻）哮虖也。从虍兮聲。　荒烏切。

虐 nüè （甲骨　古璽）殘也。从虍，虎足反爪人也。　魚約切。　，古文虐如此。

彪 bīn 虎文，彪也。从虍彬聲。　布還切。

虡 jù 鐘鼓之柎也。飾爲猛獸，从虍、異，象其下足。　其呂切。　，虡或从金豦聲。　，篆文虡省。

文九　重三

虎　部

虎 hǔ （甲骨　金文　簡帛　漢印　石刻）山獸之君。从虍，虎足象人足。象形。凡虎之屬皆从虎。　呼古切。　，古文虎。　，亦古文虎。

虢 gé 虎聲也。从虎毃聲。讀若隔。　古覈切。

虥 mì 白虎也。从虎，昔省聲。讀若鼏。　莫狄切。

虥 kǎn 虥屬。从虎去聲。臣鉉等曰：去非聲，未詳。　呼濫切。

虪 shù 黑虎也。从虎儵聲。　式竹切。

虥 zhàn 虎竊毛謂之虥苗。从虎戔聲。竊，淺也。　昨閑切。

彪 biāo （金文　漢印）虎文也。从虎，彡象其文也。　甫州切。

虉 yì 虎兒。从虎乂聲。　魚廢切。

虉 yì 虎兒。从虎气聲。　魚迄切。

虓 xiāo 虎鳴也。一曰師子。从虎九聲。　許交切。

虤 yín 虎聲也。从虎斤聲。　語斤切。

虩 xì （金文　簡帛）《易》："履虎尾虩虩。"恐懼。一曰蠅虎也。从虎𢌅聲。　許隙切。

虢 guó （金文　古陶　石刻）虎所攫畫明文也。从虎寽聲。　古伯切。

虒 sī （金文 古幣）委虒，虎之有角者也。从虎厂聲。 息移切。

黱 téng 黑虎也。从虎騰聲。 徒登切。

文十五 重二

虣 bào 虐也，急也。从虎从武。見《周禮》。 薄報切。

虪 tú 楚人謂虎爲烏虪。从虎兔聲。 同都切。

文二新附

虤 部

虤 yán 虎怒也。从二虎。凡虤之屬皆从虤。 五閑切。

䟙 yín 兩虎爭聲。从虤从曰。讀若憖。臣鉉等曰：曰，口气出也。 語巾切。

贙 xuàn 分別也。从虤對爭貝。讀若迴。 胡畎切。

文三

皿 部

皿 mǐn （甲骨 金文 古幣）飯食之用器也。象形。與豆同意。凡皿之屬皆从皿。讀若猛。 武永切。

盂 yú （甲骨 金文）飯器也。从皿亏聲。 羽俱切。

盌 wǎn 小盂也。从皿夗聲。 烏管切。

盛 chéng （金文 簡帛 古璽 石刻）黍稷在器中以祀者也。从皿成聲。 氏征切。

齍 zī （金文）黍稷在器以祀者。从皿齊聲。 卽夷切。

䀁 yòu 小甌也。从皿有聲。讀若賄。一曰若賄。于救切。 䀁或从右。

盧 lú （甲骨 金文 古璽 古幣 漢印 石刻）飯器也。从皿虘聲。 洛乎切。 籒文盧。

䀊 gǔ 器也。从皿从缶，古聲。 公戶切。

盄 zhāo （金文）器也。从皿弔聲。 止遙切。

盎 àng	盎	盆也。从皿央聲。 烏浪切。𦉥，盎或从瓦。
盆 pén	盆	（甲骨 金文 漢印）盎也。从皿分聲。 步奔切。
宁 zhù	宁	器也。从皿宁聲。 直呂切。
盨 xǔ	盨	（金文）櫑盨，負戴器也。从皿須聲。 相庾切。
溋 jiǎo	溋	器也。从皿漻聲。 古巧切。
盇 mì	盇	械（按：械當作拭）器也。从皿必聲。 彌畢切。
醯 xī	醯	酸也。作醯以鬻以酒。从鬻、酒並省，从皿。皿，器也。 呼雞切。
盉 hé	盉	（金文）調味也。从皿禾聲。 戶戈切。
益 yì	益	（甲骨 金文 簡帛 漢印 石刻）饒也。从水、皿。皿益之意也。 伊昔切。
盈 yíng	盈	（石鼓 漢印 石刻）滿器也。从皿、夃。臣鉉等曰：夃，古乎切。益多之義也。古者以買物多得爲夃。故从夃。 以成切。
盡 jìn	盡	（甲骨 金文 玉盟書 石刻）器中空也。从皿㶳聲。 慈刃切。
盅 chōng	盅	（金文）器虛也。从皿中聲。《老子》曰："道盅而用之。" 直弓切。
盦 ān	盦	（古璽）覆蓋也。从皿酓聲。臣鉉等曰：今俗別作罯，非是。 烏合切。
盈 wēn	盈	仁也。从皿，以食囚也。官溥說。 烏渾切。
盥 guàn	盥	（甲骨 金文 石刻）澡手也。从臼水臨皿。《春秋傳》曰："奉匜沃盥。" 古玩切。
盪 dàng	盪	滌器也。从皿湯聲。 徒朗切。

文二十五　重三

| 鉢 bō | 鉢 | 鉢器。盂屬。从皿犮聲。或从金从本。 北末切。 |

文一新附

凵 部

| 凵 qū | 凵 | 凵盧，飯器，以柳爲之。象形。凡凵之屬皆从凵。 去魚切。匷，凵或从竹去聲。 |

文一　重一

去 部

去 qù 𠫑（甲骨 金文 簡帛 漢印 石刻）人相違也。从大厶聲。凡去之屬皆从去。丘據切。

朅 qiè 去也。从去曷聲。丘竭切。

𨘎 líng 去也。从去夌聲。讀若陵。力膺切。

文三

血 部

血 xuè （甲骨 簡帛 石刻）祭所薦牲血也。从皿，一象血形。凡血之屬皆从血。呼決切。

衁 huāng 血也。从血亡聲。《春秋傳》曰："士刲羊，亦無衁也。"呼光切。

衃 pēi 凝血也。从血不聲。芳桮切。

䘏 jīn 气液也。从血聿聲。將鄰切。

衋 tíng 定息也。从血，甹省聲。讀若亭。特丁切。

衄 nù 鼻出血也。从血丑聲。女六切。

衁 nóng 腫血也。从血，農省聲。奴冬切。膿，俗衁从肉農聲。

衋 tǎn 血醢也。从血朊聲。《禮記》有衋醢，以牛乾脯、梁、麴、鹽、酒也。臣鉉等曰：朊，肉汁滓也。故从朊，朊亦聲。他感切。

衋 zú 醢也。从血菹聲。側余切。衋，衋或从缶。

衋 jī 以血有所刉涂祭也。从血幾聲。渠稀切。

恤 xù （金文 簡帛 石刻）憂也。从血卩聲。一曰鮮少也。徐鍇曰："血者，言憂之切至也。"辛聿切。

衋 xì 傷痛也。从血、聿，皕聲。《周書》曰："民罔不衋傷心。"許力切。

衋 kàn 羊凝血也。从血咎聲。苦紺切。衋，衋或从贛。

盇 hé （簡帛 古璽 石刻）覆也。从血、大。臣鉉等曰：大，象蓋覆之形。胡臘切。

衊 miè 污血也。从血蔑聲。莫結切。

文十五 重三

丶 部

丶 zhǔ　丶（金文）有所絕止，丶而識之也。凡丶之屬皆從丶。 知庾切。

主 zhǔ　坐（簡帛　漢印　石刻）鐙中火主也。从 㞢，象形。从丶，丶亦聲。臣鉉等曰：今俗別作炷，非是。 之庾切。

音 pǒu　音　相與語，唾而不受也。从丶从否，否亦聲。 天口切。 㗱，音或从豆从欠。

　　　　文三　重一

丹 部

丹 dān　月（甲骨　金文　簡帛　古幣　漢印　石刻）巴越之赤石也。象采丹井，一象丹形。凡丹之屬皆从丹。 都寒切。 ㈠，古文丹。 彡，亦古文丹。

臒 wò　臒（簡帛）善丹也。从丹蒦聲。《周書》曰："惟其敿丹臒。" 讀若雀。 烏郭切。

彤 tóng　彤（金文　簡帛）丹飾也。从丹从彡。彡，其畫也。 徒冬切。

　　　　文三　重二

青 部

青 qīng　青（金文　簡帛　古璽　漢印　石刻）東方色也。木生火，从生、丹。丹青之信言象然。凡青之屬皆从青。 倉經切。 㝶，古文青。

靜 jìng　靜（金文　簡帛　漢印　石刻）審也。从青爭聲。徐鍇曰："丹青，明審也。" 疾郢切。

　　　　文二　重一

井 部

井 jǐng　井（甲骨　金文　石刻）八家一井，象構韓形。•，罋之象也。古者伯益初作井。凡井之屬皆從井。 子郢切。

罊 yǐng　深池也。從井，瑩省聲。 烏迥切。

阱 jǐng　陷也。從𨸏從井，井亦聲。 疾正切。𥤧，阱或從穴。汬，古文阱從水。

刑 xíng　罰辠也。從井從刀。《易》曰：「井，法也。」井亦聲。 戶經切。

刱 chuàng　造法刱業也。從井刃聲。讀若創。 初亮切。

　　　　文五　重二

皀 部

皀 bī　（甲骨、金文）穀之馨香也。象嘉穀在裹中之形。匕，所以扱之。或說皀，一粒也。凡皀之屬皆從皀。又讀若香。 皮及切。

卽 jí　（甲骨、金文、簡帛、古幣、漢印、石刻）即食也。從皀卪聲。徐鍇曰：「卽，就也。」 子力切。

既 jì　（甲骨、金文、簡帛、古陶、石刻）小食也。從皀旡聲。《論語》曰：「不使勝食既。」 居未切。

冟 shì　（金文）飯剛柔不調相著。從皀冂聲。讀若適。 施隻切。

　　　　文四

鬯 部

鬯 chàng　（甲骨、金文）以秬釀鬱艸，芬芳攸服，以降神也。從凵，凵，器也；中象米；匕，所以扱之。《易》曰：「不喪匕鬯。」凡鬯之屬皆從鬯。 丑諒切。

鬱 yù　（石刻）芳艸也。十葉爲貫，百廿貫築以煮之爲鬱。從臼、冖、缶、鬯；彡，其飾也。一曰鬱鬯，百艸之華，遠方鬱人所貢芳艸，合釀之以降神。鬱，今鬱林郡也。 迂勿切。

爵 jué　（甲骨、金文、漢印）禮器也。象爵之形，中有鬯酒，又持之也。所以飲。器象爵者，取其鳴節節足足也。 即畧切。𩰫，古文爵，象形。

䰜 jù　（金文）黑黍也。一稃二米，以釀也。從鬯矩聲。 其呂切。秬，䰜或從禾。

䩵 shǐ　劉也。從鬯吏聲。讀若迅。 疏吏切。

文五　重二

食部

食 shí　食（甲骨　金文　漢印　石刻）一米也。从皀亼聲。或說亼皀也。凡食之屬皆从食。　乘力切。

饙 fēn　饙（金文）滫飯也。从食𢆉聲。臣鉉等曰：𢆉音忽，非聲。疑弄字之誤。　府文切。饋，饙或从賁。䬳，饙或从奔。

餾 liù　餾　飯气蒸也。从食畱聲。　力救切。

飪 rèn　飪（簡帛）大孰也。从食壬聲。　如甚切。恁，古文飪。䬾，亦古文飪。

饔 yōng　饔（金文）孰食也。从食雝聲。　於容切。

飴 yí　飴（金文　石刻）米糵煎也。从食台聲。　與之切。㜾，籀文飴从異省。

餳 xíng　餳　飴和饊者也。从食昜聲。　徐盈切。

饊 sǎn　饊　熬稻粻程也。从食散聲。　穌旱切。

餅 bǐng　餅　麪餈也。从食幷聲。　必郢切。

餈 cí　餈　稻餅也。从食次聲。　疾資切。䭣，餈或从齊。粢，餈或从米。

饘 zhān　饘　糜也。从食亶聲。周謂之饘，宋謂之餬。　諸延切。

餱 hóu　餱　乾食也。从食矦聲。《周書》曰："峙乃餱粻。"　乎溝切。

餥 fěi　餥　餱也。从食非聲。陳楚之閒相謁食麥飯曰餥。　非尾切。

饎 chì　饎　酒食也。从食喜聲。《詩》曰："可以饋饎。"　昌志切。䊅，饎或从配。糦，饎或从米。

籑 zhuàn　籑　具食也。从食算聲。　士戀切。饌，籑或从巽。

養 yǎng　養（簡帛）供養也。从食羊聲。　余兩切。㹜，古文養。

飯 fàn　飯（簡帛）食也。从食反聲。　符萬切。

飳 niǔ　飳　雜飯也。从食丑聲。　女久切。

飤 sì　飤（金文　簡帛）糧也。从人、食。　祥吏切。

饡 zàn　饡　以羹澆飯也。从食贊聲。　則旰切。

餉 shǎng　餉　晝食也。从食象聲。　書兩切。餳，餉或从傷省聲。

飱 sūn　飱　餔也。从夕、食。　思魂切。

餔 bū	餔	日加申時食也。从食甫聲。博狐切。𥁑，籀文餔从皿浦聲。
餐 cān	餐	吞也。从食奴聲。七安切。湌，餐或从水。
䬩 lián	䬩	嗛也。从食兼聲。讀若風溓溓。一曰廉潔也。力鹽切。
饁 yè	饁	餉田也。从食盍聲。《詩》曰："饁彼南畝。" 筠輒切。
饟 xiǎng	饟	周人謂餉曰饟。从食襄聲。人漾切。
餉 xiǎng	餉	饟也。从食向聲。式亮切。
饋 kuì	饋（䭫 䭮 䭬 簡帛）餉也。从食貴聲。求位切。
饗 xiǎng	饗	鄉人飲酒也。从食从鄉，鄉亦聲。許兩切。
饛 méng	饛	盛器滿皃。从食蒙聲。《詩》曰："有饛簋飧。" 莫紅切。
飵 zuò	飵	楚人相謁食麥曰飵。从食乍聲。在各切。
飴 nián	飴	相謁食麥也。从食占聲。奴兼切。
饐 wèn	饐	秦人謂相謁而食麥曰饐餫。从食㥯聲。烏困切。
餫 wèn	餫	饐餫也。从食豈聲。五困切。
餬 hú	餬	寄食也。从食胡聲。戶吳切。
飶 bì	飶	食之香也。从食必聲。《詩》曰："有飶其香。" 毗必切。
饇 yù	饇	燕食也。从食芺聲。《詩》曰："飲酒之饇。" 依據切。
飽 bǎo	飽	猒也。从食包聲。博巧切。䭃，古文飽从采。𩛃，亦古文飽从卯聲。
䭌 yuàn	䭌	猒也。从食肙聲。烏玄切。
饒 ráo	饒（饒 饒 漢印）飽也。从食堯聲。如昭切。
餘 yú	餘（餘 餘 餘 餘 石刻）饒也。从食余聲。以諸切。
餀 hài	餀	食臭也。从食艾聲。《爾雅》曰："餀謂之喙。" 呼艾切。
餞 jiàn	餞	送去也。从食戔聲。《詩》曰："顯父餞之。" 才線切。
餫 yùn	餫	野饋曰餫。从食軍聲。王問切。
館 guǎn	館（館 石刻）客舍也。从食官聲。《周禮》：五十里有市，市有館，館有積，以待朝聘之客。古玩切。
饕 tāo	饕	貪也。从食號聲。土刀切。叨，饕或从口刀聲。𩝿，籀文饕从號省。
飻 tiè	飻	貪也。从食，殄省聲。《春秋傳》曰："謂之饕飻。" 他結切。
饖 wèi	饖	飯傷熱也。从食歲聲。於廢切。
饐 yì	饐	飯傷溼也。从食壹聲。乙冀切。
餲 ài	餲（餲 古璽）飯餲也。从食曷聲。《論語》曰："食饐而餲。" 乙例切。又，烏介切。

| 饑 jī | 穀不孰爲饑。从食幾聲。 居衣切。
| 饉 jǐn | 蔬不孰爲饉。从食堇聲。 渠吝切。
| 餩 è | 飢也。从食𠩺聲。讀若楚人言恚人。 於革切。
| 餒 něi | 飢也。从食委聲。一曰魚敗曰餒。 奴罪切。
| 飢 jī | 餓也。从食几聲。 居夷切。
| 餓 è | 飢也。从食我聲。 五箇切。
| 餽 guì | 吳人謂祭曰餽。从食从鬼，鬼亦聲。 俱位切。又音饋。
| 餟 zhuì | 祭酹也。从食叕聲。 陟衛切。
| 飿 shuì | 小餟也。从食兌聲。 輸芮切。
| 䭇 líng | 馬食穀多，气流四下也。从食夌聲。 里甑切。
| 䬴 mò | 食馬穀也。从食末聲。 莫撥切。

　　　　　文六十二　重十八

| 餕 jùn | 食之餘也。从食夋聲。 子陵切。
| 餻 gāo | 餌屬。从食羔聲。 古牢切。

　　　　　文二新附

亼 部

亼 jí　𠓛　三合也。从入、一，象三合之形。凡亼之屬皆从亼。讀若集。 秦入切。臣鉉等曰：此疑只象形，非从入、一也。

合 hé　合（甲骨　金文　簡帛　漢印　石刻）合口也。从亼从口。 候閤切。

僉 qiān　僉（簡帛）皆也。从亼从吅从从。《虞書》曰：“僉曰伯夷。” 七廉切。

侖 lún　侖（金文　簡帛）思也。从亼从冊。 力屯切。𠎤，籀文侖。

今 jīn　今（甲骨　金文　玉盟書　簡帛　古陶　漢印　石刻）是時也。从亼从𠃍。𠃍，古文及。 居音切。

舍 shè　舍（金文　玉盟書　簡帛　古璽　漢印　石刻）市居曰舍。从亼、屮，象屋也。口象築也。 始夜切。

　　　　　文六　重一

會　部

會 huì　會（甲骨金文簡帛古璽漢印石刻）合也。从亼，从曾省。曾，益也。凡會之屬皆从會。黄外切。㣛，古文會如此。

𣵱 pí　𣵱　益也。从會卑聲。符支切。

䢅 chén　䢅　日月合宿从辰。从會从辰，辰亦聲。植鄰切。

文三　重一

倉　部

倉 cāng　倉（甲骨金文簡帛古璽古幣漢印石刻）穀藏也。倉黄取而藏之，故謂之倉。从食省，口象倉形。凡倉之屬皆从倉。七岡切。仺，奇字倉。

牄 qiāng　牄　鳥獸來食聲也。从倉爿聲。《虞書》曰："鳥獸牄牄。"　七羊切。

文二　重一

入　部

入 rù　入（甲骨金文玉盟書簡帛漢印）內也。象从上俱下也。凡入之屬皆从入。人汁切。

內 nèi　內（甲骨金文玉盟書簡帛漢印石刻）入也。从冂，自外而入也。奴對切。

仌 cén　仌　入山之深也。从山从入。闕。鉏箴切。

糴 dí　糴　市穀也。从入从糴。徒歷切。

仝 quán　仝（金文簡帛古璽漢印）完也。从入从工。疾緣切。全，篆文仝从玉，純玉曰全。㒰，古文仝。

从 liǎng　从　二入也。兩从此。闕。良獎切。

文六　重二

缶 部

缶 fǒu　缶（[甲骨][金文][簡帛]）瓦器。所以盛酒漿。秦人鼓之以節謌。象形。凡缶之屬皆从缶。　方九切。

𦈢 kòu　𦈢　未燒瓦器也。从缶㱿聲。讀若筩莩。　又，苦候切。

匋 táo　匋（[金文][簡帛][古璽][古陶][古幣]）瓦器也。从缶，包省聲。古者昆吾作匋。案:《史篇》讀與缶同。　徒刀切。

罌 yīng　罌　缶也。从缶賏聲。　烏莖切。

䍔 chuí　䍔　小口罌也。从缶巫聲。　池偽切。

瓿 bù　瓿　小缶也。从缶音聲。　蒲候切。

缾 píng　缾（[簡帛][漢印]）罋也。从缶并聲。　蒲經切。瓶，缾或从瓦。

罋 wèng　罋　汲缾也。从缶雝聲。　烏貢切。

䍃 tà　䍃　下平缶也。从缶乏聲。讀若鬜。　土盍切。

罃 yīng　罃　備火，長頸缾也。从缶，熒省聲。　烏莖切。

缸 gāng　缸　瓦也。从缶工聲。　下江切。

罭 yù　罭　瓦器也。从缶或聲。　于逼切。

𦈢 cùn　𦈢　瓦器也。从缶薦聲。　作旬切。

䍃 yóu　䍃　瓦器也。从缶肉聲。臣鉉等曰：當从㕣省乃得聲。　以周切。

𦉥 líng　𦉥（[金文]）瓦器也。从缶霝聲。　郎丁切。

𦈢 diǎn　𦈢　缺也。从缶占聲。　都念切。

缺 quē　缺　器破也。从缶，決省聲。　傾雪切。

罅 xià　罅　裂也。从缶虖聲。缶燒善裂也。　呼迓切。

罄 qìng　罄　器中空也。从缶殸聲。殸，古文磬字。《詩》云："缾之罄矣。"　苦定切。

𦉰 qì　𦉰　器中盡也。从缶𣪊聲。　苦計切。

𦈢 xiàng　𦈢　受錢器也。从缶后聲。古以瓦，今以竹。　大口切。又，胡講切。

　　　文二十一　重一

罐 guàn　罐　器也。从缶雚聲。　古玩切。

文一新附

矢 部

矢 shǐ （甲骨 金文 簡帛 古璽 古陶 漢印）弓弩矢也。从入，象鏑栝羽之形。古者夷牟初作矢。凡矢之屬皆从矢。 式視切。

躲 shè （甲骨 金文 簡帛 石鼓 漢印 石刻）弓弩發於身而中於遠也。从矢从身。 食夜切。 䠶，篆文躲从寸。寸，法度也，亦手也。

矯 jiǎo （漢印 石刻）揉箭箝也。从矢喬聲。 居夭切。

矰 zēng （金文 簡帛）隿躲矢也。从矢曾聲。 作滕切。

矦 hóu （金文 簡帛 古璽 古幣 漢印 石刻）春饗所躲矦也。从人，从厂，象張布，矢在其下。天子躲熊虎豹，服猛也；諸矦躲熊豕虎；大夫射麋，麋，惑也；士射鹿豕，爲田除害也。其祝曰："毋若不寧矦，不朝于王所，故伉而躲汝也。" 乎溝切。 医，古文矦。

傷 shāng 傷也。从矢昜聲。 式陽切。

短 duǎn 有所長短，以矢爲正。从矢豆聲。 都管切。

矤 shěn （甲骨 石刻）況也，詞也。从矢，引省聲。从矢，取詞之所之如矢也。 式忍切。

知 zhī （石刻）詞也。从口从矢。 陟离切。

矣 yǐ （簡帛 石刻）語已詞也。从矢以聲。 于已切。

文十 重二

矮 ǎi 短人也。从矢委聲。 烏蟹切。

文一新附

高 部

高 gāo （甲骨 金文 簡帛 古璽 古幣 漢印 石刻）崇也。象臺觀高之形。从冂、口。與倉、舍同意。凡高之屬皆从高。 古牢切。

亭 qǐng （石刻）小堂也。从高省，回聲。 去潁切。 廎，高或从广頃聲。

亭 tíng 亭（[甲骨][古陶][古幣][漢印][石刻]）民所安定也。亭有樓，从高省，丁聲。 特丁切。

亳 bó 亳（[甲骨][金文][簡帛][石刻]）京兆杜陵亭也。从高省，乇聲。 旁各切。

文四 重一

冂 部

冂 jiōng 冂（[金文]）邑外謂之郊，郊外謂之野，野外謂之林，林外謂之冂。象遠界也。凡冂之屬皆从冂。 古熒切。冋，古文冂从口，象國邑。坰，冋或从土。

市 shì 市（[金文][簡帛][古璽][古陶][古幣][漢印][石刻]）買賣所之也。市有垣，从冂从㇇。㇇，古文及，象物相及也。之省聲。 時止切。

𠘧 yín 𠘧 淫淫，行皃。从人出冂。 余箴切。

央 yāng 央（[甲骨][金文][簡帛][古幣][漢印]）中央也。从大在冂之內。大，人也。央旁同意。一曰久也。 於良切。

巂 hú 巂 高至也。从隹上欲出冂。《易》曰："夫乾巂然。" 胡沃切。

文五 重二

𩫖 部

𩫖 guō 𩫖（[甲骨][金文][簡帛][漢印]）度也，民所度居也。从回，象城𩫖之重，兩亭相對也。或但从囗。音韋。凡𩫖之屬皆从𩫖。 古博切。

𩫨 quē 𩫨 缺也。古者城闕其南方謂之𩫨。从𩫖，缺省。讀若拔物爲決引也。 傾雪切。

文二

京 部

京 jīng 京（[金文][金文][簡帛][古幣][漢印][石刻]）人所爲絕高丘也。从高省，丨象高形。凡京之屬皆从京。 舉卿切。

就 jiù 就（[甲骨][金文][簡帛][漢印][石刻]）就，高也。从京从尤。尤，異於凡也。 疾僦切。𣪠，籀文就。

文二　重一

亯部

亯 xiǎng　亯（[甲骨][金文][簡帛][漢印]）獻也。从高省，曰象進孰物形。《孝經》曰："祭則鬼亯之。"凡亯之屬皆从亯。 許兩切。又，普庚切。又，許庚切。𠅖，篆文亯。

羍 chún　羍　孰也。从亯从羊。讀若純。一曰鬻也。 常倫切。羍，篆文羍。

managed dǔ　managed（[簡帛]）厚也。从亯竹聲。讀若篤。 冬毒切。

亶 yōng　亶　用也。从亯从自。自知臭香所食也。讀若庸。 余封切。

文四　重二

𣪠部

𣪠 hòu　𣪠　厚也。从反亯。凡𣪠之屬皆从𣪠。徐鍇曰："亯者，進土（按：土當作上）也。以進上之具反之於下則厚也。" 胡口切。

覃 tán　覃（[金文][漢印]）長味也。从𣪠，鹹省聲。《詩》曰："實覃實吁。" 徒含切。𣰫，古文覃。覃，篆文覃省。

厚 hòu　厚（[甲骨][金文][簡帛][漢印]）山陵之厚也。从𣪠从厂。 胡口切。垕，古文厚从后、土。

文三　重三

富部

富 fú　富（[甲骨][金文]）滿也。从高省，象高厚之形。凡富之屬皆从富。讀若伏。 芳逼切。

良 liáng　良（[甲骨][金文][簡帛][古璽][古陶][漢印][石刻]）善也。从富省，亡聲。徐鍇曰："良，甚也。故从富。" 呂張切。目，古文良。𩛰，亦古文良。𩙿，亦古文良。

文二　重三

㐭 部

㐭 lǐn　㐭（[甲骨][金文][古陶][漢印]）穀所振入。宗廟粢盛，倉黃㐭而取之，故謂之㐭。从入，回象屋形，中有戶牖。凡㐭之屬皆从㐭。 力甚切。廩，㐭或从广从禾。

稟 bǐng　稟（[金文][古璽]）賜穀也。从㐭从禾。 筆錦切。

亶 dǎn　亶 多穀也。从㐭旦聲。 多旱切。

啚 bǐ　啚（[甲骨][金文]）嗇也。从口、㐭。㐭，受也。 方美切。㐁，古文啚如此。

　　　　　　文四　重二

嗇 部

嗇 sè　嗇（[甲骨][金文][簡帛][古璽]）愛濇也。从來从㐭。來者，㐭而藏之。故田夫謂之嗇夫。凡嗇之屬皆从嗇。 所力切。穡，古文嗇从田。

牆 qiáng　牆（[金文][簡帛]）垣蔽也。从嗇爿聲。 才良切。𤖣，籀文从二禾。𤖫，籀文亦从二來。

　　　　　　文二　重三

來 部

來 lái　來（[甲骨][金文][簡帛][古陶][古幣][漢印][石刻]）周所受瑞麥來麰。一來二縫，象芒束之形。天所來也，故爲行來之來。《詩》曰："詒我來麰。"凡來之屬皆从來。 洛哀切。

䅤 sì　䅤《詩》曰："不䅤不來。"从來矣聲。 牀史切。𢓊，䅤或从彳。

　　　　　　文二　重一

麥 部

麥 mài　麥（[甲骨][金文]）芒穀，秋種厚薶，故謂之麥。麥，金也。金王而生，火王而死。从來，有穗者；从夊。凡麥之屬皆从麥。臣鉉等曰：夊，足也。周受瑞麥來麰，如行來。故从夊。 莫獲切。

麰 móu	麰	來麰，麥也。从麥牟聲。 莫浮切。𦱌，麰或从艸。
䴼 hé	䴼	堅麥也。从麥气聲。 乎沒切。
䴽 suǒ	䴽	小麥屑之覈。从麥肖聲。 穌果切。
䵃 cuó	䵃	磨麥也。从麥㫎聲。一曰擣也。 昨何切。
麩 fū	麩	小麥屑皮也。从麥夫聲。 甫無切。䴸，麩或从甫。
麵 miàn	麵	麥末也。从麥丏聲。 弥箭切。
䵅 zhí	䵅	麥覈屑也。十斤爲三斗。从麥㐁聲。 直隻切。
䵌 fēng	䵌	衋麥也。从麥豐聲。讀若馮。 敷戎切。
麮 qù	麮	麥甘鬻也。从麥去聲。 丘據切。
𪎊 kū	𪎊	餅䴡也。从麥𣪊聲。讀若庫。 空谷切。
䵨 huá	䵨	餅䴡也。从麥穴聲。 戶八切。
𪍑 cái	𪍑	餅䴡也。从麥才聲。 昨哉切。

文十三　重二

夊　部

夊 suī	夊	行遲曳夊夊，象人兩脛有所躧也。凡夊之屬皆从夊。 楚危切。
夋 qūn	夋	（簡帛）行夋夋也。一曰倨也。从夊允聲。 七倫切。
复 fú	复	行故道也。从夊，富省聲。 房六切。
夌 líng	夌	（甲骨　金文　簡帛　古璽）越也。从夊从𡴆。𡴆，高也。一曰夌㒖也。 力膺切。
致 zhì	致	（古陶　石刻）送詣也。从夊从至。 陟利切。
憂 yōu	憂	和之行也。从夊惪聲。《詩》曰："布政憂憂。" 於求切。
愛 ài	愛	行皃。从夊㤅聲。 烏代切。
㚆 pú	㚆	行㚆㚆也。从夊，闕。讀若僕。 父卜切。
竷 kǎn	竷	繇也。舞也。樂有章。从章从夲从夊。《詩》曰："竷竷舞我。" 苦感切。
夒 wǎn	夒	㽇蓋也。象皮包覆㽇，下有兩臂，而夊在下。讀若范。 亡范切。
夏 xià	夏	（金文　簡帛　古璽）

（石刻）中國之人也。从夊从頁从臼。臼，兩手；夊，兩足也。 胡雅切。䫇，古文夏。

畟 cè 治稼畟畟進也。从田、人，从夊。《詩》曰："畟畟良耜。" 初力切。

夎 zōng 斂足也。鵲鵙醜，其飛也夎。从夊兇聲。 子紅切。

夒 náo （甲骨 金文 古陶）貪獸也。一曰母猴，似人。从頁，巳、止、夊，其手足。臣鉉等曰：巳、止，皆象形也。 奴刀切。

夔 kuí （金文 漢印）神魖也。如龍，一足，从夊；象有角、手、人面之形。 渠追切。

文十五 重一

夎 cuò 拜失容也。从夊坐聲。 則臥切。

文一新附

舛 部

舛 chuǎn 對臥也。从夊㐄相背。凡舛之屬皆从舛。 昌兗切。踳，楊雄說：舛从足、春。

舞 wǔ （金文 漢印）樂也。用足相背，从舛；無聲。 文撫切。翌，古文舞从羽、亡。

舝 xiá 車軸耑鍵也。兩穿相背，从舛，𥝢省聲。𥝢，古文偰字。 胡戛切。

文三 重二

舜 部

舜 shùn （簡帛 漢印）艸也。楚謂之葍，秦謂之蔓。蔓地連華。象形。从舛，舛亦聲。凡舜之屬皆从舜。 舒閏切。今隸變作舜。𡕟，古文舜。

韡 huáng 華榮也。从舜生聲。讀若皇。《爾雅》曰："韡，華也。" 戶光切。𦾚，韡或从艸、皇。

文二 重二

韋 部

韋 wéi 韋（甲骨 金文 簡帛 漢印 石刻）相背也。从舛口聲。獸皮之韋，可以束枉戾相韋背，故借以爲皮韋。凡韋之屬皆从韋。 宇非切。𩏑，古文韋。

韠 bì 韠 韍也。所以蔽前，以韋。下廣二尺，上廣一尺，其頸五寸。一命縕韠，再命赤韠。从韋畢聲。 卑吉切。

韎 mèi 韎 茅蒐染韋也。一入曰韎。从韋末聲。 莫佩切。

韢 suì 韢 橐紐也。从韋惠聲。一曰盛虜頭橐也。徐鍇曰："謂戰伐以盛首級。" 胡計切。

韜 tāo 韜 劒衣也。从韋舀聲。 土刀切。

韝 gōu 韝 射臂決也。从韋冓聲。 古矦切。

韘 shè 韘 射決也。所以拘弦，以象骨，韋系，著右巨指。从韋枼聲。《詩》曰："童子佩韘。" 失涉切。𢎺，韘或从弓。

韣 zhú 韣 弓衣也。从韋蜀聲。 之欲切。

韔 chàng 韔 弓衣也。从韋長聲。《詩》曰："交韔二弓。" 丑亮切。

韎 xiá 韎 履也。从韋叚聲。 乎加切。

韖 duàn 韖 履後帖也。从韋段聲。 徒玩切。緞，韖或从糸。

韤 wà 韤 足衣也。从韋蔑聲。臣鉉等曰：今俗作韈，非是。 望發切。

韤 pò 韤 軷裹也。从韋尃聲。 匹各切。

韏 quàn 韏 革中辨謂之韏。从韋𠭥聲。 九萬切。

韇 jiū 韇 收束也。从韋樵聲。讀若酋。臣鉉等曰：樵，側角切。聲不相近。未詳。 即由切。 韇，韇或从要。𢆲，韇或从秋、手。

韓 hán 韓（石刻）井垣也。从韋，取其帀也；倝聲。 胡安切。

　　　文十六　重五

韌 rèn 韌 柔而固也。从韋刃聲。 而進切。

　　　文一新附

弟　部

弟 dì 弟（甲骨 金文 玉盟書 簡帛 石刻）韋束之次弟也。从古字之象。凡弟之屬皆从弟。 特計切。𢎒，古文弟从古文韋省，丿聲。

㮯 kūn 㮯 周人謂兄曰㮯。从弟从𥅲。臣鉉等曰：𥅲，目相及也。兄弟親比之義。 古魂切。

　　　文二　重一

夊 部

夊 zhǐ 从後至也。象人兩脛後有致之者。凡夊之屬皆从夊。讀若黹。 陟侈切。

夅 hài 相遮要害也。从夊丰聲。南陽新野有夅亭。 乎蓋切。

夆 fēng (甲骨 金文)悟也。从夊半聲。讀若縫。 敷容切。

夆 xiáng (金文 簡帛)服也。从夊、午，相承不敢竝也。 下江切。

夃 gǔ 秦以市買多得爲夃。从乃从夊，益至也。从乃。《詩》曰："我夃酌彼金罍。"臣鉉等曰：乃，難意也。 古乎切。

夂 kuǎ 跨步也。从反夊。𦨶从此。 苦瓦切。

文六

久 部

久 jiǔ (漢印 石刻)以(按：以當作从)後灸之，象人兩脛後有距也。《周禮》曰："久諸牆以觀其橈。"凡久之屬皆从久。 舉友切。

文一

桀 部

桀 jié (簡帛 古璽 漢印)磔也。从舛在木上也。凡桀之屬皆从桀。 渠列切。

磔 zhé 辜也。从桀石聲。 陟格切。

乘 chéng (金文 簡帛 古璽 古陶 古幣 漢印 石刻)覆也。从入、桀。桀，黠也。軍法曰乘。 食陵切。𠅞，古文乘从几。

文三 重一

說文解字弟六

二十五部　七百五十三文　重六十一

凡九千四百四十三字

文二十新附

木　部

木 mù　木（甲骨 金文 簡帛 古幣 石刻）冒也。冒地而生。東方之行。从屮，下象其根。凡木之屬皆从木。徐鍇曰："屮者，木始甲拆（按：拆當作坼），萬物皆始於微，故木从屮。"　莫卜切。

橘 jú　橘（漢印）果。出江南。从木矞聲。　居聿切。

橙 chéng　橙　橘屬。从木登聲。　丈庚切。

柚 yòu　柚　條也。似橙而酢。从木由聲。《夏書》曰："厥包橘柚。"　余救切。

樝 zhā　樝　果似棃而酢。从木虘聲。　側加切。

棃 lí　棃（漢印　石刻）果名。从木利聲。利，古文利。　力脂切。

樱 yǐng　樱（漢印）棗也，似柹。从木𧾷聲。　以整切。

柹 shì　柹　赤實果。从木𠂔聲。　鉏里切。

枏 nán　枏（金文）梅也。从木冄聲。　汝閻切。

梅 méi　梅（石刻）枏也。可食。从木每聲。　莫桮切。楳，或从某。

杏 xìng　杏（甲骨）果也。从木，可省聲。　何梗切。

奈 nài　奈（簡帛）果也。从木示聲。　奴帶切。

李 lǐ　李（甲骨 金文 簡帛 漢印 石刻）果也。从木子聲。　良止切。杍，古文。

桃 táo　桃（簡帛 漢印）果也。从木兆聲。　徒刀切。

楸 mào　楸　冬桃。从木孜聲。讀若髦。　莫候切。

亲 zhēn　亲　果，實如小栗。从木辛聲。《春秋傳》曰："女摯不過亲栗。"　側詵切。

楷 jiē　楷（石刻）木也。孔子冢蓋樹之者。从木皆聲。　苦駭切。

梫 qǐn　梫　桂也。从木，侵省聲。　七荏切。

| 桂 guì | 桂 (桂簡帛 榿漢印 柱石刻) 江南木，百藥之長。从木圭聲。 古惠切。
| 棠 táng | 棠 (棠簡帛 棠古陶) 牡曰棠，牝曰杜。从木尚聲。 徒郎切。
| 杜 dù | 杜 (杜甲骨 杜 杜金文 杜簡帛 杜古璽 杜漢印 杜杜石刻) 甘棠也。从木土聲。 徒古切。
| 榙 xí | 榙 木也。从木習聲。 似入切。
| 樿 zhǎn | 樿 木也。可以爲櫛。从木單聲。 旨善切。
| 樟 wěi | 樟 (樟簡帛) 木也。可屈爲杅者。从木韋聲。 于鬼切。
| 楢 yóu | 楢 (楢 楢古璽) 柔木也。工官以爲耎輪。从木酉聲。讀若糗。 以周切。
| 枊 qióng | 枊 櫸梮木也。从木卭聲。 渠容切。
| 棆 lún | 棆 母杶也。从木侖聲。讀若《易》卦屯。 陟倫切。
| 楈 xū | 楈 木也。从木胥聲。讀若芟刈之芟。 私閭切。
| 柍 yǎng | 柍 梅也。从木央聲。一曰江南橦材，其實謂之柍。 於京切。
| 樛 kuí | 樛 (樛簡帛) 木也。从木癸聲。又，度也。 求癸切。
| 槁 gǎo | 槁 木也。从木咎聲。讀若皓。 古老切。
| 椆 chóu | 椆 木也。从木周聲。讀若卩。 職雷切。
| 樕 sù | 樕 樸樕，木。从木欶聲。 桑谷切。
| 樲 yí | 樲 木也。从木彝聲。 羊皮切。
| 梣 cén | 梣 青皮木。从木岑聲。 子林切。槮，或从寢省。寢，籀文寢。
| 棳 zhuō | 棳 木也。从木叕聲。益州有棳縣。 職說切。
| 槀 háo | 槀 木也。从木，號省聲。 乎刀切。
| 棪 yǎn | 棪 遬其也。从木炎聲。讀若三年導服之導。 以冉切。
| 櫹 chuan | 櫹 木也。从木遄聲。 市緣切。
| 椋 liáng | 椋 (椋 椋漢印) 卽來也。从木京聲。 呂張切。
| 檍 yì | 檍 杶也。从木意聲。 於力切。
| 櫠 fèi | 櫠 木也。从木費聲。 房未切。
| 樗 chū | 樗 木也。从木虖聲。 丑居切。
| 楀 yǔ | 楀 木也。从木禹聲。 王矩切。
| 櫐 lěi | 櫐 木也。从木畾聲。 力軌切。櫐，籀文。
| 桋 yí | 桋 赤楝也。从木夷聲。《詩》曰：「隰有杞桋。」 以脂切。
| 枅 bīng | 枅 枅櫚也。从木并聲。 府盈切。
| 椶 zōng | 椶 枅櫚也。可作萆。从木㚇聲。 子紅切。

檟 jiǎ　檟　楸也。从木賈聲。《春秋傳》曰："樹六檟於蒲圃。" 古雅切。

椅 yī　椅（古璽）梓也。从木奇聲。 於离切。

梓 zǐ　梓（梓 梓 梓 石刻）楸也。从木，宰省聲。 卽里切。 榟，或不省。

楸 qiū　楸　梓也。从木秋聲。 七由切。

檍 yì　檍　梓屬。大者可爲棺槨，小者可爲弓材。从木意聲。 於力切。

柀 bǐ　柀　樣也。从木皮聲。一曰折也。 甫委切。

杉 shān　杉　木也。从木㚔聲。臣鉉等曰：今俗作杉，非是。 所銜切。

榛 zhēn　榛　木也。从木秦聲。一曰菆也。 側詵切。

栲 kǎo　栲　山樗也。从木尻聲。 苦浩切。

杶 chūn　杶　木也。从木屯聲。《夏書》曰："杶榦栝柏。" 敕倫切。櫄，或从熏。杻，古文杶。

橁 chūn　橁　杶也。从木筍聲。 相倫切。

桵 ruí　桵　白桵，棫。从木妥聲。臣鉉等曰：當从綏省。 儒佳切。

棫 yù　棫　白桵也。从木或聲。 于逼切。

槢 xí　槢　木也。从木息聲。 相卽切。

椐 jū　椐　樻也。从木居聲。 九魚切。

樻 kuì　樻（簡帛）椐也。从木貴聲。 求位切。

栩 xǔ　栩　柔也。从木羽聲。其皁，一曰樣。 況羽切。

柔 zhù　柔　栩也。从木予聲。讀若杼。 直呂切。

樣 xiàng　樣　栩實。从木羕聲。 徐兩切。

杙 yì　杙（簡帛）劉，劉杙。从木弋聲。 与職切。

枇 pí　枇　枇杷，木也。从木比聲。 房脂切。

桔 jié　桔　桔梗，藥名。从木吉聲。一曰直木。 古屑切。

柞 zuò　柞（金文）木也。从木乍聲。 在各切。

枦 lú　枦　木。出橐山。从木乎聲。 他乎切。

檜 jiàn　檜　木也。从木晉聲。《書》曰："竹箭如檜。" 子善切。

檖 suì　檖　羅也。从木㒸聲。《詩》曰："隰有樹檖。" 徐醉切。

椵 jiǎ　椵　木。可作牀几。从木叚聲。讀若賈。 古雅切。

槥 huì　槥　木也。从木惠聲。 胡計切。

楛 hù　楛　木也。从木苦聲。《詩》曰："榛楛濟濟。" 侯古切。

檕 jī　檕（甲骨 金文 古陶）木也。可以爲大車軸。从木齊聲。 祖雞切。

| 枏 réng | 枏 | 木也。从木乃聲。讀若仍。 如乘切。 |

杤 pín　樣　木也。从木頻聲。 符眞切。

樲 èr　樲　酸棗也。从木貳聲。 而至切。

樸 pú　樸　棗也。从木僕聲。 博木切。

梬 rǎn　梬　酸小棗。从木然聲。一曰染也。 人善切。

梩 nǐ　梩　（梩 簡帛）木也。實如棃。从木尼聲。 女履切。

梢 shāo　梢　木也。从木肖聲。 所交切。

樣 lì　樣　木也。从木隸聲。 郎計切。

柧 liè　柧　木也。从木孚聲。 力輟切。

梭 xùn　梭　木也。从木夋聲。臣鉉等曰：今人別音穌禾切，以爲機杼之屬。 私閏切。

樺 bì　樺　木也。从木畢聲。 卑吉切。

楋 là　楋　木也。从木剌聲。 盧達切。

枸 jǔ　枸　（枏 簡帛）木也。可爲醬。出蜀。从木句聲。 俱羽切。

檍 zhè　檍　木。出發鳩山。从木庶聲。 之夜切。

枋 fāng　枋　（枋 簡帛 枋 古璽）木。可作車。从木方聲。 府良切。

橿 jiāng　橿　枋也。从木畺聲。一曰鉏柄名。 居良切。

樗 huà　樗　木也。以其皮裹松脂。从木雩聲。 讀若華。 乎化切。樺，或从蔞。

檗 bò　檗　黃木也。从木辟聲。 博戹切。

枌 fēn　枌　香木也。从木分聲。 撫文切。

樧 shā　樧　似茱萸。出淮南。从木殺聲。 所八切。

槭 zú　槭　木。可作大車輮。从木戚聲。 子六切。

楊 yáng　（楊 楊 金文 楊 簡帛 楊 古璽 楊 漢印 楊 楊 楊 石刻）木也。从木昜聲。 與章切。

檉 chēng　檉　河柳也。从木聖聲。 敕貞切。

柳 liǔ　柳　（柳 甲骨 柳 柳 金文 柳 柳 柳 石刻）小楊也。从木丣聲。丣，（按：兩處皆當作丣）古文酉。 力九切。

橁 xún　橁　大木。可爲鉏柄。从木筍聲。 詳遵切。

欒 luán　欒　（欒 欒 漢印）木。似欄。从木䜌聲。《禮》：天子樹松，諸侯柏，大夫欒，士楊。 洛官切。

栘 yí　栘　（栘 簡帛）棠棣也。从木多聲。 弋支切。

棣 dì　棣　（棣 棣 漢印）白棣也。从木隶聲。 特計切。

枳 zhǐ　枳　（枳 枳 枳 簡帛）木。似橘。从木只聲。 諸氏切。

楓 fēng	楓	木也。厚葉弱枝，善搖。一名欇。从木風聲。 方戎切。
權 quán	權 （權權石刻）黃華木。从木藋聲。一曰反常。 巨員切。
柜 jǔ	柜 （柜柜柜柜簡帛柜古璽）木也。从木巨聲。 其呂切。
槐 huái	槐 （槐漢印）木也。从木鬼聲。 戶恢切。
穀 gǔ	穀 楮也。从木㱿聲。 古祿切。
楮 chǔ	楮 （楮簡帛）穀也。从木者聲。 丑呂切。柠，楮或从宁。
檵 jì	檵 枸杞也。从木，繼省聲。一曰監（按：監當作堅）木也。 古詣切。
杞 qǐ	杞 （杞甲骨杞金文杞石刻）枸杞也。从木己聲。 墟里切。
枒 yá	枒 木也。从木牙聲。一曰車輞會也。 五加切。
檀 tán	檀 （檀檀漢印檀石刻）木也。从木亶聲。 徒乾切。
櫟 lì	櫟 （櫟甲骨櫟金文）木也。从木樂聲。 郎擊切。
梂 qiú	梂 （梂梂簡帛）櫟實。一曰鑿首。从木求聲。 巨鳩切。
楝 liàn	楝 木也。从木柬聲。 郎電切。
檿 yǎn	檿 山桑也。从木厭聲。《詩》曰："其檿其柘。" 於琰切。
柘 zhè	柘 桑也。从木石聲。 之夜切。
梈 qī	梈 木，可爲杖。从木卻聲。 親吉切。
櫋 xuán	櫋 檈味，稔棗。从木還聲。 似沿切。
梧 wú	梧 （梧漢印）梧桐木。从木吾聲。一名櫬。 五胡切。
榮 róng	榮 （榮漢印榮榮石刻）桐木也。从木，熒省聲。一曰屋桷之兩頭起者爲榮。 永兵切。
桐 tóng	桐 （桐桐金文桐古璽桐石刻）榮也。从木同聲。 徒紅切。
橎 fán	橎 木也。从木番聲。讀若樊。 附轅切。
榆 yú	榆 （榆榆古璽榆榆榆榆榆古幣榆石刻）榆，白枌。从木俞聲。 羊朱切。
枌 fén	枌 （枌簡帛）榆也。从木分聲。 扶分切。
梗 gěng	梗 （梗漢印）山枌榆。有束，莢可爲蕪夷者。从木更聲。 古杏切。
樵 qiáo	樵 散也。从木焦聲。 昨焦切。
松 sōng	松 （松古璽松松古幣松漢印松石刻）木也。从木公聲。 祥容切。㮤，松或从容。
樠 mán	樠 松心木。从木㒼聲。 莫奔切。
檜 guì	檜 （檜簡帛）柏葉松身。从木會聲。 古外切。
樅 cōng	樅 （樅古璽）松葉柏身。从木從聲。 七恭切。
柏 bǎi	柏 （柏古璽柏石刻）鞠也。从木白聲。 博陌切。

| 机 jī | 机（[簡帛]）木也。从木几聲。 居履切。
| 枯 xiān | 枯 木也。从木占聲。 息廉切。
| 栟 lòng | 栟 木也。从木弄聲。益州有栟棟縣。 盧貢切。
| 梗 yú | 梗 鼠梓木。从木臾聲。《詩》曰："北山有梗。" 羊朱切。
| 桅 guǐ | 桅 黃木，可染者。从木危聲。 過委切。
| 杒 rèn | 杒 桎杒也。从木刃聲。 而震切。
| 樘 tà | 樘 榙樘，木也。从木遝聲。 徒合切。
| 榙 tā | 榙 榙樘。果似李。从木荅聲。讀若嚃。 土合切。
| 某 méi | 某（[甲骨][金文][簡帛][古陶]）酸果也。从木从甘。闕。 莫厚切。某，古文某从口。
| 樔 yóu | 樔 崐崘河隅之長木也。从木繇聲。 以周切。
| 樹 shù | 樹（[簡帛][漢印][石刻]）生植之總名。从木尌聲。 常句切。尌，籀文。
| 本 běn | 本（[簡帛][石刻]）木下曰本。从木，一在其下。徐鍇曰："一，記其處也。本末朱皆同義。" 布忖切。𣎳，古文。
| 柢 dǐ | 柢 木根也。从木氐聲。 都禮切。
| 朱 zhū | 朱（[甲骨][金文][玉盟書][簡帛][古璽][古幣][漢印][石刻]）赤心木。松柏屬。从木，一在其中。 章俱切。
| 根 gēn | 根（[簡帛][漢印]）木株也。从木艮聲。 古痕切。
| 株 zhū | 株（[簡帛][古璽]）木根也。从木朱聲。 陟輸切。
| 末 mò | 末（[金文][簡帛][古幣]）木上曰末。从木，一在其上。 莫撥切。
| 櫅 jì | 櫅 細理木也。从木畟聲。 子力切。
| 果 guǒ | 果（[甲骨][金文][簡帛][古璽][石刻]）木實也。从木，象果形在木之上。 古火切。
| 樏 léi | 樏 木實也。从木絫聲。 力追切。
| 杈 chā | 杈 枝也。从木叉聲。 初牙切。
| 枝 zhī | 枝（[石刻]）木別生條也。从木支聲。 章移切。
| 朴 pò | 朴 木皮也。从木卜聲。 匹角切。
| 條 tiáo | 條（[簡帛][石刻]）小枝也。从木攸聲。 徒遼切。
| 枚 méi | 枚（[甲骨][金文]）榦也。可爲杖。从木从攴。《詩》曰："施于條枚。" 莫桮切。
| 槧 kān | 槧 檖識也。从木、欮。闕。《夏書》曰："隨山槧木。"讀若刊。 苦寒切。槧，篆文从开。
| 櫱 zhé | 櫱 木葉搖白也。从木聶聲。 之涉切。
| 枀 rěn | 枀 弱皃。从木任聲。 如甚切。

字	拼音	篆	解說
枖	yāo	枖	木少盛皃。从木夭聲。《詩》曰："桃之枖枖。" 於喬切。
槙	diān	槙	木頂也。从木眞聲。一曰仆木也。 都季切。
梃	tǐng	梃	一枚也。从木廷聲。 徒頂切。
槮	shēn	槮	眾盛也。从木驫聲。《逸周書》曰："疑沮事。" 闕。 所臻切。
標	biāo	標（枖石刻）	木杪末也。从木票聲。 敷沼切。
杪	miǎo	杪	木標末也。从木少聲。 亡沼切。
朵	duǒ	朵	樹木垂朵朵也。从木，象形。此與采同意。 丁果切。
根	láng	根	高木也。从木良聲。 魯當切。
梘	jiàn	梘	大木皃。从木閒聲。 古限切。
枵	xiāo	枵	木根也。从木号聲。《春秋傳》曰："歲在玄枵。"玄枵，虛也。 許嬌切。
招	sháo	招	樹搖皃。从木召聲。 止搖切。
榣	yáo	榣	樹動也。从木䍃聲。 余昭切。
樛	jiū	樛	下句曰樛。从木翏聲。 吉虯切。
朻	jiū	朻（簡帛 古陶）	高木也。从木丩聲。 吉虯切。
枉	wǎng	枉（簡帛）	衺曲也。从木㞷聲。 迂往切。
橈	náo	橈（古幣）	曲木。从木堯聲。 女教切。
枎	fú	枎（漢印）	枎疏，四布也。从木夫聲。 防無切。
檹	yī	檹	木檹施。从木猗聲。賈侍中說：檹即椅木，可作琴。 於离切。
朴	jiǎo	朴	相高也。从木小聲。 私兆切。
榾	hū	榾	高皃。从木㫚聲。 呼骨切。
槮	shēn	槮	木長皃。从木參聲。《詩》曰："槮差荇菜。" 所今切。
梴	chān	梴	長木也。从木延聲。《詩》曰："松桷有梴。" 丑連切。
橚	sù	橚	長木皃。从木肅聲。 山巧切。
杕	dì	杕（甲骨 金文）	樹皃。从木大聲。《詩》曰："有杕之杜。" 特計切。
橐	tuò	橐	木葉陊也。从木㯱聲。讀若薄。 他各切。
格	gé	格（金文 石刻）	木長皃。从木各聲。 古百切。
槸	yì	槸	木相摩也。从木埶聲。 魚祭切。槸，槸或从艸。
枯	kū	枯（古璽）	槀也。从木古聲。《夏書》曰："唯箘輅枯。"木名也。 苦孤切。
槀	gǎo	槀	木枯也。从木高聲。 苦浩切。
樸	pǔ	樸（金文 簡帛）	木素也。从木菐聲。 匹角切。

| 楨 zhēn | 楨 | 剛木也。从木貞聲。上郡有楨林縣。 陟盈切。
| 柔 róu | 柔（采 采 簡帛 罘 漢印 㮇 石刻）木曲直也。从木矛聲。 耳由切。
| 㭑 tuò | 㭑 | 判也。从木席聲。《易》曰："重門擊㭑。" 他各切。
| 朸 lè | 朸 | 木之理也。从木力聲。平原有朸縣。 盧則切。
| 材 cái | 材（梓 杜 柯 簡帛 杧 石刻）木梃也。从木才聲。 昨哉切。
| 柴 chái | 柴 | 小木散材。从木此聲。臣鉉等曰：師行野次，豎散木爲區落，名曰柴籬。後人語譌，轉入去聲。又別作寨字，非是。 士佳切。
| 榑 fú | 榑 | 榑桑，神木，日所出也。从木尃聲。 防無切。
| 杲 gǎo | 杲（甲骨 杲 呆 簡帛）明也。从日在木上。 古老切。
| 杳 yǎo | 杳 | 冥也。从日在木下。 烏皎切。
| 榕 hé | 榕 | 角械也。从木谷聲。一曰木下白也。 其逆切。
| 栽 zài | 栽（栽 栽 簡帛）築牆長版也。从木戈聲。《春秋傳》曰："楚圍蔡，里而栽。" 昨代切。
| 築 zhù | 築（築 築 簡帛 築 石刻）擣也。从木筑聲。 陟玉切。篁，古文。
| 榦 gàn | 榦（榦 榦 簡帛 榦 漢印）築牆耑木也。从木倝聲。臣鉉等曰：今別作幹，非是。矢榦亦同。 古案切。
| 檥 yí | 檥 | 榦也。从木義聲。 魚羈切。
| 構 gòu | 構 | 蓋也。从木冓聲。杜林以爲椽桷字。 古后切。
| 模 mú | 模（模 石刻）法也。从木莫聲。讀若嫫母之嫫。 莫胡切。
| 枹 fú | 枹（枹 金文）棟名。从木孚聲。 附柔切。
| 棟 dòng | 棟 | 極也。从木東聲。 多貢切。
| 極 jí | 極（極 極 極 石刻）棟也。从木亟聲。 渠力切。
| 柱 zhù | 柱（柱 柱 簡帛 柱 柱 石刻）楹也。从木主聲。 直主切。
| 楹 yíng | 楹 | 柱也。从木盈聲。《春秋傳》曰："丹桓宮楹。" 以成切。
| 樘 chēng | 樘 | 衺柱也。从木堂聲。臣鉉等曰：今俗別作樘，非是。 丑庚切。
| 楮 zhī | 楮 | 柱砥。古用木，今以石。从木者聲。《易》："楮恆凶。" 章移切。
| 榙 jié | 榙 | 榑櫨也。从木咨聲。 子結切。
| 樽 bì | 樽 | 壁柱。从木，薄省聲。 弼戟切。
| 櫨 lú | 櫨 | 柱上柎也。从木盧聲。伊尹曰："果之美者，箕山之東，青鳧之所，有櫨橘焉。夏孰也。"一曰宅櫨木，出弘農山也。 落胡切。
| 枅 jī | 枅 | 屋櫨也。从木开聲。 古兮切。

| 栵 liè | 栭也。从木列聲。《詩》曰："其灌其栵。" 良辥切。
| 栭 ér | 屋枅上標。从木而聲。《爾雅》曰："栭謂之檖。" 如之切。
| 檼 yìn | 棟也。从木㥯聲。 於靳切。
| 橑 lǎo | 椽也。从木尞聲。 盧浩切。
| 桷 jué | 榱也。椽方曰桷。从木角聲。《春秋傳》曰："刻桓宮之桷。" 古岳切。
| 椽 chuán | (石刻) 榱也。从木彖聲。 直專切。
| 榱 cuī | 秦名爲屋椽，周謂之椽，齊魯謂之桷。从木衰聲。 所追切。
| 楣 méi | 秦名屋櫺聯也。齊謂之檐，楚謂之梠。从木眉聲。 武悲切。
| 梠 lǔ | 楣也。从木呂聲。 力舉切。
| 榌 pí | 梠也。从木㐭聲。讀若枇杷之枇。 房脂切。
| 樠 mián | 屋櫺聯也。从木，邊省聲。 武延切。
| 檐 yán | (金文) 榱也。从木詹聲。臣鉉等曰：今俗作簷，非是。 余廉切。
| 欂 tán | 屋梠前也。从木㯱聲。一曰蠶槌。 徒含切。
| 樀 dí | 戶樀也。从木啇聲。《爾雅》曰："檐謂之樀。"讀若滴。 都歷切。
| 植 zhí | (玉盟書 簡帛 石刻) 戶植也。从木直聲。 常職切。櫃，或从置。
| 樞 shū | (石刻) 戶樞也。从木區聲。 昌朱切。
| 槏 qiǎn | 戶也。从木兼聲。 苦減切。
| 樓 lóu | (漢印 石刻) 重屋也。从木婁聲。 洛侯切。
| 欌 lóng | 房室之疏也。从木龍聲。 盧紅切。
| 楯 shǔn | 闌楯也。从木盾聲。 食允切。
| 櫺 líng | 楯閒子也。从木霝聲。 郎丁切。
| 㝱 máng | 棟也。从木亡聲。《爾雅》曰："㝱廇謂之梁。" 武方切。
| 梀 cù | 短椽也。从木束聲。 丑錄切。
| 杇 wū | 所以塗也。秦謂之杇，關東謂之槾。从木亏聲。 哀都切。
| 槾 màn | 杇也。从木曼聲。 母官切。
| 椳 wēi | 門樞謂之椳。从木畏聲。 烏恢切。
| 楣 mào | 門樞之橫梁。从木冒聲。 莫報切。
| 梱 kǔn | 門橛也。从木困聲。 苦本切。
| 楔 xiè | 限也。从木㞕聲。 先結切。
| 柤 zhā | (簡帛) 木閑。从木且聲。 側加切。

| 槍 qiāng | 槍（槍唐寫本）歫也。从木倉聲。一曰槍，欀也。 七羊切。
| 楗 jiàn | 楗（楗石刻）限門也。从木建聲。 其獻切。
| 櫼 jiān | 櫼（櫼唐寫本）楔也。从木韱聲。 子廉切。
| 楔 xiè | 楔（楔唐寫本）櫼也。从木契聲。 先結切。
| 柵 zhà | 柵（柵唐寫本）編樹（按：樹當作豎）木也。从木从冊，冊亦聲。 楚革切。
| 柂 lí | 柂（古璽 柂唐寫本）落也。从木也聲。讀若他。 池尒切。
| 橐 tuò | 橐（橐唐寫本）夜行所擊者。从木橐聲。《易》曰："重門擊橐。" 他各切。
| 桓 huán | 桓（桓漢印 桓石刻 桓唐寫本）亭郵表也。从木亘聲。 胡官切。
| 楃 wò | 楃（楃唐寫本）木帳也。从木屋聲。 於角切。
| 橦 chuáng | 橦（橦唐寫本）帳極也。从木童聲。 宅江切。
| 杠 gāng | 杠（杠簡帛 杠唐寫本）牀前橫木也。从木工聲。 古雙切。
| 桯 tīng | 桯（桯簡帛 桯唐寫本）牀前几。从木呈聲。 他丁切。
| 桱 jīng | 桱（桱簡帛 桱唐寫本）桱桯也，東方謂之蕩。从木巠聲。 古零切。
| 牀 chuáng | 牀（牀 牀金文 牀簡帛）安身之坐者。从木爿聲。徐鍇曰："《左傳》薳子馮詐病，掘地下冰而牀焉。至於恭坐則席也。故从爿，爿則牀之省。象人褁身有所倚箸。至於牆、壯、戕、狀之屬，竝當从牀省聲。"李陽冰言："木右為片，左為爿，音牆。且《說文》無爿字，其書亦異，故知其妄。" 仕莊切。
| 枕 zhěn | 枕（枕石刻 枕唐寫本）臥所薦首者。从木冘聲。 章衽切。
| 楲 wēi | 楲（楲唐寫本）楲窬，褻器也。从木威聲。 於非切。
| 櫝 dú | 櫝（櫝簡帛 櫝唐寫本）匱也。从木賣聲。一曰木名。又曰：大梡也。 徒谷切。
| 櫛 zhì | 櫛（櫛唐寫本）梳比之總名也。从木節聲。 阻瑟切。
| 梳 shū | 梳（梳唐寫本）理髮也。从木，疏省聲。 所菹切。
| 柙 gé | 柙（柙唐寫本）劍柙也。从木合聲。 胡甲切。
| 槈 nòu | 槈（槈簡帛 槈 槈唐寫本）薅器也。从木辱聲。 奴豆切。鎒，或从金。
| 枲 xū | 枲（枲唐寫本）朩，舂也。从木；入，象形；咠聲。 舉朱切。
| 朩 huá | 朩（朩 朩唐寫本）兩刃臿也。从木；𠂇，象形。宋魏曰朩也。 戶瓜切。鈐，或从金从于。
| 柏 sì | 柏（柏唐寫本）臿也。从木㠯聲。一曰徙土䰞，齊人語也。臣鉉等曰：今俗作耜。 詳里切。梩，或从里。
| 枱 yí | 枱（枱唐寫本）耒耑也。从木台聲。 弋之切。鈶，或从金。𦓞，籒文从辝。
| 㮯 hún | 㮯 六叉犁。一曰犁上曲木，犁轅。从木軍聲。讀若渾天之渾。 戶昆切。

櫌 yōu　櫌（唐寫本）摩田器。从木憂聲。《論語》曰："櫌而不輟。" 於求切。

欘 zhú　欘（唐寫本）斫也，齊謂之鎡錤。一曰斤柄，性自曲者。从木屬聲。 陟玉切。

棳 zhuó　棳（唐寫本）斫謂之棳。从木箸聲。 張略切。

杷 pá　杷（唐寫本）收麥器。从木巴聲。 蒲巴切。

役 yì　役（唐寫本）穜樓也。一曰燒麥柃役。从木役聲。 与辟切。

柃 líng　柃 木也。从木令聲。 郎丁切。

柫 fú　柫（簡帛 唐寫本）擊禾連枷也。从木弗聲。 敷勿切。

枷 jiā　枷（唐寫本）柫也。从木加聲。淮南謂之柍。 古牙切。

杵 chǔ　杵（唐寫本）舂杵也。从木午聲。 昌與切。

槩 gài　槩（唐寫本）杚斗斛。从木既聲。 工代切。

杚 gài　杚（唐寫本）平也。从木气聲。 古没切。

榺 shěng　榺（唐寫本）木參交以枝炊䈰者也。从木省聲。讀若驪駕。臣鉉等曰：驪駕未詳。 所綆切。

柶 sì　柶（唐寫本）《禮》有柶。柶，匕也。从木四聲。 息利切。

㭔 bēi　㭔（唐寫本）鹽也。从木否聲。 布回切。 區，籀文㭔。

槃 pán　槃（金文 簡帛 石刻 唐寫本）承槃也。从木般聲。 薄官切。鎜，古文从金。䥯，籀文从皿。

榹 sī　榹（唐寫本）槃也。从木虒聲。 息移切。

案 àn　案（漢印 唐寫本）几屬。从木安聲。 烏旰切。

梋 xuán　梋（唐寫本）圜案也。从木睘聲。 似沿切。

椷 jiān　椷（唐寫本）篋也。从木咸聲。 古咸切。

枓 zhǔ　枓（唐寫本）勺也。从木从斗。 之庾切。

杓 biāo　杓（唐寫本）枓柄也。从木从勺。臣鉉等曰：今俗作市若切，以爲桮杓之杓。 甫搖切。

櫑 léi　櫑（金文 唐寫本）龜目酒尊，刻木作雲雷象。象施不窮也。从木晶聲。 魯回切。罍，櫑或从缶。䥬，櫑或从皿。㮹，籀文櫑。

椑 pí　椑（漢印 唐寫本）圜榼也。从木卑聲。 部迷切。

榼 kē　榼（唐寫本）酒器也。从木盍聲。 枯蹋切。

橢 tuǒ　橢（唐寫本）車笭中橢橢器也。从木隋聲。 徒果切。

槌 zhuì　槌（唐寫本）關東謂之槌，關西謂之持。从木追聲。 直類切。

㭷 zhé　㭷（唐寫本）槌也。从木，特省聲。 陟革切。

栚 zhèn　栚（唐寫本）槌之橫者也。關西謂之㯹。从木灷聲。臣鉉等曰：當从朕省。 直衽切。

楝 liǎn　楝（^{唐寫本}）瑚楝也。从木連聲。臣鉉等曰：今俗作梿，非是。　里典切。

横 huǎng　横（^{唐寫本}）所以几器。从木廣聲。一曰帷屏風之屬。臣鉉等曰：今別作幌，非是。　胡廣切。

楇 jú　楇（^{唐寫本}）舉食者。从木具聲。　俱燭切。

槩 jì　槩（^{唐寫本}）繘耑木也。从木𣪊聲。　古詣切。

檷 nǐ　檷　絡絲檷。从木爾聲。讀若柅。　奴礼切。

機 jī　機（^{漢印} ^{石刻}）主發謂之機。从木幾聲。　居衣切。

縢 shèng　縢　機持經者。从木朕聲。　詩證切。

杼 zhù　杼（^{漢印} ^{唐寫本}）機之持緯者。从木予聲。　直呂切。

榎 fù　榎（^{簡帛} ^{唐寫本}）機持繒者。从木夏聲。　扶富切。

楥 xuàn　楥（^{簡帛} ^{古璽} ^{唐寫本}）履法也。从木爰聲。讀若指撝。　吁券切。

核 gāi　核（^{唐寫本}）蠻夷以木皮爲篋，狀如籨尊。从木亥聲。　古哀切。

棚 péng　棚（^{唐寫本}）棧也。从木朋聲。　薄衡切。

棧 zhàn　棧　棚也。竹木之車曰棧。从木戔聲。　士限切。

栫 jiàn　栫（^{唐寫本}）以柴木壅也。从木存聲。　徂悶切。

梮 guì　梮（^{唐寫本}）筐當也。从木國聲。　古悔切。

梯 tī　梯（^{唐寫本}）木階也。从木弟聲。　土雞切。

棖 chéng　棖（^{唐寫本}）杖也。从木長聲。一曰法也。　宅耕切。

桊 juàn　桊（^{唐寫本}）牛鼻中環也。从木䒑聲。　居倦切。

楕 duǒ　楕（^{簡帛} ^{唐寫本}）篷也。从木耑聲。一曰楕度也。一曰剟也。　兜果切。

橛 jué　橛（^{唐寫本}）弋也。从木厥聲。一曰門梱也。　瞿月切。

樴 zhí　樴（^{唐寫本}）弋也。从木戠聲。　之弋切。

杖 zhàng　杖（^{唐寫本}）持也。从木丈聲。臣鉉等曰：今俗別作仗，非是。　直兩切。

柭 bā　柭（^{唐寫本}）棓也。从木犮聲。　北末切。

棓 bàng　棓（^{唐寫本}）梲也。从木音聲。　步項切。

椎 chuí　椎（^{簡帛} ^{漢印} ^{唐寫本}）擊也。齊謂之終葵。从木隹聲。　直追切。

柯 kē　柯　斧柄也。从木可聲。　古俄切。

梲 tuō　梲（^{唐寫本}）木杖也。从木兌聲。　他活切。又，之說切。

柄 bǐng　柄（^{唐寫本}）柯也。从木丙聲。　陂病切。棅，或从秉。

柲 bì　柲（^{唐寫本}）欑也。从木必聲。　兵媚切。

欑 cuán　欑（^{唐寫本}）積竹杖也。从木贊聲。一曰穿也。一曰叢木。　在丸切。

屎 chì　屎（屎唐寫本）簀柄也。从木尸聲。　女履切。柅，屎或从木尼聲。臣鉉等曰：柅，女氏切。木若棃。此重出。

榜 bēng　榜（榜唐寫本）所以輔弓弩。从木旁聲。　補盲切。臣鉉等案：李舟《切韻》一音北孟切，進船也。又音北朗切，木片也。今俗作搒，非。

檠 qíng　檠（檠唐寫本）榜也。从木敬聲。　巨京切。

櫽 yǐn　櫽（櫽唐寫本）栝也。从木，隱省聲。　於謹切。

栝 kuò　栝（栝唐寫本）櫽也。从木昏聲。一曰矢栝，築弦處。　古活切。

棊 qí　棊（棊甲骨棊唐寫本）博棊。从木其聲。　渠之切。

椄 jiē　椄（椄唐寫本）續木也。从木妾聲。　子葉切。

栙 xiáng　栙（栙唐寫本）栙雙也。从木夅聲。讀若鴻。　下江切。

栝 tiǎn　栝（栝唐寫本）炊竈木。从木舌聲。臣鉉等曰：當从甜省乃得聲。　他念切。

槽 cáo　槽（槽唐寫本）畜獸之食器。从木曹聲。　昨牢切。

臬 niè　臬（臬甲骨臬唐寫本）射準的也。从木从自。李陽冰曰："自非聲，从劓省。"　五結切。

桶 tǒng　桶（桶簡帛桶唐寫本）木方，受六升。从木甬聲。　他奉切。

櫓 lǔ　櫓（櫓金文櫓櫓唐寫本）大盾也。从木魯聲。　郎古切。橹，或从鹵。

樂 yuè　樂（樂甲骨　　　　　　　金文　　　　　　　簡帛　古璽　古陶　漢印　　　　石刻　唐寫本）五聲八音總名。象鼓鞞。木，虡也。　玉角切。

柎 fū　柎（柎唐寫本）闌足也。从木付聲。　甫無切。

枹 fú　枹（枹唐寫本）擊鼓杖也。从木包聲。　甫無切。

椌 qiāng　椌（椌唐寫本）柷樂也。从木空聲。　苦江切。

柷 zhù　柷（柷唐寫本）樂，木空也。所以止音為節。从木，祝省聲。　昌六切。

槧 qiàn　槧（槧石刻槧唐寫本）牘樸也。从木斬聲。　自琰切。

札 zhá　札（札唐寫本）牒也。从木乙聲。　側八切。

檢 jiǎn　檢（檢　　　石刻檢唐寫本）書署也。从木僉聲。　居奄切。

檄 xí　檄（檄唐寫本）二尺書。从木敫聲。　胡狄切。

棨 qǐ　棨（棨唐寫本）傳信也。从木，啟省聲。　康禮切。

楘 mù　楘（楘唐寫本）車歷錄束文也。从木孜聲。《詩》曰："五楘梁輈。"　莫卜切。

柘 hù　柘（柘唐寫本）行馬也。从木互聲。《周禮》曰："設梐柘再重。"　胡誤切。

梐 bì　梐（梐唐寫本）梐枑也。从木，陛省聲。　邊兮切。

极 jí　极（极唐寫本）驢上負也。从木及聲。或讀若急。　其輒切。

| 柾 qū | 柾（唐寫本）极也。从木去聲。 去魚切。
| 楅 gé | 楅（唐寫本）大車枙。从木鬲聲。 古覈切。
| 樞 shū | 樞（唐寫本）車轂中空也。从木皋聲。讀若藪。 山樞切。
| 楇 huò | 楇（唐寫本）盛膏器。从木咼聲。讀若過。 乎臥切。
| 枊 àng | 枊（唐寫本）馬柱。从木卬聲。一曰堅也。 吾浪切。
| 梱 gù | 梱（唐寫本）梱斗，可射鼠。从木固聲。 古慕切。
| 樏 léi | 樏（唐寫本）山行所乘者。从木纍聲。《虞書》曰："予乘四載。"水行乘舟，陸行乘車，山行乘樏，澤行乘軸。 力追切。
| 榷 què | 榷（唐寫本）水上橫木，所以渡者也。从木隺聲。 江岳切。
| 橋 qiáo | 橋（漢印 石刻 唐寫本）水梁也。从木喬聲。 巨驕切。
| 梁 liáng | 梁（金文 玉盟書 簡帛 古璽 古幣 漢印 石刻 唐寫本）水橋也。从木从水，刃聲。 呂張切。㳂，古文。
| 艘 sōu | 艘（唐寫本）船總名。从木叜聲。臣鉉等曰：今俗別作艘，非是。 穌遭切。
| 橃 fá | 橃（唐寫本）海中大船。从木發聲。臣鉉等曰：今俗別作筏，非是。 房越切。
| 楫 jí | 楫（唐寫本）舟櫂也。从木咠聲。 子葉切。
| 欚 lǐ | 欚（唐寫本）江中大船名。从木蠡聲。 盧啟切。
| 校 jiào | 校（古陶 漢印 石刻 唐寫本）木囚也。从木交聲。 古孝切。
| 樔 cháo | 樔（唐寫本）澤中守艸樓。从木巢聲。 鉏交切。
| 采 cǎi | 采（甲骨 金文 簡帛 唐寫本）捋取也。从木从爪。 倉宰切。
| 柿 fèi | 柿（唐寫本）削木札樸也。从木市聲。陳楚謂櫝爲柿。 芳吠切。
| 橫 héng | 橫（唐寫本）闌木也。从木黃聲。 戶盲切。
| 梜 jiā | 梜（唐寫本）檢柙也。从木夾聲。 古洽切。
| 桄 guàng | 桄（唐寫本）充也。从木光聲。 古曠切。
| 樶 zuì | 樶（唐寫本）以木有所擣也。从木㒞聲。《春秋傳》曰："越敗吳於樶李。" 遵爲切。
| 椓 zhuó | 椓（漢印 唐寫本）擊也。从木豕聲。 竹角切。
| 朾 chéng | 朾（唐寫本）橦也。从木丁聲。 宅耕切。
| 枑 gū | 枑（唐寫本）棱也。从木瓜聲。又，枑棱，殿堂上最高之處也。 古胡切。
| 棱 léng | 棱（古璽 古陶 唐寫本）枑也。从木夌聲。 魯登切。
| 櫱 niè | 櫱（唐寫本）伐木餘也。从木獻聲。《商書》曰："若顛木之有由櫱。" 五葛切。 㜸，櫱或从木辥聲。𣡺，古文櫱从木，無頭。栓，亦古文櫱。

枰 píng 枰（古璽 唐寫本）平也。从木从平，平亦聲。 蒲兵切。

拉 lā 拉（唐寫本）折木也。从木立聲。 盧合切。

槎 chá 槎（唐寫本）衺斫也。从木差聲。《春秋傳》曰："山不槎。" 側下切。

柮 duò 柮（唐寫本）斷也。从木出聲。讀若《爾雅》"貀無前足"之"貀"。 女滑切。

檮 táo 檮（簡帛 唐寫本）斷木也。从木𠷎聲。《春秋傳》曰："檮柮。" 徒刀切。

析 xī 析（甲骨 金文 簡帛 古璽 唐寫本）破木也。一曰折也。从木从斤。 先激切。

㮋 zōu 㮋（漢印 唐寫本）木薪也。从木取聲。 側鳩切。

梡 hùn 梡（唐寫本）楎，木薪也。从木完聲。 胡本切。

梱 hún 梱（唐寫本）梡木未析也。从木圂聲。 胡昆切。

楄 pián 楄（唐寫本）楄部，方木也。从木扁聲。《春秋傳》曰："楄部薦榦。" 部田切。

楅 bī 楅（唐寫本）以木有所逼束也。从木畐聲。《詩》曰："夏而楅衡。" 彼即切。

葉 yè 葉（金文 簡帛 古璽 唐寫本）楄也。葉，薄也。从木世聲。

臣鉉等曰：當从丗乃得聲。丗，穌合切。 与涉切。

槱 yǒu 槱（唐寫本）積火燎之也。从木从火，酉聲。《詩》曰："薪之槱之。"《周禮》："以槱燎祠司中、司命。" 余救切。禉，柴祭天神或从示。

休 xiū 休（甲骨 金文 簡帛 古璽 石刻 唐寫本）息止也。从人依木。 許尤切。庥，休或从广。

㮰 gèn 㮰（唐寫本）竟也。从木恆聲。 古鄧切。亙，古文㮰。

械 xiè 械（唐寫本）桎梏也。从木戒聲。一曰器之總名。一曰持也。一曰有盛爲械，無盛爲器。 胡戒切。

杽 chǒu 杽（唐寫本）械也。从木从手，手亦聲。 敕九切。

桎 zhì 桎（簡帛 唐寫本）足械也。从木至聲。 之日切。

梏 gù 梏（唐寫本）手械也。从木告聲。 古沃切。

櫪 lì 櫪（唐寫本）櫪撕，椑指也。从木歷聲。 郎擊切。

撕 xī 撕（唐寫本）櫪撕也。从木斯聲。 先稽切。

檻 jiàn 檻（石刻 唐寫本）櫳也。从木監聲。一曰圈。 胡黯切。

櫳 lóng 櫳（唐寫本）檻也。从木龍聲。 盧紅切。

柙 xiá 柙（簡帛 唐寫本）檻也。以藏虎兕。从木甲聲。 烏匣切。𣆪，古文柙。

棺 guān 棺（唐寫本）關也。所以掩尸。从木官聲。 古丸切。

櫬 chèn 櫬 棺也。从木親聲。《春秋傳》曰："士輿櫬。" 初僅切。

橞 huì 㯳（唐寫本）棺槥也。从木彗聲。 祥歲切。

椁 guǒ 㮖（古幣）葬有木臺也。从木臺聲。 古博切。

楬 jié 楬（古璽 唐寫本）楬桀也。从木曷聲。《春秋傳》曰："楬而書之。" 其謁切。

梟 xiāo 梟 不孝鳥也。日至，捕梟磔之。从鳥頭在木上。 古堯切。

棐 fěi 棐（唐寫本）輔也。从木非聲。 敷尾切。

文四百二十一 重三十九

栀 zhī 栀 木，實可染。从木卮聲。 章移切。

榭 xiè 榭 臺有屋也。从木躲聲。 詞夜切。

槊 shuò 槊 矛也。从木朔聲。 所角切。

椸 yí 椸 衣架也。从木施聲。 以支切。

榻 tà 榻 牀也。从木塌聲。 土盍切。

櫍 zhì 櫍 柎也。从木質聲。 之日切。

櫂 zhào 櫂 所以進舡也。从木翟聲。或从卓。《史記》通用濯。 直教切。

橰 gāo 橰 桔橰，汲水器也。从木皋聲。 古牢切。

橦 zhuāng 橦 橛杙也。从木春聲。 啄江切。

櫻 yīng 櫻 果也。从木嬰聲。 烏莖切。

梀 sè 梀 楗也。从木，策省聲。 所厄切。

文十二（當作文十一新附）

東 部

東 dōng 東（甲骨 金文 簡帛 古陶 古幣 石刻）動也。从木。官溥說：从日在木中。凡東之屬皆从東。 得紅切。

棘 cáo 棘（金文）二東。曹从此。闕。

文二

林 部

林 lín 林（甲骨 金文 簡帛 石刻）平土有叢木曰林。从二木。凡林之屬皆从林。 力尋切。

橆 wú 橆（甲骨 簡帛 漢印 石刻）豐也。从林、奭。或說規模字。从大；卌，數之積也；林者，木之多也。卌與庶同意。《商書》曰："庶草繁橆。"徐鍇曰："或說大卌爲規模之模，諸部無者，不審信也。" 文甫切。

鬱 yù 鬱（甲骨 金文 石刻）木叢生者。从林，鬱省聲。 迂弗切。

楚 chǔ 楚（甲骨 金文 簡帛 古陶 漢印 石刻）叢木。一名荊也。从林疋聲。 創舉切。

棽 chēn 棽 木枝條棽儷皃。从林今聲。 丑林切。

棥 mào 棥（金文 石刻）木盛也。从林矛聲。 莫候切。

麓 lù 麓（甲骨）守山林吏也。从林鹿聲。一曰林屬於山爲麓。《春秋傳》曰："沙麓崩。" 盧谷切。 鏕，古文从录。

棼 fén 棼 複屋棟也。从林分聲。 符分切。

森 sēn 森（甲骨 石刻）木多皃。从林从木。讀若曾參之參。 所今切。

　　　　文九　重一

梵 fàn 梵 出自西域釋書，未詳意義。 扶泛切。

　　　　文一新附

才　部

才 cái 才（甲骨 金文 簡帛 古幣 石刻）艸木之初也。从丨上貫一，將生枝葉。一，地也。凡才之屬皆从才。徐鍇曰："上一，初生歧枝也。下一，地也。" 昨哉切。

　　　　文一

叒　部

叒 ruò 叒 日初出東方湯谷，所登榑桑，叒木也。象形。凡叒之屬皆从叒。 而灼切。 叒，籀文。

桑 sāng 桑（甲骨 金文 簡帛 漢印）蠶所食葉木。从叒、木。 息郎切。

　　　　文二　重一

之 部

之 zhī 㞢 (甲骨 金文 簡帛 古璽 古幣 石刻) 出也。象艸過中，枝莖益大，有所之。一者，地也。凡之之屬皆从之。 止而切。

堭 huáng 㞷 艸木妄生也。从之在土上。讀若皇。徐鍇曰："妄生謂非所宜生。《傳》曰：'門上生莠。从之，在土上。土上益高，非所宜也。'" 戶光切。

文二　重一（大徐本無重文）

帀 部

帀 zā 帀 (甲骨 金文 簡帛 古璽) 周也。从反之而帀也。凡帀之屬皆从帀。周盛說。 子荅切。

師 shī 師 (金文 簡帛 古璽 漢印 石刻) 二千五百人爲師。从帀从㠯。㠯，四帀，眾意也。 疎夷切。
𠦵，古文師。

文二　重一

出 部

出 chū 屮 (甲骨 金文 簡帛 古璽 漢印 石刻) 進也。象艸木益滋，上出達也。凡出之屬皆从出。 尺律切。

敖 áo 敖 (金文 漢印 石刻) 游也。从出从放。 五牢切。

賣 mài 賣 出物貨也。从出从買。 莫邂切。

糶 tiào 糶 出穀也。从出从糴，糴亦聲。 他弔切。

朏 niè 朏 槷朏，不安也。从出臬聲。《易》曰："槷朏。"徐鍇曰："物不安則出不在也。" 五結切。

文五

宋 部

宋 pò　𣎵　艸木盛宋宋然。象形，八聲。凡宋之屬皆从宋。讀若輩。 普活切。

孛 wèi　艸木孛孛之皃。从宋旱聲。 于貴切。

索 suǒ　（古璽 漢印 石刻）艸有莖葉，可作繩索。从宋、糸。杜林說：宋亦朱木字。 蘇各切。

孛 bèi　（金文 簡帛）孛也，从宋；人色也，从子。《論語》曰："色孛如也。" 蒲妹切。

宋 zǐ　（金文 漢印）止也。从宋盛而一橫止之也。 即里切。

南 nán　（甲骨 金文 簡帛 古璽 古幣 漢印 石刻）艸木至南方，有枝任也。从宋羊聲。 那含切。㭲，古文。

文六　重一

生 部

生 shēng　（甲骨 金文 簡帛 古璽 古幣 漢印 石刻）進也。象艸木生出土上。凡生之屬皆从生。 所庚切。

丰 fēng　（金文 古璽 古幣）艸盛丰丰也。从生，上下達也。 敷容切。

產 chǎn　（金文 玉盟書 簡帛 石刻）生也。从生，彥省聲。 所簡切。

隆 lóng　（漢印 石刻）豐大也。从生降聲。徐鍇曰："生而不已，益高大也。" 力中切。

甤 ruí　草木實甤甤也。从生，豨省聲。讀若綏。 儒佳切。

甡 shēn　眾生並立之皃。从二生。《詩》曰："甡甡其鹿。" 所臻切。

文六

乇 部

乇 zhé　（甲骨 金文 古幣）艸葉也。从垂穗，上貫一，下有根。象形。凡乇之屬皆从乇。 陟格切。

文一

巫 部

巫 chuí　巫（▨石刻）艸木華葉巫。象形。凡巫之屬皆从巫。 是爲切。▨，古文。

　　　　　文一　重一

蒡 部

蒡 huā　蒡　艸木華也。从巫亏聲。凡蒡之屬皆从蒡。 況于切。䓖，蒡或从艸从夸。

韡 wěi　韡　盛也。从蒡韋聲。《詩》曰："蒡不韡韡。" 于鬼切。

　　　　　文二　重一

華 部

華 huā　華（▨▨▨▨▨▨▨金文▨簡帛▨▨古璽▨▨漢印▨▨▨▨▨▨▨石刻）榮也。从艸从蒡。凡華之屬皆从華。 戶瓜切。

皣 yè　皣　艸木白華也。从華从白。 筠輒切。

　　　　　文二

禾 部

禾 jī　禾　木之曲頭止不能上也。凡禾之屬皆从禾。 古兮切。

稽 zhǐ　稽　多小意而止也。从禾从支，只聲。一曰木也。 職雉切。

𥡴 jǔ　𥡴　稽𥡴也。从禾从又，句聲。又者，从丑省。一曰木名。徐鍇曰："丑者，束縛也。稽𥡴，不伸之意。" 俱羽切。

　　　　　文三

稽 部

稽 jī　稽（▨簡帛▨▨石刻）畱止也。从禾从尤，旨聲。凡稽之屬皆从稽。 古兮切。

稵 zhuó　特止也。从稽省，卓聲。徐鍇曰："特止，卓立也。" 竹角切。

䅣 gǎo　䅣稵而止也。从稽省，告聲。讀若皓。賈侍中說：稽、稵、䅣三字皆木名。 古老切。

　　　　文三

巢　部

巢 cháo　（金文　簡帛　漢印）鳥在木上曰巢，在穴曰窠。从木，象形。凡巢之屬皆从巢。 鉏交切。

叀 biǎn　傾覆也。从寸，臼覆之。寸，人手也。从巢省。杜林說：以爲貶損之貶。 方斂切。

　　　　文二

桼　部

桼 qī　（金文　簡帛　古幣　石刻）木汁。可以髤物。象形。桼如水滴而下。凡桼之屬皆从桼。 親吉切。

髤 xiū　桼也。从桼髟聲。 許由切。

䰍 pào　桼垸已，復桼之。从桼包聲。 匹皃切。

　　　　文三

束　部

束 shù　（甲骨　金文）縛也。从囗、木。凡束之屬皆从束。 書玉切。

柬 jiǎn　（金文　簡帛）分別簡之也。从束从八。八，分別也。 古限切。

㯺 jiǎn　小束也。从束开聲。讀若繭。 古典切。

剌 là　（金文　簡帛　古幣）戾也。从束从刀。刀者，剌之也。徐鍇曰："剌，乖違也。束而乖違者，莫若刀也。" 盧達切。

　　　　文四

橐 部

橐 gǔn　橐　橐也。从束囵聲。凡橐之屬皆从橐。　胡本切。

橐 tuó　橐　（甲骨　漢印）囊也。从橐省，石聲。　他各切。

囊 náng　囊　橐也。从橐省，襄省聲。　奴當切。

櫜 gāo　櫜　車上大橐。从橐省，咎聲。《詩》曰："載櫜弓矢。"　古勞切。

橐 pāo　橐　（金文　簡帛　石鼓）囊張大皃。从橐省，匋省聲。　符宵切。

文五

囗 部

囗 wéi　囗　（金文）回也。象回帀之形。凡囗之屬皆从囗。　羽非切。

圜 yuán　圜　（石刻）天體也。从囗睘聲。　王權切。

團 tuán　團　（簡帛）圜也。从囗專聲。　度官切。

圓 xuán　圓　規也。从囗肙聲。　似沿切。

囩 yún　囩　（簡帛）回也。从囗云聲。　羽巾切。

圓 yuán　圓　（簡帛）圜全也。从囗員聲。讀若員。　王問切。

回 huí　回　（簡帛　石刻）轉也。从囗，中象回轉形。　戶恢切。　囘，古文。

圖 tú　圖　（金文　簡帛　石刻）畫計難也。从囗从啚。啚，難意也。

　　徐鍇曰："規畫之也。故从囗。"　同都切。

圛 yì　圛　回行也。从囗睪聲。《尚書》曰圛。圛，升雲半有半無。讀若驛。　羊益切。

國 guó　國　（金文　簡帛　古璽　石刻）邦也。从囗从或。　古惑切。

壼 kǔn　壼　宮中道。从囗，象宮垣道上之形。《詩》曰："室家之壼。"　苦本切。

囷 qūn　囷　（漢印）廩之圓者。从禾在囗中。圓謂之囷，方謂之京。　去倫切。

圈 juàn　圈　（漢印）養畜之閑也。从囗卷聲。　渠篆切。

囿 yòu　囿　（甲骨　石鼓）苑有垣也。从囗有聲。一曰禽獸曰囿。　于救切。　圃，籀文囿。

園 yuán　園　（古陶　漢印）所以樹果也。从囗袁聲。　羽元切。

圃 pǔ　圃　（金文　石刻）種菜曰圃。从囗甫聲。　博古切。

因 yīn 囙（甲骨、金文、石刻）就也。从囗、大。徐鍇曰："《左傳》曰：植有禮，因重固。能大者，眾圍就之。" 於眞切。

囡 nà 囚 下取物縮藏之。从囗从又。讀若聶。 女洽切。

囹 líng 囹 獄也。从囗令聲。 郎丁切。

圄 yǔ 圄 守之也。从囗吾聲。 魚舉切。

囚 qiú 囚 繫也。从人在囗中。 似由切。

固 gù 固（金文、簡帛、古璽、石刻）四塞也。从囗古聲。 古慕切。

圍 wéi 圍（簡帛、古璽、石刻）守也。从囗韋聲。 羽非切。

困 kùn 困（金文、簡帛）故廬也。从木在囗中。 苦悶切。 朱，古文困。

圂 hùn 圂（金文、古璽、漢印）廁也。从囗，象豕在囗中也。會意。 胡困切。

囮 é 囮 譯也。从囗、化。率鳥者繫生鳥以來之，名曰囮。讀若譌。 五禾切。 圝，囮或从繇。又音由。

　　　　文二十六　重四

員　部

員 yuán 員（甲骨、金文、簡帛、石刻）物數也。从貝囗聲。凡員之屬皆从員。徐鍇曰："古以貝爲貨，故數之。" 王權切。 鼎，籀文从鼎。

賱 yún 賱 物數紛賱亂也。从員云聲。讀若《春秋傳》曰"宋皇鄖"。 羽文切。

　　　　文二　重一

貝　部

貝 bèi 貝（甲骨、金文、簡帛、古璽、古幣、石刻）海介蟲也。居陸名猋，在水名蛹。象形。古者貨貝而寶龜，周而有泉，至秦廢貝行錢。凡貝之屬皆从貝。 博蓋切。

賞 suǒ 賞 貝聲也。从小、貝。 穌果切。

賄 huì 賄 財也。从貝有聲。 呼罪切。

財 cái 財 人所寶也。从貝才聲。 昨哉切。

說文解字弟六　191

貨 huò　（〖簡帛〗〖古幣〗〖漢印〗）財也。从貝化聲。　呼臥切。

賄 guì　（〖簡帛〗）資也。从貝爲聲。或曰：此古貨字。讀若貴。　詭僞切。

資 zī　（〖漢印〗〖石刻〗）貨也。从貝次聲。　卽夷切。

賱 wàn　（〖金文〗〖簡帛〗）貨也。从貝萬聲。　無販切。

賑 zhèn　富也。从貝辰聲。　之忍切。

賢 xián　（〖金文〗〖簡帛〗〖古璽〗〖石刻〗）多才也。从貝臤聲。　胡田切。

賁 bì　（〖石刻〗）飾也。从貝卉聲。　彼義切。

賀 hè　（〖漢印〗〖石刻〗）以禮相奉慶也。从貝加聲。　胡箇切。

貢 gòng　（〖古幣〗〖石刻〗）獻功也。从貝工聲。　古送切。

贊 zàn　（〖石刻〗）見也。从貝从兟。臣鉉等曰：兟，音詵。進也。執贄而進，有司贊相之。　則旰切。

贐 jìn　會禮也。从貝妻聲。　徐刃切。

齎 jī　（〖漢印〗）持遺也。从貝齊聲。　祖雞切。

貸 dài　施也。从貝代聲。　他代切。

貣 tè　（〖金文〗〖簡帛〗〖古璽〗）从人求物也。从貝弋聲。　他得切。

賂 lù　遺也。从貝各聲。臣鉉等曰：當从路省乃得聲。　洛故切。

賸 shèng　（〖金文〗〖簡帛〗）物相增加也。从貝朕聲。一曰送也，副也。　以證切。

贈 zèng　（〖簡帛〗〖石刻〗）玩好相送也。从貝曾聲。　昨鄧切。

賊 bì　逆予也。从貝皮聲。　彼義切。

贛 gòng　（〖簡帛〗〖漢印〗）賜也。从貝，竷省聲。臣鉉等曰：竷非聲，未詳。　古送切。贛，籒文贛。

賚 lài　賜也。从貝來聲。《周書》曰："賚尒秬鬯。"　洛帶切。

賞 shǎng　（〖金文〗〖簡帛〗〖古璽〗〖古陶〗〖石刻〗）賜有功也。从貝尚聲。　書兩切。

賜 cì　（〖金文〗〖簡帛〗〖古璽〗〖漢印〗〖石刻〗）予也。从貝易聲。　斯義切。

貤 yì　（〖石刻〗）重次弟物也。从貝也聲。　以豉切。

贏 yíng　（〖金文〗〖簡帛〗〖漢印〗）有餘、賈利也。从貝𦝠聲。臣鉉等曰：當从𦝠省乃得聲。　以成切。

賴 lài　（〖石刻〗）贏也。从貝剌聲。　洛帶切。

負 fù　（〖簡帛〗〖古陶〗〖漢印〗）恃也。从人守貝，有所恃也。一曰受貸不償。　房九切。

| 貯 zhù | （甲骨 金文 簡帛）積也。从貝寧聲。 直呂切。

| 貳 èr | （金文 漢印）副、益也。从貝弍聲。弍，古文二。 而至切。

| 賓 bīn | （甲骨 金文 簡帛 漢印 石刻）所敬也。从貝丏聲。 必鄰切。賔，古文。

| 賒 shē | 貰買也。从貝余聲。 式車切。

| 貰 shì | 貸也。从貝世聲。 神夜切。

| 贅 zhuì | 以物質錢。从敖、貝。敖者，猶放；貝，當復取之也。 之芮切。

| 質 zhì | （玉盟書 古璽 漢印 石刻）以物相贅。从貝从所。闕。 之日切。

| 貿 mào | （古幣 漢印）易財也。从貝卯聲。 莫候切。

| 贖 shú | （漢印）貿也。从貝賣聲。 殊六切。

| 費 fèi | （簡帛 漢印 石刻）散財用也。从貝弗聲。 房未切。

| 責 zé | （甲骨 金文 簡帛）求也。从貝朿聲。 側革切。

| 賈 gǔ | （古陶 漢印 石刻）賈市也。从貝襾聲。一曰坐賣售也。 公戶切。

| 商 shāng | 行賈也。从貝，商省聲。 式陽切。

| 販 fàn | 買賤賣貴者。从貝反聲。 方願切。

| 買 mǎi | （甲骨 金文 古璽 古陶 漢印 石刻）市也。从网、貝。《孟子》曰："登壟斷而网市利。" 莫蟹切。

| 賤 jiàn | （簡帛）賈少也。从貝戔聲。 才線切。

| 賦 fù | （簡帛 古璽 古陶 石刻）斂也。从貝武聲。 方遇切。

| 貪 tān | （簡帛）欲物也。从貝今聲。 他含切。

| 貶 biǎn | 損也。从貝从乏。 方斂切。

| 貧 pín | （簡帛）財分少也。从貝从分，分亦聲。 符巾切。𡇒，古文从宀、分。

| 賃 lìn | （金文）庸也。从貝任聲。 尼禁切。

| 賕 qiú | 以財物枉法相謝也。从貝求聲。一曰戴質也。 巨鳩切。

| 購 gòu | 以財有所求也。从貝冓聲。 古候切。

| 賏 shǔ | 齎財卜問爲賏。从貝疋聲。讀若所。 疏舉切。

| 貲 zī | （古璽 古陶）小罰以財自贖也。从貝此聲。漢律：民不繇，貲錢二十二。 即夷切。

| 賨 cóng | 南蠻賦也。从貝宗聲。 徂紅切。

| 賣 yù | 衒也。从貝㕥聲。㕥，古文睦。讀若育。 余六切。
| 貴 guì | （簡帛 古璽 漢印 石刻）物不賤也。从貝臾聲。臾，古文蕢。居胃切。
| 賏 yīng | （金文 古璽）頸飾也。从二貝。 烏莖切。

文五十九　重三

| 貺 kuàng | 賜也。从貝兄聲。 許訪切。
| 賵 fèng | （簡帛）贈死者。从貝从冒。冒者，衣衾覆冒之意。 撫鳳切。
| 賭 dǔ | 博簺也。从貝者聲。 當古切。
| 貼 tiē | 以物爲質也。从貝占聲。 他叶切。
| 貽 yí | （古陶 石刻）贈遺也。从貝台聲。經典通用詒。 與之切。
| 賺 zhuàn | 重買也，錯也。从貝廉聲。 佇陷切。
| 賽 sài | 報也。从貝，塞省聲。 先代切。
| 賻 fù | 助也。从貝尃聲。 符遇切。
| 贍 shàn | 給也。从貝詹聲。 時豔切。

文九新附

邑　部

邑 yì　　（甲骨 金文 簡帛 古璽 古幣 石刻）國也。从囗；先王之制，尊卑有大小，从卪。凡邑之屬皆从邑。 於汲切。

邦 bāng　　（甲骨 金文 玉盟書 簡帛 古璽 古陶 古幣 石刻）國也。从邑丰聲。博江切。𤰫，古文。

郡 jùn　　（金文 古璽 石刻）周制：天子地方千里，分爲百縣，縣有四郡。故《春秋傳》曰"上大夫受郡"是也。至秦初置三十六郡，以監其縣。从邑君聲。 渠運切。

都 dū　　（金文 玉盟書 簡帛 古璽 古陶 古幣 漢印 石刻）有先君之舊宗廟曰都。从邑者聲。周禮：距國五百里爲都。 當孤切。

| 鄰 lín | （簡帛 漢印 石刻）五家爲鄰。从邑㷝聲。 力珍切。
| 酇 zuǎn | 百家爲酇。酇，聚也。从邑贊聲。南陽有酇縣。 作管切。又，作旦切。
| 鄙 bǐ | 五酇爲鄙。从邑啚聲。 兵美切。
| 郊 jiāo | （簡帛 古璽）距國百里爲郊。从邑交聲。 古肴切。
| 邸 dǐ | （簡帛 古璽）屬國舍。从邑氐聲。 都禮切。
| 郛 fú | （簡帛 古璽 石刻）郭也。从邑孚聲。 甫無切。
| 郵 yóu | 境上行書舍。从邑、垂。垂，邊也。 羽求切。
| 鄗 shào | 國甸，大夫稍。稍，所食邑。从邑肖聲。《周禮》曰："任鄗地。"在天子三百里之內。 所教切。
| 鄯 shàn | 鄯善，西胡國也。从邑从善，善亦聲。 時戰切。
| 䢼 qióng | 夏后時諸矦夷羿國也。从邑，窮省聲。 渠弓切。
| 郟 jì | 周封黃帝之後於郟也。从邑㚔聲。讀若薊。上谷有郟縣。 古詣切。
| 邰 tái | （石刻）炎帝之後，姜姓所封，周棄外家國。从邑台聲。右扶風斄縣是也。《詩》曰："有邰家室。" 土來切。
| 郂 qí | （石刻）周文王所封。在右扶風美陽中水鄉。从邑支聲。 巨支切。𨙝，郂或从山支聲。因岐山以名之也。𨙷，古文郂从枝从山。
| 邠 bīn | （石刻）周太王國。在右扶風美陽。从邑分聲。 補巾切。豳，美陽亭，即邠也。民俗以夜市，有豳山。从山从豩。闕。
| 郿 méi | （漢印）右扶風縣。从邑眉聲。 武悲切。
| 郁 yù | （漢印 石刻）右扶風郁夷也。从邑有聲。 於六切。
| 鄠 hù | 右扶風縣名。从邑雩聲。 胡古切。
| 扈 hù | （扈 漢印 石刻）夏后同姓所封，戰於甘者。在鄠，有扈谷、甘亭。从邑戶聲。 胡古切。岵，古文扈从山、马。
| 鄁 péi | 右扶風鄠鄉。从邑崩聲。沛城父有鄁鄉。讀若陪。 薄回切。
| 䣊 jū | 右扶風鄠鄉。从邑且聲。 子余切。
| 郝 hǎo | （古璽 漢印 石刻）右扶風鄠、盩厔鄉。从邑赤聲。 呼各切。
| 酆 fēng | 周文王所都。在京兆杜陵西南。从邑豐聲。 敷戎切。
| 鄭 zhèng | （金文 簡帛 古璽 漢印 石刻）京兆縣。周厲王子友所封。从邑奠聲。宗周之滅，鄭徙潧洧之上，今新鄭是也。 直正切。
| 郃 hé | （漢印）左馮翊郃陽縣。从邑合聲。《詩》曰："在郃之陽。" 矦閤切。

字	拼音	篆	釋義
叩	kǒu		京兆藍田鄉。从邑口聲。 苦后切。
酆	fán		京兆杜陵鄉。从邑樊聲。 附袁切。
鄜	fū	(簡帛) 左馮翊縣。从邑麃聲。 甫無切。
鄠	tú		左馮翊鄠陽亭。从邑屠聲。 同都切。
邮	yóu		左馮翊高陵。从邑由聲。 徒歷切。
郔	nián		左馮翊谷口鄉。从邑秊聲。讀若寧。 奴顛切。
邽	guī		隴西上邽也。从邑圭聲。 古畦切。
部	bù	(漢印 石刻) 天水狄部。从邑音聲。 蒲口切。
郖	dòu	(古璽) 弘農縣庾地。从邑豆聲。 當侯切。
鄏	rǔ		河南縣直城門官陌地也。从邑辱聲。《春秋傳》曰："成王定鼎于郟鄏。" 而蜀切。
鄻	liǎn		周邑也。从邑輦聲。 力展切。
鄒	zhài		周邑也。从邑祭聲。 側介切。
邙	máng	(簡帛 古璽) 河南洛陽北亡山上邑。从邑亡聲。 莫郎切。
鄩	xún		周邑也。从邑尋聲。 徐林切。
郗	chī	(簡帛) 周邑也。在河內。从邑希聲。 丑脂切。
鄆	yùn		河內沁水鄉。从邑軍聲。魯有鄆地。 王問切。
邶	bèi		故商邑。自河內朝歌以北是也。从邑北聲。 補妹切。
邘	yú	(簡帛 古璽) 周武王子所封，在河內，野王是也。从邑于聲。又讀若區。 況于切。
邌	lí		殷諸侯國。在上黨東北。从邑秝聲。秝，古文利。《商書》："西伯戡邌。" 郎奚切。
邵	shào	(漢印 石刻) 晉邑也。从邑召聲。 寔照切。
鄍	míng		晉邑也。从邑冥聲。《春秋傳》曰："伐鄍三門。" 莫經切。
鄐	chù	(漢印 石刻) 晉邢矦邑。从邑畜聲。 丑六切。
鄇	hòu	(簡帛) 晉之溫地。从邑矦聲。《春秋傳》曰："爭鄇田。" 胡遘切。
邲	bì		晉邑也。从邑必聲。《春秋傳》曰："晉楚戰于邲。" 毗必切。
郤	xì	(金文 古幣) 晉大夫叔虎邑也。从邑谷聲。 綺戟切。
邽	péi	(石刻) 河東聞喜縣。从邑非聲。 薄回切。
鄔	qián		河東聞喜聚。从邑虔聲。 渠焉切。
邼	kuāng		河東聞喜鄉。从邑匡聲。 去王切。
鄈	kuí		河東臨汾地，即漢之所祭后土處。从邑癸聲。 揆唯切。
邢	xíng	(石刻) 周公子所封，地近河內懷。从邑幵聲。 戶經切。

| 鄔 wū | （古幣）太原縣。从邑烏聲。 安古切。
| 祁 qí | （古幣 石刻）太原縣。从邑示聲。 巨支切。
| 鄴 yè | （漢印）魏郡縣。从邑業聲。 魚怯切。
| 邢 jǐng | 鄭地邢亭。从邑井聲。 戶經切。
| 邯 hán | （玉盟書 古璽）趙邯鄲縣。从邑甘聲。 胡安切。
| 鄲 dān | （金文 古璽）邯鄲縣。从邑單聲。 都寒切。
| 郇 xún | （古璽 漢印）周武王子所封國，在晉地。从邑旬聲。讀若泓。 相倫切。
| 鄃 shū | 清河縣。从邑俞聲。 式朱切。
| 鄗 hào | （簡帛）常山縣。世祖所卽位，今爲高邑。从邑高聲。 呼各切。
| 鄡 qiāo | 鉅鹿縣。从邑梟聲。 牽遙切。
| 鄚 mò | 涿郡縣。从邑莫聲。 慕各切。
| 郅 zhì | （漢印）北地郁郅縣。从邑至聲。 之日切。
| 鄋 sōu | 北方長狄國也。在夏爲防風氏，在殷爲汪芒氏。从邑叟聲。《春秋傳》曰："鄋瞞侵齊。" 所鳩切。
| 鄦 xǔ | （金文 簡帛）炎帝太嶽之胤，甫矦所封，在潁川。从邑無聲。讀若許。 虛呂切。
| 邟 kàng | 潁川縣。从邑亢聲。 苦浪切。
| 鄢 yǎn | （金文 古璽）潁川縣。从邑焉聲。 於建切。
| 郟 jiá | 潁川縣。从邑夾聲。 工洽切。
| 郪 qī | 新郪，汝南縣。从邑妻聲。 七稽切。
| 鄎 xī | 姬姓之國，在淮北。从邑息聲。今汝南新鄎。 相卽切。
| 郋 xí | 汝南邵陵里。从邑自聲。讀若奚。 胡雞切。
| 郲 páng | 汝南鮦陽亭。从邑旁聲。 步光切。
| 鄟 jú | 蔡邑也。从邑臭聲。《春秋傳》曰："鄟陽封人之女奔之。" 古闃切。
| 鄧 dèng | （金文 古璽 漢印 石刻）曼姓之國。今屬南陽。从邑登聲。 徒亙切。
| 鄾 yōu | 鄧國地也。从邑憂聲。《春秋傳》曰："鄧南鄙鄾人攻之。" 於求切。
| 鄂 háo | 南陽淯陽鄉。从邑号聲。 乎刀切。
| 鄛 cháo | 南陽棗陽鄉。从邑巢聲。 鉏交切。
| 䢵 ráng | （簡帛）今南陽穰縣是。从邑襄聲。 汝羊切。
| 鄜 lú | 南陽穰鄉。从邑婁聲。 力朱切。

䣂 lǐ		南陽西鄂亭。从邑里聲。 良止切。	
䣄 yǔ		南陽舞陰亭。从邑羽聲。 王榘切。	
郢 yǐng		（石刻）故楚都。在南郡江陵北十里。从邑呈聲。 以整切。 ，郢或省。	
鄢 yān		（漢印）南郡縣。孝惠三年改名宜城。从邑焉聲。 於乾切。	
鄳 méng		江夏縣。从邑黽聲。 莫杏切。	
鄝 gé		南陽陰鄉。从邑葛聲。 古達切。	
鄂 è		（金文 漢印 石刻）江夏縣。从邑咢聲。 五各切。	
邔 qǐ		南陽縣。从邑己聲。 居擬切。	
邾 zhū		（金文 簡帛 古璽 石刻）江夏縣。从邑朱聲。 陟輸切。	
鄖 yún		漢南之國。从邑員聲。漢中有鄖關。 羽文切。	
鄘 yōng		南夷國。从邑庸聲。 余封切。	
郫 pí		（簡帛）蜀縣也。从邑卑聲。 符支切。	
鄹 chóu		蜀江原地。从邑壽聲。 市流切。	
鄀 jí		蜀地也。从邑耤聲。 秦昔切。	
鄤 wàn		蜀廣漢鄉也。从邑蔓聲。讀若蔓。 無販切。	
邡 fāng		（金文 簡帛 古璽）什邡，廣漢縣。从邑方聲。 府良切。	
鄢 mà		存䣅，犍爲縣。从邑馬聲。 莫駕切。	
鷩 bì		牂牁縣。从邑斃聲。讀若鷩雉之鷩。 必袂切。	
邲 bāo		地名。从邑包聲。 布交切。	
䣊 nuó		（石刻）西夷國。从邑冄聲。安定有朝䣊縣。 諾何切。	
鄱 pó		（簡帛 古璽）鄱陽，豫章縣。从邑番声。 薄波切。	
酃 líng		長沙縣。从邑霝聲。 郎丁切。	
郴 chēn		桂陽縣。从邑林聲。 丑林切。	
耒 lèi		今桂陽耒陽縣。从邑耒聲。 盧對切。	
鄮 mào		會稽縣。从邑貿聲。 莫俟切。	
鄞 yín		會稽縣。从邑堇聲。 語斤切。	
邲 pèi		沛郡。从邑市聲。 博蓋切。	
邴 bǐng		（古璽 漢印）宋下邑。从邑丙聲。 兵永切。	
酇 cuó		（簡帛）沛國縣。从邑虘聲。 昨何切。	

邵 shǎo　地名。从邑少聲。　書沼切。

郴 chén　地名。从邑臣聲。　植鄰切。

郯 chán　宋地也。从邑毚聲。讀若讒。　士咸切。

郪 zī　宋魯閒地。从邑晉聲。　卽移切。

郜 gào　（金文　簡帛）周文王子所封國。从邑告聲。　古到切。

鄄 juàn　（古璽）衛地。今濟陰鄄城。从邑垔聲。　吉掾切。

邛 qióng　（金文　石刻）邛地。在濟陰縣。从邑工聲。　渠容切。

鄶 kuài　（古陶）祝融之後，妘姓所封。溍洧之間。鄭滅之。从邑會聲。　古外切。

䢵 yuán　（古璽）鄭邑也。从邑元聲。　虞遠切。

郔 yán　鄭地。从邑延聲。　以然切。

鄭 gěng　琅邪莒邑。从邑更聲。《春秋傳》曰："取鄭。"　古杏切。

鄅 yǔ　妘姓之國。从邑禹聲。《春秋傳》曰："鄅人籍稻。"讀若規榘之榘。　王榘切。

鄒 zōu　（漢印　石刻）魯縣，古邾國，帝顓頊之後所封。从邑芻聲。　側鳩切。

邾 tú　（金文　簡帛　古璽　古陶）邾下邑地。从邑余聲。魯東有邾城。讀若塗。　同都切。

邿 shī　（金文　古璽）附庸國。在東平亢父邿亭。从邑寺聲。《春秋傳》曰："取邿。"　書之切。

鄹 zōu　魯下邑。孔子之鄉。从邑取聲。　側鳩切。

郕 chéng　（古幣）魯孟氏邑。从邑成聲。　氏征切。

郁 yǎn　周公所誅郁國。在魯。从邑奄聲。　依檢切。

酄 huān　魯下邑。从邑藿聲。《春秋傳》曰："齊人來歸酄。"　呼官切。

郎 láng　（漢印　石刻）魯亭也。从邑良聲。　魯當切。

邳 pī　（古幣　石刻）奚仲之後，湯左相仲虺所封國。在魯薛縣。从邑丕聲。　敷悲切。

鄣 zhāng　（古璽）紀邑也。从邑章聲。　諸良切。

邗 hán　（石刻）國也，今屬臨淮。从邑干聲。一曰邗本屬吳。　胡安切。

鄒 yí　（簡帛）臨淮徐地。从邑義聲。《春秋傳》曰："徐鄒楚。"　魚羈切。

郈 hòu　東平無鹽鄉。从邑后聲。　胡口切。

郯 tán　（簡帛　古璽　漢印　石刻）東海縣。帝少昊之後所封。从邑炎聲。　徒甘切。

鄔 wú　（簡帛）東海縣。故紀矦之邑也。从邑吾聲。　五乎切。

酅 xī　東海之邑。从邑巂聲。　戶圭切。

字	篆	释义
鄫 céng	鄫	姒姓國。在東海。从邑曾声。 疾陵切。
邪 yé	邪（古璽、古幣、漢印、石刻）	琅邪郡。从邑牙声。 以遮切。
邞 fū	邞（簡帛、古璽）	琅邪縣。一名純德。从邑夫声。 甫無切。
郪 qī	郪	齊地也。从邑桼声。 親吉切。
郭 guō	郭（漢印、石刻）	齊之郭氏虛。善善不能進，惡惡不能退，是以亡國也。从邑𦎧聲。 古博切。
郳 ní	郳（金文、古璽）	齊地。从邑兒聲。《春秋傳》曰："齊高厚定郳田。" 五雞切。
郣 bó	郣（漢印）	郣海地。从邑孛聲。一曰地之起者曰郣。臣鉉等曰：今俗作渤，非是。 蒲沒切。
鄲 tán	鄲	國也。齊桓公之所滅。从邑覃聲。臣鉉等曰：今作譚，非是。《說文注義》有譚長，疑後人傳寫之誤。 徒含切。
鄠 qú	鄠（簡帛、古璽）	地名。从邑句聲。 其俱切。
郂 gāi	郂	陳留鄉。从邑亥聲。 古哀切。
䣦 zài	䣦（金文、古陶）	故國。在陳留。从邑㦰聲。 作代切。
鄢 yān	鄢	地名。从邑燕聲。 烏前切。
邱 qiū	邱	地名。从邑丘聲。 去鳩切。
挐 rú	挐	地名。从邑如聲。 人諸切。
邢 niǔ	邢	地名。从邑丑聲。 女九切。
邡 jǐ	邡	地名。从邑几聲。 居履切。
鄎 xì	鄎	地名。从邑翕聲。 希立切。
郲 qiú	郲（簡帛）	地名。从邑求聲。 巨鳩切。
鄹 yīng	鄹	地名。从邑嬰聲。 於郢切。
鄧 dǎng	鄧	地名。从邑尚聲。 多朗切。
邢 píng	邢（古璽）	地名。从邑幷聲。 薄經切。
鄘 hǔ	鄘	地名。从邑虖聲。 呼古切。
㶱 huǒ	㶱	地名。从邑火聲。 呼果切。
鄝 liǎo	鄝（簡帛）	地名。从邑翏聲。 盧鳥切。
鄬 guī	鄬（漢印）	地名。从邑爲聲。 居爲切。
邨 cūn	邨	地名。从邑屯聲。臣鉉等曰：今俗作村，非是。 此尊切。
鄃 shū	鄃（金文、漢印）	地名。从邑舍聲。 式車切。

字	拼音	篆文	釋義
郃	hé		地名。从邑合聲。 胡蠟切。
郓	gān		地名。从邑乾聲。 古寒切。
䣞	yín		地名。从邑䢅聲。讀若淫。 力荏切。
邤	shān		地名。从邑山聲。 所間切。
鄌	táng		地名。从邑臺聲。臺，古堂字。 徒郎切。
酆	féng		姬姓之國。从邑馮聲。 房戎切。
鄶	kuài		汝南安陽鄉。从邑，䈞（按：䈞當作叔）省聲。 苦怪切。
鄜	fǔ	（簡帛）汝南上蔡亭。从邑甫聲。 方矩切。
酈	lì	（漢印）南陽縣。从邑麗聲。 郎擊切。
鄐	qiān		地名。从邑䚅聲。 七然切。
𨙻	yì		从反邑。䣛字从此。闕。

　　　　文一百八十四　重六（當作文一百八十一）

䣛　部

字	拼音	篆文	釋義
䣛	xiàng		鄰道也。从邑从邑。凡䣛之屬皆从䣛。闕。 胡絳切。今隸變作邓。
鄉	xiāng	（甲骨　古陶　漢印　石刻）國離邑，民所封鄉也。嗇夫別治。封圻之內六鄉，六鄉治之。从䣛皀聲。 許良切。
䢽	xiàng	（金文　簡帛　古璽　古陶）里中道。从䣛从共。皆在邑中所共也。 胡絳切。䢽，篆文从䣛省。

　　　　文三　重一

說文解字弟七

五十六部　七百一十四文　重百一十五

凡八千六百四十七字

文四十二新附

日　部

日 rì　日（甲骨　金文　簡帛　古幣　漢印　石刻）實也。太陽之精不虧。从口、一。象形。凡日之屬皆从日。　人質切。
　　　　☉，古文。象形。

旻 mín　旻　秋天也。从日文聲。《虞書》曰："仁閔覆下，則稱旻天。"　武巾切。

時 shí　時（金文　簡帛　漢印　石刻）四時也。从日寺聲。　市之切。峕，古文時从之、日。

早 zǎo　早（金文　簡帛）晨也。从日在甲上。　子浩切。

旰 hū　旰　尚冥也。从日勿聲。　呼骨切。

昧 mèi　昧（金文　簡帛）爽，旦明也。从日未聲。一曰闇也。　莫佩切。

睹 dǔ　睹　旦明也。从日者聲。　當古切。

晢 zhé　晢　昭晢，明也。从日折聲。《禮》曰："晢明行事。"　旨熱切。

昭 zhāo　昭（漢印　石刻）日明也。从日召聲。　止遙切。

晤 wù　晤　明也。从日吾聲。《詩》曰："晤辟有摽。"　五故切。

昒 dì　昒　明也。从日勺聲。《易》曰："爲昒頯。"　都歷切。

晄 huǎng　晄　明也。从日光聲。　胡廣切。

曠 kuàng　曠　明也。从日廣聲。　苦謗切。

旭 xù　旭　日旦出皃。从日九聲。讀若勖。一曰明也。臣鉉等曰：九非聲，未詳。　許玉切。

晉 jìn　晉（甲骨　金文　玉盟書　簡帛　古幣　漢印　石刻）進也。日出萬物進。从日从臸。《易》曰："明出地上，晉。"臣鉉等案：臸，到也。會意。　卽刃切。

暘 yáng　暘（簡帛）日出也。从日昜聲。《虞書》曰："暘谷。"　與章切。

| 啓 qǐ | 啓 | 雨而晝姓也。从日，啓省聲。 康禮切。
| 暘 yì | 暘 | 日覆雲暫見也。从日易聲。 羊益切。
| 昫 xū | 昫 | 日出溫也。从日句聲。北地有昫衍縣。 火于切。又，火句切。
| 晛 xiàn | 晛 | 日見也。从日从見，見亦聲。《詩》曰："見晛曰消。" 胡甸切。
| 晏 yàn | 晏 （晏簡帛 晏漢印）天清也。从日安聲。 烏諫切。
| 曅 yàn | 曅 | 星無雲也。从日燕聲。 於甸切。
| 景 jǐng | 景 （景漢印 景 景 景 景石刻）光也。从日京聲。 居影切。
| 晧 hào | 晧 （晧簡帛）日出皃。从日告聲。 胡老切。
| 暤 hào | 暤 | 晧旰也。从日皋聲。 胡老切。
| 曄 yè | 曄 | 光也。从日从�。 筠輒切。
| 暉 huī | 暉 （暉 暉石刻）光也。从日軍聲。 許歸切。
| 旰 gàn | 旰 | 晚也。从日干聲。《春秋傳》曰："日旰君勞。" 古案切。
| 晙 yí | 晙 （晙漢印）日行晙晙也。从日施聲。樂浪有東晙縣。讀若酏。 弋支切。
| 晷 guǐ | 晷 （晷石刻）日景也。从日咎聲。 居洧切。
| 昃 zè | 昃 （昃甲骨 昃 昃 昃簡帛 昃 昃古璽 昃古幣 昃石刻）日在西方時，側也。从日仄聲。《易》曰："日昃之離。"臣鉉等曰：今俗別作昗，非是。 阻力切。
| 晚 wǎn | 晚 （晚漢印）莫也。从日免聲。 無遠切。
| 昏 hūn | 昏 （昏 昏甲骨 昏 昏 昏 昏簡帛 昏石刻）日冥也。从日氐省。氐者，下也。一曰民聲。 呼昆切。
| 曫 luán | 曫 | 日旦昏時。从日䜌聲。讀若新城䜌中。 洛官切。
| 晻 àn | 晻 | 不明也。从日奄聲。 烏感切。
| 暗 àn | 暗 | 日無光也。从日音聲。 烏紺切。
| 晦 huì | 晦 （晦簡帛）月盡也。从日每聲。 荒內切。
| 皆 nài | 皆 | 埃皆，日無光也。从日能聲。 奴代切。
| 曀 yì | 曀 | 陰而風也。从日壹聲。《詩》曰："終風且曀。" 於計切。
| 旱 hàn | 旱 （旱 旱簡帛 旱石刻）不雨也。从日干聲。 乎旰切。
| 杳 yǎo | 杳 | 望遠合也。从日、匕。匕，合也。讀若窈窕之窈。徐鍇曰："比，相近也。故曰合也。" 烏皎切。
| 昴 mǎo | 昴 | 白虎宿星。从日卯聲。 莫飽切。
| 曏 xiàng | 曏 | 不久也。从日鄉聲。《春秋傳》曰："曏役之三月。" 許兩切。

曩 nǎng 㬻 曏也。从日襄聲。 奴朗切。

昨 zuó 昨 㬩日也。从日乍聲。 在各切。

暇 xiá 暇 閑也。从日叚聲。 胡嫁切。

暫 zàn 暫 不久也。从日斬聲。 藏濫切。

昪 biàn 昪 喜樂皃。从日弁聲。 皮變切。

昌 chāng 昌（甲骨 金文 簡帛 古璽 古陶 古幣 漢印 石刻）美言也。从日从曰。一曰日光也。《詩》曰："東方昌矣。" 臣鉉等曰：曰，亦言也。 尺良切。 籀文昌。

旺 wàng 旺 光美也。从日往聲。 于放切。

昄 bǎn 昄 大也。从日反聲。 補綰切。

昱 yù 昱 明日也。从日立聲。 余六切。

㬉 nǎn 㬉 溫溼也。从日，赧省聲。讀與赧同。 女版切。

暍 yē 暍 傷暑也。从日曷聲。 於歇切。

暑 shǔ 暑（簡帛 漢印 石刻）熱也。从日者聲。 舒呂切。

㬦 nàn 㬦 安㬦，溫也。从日難聲。 奴案切。

㬎 xiǎn 㬎 衆微杪也。从日中視絲。古文以爲顯字。或曰衆口皃。讀若唫唫。或以爲繭。繭者，絮中往往有小繭也。 五合切。

暴 pù 暴（石刻）晞也。从日从出，从収从米。 薄報切。 古文暴，从日麃聲。

曬 shài 曬 暴也。从日麗聲。 所智切。

暵 hàn 暵 乾也。耕暴田曰暵。从日堇聲。《易》曰："燥萬物者莫暵于離。"臣鉉等曰：當從漢省乃得聲。 呼旰切。

晞 xī 晞 乾也。从日希聲。 香衣切。

昔 xī 昔（甲骨 金文 簡帛 古陶 石刻）乾肉也。从殘肉，日以晞之。與俎同意。 思積切。 籀文从肉。

暱 nì 暱 日近也。从日匿聲。《春秋傳》曰："私降暱燕。" 尼質切。 暱或从尼。

暬 xiè 暬 日狎習相慢也。从日執聲。 私列切。

㫗 mì 㫗 不見也。从日，否省聲。 美畢切。

昆 kūn 昆（簡帛 古璽 古璽）同也。从日从比。徐鍇曰："日日比之，是同也。" 古渾切。

晐 gāi 晐（古陶）兼晐也。从日亥聲。 古哀切。

普 pǔ 普（簡帛 漢印 石刻）日無色也。从日从竝。徐鍇曰："日無光則遠近皆同，故从曉 xiǎo 曉 明也。从日堯聲。 呼鳥切。

昕 xīn 昕 旦明，日將出也。从日斤聲。讀若希。 許斤切。

　　　　　文七十　重六

曈 tóng 曈（古璽）曈曨，日欲明也。从日童聲。 徒紅切。

曨 lóng 曨（漢印）曈曨也。从日龍聲。 盧紅切。

昈 hù 昈 明也。从日戶聲。 矦古切。

昉 fǎng 昉（古璽）明也。从日方聲。 分兩切。

晙 jùn 晙 明也。从日夋聲。 子峻切。

晟 shèng 晟 明也。从日成聲。 承正切。

昶 chǎng 昶（金文）日長也。从日、永。會意。 丑兩切。

暈 yùn 暈（甲骨）日月气也。从日軍聲。 王問切。

晬 zuì 晬 周年也。从日、卒，卒亦聲。 子內切。

映 yìng 映（石刻）明也。隱也。从日央聲。 於敬切。

曙 shǔ 曙 曉也。从日署聲。 常恕切。

昳 dié 昳 日昃也。从日失聲。 徒結切。

曇 tán 曇 雲布也。从日、雲。會意。 徒含切。

曆 lì 曆（石刻）厤象也。从日厤聲。《史記》通用歷。 郎擊切。

昂 áng 昂（漢印）舉也。从日印聲。 五岡切。

昇 shēng 昇 日上也。从日升聲。古只用升。 識蒸切。

　　　　　文十六新附

旦　部

旦 dàn 旦（甲骨　金文　玉盟書　簡帛　古璽　古幣　石刻）明也。从日見一上。一，地也。凡旦之屬皆从旦。 得案切。

暨 jì 暨（漢印）日頗見也。从旦旣聲。 其異切。

　　　　　文二

倝 部

倝 gàn　倝（[簡帛][古璽]）日始出，光倝倝也。从旦㫃聲。凡倝之屬皆从倝。　古案切。

䭐 gàn　䭐　闕。

朝 zhāo　朝（[甲骨][金文][簡帛][古璽][漢印][石刻]）旦也。从倝舟聲。　陟遙切。

文三

㫃 部

㫃 yǎn　㫃（[甲骨][金文]）旌旗之游，㫃蹇之皃。从中曲而下，垂㫃，相出入也。讀若偃。古人名㫃，字子游。凡㫃人之屬皆从㫃。　於幰切。𠃞，古文㫃字。象形。及象旌旗之游。

旐 zhào　旐　龜蛇四游，以象營室，游游而長。从㫃兆聲。《周禮》曰："縣鄙建旐。"　治小切。

旗 qí　旗（[簡帛][古璽][漢印]）熊旗五游，以象罰星，士卒以爲期。从㫃其聲。《周禮》曰："率都建旗。"　渠之切。

旆 pèi　旆（[簡帛]）繼旐之旗也，沛然而垂。从㫃宋聲。　蒲蓋切。

旌 jīng　旌（[簡帛][石刻]）游車載旌，析羽注旄首，所以精進士卒。从㫃生聲。　子盈切。

旟 yú　旟（[金文][古璽]）錯革畫鳥其上，所以進士衆。旟旟，衆也。从㫃與聲。《周禮》曰："州里建旟。"　以諸切。

旂 qí　旂（[金文][簡帛][古璽]）旗有衆鈴，以令衆也。从㫃斤聲。　渠希切。

旞 suì　旞（[古璽]）導車所載。全羽以爲允。允，進也。从㫃遂聲。　徐醉切。𤾕，旞或从遺。

旝 kuài　旝　建大木，置石其上，發以機，以追敵也。从㫃會聲。《春秋傳》曰："旝動而鼓。"《詩》曰："其旝如林。"　古外切。

旃 zhān　旃（[簡帛]）旗曲柄也。所以旃表士衆。从㫃丹聲。《周禮》曰："通帛爲旃。"　諸延切。氈，旃或从亶。

旒 yóu　旒　旌旗之流也。从㫃攸聲。　以周切。

旚 yǎo　旚　旗屬。从㫃要聲。　烏皎切。

施 shī　施（[金文][漢印][石刻]）旗皃。从㫃也聲。齊欒施字子旗，知施者旗也。　式支切。

旖 yǐ 旗旖施也。从㫃奇聲。 於离切。

旚 piāo 旌旗旚繇也。从㫃㒒聲。 匹招切。

旓 biāo 旌旗飛揚皃。从㫃焱聲。 甫遙切。

游 yóu （金文 簡帛 漢印 石刻）旌旗之流也。从㫃汓聲。以周切。遊，古文游。

旇 pī 旌旗披靡也。从㫃皮聲。 敷羈切。

旋 xuán （甲骨 金文 石刻）周旋，旌旗之指麾也。从㫃从疋。疋，足也。徐鍇曰："人足隨旌旗以周旋也。" 似沿切。

旄 máo 幢也。从㫃从毛，毛亦聲。 莫袍切。

旛 fān 幅胡也。从㫃番聲。臣鉉等曰：胡幅之下垂者也。 孚袁切。

旅 lǚ （甲骨 金文 簡帛 古璽 石刻）軍之五百人爲旅。从㫃从从。从，俱也。 力舉切。古文旅。古文以爲魯衛之魯。

族 zú （甲骨 金文 簡帛 古璽 漢印）矢鋒也。束之族族也。从㫃从矢。 昨木切。

文二十三 重五

冥 部

冥 míng （甲骨 漢印 石刻）幽也。从日从六，冖聲。日數十。十六日而月始虧幽也。凡冥之屬皆从冥。 莫經切。

鼆 méng 冥也。从冥黽聲。讀若黽蛙之黽。 武庚切。

文二

晶 部

晶 jīng 精光也。从三日。凡晶之屬皆从晶。 子盈切。

曐 xīng （甲骨 簡帛 古璽 石刻）萬物之精，上爲列星。从晶生聲。一曰象形。从囗，古囗復注中，故與日同。 桑經切。星，古文星。曐，曐或省。

曑 shēn （金文 簡帛 古璽 古陶 漢印）

曟 chén　曟 房星；爲民田時者。从晶辰聲。　植鄰切。晨，曟或省。

疊 dié　疊 （古陶）楊雄說：以爲古理官決罪，三日得其宜乃行之。从晶从宜。亡新以爲疊从三日太盛，改爲三田。　徒叶切。

　　　　　　文五　重四

月 部

月 yuè　月 （甲骨 金文 簡帛 古璽 石刻）闕也。大陰之精。象形。凡月之屬皆从月。　魚厥切。

朔 shuò　朔 （金文 簡帛 古璽 石刻）月一日始蘇也。从月屰聲。　所角切。

朏 pěi　朏 （金文）月未盛之明。从月、出。《周書》曰："丙午朏。"　普乃切。又，芳尾切。

霸 pò　霸 （金文 漢印 石刻）月始生，霸然也。承大月，二日；承小月，三日。从月䨣聲。《周書》曰："哉生霸。"　普伯切。臣鉉等曰：今俗作必駕切。以爲霸王字。䨟，古文霸。

朗 lǎng　朗 （漢印 石刻）明也。从月良聲。　盧黨切。

朓 tiǎo　朓 晦而月見西方謂之朓。从月兆聲。　土了切。

朒 nù　朒 朔而月見東方謂之縮朒。从月內聲。　女六切。

期 qī　期 （金文 簡帛 古璽 漢印 石刻）會也。从月其聲。　渠之切。朞，古文期从日、丌。

　　　　　　文八　重二

朦 méng　朦 月朦朧也。从月蒙聲。　莫工切。

朧 lóng　朧 朦朧也。从月龍聲。　盧紅切。

　　　　　　文二新附

有 部

有 yǒu　有 （金文 簡帛 古璽

石刻）不宜有也。《春秋傳》曰："日月有食之。"从月又聲。凡有之屬皆从有。 云九切。

䬫 yù 有文章也。从有戜聲。 於六切。

龓 lóng 兼有也。从有龍聲。讀若聾。 盧紅切。

文三

朙部

朙 míng （甲骨 金文 玉盟書 簡帛 古璽 古幣 石刻）照也。从月从囧。凡朙之屬皆从朙。 武兵切。 明，古文朙从日。

朚 huāng 翌也。从明（按：明當作朙）亡聲。 呼光切。

文二 重一

囧部

囧 jiǒng （甲骨 金文 古陶）窻牖麗廔闓明。象形。凡囧之屬皆从囧。讀若獷。賈侍中說：讀與明同。 俱永切。

盟 méng （甲骨 金文 簡帛 古幣 石刻）《周禮》曰："國有疑則盟。"諸侯再相與會，十二歲一盟。北面詔天之司慎司命。盟，殺牲歃血，朱盤玉敦，以立牛耳。从囧从血。 武兵切。 盟，篆文从朙。 盟，古文从明。

文二 重二

夕部

夕 xī （甲骨 金文 古幣）莫也。从月半見。凡夕之屬皆从夕。 祥易切。

夜 yè （金文 簡帛 古璽 漢印 石刻）舍也。天下休舍也。从夕，亦省聲。 羊謝切。

夢 méng （甲骨 金文 簡帛）不明也。从夕，瞢省聲。 莫忠切。又，亡貢切。

夗 yuàn 　轉臥也。从夕从卪。臥有卪也。 於阮切。

夤 yín 　（古陶）敬惕也。从夕寅聲。《易》曰："夕惕若夤。" 翼眞切。籀文夤。

姓 qíng 　雨而夜除星見也。从夕生聲。臣鉉等曰：今俗別作晴。非是。 疾盈切。

外 wài 　（金文　簡帛　古璽　古幣　漢印　石刻）遠也。卜尚平旦，今夕卜，於事外矣。 五會切。古文外。

夙 sù 　（甲骨　金文　簡帛）早敬也。从丮，持事；雖夕不休：早敬者也。臣鉉等曰：今俗書作夙，譌。 息逐切。古文夙从人、囟。亦古文夙，从人、西。宿从此。

蓦 mò 　（簡帛）寐也。从夕莫聲。 莫白切。

　　　　文九　重四

多　部

多 duō 　（甲骨　金文　簡帛　古幣　漢印　石刻）重也。从重夕。夕者，相繹也，故爲多。重夕爲多，重日爲疊。凡多之屬皆从多。 得何切。古文多。

夥 huǒ 　齊謂多爲夥。从多果聲。 乎果切。

夎 guài 　大也。从多圣聲。 苦回切。

䣊 zhā 　厚脣皃。从多从尚。徐鍇曰："多卽厚也。" 陟加切。

　　　　文四　重一

毌　部

毌 guàn 　（甲骨　金文）穿物持之也。从一橫貫，象寶貨之形。凡毌之屬皆从毌。讀若冠。 古丸切。

貫 guàn 　（漢印）錢貝之貫。从毌、貝。 古玩切。

虜 lǔ 　（簡帛）獲也。从毌从力，虍聲。 郎古切。

　　　　文三

马 部

马 hàn　嘾也。艸木之華未發函然。象形。凡马之屬皆从马。讀若含。 乎感切。

函 hán　（甲骨／金文／簡帛）舌也。象形。舌體马马。从马，马亦聲。 胡男切。 肣，俗函从肉、今。

甹 yóu　木生條也。从马由聲。《商書》曰："若顛木之有甹、枿。"古文言由枿。徐鍇曰："《說文》無由字，今《尚書》只作由枿，蓋古文省马，而後人因省之。通用爲因由等字。从马，上象枝條華函之形。"臣鉉等案：孔安國注《尚書》直訓由作用也。用枿之語不通。 以州切。

甬 yǒng　（金文／簡帛）艸木華甬甬然也。从马用聲。 余隴切。

马 xián　艸木马盛也。从二马。 胡先切。

　　文五　重一

東 部

東 hàn　木垂華實。从木、马，马亦聲。凡東之屬皆从東。 胡感切。

韢 wéi　束也。从東韋聲。徐鍇曰："言束之象木華實之相累也。"于非切。

　　文二

卥 部

卥 tiáo　艸木實垂卥卥然。象形。凡卥之屬皆从卥。讀若調。 徒遼切。 晶，籀文三卥爲卥。

栗 lì　（甲骨／簡帛／古璽／漢印／石刻）木也。从木，其實下垂，故从卥。 力質切。 㮚，古文栗从西从二卥。徐巡說：木至西方戰栗。

粟 sù　（古璽／漢印）嘉穀實也。从卥从米。孔子曰："粟之爲言續也。" 相玉切。 䅇，籀文粟。

　　文三　重三

齊 部

齊 qí　禾麥吐穗上平也。象形。凡亝之屬皆从亝。徐鍇曰："生而齊者莫若禾麥。二，地也。兩傍在低處也。" 徂兮切。

齌 qí　等也。从亝妻聲。 徂兮切。

　　文二

朿 部

朿 cì　木芒也。象形。凡朿之屬皆从朿。讀若刺。 七賜切。

棗 zǎo　羊棗也。从重朿。 子皓切。

棘 jí　小棗叢生者。从並朿。 已力切。

　　文三

片 部

片 piàn　判木也。从半木。凡片之屬皆从片。 匹見切。

版 bǎn　判也。从片反聲。 布綰切。

牅 bì　判也。从片畐聲。 芳逼切。

牘 dú　書版也。从片賣聲。 徒谷切。

牒 dié　札也。从片枼聲。 徒叶切。

牑 biān　牀版也。从片扁聲。讀若邊。 方田切。

牖 yǒu　穿壁以木爲交窓也。从片、戶、甫。譚長以爲：甫上日也，非戶也。牖，所以見日。 與久切。

牏 tóu　築牆短版也。从片俞聲。讀若俞。一曰若紐。 度矦切。

　　文八

鼎 部

鼎 dǐng 鼎（甲骨 金文 簡帛 石刻）三足兩耳，和五味之寶器也。昔禹收九牧之金，鑄鼎荊山之下，入山林川澤，螭魅蝄蜽，莫能逢之，以協承天休。《易》卦：巽木於下者爲鼎，象析木以炊也。籀文以鼎爲貞字。凡鼎之屬皆从鼎。 都挺切。

鼒 zī 鼒（金文）鼎之圜掩上者。从鼎才聲。《詩》曰："鼐鼎及鼒。" 子之切。鎡，俗鼒从金从茲。

鼐 nài 鼐 鼎之絕大者。从鼎乃聲。《魯詩》說：鼐，小鼎。 奴代切。

鼏 mì 鼏（金文）以木橫貫鼎耳而舉之。从鼎冂聲。《周禮》："廟門容大鼏七箇。"即《易》"玉鉉大吉"也。 莫狄切。

　　　　文四　重一

克 部

克 kè 克（甲骨 金文 簡帛 石刻）肩也。象屋下刻木之形。凡克之屬皆从克。徐鍇曰："肩，任也。負何之名也。與人肩膊之義通，能勝此物謂之克。" 苦得切。克，古文克。柔，亦古文克。

　　　　文一　重二

彔 部

彔 lù 彔（甲骨 金文 簡帛）刻木彔彔也。象形。凡彔之屬皆从彔。 盧谷切。

　　　　文一

禾 部

禾 hé 禾（甲骨 金文 簡帛 古璽 古幣 漢印）嘉穀也。二月始生，八月而孰，得時之中，故謂之禾。禾，木也。木王而生，金王而死。从木，从巫省。巫象其穗。凡禾之屬皆从禾。 戶戈切。

| 秀 xiù | 禾（𥝤簡帛）上諱。漢光武帝名也。徐鍇曰："禾實也。有實之象，下垂也。" 息救切。
| 稼 jià | 禾之秀實爲稼，莖節爲禾。从禾家聲。一曰稼，家事也。一曰在野曰稼。 古訝切。
| 穡 sè | 穀可收曰穡。从禾嗇聲。 所力切。
| 種 zhòng | （簡帛 漢印）埶也。从禾童聲。 之用切。
| 稙 zhí | 早種也。从禾直聲。《詩》曰："稙稚尗麥。" 常職切。
| 種 chóng | 先種後孰也。从禾重聲。 直容切。
| 稑 lù | 疾孰也。从禾坴聲。《詩》曰："黍稷種稑。" 力竹切。穋，稑或从翏。
| 稺 zhì | （古陶 漢印）幼禾也。从禾屖聲。 直利切。
| 稹 zhěn | 種概也。从禾眞聲。《周禮》曰："稹理而堅。" 之忍切。
| 稠 chóu | 多也。从禾周聲。 直由切。
| 穊 jì | 稠也。从禾旣聲。 几利切。
| 稀 xī | 疏也。从禾希聲。徐鍇曰："當言从爻从巾，無聲字。爻者，稀疏之義，與爽同意。巾，象禾之根莖。至於萧、晞，皆當从稀省。何以知之？《說文》無希字故也。" 香依切。
| 穢 miè | 禾也。从禾蔑聲。 莫結切。
| 穆 mù | （甲骨 金文 簡帛 古幣 石刻）禾也。从禾㣎聲。 莫卜切。
| 私 sī | （石刻）禾也。从禾厶聲。北道名禾主人曰私主人。 息夷切。
| 穧 fèi | 稻紫莖不黏也。从禾糞聲。讀若靡。 扶沸切。
| 稷 jì | （金文 簡帛）齋也。五穀之長。从禾畟聲。 子力切。䄻，古文稷省。
| 齋 zī | 稷也。从禾𠫓聲。 卽夷切。𪗇，齋或从次。
| 秫 shú | （甲骨 簡帛）稷之黏者。从禾；朮，象形。 食聿切。朮，秫或省禾。
| 穄 jì | 縻也。从禾祭聲。 子例切。
| 稻 dào | （金文）稌也。从禾舀聲。 徒皓切。
| 稌 tú | 稻也。从禾余聲。《周禮》曰："牛宜稌。" 徒古切。
| 稬 nuò | 沛國謂稻曰稬。从禾耎聲。 奴亂切。
| 稴 xián | 稻不黏者。从禾兼聲。讀若風廉之廉。 力兼切。
| 秔 jīng | 稻屬。从禾亢聲。 古行切。稉，秔或从更聲。
| 秏 hào | 稻屬。从禾毛聲。伊尹曰："飯之美者，玄山之禾，南海之秏。"呼到切。

穬 kuàng　芒粟也。从禾廣聲。　古猛切。

秜 lí　稻今季落，來季自生，謂之秜。从禾尼聲。　里之切。

稗 bài　禾別也。从禾卑聲。琅邪有稗縣。　旁卦切。

移 yí　禾相倚移也。从禾多聲。一曰禾名。臣鉉等曰：多與移聲不相近，蓋古有此音。　弋支切。

穎 yǐng　禾末也。从禾頃聲。《詩》曰："禾穎穟穟。"　余頃切。

秾 lái　齊謂麥秾也。从禾來聲。　洛哀切。

采 suì　禾成秀也，人所以收。从爪、禾。　徐醉切。穗，采或从禾惠聲。

秒 diǎo　禾危穗也。从禾勺聲。　都了切。

穟 suì　禾采之兒。从禾遂聲。《詩》曰："禾穎穟穟。"　徐醉切。䆩，穟或从艸。

稦 duān　禾垂兒。从禾耑聲。讀若端。　丁果切。

稭 jié　禾舉出苗也。从禾曷聲。　居謁切。

秒 miǎo　禾芒也。从禾少聲。　亡沼切。

穖 jǐ　禾穖也。从禾幾聲。　居狶切。

秠 pī　一稃二米。从禾丕聲。《詩》曰："誕降嘉穀，惟秬惟秠。"天賜后稷之嘉穀也。　敷悲切。

秨 zuó　禾搖兒。从禾乍聲。讀若昨。　在各切。

穮 biāo　耕禾閒也。从禾麃聲。《春秋傳》曰："是穮是衮。"　甫嬌切。

案 àn　轢禾也。从禾安聲。　烏旰切。

秄 zǐ　壅禾本。从禾子聲。　即里切。

穧 jì　穫刈也。一曰撮也。从禾齊聲。　在詣切。

穫 huò　（簡帛）刈穀也。从禾蒦聲。　胡郭切。

穧 zī　積禾也。从禾資聲。《詩》曰："穧之秩秩。"　即夷切。

積 jī　（漢印　石刻）聚也。从禾責聲。　則歷切。

秩 zhì　積也。从禾失聲。《詩》曰："穧之秩秩。"　直質切。

稇 kǔn　絭束也。从禾困聲。　苦本切。

稞 huà　穀之善者。从禾果聲。一曰無皮穀。　胡瓦切。

秳 huó　舂粟不潰也。从禾昏聲。　戶括切。

秎 hé　稻也。从禾气聲。　居气切。

稃 fū　檜也。从禾孚聲。　芳無切。柎，稃或从米付聲。

檜 kuài　穅也。从禾會聲。　苦會切。

穅 kāng	穅（……金文 ……簡帛 ……古璽 ……石刻） 穀皮也。从禾从米，庚聲。 苦岡切。 𥝩，穅或省。

稬 zhuó　穛　禾皮也。从禾羔聲。臣鉉等曰：羔聲不相近，未詳。 之若切。

秸 jiá　秸　禾藁去其皮，祭天以爲席。从禾皆聲。 古黠切。

稈 gǎn　稈　禾莖也。从禾旱聲。《春秋傳》曰："或投一秉稈。" 古旱切。𥝧，稈或从干。

稾 gǎo　稾　稈也。从禾高聲。 古老切。

秕 bǐ　秕　不成粟也。从禾比聲。 卑履切。

稍 juān　稍　麥莖也。从禾肙聲。 古玄切。

㓞 liè　㓞　黍穰也。从禾劽聲。 良薛切。

穰 ráng　穰（……漢印）黍㓞已治者。从禾襄聲。 汝羊切。

秧 yāng　秧　禾若秧穰也。从禾央聲。 於良切。

稖 páng　稖　稖程，穀名。从禾旁聲。 蒲庚切。

程 huáng　程　稖程也。从禾皇聲。 戶光切。

秊 nián　秊（……甲骨 ……金文 ……簡帛 ……漢印 ……石刻）穀孰也。从禾千聲。《春秋傳》曰："大有秊。" 奴顛切。

穀 gǔ　穀（……石刻）續也。百穀之總名。从禾殸聲。 古祿切。

稔 rěn　稔　穀孰也。从禾念聲。《春秋傳》曰："鮮不五稔。" 而甚切。

租 zū　租　田賦也。从禾且聲。 則吾切。

稅 shuì　稅　租也。从禾兌聲。 輸芮切。

䅇 dào　䅇　禾也。从禾道聲。司馬相如曰："䅇，一莖六穗。" 徒到切。

稐 huāng　稐　虛無食也。从禾荒聲。 呼光切。

穌 sū　穌　把取禾若也。从禾魚聲。 素孤切。

稍 shāo　稍（……石刻）出物有漸也。从禾肖聲。 所教切。

秋 qiū　秋（……甲骨 ……簡帛 ……古璽 ……石刻）禾穀孰也。从禾，爓省聲。 七由切。𪛊，籀文不省。

秦 qín　秦（……甲骨 ……金文 ……簡帛 ……古璽 ……漢印 ……石刻）伯益之後所封國。地宜禾。从禾，舂省。一曰秦，禾名。 匠鄰切。𥠼，籀文秦从秝。

稱 chēng　稱（……漢印 ……石刻）銓也。从禾爯聲。春分而禾生。日夏至，晷景可度。禾有秒，秋分而秒定。律數：十二秒而當一分，十分而寸。其以爲重：十二粟爲一分，十二分爲一銖。

科 kē　秙（䄷石刻）程也。从禾从斗。斗者，量也。　苦禾切。

程 chéng　程（䅣䅣石刻）品也。十髮爲程，十程爲分，十分爲寸。从禾呈聲。　直貞切。

稯 zōng　稯　布之八十縷爲稯。从禾㚇聲。　子紅切。䋨，籀文稯省。

秭 zǐ　秭（秭金文）五稯爲秭。从禾𠂤聲。一曰數億至萬曰秭。　將几切。

秅 chá　秅　二秭爲秅。从禾乇聲。《周禮》曰："二百四十斤爲秉。四秉曰筥，十筥曰稯，十稯曰秅，四百秉爲一秅。"　宅加切。

秳 shí　秳　百二十斤也。稻一秳爲粟二十斗，禾黍一秳爲粟十六斗大半斗。从禾石聲。　常隻切。

稘 jī　稘　復其時也。从禾其聲。《虞書》曰："稘三百有六旬。"　居之切。

　　　　　　文八十七　重十三

穩 wěn　穩　蹂穀聚也。一曰安也。从禾，隱省。古通用安隱。　烏本切。

稕 zhùn　稕　束稈也。从禾𡺣聲。　之閏切。

　　　　　文二新附

秝 部

秝 lì　秝（秝甲骨）稀疏適也。从二禾。凡秝之屬皆从秝。讀若歷。　郎擊切。

兼 jiān　兼（兼金文 兼簡帛 兼兼 兼石刻）幷也。从又持秝。兼持二禾，秉持一禾。　古甜切。

　　　　　文二

黍 部

黍 shǔ　黍（黍甲骨 黍古璽 黍 黍古幣）禾屬而黏者也。以大暑而穜，故謂之黍。从禾，雨省聲。孔子曰："黍可爲酒，禾入水也。"凡黍之屬皆从黍。　舒呂切。

穈 méi　穈　穄也。从黍麻聲。　靡爲切。

𪌹 bǐ　𪌹　黍屬。从黍卑聲。　幷弭切。

黏 nián　黏　相箸也。从黍占聲。　女廉切。

黐 hú　黐　黏也。从黍古聲。　戶吳切。䊀，黏（按：黏當作黐）或从米。

䵒 nì　䵒　黏也。从黍日聲。《春秋傳》曰："不義不䵒。"　尼質切。䵪，䵒或从刃。

黎 lí 履黏也。从黍，㓠省聲。㓠，古文利。作履黏以黍米。 郎奚切。

𪗄 bó 治黍、禾、豆下潰葉。从黍𣎆聲。 蒲北切。

文八 重二

香 部

香 xiāng （漢印 石刻）芳也。从黍从甘。《春秋傳》曰："黍稷馨香。"凡香之屬皆从香。 許良切。

馨 xīn 香之遠聞者。从香殸聲。殸，籀文磬。 呼形切。

文二

馥 fù （漢印 石刻）香气芬馥也。从香复聲。 房六切。

文一新附

米 部

米 mǐ （甲骨 簡帛 石刻）粟實也。象禾實之形。凡米之屬皆从米。 莫禮切。

梁 liáng （金文 古璽 漢印）米名也。从米，梁省聲。 呂張切。

𪗮 zhuō 早取穀也。从米焦聲。一曰小。 側角切。

粲 càn 稻重一秅，爲粟二十斗，爲米十斗，曰毇；爲米六斗太半斗，曰粲。从米奴聲。 倉案切。

糲 lì 粟重一秅，爲十六斗太半斗，舂爲米一斛曰糲。从米萬聲。 洛帶切。

精 jīng （簡帛 古璽 石刻）擇也。从米青聲。 子盈切。

粺 bài 穀也。从米卑聲。 旁卦切。

粗 cū 疏也。从米且聲。 徂古切。

粊 bì 惡米也。从米北聲。《周書》有《粊誓》。 兵媚切。

糱 niè 牙米也。从米辥聲。 魚列切。

粒 lì 糂也。从米立聲。 力入切。 䊲，古文粒。

釋 shì 漬（按：漬當作潰）米也。从米睪聲。 施隻切。

糂 sǎn 以米和羹也。一曰粒也。从米甚聲。 桑感切。 糣，籀文糂从朁。糁，古文糂从參。

檗 bò 炊米者謂之檗。从米辟聲。 博厄切。

糜 mí　糜　糁也。从米麻聲。　靡爲切。

糖 tán　糖　糜和也。从米覃聲。讀若鄲。　徒感切。

䊾 mí　䊾　潰米也。从米尼聲。交阯有䊾泠縣。　武夷切。

麴 qū　麴　酒母也。从米，麴省聲。　驅六切。　䴷，麴（按：麴當作麴）或从麥，鞠省聲。

糟 zāo　糟　酒滓也。从米曹聲。　作曹切。　䊈，籀文从酉。

糒 bèi　糒　乾也。从米葡聲。　平祕切。

糗 qiǔ　糗　（糗簡帛）熬米麥也。从米臭聲。　去九切。

臼 jiù　臼　舂糗也。从臼、米。　其九切。

糈 xǔ　糈　糧也。从米胥聲。　私呂切。

糧 liáng　糧　（糧簡帛）穀也。从米量聲。　呂張切。

粈 róu　粈　雜飯也。从米丑聲。　女久切。

糴 dí　糴　穀也。从米翟聲。　他弔切。

糢 mò　糢　䫉也。从米蔑聲。　莫撥切。

粹 cuì　粹　不雜也。从米卒聲。　雖遂切。

氣 xì　氣　（氣簡帛 氣石刻）饋客芻米也。从米气聲。《春秋傳》曰："齊人來氣諸矦。"　許既切。　槩，氣或从既。　餼，氣或从食。

粠 hóng　粠　陳臭米也。从米工聲。　戶工切。

粉 fěn　粉　（粉簡帛）傅面者也。从米分聲。　方吻切。

糈 quǎn　糈　粉也。从米卷聲。　去阮切。

糏 xiè　糏　糳也。从米悉聲。　私列切。

糤 sà　糤　糏糤，散之也。从米殺聲。　桑割切。

糜 mí　糜　碎也。从米靡聲。　摸臥切。

竊 qiè　竊　盜自中出曰竊。从穴从米，卨、廿皆聲。廿，古文疾。卨，古文偰。　千結切。

　　　　　文三十六　重七

粻 zhāng　粻　食米也。从米長聲。　陟良切。

粕 pò　粕　糟粕，酒滓也。从米白聲。　匹各切。

粔 jù　粔　粔籹，膏環也。从米巨聲。　其呂切。

籹 nǚ　籹　粔籹也。从米女聲。　人渚切。

糉 zòng　糉　蘆葉裹米也。从米㚇聲。　作弄切。

| 糖 táng | 糖 | 飴也。从米唐聲。 徒郎切。

文六新附

毇 部

| 毇 huǐ | 毇 | 米一斛舂爲八斗也。从臼从殳。凡毇之屬皆从毇。 許委切。
| 糳 zuò | 糳 | 糳米一斛舂爲九斗曰糳。从毇丵聲。 則各切。

文二

臼 部

| 臼 jiù | 臼 （簡帛）舂也。古者掘地爲臼，其後穿木石。象形。中，米也。凡臼之屬皆从臼。 其九切。
| 舂 chōng | 舂 （甲骨）擣粟也。从廾持杵臨臼上。午，杵省也。古者雝父初作舂。 書容切。
| 䏶 pò | 䏶 齊謂舂曰䏶。从臼屰聲。讀若膊。 匹各切。
| 䒺 chā | 䒺 舂去麥皮也。从臼，干所以䒺之。 楚洽切。
| 舀 yǎo | 舀 （簡帛）抒臼也。从爪、臼。《詩》曰："或簸或舀。" 以沼切。 㧡，舀或从手从宂。 㕎，舀或从臼、宂。
| 臽 xiàn | 臽 （金文）小阱也。从人在臼上。 戶猶切。

文六 重二

凶 部

| 凶 xiōng | 凶 （簡帛）惡也。象地穿交陷其中也。凡凶之屬皆从凶。 許容切。
| 兇 xiōng | 兇 （簡帛 古璽）擾恐也。从人在凶下。《春秋傳》曰："曹人兇懼。" 許拱切。

文二

朩 部

| 朩 pìn | 朩 分枲莖皮也。从屮，八象枲之皮莖也。凡朩之屬皆从朩。 匹刃切。讀若髕。

枲 xǐ　枲（枲枲枲=古璽）麻也。从木台聲。 胥里切。 𣏟，籀文枲从㯃从辝。

　　　　　　文二　重一

㯃 部

㯃 pài　㯃（㯃 㯃 簡帛）葩之總名也。㯃之爲言微也，微纖爲功。象形。凡㯃之屬皆从㯃。匹卦切。
檾 qǐng　檾　枲屬。从㯃，熒省。《詩》曰："衣錦檾衣。" 去穎切。
㪔 sàn　㪔　分離也。从攴从㯃。㯃，分㪔之意也。 穌旰切。

　　　　　　文三

麻 部

麻 má　麻（麻 麻金文 麻 麻玉盟書 麻 麻石刻）與㯃同。人所治，在屋下。从广从㯃。凡麻之屬皆从麻。 莫遐切。
纅 kù　纅　未練治纑也。从麻後聲。臣鉉等曰：後非聲，疑復字譌，當从復省乃得聲。 空谷切。
䕻 zōu　䕻　麻藍也。从麻取聲。 側鳩切。
𪎭 tóu　𪎭　檾屬。从麻俞聲。 度矦切。

　　　　　　文四

尗 部

尗 shú　尗　豆也。象尗豆生之形也。凡尗之屬皆从尗。 式竹切。
� chǐ　䜄　配鹽幽尗也。从尗支聲。 是義切。 豉，俗䜄从豆。

　　　　　　文二　重一

耑 部

耑 duān　耑（耑 耑 耑 耑金文 耑 耑 耑 耑簡帛）物初生之題也。上象生形，下象其根也。凡耑之屬皆从耑。臣鉉等曰：中，地也。 多官切。

　　　　　　文一

韭 部

韭 jiǔ　韭（𩏑簡帛）菜名。一穜而久者，故謂之韭。象形，在一之上。一，地也。此與耑同意。凡韭之屬皆从韭。　舉友切。

韰 duì　韰　䪢也。从韭隊聲。　徒對切。

韲 jī　韲　𩏑（按：𩏑當作韰）也。从韭，次、弟皆聲。　祖雞切。𩏑，韲或从齊。

韰 xiè　韰　菜也。葉似韭。从韭叡聲。　胡戒切。

韱 xiān　韱　山韭也。从韭㦰聲。　息廉切。

䪥 fán　䪥　小蒜也。从韭番聲。　附袁切。

　　　文六　重一

瓜 部

瓜 guā　瓜（金文）㼌也。象形。凡瓜之屬皆从瓜。　古華切。

㼭 bó　㼭　小瓜也。从瓜交聲。臣鉉等曰：交非聲，未詳。　蒲角切。

瓞 dié　瓞　㼭也。从瓜失聲。《詩》曰："緜緜瓜瓞。"　徒結切。𤓰，瓞或从弗。

𤬛 xíng　𤬛　小瓜也。从瓜，熒省聲。　戶肩切。

䕓 yáo　䕓　瓜也。从瓜，䚻省聲。　余昭切。

瓣 bàn　瓣　瓜中實。从瓜辡聲。　蒲莧切。

㼌 yǔ　㼌（𣎵簡帛）本不勝末，微弱也。从二瓜。讀若庾。　以主切。

　　　文七　重一

瓠 部

瓠 hù　瓠（漢印）匏也。从瓜夸聲。凡瓠之屬皆从瓠。　胡誤切。

瓢 piáo　瓢　蠡也。从瓠省，票聲。　符宵切。

　　　文二

宀部

宀 mián　冂（甲骨　金文）交覆深屋也。象形。凡宀之屬皆从宀。　武延切。

家 jiā　（甲骨　金文　簡帛　古幣　石刻）居也。从宀，豭省聲。　古牙切。𡩡，古文家。

宅 zhái　（甲骨　金文　簡帛　古幣　石刻）所託也。从宀乇聲。　場伯切。㡯，古文宅。宅，亦古文宅。

室 shì　（甲骨　金文　簡帛　古璽　古幣　石刻）實也。从宀从至。至，所止也。　式質切。

宣 xuān　（甲骨　金文　簡帛　石刻）天子宣室也。从宀亘聲。　須緣切。

向 xiàng　（甲骨　金文　簡帛　古璽　漢印　石刻）北出牖也。从宀从口。《詩》曰："塞向墐戶。"徐鍇曰："牖所以通人气，故从口。"　許諒切。

宧 yí　養也。室之東北隅，食所居。从宀𦣞聲。　與之切。

㝔 yǎo　戶樞聲也。室之東南隅。从宀𠃜聲。　烏皎切。

奥 ào　（漢印）宛也。室之西南隅。从宀𢍋聲。臣鉉等曰：𢍋非聲，未詳。　烏到切。

宛 wǎn　（甲骨　簡帛　石刻）屈草自覆也。从宀夗聲。　於阮切。惌，宛或从心。

宸 chén　屋宇也。从宀辰聲。　植鄰切。

宇 yǔ　（甲骨　金文　石刻）屋邊也。从宀于聲。《易》曰："上棟下宇。"　王榘切。𡩀，籀文宇从禹。

寷 fēng　大屋也。从宀豐聲。《易》曰："寷其屋。"　敷戎切。

寰 huán　（金文　石刻）周垣也。从宀奐聲。　胡官切。䭫，寰或从𠂤。又，爱眷切。

宖 hóng　屋深響也。从宀厷聲。　戶萌切。

𡩅 hóng　屋響也。从宀弘聲。　戶萌切。

寪 wěi　屋皃。从宀爲聲。　韋委切。

康 kāng　（金文）屋康𤳆也。从宀康聲。　苦岡切。

廊 láng　康也。从宀良聲。　音良。又，力康切。

宬 chéng　屋所容受也。从宀成聲。　氏征切。

寍 níng	寍 (甲骨 金文 石刻)	安也。从宀，心在皿上。人之飲食器，所以安人。 奴丁切。
定 dìng	定 (金文 玉盟書 簡帛 古幣 漢印 石刻)	
	安也。从宀从正。 徒徑切。	
寔 shí	寔 (石刻) 止也。从宀是聲。 常隻切。	
安 ān	安 (甲骨 金文 簡帛 古璽 古陶 古幣 石刻)	
	靜也。从女在宀下。 烏寒切。	
宓 mì	宓 (甲骨) 安也。从宀必聲。 美畢切。	
㝖 yì	㝖 靜也。从宀契聲。 於計切。	
宴 yàn	宴 (金文) 安也。从宀妟聲。 於甸切。	
宋 jì	宋 無人聲。从宀未聲。 前歷切。 諔，寂（按：寂當作宋）或从言。	
察 chá	察 (石刻) 覆也。从宀、祭。臣鉉等曰：祭祀必天質明。明，察也。故从祭。 初八切。	
窺 qīn	窺 至也。从宀親聲。 初僅切。	
完 wán	完 全也。从宀元聲。古文以爲寬字。 胡官切。	
富 fù	富 (甲骨 金文 簡帛 古璽 漢印 石刻) 備也。一曰厚也。从宀畐聲。 方副切。	
實 shí	實 (金文 簡帛) 富也。从宀从貫。貫，貨貝也。 神質切。	
宗 bǎo	宗 藏也。从宀丞聲。丞，古文保。《周書》曰："陳宗赤刀。" 博襃切。	
容 róng	容 (金文 簡帛 古璽 石刻) 盛也。从宀、谷。臣鉉等曰：屋與谷皆所以盛受也。 余封切。 㝐，古文容从公。	
宂 rǒng	宂 散也。从宀，人在屋下，無田事。《周書》曰："宮中之宂食。" 而隴切。	
寡 mián	寡 寡寡，不見也。一曰寡寡，不見省人。从宀寡聲。 武延切。	
寶 bǎo	寶 (甲骨 金文 簡帛 石刻) 珍也。从宀从王从貝，缶聲。 博皓切。 寚，古文寶省貝。	
宭 qún	宭 羣居也。从宀君聲。 渠云切。	
宦 huàn	宦 (金文 簡帛) 仕也。从宀从臣。 胡慣切。	
宰 zǎi	宰 (甲骨 金文 簡帛 漢印 石刻)	

皋人在屋下執事者。从宀从辛。辛，皋也。作亥切。

守 shǒu　（金文　玉盟書　簡帛　古璽　漢印　石刻）守官也。从宀从寸。寺府之事者。从寸。寸，法度也。書九切。

寵 chǒng　（金文　簡帛　古璽　石刻）尊居也。从宀龍聲。丑壟切。

宥 yòu　（金文　石刻）寬也。从宀有聲。于救切。

宜 yí　（石刻）所安也。从宀之下，一之上，多省聲。魚羈切。，古文宜。，亦古文宜。

寫 xiě　（石刻）置物也。从宀舄聲。悉也切。

宵 xiāo　（簡帛）夜也。从宀，宀下冥也；肖聲。相邀切。

宿 sù　（甲骨　金文　簡帛）止也。从宀佰聲。佰，古文夙。息逐切。

寢 qǐn　（甲骨　金文　簡帛）臥也。从宀侵聲。七荏切。，籀文寢省。

宀 miàn　冥合也。从宀丏聲。讀若《周書》"若藥不瞑眩"。莫甸切。

寬 kuān　（金文　漢印　石刻）屋寬大也。从宀莧聲。苦官切。

寤 wù　寐也。从宀吾聲。五故切。

寁 zǎn　居之速也。从宀疌聲。子感切。

寡 guǎ　（金文　簡帛　石刻）少也。从宀从頒。頒，分賦也，故爲少。古瓦切。

客 kè　（金文　簡帛　古璽　石刻）寄也。从宀各聲。苦格切。

寄 jì　（漢印　石刻）託也。从宀奇聲。居義切。

寓 yù　（金文　古璽）寄也。从宀禺聲。牛具切。，寓或从广。

寠 jù　（金文）無禮居也。从宀婁聲。其矩切。

宎 jiù　貧病也。从宀久聲。《詩》曰："煢煢在宎。"居又切。

寒 hán　（金文　簡帛　石刻）凍也。从人在宀下，以茻薦覆之，下有仌。胡安切。

害 hài　（甲骨　金文　簡帛　漢印　石刻）傷也。从宀从口。宀、口，言从家起也。丯聲。胡蓋切。

索 suǒ　入家搜也。从宀索聲。所責切。

窭 jū　窮也。从宀竷聲。竷與籟同。居六切。，竷或从穴。

宄 guǐ　（金文）姦也。外爲盜，內爲宄。从宀九聲。讀若軌。居洧切。，古文宊。𡧖，亦古文宊。

窢 cuì　𡫢　塞也。从宀𣫚聲。讀若《虞書》曰"𣫚三苗"之"𣫚"。　麤最切。

宕 dàng　㝔（🈶甲骨 🈶🈶金文 🈶石刻）過也。一曰洞屋。从宀，碭省聲。汝南項有宕鄉。　徒浪切。

宋 sòng　宋（🈶🈶🈶🈶🈶甲骨 🈶金文 🈶簡帛 🈶古璽 🈶古幣 🈶🈶🈶石刻）居也。
从宀从木。讀若送。臣鉉等曰：木者所以成室以居人也。　蘇統切。

窴 diàn　𡫰　屋傾下也。从宀執聲。　都念切。

宗 zōng　宗（🈶甲骨 🈶🈶🈶🈶金文 🈶🈶玉盟書 🈶🈶🈶簡帛 🈶古璽 🈶古陶 🈶古幣 🈶🈶🈶🈶🈶🈶石刻）尊祖廟也。从宀从示。　作冬切。

宔 zhǔ　𡧈（🈶🈶🈶🈶簡帛）宗廟宔祏。从宀主聲。　之庾切。

宙 zhòu　宙　舟輿所極覆也。从宀由聲。　直又切。

　　　　文七十一　重十六

寘 zhì　𡩟（🈶石刻）置也。从宀眞聲。　支義切。

寰 huán　寰　王者封畿內縣也。从宀睘聲。　戶關切。

寀 cǎi　寀　同地爲寀。从宀采聲。　倉宰切。

　　　　文三新附

宫 部

宫 gōng　宫（🈶🈶🈶🈶🈶甲骨 🈶🈶金文 🈶簡帛 🈶古璽 🈶古幣 🈶🈶🈶石刻）室也。从宀，
躳省聲。凡宫之屬皆从宫。　居戎切。

營 yíng　營（🈶石刻）帀（按：帀當作帀）居也。从宫，熒省聲。　余傾切。

　　　　文二

呂 部

呂 lǔ　呂（🈶甲骨 🈶🈶金文 🈶簡帛 🈶古璽 🈶石刻）脊骨也。象形。昔太嶽爲禹心呂之臣，故封呂
侯。凡呂之屬皆从呂。　力舉切。𦜝，篆文呂从肉从旅。

躳 gōng　躳（🈶🈶簡帛 🈶🈶🈶🈶古璽 🈶石刻）身也。从身从呂。居戎切。躬，躳或从弓。

　　　　文二　重二

穴 部

穴 xué　穴（簡帛）土室也。从宀八聲。凡穴之屬皆从穴。　胡決切。

窅 mǐng　窅　北方謂地空，因以爲土穴，爲窅戶。从穴皿聲。讀若猛。　武永切。

窨 yìn　窨　地室。从穴音聲。　於禁切。

窯 yáo　窯　燒瓦竈也。从穴羔聲。　余招切。

復 fù　復　地室也。从穴復聲。《詩》曰："陶復陶穴。"　芳福切。

竈 zào　竈（古璽 漢印）炊竈也。从穴，鼀省聲。　則到切。竃，竈或不省。

窊 wā　窊　甌空也。从穴圭聲。　烏瓜切。

突 shēn　突　深也。一曰竈突。从穴从火，从求省。　式鍼切。

穿 chuān　穿（漢印 漢印）通也。从牙在穴中。　昌緣切。

竂 liáo　竂　穿也。从穴尞聲。《論語》有公伯竂。　洛蕭切。

突 yuè　突　穿也。从穴，決省聲。　於決切。

窡 yuè　窡　深抉也。从穴从抉。　於決切。

竇 dòu　竇（漢印 漢印 漢印 石刻）空也。从穴，瀆省聲。　徒奏切。

窅 xuè　窅　空兒。从穴喬聲。　呼決切。

窠 kē　窠　空也。穴中曰窠，樹上曰巢。从穴果聲。　苦禾切。

窗 chuāng　窗　通孔也。从穴囪聲。　楚江切。

窊 wā　窊　污衺，下也。从穴瓜聲。　烏瓜切。

竅 qiào　竅　空也。从穴敫聲。　牽料切。

空 kōng　空（金文 金文 石刻 石刻 石刻）竅也。从穴工聲。　苦紅切。

窒 qìng　窒　空也。从穴巠聲。《詩》曰："瓶之窒矣。"　去徑切。

穵 yà　穵　空大也。从穴乙聲。　烏黠切。

窳 yǔ　窳（石刻）污窬也。从穴㼌聲。朔方有窳渾縣。　以主切。

窞 dàn　窞（石刻）坎中小坎也。从穴从臽，臽亦聲。《易》曰："入于坎窞。"一曰旁入也。　徒感切。

窌 jiào　窌　窖也。从穴卯聲。　匹皃切。

窖 jiào　窖　地藏也。从穴告聲。　古孝切。

窬 yú　窬　穿木戶也。从穴俞聲。一曰空中也。　羊朱切。

窵 diào　窵窅，深也。从穴鳥聲。　多嘯切。

窺 kuī　（簡帛）小視也。从穴規聲。　去隓切。

竀 chēng　正視也。从穴中正見也，正亦聲。　敕貞切。

窡 zhuó　穴中見也。从穴叕聲。　丁滑切。

窋 zhuó　（漢印）物在穴中皃。从穴中出。　丁滑切。

窴 tián　塞也。从穴眞聲。　待秊切。

窒 zhì　（古璽　古幣　漢印）塞也。从穴至聲。　陟栗切。

突 tū　（漢印）犬从穴中暫出也。从犬在穴中。一曰滑也。　徒骨切。

竄 cuàn　墜也。从鼠在穴中。　七亂切。

窣 sū　从穴中卒出。从穴卒聲。　蘇骨切。

窘 jiǒng　迫也。从穴君聲。　渠隕切。

窕 tiǎo　深肆極也。从穴兆聲。讀若挑。　徒了切。

穹 qióng　（石刻）窮也。从穴弓聲。　去弓切。

究 jiù　窮也。从穴九聲。　居又切。

竆 qióng　（簡帛　石刻）極也。从穴躳聲。　渠弓切。

窅 yǎo　冥也。从穴匸聲。　烏皎切。

窔 yào　（簡帛）窅窔，深也。从穴交聲。　烏叫切。

邃 suì　深遠也。从穴遂聲。　雖遂切。

窈 yǎo　（漢印）深遠也。从穴幼聲。　烏皎切。

窱 tiǎo　杳窱也。从穴條聲。　徒弔切。

窢 cuì　穿地也。从穴毳聲。一曰小鼠。《周禮》曰：「大喪甫竁。」　充芮切。

窆 biǎn　葬下棺也。从穴乏聲。《周禮》曰：「及窆執斧。」　方驗切。

窀 zhūn　（石刻）葬之厚夕。从穴屯聲。《春秋傳》曰：「窀穸从先君於地下。」　陟倫切。

穸 xī　（石刻）窀穸也。从穴夕聲。　詞亦切。

窔 yā　入肰刺穴謂之窔。从穴甲聲。　烏狎切。

文五十一　重一

㝱部

㝱 mèng　寐而有覺也。从宀从疒，夢聲。《周禮》：「以日月星辰占六㝱之吉凶：一曰正㝱，二

228　實用說文解字

曰寱寢，三曰思寢，四曰悟寢，五曰喜寢，六曰懼寢。"凡寢之屬皆從寢。　莫鳳切。

寑 qǐn　寑　病臥也。從寢省，㑴省聲。　七荏切。

寐 mèi　寐　臥也。從寢省，未聲。　蜜二切。

寤 wù　寤　寐覺而有信（按：信當作言）曰寤。從寢省，吾聲。一曰晝見而夜寢也。　五故切。寤，籀文寤。

㝲 rǔ　㝲　楚人謂寐曰㝲。從寢省，女聲。　依倨切。

寐 mǐ　寐　寐而未厭。從寢省，米聲。　莫禮切。

寱 jì　寱　孰寐也。從寢省，水聲。讀若悸。　求癸切。

寎 bìng　寎　臥驚病也。從寢省，丙聲。　皮命切。

寱 yì　寱　瞑言也。從寢省，臬聲。　牛例切。

寣 hū　寣　臥驚也。一曰小兒號寣寣。一曰河內相評也。從寢省，從言。　火滑切。

　　　　文十　重一

疒　部

疒 nè　疒（甲骨）倚也。人有疾病，象倚箸之形。凡疒之屬皆從疒。　女戹切。

疾 jí　疾（金文　簡帛　古璽　古陶　古幣　石刻）病也。從疒矢聲。　秦悉切。𤕫，古文疾。𥏸，籀文疾。

痛 tòng　痛（石刻）病也。從疒甬聲。　他貢切。

病 bìng　病（古璽　漢印　石刻）疾加也。從疒丙聲。　皮命切。

瘣 huì　瘣（古璽）病也。從疒鬼聲。《詩》曰："譬彼瘣木。"一曰腫旁出也。　胡罪切。

疴 kē　疴　病也。從疒可聲。《五行傳》曰："時卽有口疴。"　烏何切。

痡 pū　痡　病也。從疒甫聲。《詩》曰："我僕痡矣。"　普胡切。

瘽 qín　瘽　病也。從疒堇聲。　巨斤切。

瘵 zhài　瘵　病也。從疒祭聲。　側介切。

瘨 diān　瘨　病也。從疒眞聲。一曰腹張。　都秊切。

瘼 mò　瘼　病也。從疒莫聲。　慕各切。

疝 jiǎo　疝　腹中急也。從疒丩聲。　古巧切。

殞 yùn　殞　病也。從疒員聲。　王問切。

癇 xián　癇　病也。從疒閒聲。　戶閒切。

疧 wù	疧	病也。从疒出聲。 五忽切。
疵 cī	疵（牆 牆 漢印）病也。从疒此聲。 疾咨切。
癈 fèi	癈	固病也。从疒發聲。 方肺切。
瘏 tú	瘏（㿪 古璽）病也。从疒者聲。《詩》曰："我馬瘏矣。" 同都切。
瘲 zòng	瘲	病也。从疒從聲。 卽容切。
疢 shěn	疢	寒病也。从疒辛聲。 所臻切。
痩 xù	痩	頭痛也。从疒或聲。讀若溝洫之洫。 吁逼切。
痟 xiāo	痟	酸痟，頭痛。从疒肖聲。《周禮》曰："春時有痟首疾。" 相邀切。
疕 bǐ	疕（疕 簡帛 疕 疕 古璽）頭瘍也。从疒匕聲。 卑履切。
瘍 yáng	瘍（瘍 瘍 瘍 古璽）頭創也。从疒昜聲。 與章切。
痒 yáng	痒	瘍也。从疒羊聲。 似陽切。
瘚 mà	瘚	目病。一曰惡气箸身也。一曰蝕創。从疒馬聲。 莫駕切。
撕 xī	撕	散聲。从疒斯聲。 先稽切。
瘑 wěi	瘑	口喎也。从疒爲聲。 韋委切。
疾 jué	疾	瘑也。从疒，決省聲。 古穴切。
瘖 yīn	瘖	不能言也。从疒音聲。 於今切。
癭 yǐng	癭（癭 簡帛）頸瘤也。从疒嬰聲。 於郢切。
瘻 lòu	瘻	頸腫也。从疒婁聲。 力豆切。
疣 yòu	疣（疣 古陶）顫也。从疒又聲。 于救切。
瘀 yū	瘀	積血也。从疒於聲。 依倨切。
疝 shàn	疝	腹痛也。从疒山聲。 所晏切。
疛 zhǒu	疛	小腹病。从疒，肘省聲。 陟柳切。
癖 pì	癖	滿也。从疒辟聲。 平祕切。
府 fù	府	俛病也。从疒付聲。 方榘切。
痀 jū	痀（痀 金文 痀 古璽）曲脊也。从疒句聲。 其俱切。
瘚 jué	瘚	屰气也。从疒从屰从欠。 居月切。 㡹，瘚或省疒。
悸 jì	悸	气不定也。从疒季聲。 其季切。
痱 féi	痱	風病也。从疒非聲。 蒲罪切。
瘤 liú	瘤	腫也。从疒畱聲。 力求切。
痤 cuó	痤（痤 漢印）小腫也。从疒坐聲。一曰族絫。臣鉉等曰：今別作瘊蠶，非是。 昨禾切。

疽 jū	疽	癰也。从疒且聲。 七余切。
癘 lì	癘	惡疾也。从疒麗聲。一曰瘦黑。讀若隸。 郎計切。
癰 yōng	癰	(𤻘 𤶕 古璽 𤶲 𤶫 古陶) 腫也。从疒雝聲。 於容切。
瘜 xī	瘜	寄肉也。从疒息聲。 相即切。
癬 xuǎn	癬	乾瘍也。从疒鮮聲。 息淺切。
疥 jiè	疥	(𤶛 𤶜 金文 𤶝 簡帛 𤶞 𤶟 古璽) 搔也。从疒介聲。 古拜切。
痂 jiā	痂	疥也。从疒加聲。 古牙切。
瘕 xiá	瘕	女病也。从疒叚聲。 乎加切。
癘 lì	癘	惡疾也。从疒，蠆省聲。 洛帶切。
瘧 nüè	瘧	(𤻘 簡帛) 熱寒休作。从疒从虐，虐亦聲。 魚約切。
痁 shān	痁	有熱瘧。从疒占聲。《春秋傳》曰："齊侯疥，遂痁。" 失廉切。
痎 jiē	痎	二日一發瘧。从疒亥聲。 古諧切。
痳 lín	痳	疝病。从疒林聲。 力尋切。
痔 zhì	痔	後病也。从疒寺聲。 直里切。
痿 wěi	痿	痹也。从疒委聲。 儒佳切。
痹 bì	痹	(𤻘 古陶) 溼病也。从疒畀聲。 必至切。
痺 bì	痺	足气不至也。从疒畢聲。 毗至切。
瘃 zhú	瘃	中寒腫覈。从疒豖聲。 陟玉切。
偏 piān	偏	半枯也。从疒扁聲。 匹連切。
瘇 zhǒng	瘇	脛气足腫。从疒童聲。《詩》曰："既微且瘇。" 時重切。𤺄，籀文从尢。
瘂 è	瘂	跛病也。从疒盍聲。讀若脅，又讀若掩。 烏盍切。
疻 zhǐ	疻	毆傷也。从疒只聲。 諸氏切。
痏 wěi	痏	疻痏也。从疒有聲。 榮美切。
瘤 wěi	瘤	創裂也。一曰疾瘤。从疒巂聲。 以水切。
疢 chān	疢	皮剝也。从疒㞋聲。 赤占切。𤴿，籀文从叕。
膿 nòng	膿	痛也。从疒農聲。 奴動切。
痍 yí	痍	傷也。从疒夷聲。 以脂切。
瘢 bān	瘢	痍也。从疒般聲。 薄官切。
痕 hén	痕	胝瘢也。从疒艮聲。 戶恩切。
痙 jìng	痙	彊急也。从疒巠聲。 其頸切。

痋 tóng	牏	動病也。从疒，蟲省聲。 徒冬切。
瘦 shòu	膄（膄漢印）	臞也。从疒叜聲。 所又切。
疢 chèn	脈	熱病也。从疒从火。臣鉉等曰：今俗別作疢，非是。 丑刃切。
癉 dàn	繟	勞病也。从疒單聲。 丁幹、丁賀二切。
疸 dǎn	胆	黃病也。从疒旦聲。 丁幹切。
痰 qiè	膼	病息也。从疒夾聲。 苦叶切。
痞 pǐ	牖	痛也。从疒否聲。 符鄙切。
瘍 yì	膓	脈瘍也。从疒易聲。 羊益切。
瘷 shù	脈	狂走也。从疒术聲。讀若欻。 食聿切。
疲 pí	牐（癳古璽）	勞也。从疒皮聲。 符羈切。
痄 zǐ	牐	瑕也。从疒弟聲。 側史切。
疧 qí	牴	病也。从疒氐聲。 渠支切。
疲 jí	牖	病劣也。从疒及聲。 呼合切。
瘞 ài	臕	劇聲也。从疒殹聲。 於賣切。
癃 lóng	牘	罷病也。从疒隆聲。 力中切。 牖，籀文癃省。
疫 yì	牒（牒石刻）	民皆疾也。从疒，役省聲。 營隻切。
瘛 chì	臕	小兒瘛瘲病也。从疒恝聲。臣鉉等曰：《說文》無恝字，疑从疒从心，契省聲。 尺制切。
疼 duò	胗（胗簡帛）	馬病也。从疒多聲。《詩》曰："疼疼駱馬。" 丁可切。
疪 duó	牏	馬脛瘍也。从疒兌聲。一曰將傷。 徒活切。
療 liáo	牘	治也。从疒樂聲。 力照切。 牘，或从尞。
痼 gù	牯（痼玉盟書）	久病也。从疒古聲。 古慕切。
瘌 là	牖	楚人謂藥毒曰痛瘌。从疒剌聲。 盧達切。
癆 lào	牘	朝鮮謂藥毒曰癆。从疒勞聲。 郎到切。
瘥 chài	牐（牐簡帛）	瘉也。从疒㒳聲。 楚懈切。又，才他切。
痩 shuāi	牐	減也。从疒衰聲。一曰耗也。 楚追切。
瘉 yù	牏	病瘳也。从疒俞聲。臣鉉等曰：今別作愈，非是。 以主切。
瘳 chōu	牘（牘 牘簡帛 牘漢印）	疾瘉也。从疒翏聲。 敕鳩切。
癡 chī	牘	不慧也。从疒疑聲。 丑之切。

文一百二　重七

冖 部

冖 mì 冖 覆也。从一下垂也。凡冖之屬皆从冖。臣鉉等曰：今俗作幂，同。 莫狄切。

冠 guān 冠（簡帛 漢印 石刻）絭也。所以絭髮，弁冕之總名也。从冖从元，元亦聲。冠有法制，从寸。徐鍇曰："取其在首，故从元。" 古丸切。

冣 jù 冣（漢印）積也。从冖从取，取亦聲。 才句切。

㝵 dù 㝵 奠爵酒也。从冖託聲。《周書》曰："王三宿三祭三㝵。" 當故切。

文四

冂 部

冂 mǎo 冂 重覆也。从冂、一。凡冂之屬皆从冂。 莫保切。讀若艸苺苺。

同 tóng 同（甲骨 金文 簡帛 古幣 石刻）合會也。从冂从口。臣鉉等曰：同，爵名也。《周書》曰："太保受同嚌，故从口。"史籀亦从口。李陽冰云："从口。"非是。徒紅切。

冃 què 冃 幬帳之象。从冂；屮，其飾也。 苦江切。

冡 méng 冡（簡帛）覆也。从冂、豕。 莫紅切。

文四

冃 部

冃 mào 冃 小兒蠻夷頭衣也。从冂；二，其飾也。凡冃之屬皆从冃。 莫報切。

冕 miǎn 冕（ ）大夫以上冠也。邃延、垂瑬、紞纊。从冃免聲。古者黃帝初作冕。 亡辡切。絻，冕或从糸。

冑 zhòu 冑 兜鍪也。从冃由聲。 直又切。𩊚，《司馬法》冑从革。

冒 mào 冒（簡帛 漢印）冡而前也。从冃从目。 莫報切。𧘇，古文冒。

最 zuì 最（漢印）犯而取也。从冃从取。 祖外切。

文五　重三

网 部

网 liǎng 𠕢 再也。从冂，𠔎。《易》曰："参天两地。"凡㒳之属皆从㒳。 良奖切。

兩 liǎng 兩 （金文 简帛 古币 石刻）二十四铢为一两。从一；㒳，平分，亦声。 良奖切。

𠓛 mán 𠓛 （金文）平也。从廿，五行之数，二十分为一辰。㒳，𠓛平也。读若蛮。 母官切。

文三

网 部

网 wǎng 网 （甲骨 石刻）庖犧所结绳以渔。从冂，下象网交文。凡网之属皆从网。今经典变隶作罒。文纺切。㒺，网或从亡。䋄，网或从糸。𠔿，古文网。𦉫，籀文网。

罨 yǎn 罨 罕也。从网奄声。 於业切。

罕 hǎn 罕 （石刻）网也。从网干声。 呼旱切。

罥 juàn 罥 网也。从网、睘，睘亦声。一曰綰也。 古眩切。

䍙 méi 䍙 网也。从网每声。 莫栘切。

䍚 xuǎn 䍚 网也。从网巽声。 思沇切。蹝，《逸周书》曰："不卵不蹝，以成鸟兽。"蹝者，䍚兽足也。故或从足。

䍡 mí 䍡 周行也。从网米声。《诗》曰："䍡入其阻。" 武移切。𦋋，䍡或从彳。

罩 zhào 罩 捕鱼器也。从网卓声。 都教切。

罾 zēng 罾 鱼网也。从网曾声。 作滕切。

罪 zuì 罪 （石刻）捕鱼竹网。从网、非。秦以罪为辠字。 徂贿切。

罽 jì 罽 鱼网也。从网劌声。劌，籀文锐。 居例切。

罛 gū 罛 鱼罟也。从网瓜声。《诗》曰："施罛濊濊。" 古胡切。

罟 gǔ 罟 （古玺）网也。从网古声。 公户切。

罶 liǔ 罶 曲梁寡妇之笱。鱼所留也。从网、畱，畱亦声。 力九切。䍀，罶或从婁。《春秋国语》曰："溝䍏䍀。"

罜 zhǔ 罜 罜麗，鱼罟也。从网主声。 之庾切。

麗 lù 麗 罜麗也。从网鹿声。 卢谷切。

罧 shèn　積柴水中以聚魚也。从网林聲。 所今切。

罠 mín　釣也。从网民聲。 武巾切。

羅 luó　（簡帛　漢印　石刻）以絲罟鳥也。从网从維。古者芒氏初作羅。 魯何切。

罬 zhuó　捕鳥覆車也。从网叕聲。 陟劣切。輟，罬或从車。

罿 chōng　罬也。从网童聲。 尺容切。

罦 fú　覆車也。从网包聲。《詩》曰："雉離于罦。" 縛牟切。罦，罦或从孚。

罻 wèi　捕鳥网也。从网尉聲。 於位切。

罘 fú　兔罟也。从网否聲。臣鉉等曰：隸書作罘。 縛牟切。

罟 hù　罟也。从网互聲。 胡誤切。

罝 jiē　兔网也。从网且聲。 子邪切。罝，罝或从糸。籀文从虘。

䍃 wǔ　牖中网也。从网舞聲。 文甫切。

署 shǔ　（漢印　石刻）部署，有所网屬。从网者聲。徐鍇曰："署置之，言羅絡之，若罘网也。" 常恕切。

罷 bà　（漢印）遣有辠也。从网、能。言有賢能而入网，而貫（按：貫當作貰）遣之。《周禮》曰："議能之辟。" 薄蟹切。

置 zhì　（漢印）赦也。从网、直。徐鍇曰："从直，與罷同意。" 陟吏切。

罯 ǎn　覆也。从网音聲。 烏感切。

詈 lì　（石刻）罵也。从网从言。网皋人。 力智切。

罵 mà　（玉盟書）詈也。从网馬聲。 莫駕切。

羈 jī　（漢印　石刻）馬絡頭也。从网从馬。馬，馬絆也。 居宜切。羈，羈或从革。

文三十四　重十二

罭 yù　魚網也。从网或聲。 于逼切。

罳 sī　罘罳，屏也。从网思聲。 息茲切。

罹 lí　心憂也。从网，未詳。古多通用離。 呂支切。

文三新附

襾 部

襾 yà　覆也。从冂，上下覆之。凡襾之屬皆从襾。 呼訝切。讀若晋。

覂 fěng　反覆也。从襾乏聲。 方勇切。

覈 hé　實也。考事，襾笮邀遮，其辭得實曰覈。从襾敫聲。 下革切。覈，覈或从雨。

覆 fù　覂也。一曰蓋也。从襾復聲。 敷救切。

　　　　　文四　重一

巾　部

巾 jīn　（金文）佩巾也。从冂，丨象糸也。凡巾之屬皆从巾。 居銀切。

帉 fēn　楚謂大巾曰帉。从巾分聲。 撫文切。

帥 shuài　（金文 石刻）佩巾也。从巾、𠂤。 所律切。帨，帥或从兌。又音稅。

帨 shuì　禮巾也。从巾从執。 輸芮切。

帗 bō　一幅巾也。从巾犮聲。讀若撥。 北末切。

帆 rèn　枕巾也。从巾刃聲。 而振切。

幋 pán　覆衣大巾。从巾般聲。或以爲首鞶。 薄官切。

帤 rú　巾帤也。从巾如聲。一曰幣巾。 女余切。

幣 bì　帛也。从巾敝聲。 毗祭切。

幅 fú　布帛廣也。从巾畐聲。 方六切。

帊 huāng　設色之工，治絲練者。从巾㡿聲。一曰帊，隔。讀若荒。 呼光切。

帶 dài　（甲骨 簡帛 古陶 漢印）紳也。男子鞶帶，婦人帶絲。象繫佩之形。佩必有巾，从巾。 當蓋切。

幘 zé　髮有巾曰幘。从巾責聲。 側革切。

帕 xún　領耑也。从巾旬聲。 相倫切。

帔 pèi　弘農謂帬帔也。从巾皮聲。 披義切。

常 cháng　（簡帛 古陶 石刻）下帬也。从巾尚聲。 市羊切。裳，常或从衣。

帬 qún　（簡帛 石刻）下裳也。从巾君聲。 渠云切。裠，帬或从衣。

幓 sàn　帬也。一曰帗也。一曰婦人脅衣。从巾參聲。讀若末殺之殺。 所八切。

幃 kūn　幒也。从巾軍聲。 古渾切。褌，幃或从衣。

幒 zhōng　幃也。从巾悤聲。一曰帗。 職茸切。𧝐，幒或从松。

襤 lán　楚謂無緣衣也。从巾監聲。 魯甘切。

幎 mì 幔也。从巾冥聲。《周禮》有"幎人"。 莫狄切。

幔 màn 幕也。从巾曼聲。 莫半切。

幬 chóu 禪帳也。从巾𠷎聲。 直由切。

帘 lián 帷也。从巾兼聲。 力鹽切。

帷 wéi 在旁曰帷。从巾隹聲。 洧悲切。匚，古文帷。

帳 zhàng （漢印）張也。从巾長聲。 知諒切。

幕 mù 帷在上曰幕，覆食案亦曰幕。从巾莫聲。 慕各切。

㡀 bǐ 𢂷裂也。从巾㢭聲。 卑履切。

㡜 xiè 殘帛也。从巾祭聲。 先劣切。又，所例切。

㡰 shū 正幅裂也。从巾俞聲。 山樞切。

帖 tiè 帛書署也。从巾占聲。 他叶切。

帙 zhí 書衣也。从巾失聲。 直質切。袠，帙或从衣。

㡑 jiān 幡幟也。从巾前聲。 則前切。

徽 huī 幟也，以絳微帛，箸於背。从巾，微省聲。《春秋傳》曰："揚徽者公徒。" 許歸切。

幖 biāo 幟也。从巾熛聲。 方招切。

帑 yuān 幡也。从巾夗聲。 於袁切。

幡 fān 書兒拭觚布也。从巾番聲。 甫煩切。

㡭 là 刜也。从巾剌聲。 盧達切。

㦮 jiān 拭也。从巾戔聲。 精廉切。

幝 chǎn 車弊皃。从巾單聲。《詩》曰："檀車幝幝。" 昌善切。

幪 méng 蓋衣也。从巾冡聲。 莫紅切。

幭 miè 蓋幭也。从巾蔑聲。一曰禪被。 莫結切。

幠 hū 覆也。从巾無聲。 荒烏切。

飾 shì （石刻）㕞也。从巾从人，食聲。讀若式。一曰襐飾。 賞隻切。

幃 wéi （金文）囊也。从巾韋聲。 許歸切。

帣 juàn 囊也。今鹽官三斛爲一帣。从巾䏒聲。 居倦切。

帚 zhǒu （甲骨 金文 簡帛）糞也。从又持巾埽冂內。古者少康初作箕、帚、秫酒。少康，杜康也，葬長垣。 支手切。

席 xí （簡帛 石刻）籍也。《禮》：天子、諸侯席，有黼繡純飾。从巾，庶省。臣鉉等曰：席以待賓客之禮，賓客非一人，故从庶。 祥易切。䄄，古文席从石省。

縢 téng	縢	囊也。从巾朕聲。 徒登切。
幩 fèn	幩	以囊盛穀，大滿而裂也。从巾奮聲。 方吻切。
帾 zhūn	帾	載米齡也。从巾盾聲。讀若《易》屯卦之屯。 陟倫切。
帎 gé	帎	蒲席齡也。从巾及聲。讀若蛤。 古沓切。
幩 fén	幩	馬纏鑣扇汗也。从巾賁聲。《詩》曰："朱幩鑣鑣。" 符分切。
㡇 néi	㡇	墀地，以巾攗之。从巾夒聲。讀若水溫鼀也。一曰箸也。 乃昆切。
帑 tǎng	帑 (漢印)	金幣所藏也。从巾奴聲。 乃都切。
布 bù	布 (金文 簡帛 古幣 漢印)	枲織也。从巾父聲。 博故切。
幏 jià	幏	南郡蠻夷賨布。从巾家聲。 古訝切。
幺 xián	幺	布。出東萊。从巾弦聲。 胡田切。
幦 mù	幦	氂布也。一曰車上衡衣。从巾孜聲。讀若頊。 莫卜切。
幭 mì	幭	氂布也。从巾辟聲。《周禮》曰："駹車大幭。" 莫狄切。
帢 zhé	帢	領耑也。从巾耴聲。 陟葉切。

文六十二　重八

幢 chuáng	幢 (石刻)	旌旗之屬。从巾童聲。 宅江切。
幟 zhì	幟	旌旗之屬。从巾戠聲。 昌志切。
帟 yì	帟	在上曰帟。从巾亦聲。 羊益切。
幗 guó	幗	婦人首飾。从巾國聲。 古對切。
幧 qiāo	幧	斂髮也。从巾喿聲。 七搖切。
帒 dài	帒	囊也。从巾代聲。或从衣。 徒耐切。
帊 pà	帊	帛三幅曰帊。从巾巴聲。 普駕切。
幞 fú	幞	帊也。从巾菐聲。 房玉切。
幰 xiǎn	幰	車幔也。从巾憲聲。 虛偃切。

文九新附

市　部

| 市 fú | 市 (金文 簡帛) | 韠也。上古衣蔽前而已，市以象之。天子朱市，諸矣赤市，大夫葱衡。从巾，象連帶之形。凡市之屬皆从市。 分勿切。韍，篆文市从韋从友。臣鉉等

曰：今俗作絨，非是。

韐 jiá 韐 士無市有韐。制如榼，缺四角。爵弁服，其色韎。賤不得與裳同。司農曰：裳，纁色。从市合聲。 古洽切。 鞈，韐或从韋。

　　　　文二　重二

帛 部

帛 bó 帛（甲骨　金文　簡帛）繒也。从巾白聲。凡帛之屬皆从帛。 旁陌切。

錦 jǐn 錦（簡帛　石刻）襄邑織文。从帛金聲。 居飲切。

　　　　文二

白 部

白 bái 白（甲骨　金文　簡帛　古幣　漢印　石刻）西方色也。陰用事，物色白。从入合二。二，陰數。凡白之屬皆从白。 旁陌切。臮，古文白。

皎 jiǎo 皎 月之白也。从白交聲。《詩》曰："月出皎兮。" 古了切。

皢 xiǎo 皢 日之白也。从白堯聲。 呼鳥切。

晳 xī 晳 人色白也。从白析聲。 先擊切。

皤 pó 皤 老人白也。从白番聲。《易》曰："賁如皤如。" 薄波切。𩒞，皤或从頁。

確 hé 確 鳥之白也。从白雀聲。 胡沃切。

皚 ái 皚 霜雪之白也。从白豈聲。 五來切。

皅 pā 皅 艸華之白也。从白巴聲。 普巴切。

皦 jiǎo 皦（石刻）玉石之白也。从白敫聲。 古了切。

皙 xì 皙 際見之白也。从白，上下小見。 起戟切。

皛 xiǎo 皛 顯也。从三白。讀若皎。 烏皎切。

　　　　文十一　重二

㡀 部

㡀 bì 㡀（簡帛）敗衣也。从巾，象衣敗之形。凡㡀之屬皆从㡀。 毗祭切。

敝 bì 敝（甲骨）帗也。一曰敗衣。从攴从㡀，㡀亦聲。 毗祭切。

文二

㡀 部

㡀 zhǐ 㡀（甲骨　金文　古璽）箴縷所紩衣。从巾，丵省。凡㡀之屬皆从㡀。臣鉉等曰：丵，眾多也，言箴縷之工不一也。 陟几切。

黼 chǔ 黼（金文）合五采鮮色。从㡀盧聲。《詩》曰："衣裳黼黼。" 創舉切。

黼 fǔ 黼 白與黑相次文。从㡀甫聲。 方榘切。

黻 fú 黻 黑與青相次文。从㡀犮聲。 分勿切。

綷 zuì 綷 會五采繒色。从㡀，綷省聲。 子對切。

粉 fěn 粉 袞衣山龍華蟲。粉，畫粉也。从㡀，从粉省。衞宏說。 方吻切。

文六

說文解字弟八

三十七部　六百一十一文　重六十三

凡八千五百三十九字

文三十五新附

人　部

人 rén　⼈（甲骨　金文　簡帛　古幣　石刻）天地之性最貴者也。此籀文。象臂脛之形。凡人之屬皆从人。　如鄰切。

僮 tóng　僮（簡帛）未冠也。从人童聲。　徒紅切。

保 bǎo　保（甲骨　金文　簡帛　石刻）養也。从人，从采省。采，古文孚。博裒切。呆，古文保。𠊻，古文保不省。

仁 rén　仁（玉盟書　簡帛　古璽　漢印　石刻）親也。从人从二。臣鉉等曰：仁者兼愛，故从二。　如鄰切。忎，古文仁从千、心。尸，古文仁或从尸。

企 qǐ　企（甲骨）舉踵也。从人止聲。　去智切。𠆢，古文企从足。

仞 rèn　仞　伸臂一尋，八尺。从人刃聲。　而震切。

仕 shì　仕（金文　古璽　石刻）學也。从人从士。　鉏里切。

佼 jiāo　佼　交也。从人从交。　下巧切。

僎 zhuàn　僎　具也。从人巽聲。　士勉切。

俅 qiú　俅　冠飾兒。从人求聲。《詩》曰："弁服俅俅。"　巨鳩切。

佩 pèi　佩（金文　簡帛　漢印）大帶佩也。从人从凡从巾。佩必有巾，巾謂之飾。臣鉉等曰：今俗別作珮，非是。　蒲妹切。

儒 rú　儒（石刻）柔也。術士之偁。从人需聲。　人朱切。

俊 jùn　俊（漢印　石刻）材千人也。从人夋聲。　子峻切。

傑 jié　傑　傲也。从人桀聲。　渠列切。

伒 wén　伒　人姓。从人軍聲。　吾昆切。

| 伋 jí | 伋 | 人名。从人及聲。 居立切。 |

仱 kàng　伉　人名。从人亢聲。《論語》有陳伉。 苦浪切。

伯 bó　伯（伯伯伯漢印 伯伯伯伯 石刻）長也。从人白聲。 博陌切。

仲 zhòng　仲（仲古璽 仲漢印 仲仲 石刻）中也。从人从中，中亦聲。 直衆切。

伊 yī　伊（伊甲骨 伊伊伊伊金文 伊簡帛 伊伊漢印 伊 石刻）殷聖人阿衡，尹治天下者。从人从尹。 於脂切。 𠈽，古文伊从古文死。

偰 xiè　偰　高辛氏之子，堯司徒，殷之先。从人契聲。 私列切。

倩 qiàn　倩　人字。从人青聲。東齊壻謂之倩。 倉見切。

伃 yú　伃（伃漢印）婦官也。从人予聲。 以諸切。

伀 zhōng　伀（伀伀簡帛）志及眾也。从人公聲。 職茸切。

儇 xuān　儇　慧也。从人睘聲。 許緣切。

倓 tán　倓（倓古璽）安也。从人炎聲。讀若談。 徒甘切。 倓，倓或从剡。

侚 xùn　侚　疾也。从人旬聲。 辭閏切。

傛 yǒng　傛　不安也。从人容聲。一曰華。 余隴切。

僷 yè　僷　宋衛之間謂華僷僷。从人葉聲。 與涉切。

佳 jiā　佳（佳漢印）善也。从人圭聲。 古膎切。

侅 gāi　侅　奇侅，非常也。从人亥聲。 古哀切。

傀 guī　傀　偉也。从人鬼聲。《周禮》曰："大傀異。" 公回切。 瓌，傀或从玉褢聲。

偉 wěi　偉　奇也。从人韋聲。 于鬼切。

份 bīn　份　文質備也。从人分聲。《論語》曰："文質份份。" 府巾切。 彬，古文份从彡、林。林者，从焚省聲。臣鉉等曰：今俗作斌，非是。

僚 liǎo　僚　好皃。从人寮聲。 力小切。

佖 bì　佖（佖簡帛）威儀也。从人必聲。《詩》曰："威儀佖佖。" 毗必切。

僎 zhuàn　僎　具也。从人巽聲。讀若汝南湷水。《虞書》曰："旁救僎功。" 士戀切。

儠 liè　儠　長壯儠儠也。从人巤聲。《春秋傳》曰："長儠者相之。" 良涉切。

儦 biāo　儦　行皃。从人麃聲。《詩》曰："行人儦儦。" 甫嬌切。

儺 nuó　儺　行人節也。从人難聲。《詩》曰："佩玉之儺。" 諾何切。

倭 wēi　倭　順皃。从人委聲。《詩》曰："周道倭遲。" 於爲切。

僓 tuǐ　僓　嫺也。从人貴聲。一曰長皃。 吐猥切。又，魚罪切。

僑 qiáo　僑（僑簡帛 僑古璽 僑 僑漢印）高也。从人喬聲。 巨嬌切。

| 俟 sì | （俟漢印）大也。从人矣聲。《詩》曰："伾伾俟俟。" 牀史切。
| 侗 tōng | （侗侗古璽）大皃。从人同聲。《詩》曰："神罔時侗。" 他紅切。
| 佶 jí | 正也。从人吉聲。《詩》曰："既佶且閑。" 巨乙切。
| 俁 yǔ | 大也。从人吳聲。《詩》曰："碩人俁俁。" 魚禹切。
| 仜 hóng | 大腹也。从人工聲。讀若紅。 戶工切。
| 僤 dàn | 疾也。从人單聲。《周禮》曰："句兵欲無僤。" 徒案切。
| 健 jiàn | 伉也。从人建聲。 渠建切。
| 倞 jìng | 彊也。从人京聲。 渠竟切。
| 傲 ào | 倨也。从人敖聲。 五到切。
| 仡 yì | 勇壯也。从人气聲。《周書》曰："仡仡勇夫。" 魚訖切。
| 倨 jù | 不遜也。从人居聲。 居御切。
| 儼 yǎn | 昂頭也。从人嚴聲。一曰好皃。 魚儉切。
| 傪 cān | 好皃。从人參聲。 倉含切。
| 俚 lǐ | 聊也。从人里聲。 良止切。
| 伴 bàn | 大皃。从人半聲。 薄滿切。
| 俺 yàn | 大也。从人奄聲。 於業切。
| 倯 xiàn | 武皃。从人閒聲。《詩》曰："瑟兮倯兮。" 下簡切。
| 伾 pī | 有力也。从人丕聲。《詩》曰："以車伾伾。" 敷悲切。
| 偲 cāi | 彊力也。从人思聲。《詩》曰："其人美且偲。" 倉才切。
| 倬 zhuō | 箸大也。从人卓聲。《詩》曰："倬彼雲漢。" 竹角切。
| 侹 tǐng | 長皃。一曰箸地。一曰代也。从人廷聲。 他鼎切。
| 倗 péng | （倗甲骨 倗倗倗金文 倗簡帛）輔也。从人朋聲。讀若陪位。 步崩切。
| 傓 shàn | 熾盛也。从人扇聲。《詩》曰："豔妻傓方處。" 式戰切。
| 儆 jǐng | 戒也。从人敬聲。《春秋傳》曰："儆宮。" 居影切。
| 俶 chù | 善也。从人叔聲。《詩》曰："令終有俶。"一曰始也。 昌六切。
| 傭 chōng | 均直也。从人庸聲。 余封切。
| 僾 ài | 仿佛也。从人愛聲。《詩》曰："僾而不見。" 烏代切。
| 仿 fǎng | （仿簡帛）相似也。从人方聲。 妃罔切。俩，籒文仿从丙。
| 佛 fú | （佛佛佛石刻）見不審也。从人弗聲。 敷勿切。
| 僁 xiè | 聲也。从人悉聲。讀若屑。 私列切。

| 儆 jī | 精謹也。从人幾聲。《明堂月令》："數將儆終。" 巨衣切。
| 佗 tuó | （金文 簡帛 古璽 漢印）負何也。从人它聲。臣鉉等案：《史記》："匈奴奇畜有橐佗。"今俗譌誤謂之駱駝，非是。 徒何切。
| 何 hè | （甲骨 金文 簡帛 古璽 石刻）儋也。从人可聲。臣鉉等曰：儋何，即負何也。借爲誰何之何。今俗別作擔荷，非是。 胡歌切。
| 儋 dān | （簡帛 漢印）何也。从人詹聲。 都甘切。
| 供 gòng | （古璽）設也。从人共聲。一曰供給。 俱容切。
| 偫 zhì | 待也。从人从待。 直里切。
| 儲 chǔ | （漢印）偫也。从人諸聲。 直魚切。
| 備 bèi | （金文 簡帛 石刻）慎也。从人𤰃聲。 平祕切。㽙，古文備。
| 位 wèi | （金文 簡帛 石刻）列中庭之左右謂之位。从人、立。 于備切。
| 儐 bìn | 導也。从人賓聲。 必刃切。擯，儐或从手。
| 偓 wò | 佺也。从人屋聲。 於角切。
| 佺 quán | 偓佺，仙人也。从人全聲。 此緣切。
| 儠 chè | 心服也。从人聶聲。 齒涉切。
| 仢 dí | 約也。从人勺聲。 徒歷切。
| 儕 chái | （金文）等輩也。从人齊聲。《春秋傳》曰："吾儕小人。" 仕皆切。
| 倫 lún | （漢印 石刻）輩也。从人侖聲。一曰道也。 力屯切。
| 侔 móu | 齊等也。从人牟聲。 莫浮切。
| 偕 xié | 彊也。从人皆聲。《詩》曰："偕偕士子。"一曰俱也。 古諧切。
| 俱 jū | （石刻）偕也。从人具聲。 舉朱切。
| 儹 zǎn | 最也。从人贊聲。 作管切。
| 併 bìng | 並也。从人幷聲。 卑正切。
| 傅 fù | （漢印 石刻）相也。从人専聲。 方遇切。
| 侙 chì | 惕也。从人式聲。《春秋國語》曰："於其心侙然。" 恥力切。
| 俌 fǔ | 輔也。从人甫聲。讀若撫。 芳武切。
| 倚 yǐ | （簡帛 古璽 漢印 石刻）依也。从人奇聲。 於綺切。
| 依 yī | （甲骨 簡帛）倚也。从人衣聲。 於稀切。
| 仍 réng | 因也。从人乃聲。 如乘切。

| 佽 cì | （篆）便利也。从人次聲。《詩》曰："決拾既佽。"一曰遞也。 七四切。
| 佴 èr | （篆古璽）佽也。从人耳聲。 仍吏切。
| 倢 jié | （篆）佽也。从人疌聲。 子葉切。
| 侍 shì | （篆古璽...石刻）承也。从人寺聲。 時吏切。
| 傾 qīng | （篆）仄也。从人从頃，頃亦聲。 去營切。
| 側 cè | （篆金文 石刻）旁也。从人則聲。 阻力切。
| 侒 ān | （篆）宴也。从人安聲。 烏寒切。
| 侐 xù | （篆石刻）靜也。从人血聲。《詩》曰："閟宮有侐。" 況逼切。
| 付 fù | （篆...金文 簡帛 古陶）與也。从寸持物對人。臣鉉等曰：寸，手也。 方遇切。
| 俜 pīng | （篆）使也。从人甹聲。 普丁切。
| 俠 xiá | （篆）俜也。从人夾聲。 胡頰切。
| 儃 chán | （篆）儃何也。从人亶聲。 徒干切。
| 侁 shēn | （篆漢印）行皃。从人先聲。 所臻切。
| 仰 yǎng | （篆 石刻）舉也。从人从卬。 魚兩切。
| 侸 shù | （篆簡帛 石刻）立也。从人豆聲。讀若樹。 常句切。
| 儽 lěi | （篆）垂皃。从人纍聲。一曰嬾解。 落猥切。
| 坐 zuò | （篆簡帛）安也。从人坐聲。 則臥切。
| 偁 chēng | （篆甲骨 金文）揚也。从人爯聲。 處陵切。
| 伍 wǔ | （篆古璽 石刻）相參伍也。从人从五。 疑古切。
| 什 shí | （篆）相什保也。从人、十。 是執切。
| 佰 bǎi | （篆）相什伯也。从人、百。 博陌切。
| 佸 huó | （篆）會也。从人昏聲。《詩》曰："曷其有佸？"一曰佸佸，力皃。 古活切。
| 佮 gé | （篆）合也。从人合聲。 古沓切。
| 散 wéi | （篆）妙也。从人从攴，豈省聲。臣鉉等案：豈字从散省。散不應从豈省。蓋傳寫之誤，疑从嵛省。嵛，物初生之題尚散也。 無非切。
| 偑 yuàn | （篆）點也。从人原聲。 魚怨切。
| 作 zuò | （篆甲骨...金文 簡帛 漢印...石刻）起也。从人从乍。 則洛切。
| 假 jiǎ | （篆漢印...石刻）非眞也。从人叚聲。古疋切。一曰至也。《虞書》曰："假于上下。" 古額切。

| 借 jiè | 借（□石刻）假也。从人昔聲。 資昔切。
| 侵 qīn | 侵（□甲骨□□簡帛□□□漢印□□石刻）漸進也。从人、又持帚，若埽之進。又，手也。 七林切。
| 儥 yù | 儥（□□□簡帛）賣也。从人賣聲。 余六切。
| 俟 hòu | 俟（□□石刻）伺望也。从人矣聲。 胡遘切。
| 償 cháng | 償 還也。从人賞聲。 食章切。
| 僅 jǐn | 僅（□漢印□石刻）材能也。从人堇聲。 渠吝切。
| 代 dài | 代（□簡帛□漢印□石刻）更也。从人弋聲。臣鉉等曰：弋非聲。《說文》忒字與此義訓同，疑兼有忒音。 徒耐切。
| 儀 yí | 儀（□□□□□□石刻）度也。从人義聲。 魚羈切。
| 傍 bàng | 傍 近也。从人旁聲。 步光切。
| 侣 sì | 侣（□玉盟書□古璽）象也。从人目聲。 詳里切。
| 便 pián | 便（□□□□漢印）安也。人有不便，更之。从人、更。 房連切。
| 任 rén | 任（□□甲骨□□金文□簡帛□印□古璽□古陶□漢印□□□石刻）符（按：符當作保）也。从人壬聲。 如林切。
| 俔 qiàn | 俔 譬諭也。一曰閒（按：閒當作聞）見。从人从見。《詩》曰：“俔天之妹。” 苦甸切。
| 優 yōu | 優（□□□□簡帛□石刻）饒也。从人憂聲。一曰倡也。 於求切。
| 僖 xī | 僖（□石刻）樂也。从人喜聲。 許其切。
| 偆 chǔn | 偆 富也。从人春聲。 尺允切。
| 俒 hùn | 俒 完也。《逸周書》曰：“朕實不明，以俒伯父。”从人从完。 胡困切。
| 儉 jiǎn | 儉（□漢印）約也。从人僉聲。 巨險切。
| 偭 miǎn | 偭 鄉也。从人面聲。《少儀》曰：“尊壺者偭其鼻。” 彌箭切。
| 俗 sú | 俗（□□金文□□石刻）習也。从人谷聲。 似足切。
| 俾 bǐ | 俾（□□簡帛□古陶□石刻）益也。从人卑聲。一曰俾，門侍人。 并弭切。
| 倪 ní | 倪（□簡帛）俾也。从人兒聲。 五雞切。
| 億 yì | 億 安也。从人意聲。 於力切。
| 使 shǐ | 使（□□□□□□□□石刻）伶也。从人吏聲。 疏士切。
| 傒 kuí | 傒 傒，左右兩視。从人癸聲。 其季切。
| 伶 líng | 伶 弄也。从人令聲。益州有建伶縣。 郎丁切。
| 儷 lí | 儷 棽儷也。从人麗聲。 呂支切。

傳 zhuàn 傳（甲骨 金文 簡帛 古璽 傳漢印 石刻）
遽也。从人專聲。 直戀切。

倌 guān 倌（簡帛 古璽）小臣也。从人从官。《詩》曰："命彼倌人。" 古患切。

价 jiè 价 善也。从人介聲。《詩》曰："价人惟藩。" 古拜切。

仔 zī 仔（簡帛）克也。从人子聲。 子之切。

伖 yìng 伖 送也。从人芈聲。呂不韋曰：有侁氏以伊尹伖女。古文以爲訓字。臣鉉等曰：芈不成字，當从朕省。案勝字从朕聲，疑古者朕或音伖。 以證切。

徐 xú 徐 緩也。从人余聲。 似魚切。

偋 bìng 偋 僻寠也。从人屏聲。 防正切。

伸 shēn 伸（石刻）屈伸。从人申聲。 失人切。

伹 qū 伹（古璽）拙也。从人且聲。 似魚切。

㒨 rǎn 㒨 意膬也。从人然聲。臣鉉等曰：膬耎，易破也。 人善切。

偄 ruǎn 偄 弱也。从人从耎。 奴亂切。

倍 bèi 倍（石刻）反也。从人音聲。 薄亥切。

傿 yàn 傿（漢印）引爲賈也。从人焉聲。 於建切。

僭 jiàn 僭 假也。从人朁聲。 子念切。

儗 nǐ 儗 僭也。一曰相疑。从人从疑。 魚已切。

偏 piān 偏（漢印）頗也。从人扁聲。 芳連切。

倀 chāng 倀（簡帛）狂也。从人長聲。一曰什（按：什當作仆）也。 楮羊切。

儚 hōng 儚 惛也。从人夢聲。 呼肱切。

儔 dào 儔（石刻）翳也。从人壽聲。 直由切。

侜 zhōu 侜（甲骨）有廱蔽也。从人舟聲。《詩》曰："誰侜予美？" 張流切。

僟 jiàn 僟 淺也。从人戔聲。 慈衍切。

佃 diàn 佃（古璽）中也。从人田聲。《春秋傳》曰："乘中佃。"一轅車。 堂練切。

伈 cǐ 伈 小兒。从人囟聲。《詩》曰："伈伈彼有屋。" 斯氏切。

俇 guāng 俇 小兒。从人光聲。《春秋國語》曰："俇飯不及一食。" 古橫切。

佻 tiāo 佻 愉也。从人兆聲。《詩》曰："視民不佻。" 土彫切。

僻 pì 僻 避也。从人辟聲。《詩》曰："宛如左僻。"一曰从旁牽也。 普擊切。

侒 xián 侒 很也。从人，弦省聲。 胡田切。

伎 jì 伎 與也。从人支聲。《詩》曰："簛人伎忒。" 渠綺切。

侈 chǐ	侈（漢印）掩脅也。从人多聲。一曰奢也。 尺氏切。
佁 ǎi	佁 癡皃。从人台聲。讀若駭。 夷在切。
傇 sāo	傇 傇，驕也。从人蚤聲。 穌遭切。
偽 wěi	偽 詐也。从人為聲。 危睡切。
伿 yì	伿 隋（按：隋當作惰）也。从人只聲。 以豉切。
佝 kòu	佝（簡帛）務也。从人句聲。 苦候切。
僄 piào	僄 輕也。从人票聲。 匹妙切。
倡 chāng	倡 樂也。从人昌聲。 尺亮切。
俳 pái	俳 戲也。从人非聲。 步皆切。
僐 shàn	僐 作姿也。从人善聲。 常演切。
儳 chán	儳 儳互，不齊也。从人毚聲。 士咸切。
佚 yì	佚 佚民也。从人失聲。一曰佚，忽也。 夷質切。
俄 é	俄（石刻）行頃也。从人我聲。《詩》曰："仄弁之俄。" 五何切。
僥 yáo	僥 喜也。从人䍃聲。自關以西，物大小不同謂之僥。 余招切。
卻 jué	卻 徼卻，受屈也。从人卻聲。 其虐切。
傞 suō	傞 醉舞皃。从人差聲。《詩》曰："屢舞傞傞。" 素何切。
僛 qī	僛 醉舞皃。从人欺聲。《詩》曰："屢舞僛僛。" 去其切。
侮 wǔ	侮（簡帛）傷也。从人每聲。 文甫切。 㑄，古文从母。
傢 jí	傢 妎也。从人疾聲。一曰毒也。 秦悉切。 嫉，傢或从女。
偒 yì	偒 輕也。从人易聲。一曰交偒。 以豉切。
俙 xī	俙 訟面相是。从人希聲。 喜皆切。
僨 fèn	僨 僵也。从人賁聲。 匹問切。
僵 jiāng	僵 僨也。从人畺聲。 居良切。
仆 pū	仆 頓也。从人卜聲。 芳遇切。
偃 yǎn	偃 僵也。从人匽聲。 於幰切。
傷 shāng	傷（簡帛）（漢印）創也。从人，𥏼省聲。 少羊切。
俲 yáo	俲 刺也。从人肴聲。一曰痛聲。 胡茅切。
侉 kuā	侉 憊詞。从人夸聲。 苦瓜切。
催 cuī	催 相儔（按：儔當作擣）也。从人崔聲。《詩》曰："室人交徧催我。" 倉回切。
俑 yǒng	俑 痛也。从人甬聲。 他紅切。又，余隴切。

| 伏 fú | （甲骨 金文 漢印 石刻）司也。从人从犬。臣鉉等曰：司，今人作伺。 房六切。
| 促 cù | （簡帛 石刻）迫也。从人足聲。 七玉切。
| 例 lì | 比也。从人列聲。 力制切。
| 係 xì | 絜束也。从人从系，系亦聲。 胡計切。
| 伐 fá | （甲骨 金文 玉盟書 簡帛 古幣 石刻）擊也。从人持戈。一曰敗也。 房越切。
| 俘 fū | （甲骨 金文）軍所獲也。从人孚聲。《春秋傳》曰："以爲俘馘。" 芳無切。
| 但 dàn | （簡帛 漢印）裼也。从人旦聲。 徒旱切。
| 傴 yǔ | 僂也。从人區聲。 於武切。
| 僂 lóu | （漢印）尪也。从人婁聲。周公韈僂，或言背僂。 力主切。
| 僇 lù | （漢印）癡行僇僇也。从人翏聲。讀若雡。一曰且也。 力救切。
| 仇 qiú | （石刻）讎也。从人九聲。 巨鳩切。
| 儡 léi | 相敗也。从人畾聲。讀若雷。 魯回切。
| 咎 jiù | （甲骨 簡帛 漢印 古幣 石刻）災也。从人从各。各者，相違也。 其久切。
| 仳 pǐ | 別也。从人比聲。《詩》曰："有女仳離。" 芳比切。
| 偣 jiù | 毀也。从人咎聲。 其久切。
| 倠 suī | 仳倠，醜面。从人隹聲。 許惟切。
| 值 zhí | 措也。从人直聲。 直吏切。
| 侂 tuō | （石刻）寄也。从人乇聲。乇，古文宅。 他各切。
| 僔 zǔn | 聚也。从人尊聲。《詩》曰："僔沓背憎（按：憎當作僧）。" 慈損切。
| 像 xiàng | （簡帛 石刻）象也。从人从象，象亦聲。讀若養。 徐兩切。
| 倦 juàn | （簡帛）罷也。从人卷聲。 渠眷切。
| 僧 zāo | 終也。从人曹聲。 作曹切。
| 偶 ǒu | 桐人也。从人禺聲。 五口切。
| 弔 diào | （甲骨 金文 簡帛 石刻）問終也。古之葬者，厚衣之以薪。从人持弓，會敺禽。 多嘯切。
| 侶 zhāo | 廟侶穆。父爲侶，南面。子爲穆，北面。从人召聲。 市招切。
| 侁 shēn | 神也。从人身聲。 失人切。
| 僊 xiān | （石刻）長生僊去。从人从䙴，䙴亦聲。 相然切。

僰 bó　（金文　漢印）犍爲蠻夷。从人棘聲。　蒲北切。

仚 xiān　人在山上。从人从山。　呼堅切。

僥 yáo　南方有焦僥。人長三尺，短之極。从人堯聲。　五聊切。

儥 duì　市也。从人對聲。　都隊切。

往 guàng　遠行也。从人狂聲。　居況切。

件 jiàn　分也。从人从牛。牛大物，故可分。　其輦切。

文二百四十五　重十四

侶 lǚ　徒侶也。从人呂聲。　力舉切。

佂 zhèn　僮子也。从人辰聲。　章刃切。

倅 cuì　副也。从人卒聲。　七內切。

傔 qiàn　從也。从人兼聲。　苦念切。

倜 tì　倜儻，不羈也。从人从周。未詳。　他歷切。

儻 tǎng　倜儻也。从人黨聲。　他朗切。

佾 yì　舞行列也。从人肎聲。　夷質切。

倒 dǎo　仆也。从人到聲。　當老切。

儈 guì　合市也。从人、會，會亦聲。　古外切。

低 dī　下也。从人、氐，氐亦聲。　都兮切。

債 zhài　債負也。从人、責，責亦聲。　側賣切。

價 jià　物直也。从人、賈，賈亦聲。　古訝切。

停 tíng　止也。从人亭聲。　特丁切。

僦 jiù　賃也。从人、就，就亦聲。　卽就切。

伺 sì　俟望也。从人司聲。相吏切。自低已下六字，从人，皆後人所加。

僧 sēng　浮屠道人也。从人曾聲。　穌曾切。

佇 zhù　久立也。从人从宁。　直呂切。

偵 zhēn　問也。从人貞聲。　丑鄭切。

文十八新附

匕 部

匕 huà　ㄣ　變也。从到人。凡匕之屬皆从匕。　呼跨切。

𠤕 yí　𥜽（[金文]）未定也。从匕吴聲。吴，古文矢字。　語期切。

眞 zhēn　眞（[金文][簡帛][古陶][漢印][石刻]）僊人變形而登天也。从匕从目从乚；音隱。八，所乘載也。　側鄰切。 𡕟，古文眞。

化 huà　[化]（[甲骨][金文][簡帛][古陶][石刻]）教行也。从匕从人，匕亦聲。　呼跨切。

　　　　文四　重一

匕 部

匕 bǐ　𠤎（[甲骨][金文][古幣]）相與比敘也。从反人。匕，亦所以用比取飯，一名柶。凡匕之屬皆从匕。　卑履切。

匙 chí　鍉　匕也。从匕是聲。　是支切。

早 bǎo　早　相次也。从匕从十。䳒从此。　博抱切。

䇿 qì　䇿　頃也。从匕支聲。匕，頭頃也。《詩》曰："䇿彼織女。"　去智切。

頃 qīng　頃（[古陶][漢印]）頭不正也。从匕从頁。臣鉉等曰：匕者，有所比附，不正也。　去營切。

匘 nǎo　匘　頭髓也。从匕；匕，相匕著也。巛象髮，囟象匘形。　奴皓切。

卬 yǎng　卬（[簡帛][漢印]）望欲有所庶及也。从匕从卪。《詩》曰："高山卬止。"　伍岡切。

卓 zhuō　卓（[金文][石刻]）高也。早匕爲卓，匕卪爲卬，皆同義。　竹角切。 𠧩，古文卓。

艮 gèn　艮（[簡帛]）很也。从匕、目。匕目，猶目相匕，不相下也。《易》曰："艮其限，匕目爲艮，匕目爲眞也。"　古恨切。

　　　　文九　重一

从 部

从 cóng　从（[甲骨][金文][石刻]）相聽也。从二人。凡从之屬皆从从。　疾容切。

從 cóng　從（[金文][玉盟書]）

幷 bìng 幵（甲骨 金文 簡帛 古璽 石刻）相從也。从从开聲。一曰从持二爲幷。 府盈切。

　　　　文三

比 部

比 bǐ 竝（甲骨 金文 簡帛 古幣 石刻）密也。二人爲从，反从爲比。凡比之屬皆从比。 毗至切。𣬅，古文比。

毖 bì 慎也。从比必聲。《周書》曰："無毖于卹。" 兵媚切。

　　　　文二　重一

北 部

北 bèi （甲骨 金文 簡帛 古幣 石刻）乖也。从二人相背。凡北之屬皆从北。 博墨切。

冀 jì （金文 漢印 石刻）北方州也。从北異聲。 几利切。

　　　　文二

丘 部

丘 qiū （甲骨 金文 簡帛 古璽 古幣 石刻）土之高也，非人所爲也。从北从一。一，地也，人居在丘南，故从北。中邦之居，在崐崘東南。一曰四方高，中央下爲丘。象形。凡丘之屬皆从丘。去鳩切。今隸變作丘。坓，古文从土。

虛 xū （簡帛 古璽 石刻）大丘也。崐崘丘謂之崐崘虛。古者九夫爲井，四井爲邑，四邑爲丘。丘謂之虛。从丘虍聲。臣鉉等曰：今俗別作墟，非是。 丘如切。又，朽居切。

屔 ní 反頂受水丘。从丘，泥省聲。 奴低切。

　　　　文三　重一

㐺 部

㐺 yín　㐺　眾立也。从三人。凡㐺之屬皆从㐺。讀若欽崟。　魚音切。

眾 zhòng　眾　多也。从㐺、目，眾意。　之仲切。

聚 jù　聚　（▩▩▩簡帛▩古璽）會也。从㐺取聲。邑落云聚。　才句切。

㐺 jì　㐺　眾詞與也。从㐺自聲。《虞書》曰："㐺咎䌛。"　其冀切。▩，古文㐺。

文四　重一

壬 部

壬 tǐng　壬　善也。从人、士。士，事也。一曰象物出地挺生也。凡壬之屬皆从壬。臣鉉等曰：人在土上，壬然而立也。　他鼎切。

徵 zhēng　徵　（▩▩▩▩▩金文▩漢印▩▩石刻）召也。从微省，壬為徵。行於微而文達者，即徵之。　陟陵切。▩，古文徵。

朢 wàng　朢　（▩甲骨▩▩▩▩▩▩▩金文▩▩▩▩▩簡帛▩古璽▩漢印▩石刻）月滿與日相朢，以朝君也。从月从臣从壬。壬，朝廷也。　無放切。▩，古文朢省。

㸒 yín　㸒　近求也。从爪、壬。壬，徵幸也。　余箴切。

文四　重二

重 部

重 zhòng　重　（▩▩▩▩▩▩▩▩金文▩玉盟書▩簡帛▩▩▩▩古璽▩漢印▩▩▩石刻）厚也。从壬東聲。凡重之屬皆从重。徐鍇曰："壬者，人在土上，故為厚也。"　柱用切。

量 liáng　量　（▩▩▩金文▩簡帛）稱輕重也。从重省，曏省聲。　呂張切。▩，古文量。

文二　重一

臥 部

臥 wò　　臥　休也。从人、臣，取其伏也。凡臥之屬皆从臥。 吾貨切。

監 jiān　　監（金文 簡帛 古陶 漢印 石刻）臨下也。从臥，䘓省聲。 古銜切。𥅰，古文監从言。

臨 lín　　臨（金文 簡帛 漢印 石刻）監臨也。从臥品聲。 力尋切。

䐓 nè　　䐓　楚謂小兒嬾䐓。从臥、食。 尼厄切。

　　　　　　文四　重一

身 部

身 shēn　　身（甲骨 金文 玉盟書 簡帛 古璽 石刻）躳也。象人之身。从人厂聲。凡身之屬皆从身。 失人切。

軀 qū　　軀　體也。从身區聲。 豈俱切。

　　　　　　文二

𠂣 部

𠂣 yī　　𠂣　歸也。从反身。凡𠂣之屬皆从𠂣。徐鍇曰："古人所謂反身修道。故曰𠂣也。" 於機切。

殷 yīn　　殷（金文 簡帛 漢印 石刻）作樂之盛稱殷。从𠂣从殳。《易》曰："殷薦之上帝。" 於身切。

　　　　　　文二

衣 部

衣 yī　　衣（金文 簡帛 古陶 漢印 石刻）依也。上曰衣，下曰裳。象覆二人之形。凡衣之屬皆从衣。 於稀切。

裁 cái　䘡　制衣也。从衣𢦒聲。　昨哉切。

袞 gǔn　䘳（金文、玉盟書、漢印）天子享先王，卷龍繡於下幅，一龍蟠阿上鄉。从衣公聲。　古本切。

襈 zhàn　襈　丹縠衣。从衣㺇聲。　知扇切。

褕 yú　褕　翟，羽飾衣。从衣俞聲。一曰直裾謂之襜褕。　羊朱切。

袗 zhěn　袗　玄服。从衣㐱聲。　之忍切。𧚃，袗或从辰。

表 biǎo　表（簡帛、漢印、石刻）上衣也。从衣从毛。古者衣裘，以毛為表。陂矯切。𧘝，古文表从麃。

裏 lǐ　裏（金文、簡帛、古璽、石刻）衣內也。从衣里聲。　良止切。

襁 qiǎng　襁　負兒衣。从衣強聲。　居兩切。

襋 jí　襋　衣領也。从衣棘聲。《詩》曰："要之襋之。"　己力切。

襮 bó　襮（簡帛）黼領也。从衣暴聲。《詩》曰："素衣朱襮。"　蒲沃切。

衽 rèn　衽　衣衿也。从衣壬聲。　如甚切。

褸 lǔ　褸　衽也。从衣婁聲。　力主切。

褽 wèi　褽　衽也。从衣尉聲。　於胃切。

褆 qì　褆　袌緣也。从衣㚔聲。　七入切。

衿 jīn　衿　交衽也。从衣金聲。　居音切。

褘 huī　褘　蔽厀也。从衣韋聲。《周禮》曰："王后之服褘衣。"謂畫袍。　許歸切。

袾 fū　袾　襲袾也。从衣夫聲。　甫無切。

襲 xí　襲（金文、漢印）左衽袍。从衣，龖省聲。　似入切。𧟟，籀文襲不省。

袍 páo　袍（漢印）襺也。从衣包聲。《論語》曰："衣弊縕袍。"　薄褒切。

襺 jiǎn　襺　袍衣也。从衣繭聲。以絮曰襺，以縕曰袍。《春秋傳》曰："盛夏重襺。"　古典切。

褋 dié　褋　南楚謂襌衣曰褋。从衣枼（按：枼當作葉）聲。　徒叶切。

袤 mào　袤（石刻）衣帶以上。从衣矛聲。一曰南北曰袤，東西曰廣。　莫候切。𧛕，籀文袤从楙。

襘 guì　襘　帶所結也。从衣會聲。《春秋傳》曰："衣有襘。"　古外切。

褧 jiǒng　褧　檾也。《詩》曰："衣錦褧衣。"示反古。从衣耿聲。　去穎切。

衹 dī　衹　衹裯，短衣。从衣氏聲。　都兮切。

裯 dāo　裯　衣袂，衹裯。从衣周聲。　都牢切。

襤 lán　襤　裯謂之襤褸。襤，無緣也。从衣監聲。　魯甘切。

褍 duò　褍　無袂衣謂之褍。从衣，惰省聲。　徒臥切。

| 褔 dú | 褗 | 衣躬縫。从衣毒聲。讀若督。 冬毒切。 |

袪 qū　袪　衣袂也。从衣去聲。一曰袪，褱也。褱者，袤也。袪，尺二寸。《春秋傳》曰："披斬其袪。" 去魚切。

袖 xiù　袖　袂也。从衣采聲。 似又切。袖，俗褎从由。

袂 mèi　袂　袖也。从衣夬聲。 彌弊切。

褱 huái　褱（古璽）袖也。一曰藏也。从衣鬼聲。 戶乖切。

褱 huái　褱（金文 金文 古璽 漢印）俠也。从衣眔聲。一曰橐。臣鉉等曰：眔非聲，未詳。 戶乖切。

褒 bào　褒　褱也。从衣包聲。臣鉉等曰：今俗作抱，非是。抱與捊同。 薄保切。

襜 chān　襜（漢印）衣蔽前。从衣詹聲。 處占切。

袥 tuō　袥　衣衸。从衣石聲。 他各切。

衸 xiè　衸　袥也。从衣介聲。 胡介切。

襗 duó　襗　絝也。从衣睪聲。 徒各切。

袉 tuó　袉　裾也。从衣它聲。《論語》曰："朝服袉紳。" 唐左切。

裾 jū　裾　衣袍也。从衣居聲。讀與居同。 九魚切。

衧 yú　衧　諸衧也。从衣于聲。 羽俱切。

褰 qiān　褰　絝也。从衣，寒省聲。《春秋傳》曰："徵褰與襦。" 去虔切。

襱 lóng　襱　絝踦也。从衣龍聲。 丈冡切。襩，襱或从賣。

袑 shào　袑　絝上也。从衣召聲。 市沼切。

襌 tǎn　襌　衣博大。从衣尋聲。 他感切。

褒 bāo　褒（漢印 石刻）衣博裾。从衣，保省聲。保，古文保。 博毛切。

禘 tì　禘　褉也。从衣啻聲。《詩》曰："載衣之禘。"臣鉉等曰：褉即襁褓也。今俗別作袚，非是。 他計切。

褍 duān　褍　衣正幅。从衣耑聲。 多官切。

襹 wéi　襹　重衣皃。从衣圍聲。《爾雅》曰："襹襹襛襛。"臣鉉等曰：《說文》無襛字。《爾雅》亦無此語，疑後人所加。 羽非切。

複 fù　複　重衣皃。从衣夏聲。一曰褚衣。 方六切。

禔 tí　禔　衣厚禔禔。从衣是聲。 杜兮切。

襛 nóng　襛　衣厚皃。从衣農聲。《詩》曰："何彼襛矣。" 汝容切。

裻 dú　裻　新衣聲。一曰背縫。从衣叔聲。 冬毒切。

袳 chǐ 　（古璽 漢印）衣張也。从衣多聲。《春秋傳》曰："公會齊矦于袳。" 尺氏切。

裔 yì 　（金文）衣裾也。从衣冏聲。臣鉉等曰：冏非聲，疑象衣裾之形。 余制切。 古文裔。

衯 fēn 　長衣皃。从衣分聲。 撫文切。

袁 yuán 　（甲骨 漢印 石刻）長衣皃。从衣，叀省聲。 羽元切。

裯 diāo 　短衣也。从衣舟聲。《春秋傳》曰："有空裯。" 都僚切。

褺 dié 　重衣也。从衣執聲。巴郡有褺江縣。 徒叶切。

裴 péi 　（漢印 石刻）長衣皃。从衣非聲。臣鉉等案：《漢書》"裴回"用此。今俗作徘徊，非是。 薄回切。

襡 shǔ 　（簡帛）短衣也。从衣蜀聲。讀若蜀。 市玉切。

襡 zhuó 　衣至地也。从衣豛聲。 竹角切。

襦 rú 　短衣也。从衣需聲。一曰䙝衣。 人朱切。

褊 biǎn 　衣小也。从衣扁聲。 方沔切。

袷 jiā 　衣無絮。从衣合聲。 古洽切。

襌 dān 　衣不重。从衣單聲。 都寒切。

襄 xiāng 　（金文 簡帛 古璽 漢印 石刻）《漢令》：解衣耕謂之襄。从衣㯟聲。 息良切。 古文襄。

被 bèi 　（金文 簡帛 古璽 漢印）寢衣，長一身有半。从衣皮聲。 平義切。

衾 qīn 　（簡帛）大被。从衣今聲。 去音切。

襐 xiàng 　飾也。从衣象聲。 徐兩切。

衵 yì 　日日所常衣。从衣从日，日亦聲。 人質切。

褻 xiè 　私服。从衣埶聲。《詩》曰："是褻袢也。"臣鉉等曰：从熱省乃得聲。 私列切。

衷 zhōng 　裏褻衣。从衣中聲。《春秋傳》曰："皆衷其衵服。" 陟弓切。

袾 zhū 　好佳也。从衣朱聲。《詩》曰："靜女其袾。" 昌朱切。

袓 jù 　事好也。从衣且聲。 才與切。

裨 bì 　（漢印 石刻）接益也。从衣卑聲。 府移切。

袢 fán 　無色也。从衣半聲。一曰《詩》曰："是紲袢也。"讀若普。 博幔切。

襍 zá 　（漢印 石刻）五彩相會。从衣集聲。 徂合切。

裕 yù 　（金文 簡帛 石刻）衣物饒也。从衣谷聲。《易》曰："有孚，裕無咎。" 羊孺切。

| 襞 bì | 襞 | 韏衣也。从衣辟聲。臣鉉等曰：韏，革中辨也。衣襞積如辨也。 必益切。 |

衦 gǎn　衦（古璽）摩展衣。从衣干聲。 古案切。

裂 liè　裂（石刻）繒餘也。从衣刿聲。 良辥切。

袽 ná　袽 弊衣。从衣奴聲。 女加切。

袒 zhàn　袒（簡帛）衣縫解也。从衣旦聲。 丈莧切。

補 bǔ　補 完衣也。从衣甫聲。 博古切。

褆 zhǐ　褆 袟衣也。从衣、氏，氏亦聲。 豬几切。

褫 chǐ　褫 奪衣也。从衣虒聲。讀若池。 直离切。

裸 luǒ　裸 袒也。从衣贏聲。 郎果切。 裸，贏或从果。

裎 chéng　裎 袒也。从衣呈聲。 丑郢切。

裼 xī　裼 袒也。从衣易聲。 先擊切。

袤 xié　袤 䙃也。从衣牙聲。 似嗟切。

襭 xié　襭 以衣衽扱物謂之襭。从衣頡聲。 胡結切。 襭，襭或从手。

袺 jié　袺 執衽謂之袺。从衣吉聲。 格八切。

褿 cáo　褿 幓也。从衣曹聲。 昨牢切。又，七刀切。

裝 zhuāng　裝 裹也。从衣壯聲。 側羊切。

裹 guǒ　裹（簡帛）纏也。从衣果聲。 古火切。

裛 yè　裛（簡帛）書囊也。从衣邑聲。 於業切。

齍 zī　齍 纏也。从衣齊聲。 卽夷切。

裋 shù　裋 豎使布長襦。从衣豆聲。 常句切。

褕 yǔ　褕 編枲衣。从衣區聲。一曰頭褕。一曰次裹衣。 於武切。又，於矦切。

褐 hè　褐 編枲韤。一曰粗衣。从衣曷聲。 胡葛切。

褗 yǎn　褗 褗領也。从衣匽聲。 於幰切。

裺 yǎn　裺 褗謂之裺。从衣奄聲。 依檢切。

衰 suō　衰（簡帛 石刻）艸雨衣。秦謂之萆。从衣，象形。 穌禾切。 衰，古文衰。

卒 zú　卒（甲骨 金文 簡帛 石刻）隸人給事者衣爲卒。卒，衣有題識者。 臧沒切。

褚 chǔ　褚（漢印 石刻）卒也。从衣者聲。一曰製衣。 丑呂切。

製 zhì　製（石刻）裁也。从衣从制。 征例切。

襏 bō　襏 蠻夷衣。从衣犮聲。一曰蔽厀。 北末切。

| 禭 suì | 衣死人也。从衣遂聲。《春秋傳》曰："楚使公親禭。" 徐醉切。
| 裯 diāo | 棺中縑裏。从衣、弔。讀若雕。 都僚切。
| 裞 shuì | 贈終者衣被曰裞。从衣兑聲。 輸芮切。
| 褮 yíng | 鬼衣。从衣，熒省聲。讀若《詩》曰"葛藟縈之"。一曰若"靜女其袾"之"袾"。 於營切。
| 梴 shān | 車溫也。从衣延聲。 式連切。
| 褭 niǎo | 以組帶馬也。从衣从馬。 奴鳥切。

文一百一十六　重十一

| 袨 xuàn | 盛服也。从衣玄聲。 黃絢切。
| 衫 shān | 衣也。从衣彡聲。 所銜切。
| 襖 ǎo | 裘屬。从衣奧聲。 烏皓切。

文三新附

裘 部

裘 qiú （甲骨 金文 簡帛 古璽 石刻）皮衣也。从衣求聲。一曰象形，與衰同意。凡裘之屬皆从裘。 巨鳩切。求，古文省衣。

鬳 kè 裘裏也。从裘鬲聲。讀若擊。 楷革切。

文二　重一

老 部

老 lǎo （甲骨 金文 簡帛 古璽 漢印 石刻）考也。七十曰老。从人、毛、匕。言須髮變白也。凡老之屬皆从老。 盧皓切。

耋 dié （石刻）年八十曰耋。从老省，从至。 徒結切。

耄 mào 年九十曰耄。从老，从蒿省。 莫報切。

耆 qí （金文 簡帛 石刻）老也。从老省，旨聲。 渠脂切。

耇 gǒu （金文 簡帛）老人面凍黎若垢。从老省，句聲。 古厚切。

耵 diàn 老人面如點也。从老省，占聲。讀若耿介之耿。 丁念切。

耇 shù　老人行才相逮。从老省，易省，行象。讀若樹。　常句切。

壽 shòu　（金文　簡帛　古璽　古陶　古幣　壽 漢印　石刻）久也。从老省，𠷎聲。　殖酉切。

考 kǎo　（金文　簡帛　考 石刻）老也。从老省，丂聲。　苦浩切。

孝 xiào　（金文　簡帛　古璽　石刻）善事父母者。从老省，从子。子承老也。　呼教切。

　　　文十

毛 部

毛 máo　（金文　簡帛　漢印）眉髮之屬及獸毛也。象形。凡毛之屬皆从毛。　莫袍切。

毨 rǔn　毛盛也。从毛隼聲。《虞書》曰："鳥獸毨髦。"　而尹切。又，人勇切。

毣 hàn　獸豪也。从毛倝聲。　侯幹切。

毨 xiǎn　仲秋，鳥獸毛盛，可選取以爲器用。从毛先聲。讀若選。　穌典切。

𣯶 mén　以毳爲繝，色如虋，故謂之𣯶。虋，禾之赤苗也。从毛䒠聲。《詩》曰："毳衣如𣯶。"　莫奔切。

氈 zhān　撚毛也。从毛亶聲。　諸延切。

　　　文六

毦 ěr　羽毛飾也。从毛耳聲。　仍吏切。

氍 qú　氍毹、毾㲪皆氈緂之屬。蓋方言也。从毛瞿聲。　其俱切。

毹 yú　氍毹也。从毛俞聲。　羊朱切。

毾 tà　毾㲪也。从毛昜聲。　土盍切。

㲪 dēng　毾㲪也。从毛登聲。　都滕切。

毬 qiú　鞠丸也。从毛求聲。　巨鳩切。

氅 chǎng　析鳥羽爲旗纛之屬。从毛敞聲。　昌兩切。

毳 部

毳 cuì　毳（[金文][簡帛]）獸細毛也。从三毛。凡毳之屬皆从毳。 此芮切。

氊 fēi　氊　毛紛紛也。从毳非聲。 甫微切。

文二

尸 部

尸 shī　尸（[甲骨][金文]）陳也。象臥之形。凡尸之屬皆从尸。 式脂切。

屟 diàn　屟　侍也。从尸奠聲。 堂練切。

居 jū　居（[金文][簡帛][古璽][古陶][石刻]）蹲也。从尸古者，居从古。臣鉉等曰：居从古者，言法古也。 九魚切。踞，俗居从足。

眉 xiè　眉　臥息也。从尸、自。臣鉉等曰：自，古者以爲鼻字，故从自。 許介切。

屑 xiè　屑　動作切切也。从尸肖聲。 私列切。

展 zhǎn　展（[漢印]）轉也。从尸，襄省聲。 知衍切。

屆 jiè　屆　行不便也。一曰極也。从尸凷聲。 古拜切。

尻 kāo　尻（[甲骨]）脾也。从尸九聲。 苦刀切。

屍 tún　屍（[簡帛]）髀也。从尸下丌居几。臣鉉等曰：丌、几皆所以尻止也。 徒魂切。隼，屍或从肉、隼。臀，屍或从骨殿聲。

眉 qì　眉　尻也。从尸旨聲。 詰利切。

尼 ní　尼（[簡帛][古陶][石刻]）從後近之。从尸匕聲。 女夷切。

屇 qì　屇　從後相臿也。从尸从臿。 楚洽切。

屟 zhé　屟　屇屟也。从尸乏聲。 直立切。

叐 niǎn　叐　柔皮也。从申尸之後。尸或从又。臣鉉等曰：注似闕脫，未詳。 人善切。

屒 zhěn　屒　伏皃。从尸辰聲。一曰屋宇。 珍忍切。

犀 xī　犀（[金文]）犀遲也。从尸辛聲。 先稽切。

屝 fèi　屝　履也。从尸非聲。 扶沸切。

屍 shī　屍　終主。从尸从死。 式脂切。

屠 tú 屠（屠 屠 漢印）刳也。从尸者聲。 同都切。

屧 xiè 屧 履中薦也。从尸枼聲。 穌叶切。

屋 wū 屋（古璽 屋 漢印）居也。从尸。尸，所主也。一曰尸，象屋形。从至。至，所至止。室、屋皆从至。 烏谷切。 屋，籀文屋从厂。 亝，古文屋。

屏 píng 屏（石刻）屏蔽也。从尸并聲。 必郢切。

層 céng 層（石刻）重屋也。从尸曾聲。 昨稜切。

　　　　　　文二十三　重五

屢 lǚ 屢（石刻）數也。案：今之婁字本是屢空字，此字後人所加。从尸，未詳。 立羽切。

　　　　　　文一新附

尺　部

尺 chǐ 尺（石刻）十寸也。人手卻十分動脈爲寸口。十寸爲尺。尺，所以指尺規榘事也。从尸从乙。乙，所識也。周制，寸、尺、咫、尋、常、仞諸度量，皆以人之體爲法。凡尺之屬皆从尺。 昌石切。

咫 zhǐ 咫 中婦人手長八寸，謂之咫。周尺也。从尺只聲。 諸氏切。

　　　　　　文二

尾　部

尾 wěi 尾（甲骨 簡帛 古璽）微也。从到毛在尸後。古人或飾系尾，西南夷亦然。凡尾之屬皆从尾。 無斐切。今隸變作尾。

屬 zhǔ 屬（金文 屬 屬 漢印 石刻）連也。从尾蜀聲。 之欲切。

屈 qū 屈（金文 簡帛 古幣 漢印 石刻）無尾也。从尾出聲。 九勿切。

尿 niào 尿 人小便也。从尾从水。 奴弔切。

　　　　　　文四

履 部

履 lǚ 履（金文 簡帛）足所依也。从尸从彳从夂，舟象履形。一曰尸聲。凡履之屬皆从履。 良止切。 䪆，古文履从頁从足。

屨 jù 屨 履也。从履省，婁聲。一曰鞮也。 九遇切。

屜 lì 屜 履下也。从履省，歷聲。 郎擊切。

屧 xù 屧 履屬。从履省，予聲。 徐呂切。

屩 juē 屩 屐也。从履省，喬聲。 居勺切。

屐 jī 屐 屩也。从履省，支聲。 奇逆切。

文六　重一

舟 部

舟 zhōu 舟（甲骨 金文 簡帛 古璽）船也。古者，共鼓、貨狄，刳木爲舟，剡木爲楫，以濟不通。象形。凡舟之屬皆从舟。 職流切。

俞 yú 俞（金文 玉盟書 簡帛 古璽 古幣）空中木爲舟也。从亼从舟从巜。巜，水也。 羊朱切。

船 chuán 船（漢印）舟也。从舟，鉛省聲。 食川切。

彤 chēn 彤 船行也。从舟彡聲。 丑林切。

舳 zhú 舳 艫也。从舟由聲。漢律名船方長爲舳艫。一曰舟尾。臣鉉等曰：當从冑省乃得聲。直六切。

艫 lú 艫 舳艫也。一曰船頭。从舟盧聲。 洛乎切。

䑞 wù 䑞 船行不安也。从舟，从刖省。讀若兀。 五忽切。

䑠 zōng 䑠 船著不行也。从舟夋聲。讀若葬。 子紅切。

朕 zhèn 朕（甲骨 金文 簡帛）我也。闕。 直禁切。

舫 fǎng 舫（石鼓）船師也。《明堂月令》曰"舫人"。習水者。从舟方聲。 甫妄切。

般 pán 般（甲骨 金文 漢印 石刻）辟也。象舟之旋，从舟。从殳，殳，所以旋也。 北潘切。 䢙，古文般从支（按：支當作攴）。

服 fú　服（[金文][漢印][石刻]）用也。一曰車右騑，所以舟旋。从舟䑞聲。 房六切。 䑝，古文服从人。

　　　　　　文十二　重二

舸 gě　舸　舟也。从舟可聲。 古我切。
艇 tǐng　艇　小舟也。从舟廷聲。 徒鼎切。
艅 yú　艅　艅艎，舟名。从舟余聲。經典通用餘皇。 以諸切。
艎 huáng　艎　艅艎也。从舟皇聲。 胡光切。

　　　　　　文四新附

方　部

方 fāng　方（[甲骨][金文][簡帛][漢印][石刻]）併船也。象兩舟省、總頭形。凡方之屬皆从方。 府良切。 汸，方或从水。

斻 háng　斻　方舟也。从方亢聲。《禮》：天子造舟，諸侯維舟，大夫方舟，士特舟。臣鉉等曰：今俗別作航，非是。 胡郎切。

　　　　　　文二　重一

儿　部

儿 rén　儿　仁人也。古文奇字人也。象形。孔子曰："在人下，故詰屈。"凡儿之屬皆从儿。 如鄰切。

兀 wù　兀　高而上平也。从一在人上。讀若夐。茂陵有兀桑里。 五忽切。
兒 ér　兒（[甲骨][金文][簡帛][古璽]）孺子也。从儿，象小兒頭囟未合。 汝移切。
允 yǔn　允（[甲骨][金文][簡帛][石刻]）信也。从儿㠯聲。 余準切。
兌 duì　兌（[甲骨][金文][簡帛]）說也。从儿㕣聲。臣鉉等曰：㕣，古文充字，非聲。當从口从八，象气之分散。《易》曰："兌，爲巫爲口。" 大外切。
充 chōng　充（[漢印]）長也。高也。从儿，育省聲。 昌終切。

　　　　　　文六

兄 部

兄 xiōng　㕣（甲骨　金文　玉盟書　簡帛　石刻）長也。从儿从口。凡兄之屬皆从兄。　許榮切。

兢 jīng　兢　競也。从二兄。二兄，競意。从丯聲。讀若矜。一曰兢，敬也。　居陵切。

　　　　　文二

先 部

兂 zēn　兂　首笄也。从人，匕象簪形。凡兂之屬皆从兂。　側岑切。簪，俗兂从竹从朁。

兓 jīn　兓　朁朁，銳意也。从二兂。　子林切。

　　　　　文二　重一

皃 部

皃 mào　皃　頌儀也。从人，白象人面形。凡皃之屬皆从皃。　莫教切。貌，皃或从頁，豹省聲。貌，籀文皃从豹省。

覍 biàn　覍　冕也。周曰覍，殷曰吁，夏曰收。从皃，象形。皮變切。冔，籀文覍从廾，上象形。弁，或覍字。

　　　　　文二　重四

兜 部

兠 gǔ　兠　廱蔽也。从人，象左右皆蔽形。凡兠之屬皆从兠。讀若瞽。　公戶切。

兜 dōu　兜　兜鍪，首鎧也。从兠，从兒省。皃象人頭也。　當侯切。

　　　　　文二

先 部

先 xiān 先（[甲骨][金文][簡帛][石刻]）前進也。从儿从之。凡先之屬皆從先。臣鉉等曰：之人上，是先也。穌前切。

兟 shēn 兟（[石刻]）進也。从二先。贊从此。闕。所臻切。

文二

禿 部

禿 tū 禿 無髮也。从人，上象禾粟之形，取其聲。凡禿之屬皆從禿。王育說：蒼頡出見禿人伏禾中，因以制字。未知其審。他谷切。

穨 tuí 穨（[古陶]）禿皃。从禿貴聲。杜回切。

文二

見 部

見 jiàn 見（[甲骨][金文][玉盟書][簡帛][古幣][漢印][石刻]）視也。从儿从目。凡見之屬皆從見。古甸切。

視 shì 視（[金文][玉盟書][簡帛][古璽][石刻]）瞻也。从見、示。神至切。眡，古文視。䀩，亦古文視。

覶 lì 覶 求也。从見麗聲。讀若池。郎計切。

覹 wēi 覹 好視也。从見委聲。於爲切。

覬 nì 覬 䀉視也。从見兒聲。五計切。

覶 luó 覶 好視也。从見𥁕聲。洛戈切。

覗 lù 覗（[金文]）笑視也。从見录聲。力玉切。

覲 xuǎn 覲 大視也。从見爰聲。況晚切。

覝 lián 覝 察視也。从見㓐聲。讀若鎌。力鹽切。

覲 yùn 覲 外博眾多視也。从見員聲。讀若運。王問切。

| 觀 guān | （金文　簡帛　漢印　石刻）諦視也。从見雚聲。 古玩切。
𥋇，古文觀从囧。

| 尋 dé | 取也。从見从寸。寸，度之，亦手也。臣鉉等案：彳部作古文得字，此重出。 多則切。

| 覽 lǎn | 觀也。从見、監，監亦聲。 盧敢切。

| 覙 lài | 内視也。从見來聲。 洛代切。

| 題 tí | 顯也。从見是聲。 杜兮切。

| 覞 piǎo | 目有察省見也。从見奥聲。 方小切。

| 覗 cī | 覗覤，闚觀也。从見㫒聲。 七四切。

| 覷 qù | 拘覷，未致密也。从見盧聲。 七句切。

| 覭 míng | 小見也。从見冥聲。《爾雅》曰："覭髳，弗離。" 莫經切。

| 覘 dān | 内視也。从見甚聲。 丁含切。

| 覯 gòu | 遇見也。从見冓聲。 古后切。

| 覬 kuī | 注目視也。从見歸聲。 渠追切。

| 覘 chān | 窺也。从見占聲。《春秋傳》曰："公使覘之，信。" 敕豔切。

| 覹 wéi | 司也。从見微聲。 無非切。

| 覢 shǎn | 暫見也。从見炎聲。《春秋公羊傳》曰："覢然公子陽生。" 失冉切。

| 覕 bìn | 暫見也。从見賓聲。 必刃切。

| 覽 fán | 覺覽也。从見樊聲。 讀若幡。 附袁切。

| 覛 mí | 病人視也。从見氏聲。 讀若迷。 莫兮切。

| 覷 yóu | 下視深也。从見鹵聲。 讀若攸。 以周切。

| 覘 chēn | 私出頭視也。从見肜聲。 讀若郴。 丑林切。

| 冒 mào | 突前也。从見、冃。臣鉉等曰：冃，重覆也。犯冃而見，是突前也。 莫紅、亡茇二切。

| 覬 jì | 欲忝也。从見豈聲。 几利切。

| 覦 yú | 欲也。从見俞聲。 羊朱切。

| 覾 chuāng | 視不明也。一曰直視。从見春聲。 丑龙切。

| 覞 yào | 視誤也。从見龠聲。 弋笑切。

| 覺 jué | 寤也。从見，學省聲。一曰發也。 古岳切。

| 覿 jí | 目赤也。从見，矤省聲。臣鉉等曰：矤非聲，未詳。 才的切。

| 靚 jìng | 召也。从見青聲。 疾正切。

| 親 qīn | （金文　簡帛　漢印　石刻）至也。

　　　　　　从見亲聲。　七人切。

覲 jìn　覲（▆石刻）諸矦秋朝曰覲，勞王事。从見堇聲。　渠吝切。

覜 tiào　覜（▆▆簡帛）諸矦三年大相聘曰覜。覜，視也。从見兆聲。　他弔切。

䫷 máo　䫷（▆簡帛）擇也。从見毛聲。讀若苗。　莫袍切。

覕 miè　覕　蔽不相見也。从見必聲。　莫結切。

覘 shī　覘　司人也。从見它聲。讀若馳。　式支切。

䁂 dōu　䁂　目蔽垢也。从見㗊聲。讀若兜。　當矦切。

　　　　　　文四十五　重三

覿 dí　覿（▆簡帛▆石刻）見也。从見賣聲。　徒歷切。

　　　　　　文一新附

覞　部

覞 yào　覞　竝視也。从二見。凡覞之屬皆从覞。　弋笑切。

覵 qiān　覵　很視也。从覞肩聲。齊景公之勇臣有成覵者。　苦閑切。

靚 xì　靚　見雨而比息。从覞从雨。讀若欷。　虛器切。

　　　　　　文三

欠　部

欠 qiàn　欠（▆甲骨▆金文）張口气悟也。象气从人上出之形。凡欠之屬皆从欠。　去劒切。

欽 qīn　欽（▆▆金文▆▆▆簡帛▆漢印）欠皃。从欠金聲。　去音切。

㰠 luán　㰠　欠皃。从欠䜌聲。　洛官切。

欯 xì　欯　喜也。从欠吉聲。　許吉切。

吹 chuī　吹（▆甲骨▆▆金文）出气也。从欠从口。臣鉉等案：口部已有吹、噓，此重出。昌垂切。

欨 xū　欨（▆簡帛）吹也。一曰笑意。从欠句聲。　況于切。

歔 hū　歔　溫吹也。从欠虖聲。　虎烏切。

㰡 yù　㰡　吹气也。从欠或聲。　於六切。

歟 yú　歟（▆▆石刻）安气也。从欠與聲。　以諸切。

歇 xié		翕气也。从欠脅聲。 虛業切。
歕 pēn		吹气也。从欠賁聲。 普魂切。
歇 xiē	（古璽 石刻）	息也。一曰气越泄。从欠曷聲。 許謁切。
歡 huān	（古璽）	喜樂也。从欠雚聲。 呼官切。
欣 xīn	（古陶 漢印）	笑喜也。从欠斤聲。 許斤切。
弞 shěn		笑不壞顏曰弞。从欠，引省聲。 式忍切。
款 kuǎn	（漢印）	意有所欲也。从欠，窾省。臣鉉等曰：窾，塞也。意有所欲而猶塞，款款然也。 苦管切。 款或从柰。
㳒 jì		岙也。从欠气聲。一曰口不便言。 居气切。
欲 yù	（簡帛 古璽 石刻）	貪欲也。从欠谷聲。 余蜀切。
歌 gē	（金文 簡帛 石刻）	詠也。从欠哥聲。 古俄切。 謌，詞（按：詞當作歌）或从言。
歂 chuǎn		口气引也。从欠耑聲。讀若車輇。 市緣切。
歍 wū		心有所惡，若吐也。从欠烏聲。一曰口相就。 哀都切。
歊 zú		歍歊也。从欠黽聲。 才六切。 㰸，俗歊从口从就。
赼 zú		怒然也。从欠未聲。《孟子》曰："曾西赼然。" 才六切。
欦 qiān		含笑也。从欠今聲。 丘嚴切。
歋 yí		人相笑相歋瘉。从欠虒聲。 以支切。
歊 xiāo		歊歊，气出皃。从欠、高，高亦聲。 許嬌切。
欻 xū		有所吹起。从欠炎聲。讀若忽。 許物切。
㰦 xī		㰦㰦，戲笑皃。从欠之聲。 許其切。
歈 yáo		歈歈，气出皃。从欠䎽聲。 余招切。
歗 xiào		吟也。从欠肅聲。《詩》曰："其歗也謌。"臣鉉等案：口部，此籀文嘯字，此重出。 穌弔切。
歎 tàn	（石刻）	吟也。从欠，鸛省聲。 他案切。 籀文歎不省。
歖 xī	（簡帛）	卒喜也。从欠从喜。 許其切。
欼 xiè		訾也。从欠矣聲。 凶戒切。又，烏開切。
欪 zì		歐也。从欠此聲。 前智切。
歐 ǒu	（古璽 漢印）	吐也。从欠區聲。 烏后切。
歔 xū		欷也。从欠虛聲。一曰出气也。 朽居切。
欷 xī		歔也。从欠，稀省聲。 香衣切。
歜 chù	（古璽 古陶）	盛气怒也。从欠蜀聲。 尺玉切。

欧 yǒu	言意也。从欠从卣，卣亦聲。讀若酉。 與久切。
歇 kě	欲歇歇。从欠渴聲。 苦葛切。
歊 jiào	（石刻）所謂也。从欠，噭省聲。讀若叫呼之叫。 古弔切。
歖 xì	悲意。从欠啬聲。 火力切。
釂 jiào	盡酒也。从欠糕聲。 子肖切。
歉 jiān	監持意。口閉也。从欠緘聲。 古咸切。
欣 shèn	指而笑也。从欠辰聲。讀若蜃。 時忍切。
鰥 kūn	昆干，不可知也。从欠鰥聲。 古渾切。
歃 shà	歠也。从欠臿聲。《春秋傳》曰："歃而忘。" 山洽切。
欶 shuò	吮也。从欠束聲。 所角切。
欿 kǎn	食不滿也。从欠甚聲。讀若坎。 苦感切。
欿 kǎn	（石刻）欲得也。从欠名聲。讀若貪。 他含切。
欱 hē	歠也。从欠合聲。 呼合切。
歉 qiàn	歉食不滿。从欠兼聲。 苦簟切。
歄 wā	咽中息不利也。从欠骨聲。 烏八切。
欭 yì	嚘也。从欠因聲。 乙冀切。
欬 kài	（古陶 漢印）屰气也。从欠亥聲。 苦蓋切。
歖 xì	且唾聲。一曰小笑。从欠毄聲。 許壁切。
歙 xī	縮鼻也。从欠翕聲。丹陽有歙縣。 許及切。
欨 yǒu	蹴鼻也。从欠咎聲。讀若《爾雅》曰"麇獡短胆"。 於糾切。
㑳 yǒu	愁兒。从欠幼聲。臣鉉等案：口部，呦字或作㑳，此重出。 於虯切。
欪 chù	咄欪，無慙。一曰無腸意。从欠出聲。讀若卉。 丑律切。
欥 yù	詮詞也。从欠从曰，曰亦聲。《詩》曰："欥求厥寧。" 余律切。
次 cì	（甲骨 金文 漢印 石刻）不前，不精也。从欠二聲。 七四切。 㳄，古文次。
歉 kāng	飢虛也。从欠康聲。 苦岡切。
欺 qī	（古璽 漢印）詐欺也。从欠其聲。 去其切。
歆 xīn	神食气也。从欠音聲。 許今切。

文六十五　重五

歈 yú　　歌也。从欠俞聲。《切韻》云："巴歈，歌也。"案：《史記》：渝水之人善歌舞，漢高祖采其聲。後人因加此字。　羊朱切。

　　　　　文一新附

㱃 部

㱃 yǐn　　（甲骨　金文　簡帛）歠也。从欠酓聲。凡㱃之屬皆从㱃。　於錦切。　古文㱃从今、水。　古文㱃从今、食。

歠 chuò　　㱃也。从㱃省，叕聲。　昌說切。　歠或从口从夬。

　　　　　文二　重三

㳄 部

㳄 xián　　（甲骨）慕欲口液也。从欠从水。凡㳄之屬皆从㳄。　敘連切。　㳄或从侃。　籀文㳄。

羨 xiàn　　（甲骨）貪欲也。从㳄，从羑省。羑呼之羑，文王所拘羑里。　似面切。

㰣 yí　　歠也。从㳄厂聲。讀若移。　以支切。

盜 dào　　（甲骨　石刻）私利物也。从㳄，㳄欲皿者。　徒到切。

　　　　　文四　重二

旡 部

旡 jì　　（甲骨）歈食气屰不得息曰旡。从反欠。凡旡之屬皆从旡。　居未切。今變隸作旡。　古文旡。

㱃 huò　　屰惡驚詞也。从旡咼聲。讀若楚人名多夥。　乎果切。

㱉 liàng　　（金文）事有不善言㱉也。《爾雅》："㱉，薄也。"从旡京聲。臣鉉等曰：今俗隸書作亮。　力讓切。

　　　　　文三　重一

說文解字弟九

四十六部　四百九十六文　重六十三

凡七千二百四十七字

文三十八新附

頁　部

頁 xié　頁（甲骨　簡帛）頭也。从𦣻从儿。古文䭫首如此。凡頁之屬皆从頁。百者，䭫首字也。胡結切。

頭 tóu　頭（金文　古璽　漢印）首也。从頁豆聲。　度矦切。

顔 yán　顔（金文　簡帛　漢印　石刻）眉目之閒也。从頁彥聲。　五姦切。顏，籒文。

頌 róng　頌（金文　簡帛　漢印　石刻）皃也。从頁公聲。　余封切。又，似用切。䫶，籒文。

頔 duó　頔　顤也。从頁乇聲。　徒谷切。

顱 lú　顱　頝顱，首骨也。从頁盧聲。　洛乎切。

願 yuàn　願（漢印）顤頂也。从頁𦣞聲。　魚怨切。

顛 diān　顛（石刻）頂也。从頁眞聲。　都秊切。

頂 dǐng　頂（石刻）顛也。从頁丁聲。　都挺切。䪴，或从𩑋作。顁，籒文从鼎。

顙 sǎng　顙　額也。从頁桑聲。　蘇朗切。

題 tí　題（石刻）額也。从頁是聲。　杜兮切。

額 é　額　顙也。从頁各聲。臣鉉等曰：今俗作額。　五陌切。

頞 è　頞　鼻莖也。从頁安聲。　烏割切。齃，或从鼻、曷。

頯 kuí　頯　權也。从頁𠃬聲。　渠追切。

頰 jiá　頰　面旁也。从頁夾聲。　古叶切。䫙，籒文頰。

頎 gěn　頎　頰後也。从頁𧱏聲。　古恨切。

頷 hàn　頷　顄也。从頁合聲。　胡感切。

顄 hán　顄　頤也。从頁圅聲。　胡男切。

頸 jǐng　頸（簡帛　石刻）頭莖也。从頁巠聲。　居郢切。

領 lǐng 領（▨▨▨▨石刻）項也。从頁令聲。 良郢切。

項 xiàng 項（▨▨簡帛▨漢印）頭後也。从頁工聲。 胡講切。

領 zhěn 項枕也。从頁冘聲。 章衽切。

頓 chuí （▨金文）出頟也。从頁隹聲。 直追切。

頓 péi 曲頤也。从頁不聲。 薄回切。

顉 yǎn 顉兒。从頁僉聲。 魚檢切。

頵 yǔn 面目不正兒。从頁尹聲。 余準切。

頵 yūn （▨▨金文▨石刻）頭頵頵大也。从頁君聲。 於倫切。

頵 hùn 面色頵頵兒。从頁員聲。讀若隕。 于閔切。

顩 yán 頭頰長也。从頁兼聲。 五咸切。

碩 shuò （▨▨金文▨簡帛▨石鼓）頭大也。从頁石聲。 常隻切。

頒 bān 大頭也。从頁分聲。一曰鬢也。《詩》曰："有頒其首。" 布還切。

顒 yóng 大頭也。从頁禺聲。《詩》曰："其大有顒。" 魚容切。

顤 qiāo 大頭也。从頁羔聲。 口幺切。

顝 kuī 大頭也。从頁骨聲。讀若魁。 苦骨切。

願 yuàn （▨石刻）大頭也。从頁原聲。 魚怨切。

顤 yáo 高長頭。从頁堯聲。 五弔切。

鰲 ào 鰲顤，高也。从頁敖聲。 五到切。

頢 yuè 面前岳岳也。从頁岳聲。 五角切。

顈 mèi （▨▨▨▨金文）昧前也。从頁炅聲。讀若昧。 莫佩切。

顲 líng 面瘦淺顲顲也。从頁霝聲。 郎丁切。

頢 wài 頭蔽（按：蔽當作薉）頢也。从頁豙聲。 五怪切。

頑 wán 㮯頭也。从頁元聲。 五還切。

頯 guī 小頭頯頯也。从頁枝聲。讀若規。 又，已恚切。

顆 kě 小頭也。从頁果聲。 苦惰切。

頢 kuò 短面也。从頁昏聲。 五活切。又，下括切。

頲 tǐng 狹頭頲也。从頁廷聲。 他挺切。

頠 wěi 頭閑習也。从頁危聲。 語委切。

頷 hàn 面黃也。从頁含聲。 胡感切。

顲 yuǎn 面不正也。从頁爰聲。 于反切。

| 頍 kuǐ | 舉頭也。从頁支聲。《詩》曰："有頍者弁。" 丘弭切。
| 頞 mò | 内頭水中也。从頁、殳，殳亦聲。 烏沒切。
| 顧 gù | （金文）還視也。从頁雇聲。 古慕切。
| 順 shùn | （甲骨 金文 簡帛 漢印 石刻）理也。从頁从巛。 食閏切。
| 頕 zhěn | 顏色頕䫄，慎事也。从頁㐱聲。 之忍切。
| 䫄 lǐn | 頕䫄也。从頁㷠聲。一曰頭少髮。 良忍切。
| 顓 zhuān | 頭顓顓謹皃。从頁耑聲。 職緣切。
| 頊 xū | （金文）頭頊頊謹皃。从頁玉聲。 許玉切。
| 䫲 ǎn | 低頭也。从頁金聲。《春秋傳》曰："迎于門，䫲之而已。" 五感切。
| 頓 dùn | （漢印）下首也。从頁屯聲。 都困切。
| 頫 fǔ | （石刻）低頭也。从頁，逃省。太史卜書，頫仰字如此。楊雄曰：人面頫。臣鉉等曰：頫首者，逃亡之皃，故从逃省。今俗作俯，非是。 方矩切。俛，頫或从人、免。
| 頤 shěn | 舉目視人皃。从頁臣聲。 式忍切。
| 顫 zhǎn | 倨視人也。从頁善聲。 旨善切。
| 頡 xié | （金文 簡帛 古璽）直項也。从頁吉聲。 胡結切。
| 頭 zhuō | 頭頡頭也。从頁出聲。讀又若骨。 之出切。
| 顥 hào | （漢印 石刻）白皃。从頁从景。《楚詞》曰："天白顥顥。"南山四顥，白首人也。臣鉉等曰：景，日月之光明，白也。 胡老切。
| 顋 fán | 大醜皃。从頁樊聲。 附袁切。
| 頰 jìng | 好皃。从頁爭聲。《詩》所謂"頰首"。 疾正切。
| 頨 yǔ | 頭妍也。从頁，翩省聲。讀若翩。臣鉉等曰：从翩聲，又讀若翩，則是古今異音也。 王矩切。
| 顗 yǐ | 謹莊皃。从頁豈聲。 魚豈切。
| 顅 qiān | 頭鬢少髮也。从頁肩聲。《周禮》："數目顅脰。" 苦閑切。
| 䫥 kūn | 無髮也。一曰耳門也。从頁困聲。 苦昆切。
| 頢 kū | 禿也。从頁气聲。 苦骨切。
| 頛 lèi | 頭不正也。从頁从耒。耒，頭傾也。讀又若《春秋》陳夏齧之齧。 盧對切。
| 頢 pǐ | 傾首也。从頁卑聲。 匹米切。
| 頠 qì | 司人也。一曰恐也。从頁契聲。讀若禊。 胡計切。
| 頢 kuǐ | 頭不正也。从頁鬼聲。 口猥切。
| 頗 pō | （古陶）頭偏也。从頁皮聲。 滂禾切。

頄 yòu 顙也。从頁尤聲。于救切。 頄，顙或从疒。

顫 chàn （古璽）頭不正也。从頁亶聲。之繕切。

顑 kǎn 飯不飽，面黃起行也。从頁咸聲。讀若戇。下感、下坎二切。

顲 lǎn 面顑顲皃。从頁籥聲。盧感切。

煩 fán （石刻）熱頭痛也。从頁从火。一曰焚省聲。附袁切。

頯 wài 癡，不聰明也。从頁豪聲。五怪切。

纇 lèi （金文 簡帛）難曉也。从頁、米。一曰鮮白皃。从粉省。臣鉉等曰：難曉，亦不聰之義。盧對切。

顀 qiáo 顀顉也。从頁焦聲。昨焦切。

顇 cuì 顀顉也。从頁卒聲。秦醉切。

顒 mén 繫頭殟也。从頁昏聲。莫奔切。

頦 hái 醜也。从頁亥聲。戶來切。

顛 qī 醜也。从頁其聲。今逐疫有顛頭。去其切。

籲 yù 呼也。从頁籥聲。讀與籥同。《商書》曰："率籲眾戚。" 羊戍切。

顯 xiǎn （金文 簡帛 漢印 石刻）頭明飾也。从頁㬎聲。
臣鉉等曰：㬎，古以爲顯字，故从㬎聲。呼典切。

顨 zhuàn 選具也。从二頁。士戀切。

文九十三（當作文九十二） 重八

預 yù 安也。案：經典通用豫。从頁，未詳。羊洳切。

文一新附

百 部

百 shǒu 頭也。象形。凡百之屬皆从百。書九切。

䐧 róu （簡帛）面和也。从百从肉。讀若柔。耳由切。

文二

面 部

面 miàn （甲骨 簡帛 石刻）顔前也。从𦣻，象人面形。凡面之屬皆从面。 彌箭切。

靦 tiǎn 面見也。从面、見，見亦聲。《詩》曰："有靦面目。" 他典切。𦣡，或从旦。

酺 fǔ 頰也。从面甫聲。 符遇切。

醮 jiāo 面焦枯小也。从面、焦。 即消切。

文四 重一

靨 yè 姿也。从面厭聲。 於叶切。

文一新附

丏 部

丏 miǎn （甲骨 金文 簡帛 古幣）不見也。象壅蔽之形。凡丏之屬皆从丏。 彌充切。

文一

首 部

首 shǒu （甲骨 金文 玉盟書 簡帛 石刻）𦣻同。古文𦣻也。巛象髮，謂之鬊，鬊卽巛也。凡𦣻之屬皆从𦣻。 書九切。

𦘔 qǐ 下首也。从𦣻旨聲。 康禮切。

𩠹 tuán 截也。从𦣻从斷。 大丸、旨沇二切。𩠽，或从刀專聲。

文三 重一

県 部

県 jiāo 到首也。賈侍中說：此斷首到縣県字。凡県之屬皆从県。 古堯切。

縣 xuán 縣（金文、簡帛、漢印、石刻）繫也。从系持県。臣鉉等曰：此本是縣挂之縣，借爲州縣之縣。今俗加心，別作懸，義無所取。 胡涓切。

文二

須部

須 xū 須（甲骨、金文、簡帛、漢印）面毛也。从頁从彡。凡須之屬皆从須。臣鉉等曰：此本須鬢之須。頁，首也。彡，毛飾也。借爲所須之須。俗書从水，非是。 相俞切。

頿 zī 頿 口上須也。从須此聲。臣鉉等曰：今俗別作髭，非是。 即移切。

頾 rán 頾 頰須也。从須从冄，冄亦聲。臣鉉等曰：今俗別作髯，非是。 汝鹽切。

頯 bēi 頯 須髮半白也。从須卑聲。 府移切。

頰 pī 頰 短須髮皃。从須否聲。 敷悲切。

文五

彡部

彡 shān 彡（簡帛）毛飾畫文也。象形。凡彡之屬皆从彡。 所銜切。

形 xíng 形（石刻）象形也。从彡开聲。 戶經切。

㐱 zhěn 㐱（金文）稠髮也。从彡从人。《詩》曰："㐱髮如雲。" 之忍切。鬒，㐱或从髟真聲。

修 xiū 修（古璽、石刻）飾也。从彡攸聲。 息流切。

彰 zhāng 彰（古陶、石刻）文彰也。从彡从章，章亦聲。 諸良切。

彫 diāo 彫（簡帛、古陶、石刻）琢文也。从彡周聲。 都僚切。

彭 jìng 彭 清飾也。从彡青聲。 疾郢切。

㣎 mù 㣎 細文也。从彡，㝱省聲。 莫卜切。

弱 ruò 弱（漢印、石刻）橈也。上象橈曲，彡象毛氂橈弱也。弱物并，故从二弓。 而勺切。

文九 重一

彩 cǎi　彩（☐石刻）文章也。从彡采聲。倉宰切。

　　　　　　　文一新附

彣 部

彣 wén　彣（☐☐☐☐石刻）㦽也。从彡从文。凡彣之屬皆从彣。 無分切。

彥 yàn　彥（☐☐漢印☐石刻）美士有文，人所言也。从彣厂聲。 魚變切。

　　　　　　　文二

文 部

文 wén　文（☐☐☐甲骨☐☐☐☐☐☐☐☐☐☐☐☐☐☐金文 ☐簡帛☐古璽☐☐☐☐☐古幣☐☐☐☐☐☐石刻）錯畫也。象交文。

　　　　　凡文之屬皆从文。 無分切。

斐 fěi　斐 分別文也。从文非聲。《易》曰："君子豹變，其文斐也。" 敷尾切。

辬 bān　辬 駁文也。从文辡聲。 布還切。

辥 lí　辥 微畫也。从文𠩺聲。 里之切。

　　　　　　　文四

髟 部

髟 biāo　髟（☐簡帛）長髮猋猋也。从長从彡。凡髟之屬皆从髟。 必凋切。又，所銜切。

髮 fà　髮（☐☐☐金文）根也。从髟犮聲。 方伐切。䯱，髮或从首。𩠐，古文。

鬢 bìn　鬢 頰髮也。从髟賓聲。 必刃切。

鬘 mán　鬘 髮長也。从髟㒼聲。讀若蔓。 母官切。

鬣 lán　鬣 髮長也。从髟監聲。讀若《春秋》"黑肱以濫來奔"。 魯甘切。

鬌 cuǒ　鬌 髮好也。从髟、差。 千可切。

鬈 quán　鬈 髮好也。从髟卷聲。《詩》曰："其人美且鬈。" 衢員切。

髦 máo　髦 髮也。从髟从毛。 莫袍切。

鬓 mián　鬓 髮兒。从髟臱聲。讀若宀。 莫賢切。

髫 tiáo	髣	髮多也。从髟周聲。 直由切。
髵 nǐ	髵	髮皃。从髟爾聲。讀若江南謂酢母爲髵。 奴禮切。
髻 póu	髻	髮皃。从髟咅聲。 步矛切。
髳 máo	髳	（髳 漢印）髮至眉也。从髟敄聲。《詩》曰："紞彼兩髳。" 亡牢切。髳，髳或省。《漢令》有髳長。
髯 jiǎn	髯	女鬢垂皃。从髟前聲。 作踐切。
鬑 lián	鬑	髯也。一曰長皃。从髟兼聲。讀若慊。 力鹽切。
鬋 jié	鬋	束髮少也。从髟截（按：截當作𢧵）聲。 子結切。
鬄 xī	鬄	髮也。从髟易聲。 先彳切。又，大計切。髢，鬄或从也聲。
髲 bì	髲	鬄也。从髟皮聲。 平義切。
髭 cì	髭	用梳比也。从髟次聲。 七四切。
髺 kuò	髺	潔髮也。从髟昏聲。 古活切。
鬆 pán	鬆	臥結也。从髟般聲。讀若槃。 薄官切。
髻 fù	髻	結也。从髟付聲。 方遇切。
鬘 mà	鬘	帶結飾也。从髟莫聲。 莫駕切。
鬢 kuì	鬢	屈髮也。从髟貴聲。 丘媿切。
髤 jiè	髤	簪結也。从髟介聲。 古拜切。
鬣 liè	鬣	髮鬣鬣也。从髟巤聲。 良涉切。鬛，鬣或从毛。獵，或从豕。
鬕 lú	鬕	鬣也。从髟盧聲。 洛乎切。
髴 fú	髴	（髴 石刻）髴，若似也。从髟弗聲。 敷勿切。
鬙 róng	鬙	亂髮也。从髟，茸省聲。 而容切。
鬌 chuí	鬌	髮隋也。从髟，隋省。 直追切。
鬊 shùn	鬊	鬊（按：鬊當作鬊）髮也。从髟春聲。 舒閏切。
鬜 qiān	鬜	鬢禿也。从髟閒聲。 苦閑切。
鬀 tì	鬀	鬄髮也。从髟从刀，易聲。 他歷切。
髡 kūn	髡	鬀髮也。从髟兀聲。 苦昆切。髨，或从元。
鬀 tì	鬀	鬀髮也。从髟弟聲。大人曰髡，小人曰鬀，盡及身毛曰鬍。臣鉉等曰：今俗別作剃，非是。 他計切。
髼 bàng	髼	鬃也。从髟立聲。 蒲浪切。
鬅 fèi	鬅	髼也。忽見也。从髟彔聲。彔，籀文魅，亦忽見意。 芳未切。

鬌 zhuā　喪結。《禮》：女子鬌衰，弔則不鬌。魯臧武仲與齊戰于狐鮐，魯人迎喪者，始鬌。从髟坐聲。　莊華切。

　　　　　　　　文三十八　重六（當作重七）

鬐 qí　馬鬣也。从髟耆聲。　渠脂切。

髫 tiáo　小兒垂結也。从髟召聲。　徒聊切。

髻 jì　總髮也。从髟吉聲。古通用結。　古詣切。

鬟 huán　總髮也。从髟睘聲。案：古婦人首飾，琢玉爲兩環。此二字皆後人所加。　戶關切。

　　　　　　　　文四新附

后部

后 hòu　（金文　簡帛　古幣　石刻）繼體君也。象人之形。施令以告四方，故厂之。从一、口。發號者，君后也。凡后之屬皆从后。　胡口切。

呴 hǒu　厚怒聲。从口、后，后亦聲。　呼后切。

　　　　　　　　文二

司部

司 sī　（甲骨　金文　簡帛　古璽　古幣　石刻）臣司事於外者。从反后。凡司之屬皆从司。　息茲切。

詞 cí　（簡帛　石刻）意內而言外也。从司从言。　似茲切。

　　　　　　　　文二

卮部

卮 zhī　圜器也。一名觛。所以節飲食。象人，卪在其下也。《易》曰："君子節飲食。"凡卮之屬皆从卮。　章移切。

膞 shuàn　小卮有耳蓋者。从卮專聲。　市沇切。

𨡔 zhuǎn　小卮也。从卮耑聲。讀若捶擊之捶。　旨沇切。

卩 部

卩 jié （甲骨、金文）瑞信也。守國者用玉卩，守都鄙者用角卩，使山邦者用虎卩，土邦者用人卩，澤邦者用龍卩，門關者用符卩，貨賄用璽卩，道路用旌卩。象相合之形。凡卩之屬皆从卩。 子結切。

令 lìng （甲骨、金文、漢印、石刻）發號也。从亼、卩。徐鍇曰："號令者，集而爲之。卩，制也。" 力正切。

㔹 bì 輔信也。从卩比聲。《虞書》曰："㔹成五服。" 毗必切。

卶 chǐ 有大度也。从卩多聲。讀若侈。 充豉切。

㔾 bì 宰之也。从卩必聲。 兵媚切。

邵 shào （金文、簡帛、古幣）高也。从卩召聲。 寔照切。

卮 ě 科卮，木節也。从卩厂聲。賈侍中說以爲卮，裹也。一曰卮，蓋也。臣鉉等曰：厂非聲，未詳。 五果切。

厀 xī （簡帛）脛頭卩也。从卩㯃聲。臣鉉等曰：今俗作膝，非是。 息七切。

卷 juǎn （漢印、石刻）厀曲也。从卩𢍏聲。 居轉切。

卻 què （石刻）節欲也。从卩谷聲。 去約切。

卸 xiè 舍車解馬也。从卩、止、午。讀若汝南人寫書之寫。臣鉉等曰：午，馬也。故从午。 司夜切。

卯 zhuàn （甲骨、古幣）二卩也。巽从此。闕。 士戀切。

㔾 zòu 卩也。闕。 則候切。

文十三

印 部

印 yìn （甲骨、金文）執政所持信也。从爪从卩。凡印之屬皆从印。 於刃切。

归 yì 按也。从反印。 於棘切。 押，俗从手。

文二 重一

色部

色 sè　(簡帛 漢印) 顏气也。从人从卪。凡色之屬皆从色。 所力切。　，古文。

艴 bó　色艴如也。从色弗聲。《論語》曰："色艴如也。" 蒲沒切。

艵 pīng　縹色也。从色幷聲。 普丁切。

　　　文三　重一

卯部

卯 qīng　事之制也。从卪、㔾。凡卯之屬皆从卯。闕。 去京切。

卿 qīng　(金文 簡帛 古璽 漢印 石刻) 章也。六卿：天官冢宰、地官司徒、春官宗伯、夏官司馬、秋官司寇、冬官司空。从卯皀聲。 去京切。

　　　文二

辟部

辟 bì　(甲骨 金文 簡帛 漢印 石刻) 法也。从卪从辛，節制其辠也；从口，用法者也。凡辟之屬皆从辟。 必益切。

𨐰 bì　治也。从辟从井。《周書》曰："我之不𨐰。" 必益切。

𡰯 yì　治也。从辟乂聲。《虞書》曰："有能俾𡰯。" 魚廢切。

　　　文三

勹部

勹 bāo　裹也。象人曲形，有所包裹。凡勹之屬皆从勹。 布交切。

匊 jū　曲脊也。从勹，𥷚省聲。 巨六切。

匍 pú　(金文) 手行也。从勹甫聲。 薄乎切。

匐 fú　伏地也。从勹畐聲。 蒲北切。

匊 jū　在手曰匊。从勹、米。臣鉉等曰：今俗作掬，非是。 居六切。

勻 yún　（金文　簡帛　古璽　古幣）少也。从勹、二。羊倫切。

勼 jiū　聚也。从勹九聲。讀若鳩。 居求切。

旬 xún　（甲骨　金文　簡帛）徧也。十日爲旬。从勹、日。 詳遵切。 古文。

勹 bào　覆也。从勹覆人。 薄皓切。

匈 xiōng　（簡帛　漢印）聲（按：聲當作膺）也。从勹凶聲。 許容切。 ，匈或从肉。

匊 zhōu　帀徧也。从勹舟聲。 職流切。

匌 gé　帀也。从勹从合，合亦聲。 矦閤切。

匓 jiù　飽也。从勹叟聲。民祭，祝曰："厭匓。"己又切。又，乙庋切。

復 fù　重也。从勹復聲。 扶富切。 ，或省彳。

冢 zhǒng　（金文　玉盟書　簡帛　古璽　石刻）高墳也。从勹豖聲。 知隴切。

文十五　重三

包　部

包 bāo　象人裹妊，巳在中，象子未成形也。元气起於子。子，人所生也。男左行三十，女右行二十，俱立於巳，爲夫婦。裹妊於巳，巳爲子，十月而生。男起巳至寅，女起巳至申。故男季始寅，女季始申也。凡包之屬皆从包。 布交切。

胞 bāo　兒生裹也。从肉从包。 匹交切。

匏 páo　瓠也。从包，从夸聲。包，取其可包藏物也。 薄交切。

文三

苟　部

苟 jì　自急敕也。从羊省，从包省。从口，口猶慎言也。从羊，羊與義、善、美同意。凡苟之屬皆从苟。 己力切。 ，古文羊不省。

敬 jìng　（金文　簡帛　古璽　漢印）

（▨▨▨石刻）肅也。从攴、茍。 居慶切。

文二　重一

鬼部

鬼 guǐ　鬼（▨▨▨甲骨▨▨金文▨▨▨▨簡帛▨▨石刻）人所歸爲鬼。从人，象鬼頭。鬼陰气賊害，从厶。凡鬼之屬皆从鬼。 居偉切。▨，古文从示。

魖 shén　▨ 神也。从鬼申聲。 食鄰切。

魂 hún　▨（▨石刻）陽气也。从鬼云聲。 戶昆切。

魄 pò　▨（▨石刻）陰神也。从鬼白聲。 普百切。

魅 chì　▨ 厲鬼也。从鬼失聲。 丑利切。

魖 xū　▨ 耗神也。从鬼虛聲。 朽居切。

魃 bá　▨ 旱鬼也。从鬼犮聲。《周禮》有赤魃氏，除牆屋之物也。《詩》曰："旱魃爲虐。" 蒲撥切。

魅 mèi　▨ 老精物也。从鬼、彡。彡，鬼毛。 密祕切。▨，或从未聲。▨，古文。▨，籀文从彖首，从尾省聲。

魕 jì　▨ 鬼服也。一曰小兒鬼。从鬼支聲。《韓詩傳》曰："鄭交甫逢二女，魕服。" 奇寄切。

魖 hū　▨ 鬼兒。从鬼虎聲。 虎烏切。

魕 qí　▨ 鬼俗也。从鬼幾聲。《淮南傳》曰："吳人鬼，越人魕。" 居衣切。

魗 rú　▨ 鬼魅聲，魗魗不止也。从鬼需聲。 奴豆切。

魄 huà　▨ 鬼變也。从鬼化聲。 呼駕切。

魖 nuó　▨ 見鬼驚詞。从鬼，難省聲。讀若《詩》"受福不儺"。 諾何切。

魖 pín　▨ 鬼兒。从鬼賓聲。 符眞切。

醜 chǒu　▨（▨甲骨▨▨▨玉盟書▨▨石刻）可惡也。从鬼酉聲。 昌九切。

魋 tuí　▨ 神獸也。从鬼隹聲。 杜回切。

文十七　重四

魑 chī　▨ 鬼屬。从鬼从离，离亦聲。 丑知切。

魔 mó　▨ 鬼也。从鬼麻聲。 莫波切。

魘 yǎn　▨ 寢驚也。从鬼厭聲。 於琰切。

文三新附

甶 部

甶 fú 甶（甲骨、金文、簡帛、古幣）鬼頭也。象形。凡甶之屬皆从甶。敷勿切。

畏 wèi 畏（金文、簡帛、古璽）惡也。从甶，虎省。鬼頭而虎爪，可畏也。於胃切。𤰇，古文省。

禺 yù 禺（金文、玉盟書、簡帛、古幣、漢印）母猴屬。頭似鬼。从甶从禸。牛具切。

文三 重一

厶 部

厶 sī 厶（金文、簡帛、古璽、古幣）姦衺也。韓非曰："蒼頡作字，自營爲厶。"凡厶之屬皆从厶。息夷切。

篡 cuàn 篡 屰而奪取曰篡。从厶算聲。初宦切。

𠫍 yòu 𠫍 相訹呼也。从厶从羑。與久切。䛕，或从言、秀。誘，或如此。㕗，古文。臣鉉等案：羊部有羑。羑，進善也。此古文重出。

文三 重三

嵬 部

嵬 wéi 嵬 高不平也。从山鬼聲。凡嵬之屬皆从嵬。五灰切。

巍 wēi 巍（石刻）高也。从嵬委聲。牛威切。臣鉉等曰：今人省山从爲魏國之魏。語韋切。

文二

山 部

山 shān 山（甲骨、金文、簡帛、古璽、古幣、漢印、石刻）宣也。宣气散，生萬物，有石而高。象形。

			凡山之屬皆從山。 所閒切。
嶽 yuè		（石刻）東，岱；南，霍；西，華；北，恆；中，泰室。王者之所以巡狩所至。从山獄聲。 五角切。 ，古文象高形。
岱 dài		太山也。从山代聲。 徒耐切。
島 dǎo		海中往往有山可依止，曰島。从山鳥聲。讀若《詩》曰“蔦與女蘿”。 都皓切。
嶩 náo		山，在齊地。从山狃聲。《詩》曰：“遭我于嶩之間兮。” 奴刀切。
嶧 yì		葛嶧山，在東海下邳。从山睪聲。《夏書》曰：“嶧陽孤桐。” 羊益切。
嵎 yú		封嵎之山，在吳楚之閒，汪芒之國。从山禺聲。 噳俱切。
嶷 yí		九嶷山，舜所葬，在零陵營道。从山疑聲。 語其切。
崏 mín		山，在蜀湔氐西徼外。从山敯聲。 武巾切。
屼 jǐ		山也。或曰弱水之所出。从山几聲。 居履切。
巀 jié		巀嶭山，在馮翊池陽。从山截聲。 才葛切。
嶭 niè		巀嶭山也。从山辥聲。 五葛切。
崋 huà		（石刻）山，在弘農華陰。从山，華省聲。 胡化切。
嶎 guō		山，在鴈門。从山𠅜聲。 古博切。
崵 yáng		崵山，在遼西。从山昜聲。一曰嵎鐵崵谷也。 與章切。
岵 hù		山有草木也。从山古聲。《詩》曰：“陟彼岵兮。” 矦古切。
屺 qǐ		山無草木也。从山己聲。《詩》曰：“陟彼屺兮。” 墟里切。
嶨 xué		山多大石也。从山，學省聲。 胡角切。
嶅 áo		山多小石也。从山敖聲。 五交切。
岨 qū		石戴土也。从山且聲。《詩》曰：“陟彼岨矣。” 七余切。
岡 gāng		（金文 石刻）山骨（按：骨當作脊）也。从山网聲。 古郎切。
岑 cén		（石刻）山小而高。从山今聲。 鉏箴切。
崟 yín		山之岑崟也。从山金聲。 魚音切。
崒 zú		崒危，高也。从山卒聲。 醉綏切。
巒 luán		山小而銳。从山䜌聲。 洛官切。
密 mì		（金文 漢印 石刻）山如堂者。从山宓聲。 美畢切。
岫 xiù		山穴也。从山由聲。 似又切。 ，籀文从穴。
峻 jùn		高也。从山陵聲。 私閏切。 嶲，陵或省。
隋 duò		山之嫷嫷（按：嫷嫷當作隋隋）者。从山，从惰省聲。讀若相推落之惰（按：惰當作

墮）。 徒果切。

嶘 zhàn 嶘 尤高也。从山棧聲。 士限切。

崛 jué 崛 山短高也。从山屈聲。 衢勿切。

巁 lì 巁 巍高也。从山歷聲。讀若歷。 力制切。

峯 fēng 峯 （石刻）山耑也。从山夆聲。 敷容切。

巖 yán 巖 （漢印 石刻）岸也。从山嚴聲。 五緘切。

嵒 yán 嵒 山巖也。从山、品。讀若吟。臣鉉等曰：从品，象巖厓連屬之形。 五咸切。

崨 lěi 崨 壘也。从山絫聲。 落猥切。

崒 zuì 崒 山兒。从山辠聲。 徂賄切。

崓 gào 崓 山兒。一曰山名。从山告聲。 古到切。

嶞 duò 嶞 山兒。从山陸聲。 徒果切。臣鉉等案：陸與墮同，墮今亦音徒果切，則是陸兼有此音。

嵯 cuó 嵯 山兒。从山差聲。 昨何切。

峨 é 峨 嵯峨也。从山我聲。 五何切。

崝 zhēng 崝 嶸也。从山青聲。臣鉉等曰：今俗別作崢，非是。 士耕切。

嶸 róng 嶸 崝嶸也。从山榮聲。 戶萌切。

硜 kēng 硜 谷也。从山巠聲。 戶經切。

崩 bēng 崩 山壞也。从山朋聲。 北滕切。 𨹹，古文从自。

岪 fú 岪 山脅道也。从山弗聲。 敷勿切。

嵍 wù 嵍 山名。从山敄聲。 亡遇切。

嶤 yáo 嶤 焦嶤，山高兒。从山堯聲。 古僚切。

嶈 qiáng 嶈 山陵也。从山戕聲。 慈良切。

嵕 zōng 嵕 九嵕山，在馮翊谷口。从山變聲。 子紅切。

岊 jié 岊 陬隅，高山之節。从山从卩。 子結切。

崇 chóng 崇 （漢印 石刻）嵬高也。从山宗聲。 鉏弓切。

崔 cuī 崔 （漢印 石刻）大高也。从山隹聲。 胙回切。

　　　　　文五十三　重四

嶙 lín 嶙 嶙峋，深崖兒。从山粦聲。 力珍切。

峋 xún 峋 嶙峋也。从山旬聲。 相倫切。

岌 jí 岌 山高兒。从山及聲。 魚汲切。

嶠 jiào 嶠 山銳而高也。从山喬聲。古通用喬。 渠廟切。

嶔 qiān 嶔 （䂖石刻）山深皃。从山，欽省聲。 口銜切。

嶼 yǔ 嶼 島也。从山與聲。 徐呂切。

嶺 lǐng 嶺 （䂖石刻）山道也。从山領聲。 良郢切。

嵐 lán 嵐 山名。从山，葻省聲。 盧含切。

嵩 sōng 嵩 （簡帛 䂖石刻）中岳，嵩高山也。从山从高，亦从松。韋昭《國語》注云："古通用崇字。" 息弓切。

崑 kūn 崑 （䂖石刻）崑崙，山名。从山昆聲。《漢書》楊雄文通用昆侖。 古渾切。

崙 lún 崙 （漢印）崑崙也。从山侖聲。 盧昆切。

嶲 xí 嶲 山名。从山，巂省聲。奚氏避難，特造此字，非古。 胡雞切。

　　　　　文十二新附

屾 部

屾 shēn 屾 二山也。凡屾之屬皆从屾。 所臻切。

嵞 tú 嵞 會稽山。一曰九江當嵞也。民以辛壬癸甲之日嫁娶。从屾余聲。《虞書》曰："予娶嵞山。" 同都切。

　　　　　文二

屵 部

屵 è 屵 岸高也。从山、厂，厂亦聲。凡屵之屬皆从屵。 五葛切。

岸 àn 岸 （金文 䂖石刻）水厓而高者。从屵干聲。 五旰切。

崖 yá 崖 （䂖石刻）高邊也。从屵圭聲。 五佳切。

崔 duī 崔 高也。从屵佳聲。 都回切。

𡽫 pǐ 𡽫 崩也。从屵肥聲。 符鄙切。

𡿃 pèi 𡿃 崩聲。从屵配聲。讀若費。 蒲沒切。

　　　　　文六

广 部

广 yǎn　广　因广（按：广當作厂）爲屋，象對剌高屋之形。凡广之屬皆从广。讀若儼然之儼。魚儉切。

府 fǔ　府（金文　簡帛　古璽　漢印　石刻）文書藏也。从广付聲。臣鉉等曰：今藏腑字俗書从肉，非是。方矩切。

廱 yōng　廱（漢印）天子饗飲辟廱。从广雝聲。於容切。

庠 xiáng　庠　禮官養老。夏曰校，殷曰庠，周曰序。从广羊聲。似陽切。

廬 lú　廬（金文　漢印　石刻）寄也。秋冬去，春夏居。从广盧聲。力居切。

庭 tíng　庭（漢印）宫中也。从广廷聲。特丁切。

廇 liù　廇　中庭也。从广畱聲。力救切。

庉 dùn　庉　樓牆也。从广屯聲。徒損切。

庌 yǎ　庌　廡也。从广牙聲。《周禮》曰："夏庌馬。"五下切。

廡 wǔ　廡（簡帛）堂下周屋。从广無聲。文甫切。䗞，籒文从舞。

廔 lǔ　廔　廡也。从广婁聲。讀若鹵。郎古切。

庖 páo　庖　廚也。从广包聲。薄交切。

廚 chú　廚　庖屋也。从广尌聲。直株切。

庫 kù　庫（金文　簡帛　古璽　石刻）兵車藏也。从車在广下。苦故切。

廄 jiù　廄（簡帛）馬舍也。从广㲋聲。《周禮》曰："馬有二百十四匹爲廄，廄有僕夫。"居又切。廐，古文从九。

序 xù　序（石刻）東西牆也。从广予聲。徐吕切。

廦 bì　廦　牆也。从广辟聲。比激切。

廣 guǎng　廣（漢印　古陶　漢印　石刻）殿之大屋也。从广黃聲。古晃切。

廥 kuài　廥　芻藁之藏。从广會聲。古外切。

庾 yǔ　庾（漢印　石刻）水槽倉也。从广臾聲。一曰倉無屋者。以主切。

庰 bìng　庰　蔽也。从广并聲。必郢切。

廁 cì　廁（簡帛）清也。从广則聲。初吏切。

廛 chán　廛（石刻）一畝半，一家之居。从广、里、八、土。直連切。

㞑 huán	㞑	屋牝瓦下。一曰維綱也。从广，閒省聲。讀若環。　戶關切。
廖 cōng	廖	屋階中會也。从广怱聲。　倉紅切。
㢴 chǐ	㢴	廣也。从广侈聲。《春秋國語》曰："俠溝而㢴我。"　尺氏切。
廉 lián	廉 （□□石刻）	庂也。从广兼聲。　力兼切。
庌 chá	庌	開張屋也。从广秅聲。濟陰有庌縣。　宅加切。
龐 páng	龐 （甲骨□□□漢印□□石刻）	高屋也。从广龍聲。　薄江切。
底 dǐ	底 （□□石刻）	山居也。一曰下也。从广氐聲。　都禮切。
庢 zhì	庢	礙止也。从广至聲。　陟栗切。
廮 yǐng	廮	安止也。从广嬰聲。鉅鹿有廮陶縣。　於郢切。
庅 bá	庅	舍也。从广犮聲。《詩》曰："召伯所庅。"　蒲撥切。
庳 bì	庳	中伏舍。从广卑聲。一曰屋庳。或讀若逋。　便俾切。
庇 bì	庇	蔭也。从广比聲。　必至切。
庶 shù	庶 （甲骨□□□□□金文□□□□□簡帛□古璽□漢印□石刻）	屋下眾也。从广、炗。炗，古文光字。臣鉉等曰：光亦眾盛也。　商署切。
庤 zhì	庤	儲置屋下也。从广寺聲。　直里切。
廙 yì	廙 （□□金文）	行屋也。从广異聲。　與職切。
廔 lóu	廔	屋麗廔也。从广婁聲。一曰穜也。　洛侯切。
庨 tuí	庨 （□漢印）	屋从上傾下也。从广隹聲。　都回切。
廢 fèi	廢	屋頓也。从广發聲。　方肺切。
庮 yǒu	庮	久屋朽木。从广酉聲。《周禮》曰："牛夜鳴則庮。"臭如朽木。　與久切。
廑 jǐn	廑	少劣之居。从广堇聲。　巨斤切。
廟 miào	廟 （□□□□□□□□□□金文□□□□簡帛□□漢印□□□□□石刻）	尊先祖皃也。从广朝聲。　眉召切。庿，古文。
庴 jū	庴	人相依庴也。从广且聲。　子余切。
厣 yè	厣	屋迫也。从广曷聲。　於歇切。
庰 chì	庰 （□漢印）	郤（按：郤當作卻）屋也。从广㢘聲。　昌石切。
廞 xīn	廞	陳輿服於庭也。从广欽聲。讀若歆。　許今切。
廫 liáo	廫	空虛也。从广膠聲。臣鉉等曰：今別作寥，非是。　洛蕭切。

文四十九　重三

廈 xià　廈　屋也。从广夏聲。　胡雅切。

廊 láng　廊　（漢印）東西序也。从广郎聲。《漢書》通用郎。　魯當切。

廂 xiāng　廂　廊也。从广相聲。　息良切。

廄 guǐ　廄　祭山曰庪縣。从广技聲。　過委切。

廞 chěng　廞　地名。从广，未詳。　丑拼切。

廖 liào　廖　人姓。从广，未詳。當是省廫字尒。　力救切。

文六新附

厂 部

厂 hǎn　厂（金文）山石之厓巖，人可居。象形。凡厂之屬皆从厂。　呼旱切。厈，籒文从干。

厓 yá　厓　山邊也。从厂圭聲。　五佳切。

厜 zuī　厜　厜㕒，山巓也。从厂巫聲。　姊宜切。

㕒 wēi　㕒　厜㕒也。从厂義聲。　魚爲切。

厰 yín　厰　（金文）岸也。一曰地名。从厂敢聲。　魚音切。

厬 guǐ　厬　仄出泉也。从厂晷聲。讀若軌。　居洧切。

厎 dǐ　厎　柔石也。从厂氏聲。　職雉切。砥，厎或从石。

厥 jué　厥　（石刻）發石也。从厂欮聲。　俱月切。

厲 lì　厲　（金文 簡帛 漢印）旱石也。从厂，蠆省聲。　力制切。厉，或不省。

厱 lán　厱　厱諸，治玉石也。从厂僉聲。讀若藍。　魯甘切。

厤 lì　厤　（金文）治也。从厂秝聲。　郎擊切。

厩 xǐ　厩　石利也。从厂異聲。讀若枲。　胥里切。

㕏 hù　㕏　美石也。从厂古聲。　矦古切。

㕍 tí　㕍　唐㕍，石也。从厂，㕍省聲。　杜兮切。

㕸 lā　㕸　石聲也。从厂立聲。　盧荅切。

厄 yì　厄　石地惡也。从厂兒聲。　五歷切。

㕫 qín　㕫　石地也。从厂金聲。讀若紟。　巨今切。

甫 fū　甫　石閒見。从厂甫聲。讀若敷。　芳無切。

厝 cuò　厝　（漢印）厲石也。从厂昔聲。《詩》曰："他山之石，可以爲厝。"　倉各切。又，七互切。

庬 máng　庬　石大也。从厂龍聲。　莫江切。

| 屵 yuè | 岸上見也。从厂，从之省。讀若躍。 以灼切。
| 厬 xiá | 廦也。从厂夾聲。 胡甲切。
| 仄 zè | （古幣）側傾也。从人在厂下。 阻力切。厎，籀文从矢，矢亦聲。
| 廦 pì | （石刻）仄也。从厂辟聲。 普擊切。
| 厞 fèi | （簡帛）隱也。从厂非聲。 扶沸切。
| 厭 yā | （簡帛 漢印）笮也。从厂猒聲。一曰合也。 於輒切。又，一琰切。
| 厃 wěi | 仰也。从人在厂上。一曰屋梠也，秦謂之桷，齊謂之厃。 魚毀切。

文二十七　重四

丸　部

| 丸 wán | 圜，傾側而轉者。从反仄。凡丸之屬皆从丸。 胡官切。
| 㩻 wěi | 鷙鳥食已，吐其皮毛如丸。从丸囘聲。讀若骫。 於跪切。
| 𡈼 nuó | 丸之孰也。从丸而聲。 奴禾切。
| 㚇 fàn | 闕。 芳萬切。

文四

危　部

| 危 wēi | （甲骨　簡帛　漢印）在高而懼也。从厃，自卪止之。凡危之屬皆从危。魚爲切。
| 𢽍 qī | 𢽍䧢也。从危支聲。 去其切。

文二

石　部

| 石 shí | （甲骨　金文　簡帛　古璽　古幣　漢印　石刻）山石也。在厂之下；口，象形。凡石之屬皆从石。 常隻切。
| 礦 kuàng | 銅鐵樸石也。从石黃聲。讀若穬。 古猛切。卝，古文礦。《周禮》有卝人。
| 碭 dàng | （漢印）文石也。从石易聲。 徒浪切。

| 碝 ruǎn | 石次玉者。从石耎聲。 而沇切。

| 砮 nú | 石，可以爲矢鏃。从石奴聲。《夏書》曰："梁州貢砮丹。"《春秋國語》曰："肅慎氏貢楛矢石砮。" 乃都切。

| 礜 yù | （古璽）毒石也。出漢中。从石與聲。 羊茹切。

| 碣 jié | （石刻）特立之石。東海有碣石山。从石曷聲。 渠列切。 ，古文。

| 磏 lián | 厲石也。一曰赤色。从石兼聲。讀若鎌。 力鹽切。

| 碬 xiá | 厲石也。从石叚聲。《春秋傳》曰："鄭公孫碬字子石。" 乎加切。

| 礫 lì | 小石也。从石樂聲。 郎擊切。

| 硔 gǒng | 水邊石。从石巩聲。《春秋傳》曰："闕硔之甲。" 居竦切。

| 磧 qì | 水陼有石者。从石責聲。 七迹切。

| 碑 bēi | （石刻）豎石也。从石卑聲。 府眉切。

| 磈 zhuì | 陵也。从石㒸聲。 徒對切。

| 磒 yǔn | 落也。从石員聲。《春秋傳》曰："磒石于宋五。" 于敏切。

| 碌 suǒ | 碎石磒聲。从石炙聲。 所責切。

| 硞 què | 石聲。从石告聲。 苦角切。

| 硠 láng | 石聲。从石良聲。 魯當切。

| 礐 què | 石聲。从石，學省聲。 胡角切。

| 硈 qià | 石堅也。从石吉聲。一曰突也。 格八切。

| 礚 kài | 石聲。从石盍聲。 口太切。又，苦盍切。

| 磬 kēng | （簡帛）餘堅者。从石，堅省。 口莖切。

| 磿 lì | （簡帛 古璽）石聲也。从石厤聲。 郎擊切。

| 塹 chán | 礸，石也。从石斬聲。 鉏銜切。

| 礹 yán | 石山也。从石嚴聲。 五銜切。

| 礊 kè | 堅也。从石毄聲。 楷革切。

| 確 què | 磬石也。从石角聲。臣鉉等曰：今俗作碻，非是。 胡角切。 ，确或从殼。

| 磽 qiāo | 磬石也。从石堯聲。 口交切。

| 硪 é | （甲骨）石巖也。从石我聲。 五何切。

| 嵒 yán | 塹嵒（按：嵒當作嵒）也。从石、品。《周書》曰："畏于民嵒。"讀與巖同。臣鉉等曰：从品，與嵒同意。 五銜切。

| 磬 qìng | 𥔿（甲骨）樂石也。从石、殸。象縣虡之形。殳，擊之也。古者母句氏作磬。　苦定切。
𣪊，籀文省。𥔢，古文从巠。

| 礙 ài | 𥖵 止也。从石疑聲。　五溉切。

| 䂣 chè | 𥑛 上摘巖空青、珊瑚墮之。从石折聲。《周禮》有䂣蔟氏。　丑列切。

| 䂐 chàn | 𥑵 以石扞繒也。从石延聲。　尺戰切。

| 碎 suì | 𥑵 䃺也。从石卒聲。　蘇對切。

| 破 pò | 𥐾（漢印）石碎也。从石皮聲。　普過切。

| 礱 lóng | 𥔿（石刻）䃺也。从石龍聲。天子之桷，椓而礱之。　盧紅切。

| 研 yán | 𥑕 䃺也。从石开聲。　五堅切。

| 䃺 mò | 𥕯（簡帛）石磑也。从石靡聲。　模臥切。

| 磑 wèi | 𥑚 䃺也。从石豈聲。古者公輸班作磑。　五對切。

| 碓 duì | 𥐠 舂也。从石隹聲。　都隊切。

| 䃯 tà | 𥑷 舂已，復擣之曰䃯。从石沓聲。　徒合切。

| 磻 bō | 𥕯 以石箸惟繳也。从石番聲。　博禾切。

| 礿 zhuó | 𥑥 斫也。从石箬聲。　張略切。

| 硯 yàn | 𥑨 石滑也。从石見聲。　五甸切。

| 砭 biān | 𥑌 以石刺病也。从石乏聲。　方𠪚切。又，方驗切。

| 碋 hé | 𥓐 石也。惡也。从石鬲聲。　下革切。

| 砢 luǒ | 𥑫 磊砢也。从石可聲。　來可切。

| 磊 lěi | 𥒕 眾石也。从三石。　落猥切。

文四十九　重五

| 礪 lì | 𥔬 䃺也。从石厲聲。經典通用厲。　力制切。

| 碏 què | 𥑑（漢印）《左氏傳》：“衛大夫石碏。”《唐韻》云：敬也。从石，未詳。昔聲。　七削切。

| 磯 jī | 𥑵 大石激水也。从石幾聲。　居衣切。

| 碌 lù | 𥑫 石皃。从石彔聲。　盧谷切。

| 砧 zhēn | 𥑑（簡帛）石柎也。从石占聲。　知林切。

| 砌 qì | 𥑞 階甃也。从石切聲。　千計切。

| 礩 zhì | 𥔪 柱下石也。从石質聲。　之日切。

| 礎 chǔ | 𥔯 礩也。从石楚聲。　創舉切。

硾 zhuì 擣也。从石垂聲。直類切。

文九新附

長 部

長 cháng （甲骨 金文 簡帛 古璽 古幣 漢印 石刻）久遠也。从兀从匕。兀者，高遠意也。久則變化。亾聲。厂者，倒亾也。凡長之屬皆从長。臣鉉等曰：倒亡，不亡也。長久之義也。直良切。𠑿，古文長。兵，亦古文長。

肆 sì （石刻）極、陳也。从長隶聲。息利切。𩬊，或从髟。

镾 mí 久長也。从長爾聲。武夷切。

镻 dié 蛇惡毒長也。从長失聲。徒結切。

文四　重三

勿 部

勿 wù 勿（甲骨 金文 簡帛 古幣）州里所建旗。象其柄，有三游。雜帛，幅半異。所以趣民，故遽，稱勿勿。凡勿之屬皆从勿。文弗切。𣱿，勿或从㫃（按：㫃當作㫃）。

昜 yáng 昜（甲骨 金文 簡帛 古璽）開也。从日、一、勿。一曰飛揚。一曰長也。一曰彊者眾皃。與章切。

文二　重一

冄 部

冄 rǎn （甲骨 金文 石刻）毛冄冄也。象形。凡冄之屬皆从冄。而琰切。

文一

而 部

而 ér 而（甲骨 金文 玉盟書 簡帛 古陶 石刻）頰毛也。象毛之形。《周禮》曰："作其鱗之而。"凡而之屬皆从而。臣鉉等曰：今俗別作髵，非是。 如之切。

耏 nài 耏 罪不至髡也。从而从彡。 奴代切。耐，或从寸。諸法度字从寸。

文二 重一

豕 部

豕 shǐ 豕（甲骨 金文 簡帛 古陶 古幣 漢印）彘也。竭其尾，故謂之豕。象毛足而後有尾。讀與豨同。按：今世字，誤以豕爲彘，以彘爲豕。何以明之？爲啄琢从豕，蠡从彘。皆取其聲，以是明之。臣鉉等曰：此語未詳，或後人所加。 凡豕之屬皆从豕。式視切。豕，古文。

豬 zhū 豬（簡帛 漢印）豕而三毛叢居者。从豕者聲。 陟魚切。

豰 bó 豰 小豚也。从豕㱿聲。 步角切。

豯 xī 豯 生三月豚，腹豯豯兒也。从豕奚聲。 胡雞切。

豵 zōng 豵 生六月豚。从豕從聲。一曰一歲豵，尚叢聚也。 子紅切。

豝 bā 豝 牝豕也。从豕巴聲。一曰一歲能相把拏也。《詩》曰："一發五豝。" 伯加切。

豣 jiān 豣 三歲豕，肩相及者。从豕开聲。《詩》曰："並驅從兩豣兮。" 古賢切。

豶 fén 豶 羠豕也。从豕賁聲。 符分切。

豭 jiā 豭（甲骨）牡豕也。从豕叚聲。 古牙切。

豛 yì 豛 上谷名豬豛。从豕，役省聲。 營隻切。

豨 wéi 豨 豶也。从豕隋聲。臣鉉等曰：當从隨省。 以水切。

豤 kěn 豤 齧也。从豕艮聲。 康很切。

豷 yì 豷 豕息也。从豕壹聲。《春秋傳》曰："生敖及豷。" 許利切。

豧 fū 豧（簡帛）豕息也。从豕甫聲。 芳無切。

豢 huàn 豢（簡帛）以穀圈養豕也。从豕弄聲。 胡慣切。

狙 chú　狙　豕屬。从豕且聲。　疾余切。

獂 huán　獂　逸也。从豕原聲。《周書》曰："獂有爪而不敢以撅。"讀若桓。　胡官切。

豨 xī　豨　豕走豨豨。从豕希聲。古有封豨脩虵之害。　虛豈切。

豕 chù　豕　（金文）豕絆足行豕豕。从豕繫二足。　丑六切。

豦 qú　豦　（金文）鬭相丮不解也。从豕、虍。豕、虍之鬭，不解也。讀若蘮蒘草之蘮。司馬相如說：豦，封豕之屬。一曰虎兩足舉。　強魚切。

豙 yì　豙　（金文）豕怒毛豎。一曰殘艾也。从豕、辛。臣鉉等曰：从辛，未詳。　魚既切。

豩 huān　豩　（金文　古璽）二豕也。豳从此。闕。　伯貧切。又，呼關切。

　　文二十二　重一

希 部

希 yì　希　（甲骨　金文　簡帛）脩豪獸。一曰河內名豕也。从彑，下象毛足。凡希之屬皆从希。讀若弟。　羊至切。希，籀文。希，古文。

希 hū　希　豕屬。从希智聲。　呼骨切。

豪 háo　豪　（漢印　石刻）豕鬣如筆管者。出南郡。从希高聲。　乎刀切。豪，籀文从豕。臣鉉等曰：今俗別作毫，非是。

彙 wèi　彙　蟲似豪豬者。从希，胃省聲。　于貴切。彙，或从虫。

彝 sì　彝　希屬。从二希。　息利切。彝，古文彝。《虞書》曰："彝類于上帝。"

　　文五　重五

彑 部

彑 jì　彑　豕之頭。象其銳，而上見也。凡彑之屬皆从彑。讀若罽。　居例切。

彘 zhì　彘　（甲骨　金文　漢印　漢印）豕也。後蹄發（按：發當作廢）謂之彘。从彑矢聲；从二匕，彘足與鹿足同。　直例切。

豕 chì　豕　（簡帛　漢印）豕也。从彑从豕。讀若弛。　式視切。

叚 xiá　叚　豕也。从彑，下象其足。讀若瑕。　乎加切。

彖 tuàn　彖　（石刻）豕走也。从彑，从豕省。　通貫切。

　　文五

豚部

豚 tún　豚（甲骨　金文）小豕也。从彖省，象形。从又持肉，以給祠祀。凡豚之屬皆从豚。徒魂切。豚，篆文从肉、豕。

豷 wèi　豷　豚屬。从豚衛聲。讀若罽。 于歲切。

文二　重一

豸部

豸 zhì　豸（甲骨）獸長脊，行豸豸然，欲有所司殺形。凡豸之屬皆从豸。 池爾切。司殺讀若伺候之伺。

豹 bào　豹（甲骨　簡帛　漢印）似虎，圜文。从豸勺聲。 北教切。

貙 chū　貙　貙獌，似貍者。从豸區聲。 敕俱切。

貚 tán　貚　貙屬也。从豸單聲。 徒干切。

貔 pí　貔（古璽）豹屬，出貉國。从豸𣬈聲。《詩》曰："獻其貔皮。"《周書》曰："如虎如貔。"貔，猛獸。 房脂切。豼，或从比。

豺 chái　豺　狼屬，狗聲。从豸才聲。 士皆切。

貐 yǔ　貐　猰貐，似貙，虎爪，食人，迅走。从豸俞聲。 以主切。

貘 mò　貘（簡帛）似熊而黃黑色，出蜀中。从豸莫聲。 莫白切。

䝛 yōng　䝛　猛獸也。从豸庸聲。 余封切。

貜 jué　貜　玃貜也。从豸矍聲。 王縛切。

豽 nà　豽　獸，無前足。从豸出聲。《漢律》："能捕豺豽，購百錢。" 女滑切。

貈 hé　貈　似狐，善睡獸。从豸舟聲。《論語》曰："狐貈之厚以居。"臣鉉等曰：舟非聲，未詳。 下各切。

犴 àn　犴（簡帛　古璽）胡地野狗。从豸干聲。 五旰切。犴，犴或从犬。《詩》曰："宜犴宜獄。"

貂 diāo　貂（簡帛）鼠屬。大而黃黑，出胡丁零國。从豸召聲。 都僚切。

貉 mò　貉（金文　古璽　古陶　漢印）北方豸穜。从豸各聲。孔子曰："貉之爲言惡也。" 莫白切。

貆 huán　貆　貉之類。从豸亘聲。 胡官切。

貍 lí　貍　（簡帛）伏獸，似貓。从豸里聲。 里之切。

貒 tuān　貒　獸也。从豸耑聲。讀若湍。 他耑切。

貛 huān　貛　野豕也。从豸藋聲。 呼官切。

貁 yòu　貁　鼠屬。善旋。从豸穴聲。 余救切。

　　　　　　文二十　重二

貓 māo　貓　貍屬。从豸苗聲。 莫交切。

　　　　　　文一新附

罕 部

罕 sì　罕　（甲骨　金文）如野牛而青。象形。與禽、离頭同。凡罕之屬皆从罕。 徐姊切。兕，古文从儿。

　　　　　　文一　重一

易 部

易 yì　易　（甲骨　金文　簡帛　古陶　石刻）蜥易，蝘蜓，守宮也。象形。《祕書》說：日月爲易，象陰陽也。一曰从勿。凡易之屬皆从易。 羊益切。

　　　　　　文一

象 部

象 xiàng　象　（甲骨　金文　簡帛　古陶　石刻）長鼻牙，南越大獸，三季一乳，象耳牙四足之形。凡象之屬皆从象。 徐兩切。

豫 yù　豫　（簡帛　石刻）象之大者。賈侍中說：不害於物。从象予聲。 羊茹切。䝯，古文。

　　　　　　文二　重一

說文解字弟十

四十部　八百一十文　重八十七

凡萬四字

文三十一新附

馬　部

馬 mǎ　（甲骨　金文　玉盟書　簡帛　古璽　古幣　石刻）怒也。武也。象馬頭髦尾四足之形。凡馬之屬皆从馬。 莫下切。 古文。 籀文馬與影同，有髦。

騭 zhì　（漢印）牡馬也。从馬陟聲。讀若郅。 之日切。

馬閒 huán　馬一歲也。从馬；一，絆其足。讀若弦。一曰若環。 戶關切。

駒 jū　（金文　簡帛　古璽　古陶　漢印）馬二歲曰駒，三歲曰駣。从馬句聲。 舉朱切。

馰 bā　馬八歲也。馬从八。 博拔切。

騆 xián　馬一目白曰騆，二目白曰魚。从馬閒聲。 戶閒切。

騏 qí　（簡帛）馬青驪，文如博棊也。从馬其聲。 渠之切。

驪 lí　馬深黑色。从馬麗聲。 呂支切。

駽 xuān　青驪馬。从馬肙聲。《詩》曰："駜彼乘駽。" 火玄切。

騩 guī　馬淺黑色。从馬鬼聲。 俱位切。

駵 liú　（簡帛）赤馬黑毛尾也。从馬畱聲。 力求切。

騢 xiá　馬赤白雜毛。从馬叚聲。謂色似鰕魚也。 乎加切。

騅 zhuī　（漢印）馬蒼黑雜毛。从馬隹聲。 職追切。

駱 luò　（金文　石刻）馬白色黑鬣尾也。从馬各聲。 盧各切。

駰 yīn　馬陰白雜毛。黑。从馬因聲。《詩》曰："有駰有騢。" 於眞切。

驄 cōng　馬青白雜毛也。从馬悤聲。 倉紅切。

驈 yù　驪馬白胯也。从馬矞聲。《詩》曰："有驈有騜。" 食聿切。

| 駹 máng | 馬面顙皆白也。从馬龍聲。 莫江切。
| 騧 guā | 黃馬，黑喙。从馬咼聲。 古華切。𱅒，籀文騧。
| 驃 piào | （䭲 石刻）黃馬發白色。一曰白髦尾也。从馬㶾聲。 毗召切。
| 駓 pī | 黃馬白毛也。从馬丕聲。 敷悲切。
| 驖 tiě | 馬赤黑色。从馬𢧵聲。《詩》曰："四驖孔阜。" 他結切。
| 騂 àn | 馬頭有發赤色者。从馬䇤聲。 五旰切。
| 馰 dí | （簡帛）馬白額也。从馬，的省聲。一曰駿也。《易》曰："爲的顙。" 都歷切。
| 駁 bó | （甲骨 簡帛）馬色不純。从馬爻聲。臣鉉等曰：爻非聲，疑象駁文。 北角切。
| 𩧢 zhù | 馬後左足白也。从馬，二其足。讀若注。 之戍切。
| 驒 diàn | 驒馬黃脊。从馬單聲。讀若簟。 徒玷切。
| 騴 yàn | 馬白州也。从馬燕聲。 於甸切。
| 騽 xí | （甲骨）馬豪骭也。从馬習聲。 似入切。
| 䭿 hàn | （漢印）馬毛長也。从馬倝聲。 矣旰切。
| 騛 fēi | 馬逸足也。从馬从飛。《司馬法》曰："飛衛斯輿。" 甫微切。
| 驁 ào | 駿馬。以壬申日死，乘馬忌之。从馬敖聲。 五到切。
| 驥 jì | （簡帛）千里馬也，孫陽所相者。从馬冀聲。天水有驥縣。 几利切。
| 駿 jùn | （漢印）馬之良材者。从馬夋聲。 子峻切。
| 驍 xiāo | （石刻）良馬也。从馬堯聲。 古堯切。
| 騅 zuī | 馬小皃。从馬巫聲。讀若箠。 之壘切。𱅔，籀文从巫。
| 驕 jiāo | 馬高六尺爲驕。从馬喬聲。《詩》曰："我馬唯驕。"一曰野馬。 舉喬切。
| 騋 lái | 馬七尺爲騋，八尺爲龍。从馬來聲。《詩》曰："騋牝驪牡。" 洛哀切。
| 驩 huān | （漢印）馬名。从馬雚聲。 呼官切。
| 驗 yàn | 馬名。从馬僉聲。 魚窆切。
| 㢄 cǐ | 馬名。从馬此聲。 雌氏切。
| 㑗 xiū | 馬名。从馬休聲。 許尤切。
| 馼 wén | 馬赤鬛縞身，目若黃金，名曰馼。吉皇之乘，周文王時，犬戎獻之。从馬从文，文亦聲。《春秋傳》曰："馼馬百駟。"畫馬也。西伯獻紂，以全其身。 無分切。
| 䭳 zhī | 馬疆也。从馬支聲。 章移切。
| 馝 bì | （簡帛）馬飽也。从馬必聲。《詩》云："有馝有馝。" 毗必切。
| 駫 jiōng | 馬盛肥也。从馬光聲。《詩》曰："四牡駫駫。" 古熒切。

| 騯 péng | 馬盛也。从馬㫄聲。《詩》曰："四牡騯騯。" 薄庚切。
| 䭭 àng | （漢印）䭭䭭，馬怒皃。从馬卬聲。 吾浪切。
| 驤 xiāng | 馬之低仰也。从馬襄聲。 息良切。
| 驀 mò | 上馬也。从馬莫聲。 莫白切。
| 騎 qí | （石刻）跨馬也。从馬奇聲。 渠羈切。
| 駕 jià | （石刻）馬在軛中。从馬加聲。 古訝切。𩢲，籀文駕。
| 騑 fēi | 驂，旁馬。从馬非聲。 甫微切。
| 駢 pián | 駕二馬也。从馬幷聲。 部田切。
| 驂 cān | （簡帛）駕三馬也。从馬參聲。 倉含切。
| 駟 sì | （金文、簡帛）一乘也。从馬四聲。 息利切。
| 駙 fù | （漢印、石刻）副馬也。从馬付聲。一曰近也。一曰疾也。 符遇切。
| 騔 xié | 馬和也。从馬皆聲。 戶皆切。
| 騀 ě | 馬搖頭也。从馬我聲。 五可切。
| 駊 pǒ | 駊騀也。从馬皮聲。 普火切。
| 駋 tāo | 馬行皃。从馬召聲。 土刀切。
| 篤 dǔ | （漢印）馬行頓遲。从馬竹聲。 冬毒切。
| 騤 kuí | 馬行威儀也。从馬癸聲。《詩》曰："四牡騤騤。" 渠追切。
| 鷔 wò | 馬行徐而疾也。从馬，學省聲。 於角切。
| 駸 qīn | 馬行疾也。从馬，侵省聲。《詩》曰："載驟駸駸。" 子林切。
| 馺 sà | 馬行相及也。从馬从及。讀若《爾雅》"小山馺，大山峘"。 蘇合切。
| 馮 píng | （石刻）馬行疾也。从馬冫聲。臣鉉等曰：本音皮冰切。經典通用爲依馮之馮。今別作憑，非是。 房戎切。
| 騽 niè | 馬步疾也。从馬耴聲。 尼輒切。
| 騃 sì | 馬行仡仡也。从馬矣聲。 五駭切。
| 驟 zhòu | 馬疾步也。从馬聚聲。 鉏又切。
| 駶 gě | 馬疾走也。从馬匋聲。 古達切。
| 颿 fān | 馬疾步也。从馬風聲。臣鉉等曰：舟船之颿，本用此字。今別作帆，非是。 符嚴切。
| 驅 qū | （簡帛）馬馳也。从馬區聲。 豈俱切。䮧，古文驅从攴。
| 馳 chí | （簡帛）大驅也。从馬也聲。 直離切。
| 騖 wù | 亂馳也。从馬敄聲。 亡遇切。

駜 liè　　次弟馳也。从馬劉聲。　力制切。

騁 chěng　　直馳也。从馬甹聲。　丑郢切。

駾 tuì　　馬行疾來皃。从馬兌聲。《詩》曰："昆夷駾矣。"　他外切。

駃 yì　　馬有疾足。从馬失聲。　大結切。

馯 hàn　　馬突也。从馬旱聲。　矦旰切。

駧 dòng　　馳馬洞去也。从馬同聲。　徒弄切。

驚 jīng　　(漢印　石刻) 馬駭也。从馬敬聲。　舉卿切。

駭 hài　　驚也。从馬亥聲。　矦楷切。

駷 huāng　　馬奔也。从馬巟聲。　呼光切。

騫 qiān　　(　　石刻) 馬腹縶也。从馬，寒省聲。　去虔切。

駐 zhù　　馬立也。从馬主聲。　中句切。

馴 xún　　馬順也。从馬川聲。　詳遵切。

駗 zhēn　　馬載重難也。从馬㐱聲。　張人切。

驙 zhān　　駗驙也。从馬亶聲。《易》曰："乘馬驙如。"　張連切。

騺 zhì　　馬重皃。从馬執聲。　陟利切。

驧 jú　　馬曲脊也。从馬鞠聲。　巨六切。

騬 chéng　　犗馬也。从馬乘聲。　食陵切。

駴 jiè　　系馬尾也。从馬介聲。　古拜切。

騷 sāo　　(　漢印) 擾也。一曰摩馬。从馬蚤聲。　穌遭切。

馽 zhí　　絆馬也。从馬，囗其足。《春秋傳》曰："韓厥執馽前。"讀若輒。　陟立切。　馽，馽或从糸執聲。

駘 tái　　馬銜脫也。从馬台聲。　徒哀切。

駔 zǎng　　(　古陶) 牡 (按：牡當作壯) 馬也。从馬且聲。一曰馬蹲駔也。　子朗切。

騶 zōu　　(　　漢印) 廄御也。从馬芻聲。　側鳩切。

驛 yì　　(　　石刻) 置騎也。从馬睪聲。　羊益切。

馹 rì　　驛傳也。从馬日聲。　人質切。

騰 téng　　(　石刻) 傳也。从馬朕聲。一曰騰，犗馬也。　徒登切。

駱 hé　　苑名。一曰馬白額。从馬隺聲。　下各切。

駉 jiōng　　牧馬苑也。从馬冋聲。《詩》曰："在駉之野。"　古熒切。

駪 shēn　　馬眾多皃。从馬先聲。　所臻切。

| 駮 bó | 獸，如馬，倨牙，食虎豹。从馬交聲。 北角切。
| 駃 jué | 駃騠，馬父贏子也。从馬夬聲。臣鉉等曰：今俗與快同用。 古穴切。
| 騠 tí | 駃騠也。从馬是聲。 杜兮切。
| 贏 luó | 驢父馬母。从馬贏聲。 洛戈切。 䯁，或从羸。
| 驢 lú | 似馬，長耳。从馬盧聲。 力居切。
| 騾 méng | 驢子也。从馬冡聲。 莫紅切。
| 驒 tuó | 驒騱，野馬也。从馬單聲。一曰青驪白鱗，文如鼉魚。 代何切。
| 騱 xī | 驒騱馬也。从馬奚聲。 胡雞切。
| 騊 táo | 騊駼，北野之良馬。从馬匋聲。 徒刀切。
| 駼 tú | 騊駼也。从馬余聲。 同都切。
| 驫 biāo | 眾馬也。从三馬。 甫虯切。

　　　　　　文一百一十五　重八

| 駛 shì | 疾也。从馬吏聲。 疏吏切。
| 駥 róng | 馬高八尺。从馬戎聲。 如融切。
| 騣 zōng | 馬鬣也。从馬㚇聲。 子紅切。
| 馱 duò | 負物也。从馬大聲。此俗語也。 唐佐切。
| 騂 xīng | 馬赤色也。从馬，觲省聲。 息營切。

　　　　　　文五新附

廌部

廌 zhì　解廌，獸也，似山牛，一角。古者決訟，令觸不直。象形，从豸省。凡廌之屬皆从廌。 宅買切。

𤜸 xiào　解廌屬。从廌孝聲。闕。 古孝切。

薦 jiàn　獸之所食艸。从廌从艸。古者神人以廌遺黃帝。帝曰："何食？何處？"曰："食薦；夏處水澤，冬處松柏。" 作甸切。

灋 fǎ　刑也。平之如水，从水；廌，所以觸不直者，去之，从去。 方乏切。 法，今文省。 佱，古文。

文四　重二

鹿部

鹿 lù （甲骨 金文 簡帛 古陶 漢印 石刻）獸也。象頭角四足之形。鳥鹿足相似，从匕。凡鹿之屬皆从鹿。盧谷切。

麚 jiā　牡鹿。从鹿叚聲。以夏至解角。古牙切。

麟 lín　（石刻）大牝鹿也。从鹿粦聲。力珍切。

麆 nuàn　鹿麛也。从鹿耎聲。讀若偄弱之偄。奴亂切。

鏖 sù　鹿迹也。从鹿速聲。桑谷切。

麛 mí　鹿子也。从鹿弭聲。莫兮切。

麉 jiān　鹿之絕有力者。从鹿开聲。古賢切。

麒 qí　仁獸也。麋身牛尾，一角。从鹿其聲。渠之切。

麐 lín　牝麒也。从鹿吝聲。力珍切。

麋 mí　（甲骨 石鼓 漢印）鹿屬。从鹿米聲。麋冬至解其角。武悲切。

麎 chén　牡麋也。从鹿辰聲。植鄰切。

麂 jǐ　大麋也。狗足。从鹿旨聲。居履切。麂，或从几。

麇 jūn　麞也。从鹿，囷省聲。居筠切。麕，籀文不省。

麞 zhāng　麋屬。从鹿章聲。諸良切。

麔 jiù　麋牡者。从鹿咎聲。其久切。

麖 jīng　大鹿也。牛尾一角。从鹿畺聲。舉卿切。麠，或从京。

麃 páo　（金文 簡帛）麋屬。从鹿，票省聲。薄交切。

麈 zhǔ　麋屬。从鹿主聲。之庾切。

麑 ní　（甲骨）狻麑，獸也。从鹿兒聲。五雞切。

麙 xián　山羊而大者，細角。从鹿咸聲。胡毚切。

麢 líng　大羊而細角。从鹿霝聲。郎丁切。

麚 guī　鹿屬。从鹿圭聲。古攜切。

麝 shè　如小麋，臍有香。从鹿射聲。神夜切。

麌 yù　似鹿而大也。从鹿與聲。羊茹切。

麗 lì　（金文 簡帛 古陶）旅行也。鹿之性，見食急則必旅行。从鹿丽聲。《禮》：麗麀 yōu 麀（金文、石鼓）牝鹿也。从鹿，从牝省。 於虬切。䕉，或从幽聲。

文二十六　重六

麤部

麤 cū 麤 行超遠也。从三鹿。凡麤之屬皆从麤。 倉胡切。
麎 chén 麎（甲骨）鹿行揚土也。从麤从土。 直珍切。䴢，籀文。

文二　重一

㲋部

㲋 chuò 㲋（甲骨、金文）獸也。似兔，青色而大。象形。頭與兔同，足與鹿同。凡㲋之屬皆从㲋。 丑略切。㲋，篆文。
毚 chán 毚 狡兔也，兔之駿者。从㲋、兔。 士咸切。
䍓 xiě 䍓 獸名。从㲋吾聲。讀若寫。 司夜切。
㺇 jué 㺇 獸也。似㹱㹱（按：㹱㹱當作狚狚）。从㲋夬聲。 古穴切。

文四　重一

兔部

兔 tù 兔（甲骨、漢印）獸名。象踞，後其尾形。兔頭與㲋頭同。凡兔之屬皆从兔。 湯故切。
逸 yì 逸（金文、漢印、石刻）失也。从辵、兔。兔謾訑善逃也。 夷質切。
冤 yuān 冤（漢印）屈也。从兔从冂。兔在冂下，不得走，益屈折也。 於袁切。
娩 fàn 娩 兔子也。娩，疾也。从女、兔。 芳萬切。
㲋 fù 㲋 疾也。从三兔。闕。 芳遇切。

文五

䨲 jùn 䨲 狡兔也。从兔夋聲。 七旬切。

萈 部

萈 huán　山羊細角者。从兔足,苜聲。凡萈之屬皆从萈。讀若丸。寬字从此。臣鉉等曰：苜,徒結切,非聲。疑象形。 胡官切。

文一

犬 部

犬 quǎn　（甲骨 金文 簡帛 古陶）狗之有縣蹄者也。象形。孔子曰："視犬之字如畫狗也。"凡犬之屬皆从犬。 苦泫切。

狗 gǒu　（簡帛 古璽 漢印）孔子曰："狗,叩也。叩气吠以守。"从犬句聲。 古厚切。

獀 sōu　南趙名犬獿獀。从犬叜聲。 所鳩切。

尨 máng　（甲骨 簡帛 古璽）犬之多毛者。从犬从彡。《詩》曰："無使尨也吠。" 莫江切。

狡 jiǎo　（漢印）少狗也。从犬交聲。匈奴地有狡犬,巨口而黑身。 古巧切。

獪 kuài　狡獪也。从犬會聲。 古外切。

獿 náo　犬惡毛也。从犬農聲。 奴刀切。

猲 xiē　短喙犬也。从犬曷聲。《詩》曰："載獫猲獢。"《爾雅》曰："短喙犬謂之猲獢。" 許謁切。

獢 xiāo　猲獢也。从犬喬聲。 許喬切。

獫 xiǎn　長喙犬。一曰黑犬黃頭。从犬僉聲。 虛檢切。

狜 zhù　黃犬黑頭。从犬主聲。讀若注。 之戍切。

猈 bài　短脛狗。从犬卑聲。 薄蟹切。

猗 yī　（古璽）犗犬也。从犬奇聲。 於离切。

臭 jú　犬視皃。从犬、目。 古闃切。

猎 yān　竇中犬聲。从犬从音,音亦聲。 乙咸切。

默 mò　（石刻）犬暫逐人也。从犬黑聲。讀若墨。 莫北切。

| 猝 cù | 犬从艸暴出逐人也。从犬卒聲。 麤沒切。
| 猩 xīng | 猩猩，犬吠聲。从犬星聲。 桑經切。
| 獫 xiàn | 犬吠不止也。从犬兼聲。讀若檻。一曰兩犬爭也。 胡黯切。
| 㹰 hǎn | 小犬吠。从犬敢聲。南陽新亭有㹰鄉。 荒檻切。
| 猥 wěi | 犬吠聲。从犬畏聲。 烏賄切。
| 獿 nǎo | 獿獠也。从犬、夒。 女交切。
| 獥 xiāo | 犬獿獿咳吠也。从犬翏聲。 火包切。
| 㺼 shǎn | 犬容頭進也。从犬參聲。一曰賊疾也。 山檻切。
| 㺞 jiǎng | 嗾犬厲之也。从犬，將省聲。 即兩切。
| 㹬 chǎn | 齧也。从犬戔聲。 初版切。
| 㹪 shàn | 惡健犬也。从犬，刪省聲。 所晏切。
| 狠 yán | 吠鬪聲。从犬艮聲。 五還切。
| 獙 fán | 犬鬪聲。从犬番聲。 附袁切。
| 狋 yí | 犬怒皃。从犬示聲。一曰犬難得。代郡有狋氏縣。讀又若銀。 語其切。
| 狺 yín | 犬吠聲。从犬斤聲。 語斤切。
| 㺿 shuò | 犬㺿㺿不附人也。从犬舄聲。南楚謂相驚曰㺿。讀若愬。 式略切。
| 獷 guǎng | 犬獷獷不可附也。从犬廣聲。漁陽有獷平縣。 古猛切。
| 狀 zhuàng | 犬形也。从犬爿聲。 鉏亮切。
| 奘 zàng | 妄彊犬也。从犬从壯，壯亦聲。 徂朗切。
| 獒 áo | 犬如人心可使者。从犬敖聲。《春秋傳》曰："公嗾夫獒。" 五牢切。
| 獳 nóu | 怒犬皃。从犬需聲。讀若槈。 奴豆切。又，乃俟切。
| 猰 tà | 犬食也。从犬从舌。讀若比目魚鰈之鰈。 他合切。
| 狎 xiá | 犬可習也。从犬甲聲。 胡甲切。
| 狃 niǔ | 犬性驕也。从犬丑聲。 女久切。
| 犯 fàn | 侵也。从犬巳聲。 防險切。
| 猜 cāi | 恨賊也。从犬青聲。 倉才切。
| 猛 měng | 健犬也。从犬孟聲。 莫杏切。
| 犺 kàng | 健犬也。从犬亢聲。 苦浪切。
| 怯 qiè | 多畏也。从犬去聲。 去劫切。 㥘，杜林說：怯从心。
| 獜 lín | 健也。从犬㷠聲。《詩》曰："盧獜獜。" 力珍切。

獧 juàn 㺯 疾跳也。一曰急也。从犬睘聲。 古縣切。

倏 shū 㥶 走也。从犬攸聲。讀若叔。 式竹切。

狟 huán 㺇 犬行也。从犬亘聲。《周禮》曰："尚狟狟。" 胡官切。

狒 bó 㹟 過弗取也。从犬市聲。讀若孛。 蒲没切。

猲 zhé 㺁 犬張耳皃。从犬易聲。 陟革切。

㹞 yìn 㺩 犬張齗怒也。从犬來聲。讀又若銀。 魚僅切。

犮 bá 犮（簡帛）走犬皃。从犬而丿之。曳其足，則刺犮也。 蒲撥切。

戾 lì 戾（簡帛 漢印）曲也。从犬出戶下。戾者，身曲戾也。 郎計切。

獨 dú 㺲（石刻）犬相得而鬭也。从犬蜀聲。羊爲羣，犬爲獨也。一曰北嚻山有獨狢獸，如虎，白身，豕鬣，尾如馬。 徒谷切。

狢 yù 㺖 獨狢，獸也。从犬谷聲。 余蜀切。

獮 xiǎn 㺔 秋田也。从犬爾聲。 息淺切。 禰，獮或从豕。宗廟之田也，故从豕、示。

獵 liè 㺇（金文）放獵逐禽也。从犬巤聲。 良涉切。

獠 liáo 㺶 獵也。从犬尞聲。 力昭切。

狩 shòu 㺕（石刻）犬田也。从犬守聲。《易》曰："明夷于南狩。" 書究切。

臭 xiù 臭（甲骨 簡帛）禽走，臭而知其迹者，犬也。从犬从自。臣鉉等曰：自，古鼻字。犬走以鼻知臭，故从自。 尺救切。

獲 huò 獲（簡帛 漢印）獵所獲也。从犬蒦聲。 胡伯切。

獘 bì 㺯 頓仆也。从犬敝聲。《春秋傳》曰："與犬，犬獘。" 毗祭切。 斃，獘或从死。

獻 xiàn 獻（甲骨 金文 玉盟書 簡帛 古璽 石刻）宗廟犬名羹獻。犬肥者以獻之。从犬鬳聲。 許建切。

狎 yàn 㺮 獟犬也。从犬开聲。一曰逐虎犬也。 五旬切。

獟 yào 獟 狎犬也。从犬堯聲。 五弔切。

狾 zhì 㺿 狂犬也。从犬折聲。《春秋傳》曰："狾犬入華臣氏之門。" 征例切。

狂 kuáng 㹱（玉盟書 古璽）狾犬也。从犬㞷聲。 巨王切。 悮，古文从心。

類 lèi 類（漢印 石刻）種類相似，唯犬爲甚。从犬頪聲。 力遂切。

狄 dí 狄（石刻）赤狄，本犬種。狄之爲言淫辟也。从犬，亦省聲。 徒歷切。

狻 suān 㺷 狻麑，如虦貓，食虎豹者。从犬夋聲。見《爾雅》。 素官切。

玃 jué 玃 母猴也。从犬矍聲。《爾雅》云："玃父善顧。"攫持人也。 俱縛切。

| 猶 yóu | （甲骨 金文 簡帛 古璽 漢印 石刻）玃屬。从犬酋聲。一曰隴西謂犬子爲猷。 以周切。

| 狙 jū | 玃屬。从犬且聲。一曰狙，犬也，暫齧人者。一曰犬不齧人也。 親去切。

| 猴 hóu | 夒也。从犬矦聲。 乎溝切。

| 㺉 hù | 犬屬。腰已上黃，腰已下黑，食母猴。从犬殳聲。讀若構。或曰㺉似牂羊，出蜀北嚻山中，犬首而馬尾。 火屋切。

| 狼 láng | （漢印）似犬，銳頭，白頰，高前，廣後。从犬良聲。 魯當切。

| 狛 bó | 如狼，善驅羊。从犬白聲。讀若蘗。甯嚴讀之若淺泊。 匹各切。

| 獌 màn | 狼屬。从犬曼聲。《爾雅》曰："貙獌，似貍。" 舞販切。

| 狐 hú | （甲骨 簡帛 古璽 漢印）祧獸也。鬼所乘之。有三德：其色中和，小前大後，死則丘首。从犬瓜聲。 戶吳切。

| 獺 tǎ | 如小狗也。水居食魚。从犬賴聲。 他達切。

| 猵 biān | 獺屬。从犬扁聲。 布玄切。獱，或从賓。

| 猋 biāo | 犬走皃。从三犬。 甫遙切。

文八十三　重五

| 狘 xuè | 獸走皃。从犬戉聲。 許月切。

| 獋 huī | 獸名。从犬軍聲。 許韋切。

| 狷 juàn | 褊急也。从犬肙聲。 古縣切。

| 猰 yà | 猰㺄，獸名。从犬契聲。 烏黠切。

文四新附

㹜 部

| 㹜 yín | 兩犬相齧也。从二犬。凡㹜之屬皆从㹜。 語斤切。

| 獄 sī | （甲骨 金文）司空也。从㹜臣聲。復說：獄司空。 息茲切。

| 獄 yù | （金文 簡帛）确也。从㹜从言。二犬，所以守也。 魚欲切。

文三

鼠 部

鼠 shǔ （簡帛 古陶）穴蟲之總名也。象形。凡鼠之屬皆從鼠。 書呂切。

鼢 fán 鼠也。從鼠番聲。讀若樊。或曰鼠婦。 附袁切。

貉 hé （簡帛）鼠，出胡地，皮可作裘。從鼠各聲。 下各切。

鼢 fén 地行鼠，伯勞所作也。一曰偃鼠。從鼠分聲。 芳吻切。蚡，或從虫、分。

鼮 píng 鼮令鼠。從鼠平聲。 薄經切。

鼶 sī 鼠也。從鼠虒聲。 息移切。

鼬 liú 竹鼠也。如犬。從鼠，畱省聲。 力求切。

鼫 shí 五技鼠也。能飛，不能過屋；能緣，不能窮木；能游，不能渡谷；能穴，不能掩身；能走，不能先人。從鼠石聲。 常隻切。

鼨 zhōng 豹文鼠也。從鼠冬聲。 職戎切。𪕃，籀文省。

鼳 è 鼠屬。從鼠益聲。 於革切。𪕍，或從豸。

鼷 xī （簡帛）小鼠也。從鼠奚聲。 胡雞切。

鼩 qú 精鼩鼠也。從鼠句聲。 其俱切。

鼸 xiàn 鼩也。從鼠兼聲。 丘檢切。

鼸 hán 鼠屬。從鼠今聲。讀若含。 胡男切。

鼬 yòu 如鼠，赤黃而大，食鼠者。從鼠由聲。 余救切。

鼩 zhuó 胡地風鼠。從鼠勺聲。 之若切。

鼧 rǒng 鼠屬。從鼠宂聲。 而隴切。

鼤 zī 鼠，似雞，鼠尾。從鼠此聲。 即移切。

鼲 hún 鼠。出丁零胡，皮可作裘。從鼠軍聲。 乎昆切。

鼯 hú 斬鼯鼠。黑身，白腰若帶；手有長白毛，似握版之狀；類獼猴之屬。從鼠胡聲。 戶吳切。

　　文二十　重三

能 部

能 néng （金文 簡帛 漢印 石刻）熊屬。足似鹿。從肉㠯聲。能獸堅中，故稱賢能；而彊壯，稱能傑也。凡能之屬皆從能。臣鉉等曰：

目非聲。疑皆象形。 奴登切。

文一

熊　部

熊 xióng　驡（膔 黻 熊 漢印 羆 熊 㷱 石刻）獸，似豕，山居，冬蟄。从能，炎省聲。凡熊之屬皆从熊。 羽弓切。

羆 pí　羆　如熊，黃白文。从熊，罷省聲。 彼爲切。䰱，古文从皮。

文二　重一

火　部

火 huǒ　火（𤆄 甲骨 火 火 簡帛 火 古幣 火 石刻）燬也。南方之行，炎而上。象形。凡火之屬皆从火。 呼果切。

炟 dá　炟　上諱。臣鉉等曰：漢章帝名也。《唐韻》曰："火起也。从火旦聲" 當割切。

烣 huǐ　烣　火也。从火尾聲。《詩》曰："王室如烣。" 許偉切。

燬 huǐ　燬　火也。从火毀聲。《春秋傳》曰："衛侯燬。" 許偉切。

燹 xiǎn　燹　火也。从火豩聲。 穌典切。

焌 jùn　焌　然火也。从火夋聲。《周禮》曰："遂籥其焌。"焌火在前，以焞焯龜。 子寸切。又，倉聿切。

尞 liào　尞（米 𤇆 𤇇 𤇈 米 𤇉 𤇊 甲骨 𤇋 𤇌 金文）柴祭天也。从火从𣅀。𣅀（按：兩𣅀皆當作𠀒），古文慎字。祭天所以慎也。 力照切。

然 rán　然（燃 燃 簡帛 然 漢印 然 然 然 石刻）燒也。从火肰聲。臣鉉等曰：今俗別作燃，蓋後人增加。 如延切。䕼，或从艸、難。臣鉉等案：艸部有䕼，注云艸也。此重出。

爇 ruò　爇（𤈦 𤈧 𤈨 甲骨）燒也。从火蓺聲。《春秋傳》曰："爇僖負羈。"臣鉉等曰：《說文》無蓺字，當从火从艸，熱省聲。 如劣切。

燔 fán　燔（燔 金文）爇也。从火番聲。 附袁切。

燒 shāo　燒（燒 簡帛）爇也。从火堯聲。 式昭切。

烈 liè　烈（烈 石刻）火猛也。从火列聲。 良辥切。

灼 zhuō　灼　火光也。从火出聲。《商書》曰："予亦灼謀。"讀若巧拙之拙。 職悅切。

字	拼音	篆文	解釋
煏	bì	煏	煏燶，火皃。从火畢聲。 卑吉切。
燶	fú	燶	煏燶也。从火藅聲。藅，籀文悖字。 敷勿切。
烝	zhēng	烝（金文）	火气上行也。从火丞聲。 煮仍切。
烰	fú	烰	烝也。从火孚聲。《詩》曰："烝之烰烰。" 縛牟切。
煦	xù	煦	烝也。一曰赤皃。一曰溫潤也。从火昫聲。 香句切。
熯	hàn	熯	乾皃。从火，漢省聲。《詩》曰："我孔熯矣。" 人善切。
烰	fú	烰	火皃。从火弗聲。 普活切。
熮	liáo	熮	火皃。从火翏聲。《逸周書》曰："味辛而不熮。" 洛蕭切。
閵	lìn	閵（甲骨、玉盟書、古幣）	火皃。从火，吝省聲。讀若粦。 良刃切。
厴	yàn	厴	火色也。从火雁聲。讀若鴈。 五晏切。
熲	jiǒng	熲	火光也。从火頃聲。 古迥切。
爚	yuè	爚	火飛也。从火龠聲。一曰爇也。 以灼切。
熛	biāo	熛	火飛也。从火㶾聲。讀若摽。 甫遙切。
熇	hè	熇	火熱也。从火高聲。《詩》曰："多將熇熇。"臣鉉等曰：高非聲，當從嗃省。 火屋切。
炂	jiǎo	炂（甲骨）	交木然也。从火交聲。 古巧切。
烰	chán	烰	小爇也。从火干聲。《詩》曰："憂心烰烰。"臣鉉等曰：干非聲，未詳。 直廉切。
燋	jiāo	燋	所以然持火也。从火焦聲。《周禮》曰："以明火爇燋也。" 即消切。
炭	tàn	炭（簡帛）	燒木餘也。从火，岸省聲。 他案切。
烓	zhǎ	烓	束炭也。从火，差省聲。讀若薺。 楚宜切。
敩	jiāo	敩	交灼木也。从火，教省聲。讀若狡。 古巧切。
炦	bá	炦	火气也。从火犮聲。 蒲撥切。
灰	huī	灰	死火餘䰇也。从火从又。又，手也。火既滅，可以執持。 呼恢切。
炱	tái	炱	灰，炱煤也。从火台聲。 徒哀切。
煨	wēi	煨	盆中火。从火畏聲。 烏灰切。
熄	xī	熄	畜火也。从火息聲。亦曰滅火。 相即切。
烓	wēi	烓	行竈也。从火圭聲。讀若回。 口迥切。
煁	chén	煁	烓也。从火甚聲。 氏任切。
燀	chǎn	燀	炊也。从火單聲。《春秋傳》曰："燀之以薪。" 充善切。
炊	chuī	炊（漢印）	爨也。从火，吹省聲。 昌垂切。
烘	hōng	烘	尞也。从火共聲。《詩》曰："卬（按：卬當作卭）烘于煁。" 呼東切。

| 齌 jì | 炊餔疾也。从火齊聲。在詣切。
| 熹 xī | （甲骨 石刻）炙也。从火喜聲。許其切。
| 煎 jiān | 熬也。从火前聲。子仙切。
| 熬 áo | 乾煎也。从火敖聲。五牢切。䵅，熬或从麥。
| 炮 páo | 毛炙肉也。从火包聲。薄交切。
| 㸩 ēn | 炮肉，以微火溫肉也。从火衣聲。烏痕切。
| 䇶 zēng | 置魚筩中炙也。从火曾聲。作滕切。
| 䙦 bì | 以火乾肉。从火稫聲。臣鉉等案：《說文》無稫字，當从畐省，疑傳寫之誤。符逼切。䙦，籀文不省。
| 爆 bào | 灼也。从火暴聲。蒲木切。臣鉉等曰：今俗音豹，火裂也。
| 煬 yàng | （簡帛）炙燥也。从火昜聲。余亮切。
| 㷄 hú | 灼也。从火寉聲。胡沃切。
| 爛 làn | 孰也。从火蘭聲。郎旰切。燗，或从閒。
| 爢 mí | 爛也。从火靡聲。靡爲切。
| 尉 wèi | （漢印 石刻）从上案下也。从𡰪；又持火，以尉申繒也。臣鉉等曰：今俗別作熨，非是。於胃切。
| 燋 jiāo | 灼龜不兆也。从火从龜。《春秋傳》曰："龜燋不兆。"讀若焦。即消切。
| 灸 jiǔ | 灼也。从火久聲。舉友切。
| 灼 zhuó | 炙（按：炙當作灸）也。从火勺聲。之若切。
| 煉 liàn | 鑠治金也。从火柬聲。郎電切。
| 燭 zhú | （簡帛）庭燎，火燭也。从火蜀聲。之欲切。
| 熜 zǒng | 然麻蒸也。从火恖聲。作孔切。
| 炧 xiè | 燭衺也。从火也聲。徐野切。
| 妻 jìn | 火餘也。从火聿聲。一曰薪也。臣鉉等曰：聿非聲，疑从肀（按：肀當作帚）省。今俗別作燼，非是。徐刃切。
| 焠 cuì | 堅刀刃也。从火卒聲。七內切。
| 煣 rǒu | 屈申木也。从火、柔，柔亦聲。人久切。
| 燓 fán | （甲骨 金文 簡帛 石刻）燒田也。从火、棥，棥亦聲。附袁切。
| 熑 lián | 火熑車網絕也。从火兼聲。《周禮》曰："熑牙，外不熑。"力鹽切。
| 燎 liǎo | 放火也。从火寮聲。力小切。

熛 biāo　熛（㷘 㷖漢印）火飛也。从火，㷘與䕏同意。 方昭切。

燥 zāo　燥 焦也。从火曹聲。 作曹切。

焦 jiāo　焦（焦簡帛 焦 焦 焦漢印）火所傷也。从火雥聲。 即消切。焦，或省。

烖 zāi　烖（烖 烖 烖 烖甲骨）天火曰烖。从火戈聲。 祖才切。災，或从宀、火。灾，古文从才。災，籀文从巛。

煙 yān　煙（煙石刻）火气也。从火垔聲。 烏前切。烟，或从因。煙，古文。煙，籀文从宀。

焆 yè　焆 焆焆，煙皃。从火肙聲。 因悅切。

熅 yūn　熅 鬱煙也。从火昷聲。 於云切。

炪 dí　炪 望火皃。从火㫕聲。讀若馰顙之馰。 都歷切。

燂 tán　燂 火熱也。从火覃聲。 大甘切。又，徐鹽切。

焞 tūn　焞 明也。从火臺聲。《春秋傳》曰："焞燿天地。" 他昆切。

炳 bǐng　炳（炳石刻）明也。从火丙聲。 兵永切。

焯 zhuó　焯（焯石刻）明也。从火卓聲。《周書》曰："焯見三有俊心。" 之若切。

照 zhào　照（照漢印 照 照石刻）明也。从火昭聲。 之少切。

煒 wěi　煒（煒石刻）盛赤也。从火韋聲。《詩》曰："彤管有煒。" 于鬼切。

炟 chǐ　炟 盛火也。从火从多。 昌氏切。

熠 yì　熠 盛光也。从火習聲。《詩》曰："熠熠宵行。" 羊入切。

煜 yù　煜（煜石刻）熠也。从火昱聲。 余六切。

燿 yào　燿（燿石刻）照也。从火翟聲。 弋笑切。

輝 huī　輝 光也。从火軍聲。 況韋切。

煌 huáng　煌（煌石刻）煌，輝也。从火皇聲。 胡光切。

焜 kūn　焜 煌也。从火昆聲。 孤本切。

炯 jiǒng　炯 光也。从火冋聲。 古迥切。

爗 yè　爗 盛也。从火曅聲。《詩》曰："爗爗震電。" 筠輒切。

燄 yàn　燄 火門也。从火閻聲。 余廉切。

炫 xuàn　炫 燿燿（按：燿燿當作爓爓）也。从火玄聲。 胡畎切。

光 guāng　光（光甲骨 光 光 光 光 光 光 光 光 光金文 光 光 光簡帛 光漢印 光 光 光 光 光 光石刻）明也。从火在人上，光明意也。 古皇切。炗，古文。炚，古文。

熱 rè　熱（熱漢印）溫也。从火埶聲。 如劉切。

| 熾 chì | 燧 | 盛也。从火戠聲。 昌志切。炙，古文熾。
| 燠 ào | 燠 | 熱在中也。从火奧聲。 烏到切。
| 煊 xuān | 煊 （煊漢印）溫也。从火爰聲。 況袁切。
| 煖 nuǎn | 煖 | 溫也。从火爰聲。 乃管切。
| 炅 jiǒng | 炅 （炅古璽 炅漢印）見也。从火、日。 古迥切。
| 炕 kàng | 炕 | 乾也。从火亢聲。 苦浪切。
| 燥 zào | 燥 | 乾也。从火喿聲。 穌到切。
| 烕 miè | 烕 （烕石刻）滅也。从火、戌。火死於戌，陽氣至戌而盡。《詩》曰："赫赫宗周，褒似烕之。" 許劣切。
| 焅 kù | 焅 | 旱气也。从火告聲。 苦沃切。
| 燾 dào | 燾 | 溥覆照也。从火壽聲。 徒到切。
| 爟 guàn | 爟 （爟石刻）取火於日。官名。舉火曰爟。《周禮》曰："司爟掌行火之政令。"从火藋聲。 古玩切。烜，或从亘。
| 熢 fēng | 熢 | 燧，候表也。邊有警則舉火。从火逢聲。 敷容切。
| 爝 jiào | 爝 | 苣火，袚也。从火爵聲。呂不韋曰：湯得伊尹，爝以爟火，釁以犧豭。 子肖切。
| 熭 wèi | 熭 | 暴乾火也。从火彗聲。 于歲切。
| 熙 xī | 熙 | 燥也。从火巸聲。 許其切。

文一百一十二 重十五

| 爞 chóng | 爞 | 旱气也。从火蟲聲。 直弓切。
| 煽 shàn | 煽 | 熾盛也。从火扇聲。 式戰切。
| 烙 luò | 烙 | 灼也。从火各聲。 盧各切。
| 爍 shuò | 爍 | 灼爍，光也。从火樂聲。 書藥切。
| 燦 càn | 燦 | 燦爛，明淨皃。从火粲聲。 倉案切。
| 煥 huàn | 煥 | 火光也。从火奐聲。 呼貫切。

文六新附

炎 部

| 炎 yán | 炎 （炎甲骨 炎金文 炎簡帛）火光上也。从重火。凡炎之屬皆从炎。 于廉切。

燄 yàn 燄 火行微燄燄也。从炎臽聲。 以冉切。

㷲 yǎn 㷲 火光也。从炎舌聲。臣鉉等曰：舌非聲，當從甜省。 以冉切。

燓 lǐn 燓 侵火也。从炎向聲。讀若桑葚之葚。 力荏切。

㶳 shǎn 㶳 火行也。从炎占聲。 舒贍切。

燅 xián 燅 於湯中爚肉。从炎，从熱省。 徐鹽切。燖，或从炙。

燮 xiè 燮 大熟也。从又持炎、辛。辛者，物熟味也。 蘇俠切。

粦 lín 粦 （甲骨 金文）兵死及牛馬之血爲粦。粦，鬼火也。从炎、舛。良刃切。徐鍇曰："案：《博物志》戰鬪死亡之處，有人馬血，積中爲粦，著地入艸木，如霜露不可見。有觸者，著人體後有光，拂拭即散無數，又有吒聲如驚豆。舛者，人足也。言光行著人。"

　　　　文八　重一

黑　部

黑 hēi 黑 （金文 簡帛 璽彙 漢印）火所熏之色也。从炎，上出囪。囪，古窗字。凡黑之屬皆从黑。 呼北切。

黸 lú 黸 齊謂黑爲黸。从黑盧聲。 洛乎切。

黵 wèi 黵 沃黑色。从黑會聲。 惡外切。

黯 àn 黯 深黑也。从黑音聲。 乙減切。

黤 yǎn 黤 申黑也。从黑厭聲。 於琰切。

黳 yī 黳 小黑子。从黑殹聲。 烏雞切。

黸 dá 黸 白而有黑也。从黑旦聲。五原有莫黸縣。 當割切。

黰 jiān 黰 雖晳而黑也。从黑眞聲。古人名黰字晳。 古咸切。

暘 yàng 暘 赤黑也。从黑易聲。讀若煬。 餘亮切。

黲 cǎn 黲 淺青黑也。从黑參聲。 七感切。

黤 yǎn 黤 青黑也。从黑奄聲。 於檻切。

黝 yǒu 黝 微青黑色。从黑幼聲。《爾雅》曰："地謂之黝。" 於糾切。

黗 tūn 黗 黃濁黑。从黑屯聲。 他袞切。

點 diǎn 點 小黑也。从黑占聲。 多忝切。

黚 qián 黚 淺黃黑也。从黑甘聲。讀若染繒中束緅黚。 巨淹切。

黅 jiān 黅 黃黑也。从黑金聲。 古咸切。

黦 yuè　㦰　黑有文也。从黑宛聲。讀若飴瞪字。　於月切。

篡 chuā　篡　黃黑而白也。从黑算聲。一曰短黑。讀若以芥爲虀，名曰芥莖也。　初刮切。

黰 jiǎn　黰　黑皴也。从黑开聲。　古典切。

黠 xiá　黠（黠漢印）堅黑也。从黑吉聲。　胡八切。

黔 qián　黔（黔金文 黔古陶 黔 黔漢印）黎也。从黑今聲。秦謂民爲黔首，謂黑色也。周謂之黎民。《易》曰："爲黔喙。"　巨淹切。

黕 dǎn　黕　滓垢也。从黑尤聲。　都感切。

黨 dǎng　黨（黨金文 黨簡帛）不鮮也。从黑尚聲。　多朗切。

黷 dú　黷　握持垢也。从黑賣聲。《易》曰："再三黷。"　徒谷切。

黵 dǎn　黵　大污也。从黑詹聲。　當敢切。

黴 méi　黴　中久雨青黑。从黑，微省聲。　武悲切。

黜 chù　黜　貶下也。从黑出聲。　丑律切。

黪 pán　黪　黪姍，下呬。从黑般聲。　薄官切。

黱 dài　黱　畫眉也。从黑朕聲。　徒耐切。

儵 shū　儵　青黑繒縫白色也。从黑攸聲。　式竹切。

黖 yù　黖　羔裘之縫。从黑或聲。　于逼切。

黤 diàn　黤　黤謂之垽。垽，滓也。从黑，殿省聲。　堂練切。

黮 dǎn　黮（黮漢印）桑葚之黑也。从黑甚聲。　他感切。

黤 yǎn　黤　果實黤黯黑也。从黑弇聲。　烏感切。

黥 qíng　黥　墨刑在面也。从黑京聲。　渠京切。　剠，黥或从刀。

黬 yǎn　黬（黬簡帛）黬者忘而息也。从黑敢聲。　於檻切。

黟 yī　黟　黑木也。从黑多聲。丹陽有黟縣。　烏雞切。

文三十七　重一

囱 部

囱 chuāng　囱　在牆曰牖，在屋曰囱。象形。凡囱之屬皆从囱。　楚江切。窗，或从穴。⑩，古文。

悤 cōng　悤（悤甲骨 悤 悤金文 悤古璽）多遽悤悤也。从心、囱，囱亦聲。　倉紅切。

文二　重二

焱部

焱 yàn　焱（甲骨）火華也。从三火。凡焱之屬皆从焱。 以冄切。

熒 yíng　熒（石刻）屋下鐙燭之光。从焱、冂。 戶扃切。

燊 shēn　燊 盛皃。从焱在木上。讀若《詩》"莘莘征夫"。一曰役也。 所臻切。

　　　　文三

炙部

炙 zhì　炙（古璽）炮肉也。从肉在火上。凡炙之屬皆从炙。 之石切。𤈎，籀文。

燔 fán　燔 宗廟火孰肉。从炙番聲。《春秋傳》曰："天子有事燔焉，以饋同姓諸矦。" 附袁切。

燎 liǎo　燎 炙也。从炙尞聲。讀若獠燎。 力照切。

　　　　文三　重一

赤部

赤 chì　赤（甲骨　　　　　　　　　金文　　　簡帛　　　古璽　古幣　漢印）
　　　南方色也。从大从火。凡赤之屬皆从赤。 昌石切。烾，古文从炎、土。

赨 tóng　赨 赤色也。从赤，蟲省聲。 徒冬切。

赫 hù　赫 日出之赤。从赤，嗀省聲。 火沃切。

赧 nǎn　赧 面慙赤也。从赤㚃聲。周失天下於赧王。 女版切。

赬 chēng　赬 赤色也。从赤巠聲。《詩》曰："魴魚赬尾。" 敕貞切。赬，赬或从貞。䞓，或从丁。

浾 chēng　浾 赬，棠棗之汁，或从水。泟，浾或从正。

赭 zhě　赭 赤土也。从赤者聲。 之也切。

赣 gàn　赣 赤色也。从赤㓛聲。讀若浣。 胡玩切。

赫 hè　赫（漢印　　石刻）火赤皃。从二赤。 呼格切。

　　　　文八（當作文九）　重五

赩 xì　赩 大赤也。从赤、色，色亦聲。 許力切。

赧 xiá　赧　赤色也。从赤叚聲。　乎加切。

　　　　　文二新附

大　部

大 dà　大（甲骨 金文 簡帛 古璽 古陶 古幣 石刻）天大，地大，人亦大。故大象人形。古文大他達切也。凡大之屬皆从大。　徒蓋切。

奎 kuí　奎（金文）兩髀之間。从大圭声。　苦圭切。

夾 jiā　夾（甲骨 金文 簡帛 石刻）持也。从大俠二人。　古狎切。

奄 yǎn　奄（金文 石刻）覆也。大有餘也。又，欠也。从大从申。申，展也。　依檢切。

夸 kuā　夸（甲骨 金文 古幣）奢也。从大于聲。　苦瓜切。

奁 huán　奁　奢奁也。从大亙聲。　胡官切。

夃 gū　夃　夃，大也。从大瓜聲。　烏瓜切。

奯 huò　奯　空大也。从大歲聲。讀若《詩》"施罟泧泧"。　呼括切。

夎 zhì　夎　大也。从大戋聲。讀若《詩》"戋戋大猷"。　直質切。

奅 pào　奅　大也。从大卯聲。　匹貌切。

夽 yǔn　夽　大也。从大云聲。　魚吻切。

奃 dī　奃　大也。从大氐聲。讀若氐。　都兮切。

奊 jiè　奊　大也。从大介聲。讀若蓋。　古拜切。

奓 xiè　奓　瞋大也。从大此聲。　火戒切。

奰 bì　奰　大也。从大弗聲。讀若"予違汝弼"。　房密切。

奄 chún　奄　大也。从大屯聲。讀若鶉。　常倫切。

契 qì　契（古陶 石刻）大約也。从大从韧。《易》曰："後代聖人易之以書契。"　苦計切。

夷 yí　夷（甲骨 金文 古璽 石刻）平也。从大从弓。東方之人也。　以脂切。

　　　　　文十八

亦 部

亦 yì 夾（甲骨 金文 簡帛 石刻）人之臂亦也。从大，象兩亦之形。凡亦之屬皆从亦。臣鉉等曰：今別作腋，非是。 羊益切。

夾 shǎn 夾 盜竊褱物也。从亦，有所持。俗謂蔽人俾夾是也。弘農陝字从此。 失冉切。

文二

夨 部

夨 zè 夨（甲骨 金文）傾頭也。从大，象形。凡夨之屬皆从夨。 阻力切。

奊 jié 奊 頭傾也。从夨吉聲。讀若孑。 古屑切。

臭 xié 臭 頭衺、骫臭態也。从夨圭聲。 胡結切。

吳 wú 吳（金文 簡帛 古璽 漢印 石刻）姓也。亦郡也。一曰吳，大言也。从夨、口。 五乎切。徐鍇曰："大言，故夨口以出聲。《诗》曰：不吳不揚。今寫《诗》者改吳作吴，又音乎化切。其謬甚矣。" 关，古文如此。

文四 重一

夭 部

夭 yāo 夭（甲骨 金文）屈也。从大，象形。凡夭之屬皆从夭。 於兆切。

喬 qiáo 喬（金文 簡帛 古璽 漢印 石刻）高而曲也。从夭，从高省。《詩》曰："南有喬木。" 巨嬌切。

㚔 xìng 㚔（漢印）吉而免凶也。从屰从夭。夭，死之事。故死謂之不㚔。 胡耿切。

奔 bēn 奔（金文 石鼓 石刻）走也。从夭，賁省聲。與走同意，俱从夭。 博昆切。

文四

交 部

交 jiāo　𤰔（甲骨 金文 簡帛 古璽 石刻）交脛也。从大，象交形。凡交之屬皆从交。 古爻切。

夒 wéi　裏也。从交韋聲。 羽非切。

絞 jiǎo　縊也。从交从糸。 古巧切。

　　　　文三

尢 部

尢 wāng　𡯁，曲脛也。从大，象偏曲之形。凡尢之屬皆从尢。 烏光切。𡯂，古文从里。

尵 hú　尵病也。从尢从骨，骨亦聲。 戶骨切。

尲 bǒ　蹇也。从尢皮聲。 布火切。

㝢 zuǒ　㝢㝢，行不正。从尢左聲。 則箇切。

㞟 yào　行不正也。从尢艮聲。讀若燿。 弋笑切。

尲 gān　不正也。从尢兼聲。 古咸切。

尬 jiè　尲尬也。从尢介聲。 公八切。又，古拜切。

尥 liào　行脛相交也。从尢勺聲。牛行腳相交爲尥。 力弔切。

尯 dī　尵不能行，爲人所引，曰尯𡰯。从尢从爪，是聲。 都兮切。

𡰯 xié　尯𡰯也。从尢从爪，巂聲。 戶圭切。

尫 yū　股尫也。从尢于聲。 乙于切。

𡰱 léi　尵中病也。从尢从羸。 郎果切。

　　　　文十二　重一

壺 部

壺 hú　壺（甲骨 金文 漢印 石刻）昆吾圜器也。象形。从大，象其蓋也。凡壺之屬皆从壺。 戶吳切。

壹 yūn 　壹壹也。从凶从壺。不得泄凶也。《易》曰："天地壹壹。" 於云切。

　　　　文二

壹 部

壹 yī 　（金文　漢印　石刻）專壹也。从壺吉聲。凡壹之屬皆从壹。 於悉切。

懿 yì 　（金文　石刻）專久而美也。从壹，从恣省聲。 乙冀切。

　　　　文二

幸 部

幸 niè 　（甲骨　金文　漢印）所以驚人也。从大从羊。一曰大聲也。凡幸之屬皆从幸。一曰讀若瓠。一曰俗語以盜不止爲幸，幸讀若籋。 尼輒切。

睪 yì 　（金文　簡帛　漢印）目視也。从橫目，从幸。令吏將目捕罪人也。 羊益切。

執 zhí 　（甲骨　金文　玉盟書　簡帛　漢印　石刻）捕罪人也。从丮从幸，幸亦聲。 之入切。

圉 yǔ 　（甲骨　金文　石刻）囹圄，所以拘罪人。从幸从囗。一曰圉，垂也。一曰圉人，掌馬者。 魚舉切。

盩 zhōu 　（金文　漢印）引擊也。从幸、攴，見血也。扶風有盩厔縣。 張流切。

報 bào 　（金文　漢印　石刻）當罪人也。从幸从𠬝。𠬝，服罪也。 博号切。

鞫 jū 　　窮理罪人也。从幸从人从言，竹聲。 居六切。𦻫，或省言。

　　　　文七　重一

奢 部

奢 shē 　（金文　古陶　漢印）張也。从大者聲。凡奢之屬皆从奢。 式車切。奓，籒文。臣鉉等曰：今俗作陟加切。以爲奓厚之奓，非是。

奲 duǒ 　　富奲奲皃。从奢單聲。 丁可切。

　　　　文二　重一

亢 部

亢 gāng 亢（甲骨、金文、古幣）人頸也。从大省，象頸脈形。凡亢之屬皆从亢。 古郎切。頏，亢或从頁。

頏 gǎng 頏 直項莽頏皃。从亢从夋。夋，倨也。亢亦聲。 岡朗切。又，胡朗切。

文二 重一

夲 部

夲 tāo 夲 進趣也。从大从十。大、十，猶兼十人也。凡夲之屬皆从夲。讀若滔。 土刀切。

羍 hū 羍（甲骨、金文）疾也。从夲卉聲。拜从此。呼骨切。

暴 bào 暴（簡帛、漢印、石刻）疾有所趣也。从日出夲廾之。 薄報切。

㽙 yǔn 㽙 進也。从夲从中，允聲。《易》曰："㽙升大吉。" 余準切。

奏 zòu 奏（甲骨）奏進也。从夲从廾从中。中，上進之義。 則候切。屎，古文。㪱，亦古文。

皋 gāo 皋（漢印、石刻）气皋白之進也。从夲从白。《禮》：祝曰皋，登謌曰奏。故皋奏皆从夲。《周禮》曰："詔來鼓皋舞。"皋，告之也。 古勞切。

文六 重二

夰 部

夰 gǎo 夰 放也。从大而八分也。凡夰之屬皆从夰。 古老切。

臩 jù 臩 舉目驚臩然也。从夰从䀠，䀠亦聲。 九遇切。

奡 ào 奡 嫚也。从頁从夰，夰亦聲。《虞書》曰："若丹朱奡。"讀若傲。《論語》："奡盪舟。" 五到切。

昊 hào 昊（簡帛、古璽、古幣、石刻）春爲昊天，元气昊昊。从日、夰，夰亦聲。 胡老切。

𢍮 guǎng 𢍮 驚走也。一曰往來也。从夰、䙜。《周書》曰："伯𢍮。"古文䙜，古文囧字。臣鉉等曰：䙜，居況切。䙜猶乖也，䙜亦聲。言古囧字，未詳。 具往切。

文五

亣 部

亣 dà　介　籀文大，改古文。亦象人形。凡亣之屬皆从亣。　他達切。

奕 yì　奕　大也。从亣亦聲。《詩》曰："奕奕梁山。"　羊益切。

奘 zàng　奘　駔大也。从亣从壯，壯亦聲。　徂朗切。

臭 gǎo　臭　大白、澤也。从亣从白。古文以爲澤字。　古老切。

奚 xī　奚（甲骨）大腹也。从亣，鼷省聲。鼷，籀文系字。　胡雞切。

奭 ruǎn　奭　稍前大也。从亣而聲。讀若畏偄。　而沇切。

奰 yàn　奰　大皃。从亣㒃聲。或曰拳勇字。一曰讀若傿。　乙獻切。

奰 bì　奰　壯大也。从三亣三目。二目爲䀠，三目爲奰，益大也。一曰迫也。讀若《易》虙羲氏。《詩》曰："不醉而怒謂之奰。"　平祕切。

　　　　文八

夫 部

夫 fū　夫（甲骨 金文 簡帛 古璽 石刻）丈夫也。从大，一以象簪也。周制以八寸爲尺，十尺爲丈。人長八尺，故曰丈夫。凡夫之屬皆从夫。　甫無切。

規 guī　規（漢印 石刻）有法度也。从夫从見。　居隨切。

扶 bàn　扶　竝行也。从二夫。輦字从此。讀若伴侶之伴。　薄旱切。

　　　　文三

立 部

立 lì　立（甲骨 金文 簡帛 古璽 古幣 石刻）住也。从大立一之上。臣鉉等曰：大，人也。一，地也。會意。凡立之屬皆从立。　力入切。

埭 lì　埭　臨也。从立从隶。　力至切。

埻 duì　埻　磊埻，重聚也。从立𩐏聲。　丁罪切。

端 duān　端（簡帛 石刻）直也。从立耑聲。　多官切。

竱 zhuǎn　竱　等也。从立專聲。《春秋國語》曰："竱本肇末。"　旨沇切。

竦 sǒng　竦　敬也。从立从束。束，自申束也。　息拱切。

竫 jìng　竫　亭安也。从立爭聲。　疾郢切。

靖 jìng　靖（靖 靖石刻）立竫也。从立青聲。一曰細兒。　疾郢切。

竢 sì　竢　待也。从立矣聲。　牀史切。㑊，或从巳。

竘 qǔ　竘　健也。一曰匠也。从立句聲。讀若齲。《逸周書》有竘匠。　丘羽切。

竵 huā　竵　不正也。从立䙷聲。　火鼃切。

竭 jié　竭（古璽 石刻）負舉也。从立曷聲。　渠列切。

䇓 xū　䇓　待也。从立須聲。　相俞切。竰，或从芻聲。

𡫼 luò　𡫼　痿也。从立羸聲。　力臥切。

竣 jùn　竣　偓竣也。从立夋聲。《國語》曰："有司已事而竣。"　七倫切。

𥩲 fú　𥩲　見鬼魊兒。从立从录。录，籒文魊字。讀若虙羲氏之虙。　房六切。

䇎 què　䇎　驚兒。从立昔聲。　七雀切。

䇑 bà　䇑　短人立䇑䇑兒。从立卑聲。　傍下切。

䢀 céng　䢀　北地高樓無屋者。从立曾聲。　士耕切。

　　文十九　重二

竝　部

竝 bìng　竝（甲骨 金文 簡帛 漢印 石刻）併也。从二立。凡竝之屬皆从竝。　蒲迥切。

替 tì　替　廢，一偏下也。从竝白聲。他計切。暜，或从曰。替，或从兟从曰。臣鉉等曰：今俗作替，非是。

　　文二　重二

囟　部

囟 xìn　囟（甲骨 簡帛）頭會，匘蓋也。象形。凡囟之屬皆从囟。　息進切。𦜝，或从肉、宰。𠚇，古文囟字。

𩒹 liè　𩒹（金文）毛𩒹也。象髮在囟上及毛髮𩒹𩒹之形。此與籒文子字同。　良涉切。

毗 pí　（金文）人臍也。从囟，囟，取氣通也；从比聲。 房脂切。

文三　重二

思 部

思 sī　（金文　簡帛　古璽　漢印　石刻）容也。从心囟聲。凡思之屬皆从思。 息茲切。

慮 lù　（金文　簡帛　古璽　古陶　漢印）謀思也。从思虍聲。 良據切。

文二

心 部

心 xīn　（甲骨　金文　玉盟書　簡帛　古幣　石刻）人心，土藏，在身之中。象形。博士說以爲火藏。凡心之屬皆从心。 息林切。

息 xī　（金文　玉盟書　簡帛　古璽　漢印　石刻）喘也。从心从自，自亦聲。 相即切。

情 qíng　（簡帛　石刻）人之陰气有欲者。从心青聲。 疾盈切。

性 xìng　（石刻）人之陽气性善者也。从心生聲。 息正切。

志 zhì　（簡帛　古璽　漢印　石刻）意也。从心之聲。 職吏切。

意 yì　志也。从心察言而知意也。从心从音。 於記切。

恉 zhǐ　意也。从心旨聲。 職雉切。

悳 dé　（石刻）外得於人，內得於己也。从直从心。 多則切。　，古文。

應 yīng　（簡帛　漢印　石刻）當也。从心雁聲。 於陵切。

愼 shèn　（金文　簡帛　漢印）謹也。从心眞聲。 時刃切。　，古文。

忠 zhōng　（金文　簡帛　古璽　古陶　石刻）敬也。从心中聲。 陟弓切。

愨 què　謹也。从心殼聲。 苦角切。

愻 miǎo　美也。从心須聲。 莫角切。

快 kuài　（簡帛　漢印）喜也。从心夬聲。 苦夬切。

| 愷 kǎi | 愷 | 樂也。从心豈聲。臣鉉等曰：豈部已有，此重出。　苦亥切。
| 愜 qiè | 愜 | 快心。从心匧聲。　苦叶切。
| 念 niàn | 念 | （甲骨 金文 簡帛 石刻）常思也。从心今聲。奴店切。
| 忬 fū | 忬 | 思也。从心付聲。　甫無切。
| 憲 xiàn | 憲 | （金文 石刻）敏也。从心从目，害省聲。　許建切。
| 憕 chéng | 憕 | 平也。从心登聲。　直陵切。
| 戁 nǎn | 戁 | （簡帛）敬也。从心難聲。　女版切。
| 忻 xīn | 忻 | （簡帛）闓也。从心斤聲。《司馬法》曰："善者，忻民之善，閉民之惡。"　許斤切。
| 憧 zhòng | 憧 | 遲也。从心重聲。　直隴切。
| 惲 yùn | 惲 | （漢印）重厚也。从心軍聲。　於粉切。
| 惇 dūn | 惇 | 厚也。从心臺聲。　都昆切。
| 忼 kàng | 忼 | 慨也。从心亢聲。一曰《易》"忼龍有悔"。臣鉉等曰：今俗別作慷，非是。　苦浪切。又，口朗切。
| 慨 kǎi | 慨 | （簡帛）忼慨，壯士不得志也。从心既聲。　古溉切。
| 悃 kǔn | 悃 | 愊也。从心困聲。　苦本切。
| 愊 bì | 愊 | 誠志也。从心畐聲。　芳逼切。
| 愿 yuàn | 愿 | 謹也。从心原聲。　魚怨切。
| 慧 huì | 慧 | （漢印 石刻）儇也。从心彗聲。　胡桂切。
| 憭 liǎo | 憭 | 慧也。从心寮聲。　力小切。
| 恔 xiáo | 恔 | 憭也。从心交聲。　下交切。又，古了切。
| 瘱 yì | 瘱 | 靜也。从心瘞聲。臣鉉等曰：瘞，非聲。未詳。　於計切。
| 悊 zhé | 悊 | （古璽）敬也。从心折聲。　陟劣切。
| 悰 cóng | 悰 | 樂也。从心宗聲。　藏宗切。
| 恬 tián | 恬 | （漢印）安也。从心，䐁省聲。　徒兼切。
| 恢 huī | 恢 | 大也。从心灰聲。　苦回切。
| 恭 gōng | 恭 | （簡帛 古璽 石刻）肅也。从心共聲。　俱容切。
| 憼 jǐng | 憼 | （金文）敬也。从心从敬，敬亦聲。　居影切。
| 恕 shù | 恕 | （簡帛）仁也。从心如聲。　商署切。恕，古文省。

| 怡 yí | （古陶）和也。从心台聲。 與之切。
| 慈 cí | （簡帛 漢印 石刻）愛也。从心兹聲。 疾之切。
| 忯 qí | 愛也。从心氏聲。 巨支切。
| 慩 yí | 忯慩，不憂事也。从心虒聲。讀若移。 移尔切。
| 悛 quān | 謹也。从心全聲。 此緣切。
| 恩 ēn | （簡帛 漢印 石刻）惠也。从心因聲。 烏痕切。
| 懘 dì | 高也。一曰極也。一曰困劣也。从心帶聲。 特計切。
| 憖 yìn | （簡帛）問也。謹敬也。从心猌聲。一曰說也。一曰甘也。《春秋傳》曰："昊天不憖。"又曰："兩君之士皆未憖。" 魚覲切。
| 廲 kuàng | 闊也。一曰廣也，大也。一曰寬也。从心从廣，廣亦聲。 苦謗切。
| 悈 jiè | 飾也。从心戒聲。《司馬法》曰："有虞氏悈於中國。" 古拜切。
| 憖 yǐn | 謹也。从心㐅聲。 於靳切。
| 慶 qìng | （簡帛 金文 簡帛 古璽 古陶 漢印 石刻）行賀人也。从心从夂。吉禮以鹿皮爲贄，故从鹿省。 丘竟切。
| 愃 xuǎn | 寬嫺心腹皃。从心宣聲。《詩》曰："赫兮愃兮。" 況晚切。
| 愻 xùn | （簡帛）順也。从心孫聲。《唐書》曰："五品不愻。" 蘇困切。
| 塞 sè | 實也。从心，塞省聲。《虞書》曰："剛而塞。" 先則切。
| 恂 xún | （古陶）信心也。从心旬聲。 相倫切。
| 忱 chén | （石刻）誠也。从心冘聲。《詩》曰："天命匪忱。" 氏任切。
| 惟 wéi | （石刻）凡思也。从心隹聲。 以追切。
| 懷 huái | （簡帛 漢印 石刻）念思也。从心褱聲。 戶乖切。
| 惀 lún | 欲知之皃。从心侖聲。 盧昆切。
| 想 xiǎng | （石刻）冀思也。从心相聲。 息兩切。
| 㥞 suì | 深也。从心豙聲。 徐醉切。
| 慉 xù | 起也。从心畜聲。《詩》曰："能不我慉。" 許六切。
| 意 yì | 滿也。从心𢍜聲。一曰十萬曰意。 於力切。意，籀文省。
| 悹 guàn | 憂也。从心官聲。 古玩切。
| 憀 liáo | 憀然也。从心翏聲。 洛蕭切。
| 愙 kè | 敬也。从心客聲。《春秋傳》曰："以陳備三愙。"臣鉉等曰：今俗作恪。 苦各切。

愯 sǒng	懼也。从心,雙省聲。《春秋傳》曰:"駟氏愯。" 息拱切。		
懼 jù	(簡帛 石刻)恐也。从心瞿聲。 其遇切。 ,古文。		
怙 hù	(古陶)恃也。从心古聲。 矦古切。		
恃 shì	(簡帛)賴也。从心寺聲。 時止切。		
慒 cóng	慮也。从心曹聲。 藏宗切。		
悟 wù	覺也。从心吾聲。 五故切。 ,古文悟。		
憮 wǔ	(簡帛)愛也。韓鄭曰憮。一曰不動。从心無聲。 文甫切。		
愛 ài	(金文 簡帛 古璽 古陶 漢印 石刻)惠也。从心旡聲。 烏代切。 ,古文。		
惰 xǔ	知也。从心胥聲。 私呂切。		
慰 wèi	安也。从心尉聲。一曰恚怒也。 於胃切。		
愻 cuì	謹也。从心㪍聲。讀若毳。 此芮切。		
簹 chóu	簹箸也。从心筹聲。 直由切。		
怞 chóu	朗也。从心由聲。《詩》曰:"憂心且怞。" 直又切。		
㦿 wǔ	㦿撫也。从心某聲。讀若侮。 亡甫切。		
忞 mín	(古璽)彊也。从心文聲。《周書》曰:"在受德忞。"讀若旻。 武巾切。		
慔 mù	勉也。从心莫聲。 莫故切。		
愐 miǎn	勉也。从心面聲。 弥殄切。		
愧 yì	習也。从心曳聲。 余制切。		
懋 mào	(金文 簡帛 石刻)勉也。从心楙聲。《虞書》曰:"時惟懋哉。" 莫候切。 ,或省。		
慕 mù	(金文)習也。从心莫聲。 莫故切。		
悛 quān	止也。从心夋聲。 此緣切。		
悷 tuì	肆也。从心隶聲。 他骨切。		
懇 yǔ	(簡帛)趣步懇懇也。从心與聲。 余呂切。		
慆 tāo	(簡帛)說也。从心舀聲。 土刀切。		
懕 yān	安也。从心厭聲。《詩》曰:"懕懕夜飲。" 於鹽切。		
憺 dàn	安也。从心詹聲。 徒敢切。		
怕 bó	無爲也。从心白聲。 匹白切。又,葩亞切。		
恤 xù	(玉盟書 石刻)憂也。收也。从心血聲。 辛聿切。		

忓 gān	忓	極也。从心干聲。 古寒切。
懽 guàn	懽 （金文 簡帛）喜歀也。从心雚聲。《爾雅》曰："懽懽愮愮，憂無告也。" 古玩切。
惆 yú	惆	懽也。琅邪朱虛有惆亭。从心禺聲。 噳俱切。
愵 nì	愵 （甲骨 金文）飢餓也。一曰憂也。从心叔聲。《詩》曰："愵如朝飢。" 奴歷切。
㤂 jǐ	㤂	勞也。从心卻聲。 其虐切。
憸 xiān	憸	憸詖也。憸利於上，佞人也。从心僉聲。 息廉切。
愒 qì	愒	息也。从心曷聲。臣鉉等曰：今別作憩，非是。 去例切。
𢤱 hū	𢤱	精戇也。从心毳聲。 千短切。
思 xiān	思	疾利口也。从心从冊。《詩》曰："相時思民。"徐鍇曰："冊，言眾也。" 息廉切。
急 jí	急	褊也。从心及聲。 居立切。
辯 biǎn	辯	憂也。从心辡聲。一曰急也。 方沔切。
㥍 jí	㥍	疾也。从心亟聲。一曰謹重皃。 己力切。
懁 juàn	懁	急也。从心睘聲。讀若絹。 古縣切。
悻 xìng	悻	恨也。从心巠聲。 胡頂切。
慈 xián	慈	急也。从心从弦，弦亦聲。河南密縣有慈亭。 胡田切。
慓 piào	慓	疾也。从心票聲。 敷沼切。
懦 nuò	懦	駑弱者也。从心需聲。 人朱切。
恁 rèn	恁 （漢印）下齎也。从心任聲。 如甚切。
忒 tè	忒	失常也。从心代聲。 他得切。
怚 jù	怚	驕也。从心且聲。 子去切。
悒 yì	悒 （古璽）不安也。从心邑聲。 於汲切。
悇 yù	悇 （金文）忘也。嘾也。从心余聲。《周書》曰："有疾不悇。"悇，喜也。 羊茹切。
忒 tè	忒	更也。从心弋聲。 他得切。
憪 xián	憪	愉也。从心閒聲。 戶閒切。
愉 yú	愉 （簡帛）薄也。从心俞聲。《論語》曰："私覿愉愉如也。" 羊朱切。
懱 miè	懱	輕易也。从心蔑聲。《商書》曰："以相陵懱。" 莫結切。
愚 yú	愚 （簡帛）戇也。从心从禺。禺，猴屬，獸之愚者。 麌俱切。
戇 zhuàng	戇	愚也。从心贛聲。 陟絳切。
悜 cǎi	悜	姦也。从心采聲。 倉宰切。

| 憃 chōng | 憃 | 愚也。从心舂聲。 丑江切。
| 懝 ài | 懝 | 騃也。从心从疑，疑亦聲。一曰惶也。 五溉切。
| 忮 zhì | 忮 | 很也。从心支聲。 之義切。
| 悍 hàn | 悍（漢印） | 勇也。从心旱聲。 侯旰切。
| 態 tài | 態 | 意也。从心从能。徐鍇曰："心能其事，然後有態度也。" 他代切。 態，或从人。
| 怪 guài | 怪（石刻） | 異也。从心圣聲。 古壞切。
| 像 dàng | 像 | 放也。从心象聲。 徒朗切。
| 慢 màn | 慢 | 惰也。从心曼聲。一曰慢，不畏也。 謀晏切。
| 怠 dài | 怠（簡帛 古璽） | 慢也。从心台聲。 徒亥切。
| 懈 xiè | 懈 | 怠也。从心解聲。 古隘切。
| 惰 duò | 惰（簡帛） | 不敬也。从心，𡐦省。《春秋傳》曰："執玉惰。" 徒果切。憜，惰或省𨸏。 憜，古文。
| 愯 sǒng | 愯 | 驚也。从心從聲。讀若悚。 息拱切。
| 怫 fú | 怫 | 鬱也。从心弗聲。 符弗切。
| 忿 xiè | 忿 | 忽也。从心介聲。《孟子》曰："孝子之心不若是忿。" 呼介切。
| 忽 hū | 忽 | 忘也。从心勿聲。 呼骨切。
| 忘 wàng | 忘（金文 簡帛 石刻） | 不識也。从心从亡，亡亦聲。 武方切。
| 㦖 mán | 㦖 | 忘也。㦖兜也。从心㒼聲。 母官切。
| 恣 zì | 恣 | 縱也。从心次聲。 資四切。
| 愓 dàng | 愓 | 放也。从心昜聲。一曰平也。 徒朗切。
| 憧 chōng | 憧（簡帛） | 意不定也。从心童聲。 尺容切。
| 悝 kuī | 悝（漢印） | 啁也。从心里聲。《春秋傳》有孔悝。一曰病也。 苦回切。
| 憰 jué | 憰 | 權詐也。从心矞聲。 古穴切。
| 恇 guàng | 恇 | 誤也。从心狂聲。 居況切。
| 怳 huǎng | 怳 | 狂之皃。从心，況省聲。 許往切。
| 恑 guǐ | 恑 | 變也。从心危聲。 過委切。
| 㒯 xié | 㒯 | 有二心也。从心巂聲。 戶圭切。
| 悸 jì | 悸（簡帛） | 心動也。从心季聲。 其季切。
| 憿 jiāo | 憿 | 幸也。从心敫聲。 古堯切。
| 憰 kuò | 憰 | 善自用之意也。从心銛聲。《商書》曰："今汝憰憰。" 古活切。 憰，古文从耳。

忨 wán	（金文 簡帛）貪也。从心元聲。《春秋傳》曰："忨歲而濈日。" 五換切。		
惏 lán	河內之北謂貪曰惏。从心林聲。 盧含切。		
懜 mèng	不明也。从心夢聲。 武亘切。		
愆 qiān	（金文）過也。从心衍聲。 去虔切。 或从寒省。 籀文。		
慊 xián	（石刻）疑也。从心兼聲。 戶兼切。		
惑 huò	（簡帛）亂也。从心或聲。 胡國切。		
怋 mín	怓也。从心民聲。 呼昆切。		
怓 náo	亂也。从心奴聲。《詩》曰："以謹惽怓。" 女交切。		
惷 chǔn	（金文）亂也。从心春聲。《春秋傳》曰："王室日惷惷焉。" 一曰厚也。 尺允切。		
惛 hūn	（簡帛）不憭也。从心昏聲。 呼昆切。		
忥 xì	癡皃。从心气聲。 許既切。		
懬 wèi	㾮言不慧也。从心衛聲。 于歲切。		
憒 kuì	亂也。从心貴聲。 胡對切。		
忌 jì	（金文 簡帛 古璽）憎惡也。从心己聲。 渠記切。		
忿 fèn	（簡帛 石刻）悁也。从心分聲。 敷粉切。		
悁 yuān	（簡帛 古陶）忿也。从心肙聲。一曰憂也。 於緣切。 籀文。		
憗 lí	恨也。从心劦聲。一曰怠也。 郎尸切。		
恚 huì	恨也。从心圭聲。 於避切。		
怨 yuàn	（石刻）恚也。从心夗聲。 於願切。 古文。		
怒 nù	（簡帛 石刻）恚也。从心奴聲。 乃故切。		
憝 duì	怨也。从心敦聲。《周書》曰："凡民罔不憝。" 徒對切。		
慍 yùn	（簡帛）怒也。从心𥁕聲。 於問切。		
惡 è	（簡帛 石刻）過也。从心亞聲。 烏各切。		
憎 zēng	（簡帛）惡也。从心曾聲。 作滕切。		
怖 pèi	恨怒也。从心市聲。《詩》曰："視我怖怖。" 蒲昧切。		
忍 yì	怒也。从心刀聲。讀若顡。李陽冰曰："刀非聲，當从刈省。" 魚既切。		
㥊 xié	怨恨也。从心彖聲。讀若膝。臣鉉等曰：彖非聲，未詳。 戶佳切。		
恨 hèn	（石刻）怨也。从心艮聲。 胡艮切。		
懟 duì	怨也。从心對聲。 丈淚切。		
悔 huǐ	（簡帛 玉盟書）悔恨也。从心每聲。 荒內切。		

恀 chì	恀	（⬚簡帛）小怒也。从心壹聲。	充世切。
怏 yàng	怏	不服，懟也。从心央聲。	於亮切。
懣 mèn	懣	煩也。从心从滿。	莫困切。
憤 fèn	憤	（⬚石刻）懣也。从心賁聲。	房吻切。
悶 mèn	悶	（⬚簡帛⬚石刻）懣也。从心門聲。	莫困切。
惆 chóu	惆	失意也。从心周聲。	敕鳩切。
悵 chàng	悵	望恨也。从心長聲。	丑亮切。
愾 xì	愾	大息也。从心从氣，氣亦聲。《詩》曰："愾我寤歎。"	許既切。
懆 cǎo	懆	愁不安也。从心喿聲。《詩》曰："念子懆懆。"	七早切。
愴 chuàng	愴	（⬚⬚簡帛）傷也。从心倉聲。	初亮切。
怛 dá	怛	憯也。从心旦聲。得案切。又，當割切。悬，或从心在旦下。《詩》曰："信誓悬悬。"
憯 cǎn	憯	痛也。从心朁聲。	七感切。
慘 cǎn	慘	毒也。从心參聲。	七感切。
悽 qī	悽	痛也。从心妻聲。	七稽切。
恫 tōng	恫	痛也。一曰呻吟也。从心同聲。	他紅切。
悲 bēi	悲	（⬚⬚⬚簡帛⬚古璽⬚石刻）痛也。从心非聲。	府眉切。
惻 cè	惻	（⬚⬚⬚⬚簡帛）痛也。从心則聲。	初力切。
惜 xī	惜	痛也。从心昔聲。	思積切。
愍 mǐn	愍	（⬚石刻）痛也。从心敃聲。	眉殞切。
慇 yīn	慇	痛也。从心殷聲。	於巾切。
㤤 yī	㤤	痛聲也。从心依聲。《孝經》曰："哭不㤤。"	於豈切。
簡 jiǎn	簡	簡存也。从心，簡省聲。讀若簡。	古限切。
慅 sāo	慅	動也。从心蚤聲。一曰起也。	穌遭切。
感 gǎn	感	（⬚古陶⬚⬚⬚石刻）動人心也。从心咸聲。	古禫切。
忧 yòu	忧	不動也。从心尤聲。讀若祐。	于救切。
慦 qiú	慦	怨仇也。从心咎聲。	其久切。
惲 yún	惲	憂皃。从心員聲。	王分切。
㤆 yōu	㤆	憂皃。从心幼聲。	於虯切。
忦 jiá	忦	憂也。从心介聲。	五介切。
恙 yàng	恙	（⬚簡帛）憂也。从心羊聲。	余亮切。

惴 zhuì　（石刻）憂懼也。从心耑聲。《詩》曰："惴惴其慄。" 之瑞切。

煢 qióng　憂也。从心勻聲。 常倫切。

怲 bǐng　（簡帛）憂也。从心丙聲。《詩》曰："憂心怲怲。" 兵永切。

惔 tán　憂也。从心炎聲。《詩》曰："憂心如惔。" 徒甘切。

惙 chuò　（簡帛）憂也。从心叕聲。《詩》曰："憂心惙惙。"一曰意不定也。 陟劣切。

傷 shāng　憂也。从心，殤省聲。 式亮切。

愁 chóu　（石刻）憂也。从心秋聲。 士尤切。

惄 nì　憂皃。从心弱聲。讀與怒同。 奴歷切。

愨 kǎn　憂困也。从心臽聲。 苦感切。

悠 yōu　憂也。从心攸聲。 以周切。

悴 cuì　憂也。从心卒聲。讀與《易》萃卦同。 秦醉切。

悃 hùn　憂也。从心圂聲。一曰擾也。 胡困切。

慐 lí　楚潁之間謂憂曰慐。从心杢聲。 力至切。

忬 xū　憂也。从心于聲。讀若吁。 況于切。

忡 chōng　憂也。从心中聲。《詩》曰："憂心忡忡。" 敕中切。

悄 qiǎo　憂也。从心肖聲。《詩》曰："憂心悄悄。" 親小切。

慽 qī　憂也。从心戚聲。 倉歷切。

惪 yōu　（簡帛）愁也。从心从頁。徐鍇曰："惪形於顏面，故从頁。" 於求切。

患 huàn　（簡帛）憂也。从心上貫吅，吅亦聲。 胡卝切。㥁，古文从關省。𢝊，亦古文患。

恇 kuāng　怯也。从心、匡，匡亦聲。 去王切。

愜 qiè　思兒。从心夾聲。 苦叶切。

懾 shè　失气也。从心聶聲。一曰服也。 之涉切。

憚 dàn　（金文）忌難也。从心單聲。一曰難也。 徒案切。

悼 dào　（石刻）懼也。陳楚謂懼曰悼。从心卓聲。臣鉉等曰：卓非聲，當从罩省。 徒到切。

恐 kǒng　（簡帛 石刻）懼也。从心巩聲。 丘隴切。㤟，古文。

慴 zhé　懼也。从心習聲。讀若疊。 之涉切。

怵 chù　恐也。从心朮聲。 丑律切。

惕 tì　（金文 玉盟書 簡帛）敬也。从心易聲。 他歷切。悐，或从狄。

恐 gǒng　戰慄也。从心共聲。 戶工切。又，工恐切。

恘 hài		苦也。从心亥聲。 胡槩切。	
惶 huáng		恐也。从心皇聲。 胡光切。	
怖 bù		惶也。从心甫聲。 普故切。或从布聲。	
慹 zhí		怖也。从心執聲。 之入切。	
憩 qì		怖（按：怖當作悑）也。从心毄聲。 苦計切。	
憊 bèi		憩也。从心蒲聲。 蒲拜切。或从疒。	
惎 jì		（簡帛）毒也。从心其聲。《周書》曰："來就惎惎。" 渠記切。	
恥 chǐ		（簡帛）辱也。从心耳聲。 敕里切。	
悿 tiǎn		青徐謂慙曰悿。从心典聲。 他典切。	
忝 tiǎn		（石刻）辱也。从心天聲。 他點切。	
慙 cán		媿也。从心斬聲。 昨甘切。	
恧 nǜ		（簡帛）慙也。从心而聲。 女六切。	
怍 zuò		（金文）慙也。从心，作省聲。 在各切。	
憐 lián		（簡帛 石鼓）哀也。从心㷠聲。 落賢切。	
㥮 lián		泣下也。从心連聲。《易》曰："泣涕㥮如。" 力延切。	
忍 rěn		（簡帛）能也。从心刃聲。 而軫切。	
㦖 mǐ		厲也。一曰止也。从心弭聲。讀若沔。 弥兗切。	
忿 yì		懲也。从心乂聲。 魚肺切。	
懲 chéng		忿也。从心徵聲。 直陵切。	
憬 jǐng		覺寤也。从心景聲。《詩》曰："憬彼淮夷。" 俱永切。	

文二百六十三　重二十二

慵 yōng		嬾也。从心庸聲。 蜀容切。	
悱 fěi		口悱悱也。从心非聲。 敷尾切。	
怩 ní		忸怩，慙也。从心尼聲。 女夷切。	
憺 zhān		憺懘，煩聲也。从心沾聲。 尺詹切。	
懘 chì		憺懘也。从心滯聲。 尺制切。	
懇 kěn		（漢印）悃也。从心貇聲。 康很切。	
忖 cǔn		度也。从心寸聲。 倉本切。	
怊 chāo		悲也。从心召聲。 敕宵切。	

恸 tòng　㤀　大哭也。从心動聲。 徒弄切。

惹 rě　惹　亂也。从心若聲。 人者切。

恰 qià　恰　用心也。从心合聲。 苦狹切。

悌 tì　悌　善兄弟也。从心弟聲。經典通用弟。 特計切。

懌 yì　懌（●●■簡帛） 說也。从心睪聲。經典通用釋。 羊益切。

文十三新附

惢 部

惢 suǒ　惢　心疑也。从三心。凡惢之屬皆从惢。讀若《易》"旅琐琐"。 又，才規、才累二切。

蕊 ruǐ　蕊　垂也。从惢糸聲。 如壘切。

文二

説文解字弟十一

二十一部　六百八十五文　重六十二

凡九千七百六十九字

文三十一新附

水　部

水 shuǐ　（甲骨 金文 簡帛 古璽 石刻）準也。北方之行。象眾水並流，中有微陽之气也。凡水之屬皆从水。　式軌切。

汃 bīn　西極之水也。从水八聲。《爾雅》曰："西至汃國，謂四極。"　府巾切。

河 hé　（金文 簡帛 古璽 古陶 漢印 石刻）水。出焞煌塞外昆侖山，發原注海。从水可聲。　乎哥切。

泑 yōu　澤。在昆侖下。从水幼聲。讀與黝同。　於糾切。

涷 dōng　（漢印）水。出發鳩山，入於河。从水東聲。　德紅切。

涪 fú　（漢印）水。出廣漢剛邑道徼外，南入漢。从水音聲。　縛牟切。

潼 tóng　水。出廣漢梓潼北界，南入墊江。从水童聲。　徒紅切。

江 jiāng　（金文 簡帛 古陶 漢印 石刻）水。出蜀湔氐徼外崏山，入海。从水工聲。　古雙切。

沱 tuó　（金文 簡帛 古璽）江別流也。出崏山，東別爲沱。从水它聲。臣鉉等曰：沱沼之沱，通用此字。今別作池，非是。　徒何切。

浙 zhè　江。水東至會稽山陰爲浙江。从水折聲。　旨熱切。

涐 é　水。出蜀汶江徼外，東南入江。从水我聲。　五何切。

湔 jiān　水。出蜀郡緜虒玉壘山，東南入江。从水前聲。一曰手瀚之。　子仙切。

沫 mò　（簡帛）水。出蜀西徼外，東南入江。从水末聲。　莫割切。

溫 wēn　（漢印 石刻）水。出犍爲涪，南入黔水。从水㬈聲。　烏魂切。

灊 qián　（漢印）水。出巴郡宕渠，西南入江。从水鬵聲。　昨鹽切。

沮 jū　（漢印 石刻）水。出漢中房陵，東入江。从水且聲。　子余切。

| 滇 diān | （漢印）益州池名。从水眞聲。都年切。

| 涂 tú | （甲骨 簡帛 古幣 漢印）水。出益州牧靡南山，西北入澠。从水余聲。同都切。

| 沅 yuán | 水。出牂牁故且蘭，東北入江。从水元聲。愚袁切。

| 淹 yān | 水。出越巂徼外，東入若水。从水奄聲。英廉切。

| 溺 ruò | （簡帛）水。自張掖刪丹，西至酒泉合黎，餘波入于流沙。从水弱聲。桑欽所說。而灼切。

| 洮 táo | （石刻）水。出隴西臨洮，東北入河。从水兆聲。土刀切。

| 涇 jīng | （金文 簡帛 石刻）水。出安定涇陽开頭山，東南入渭。雝州之川也。从水巠聲。古靈切。

| 渭 wèi | （簡帛 漢印）水。出隴西首陽渭首亭南谷，東入河。从水胃聲。杜林說。《夏書》以爲出鳥鼠山。雝州浸也。云貴切。

| 漾 yàng | （金文 簡帛）水。出隴西相道，東至武都爲漢。从水羕聲。余亮切。漾，古文从養。

| 漢 hàn | （金文 古陶 漢印 石刻）漾也。東爲滄浪水。从水，難省聲。臣鉉等曰：从難省，當作堇。而前作相承去土从大，疑兼从古文省。呼旰切。 ，古文。

| 浪 làng | （漢印）滄浪水也。南入江。从水良聲。來宕切。

| 沔 miǎn | （石鼓 石刻）水。出武都沮縣東狼谷，東南入江。或曰入夏水。从水丏聲。彌兗切。

| 湟 huáng | 水。出金城臨羌塞外，東入河。从水皇聲。乎光切。

| 汧 qiān | （石鼓）水。出扶風汧縣西北，入渭。从水开聲。苦堅切。

| 澇 láo | （簡帛）水。出扶風鄠，北入渭。从水勞聲。魯刀切。

| 漆 qī | （金文 漢印 石刻）水。出右扶風杜陵岐山，東入渭。一曰入洛。从水桼聲。親吉切。

| 滻 chǎn | （石刻）水。出京兆藍田谷，入霸。从水產聲。所簡切。

| 洛 luò | （甲骨 金文 簡帛 石刻）水。出左馮翊歸德北夷界中，東南入渭。从水各聲。盧各切。

| 淯 yù | 水。出弘農盧氏山，東南入海。从水育聲。或曰出酈山西。余六切。

| 汝 rǔ | （甲骨 石刻）水。出弘農盧氏還歸山，東入淮。从水女聲。人渚切。

| 潩 yì | 水。出河南密縣大隗山，南入潁。从水異聲。与職切。

| 汾 fén | （石刻）水。出太原晉陽山，西南入河。从水分聲。或曰出汾陽北山，冀州浸。符分切。

| 澮 guì | 水。出靃山，西南入汾。从水會聲。古外切。

| 沁 qìn | (甲骨 簡帛) 水。出上黨羊頭山，東南入河。从水心聲。 七鴆切。
| 沾 zhān | 水。出壺關，東入淇。一曰沾，益也。从水占聲。臣鉉等曰：今別作添，非是。 他兼切。
| 潞 lù | (石刻) 冀州浸也。上黨有潞縣。从水路聲。 洛故切。
| 漳 zhāng | 濁漳，出上黨長子鹿谷山，東入清漳。清漳，出沾山大要谷，北入河。南漳，出南郡臨沮。从水章聲。 諸良切。
| 淇 qí | (石刻) 水。出河內共北山，東入河。或曰出隆慮西山。从水其聲。 渠之切。
| 蕩 dàng | (石刻) 水。出河內蕩陰，東入黃澤。从水募聲。 徒朗切。
| 沇 yǎn | 水。出河東東垣王屋山，東爲泲。从水允聲。 以轉切。 ，古文沇。臣鉉等曰：口部已有，此重出。
| 泲 jǐ | 沇也。東入于海。从水㐀聲。 子礼切。
| 洈 wéi | 水。出南郡高城洈山，東入繇。从水危聲。 過委切。
| 溠 zhā | 水。在漢南。从水差聲。荊州浸也。《春秋傳》曰："脩涂梁溠。" 側駕切。
| 洭 kuāng | 水。出桂陽縣盧聚，山洭浦關爲桂水。从水匡聲。 去王切。
| 潓 huì | 水。出廬江，入淮。从水惠聲。 胡計切。
| 灌 guàn | (漢印) 水。出廬江雩婁，北入淮。从水雚聲。 古玩切。
| 漸 jiàn | (簡帛) 水。出丹陽黟南蠻中，東入海。从水斬聲。 慈冉切。
| 泠 líng | (漢印) (石刻) 水。出丹陽宛陵，西北入江。从水令聲。 郎丁切。
| 溠 pài | 水。在丹陽。从水𥁕聲。 匹卦切。
| 溧 lì | 水。出丹陽溧陽縣。从水㮚聲。 力質切。
| 湘 xiāng | (簡帛) (漢印) (石刻) 水。出零陵陽海山，北入江。从水相聲。 息良切。
| 汨 mì | 長沙汨羅淵，屈原所沈之水。从水，冥省聲。 莫狄切。
| 溱 zhēn | 水。出桂陽臨武，入匯。从水秦聲。 側詵切。
| 深 shēn | (簡帛 漢印 石刻) 水。出桂陽南平，西入營道。从水罙聲。 式針切。
| 潭 tán | (石刻) 水。出武陵鐔成玉山，東入鬱林。从水覃聲。 徒含切。
| 油 yóu | 水。出武陵孱陵西，東南入江。从水由聲。 以周切。
| 澬 mì | 水。出豫章艾縣，西入湘。从水買聲。 莫蟹切。
| 湞 zhēn | 水。出南海龍川，西入溱。从水貞聲。 陟盈切。
| 溜 liù | (石刻) 水。出鬱林郡。从水畱聲。 力救切。
| 瀷 yì | 水。出河南密縣，東入潁。从水翼聲。 與職切。

潕 wǔ	潕	水。出南陽舞陽，東入潁。从水無聲。 文甫切。
潡 áo	潡	水。出南陽魯陽，入城父。从水敖聲。 五勞切。
瀙 qìn	瀙	水。出南陽舞陽中陽山，入潁。从水親聲。 七吝切。
淮 huái	淮（甲骨 金文 簡帛 古陶 石刻）	水。出南陽平氏桐柏大復山，東南入海。从水隹聲。 戶乖切。
滍 zhì	滍	水。出南陽魯陽堯山，東北入汝。从水蚩聲。 直几切。
澧 lǐ	澧	水。出南陽雉衡山，東入汝。从水豊聲。 盧啓切。
涓 yún	涓	水。出南陽蔡陽，東入夏水。从水員聲。 王分切。
浿 pèi	浿	水。出汝南弋陽垂山，東入淮。从水貝聲。 匹備切。又，匹制切。
澺 yì	澺	水。出汝南上蔡黑閭澗，入汝。从水意聲。 於力切。
洶 xì	洶	水。出汝南新郪，入潁。从水囟聲。 穌計切。
灈 qú	灈	水。出汝南吳房，入瀙。从水瞿聲。 其俱切。
潁 yǐng	潁（石刻）	水。出潁川陽城乾山，東入淮。从水頃聲。豫州浸。 余頃切。
洧 wěi	洧	水。出潁川陽城山，東南入潁。从水有聲。 榮美切。
濦 yīn	濦	水。出潁川陽城少室山，東入潁。从水㥯聲。 於謹切。
濄 guō	濄	水。受淮陽扶溝浪湯渠，東入淮。从水過聲。 古禾切。
泄 yì	泄	水。受九江博安洵波，北入氐。从水世聲。 余制切。
汳 biàn	汳	水。受陳留浚儀陰溝，至蒙爲雝水，東入于泗。从水反聲。臣鉉等曰：今作汴，非是。 皮變切。
潧 zhēn	潧	水。出鄭國。从水曾聲。《詩》曰："潧與洧，方渙渙兮。" 側詵切。
淩 líng	淩（漢印）	水。在臨淮。从水夌聲。 力膺切。
濮 pú	濮（古璽 石刻）	水。出東郡濮陽，南入鉅野。从水僕聲。 博木切。
濼 luò	濼（甲骨 金文）	齊魯閒水也。从水樂聲。《春秋傳》曰："公會齊侯于濼。" 盧谷切。
漷 kuò	漷	水。在魯。从水郭聲。 苦郭切。
淨 chéng	淨（石刻）	魯北城門池也。从水爭聲。 士耕切。又，才性切。
濕 tà	濕（漢印）	水。出東郡東武陽，入海。从水㬎聲。桑欽云：出平原高唐。 他合切。
泡 pāo	泡	水。出山陽平樂，東北入泗。从水包聲。 匹交切。
菏 gē	菏	菏澤水。在山陽胡陵。《禹貢》："浮于淮泗，達于菏。"从水苛聲。 古俄切。
泗 sì	泗（簡帛）	受泲水，東入淮。从水四聲。 息利切。

| 洹 huán | （甲骨 金文）水。在齊魯閒。从水亘聲。 羽元切。
| 灉 yōng | 河灉水。在宋。从水雝聲。 於容切。
| 澶 chán | 澶淵水。在宋。从水亶聲。 市連切。
| 洙 shū | 水。出泰山蓋臨樂山，北入泗。从水朱聲。 市朱切。
| 沭 shù | 水。出青州浸。从水朮聲。 食聿切。
| 沂 yí | 水。出東海費東，西入泗。从水斤聲。一曰沂水，出泰山蓋，青州浸。 魚衣切。
| 洋 xiáng | （石刻）水。出齊臨朐高山，東北入鉅定。从水羊聲。 似羊切。
| 濁 zhuó | （金文 簡帛 漢印）水。出齊郡厲嬀山，東北入鉅定。从水蜀聲。 直角切。
| 溉 gài | 水。出東海桑瀆覆甑山，東北入海。一曰灌注也。从水既聲。 古代切。
| 濰 wéi | 水。出琅邪箕屋山，東入海。徐州浸。《夏書》曰："濰、淄其道。"从水維聲。 以追切。
| 浯 wú | 水。出琅邪靈門壼山，東北入濰。从水吾聲。 五乎切。
| 汶 wèn | （漢印）水。出琅邪朱虛東泰山，東入濰。从水文聲。桑欽說：汶水出泰山萊蕪，西南入泲。 亡運切。
| 治 chí | （古璽 石刻）水。出東萊曲城陽丘山，南入海。从水台聲。 直之切。
| 浸 jìn | （簡帛 漢印）水。出魏郡武安，東北入呼沱水。从水𡩡聲。𡩡，籒文寑字。 子鴆切。
| 漹 yú | （甲骨 金文）水。出趙國襄國之西山，東北入浸。从水禹聲。 噳俱切。
| 漇 sī | 水。出趙國襄國，東入漹。从水虒聲。 息移切。
| 渚 zhǔ | （簡帛 漢印）水。在常山中丘逢山，東入漹。从水者聲。《爾雅》曰："小洲曰渚。" 章與切。
| 洨 xiáo | （簡帛）水。出常山石邑井陘，東南入于泜。从水交聲。沛國有洨縣。 下交反。
| 濟 jǐ | （金文 漢印 石刻）水。出常山房子贊皇山，東入泜。从水齊聲。 子礼切。
| 泜 chí | 水。在常山。从水氐聲。 直尼切。
| 濡 rú | 水。出涿郡故安，東入漆涑。从水需聲。 人朱切。
| 灅 lěi | 水。出右北平浚靡，東南入庚。从水壘聲。 力軌切。
| 沽 gū | （簡帛 古璽）水。出漁陽塞外，東入海。从水古聲。 古胡切。

| 沛 pèi | 沛（沛 沛漢印 沛 沛石刻）水。出遼東番汗塞外，西南入海。從水巿聲。 普蓋切。
| 浿 pèi | 浿 水。出樂浪鏤方，東入海。從水貝聲。一曰出浿水縣。 普拜切。
| 瀤 huái | 瀤 北方水也。從水褱聲。 戶乖切。
| 灅 lěi | 灅 水。出鴈門陰館累頭山，東入海。或曰治水也。從水壘聲。 力追切。
| 濾 jū | 濾 水。出北地直路西，東入洛。從水盧聲。 側加切。
| 沽 gū | 沽 水。起鴈門葰人戍夫山，東北入海。從水瓜聲。 古胡切。
| 滱 kòu | 滱 水。起北地靈丘，東入河。從水寇聲。滱水即漚夷水，并州川也。 苦候切。
| 淶 lái | 淶 水。起北地廣昌，東入河。從水來聲。并州浸。 洛哀切。
| 泥 ní | 泥 水。出北地郁郅北蠻中。從水尼聲。 奴低切。
| 湳 nǎn | 湳 西河美稷保東北水。從水南聲。 乃感切。
| 漹 yān | 漹（漹古陶）水。出西河中陽北沙，南入河。從水焉聲。 乙乾切。
| 涶 tuō | 涶 河津也。在西河西。從水巠聲。 土禾切。
| 灉 yú | 灉 水也。從水旟聲。 以諸切。
| 洵 xún | 洵 過水中也。從水旬聲。 相倫切。
| 涻 shè | 涻 水。出北嚻山，入邙澤。從水舍聲。 始夜切。
| 沰 niàn | 沰 水也。從水刃聲。 乃見切。
| 淔 chì | 淔 水也。從水直聲。 恥力切。
| 浹 qiè | 浹 水也。從水妾聲。 七接切。
| 涺 jū | 涺 水也。從水居聲。 九魚切。
| 濝 jì | 濝 水也。從水綦聲。 其冀切。
| 沈 yóu | 沈 水也。從水尤聲。 羽求切。
| 洇 yīn | 洇 水也。從水因聲。 於眞切。
| 淉 guǒ | 淉 水也。從水果聲。 古火切。
| 濆 suǒ | 濆 水也。從水貟聲。讀若瑣。 穌果切。
| 泷 máng | 泷 水也。從水尨聲。 莫江切。
| 渪 nǒu | 渪 水也。從水乳聲。 乃后切。
| 汷 zhōng | 汷 水也。從水夂聲。夂，古文終。 職戎切。
| 洦 pò | 洦 淺水也。從水百聲。 匹白切。
| 汘 qiān | 汘 水也。從水千聲。 倉先切。
| 汜 sì | 汜（汜簡帛）水也。從水巳聲。《詩》曰："江有汜。" 詳里切。

| 澥 xiè | 澥 | 郭澥，海之別也。从水解聲。一說澥即澥谷也。 胡買切。
| 漠 mò | （石刻）北方流沙也。一曰清也。从水莫聲。 慕各切。
| 海 hǎi | （金文 簡帛 漢印 石刻）天池也。以納百川者。从水每聲。 呼改切。
| 溥 pǔ | （石刻）大也。从水尃聲。 滂古切。
| 澳 ǎn | 水大至也。从水闇聲。 乙感切。
| 洪 hóng | （石刻）洚水也。从水共聲。 戶工切。
| 洚 jiàng | （甲骨 古幣）水不遵道。一曰下也。从水夅聲。 戶工切。又，下江切。
| 衍 yǎn | （金文 古璽 漢印）水朝宗于海也。从水从行。 以淺切。
| 淖 cháo | （古陶）水朝宗于海。从水，朝省。臣鉉等曰：隸書不省。 直遙切。
| 濥 yǐn | 水脈行地中濥濥也。从水寅聲。 弋刃切。
| 滔 tāo | （古璽 石鼓）水漫漫大皃。从水舀聲。 土刀切。
| 涓 juān | 小流也。从水肙聲。《爾雅》曰："汝爲涓。" 古玄切。
| 混 hùn | （石刻）豐流也。从水昆聲。 胡本切。
| 潒 dàng | 水潒瀁也。从水象聲。讀若蕩。 徒朗切。
| 漦 chí | 順流也。一曰水名。从水斄聲。 俟甾切。
| 汭 ruì | 水相入也。从水从內，內亦聲。 而銳切。
| 潚 sù | （漢印）深清也。从水肅聲。 子叔切。
| 演 yǎn | 長流也。一曰水名。从水寅聲。 以淺切。
| 渙 huàn | 流散也。从水奐聲。 呼貫切。
| 泌 bì | 俠流也。从水必聲。 兵媚切。
| 活 guō | 水流聲。从水昏聲。 古活切。 𣴬，活或从括。
| 湝 jiē | （簡帛 石刻）水流湝湝也。从水皆聲。一曰湝湝，寒也。《詩》曰："風雨湝湝。" 古諧切。
| 泫 xuàn | 湝流也。从水玄聲。上黨有泫氏縣。 胡畎切。
| 淲 biāo | （金文 簡帛）水流皃。从水，彪省聲。《詩》曰："淲沱北流。" 皮彪切。
| 淢 yù | （金文）疾流也。从水或聲。 于逼切。
| 瀏 liú | 流清皃。从水劉聲。《詩》曰："瀏其清矣。" 力久切。
| 瀎 huò | 礙流也。从水蔑聲。《詩》云："施罟瀎瀎。" 呼括切。
| 滂 pāng | （石鼓）沛也。从水旁聲。臣鉉等曰：今俗別作霶霈，非是。 普郎切。

汪 wāng	洭（㽞古璽）	深廣也。从水㞷聲。一曰汪，池也。 烏光切。
漻 liáo	漻	清深也。从水翏聲。 洛蕭切。
泚 cǐ	泚（泚石刻）	清也。从水此聲。 千禮切。
況 kuàng	況（況漢印 況石刻）	寒水也。从水兄聲。 許訪切。
沖 chōng	沖（沖甲骨 沖古璽 沖石刻）	涌搖也。从水、中。讀若動。 直弓切。
汎 fàn	汎	浮皃。从水凡聲。 孚梵切。
沄 yún	沄（沄 沄 沄 沄古璽）	轉流也。从水云聲。讀若混。 王分切。
浩 hào	浩（浩簡帛 浩古璽 浩石刻）	澆也。从水告聲。《虞書》曰："洪水浩浩。" 胡老切。
沆 hàng	沆	莽沆，大水也。从水亢聲。一曰大澤皃。 胡朗切。
汎 jué	汎	水从孔穴疾出也。从水从穴，穴亦聲。 呼穴切。
渒 pì	渒（甲骨）	水暴至聲。从水鼻聲。 匹備切。
潐 zhuó	潐（甲骨）	水小聲。从水爵聲。 士角切。
潝 xī	潝	水疾聲。从水翕聲。 許及切。
滕 téng	滕（滕 滕 滕 滕 滕金文 滕漢印）	水超涌也。从水朕聲。 徒登切。
潏 jué	潏	涌出也。一曰水中坁，人所爲，爲潏。一曰潏，水名，在京兆杜陵。从水矞聲。 古穴切。
洸 guāng	洸	水涌光也。从水从光，光亦聲。《詩》曰："有洸有潰。" 古黃切。
波 bō	波（波 波簡帛 波古璽 波漢印 波石刻）	水涌流也。从水皮聲。 博禾切。
澐 yún	澐	江水大波謂之澐。从水雲聲。 王分切。
瀾 lán	瀾	大波爲瀾。从水闌聲。 洛干切。漣，瀾或从連。臣鉉等曰：今俗音力延切。
淪 lún	淪（金文）	小波爲淪。从水侖聲。《詩》曰："河水清且淪漪。"一曰没也。 力迍切。
漂 piāo	漂	浮也。从水票聲。 匹消切。又，匹妙切。
浮 fú	浮（浮 浮 浮 浮石刻）	氾（按：氾當作汎）也。从水孚聲。 縛牟切。
濫 làn	濫（簡帛）	氾也。从水監聲。一曰濡上及下也。《詩》曰："觱沸濫泉。"一曰清也。 盧瞰切。
氾 fàn	氾（氾 氾 氾漢印）	濫也。从水巳聲。 孚梵切。
泓 hóng	泓（泓漢印 泓石刻）	下深皃。从水弘聲。 烏宏切。
潿 wéi	潿	回也。从水韋聲。 羽非切。
測 cè	測（石刻）	深所至也。从水則聲。 初側切。
湍 tuān	湍（簡帛）	疾瀨也。从水耑聲。 他耑切。
淙 cóng	淙	水聲也。从水宗聲。 藏宗切。

| 激 jī | 水礙衺疾波也。从水敫聲。一曰半遮也。 古歷切。
| 洞 dòng | （石刻）疾流也。从水同聲。 徒弄切。
| 瀊 fān | 大波也。从水𩇯聲。 孚袁切。
| 洶 xiōng | （漢印）涌也。从水匈聲。 許拱切。
| 涌 yǒng | 滕也。从水甬聲。一曰涌水，在楚國。 余隴切。
| 湁 chì | 湁湒，鬵也。从水拾聲。 丑入切。
| 浭 kōng | 直流也。从水空聲。 苦江切。又，哭工切。
| 汋 zhuó | （金文）激水聲也。从水勺聲。井一有水一無水，謂之瀱汋。 市若切。
| 瀱 jì | 井一有水一無水，謂之瀱汋。从水罽聲。 居例切。
| 渾 hún | 混流聲也。从水軍聲。一曰洿下皃。 戶昆切。
| 洌 liè | 水清也。从水列聲。《易》曰："井洌寒泉，食。" 良辥切。
| 淑 shū | （石刻）清湛也。从水叔聲。 殊六切。
| 溶 yǒng | 水盛也。从水容聲。 余隴切。又音容。
| 澂 chéng | 清也。从水，徵省聲。臣鉉等曰：今俗作澄，非是。 直陵切。
| 清 qīng | （簡帛 古璽 石刻）朖也。澂水之皃。从水青聲。 七情切。
| 湜 shí | 水清底見也。从水是聲。《詩》曰："湜湜其止。" 常職切。
| 潣 mǐn | 水流浼浼皃。从水閔聲。 眉殞切。
| 滲 shèn | 下漉也。从水參聲。 所禁切。
| 灈 wéi | 不流濁也。从水圍聲。 羽非切。
| 溷 hùn | 亂也。一曰水濁皃。从水圂聲。 胡困切。
| 淈 gǔ | 濁也。从水屈聲。一曰滒泥。一曰水出皃。 古忽切。
| 淀 xuán | 回泉也。从水，旋省聲。 似沿切。
| 漼 cuǐ | 深也。从水崔聲。《詩》曰："有漼者淵。" 七罪切。
| 淵 yuān | （金文 簡帛 石鼓 漢印 石刻）回水也。从水，象形。左右，岸也。中象水皃。 烏玄切。𣶒，淵或省水。囦，古文从口、水。
| 瀰 mǐ | 滿也。从水爾聲。 奴礼切。
| 澹 dàn | 水搖也。从水詹聲。 徒濫切。
| 潯 xún | 旁深也。从水尋聲。 徐林切。
| 泙 píng | 谷也。从水平聲。 符兵切。

字	拼音	篆文	解說
泏	zhú		水皃。从水出聲。讀若窋。 竹律切。又，口兀切。
瀳	jiàn		水至也。从水薦聲。讀若尊。 又，在甸切。
渣	zhí		土得水沮也。从水矞聲。讀若麵。 竹隻切。
滿	mǎn	（古陶 漢印 石刻）盈溢也。从水㒼聲。 莫旱切。
滑	huá	（漢印 刻石）利也。从水骨聲。 戶八切。
濇	sè		不滑也。从水嗇聲。 色立切。
澤	zé	（簡帛 古璽 漢印 石刻）光潤也。从水睪聲。 丈伯切。
淫	yín	（簡帛 漢印 石刻）侵淫隨理也。从水㸒聲。一曰久雨爲淫。 余箴切。
瀸	jiān		漬也。从水韱聲。《爾雅》曰："泉一見一否爲瀸。" 子廉切。
泆	yì		水所蕩泆也。从水失聲。 夷質切。
潰	kuì		漏也。从水貴聲。 胡對切。
沴	lì		水不利也。从水㐱聲。《五行傳》曰："若其沴作。" 郎計切。
淺	qiǎn	（簡帛）不深也。从水戔聲。 七衍切。
渃	zhǐ		水暫益且止，未減也。从水寺聲。 直里切。
渻	shěng		少減也。一曰水門。又，水出丘前謂之渻丘。从水省聲。 息井切。
淖	nào	（金文 石鼓）泥也。从水卓聲。 奴教切。
濢	zuǐ		小溼也。从水翠聲。 遵誄切。
溽	rù		溼暑也。从水辱聲。 而蜀切。
涅	niè	（漢印）黑土在水中也。从水从土，日聲。 奴結切。
滋	zī	（漢印 石刻）益也。从水兹聲。一曰滋水，出牛飲山白陘谷，東入呼沱。 子之切。
滷	hū		青黑色。从水習聲。 呼骨切。
浥	yì		溼也。从水邑聲。 於及切。
沙	shā	（金文 石刻）水散石也。从水从少。水少沙見。楚東有沙水。 所加切。 譚長說：沙或从尐。尐，子結切。
瀨	lài		水流沙上也。从水賴聲。 洛帶切。
濆	fén		水厓也。从水賁聲。《詩》曰："敦彼淮濆。" 符分切。
涘	sì	（石刻）水厓也。从水矣聲。《周書》曰："王出涘。" 牀史切。
汻	hǔ		水厓也。从水午聲。臣鉉等：今作滸，非是。 呼古切。
汍	guǐ		水厓枯土也。从水九聲。《爾雅》曰："水醮曰汍。" 居洧切。
漘	chún		水厓也。从水脣聲。《詩》曰："寘河之漘。" 常倫切。

浦 pǔ	瀬	瀕也。从水甫聲。 滂古切。
沚 zhǐ	沚	(甲骨) 小渚曰沚。从水止聲。《詩》曰："于沼于沚。" 諸市切。
沸 fèi	沸	(石刻) 潷沸，濫泉。从水弗聲。 分勿切。又，方未切。
潨 cóng	潨	小水入大水曰潨。从水从眾。《詩》曰："鳬鷖在潨。" 徂紅切。
派 pài	派	(石刻) 別水也。从水从辰，辰亦聲。 匹賣切。
汜 sì	汜	(甲骨 石刻) 水別復入水也。一曰汜，窮瀆也。从水巳聲。《詩》曰："江有汜。" 詳里切。臣鉉等案：前洍字音義同，蓋或體也。
溎 guǐ	溎	溎辟，深水處也。从水癸聲。 求癸切。
濘 nìng	濘	滎濘也。从水寧聲。 乃定切。
滎 xíng	滎	(石刻) 絕小水也。从水，熒省聲。 戶扃切。
洼 wā	洼	深池也。从水圭聲。 一佳切。又，於瓜切。
濙 yǐng	濙	清水也。一曰窊也。从水熒聲。 一穎切。又，屋瓜切。
潢 huáng	潢	(甲骨) 積水池。从水黃聲。 乎光切。
沼 zhǎo	沼	池水。从水召聲。 之少切。
湖 hú	湖	大陂也。从水胡聲。揚州浸，有五湖。浸，川澤所仰以灌漑也。 戶吳切。
汥 zhī	汥	水都也。从水支聲。 章移切。
洫 xù	洫	十里爲成。成閒廣八尺、深八尺謂之洫。从水血聲。《論語》曰："盡力于溝洫。" 況逼切。
溝 gōu	溝	(石刻) 水瀆。廣四尺、深四尺。从水冓聲。 古矦切。
瀆 dú	瀆	(石刻) 溝也。从水賣聲。一曰邑中溝。 徒谷切。
渠 qú	渠	(漢印 石刻) 水所居。从水，榘省聲。 彊魚切。
濂 lín	濂	谷也。从水臨聲。讀若林。一曰寒也。 力尋切。
湄 méi	湄	(甲骨) 水艸交爲湄。从水眉聲。 武悲切。
洐 xíng	洐	溝水行也。从水从行。 戶庚切。
澗 jiàn	澗	(石刻) 山夾水也。从水閒聲。一曰澗水，出弘農新安，東南入洛。 古莧切。
澳 yù	澳	隈，厓也。其內曰澳，其外曰隈。从水奧聲。 於六切。
泬 xué	泬	夏有水，冬無水，曰泬。从水，學省聲。讀若學。 胡角切。 澩，泬或不省。
灘 tān	灘	(金文 簡帛) 水濡而乾也。从水鸛聲。《詩》曰："灘其乾矣。" 呼旰切。又，他干切。灘，俗灘从佳。
汕 shàn	汕	魚游水皃。从水山聲。《詩》曰："烝然汕汕。" 所晏切。

| 決 jué | 𣲺（🌊簡帛）行流也。从水从夬。廬江有決水，出於大別山。 古穴切。

| 灓 luán | 𣵽 漏流也。从水䜌聲。 洛官切。

| 滴 dī | 𣵞（▨ ▨石刻）水注也。从水啇聲。 都歷切。

| 注 zhù | 𣵡（𣵡漢印 ▨石刻）灌也。从水主聲。 之戍切。

| 渓 wò | 㶧 溉灌也。从水芺聲。 烏鵠切。

| 潃 zé | 𣷪 所以攤水也。从水昔聲。《漢律》曰："及其門首洒潃。" 所責切。

| 澨 shì | 𣵻 埤增水邊土，人所止者。从水筮聲。《夏書》曰："過三澨。" 時制切。

| 津 jīn | 津（𣲰 𣲼漢印）水渡也。从水聿聲。 將鄰切。𣲰，古文津从舟从淮。

| 淜 píng | 𣴆 無舟渡河也。从水朋聲。 皮冰切。

| 澋 héng | 𣵝 小津也。从水橫聲。一曰以船渡也。 戶孟切。

| 泭 fū | 𣴶 編木以渡也。从水付聲。 芳無切。

| 渡 dù | 𣴞 濟也。从水度聲。 徒故切。

| 沿 yán | 𣲠 緣水而下也。从水㕣聲。《春秋傳》曰："王沿夏。" 与專切。

| 泝 sù | 𣲇 逆流而上曰泝洄。泝，向也。水欲下違之而上也。从水斥聲。 桑故切。𣲇，泝或从朔。

| 洄 huí | 洄（▨石刻）泝洄也。从水从回。 戶灰切。

| 泳 yǒng | 𣴆 潛行水中也。从水永聲。 爲命切。

| 潛 qián | 𣶶 涉水也。一曰藏也。一曰漢水爲潛。从水朁聲。 昨鹽切。

| 淦 gàn | 𣲲（▨ ▨簡帛）水入船中也。一曰泥也。从水金聲。 古暗切。𣲺，淦或从今。

| 泛 fàn | 𣲈（▨石刻）浮也。从水乏聲。 孚梵切。

| 汓 qiú | 𣱸 浮行水上也。从水从子。古或以汓爲没。 似由切。𣲏，汓或从囚聲。

| 砅 lì | 𣲉（▨甲骨）履石渡水也。从水从石。《詩》曰："深則砅。" 力制切。𣵾，砅或从厲。

| 湊 còu | 𣶄 水上人所會也。从水奏聲。 倉奏切。

| 湛 chén | 𣶏（𣶏金文𣶓簡帛𣶑𣶒漢印）没也。从水甚聲。一曰湛水，豫章浸。 宅減切。𣶑，古文。

| 湮 yīn | 𣵡 没也。从水垔聲。 於眞切。

| 㲻 nì | 㲻 没也。从水从人。 奴歷切。

| 没 mò | 𣴉 沈也。从水从叟。 莫勃切。

| 渨 wēi | 𣶆 没也。从水畏聲。 烏恢切。

| 滃 wěng | 𣶇 雲气起也。从水翁聲。 烏孔切。

| 泱 yāng | 𣲴（𣲴古璽）滃也。从水央聲。 於良切。

| 淒 qī | 𣴎（▨ ▨簡帛）雲雨起也。从水妻聲。《詩》曰："有渰淒淒。" 七稽切。

渰 yǎn 雲雨皃。从水弇聲。 衣檢切。

溟 míng （石刻）小雨溟溟也。从水冥聲。 莫經切。

涑 sè 小雨零皃。从水束聲。 所責切。

瀑 bào 疾雨也。一曰沫也。一曰瀑，資也。从水暴聲。《詩》曰：“終風且瀑。” 平到切。

澍 shù 時雨，澍生萬物。从水尌聲。 常句切。

湒 jí 雨下也。从水咠聲。一曰沸涌皃。 姊入切。

澬 cí 久雨涔資也。一曰水名。从水資聲。 才私切。又，即夷切。

潦 lǎo （甲骨）雨水大皃。从水尞聲。 盧皓切。

濩 huò 雨流霤下。从水蒦聲。 胡郭切。

涿 zhuó （石刻）流下滴也。从水豖聲。上谷有涿縣。 竹角切。𣅀，奇字涿从日、乙。

瀧 lóng （甲骨簡帛）雨瀧瀧皃。从水龍聲。 力公切。

渿 nài 沛之也。从水柰聲。 奴帶切。

滈 hào 久雨也。从水高聲。 乎老切。

漊 lǚ 雨漊漊也。从水婁聲。一曰汝南謂飲酒習之不醉爲漊。 力主切。

溦 wēi 小雨也。从水，微省聲。 無非切。

濛 méng （石刻）微雨也。从水蒙聲。 莫紅切。

沈 chén （金文簡帛古陶）陵上滈水也。从水冘聲。一曰濁黕也。臣鉉等曰：今俗別作沉，冗不成字，非是。 直深切。又，尸甚切。

洅 zài 雷震洅洅也。从水再聲。 作代切。

淊 hàn （金文）泥水淊淊也。一曰繅絲湯也。从水臽聲。 胡感切。

涵 hán 水澤多也。从水函聲。《詩》曰：“僭始既涵。” 胡男切。

澤 rù 漸溼也。从水挐聲。 人庶切。

瀀 yōu 澤多也。从水憂聲。《詩》曰：“既瀀既渥。” 於求切。

涔 cén 漬也。一曰涔陽渚，在郢中。从水岑聲。 鉏箴切。

漬 zì 漚也。从水責聲。 前智切。

漚 òu 久漬也。从水區聲。 烏候切。

浞 zhuó 濡也。从水足聲。 士角切。

渥 wò 霑也。从水屋聲。 於角切。

潅 què 灌也。从水隺聲。 口角切。又，公沃切。

洽 qià （石刻）霑也。从水合聲。 侯夾切。

| 濃 nóng | 露多也。从水農聲。《詩》曰："零露濃濃。" 女容切。

| 瀌 biāo | 雨雪瀌瀌。从水麃聲。 甫嬌切。

| 濂 lián | （金文 漢印）薄水也。一曰中絕小水。从水兼聲。 力鹽切。

| 泐 lè | 水石之理也。从水从阞。《周禮》曰："石有時而泐。"徐鍇曰："言石因其脈理而解裂也。" 盧則切。

| 滯 zhì | 凝也。从水帶聲。 直例切。

| 泜 zhǐ | 著止也。从水氏聲。 直尼切。

| 漷 guó | 水裂去也。从水虢聲。 古伯切。

| 漸 sī | 水索也。从水斯聲。 息移切。

| 汔 qì | 水涸也。或曰泣下。从水气聲。《詩》曰："汔可小康。" 許訖切。

| 涸 hé | 渴也。从水固聲。讀若狐貈之貈。 下各切。 涸亦从水、鹵、舟。

| 消 xiāo | （石刻）盡也。从水肖聲。 相幺切。

| 潐 jiào | 盡也。从水焦聲。 子肖切。

| 渴 kě | （古璽）盡也。从水曷聲。 苦葛切。

| 漮 kāng | 水虛也。从水康聲。 苦岡切。

| 溼 shī | （金文 簡帛）幽溼也。从水；一，所以覆也，覆而有土，故溼也。㬎省聲。 失入切。

| 湆 qì | 幽溼也。从水音聲。 去急切。

| 洿 wū | 濁水不流也。一曰窊下也。从水夸聲。 哀都切。

| 浼 měi | 汙也。从水免聲。《詩》曰："河水浼浼。"《孟子》曰："汝安能浼我？" 武罪切。

| 汙 wū | 薉也。一曰小池爲汙。一曰涂也。从水于聲。 烏故切。

| 湫 jiǎo | 隘。下也。一曰有湫水，在周地。《春秋傳》曰："晏子之宅秋隘。"安定朝那有湫泉 从水秋聲。 子了切。又，卽由切。

| 潤 rùn | （石刻）水曰潤下。从水閏聲。 如順切。

| 準 zhǔn | 平也。从水隼聲。 之允切。

| 汀 tīng | （漢印）平也。从水丁聲。 他丁切。 汀或从平。

| 汥 nǜ | （甲骨）水吏也。又，溫也。从水丑聲。 人九切。

| 濆 fèn | 水浸也。从水糞聲。《爾雅》曰："濆，大出尾下。" 方問切。

| 漼 cuǐ | 新也。从水皋聲。 七皋切。

| 瀞 jìng | 無垢薉也。从水靜聲。 疾正切。

濊 mò		拭滅皃。从水蔑聲。 莫達切。
泧 sà		濊泧也。从水戉聲。讀若椒樧之樧。 又，火活切。
洎 jì	（洎泉 石刻）	灌釜也。从水自聲。 其冀切。
湯 tāng	（金文 簡帛 古璽 石刻）	熱水也。从水昜聲。 土郎切。
渜 nuǎn		湯也。从水耎聲。 乃管切。
洝 àn		渜水也。从水安聲。 烏旰切。
洏 ér		洝也。一曰煑孰也。从水而聲。 如之切。
涗 shuì		財溫水也。从水兌聲。《周禮》曰："以涗漚其絲。" 輸芮切。
涫 guàn		䊚也。从水官聲。酒泉有樂涫縣。 古丸切。
溚 tà		涫溢也。今河朔方言謂沸溢爲溚。从水沓聲。 徒合切。
汰 tài		淅灡也。从水大聲。 代何切。又，徒蓋切。
灡 jiǎn		浙也。从水簡聲。 古限切。
淅 xī		汏米也。从水析聲。 先擊切。
滰 jiàng		浚乾漬米也。从水竟聲。《孟子》曰："夫子去齊，滰淅而行。" 其兩切。
溲 sǒu		浸沃也。从水叜聲。 疏有切。
浚 jùn	（漢印）	抒也。从水夋聲。 私閏切。
瀝 lì		浚也。从水歷聲。一曰水下滴瀝。 郎擊切。
漉 lù	（石刻）	浚也。从水鹿聲。 盧谷切。㴬，漉或从彔。
潘 pān	（古璽 石刻）	淅米汁也。一曰水名，在河南滎陽。从水番聲。 普官切。
瀾 lán		潘也。从水蘭聲。 洛干切。
泔 gān		周謂潘曰泔。从水甘聲。 古三切。
滫 xiū		久泔也。从水脩聲。 息流切。又，思酒切。
澱 diàn		滓滋也。从水殿聲。 堂練切。
淤 yū		澱滓，濁泥。从水於聲。 依據切。
滓 zǐ		澱也。从水宰聲。 阻史切。
淰 niǎn		濁也。从水念聲。 乃忝切。
瀹 yuè		漬也。从水龠聲。 以灼切。
灑 jiǎo		釃酒也。一曰浚也。从网从水，焦聲。讀若《夏書》"天用勦絕"。臣鉉等曰：以縑帛漉酒，故从网。 子小切。
澻 qǐng		側出泉也。从水殸聲。殸，籀文磬字。 去挺切。

湑 xǔ　醑　茜酒也。一曰浚也。一曰露皃。从水胥聲。《詩》曰："有酒湑我。"又曰："零露湑兮。"　私呂切。

湎 miǎn　湎　沈於酒也。从水面聲。《周書》曰："罔敢湎于酒。"　彌兗切。

漿 jiāng　漿　酢漿也。从水，將省聲。　即良切。　䊮，古文漿省。

涼 liáng　涼　（石刻）薄也。从水京聲。　呂張切。

淡 dàn　淡　（簡帛　石刻）薄味也。从水炎聲。　徒敢切。

涒 tūn　涒　食已而復吐之。从水君聲。《爾雅》曰："太歲在申曰涒灘。"　他昆切。

澆 jiāo　澆　㵒也。从水堯聲。　古堯切。

液 yè　液　（金文）盡也。从水夜聲。　羊益切。

汁 zhī　汁　液也。从水十聲。　之入切。

渮 gē　渮　多汁也。从水哥聲。讀若哥。　古俄切。

灝 hào　灝　豆汁也。从水顥聲。　乎老切。

溢 yì　溢　（石刻）器滿也。从水益聲。　夷質切。

洒 xǐ　洒　（甲骨　簡帛）滌也。从水西聲。古文為灑埽字。　先禮切。

滌 dí　滌　（石刻）洒也。从水條聲。　徒歷切。

濈 jí　濈　和也。从水戢聲。　阻立切。

瀋 shěn　瀋　汁也。从水審聲。《春秋傳》曰："猶拾瀋。"　昌枕切。

洣 mǐ　洣　飲也。从水弭聲。　緜婢切。

潠 shà　潠　飲歠也。一曰吮也。从水算聲。　衫洽切。又，先活切。

漱 shù　漱　（石刻）盪口也。从水欶聲。　所右切。

泂 jiǒng　泂　滄也。从水冋聲。　戶褧切。

滄 cāng　滄　（簡帛　石刻）寒也。从水倉聲。　七岡切。

瀞 qìng　瀞　冷寒也。从水靚聲。　七定切。

淬 cuì　淬　滅火器也。从水卒聲。　七內切。

沐 mù　沐　（石刻）濯髮也。从水木聲。　莫卜切。

沬 huì　沬　（金文）洒面也。从水未聲。　荒內切。
　　頮，古文沬从頁。

浴 yù　浴　（簡帛）洒身也。从水谷聲。　余蜀切。

澡 zǎo　澡　（簡帛　石刻）洒手也。从水喿聲。　子皓切。

| 洗 xiǎn | 洗（甲骨）洒足也。从水先聲。 穌典切。
| 汲 jí | 汲（簡帛　石刻）引水於井也。从水从及，及亦聲。 居立切。
| 淳 chún | 淳（簡帛　石刻）渌也。从水臺聲。 常倫切。
| 淋 lín | 淋 以水渎也。从水林聲。一曰淋淋，山下水兒。 力尋切。
| 渫 xiè | 渫 除去也。从水枼聲。 私列切。
| 瀚 huàn | 瀚 濯衣垢也。从水幹聲。 胡玩切。浣，瀚或从完。
| 濯 zhuó | 濯 瀚也。从水翟聲。 直角切。
| 涑 sōu | 涑 瀚也。从水束聲。河東有涑水。 速矦切。
| 澼 pì | 澼 於水中擊絮也。从水辟聲。 匹薜切。
| 壟 lǒng | 壟 涂也。从水从土，龍聲。讀若隴。 又，亡江切。
| 灑 sǎ | 灑 汛也。从水麗聲。 山豉切。
| 汛 xùn | 汛 灑也。从水卂聲。 息晉切。
| 染 rǎn | 染 以繒染爲色。从水杂聲。徐鍇曰："《說文》無杂字。裴光遠云：'从木，木者所以染，梔、茜之屬也；从九，九者染之數也。'未知其審。" 而琰切。
| 泰 tài | 泰（石刻）滑也。从廾从水，大聲。 他蓋切。臣鉉等曰：本音他達切。今《左氏傳》作汏輔，非是。夳，古文泰。
| 潿 yán | 潿 海岱之閒謂相汙曰潿。从水閻聲。 余廉切。
| 瓚 zàn | 瓚 汙灑也。一曰水中人。从水贊聲。 則旰切。
| 愀 chóu | 愀 腹中有水气也。从水从愁，愁亦聲。 士尤切。
| 湩 dòng | 湩（古璽）乳汁也。从水重聲。 多貢切。
| 洟 tì | 洟 鼻液也。从水夷聲。 他計切。
| 潸 shān | 潸 涕流兒。从水，散省聲。《詩》曰："潸焉出涕。" 所姦切。
| 汗 hàn | 汗 人液也。从水干聲。 矦旰切。
| 泣 qì | 泣（古璽　石刻）無聲出涕曰泣。从水立聲。 去急切。
| 涕 tì | 涕（簡帛）泣也。从水弟聲。 他禮切。
| 湅 liàn | 湅 瀟也。从水柬聲。 郎甸切。
| 灋 niè | 灋 議辠也。从水、獻。與法同意。 魚列切。
| 渝 yū | 渝（古璽）變汙也。从水俞聲。一曰渝水，在遼西臨俞，東出塞。 羊朱切。
| 減 jiǎn | 減（漢印）損也。从水咸聲。 古斬切。
| 滅 miè | 滅（簡帛　石刻）盡也。从水威聲。 亡列切。

字	拼音	篆	釋義
漕	cáo	（古璽）水轉轂也。一曰人之所乘及船也。从水曹聲。 在到切。
泮	pàn	諸矦鄉射之宮，西南爲水，東北爲牆。从水从半，半亦聲。 普半切。
漏	lòu	（石刻）以銅受水，刻節，晝夜百刻。从水屚聲。 盧后切。
澒	hòng	丹沙所化，爲水銀也。从水項聲。 呼孔切。
萍	píng	苹也。水艸也。从水、苹，苹亦聲。 薄經切。
濊	huì	水多皃。从水歲聲。 呼會切。
汨	gǔ	（簡帛）治水也。从水曰聲。 于筆切。

文四百六十八　重二十二（當作文四百六十四　重二十五）

瀼	ráng	（甲骨）露濃皃。从水襄聲。 汝羊切。
漙	tuán	露皃。从水專聲。 度官切。
汍	wán	泣淚皃。从水丸聲。 胡官切。
泯	mǐn	（簡帛）滅也。从水民聲。 武盡切。
瀣	xiè	沆瀣，气也。从水，籋省聲。 胡介切。
瀘	lú	（金文　石刻）水名。从水盧聲。 洛乎切。
瀟	xiāo	水名。从水蕭聲。 相邀切。
瀛	yíng	（石刻）水名。从水嬴聲。 以成切。
滁	chú	水名。从水除聲。 直魚切。
洺	míng	水名。从水名聲。 武并切。
潺	chán	水聲。从水孱聲。 昨閑切。
湲	yuán	潺湲，水聲。从水爰聲。 王權切。
濤	tāo	大波也。从水壽聲。 徒刀切。
漵	xù	水浦也。从水敘聲。 徐呂切。
港	gǎng	水派也。从水巷聲。 古項切。
潴	zhū	水所亭也。从水豬聲。 陟魚切。
瀰	mí	大水也。从水瀰聲。 武移切。
淼	miǎo	大水也。从三水。或作渺。 亡沼切。
潔	jié	（石刻）瀞也。从水絜聲。 古屑切。
浹	jiā	洽也。从也。从水夾聲。 子協切。
溘	kè	奄忽也。从水盇聲。 口荅切。

潠 xùn 㳘 含水噴也。从水巽聲。 穌困切。

涯 yá 涯（▢石刻）水邊也。从水从厓，厓亦聲。 魚羈切。

文二十三新附

㳜 部

㳜 zhuǐ 㳜（▢甲骨）二水也。闕。凡㳜之屬皆从㳜。 之壘切。

流 liú 㳜（▢ ▢ ▢ 簡帛 ▢ 古璽 ▢ 漢印 ▢ ▢ ▢ ▢ 石刻）水行也。从㳜、㐬。㐬，突忽也。 力求切。 㳓，篆文从水。

涉 shè 㳜（▢甲骨 ▢ ▢ ▢ ▢ ▢ 金文 ▢ 簡帛 ▢ 古璽 ▢ 漢印 ▢ 石鼓 ▢ 石刻）徒行厲水也。从㳜从步。 時攝切。 涉，篆文从水。

文三　重二

瀕 部

瀕 pín 瀕（▢石刻）水厓。人所賓附，頻蹙不前而止。从頁从涉。凡瀕之屬皆从瀕。臣鉉等曰：今俗別作水賓，非是。 符眞切。

顰 pín 顰 涉水顰蹙。从瀕卑聲。 符眞切。

文二

〈 部

〈 quǎn 〈（▢簡帛）水小流也。《周禮》："匠人爲溝洫，耜廣五寸，二耜爲耦；一耦之伐，廣尺、深尺，謂之〈。"倍〈謂之遂；倍遂曰溝；倍溝曰洫；倍洫曰〈〈。凡〈之屬皆从〈。 姑泫切。 㽹，古文〈从田从川。 畎，篆文〈从田犬聲。六畎爲一畝。

文一　重二

〈〈 部

〈〈 kuài 〈〈 水流澮澮也。方百里爲〈〈，廣二尋，深二仞。凡〈〈之屬皆从〈〈。 古外切。

粼 lín　粼　水生厓石間粼粼也。从巜粦聲。　力珍切。

文二

川 部

川 chuān　川（甲骨　金文　簡帛　古幣　石刻）貫穿通流水也。《虞書》曰："濬く巜距川。"言深く巜之水會爲川也。凡川之屬皆从川。　昌緣切。

巠 jīng　巠（金文　簡帛）水脈也。从川在一下。一，地也。壬省聲。一曰水冥巠也。古靈切。巠，古文巠不省。

巟 huāng　巟（金文　簡帛）水廣也。从川亡聲。《易》曰："包巟用馮河。"　呼光切。

惑 huò　惑　水流也。从川或聲。　于逼切。

曶 yù　曶　水流也。从川曰聲。　于筆切。

巤 liè　巤　水流巤巤也。从川，劉省聲。臣鉉等曰：劉字从巤，此疑誤，當從歺省。　良辥切。

邕 yōng　邕　四方有水，自邕城池者。从川从邑。　於容切。𨟖，籒文邕。

巛 zāi　巛　害也。从一雝川。《春秋傳》曰："川雝爲澤，凶。"　祖才切。

侃 kǎn　侃（金文　簡帛　古璽）剛直也。从伩，伩，古文信；从川，取其不舍晝夜。《論語》曰："子路侃侃如也。"　空旱切。

州 zhōu　州（甲骨　金文　簡帛　古璽　古幣　漢印　石刻）水中可居曰州，周遶其旁，从重川。昔堯遭洪水，民居水中高土，或曰九州。《詩》曰："在河之州。"一曰州，疇也。各疇其土而生之。臣鉉等曰：今別作洲，非是。　職流切。州，古文州。

文十　重三

泉 部

泉 quán　泉（甲骨　金文　石刻）水原也。象水流出成川形。凡泉之屬皆从泉。　疾緣切。

灥 fàn　灥　泉水也。从泉厵聲。讀若飯。　符萬切。

文二

灥 部

灥 xún　灥　三泉也。闕。凡灥之屬皆从灥。　詳遵切。

厵 yuán　厵（金文　石刻）水泉本也。从灥出厂下。愚袁切。原，篆文从泉。臣鉉等曰：今別作源，非是。

　　　　文二　重一

永 部

永 yǒng　永（甲骨　金文　玉盟書　漢印　石刻）長也。象水巠理之長。《詩》曰："江之永矣。"凡永之屬皆从永。　于憬切。

羕 yàng　羕（金文　簡帛）水長也。从永羊聲。《詩》曰："江之羕矣。"　余亮切。

　　　　文二

辰 部

辰 pài　辰　水之衺流別也。从反永。凡辰之屬皆从辰。讀若稗縣。徐鍇曰："永，長流也。反卽分辰也。"　匹卦切。

衇 mài　衇（石刻）血理分衺行體者。从辰从血。　莫獲切。脈，衇或从肉。𧖴，籀文。

覛 mì　覛　衺視也。从辰从見。　莫狄切。𧠟，籀文。

　　　　文三　重三

谷 部

谷 gǔ　谷（甲骨　金文　簡帛　石刻）泉出通川爲谷。从水半見，出於口。凡谷之屬皆从谷。　古祿切。

谿 xī　谿（簡帛　石刻）山瀆无所通者。从谷奚聲。　苦兮切。

豁 huò　（石刻）通谷也。从谷害聲。　呼括切。

谬 liáo　空谷也。从谷翏聲。　洛蕭切。

谾 lóng　大長谷也。从谷龍聲。讀若聾。　盧紅切。

谼 hóng　谷中響也。从谷厷聲。　戶萌切。

睿 jùn　（簡帛）深通川也。从谷从卢。卢，殘地；阬坎意也。《虞書》曰："睿畎澮距川。"　私閏切。濬，睿或从水。叡，古文睿。

谸 qiān　望山谷谸谸青也。从谷千聲。　倉絢切。

文八　重二

仌　部

仌 bīng　（金文）凍也。象水凝之形。凡仌之屬皆从仌。　筆陵切。

冰 níng　（金文二水　漢印　石刻）水堅也。从仌从水。魚陵切。臣鉉等曰：今作筆陵切，以爲冰凍之冰。凝，俗冰从疑。

癛 lǐn　寒也。从仌廩聲。　力稔切。

凊 qìng　寒也。从仌青聲。　七正切。

凍 dòng　仌也。从仌東聲。　多貢切。

淩 líng　仌出也。从仌朕聲。《詩》曰："納于淩陰。"　力膺切。堎，淩或从交。

澌 sī　流仌也。从仌斯聲。　息移切。

凋 diāo　半傷也。从仌周聲。　都僚切。

冬 dōng　（甲骨　金文　簡帛　古幣　漢印　石刻）四時盡也。从仌从夂。夂，古文終字。　都宗切。冬，古文冬从日。

冶 yě　（金文　簡帛　古幣　漢印）銷也。从仌台聲。　羊者切。

滄 cāng　寒也。从仌倉聲。　初亮切。

冷 lěng　寒也。从仌令聲。　魯打切。

凾 hán　寒也。从仌函聲。　胡男切。

凓 bì　風寒也。从仌畢聲。　卑吉切。

冹 fú　一之日凓冹。从仌犮聲。　分勿切。

凓 lì　寒也。从仌㮚聲。　力質切。

瀬 lài　瀬　寒也。从仌賴聲。　洛帶切。

　　　　　文十七　重三

雨 部

雨 yǔ　雨（甲骨　金文　簡帛　古幣　石刻）水从雲下也。一象天，冂象雲，水霝其閒也。凡雨之屬皆从雨。　王矩切。鳳，古文。

靁 léi　靁（甲骨　金文　簡帛　石刻）陰陽薄動靁雨生物者也。从雨，畾象回轉形。　魯回切。闘，古文靁。𩇓，古文靁。𩇓，籀文。靁閒有回；回，靁聲也。

霣 yǔn　霣　雨也。齊人謂靁爲霣。从雨員聲。一曰雲轉起也。　于敏切。鸝，古文霣。

霆 tíng　霆　雷餘聲也鈴鈴。所以挺出萬物。从雨廷聲。　特丁切。

霅 zhá　霅　霅霅，震電皃。一曰眾言也。从雨，譶省聲。　丈甲切。

電 diàn　電（簡帛）陰陽激燿也。从雨从申。　堂練切。臀，古文電。

震 zhèn　震（石刻）劈歷振物者。从雨辰聲。《春秋傳》曰："震夷伯之廟。"臣鉉等曰：今俗別作霹靂，非是。　章刃切。𩇓，籀文震。

雪 xuě　雪　凝雨，說物者。从雨彗聲。　相絕切。

霄 xiāo　霄　雨䨘爲霄。从雨肖聲。齊語也。　相邀切。

霰 xiàn　霰　稷雪也。从雨散聲。　穌甸切。霓，霰或从見。

雹 báo　雹（甲骨）雨冰也。从雨包聲。　蒲角切。雹，古文雹。

霝 líng　霝（甲骨　金文　簡帛　古璽　石刻）雨零也。从雨，皿象霝形。《詩》曰："霝雨其濛。"　郎丁切。

零 luò　零（甲骨　金文　簡帛　古幣）雨零也。从雨各聲。　盧各切。

零 líng　零（石刻）餘雨也。从雨令聲。　郎丁切。

霹 sī　霹　小雨財霒也。从雨鮮聲。讀若斯。　息移切。

霡 mài　霡　霡霂，小雨也。从雨脈聲。　莫獲切。

霂 mù　霂　霡霂也。从雨沐聲。　莫卜切。

霰 suān　霰　小雨也。从雨酸聲。　素官切。

霃 jiān　霃　微雨也。从雨𢆉聲。又讀若芟。　子廉切。

霥 zhōng　霥　小雨也。从雨眾聲。《明堂月令》曰："霥雨。"　職戎切。

| 霃 chén | 霃 | 久陰也。从雨沈聲。 直深切。
| 霖 lián | 霖 | 久雨也。从雨兼聲。 力鹽切。
| 霅 hán | 霅 | 久雨也。从雨圅聲。 胡男切。
| 霖 lín | 霖 | (甲骨 金文) 雨三日已往。从雨林聲。 力尋切。
| 霪 yín | 霪 | 霖雨也。南陽謂霖霪。从雨仸聲。 銀箴切。
| 霣 zī | 霣 | 雨聲。从雨眞聲。讀若資。 卽夷切。
| 雩 yǔ | 雩 | 雨皃。方語也。从雨禹聲。讀若禹。 王矩切。
| 䨦 jiān | 䨦 | 小雨也。从雨僉聲。 子廉切。
| 霑 zhān | 霑 | 雨䨦也。从雨沾聲。 張廉切。
| 霂 rǎn | 霂 | 濡也。从雨染聲。 而琰切。
| 霤 liù | 霤 | 屋水流也。从雨畱聲。 力救切。
| 屚 lòu | 屚 | 屋穿水下也。从雨在尸下。尸者，屋也。 盧后切。
| 䨣 gé | 䨣 | 雨濡革也。从雨从革。讀若膊。 匹各切。
| 霽 jì | 霽 | 雨止也。从雨齊聲。 子計切。
| 霎 qī | 霎 | 霽謂之霎。从雨妻聲。 七稽切。
| 霩 kuò | 霩 | 雨止雲罷皃。从雨郭聲。臣鉉等曰：今別作廓，非是。 苦郭切。
| 露 lù | 露 | 潤澤也。从雨路聲。 洛故切。
| 霜 shuāng | 霜 | (簡帛) 喪也。成物者。从雨相聲。 所莊切。
| 霧 wù | 霧 | 地气發，天不應。从雨敄聲。臣鉉等曰：今俗从務。 亡遇切。 霚，籀文省。
| 霾 mái | 霾 | (甲骨) 風雨土也。从雨貍聲。《詩》曰："終風且霾。" 莫皆切。
| 霿 méng | 霿 | 天气下，地不應，曰霿。霿，晦也。从雨瞀聲。 莫弄切。
| 霓 ní | 霓 | 屈虹，青赤，或白色，陰气也。从雨兒聲。 五雞切。
| 霵 diàn | 霵 | 寒也。从雨執聲。或曰早霜。讀若《春秋傳》"墊阨"。 都念切。
| 雩 yú | 雩 | (甲骨 金文 簡帛 古璽 古陶) 夏祭，樂于赤帝，以祈甘雨也。从雨于聲。 羽俱切。 䨮，或从羽。雩，羽舞也。
| 需 xū | 需 | (金文 簡帛 古幣) 頿也。遇雨不進，止頿也。从雨而聲。《易》曰："雲上於天，需。"臣鉉等案：李陽冰據《易》"雲上於天"云："當從天"，然諸本及前作所書皆从而，無有从天者。 相俞切。
| 霸 yù | 霸 | (甲骨) 水音也。从雨羽聲。 王矩切。

文四十七(當作文四十六) 重十一

霞 xiá 霞 赤雲气也。从雨叚聲。 胡加切。

霏 fēi 霏 雨雲（按：雲當作雪）皃。从雨非聲。 芳非切。

霎 shà 霎 小雨也。从雨妾聲。 山洽切。

霴 duì 霴 靆霴，雲黑皃。从雨對聲。 徒對切。

靄 ǎi 靄 雲皃。从雨，謁省聲。 於蓋切。

文五新附

雲 部

雲 yún 雲（甲骨 簡帛 古陶 漢印 石刻）山川气也。从雨，云象雲回轉形。凡雲之屬皆从雲。 王分切。云，古文省雨。𩇻，亦古文雲。

霒 yīn 霒 雲覆日也。从雲今聲。 於今切。𠫫，古文或省。𩃬，亦古文霒。

文二 重四

魚 部

魚 yú 魚（甲骨 金文 簡帛 古陶 古幣）水蟲也。象形。魚尾與燕尾相似。凡魚之屬皆从魚。 語居切。

鱦 duò 鱦 魚子已生者。从魚，惰省聲。 徒果切。𩵋，籀文。

魳 ér 魳 魚子也。一曰魚之美者，東海之魳。从魚而聲。讀若而。 如之切。

魼 qū 魼 魚也。从魚去聲。 去魚切。

魶 nà 魶 魚。似鱉，無甲，有尾，無足，口在腹下。从魚納聲。 奴荅切。

鰨 tǎ 鰨 虛鰨也。从魚㬎聲。 土盍切。

鱒 zùn 鱒 赤目魚。从魚尊聲。 慈損切。

鱗 lín 鱗 魚也。从魚粦聲。 力珍切。

鰫 yóng 鰫 魚也。从魚容聲。 余封切。

鰲 xū 鰲 魚也。从魚胥聲。 相居切。

鮪 wěi 鮪 鮥也。《周禮》："春獻王鮪。"从魚有聲。 榮美切。

鯁 gèng 鯁 鯢也。《周禮》謂之鯁。从魚恆聲。 古恆切。

鯍 méng 鯍 鯁鯍也。从魚朚聲。 武登切。

鮥 luò	鮥	叔鮪也。从魚各聲。 盧各切。
鯀 gǔn	鯀	（金文 簡帛）魚也。从魚系聲。臣鉉等曰：系非聲，疑从孫省。 古本切。
鰥 guān	鰥	（金文 簡帛）魚也。从魚眔聲。李陽冰曰："當从㠯省。" 古頑切。
鯉 lǐ	鯉	鱣也。从魚里聲。 良止切。
鱣 zhān	鱣	鯉也。从魚亶聲。 張連切。鱔，籀文鱣。
鱄 zhuǎn	鱄	魚也。从魚專聲。 旨沇切。
鮦 tóng	鮦	魚名。从魚同聲。一曰鱸也。讀若絝襱。 直隴切。
鱺 lǐ	鱺	鮦也。从魚蠡聲。 盧啓切。
鏤 lóu	鏤	魚名。一名鯉，一名鰜。从魚婁聲。 洛侯切。
鰜 qiàn	鰜	魚名。从魚兼聲。 古甜切。
鯈 chóu	鯈	魚名。从魚攸聲。 直由切。
鮭 tǒu	鮭	魚名。从魚豆聲。 天口切。
鯾 biān	鯾	魚名。从魚便聲。 房連切。鯿，鯾又从扁。
魴 fáng	魴	（古璽 漢印）赤尾魚。从魚方聲。 符方切。䰽，魴或从旁。
鱮 xù	鱮	魚名。从魚與聲。 徐呂切。
鰱 lián	鰱	魚名。从魚連聲。 力延切。
鮍 pī	鮍	魚名。从魚皮聲。 敷羈切。
鮋 yǒu	鮋	魚名。从魚幼聲。讀若幽。 於糾切。
鮒 fù	鮒	魚名。从魚付聲。 符遇切。
鯁 qíng	鯁	魚名。从魚巠聲。 仇成切。
鯖 jì	鯖	魚名。从魚脊聲。 資昔切。
鱺 lí	鱺	魚名。从魚麗聲。 郎兮切。
鰻 mán	鰻	魚名。从魚曼聲。 母官切。
鱯 huà	鱯	魚名。从魚蒦聲。 胡化切。
魾 pī	魾	大鱯也。其小者名鮡。从魚丕聲。 敷悲切。
鱧 lǐ	鱧	鱯也。从魚豊聲。 盧啓切。
鯶 huà	鯶	鱧也。从魚果聲。 胡瓦切。
鱨 cháng	鱨	揚也。从魚嘗聲。 市羊切。
鱏 xún	鱏	魚名。从魚覃聲。傳曰："伯牙鼓琴，鱏魚出聽。" 余箴切。
鯢 ní	鯢	（簡帛）刺魚也。从魚兒聲。 五雞切。

鰼 xí	鰼	鰌也。从魚習聲。 似入切。
鰌 qiū	鰌	鰼也。从魚酋聲。 七由切。
鯇 huàn	鯇	魚名。从魚完聲。 戶版切。
魠 tuō	魠	哆口魚也。从魚乇聲。 他各切。
鮆 jì	鮆	飲而不食，刀魚也。九江有之。从魚此聲。 徂礼切。
鮀 tuó	鮀	鮎也。从魚它聲。 徒何切。
鮎 nián	鮎	鰋也。从魚占聲。 奴兼切。
鰋 yǎn	鰋	鮀也。从魚匽聲。 於幰切。 鱬，鰋或从匽。
鯷 tí	鯷	大鮎也。从魚弟聲。 杜兮切。
鱳 lài	鱳	魚名。从魚賴聲。 洛帶切。
鱛 cén	鱛	魚名。从魚朁聲。 鉏箴切。
鶲 wēng	鶲	魚名。从魚翁聲。 烏紅切。
鮖 xiàn	鮖	魚名。从魚臽聲。 戶賺切。
鱖 guì	鱖	魚名。从魚厥聲。 居衛切。
鯫 zōu	鯫	白魚也。从魚取聲。 士垢切。
鱓 shàn	鱓	魚名。皮可爲鼓。从魚單聲。 常演切。
鮸 miǎn	鮸	魚名。出薉邪頭國。从魚免聲。 亡辨切。
魵 fén	魵	魚名。出薉邪頭國。从魚分聲。 符分切。
鱸 lǔ	鱸	魚名。出樂浪潘國。从魚虜聲。 郎古切。
鰸 qū	鰸	魚名。狀似蝦，無足，長寸，大如叉股，出遼東。从魚區聲。 豈俱切。
鯜 qiè	鯜	魚名。出樂浪潘國。从魚妾聲。 七接切。
魶 bèi	魶	魚名。出樂浪潘國。从魚市聲。 博蓋切。
鮈 jú	鮈	魚名。出樂浪潘國。从魚匊聲。一曰鮈魚出江東，有兩乳。 居六切。
魦 shā	魦	魚名。出樂浪潘國。从魚，沙省聲。 所加切。
鱳 lì	鱳	魚名。出樂浪潘國。从魚樂聲。 盧谷切。
鮮 xiān	鮮（金文 簡帛 古璽 漢印 石刻） 魚名。出貉國。从魚，羴省聲。 相然切。
鰫 yóng	鰫	魚名。皮有文，出樂浪東暆。神爵四年，初捕收輸考工。周成王時，揚州獻鰫。从魚禺聲。 魚容切。
鱅 yōng	鱅	魚名。从魚庸聲。 蜀容切。

鰂 zéi	鰂	烏鰂，魚名。从魚則聲。 昨則切。鯽，鰂或从即。
鮐 tái	鮐	海魚名。从魚台聲。 徒哀切。
鮊 bà	鮊	海魚名。从魚白聲。 旁陌切。
鰒 fù	鰒	海魚名。从魚复聲。 蒲角切。
鮫 jiāo	鮫	海魚，皮可飾刀。从魚交聲。 古肴切。
鱷 jīng	鱷	海大魚也。从魚畺聲。《春秋傳》曰："取其鱷鯢。" 渠京切。鯨，鱷或从京。
鯁 gěng	鯁	魚骨也。从魚更聲。 古杏切。
鱗 lín	鱗	魚甲也。从魚粦聲。 力珍切。
鮏 xīng	鮏 （古陶）魚臭也。从魚生聲。臣鉉等曰：今俗作鯹。 桑經切。
鱢 sāo	鱢	鮏臭也。从魚喿聲。《周禮》曰："膳膏鱢。" 穌遭切。
鮨 qí	鮨	魚䐞醬也。出蜀中。从魚旨聲。一曰鮪魚名。 旨夷切。
鮺 zhǎ	鮺	藏魚也。南方謂之魿，北方謂之鮺。从魚，差省聲。 側下切。
魿 qín	魿	鮺也。一曰大魚爲鮺，小魚爲魿。从魚今聲。 徂慘切。
鮑 bào	鮑 （鮑 鮑 漢印）饐魚也。从魚包聲。 薄巧切。
魿 líng	魿	蟲連行紆行者。从魚令聲。 郎丁切。
鰕 xiā	鰕	魵也。从魚叚聲。 乎加切。
鰝 hào	鰝	大鰕也。从魚高聲。 胡到切。
鯦 jiù	鯦	當互也。从魚咎聲。 其久切。
魧 háng	魧	大貝也。一曰魚膏。从魚亢聲。讀若岡。 古郎切。
鮩 bǐng	鮩	蚌也。从魚丙聲。 兵永切。
鮚 jí	鮚	蚌也。从魚吉聲。漢律：會稽郡獻鮚醬。 巨乙切。
魮 bì	魮	魚名。从魚必聲。 毗必切。
鱯 qú	鱯	魚名。从魚瞿聲。 九遇切。
鯸 hóu	鯸	魚名。从魚侯聲。 乎鉤切。
鯛 diāo	鯛 （鯛 鯛 簡帛）骨耑脆也。从魚周聲。 都僚切。
鮸 zhuó	鮸	丞然鮸鮸。从魚卓聲。 都教切。
鮁 bō	鮁	鱣鮪鮁鮁。从魚犮聲。 北末切。
鈇 fū	鈇	鮾魚。出東萊。从魚夫聲。 甫無切。
鯕 qí	鯕	魚名。从魚其聲。 渠之切。
鮡 zhào	鮡	魚名。从魚兆聲。 治小切。

鮊 huà　魚名。从魚匕聲。 呼跨切。

鱻 xiān　新魚精也。从三魚。不變魚。徐鍇曰："三，眾也。眾而不變，是鱻也。" 相然切。

文一百三　重七

鰈 tà　比目魚也。从魚枼聲。 土盍切。

魮 bǐ　文魮，魚名。从魚比聲。 房脂切。

鰩 yáo　文鰩，魚名。从魚䍃聲。 余招切。

文三新附

䰳 部

䰳 yú　二魚也。凡䰳之屬皆从䰳。 語居切。

漁 yú　（甲骨 金文 簡帛）捕魚也。从䰳从水。 語居切。 篆文漁从魚。

文二　重一

燕 部

燕 yàn　（甲骨 金文 漢印 石刻）玄鳥也。籋口，布翄，枝尾。象形。凡燕之屬皆从燕。 於甸切。

文一

龍 部

龍 lóng　（甲骨 金文 簡帛 古璽 古陶 漢印 石刻）鱗蟲之長。能幽能明，能細能巨，能短能長。春分而登天，秋分而潛淵。从肉，飛之形，童省聲。臣鉉等曰：象宛轉飛動之皃。 凡龍之屬皆从龍。 力鍾切。

龗 líng　龍也。从龍霝聲。 郎丁切。

龕 kān　（金文 石刻）龍皃。从龍合聲。 口含切。

龖 jiān　龍者脊上龖龖。从龍开聲。 古賢切。

龘 tà　飛龍也。从二龍。讀若沓。 徒合切。

文五

飛 部

飛 fēi　（石刻）鳥翥也。象形。凡飛之屬皆从飛。 甫微切。

翼 yì　（金文 簡帛）翄也。从飛異聲。 與職切。 翼，篆文翼从羽。

文二　重一

非 部

非 fēi　（甲骨 金文 簡帛 古璽 古幣 石刻）違也。从飛下翄，取其相背。凡非之屬皆从非。 甫微切。

剕 fěi　別也。从非己聲。 非尾切。

靡 mǐ　（石刻）披靡也。从非麻聲。 文彼切。

靠 kào　相違也。从非告聲。 苦到切。

陞 bī　牢也。所以拘非也。从非，陛省聲。 邊兮切。

文五

卂 部

卂 xùn　疾飛也。从飛而羽不見。凡卂之屬皆从卂。 息晉切。

巏 qióng　回疾也。从卂，營省聲。 渠營切。

文二

說文解字弟十二

三十六部　七百七十九文　重八十四

凡九千二百三字

文三十新附

乙　部

乙 yǐ　　玄鳥也。齊魯謂之乙。取其鳴自呼。象形。凡乙之屬皆从乙。徐鍇曰："此與甲乙之乙相類，其形舉首下曲，與甲乙字少異。" 烏轄切。鳦，乙或从鳥。

孔 kǒng　（金文　簡帛　古璽　漢印　石刻）通也。从乙从子。乙，請子之候鳥也。乙至而得子，嘉美之也。古人名嘉字子孔。 康董切。

乳 rǔ　　人及鳥生子曰乳，獸曰產。从孚从乙。乙者，玄鳥也。《明堂月令》："玄鳥至之日，祠于高禖，以請子。"故乳从乙。請子必以乙至之日者，乙，春分來，秋分去，開生之候鳥，帝少昊司分之官也。 而主切。

文三　重一

不　部

不 fǒu　（甲骨　金文　簡帛　古璽　古幣　漢印　石刻）鳥飛上翔不下來也。从一，一猶天也。象形。凡不之屬皆从不。 方久切。

否 fǒu　（金文　簡帛）不也。从口从不，不亦聲。徐鍇曰："不可之意見於言，故从口。" 方久切。

文二

至　部

至 zhì　（甲骨　金文　簡帛

　　　　　　　（石刻）鳥飛從高下至地也。從一，一猶地也。象形。不，上去；而至，下來也。凡至之屬皆從至。 脂利切。 古文至。

到 dào　　（石刻）至也。從至刀聲。 都悼切。

臻 zhēn　　（石刻）至也。從至秦聲。 側詵切。

䢇 chì　　忿戾也。從至，至而復遜。遜，遁也。《周書》曰："有夏氏之民叨䢇。"䢇，讀若摯。 丑利切。

臺 tái　　（簡帛 古幣 漢印 石刻）觀，四方而高者。從至從之，從高省。與室屋同意。 徒哀切。

臸 rì　　（簡帛）到也。從二至。 人質切。

　　　　文六　重一

西部

西 xī　　（甲骨 金文 簡帛 古璽 古幣 漢印 石刻）鳥在巢上。象形。日在西方而鳥棲，故因以爲東西之西。凡西之屬皆從西。 先稽切。 ，西或從木、妻。 ，古文西。 ，籀文西。

㢴 xī　　姓也。從西圭聲。 戶圭切。

　　　　文二　重三

鹵部

鹵 lǔ　　（金文）西方鹹地也。從西省，象鹽形。安定有鹵縣。東方謂之㡿，西方謂之鹵。凡鹵之屬皆從鹵。 郎古切。

䴬 cuó　　鹹也。從鹵，差省聲。河內謂之䴬，沛人言若虘。 昨河切。

鹹 xián　　（石刻）銜也。北方味也。從鹵咸聲。 胡毚切。

　　　　文三

鹽部

鹽 yán　鹽（[图][图]簡帛 [图][图]漢印 [图]石刻）鹹也。从鹵監聲。古者，宿沙初作煮海鹽。凡鹽之屬皆从鹽。　余廉切。

盬 gǔ　盬（[图][图][图][图]簡帛 [图]古璽）河東鹽池，袤五十一里，廣七里，周百十六里。从鹽省，古聲。　公戶切。

鹼 jiǎn　鹼　鹵也。从鹽省，僉聲。　魚欠切。

　　　文三

戶部

戶 hù　戶（[图]甲骨 [图][图][图]金文 [图][图]簡帛 [图][图]古幣 [图][图][图][图][图]石刻）護也。半門曰戶。象形。凡戶之屬皆从戶。　矦古切。　扈，古文戶从木。

扉 fēi　扉　戶扇也。从戶非聲。　甫微切。

扇 shàn　扇　扉也。从戶，从翅聲（按：聲當作省）。　式戰切。

房 fáng　房（[图][图]簡帛 [图]石刻）室在旁也。从戶方聲。　符方切。

戻 tì　戻　輜車旁推戶也。从戶大聲。讀與釱同。　徒蓋切。

戹 è　戹（[图][图]簡帛）隘也。从戶乙聲。　於革切。

肁 zhào　肁　始開也。从戶从聿。臣鉉等曰：聿者，始也。　治矯切。

扆 yǐ　扆　戶牖之閒謂之扆。从戶衣聲。　於豈切。

扈 qù　扈　閉也。从戶，劫省聲。　口盍切。

扃 jiōng　扃　外閉之關也。从戶冋聲。　古熒切。

　　　文十　重一

門部

門 mén　門（[图][图]甲骨 [图][图]金文 [图][图]簡帛 [图]古璽 [图][图]古幣 [图]漢印 [图][图][图][图]石刻）聞也。从二戶。象形。凡門之屬皆从門。　莫奔切。

閶 chāng　閶　天門也。从門昌聲。楚人名門曰閶闔。　尺量切。

闈 wéi 闈（石刻）宮中之門也。从門韋聲。 羽非切。

閻 yán 閻謂之槮。槮，廟門也。从門詹聲。 余廉切。

閎 hóng 閎 巷門也。从門厷聲。 戶萌切。

閨 guī 閨（簡帛 石刻）特立之戶，上圜下方，有似圭。从門圭聲。 古攜切。

閣 gé 閣 門旁戶也。从門合聲。 古沓切。

闒 tà 闒 樓上戶也。从門㬎聲。 徒盍切。

閈 hàn 閈（金文）門也。从門干聲。汝南平輿里門曰閈。 侯旰切。

閭 lǘ 閭（石刻）里門也。从門呂聲。《周禮》："五家爲比，五比爲閭。"閭，侶也，二十五家相羣侶也。 力居切。

閻 yán 閻（漢印 石刻）里中門也。从門臽聲。 余廉切。壛，閻或从土。

閬 huì 閬 市外門也。从門貴聲。 胡對切。

闉 yīn 闉 城內重門也。从門垔聲。《詩》曰："出其闉闍。" 於真切。

闍 dū 闍 闉闍也。从門者聲。 當孤切。

闕 què 闕（漢印 石刻）門觀也。从門欮聲。 去月切。

閞 biàn 閞 門欂櫨也。从門弁聲。 皮變切。

閜 xiè 閜 門扇也。从門介聲。 胡介切。

闔 hé 闔 門扇也。一曰閉也。从門盍聲。 胡臘切。

闑 niè 闑 門梱也。从門臬聲。 魚列切。

閾 yù 閾 門榍也。从門或聲。《論語》曰："行不履閾。" 于逼切。䦲，古文閾从洫。

閬 làng 閬（漢印）門高也。从門良聲。巴郡有閬中縣。 來宕切。

闢 pì 闢（金文 簡帛 石刻）開也。从門辟聲。房益切。𨳿，《虞書》曰："𨳿四門。"从門从収。

闈 wěi 闈 闢門也。从門爲聲。《國語》曰："闈門而與之言。" 韋委切。

闡 chǎn 闡 開也。从門單聲。《易》曰："闡幽。" 昌善切。

開 kāi 開（石刻）張也。从門从开。 苦哀切。開，古文。

闓 kǎi 闓 開也。从門豈聲。 苦亥切。

閜 xiǎ 閜 大開也。从門可聲。大杯亦爲閜。 火下切。

閘 yā 閘 開閉門也。从門甲聲。 烏甲切。

閟 bì 閟（簡帛）閉門也。从門必聲。《春秋傳》曰："閟門而與之言。" 兵媚切。

閣 gé 閣（石刻）所以止扉也。从門各聲。 古洛切。

閒 jiàn 閒（金文 簡帛 古璽 石刻）隙也。从門从月。徐鍇曰："夫門夜閉，閉而見月光，是有閒隙也。"古閑切。𨳇，古文閒。

閜 ě 閜 門傾也。从門阿聲。烏可切。

閼 è 閼 (閼金文 閼石刻) 遮攤也。从門於聲。烏割切。

𨷲 zhuǎn 𨷲 開閉門利也。从門繇聲。一曰縷十紘也。臣鉉等曰：繇非聲，未詳。旨沇切。

閜 yà 閜 門聲也。从門曷聲。乙鎋切。

鄉 xiàng 鄉 門響也。从門鄉聲。許亮切。

闌 lán 闌 (闌 闌金文) 門遮也。从門柬聲。洛干切。

閑 xián 閑 (閑金文) 闌也。从門中有木。戶閒切。

閉 bì 閉 (閉甲骨 閉 閉金文) 闔門也。从門；才，所以歫門也。博計切。

閡 ài 閡 外閉也。从門亥聲。五溉切。

闇 àn 闇 閉門也。从門音聲。烏紺切。

關 guān 關 (關 關 關石刻) 以木橫持門戶也。从門𢇇聲。古還切。

闟 yuè 闟 關下牡也。从門龠聲。以灼切。

闐 tián 闐 盛皃。从門眞聲。待季切。

闛 táng 闛 闛闛，盛皃。从門堂聲。徒郎切。

閹 yān 閹 (閹石刻) 豎也。宮中奄閽閉門者。从門奄聲。英廉切。

閽 hūn 閽 常以昏閉門隸也。从門从昏，昏亦聲。呼昆切。

闚 kuī 闚 閃也。从門規聲。去隓切。

闌 lán 闌 妄入宮掖也。从門縊聲。讀若闌。洛干切。

兩 zhèn 兩 登也。从門、二。二，古文下字。讀若軍陬之陬。臣鉉等曰：下言自下而登上也，故从下。《商書》曰："若升高，必自下。"直刃切。

閃 shǎn 閃 闚頭門中也。从人在門中。失冉切。

閱 yuè 閱 具數於門中也。从門，說省聲。弋雪切。

闋 què 闋 事已，閉門也。从門癸聲。傾雪切。

闞 kàn 闞 望也。从門敢聲。苦濫切。

闊 kuò 闊 疏也。从門𣿬聲。苦括切。

閔 mǐn 閔 (閔石刻) 弔者在門也。从門文聲。臣鉉等曰：今別作憫，非是。眉殞切。𢤶，古文閔。

闖 chèn 闖 馬出門皃。从馬在門中。讀若郴。丑禁切。

文五十七　重六

闤 huán 闤 市垣也。从門睘聲。戶關切。

闒 tà 　門也。从門達聲。 他達切。

閌 kāng 　閌閬，高門也。从門亢聲。 苦浪切。

閥 fá 　閥閱，自序也。从門伐聲。義當通用伐。 房越切。

闃 qù 　靜也。从門狊聲。臣鉉等案：《易》：窺其戶，闃其無人。窺，小視也。狊，大張目也。言始小視之，雖大張目亦不見人也。義當只用狊字。 苦狊切。

文五新附

耳 部

耳 ěr 　（甲骨　金文　簡帛　古璽　石刻）主聽也。象形。凡耳之屬皆从耳。 而止切。

耴 zhé 　（金文　玉盟書　簡帛　古璽）耳垂也。从耳下垂。象形。《春秋傳》曰"秦公子輒"者，其耳下垂，故以為名。 陟葉切。

聃 diān 　小垂耳也。从耳占聲。 丁兼切。

耽 dān 　（石刻）耳大垂也。从耳冘聲。《詩》曰："士之耽兮。" 丁含切。

耼 dān 　（漢印）耳曼也。从耳冉聲。 他甘切。 聃，耼或从甘。

瞻 dān 　垂耳也。从耳詹聲。南方瞻耳之國。 都甘切。

耿 gěng 　（金文　古璽　漢印　石刻）耳箸頰也。从耳，烓省聲。杜林說：耿，光也。从光，聖省。凡字皆左形右聲。杜林非也。徐鍇曰："凡字多右形左聲，此說或後人所加，或傳寫之誤。" 古杏切。

聯 lián 　（甲骨　古璽）連也。从耳，耳連於頰也；从絲，絲連不絕也。 力延切。

聊 liáo 　耳鳴也。从耳卯聲。 洛蕭切。

聖 shèng 　（甲骨　金文　簡帛　古璽　石刻）通也。从耳呈聲。 式正切。

聰 cōng 　（簡帛）察也。从耳悤聲。 倉紅切。

聽 tīng 　（甲骨　金文　石刻）聆也。从耳、悳，壬聲。 他定切。

聆 líng 　聽也。从耳令聲。 郎丁切。

職 zhí 　（金文　簡帛　漢印　石刻）記微也。从耳戠聲。 之弋切。

聒 guō 　讙語也。从耳昏聲。 古活切。

聥 jǔ 　張耳有所聞也。从耳禹聲。 王矩切。

說文解字第十二 373

聲 shēng （甲骨 漢印 石刻）音也。从耳殸聲。殸，籀文磬。 書盈切。

聞 wén （甲骨 金文 簡帛 古璽 石刻）知聞也。从耳門聲。 無分切。 䎽，古文从昏。

聘 pìn （石刻）訪也。从耳甹聲。 匹正切。

聾 lóng （簡帛）無聞也。从耳龍聲。 盧紅切。

聳 sǒng （石刻）生而聾曰聳。从耳，從省聲。 息拱切。

聹 zǎi 益梁之州謂聾爲聹。秦晉聽而不聞，聞而不達謂之聹。从耳宰聲。 作亥切。

聵 kuì 聾也。从耳貴聲。 五怪切。 聩，聵或从謮。臣鉉等曰：當從敝省，義見敝字注。

聉 wà 無知意也。从耳出聲。 讀若孽。 五滑切。

聅 wà 吳楚之外，凡無耳者謂之聅。言若斷耳爲盟。从耳閺聲。 五滑切。

聅 chè 軍法以矢貫耳也。从耳从矢。《司馬法》曰：「小罪聅，中罪刖，大罪剄。」 恥列切。

聝 guó （金文）軍戰斷耳也。《春秋傳》曰：「以爲俘聝。」从耳或聲。 古獲切。 馘，聝或从首。

聉 wà 墮耳也。从耳月聲。 魚厥切。

靡 mǐ 乘輿金馬耳也。从耳麻聲。讀若淠水。一曰若《月令》靡草之靡。 亡彼切。

聆 qín 《國語》曰：「回祿信於聆遂。」闕。 巨今切。

聑 tiē （甲骨 金文）安也。从二耳。 丁帖切。

聶 niè （簡帛）附耳私小語也。从三耳。 尼輒切。

　　　　　文三十二　重四

聱 áo 不聽也。从耳敖聲。 五交切。

　　　　　文一新附

臣　部

臣 yí （簡帛）頤也。象形。凡臣之屬皆从臣。 與之切。 顊，篆文臣。 𩠐，籀文从首。

𦣞 yí （金文）廣臣也。从臣已聲。 與之切。 𦣝，古文𦣞从戶。臣鉉等曰：今俗作㕁史切。以爲階𦣝之𦣝。

　　　　　文二　重三

手 部

| 手 shǒu | ꭡ（金文／簡帛）拳也。象形。凡手之屬皆從手。 書九切。 ꭡ，古文手。
| 掌 zhǎng | （古璽／古陶／石刻）手中也。從手尚聲。 諸兩切。
| 拇 mǔ | （簡帛）將指也。從手母聲。 莫厚切。
| 指 zhǐ | （簡帛／石刻）手指也。從手旨聲。 職雉切。
| 拳 quán | （簡帛）手也。從手关聲。 巨員切。
| 掔 wàn | 手掔也。楊雄曰："掔，握也。"從手臤聲。 烏貫切。
| 攕 xiān | 好手皃。《詩》曰："攕攕女手。"從手韱聲。 所咸切。
| 掣 shuò | 人臂皃。從手削聲。《周禮》曰："輻欲其掣。"徐鍇曰："人臂梢長，纖好也。" 所角切。
| 摳 kōu | 繑也。一曰摳衣升堂。從手區聲。 口矦切。
| 攐 qiān | 摳衣也。從手褰聲。 去虔切。
| 揖 yì | 舉手下手也。從手壹聲。 於計切。
| 挹 yī | 攘也。從手𦣞聲。一曰手箸胷曰挹。 伊入切。
| 攘 ràng | 推也。從手襄聲。 汝羊切。
| 拱 gǒng | （石刻）斂手也。從手共聲。 居竦切。
| 撿 liǎn | 拱也。從手僉聲。 良冄切。
| 拜 bài | （金文／簡帛／石刻）首至地也。從手、𠦪。𠦪音忽。徐鍇曰："𠦪進趣之，疾也，故拜從之。" 博怪切。 ꭡ，楊雄說：拜從兩手下。 ꭡ，古文拜。
| 捾 wò | 搯捾也。從手官聲。一曰援也。 烏括切。
| 搯 tāo | 捾也。從手舀聲。《周書》曰："師乃搯。"搯者，拔兵刃以習擊刺。《詩》曰："左旋右搯。" 土刀切。
| 㧬 gǒng | 攤也。從手巩聲。居竦切。臣鉉等案：𠬝部有𢪈，與巩同，此重出。
| 推 tuī | 排也。從手隹聲。 他回切。
| 捘 zùn | 推也。從手夋聲。《春秋傳》曰："捘衛侯之手。" 子寸切。
| 排 pái | 擠也。從手非聲。 步皆切。
| 擠 jǐ | 排也。從手齊聲。 子計切。
| 抵 dǐ | 擠也。從手氐聲。 丁禮切。
| 摧 cuī | 擠也。從手崔聲。一曰挏也，一曰折也。 昨回切。

| 拉 lā | 摧也。从手立聲。 盧合切。
| 挫 cuò | 摧也。从手坐聲。 則臥切。
| 扶 fú | 左也。从手夫聲。 防無切。㧓，古文扶。
| 將 jiāng | 扶也。从手爿聲。 七良切。
| 持 chí | （石刻）握也。从手寺聲。 直之切。
| 挈 qiè | 縣持也。从手韧聲。 苦結切。
| 拑 qián | 脅持也。从手甘聲。 巨淹切。
| 揲 shé | 閱持也。从手枼聲。 食折切。
| 摯 zhì | 握持也。从手从執。 脂利切。
| 操 cāo | 把持也。从手喿聲。 七刀切。
| 攫 jú | 爪持也。从手瞿聲。臣鉉等曰：今俗別作掬，非是。 居玉切。
| 捦 qín | 急持衣䘳也。从手金聲。 巨今切。擒，捦或从禁。
| 搏 bó | （金文）索持也。一曰至也。从手尃聲。 補各切。
| 據 jù | （漢印）杖持也。从手豦聲。 居御切。
| 攝 shè | （石刻）引持也。从手聶聲。 書涉切。
| 抩 nán | 并持也。从手冄聲。 他含切。
| 捬 bù | 捫持也。从手布聲。 普胡切。
| 挾 xié | 俾持也。从手夾聲。 胡頰切。
| 捫 mén | 撫持也。从手門聲。《詩》曰："莫捫朕舌。" 莫奔切。
| 擥 lǎn | 撮持也。从手監聲。 盧敢切。
| 擸 liè | 理持也。从手巤聲。 良涉切。
| 握 wò | 搤持也。从手屋聲。 於角切。𢮥，古文握。
| 撣 dàn | 提持也。从手單聲。讀若行遲驒驒。 徒旱切。
| 把 bǎ | 握也。从手巴聲。 搏下切。
| 搹 è | 把也。从手鬲聲。 於革切。扼，搹或从厄。
| 拏 ná | 牽引也。从手奴聲。 女加切。
| 攜 xié | （石刻）提也。从手雟聲。 戶圭切。
| 提 tí | （石刻）挈也。从手是聲。 杜兮切。
| 摘 zhé | 拈也。从手耴聲。 丁愜切。
| 拈 niān | 摘也。从手占聲。 奴兼切。

摛 chī （彖石刻）舒也。从手离聲。 丑知切。

捨 shě 釋也。从手舍聲。 書冶切。

擪 yè 一指按也。从手厭聲。 於協切。

按 àn 下也。从手安聲。 烏旰切。

控 kòng 引也。从手空聲。《詩》曰："控于大邦。"匈奴名引弓控弦。 苦貢切。

揗 shǔn 摩也。从手盾聲。 食尹切。

掾 yuàn （掾石刻）緣也。从手象聲。 以絹切。

拍 pāi 拊也。从手百聲。 普百切。

拊 fǔ 揗也。从手付聲。 芳武切。

掊 póu 把也。今鹽官入水取鹽爲掊。从手咅聲。 父溝切。

捋 luō 取易也。从手寽聲。 郎括切。

撩 liáo 理也。从手寮聲。 洛蕭切。

措 cuò 置也。从手昔聲。 倉故切。

插 chā 刺肉也。从手从臿。 楚洽切。

掄 lún 擇也。从手侖聲。 盧昆切。

擇 zé （金文 石刻）柬選也。从手睪聲。 丈伯切。

捉 zhuō （簡帛）搤也。从手足聲。一曰握也。 側角切。

搤 è 捉也。从手益聲。 於革切。

挻 shān 長也。从手从延，延亦聲。 式連切。

揃 jiǎn 搣也。从手前聲。 即淺切。

搣 miè 批也。从手威聲。 亡剡切。

批 zǐ 搣也。从手此聲。 側氏切。

揤 jí 捽也。从手即聲。魏郡有揤裴侯國。 子力切。

捽 zuó 持頭髮也。从手卒聲。 昨沒切。

撮 cuō 四圭也。一曰兩指撮也。从手最聲。 倉括切。

鞠 jú 撮也。从手，氣省聲。 居六切。

挮 dì 撮取也。从手帶聲。讀若《詩》曰"蠆蝀在東"。 都計切。挮，挮或从折从示。兩手急持人也。

抙 póu （ 石刻）引取也。从手孚聲。 步矦切。抙，抙或从包。臣鉉等曰：今作薄報切，以爲褒襃字，非是。

揜 yǎn	揜	自關以東謂取曰揜。一曰覆也。从手弇聲。 衣檢切。
授 shòu	授	（石刻）予也。从手从受，受亦聲。 殖酉切。
承 chéng	承	（甲骨 金文 簡帛 漢印 石刻）奉也。受也。从手从卪从収。臣鉉等曰：謹節其事，承奉之義也，故从卪。 署陵切。
挋 zhèn	挋	給也。从手臣聲。一曰約也。 章刃切。
摛 jìn	摛	拭也。从手堇聲。 居焮切。
攩 dǎng	攩	朋羣也。从手黨聲。 多朗切。
接 jiē	接	（漢印）交也。从手妾聲。 子葉切。
拂 pō	拂	攩也。从手市聲。 普活切。
挏 dòng	挏	攤引也。漢有挏馬官，作馬酒。从手同聲。 徒總切。
招 zhāo	招	手呼也。从手、召。 止搖切。
撫 fǔ	撫	（石刻）安也。从手無聲。一曰循也。 芳武切。 㧅，古文从辵、亡。
捪 mín	捪	撫也。从手昏聲。一曰摹也。 武巾切。
揣 chuǎi	揣	量也。从手耑聲。度高曰揣。一曰捶之。徐鍇曰："此字與耑聲不相近，如喘、遄之類，皆當从瑞省。" 初委切。
抧 zhǐ	抧	開也。从手只聲。讀若抵掌之抵。 諸氏切。
摜 guàn	摜	習也。从手貫聲。《春秋傳》曰："摜瀆鬼神。" 古患切。
投 tóu	投	（石刻）擿也。从手从殳。 度矦切。
擿 zhì	擿	搔也。从手適聲。一曰投也。 直隻切。
搔 sāo	搔	括也。从手蚤聲。 穌遭切。
扴 jiá	扴	刮也。从手介聲。 古黠切。
摽 piāo	摽	擊也。从手㮎聲。一曰挈門（按：門當作闑）壯也。 符少切。
挑 tiāo	挑	撓也。从手兆聲。一曰操也。《國語》曰："卻至挑天。" 土凋切。
抉 jué	抉	挑也。从手夬聲。 於說切。
撓 náo	撓	擾也。从手堯聲。一曰捄也。 奴巧切。
擾 rǎo	擾	煩也。从手憂聲。 而沼切。
挶 jū	挶	戟持也。从手局聲。 居玉切。
据 jū	据	戟挶也。从手居聲。 九魚切。
揳 qià	揳	刮也。从手葛聲。一曰撻也。 口八切。
摘 zhāi	摘	拓果樹實也。从手啇聲。一曰指近之也。臣鉉等曰：當从適省乃得聲。 他歷切。又，竹戹切。

| 撍 xiá | 搗也。从手害聲。 胡秸切。
| 摲 cán | 暫也。从手斬聲。 昨甘切。
| 拹 xié | 摺也。从手劦聲。一曰拉也。 虛業切。
| 摺 zhé | 敗也。从手習聲。 之涉切。
| 揫 jiū | 束也。从手秋聲。《詩》曰："百祿是揫。" 即由切。
| 摟 lōu | 曳、聚也。从手婁聲。 洛侯切。
| 抎 yǔn | 有所失也。《春秋傳》曰："抎子，辱矣。"从手云聲。 于敏切。
| 披 pī | 从旁持曰披。从手皮聲。 敷羈切。
| 搋 chì | 引縱曰搋。从手，瘛省聲。 尺制切。
| 掌 zì | 積也。《詩》曰："助我舉掌。"摵頬芶也。从手此聲。 前智切。
| 掉 diào | 搖也。从手卓聲。《春秋傳》曰："尾大不掉。" 徒弔切。
| 搖 yáo | （石刻）動也。从手䍃聲。 余招切。
| 搈 róng | 動搈也。从手容聲。 余隴切。
| 摯 zhì | 當也。从手貳聲。 直異切。
| 揂 jiū | 聚也。从手酉聲。 即由切。
| 掔 qiān | 固也。从手臤聲。讀若《詩》"赤舄掔掔"。臣鉉等曰：今別作慳，非是。 苦閑切。
| 捀 féng | 奉也。从手夆聲。 敷容切。
| 攑 yú | 對舉也。从手轝聲。 以諸切。
| 揚 yáng | （金文　石刻）飛舉也。从手昜聲。 與章切。敭，古文。
| 舉 jǔ | （石刻）對舉也。从手與聲。 居許切。
| 掀 xiān | 舉出也。从手欣聲。《春秋傳》曰："掀公出於淖。" 虛言切。
| 揭 qì | 高舉也。从手曷聲。 去例切。又，基竭切。
| 抍 zhěng | 上舉也。从手升聲。《易》曰："抍馬壯吉。"蒸上聲。撜，抍或从登。臣鉉等曰：今俗別作拯，非是。
| 振 zhèn | （石刻）舉救也。从手辰聲。一曰奮也。 章刃切。
| 扛 gāng | 橫關對舉也。从手工聲。 古雙切。
| 扮 fěn | 握也。从手分聲。讀若粉。 房吻切。
| 撟 jiǎo | 舉手也。从手喬聲。一曰撟，擅也。 居少切。

| 捎 shāo | 自關已西，凡取物之上者爲撟捎。从手肖聲。 所交切。
| 攤 yǒng | 抱也。从手雝聲。 於隴切。
| 擩 rǔ | 染也。从手需聲。《周禮》："六曰擩祭。" 而主切。
| 揄 yú | 引也。从手俞聲。 羊朱切。
| 擎 pán | 擎攫，不正也。从手般聲。 薄官切。
| 攫 wò | 擎攫也。一曰布攫也，一曰握也。从手蒦聲。 一號切。
| 拚 biàn | 拊手也。从手弁聲。 皮變切。
| 擅 shàn | 專也。从手亶聲。 時戰切。
| 揆 kuí | 葵也。从手癸聲。 求癸切。
| 擬 nǐ | （石刻）度也。从手疑聲。 魚已切。
| 損 sǔn | （石刻）減也。从手員聲。 穌本切。
| 失 shī | （甲骨 簡帛 石刻）縱也。从手乙聲。 式質切。
| 捝 tuō | 解捝也。从手兌聲。 他括切。
| 撥 bō | 治也。从手發聲。 北末切。
| 挹 yì | 抒也。从手邑聲。 於汲切。
| 抒 shū | 挹也。从手予聲。 神與切。
| 抯 zhā | 挹也。从手且聲。讀若樝棃之樝。 側加切。
| 攫 jué | （簡帛）扟也。从手矍聲。 居縛切。
| 扟 shēn | 从上挹也。从手卂聲。讀若莘。 所臻切。
| 拓 zhí | 拾也。陳、宋語。从手石聲。 之石切。 摭，拓或从庶。
| 攈 jùn | 拾也。从手麇聲。 居運切。
| 拾 shí | 掇也。从手合聲。 是執切。
| 掇 duó | 拾取也。从手叕聲。 都括切。
| 擐 huàn | 貫也。从手瞏聲。《春秋傳》曰："擐甲執兵。" 胡慣切。
| 挭 gēng | 引急也。从手恆聲。 古恆切。
| 捎 suō | 蹴引也。从手宿聲。 所六切。
| 撁 qián | 相援也。从手虔聲。 巨言切。
| 援 yuán | （古璽）引也。从手爰聲。 雨元切。
| 擂 chōu | 引也。从手留聲。 敕鳩切。 抽，擂或从由。 挋，擂或从秀。
| 擢 zhuó | 引也。从手翟聲。 直角切。

| 拔 bá | 𢪛（簡帛）擢也。从手犮聲。 蒲八切。
| 挜 yà | 挜 拔也。从手匽聲。 烏黠切。
| 擣 dǎo | 擣 手推（按：推當作椎）也。一曰築也。从手𠷎聲。 都皓切。
| 攣 luán | 攣 係也。从手䜌聲。 呂員切。
| 挺 tǐng | 挺 拔也。从手廷聲。 徒鼎切。
| 搴 qiān | 搴 拔取也。南楚語。从手寒聲。《楚詞》曰："朝搴批之木蘭。" 九輦切。
| 探 tān | 探（簡帛）遠取之也。从手罙聲。 他含切。
| 撢 tàn | 撢 探也。从手覃聲。 他紺切。
| 挼 ruó | 挼 推也。从手委聲。一曰兩手相切摩也。臣鉉等曰：今俗作捼，非是。 奴禾切。
| 撆 piē | 撆 別也。一曰擊也。从手敝聲。 芳滅切。
| 搣 hàn | 搣 搖也。从手咸聲。臣鉉等曰：今別作撼，非是。 胡感切。
| 搦 nuò | 搦 按也。从手弱聲。 尼革切。
| 掎 jǐ | 掎 偏引也。从手奇聲。 居綺切。
| 揮 huī | 揮（石刻）奮也。从手軍聲。 許歸切。
| 摩 mó | 摩 研也。从手麻聲。 莫婆切。
| 批 pī | 批 反手擊也。从手㡀聲。 匹齊切。
| 攪 jiǎo | 攪 亂也。从手覺聲。《詩》曰："祇攪我心。" 古巧切。
| 搑 rǒng | 搑 推擣也。从手茸聲。 而隴切。
| 撞 zhuàng | 撞 卂擣也。从手童聲。 宅江切。
| 捆 yīn | 捆 就也。从手因聲。 於眞切。
| 扔 rēng | 扔（甲骨）因也。从手乃聲。 如乘切。
| 括 kuò | 括 絜也。从手昏聲。 古活切。
| 抲 hē | 抲 抲撝也。从手可聲。《周書》曰："盡執，抲。" 虎何切。
| 擘 bò | 擘 撝也。从手辟聲。 博戹切。
| 撝 huī | 撝（石刻）裂也。从手爲聲。一曰手指也。 許歸切。
| 捇 huò | 捇 裂也。从手赤聲。 呼麥切。
| 扐 lè | 扐 《易》筮，再扐而後卦。从手力聲。 盧則切。
| 技 jì | 技 巧也。从手支聲。 渠綺切。
| 摹 mó | 摹 規也。从手莫聲。 莫胡切。
| 拙 zhuō | 拙 不巧也。从手出聲。 職說切。

| 搨 tà | 縫指搨也。一曰韜也。从手沓聲。讀若眔。 徒合切。
| 摶 tuán | 圜也。从手專聲。 度官切。
| 搰 hú | 手推之也。从手圂聲。 戶骨切。
| 捄 jū | 盛土於梩中也。一曰擾也。《詩》曰："捄之陾陾。"从手求聲。 舉朱切。
| 拮 jié | 手口共有所作也。从手吉聲。《詩》曰："予手拮据。" 古屑切。
| 搰 hú | 掘也。从手骨聲。 戶骨切。
| 掘 jué | 搰也。从手屈聲。 衢勿切。
| 掩 yǎn | （石刻）斂也。小上曰掩。从手奄聲。 衣檢切。
| 摡 gài | 滌也。从手既聲。《詩》曰："摡之釜鬵。" 古代切。
| 揟 xū | 取水沮也。从手胥聲。武威有揟次縣。 相居切。
| 播 bō | （金文 簡帛）穜也。一曰布也。从手番聲。 補過切。敽，古文播。
| 挃 zhì | 穫禾聲也。从手至聲。《詩》曰："穫之挃挃。" 陟栗切。
| 摯 zhì | 刺也。从手致聲。一曰刺之財至也。 陟利切。
| 扤 wù | 動也。从手兀聲。 五忽切。
| 捐 yuè | 折也。从手月聲。 魚厥切。
| 摎 jiū | 縛殺也。从手翏聲。 居求切。
| 撻 tà | 鄉飲酒，罰不敬，撻其背。从手達聲。 他達切。𨘈，古文撻。《周書》曰："遽以記之。"
| 掕 líng | 止馬也。从手夌聲。 里甑切。
| 抨 pēng | 撣也。从手平聲。 普耕切。
| 捲 quán | 气勢也。从手卷聲。《國語》曰："有捲勇。"一曰捲，收也。臣鉉等曰：今俗作居轉切，以爲捲舒之捲。 巨員切。
| 扱 xī | 收也。从手及聲。 楚洽切。
| 撟 jiǎo | 拘擊也。从手巢聲。 子小切。
| 挨 āi | 擊背也。从手矣聲。 於駭切。
| 撲 pū | （金文）挨也。从手業聲。 蒲角切。
| 擊 qiào | 旁擊也。从手敫聲。 苦弔切。
| 扚 diǎo | 疾擊也。从手勺聲。 都了切。
| 抶 chì | 笞擊也。从手失聲。 勑栗切。
| 抵 zhǐ | 側擊也。从手氐聲。 諸氏切。
| 抰 yǎng | 以車鞅擊也。从手央聲。 於兩切。

| 補 bǔ | 衣上擊也。从手保聲。 方苟切。
| 捭 bǎi | （簡帛）兩手擊也。从手卑聲。 北買切。
| 捶 chuí | 以杖擊也。从手巫聲。 之壘切。
| 搉 què | 敲擊也。从手隺聲。 苦角切。
| 撜 yǐng | 中擊也。从手竟聲。 一敬切。
| 拂 fú | 過擊也。从手弗聲。徐鍇曰："擊而過之也。" 敷勿切。
| 掔 kēng | 擣頭也。从手堅聲。讀若"鏗尔舍瑟而作"。 口莖切。
| 扰 dǎn | 深擊也。从手冘聲。讀若告言不正曰扰。 竹甚切。
| 毀 huǐ | 傷擊也。从手、毁，毀亦聲。 許委切。
| 擊 jī | （漢印 石刻）支也。从手毄聲。 古歷切。
| 扞 hàn | 忮也。从手干聲。 矦旰切。
| 抗 kàng | 扞也。从手亢聲。 苦浪切。杭，抗或从木。臣鉉等曰：今俗作胡郎切。
| 捕 bǔ | 取也。从手甫聲。 薄故切。
| 簎 cè | 刺也。从手，籍省聲。《周禮》曰："簎魚鼈。" 士革切。
| 撚 niǎn | 執也。从手然聲。一曰蹂也。 乃殄切。
| 挂 guà | 畫也。从手圭聲。 古賣切。
| 拕 tuō | 曳也。从手它聲。 託何切。
| 捈 tú | 臥引也。从手余聲。 同都切。
| 抴 yè | 捈也。从手世聲。 余制切。
| 揙 biàn | 撫也。从手扁聲。 婢沔切。
| 撅 juē | 从手有所把也。从手厥聲。 居月切。
| 攎 lú | 拏持也。从手盧聲。 洛乎切。
| 拏 ná | 持也。从手如聲。 女加切。
| 搵 wèn | 没也。从手㬈聲。 烏困切。
| 搒 péng | 掩也。从手旁聲。 北孟切。
| 挌 gé | 擊也。从手各聲。 古覈切。
| 拲 gǒng | 兩手同械也。从手从共，共亦聲。《周禮》："上皋，桎拲而桎。" 居竦切。梏，拲或从木。
| 掫 zōu | 夜戒守，有所擊。从手取聲。《春秋傳》曰："賓將掫。" 子侯切。
| 捐 juān | 棄也。从手肙聲。 與專切。

| 掤 bīng | 掤 | 所以覆矢也。从手朋聲。《詩》曰："抑釋掤忌。" 筆陵切。
| 扜 yū | 扜 | 指麾也。从手亏聲。 億俱切。
| 麾 huī | 麾 | 旌旗，所以指麾也。从手靡聲。 許爲切。
| 捷 jié | 捷 | （■石刻）獵也。軍獲得也。从手疌聲。《春秋傳》曰："齊人來獻戎捷。" 疾葉切。
| 扣 kòu | 扣 | 牽馬也。从手口聲。 丘后切。
| 捆 hùn | 捆 | 同也。从手昆聲。 古本切。
| 捜 sōu | 捜 | 眾意也。一曰求也。从手叜聲。《詩》曰："束矢其捜。" 所鳩切。
| 換 huàn | 換 | 易也。从手奐聲。 胡玩切。
| 掖 yè | 掖 | 以手持人臂投地也。从手夜聲。一曰臂下也。 羊益切。

文二百六十五　重十九

| 搲 huà | 搲 | 橫大也。从手瓠聲。 胡化切。
| 攙 chān | 攙 | 刺也。从手毚聲。 楚銜切。
| 搢 jìn | 搢 | 插也。从手晉聲。搢紳，前史皆作薦紳。 即刃切。
| 掠 lüè | 掠 | 奪取也。从手京聲。本音亮。《唐韻》或作擽。 離灼切。
| 掐 qiā | 掐 | 爪刺也。从手臽聲。 苦洽切。
| 捻 niē | 捻 | 指捻也。从手念聲。 奴協切。
| 拗 ǎo | 拗 | 手拉也。从手幼聲。 於絞切。
| 摋 shè | 摋 | 捎也。从手殺聲。 沙劃切。
| 捌 bā | 捌 | 方言云：無齒杷。从手別聲。 百轄切。
| 攤 tān | 攤 | 開也。从手難聲。 他干切。
| 抛 pāo | 抛 | 棄也。从手从尤从力，或从手尥聲。案：《左氏傳》通用摽。《詩》："摽有梅"，摽，落也。義亦同。 匹交切。
| 摴 chū | 摴 | 舒也。又摴蒲，戲也。从手雩聲。 丑居切。
| 打 dǎ | 打 | 擊也。从手丁聲。 都挺切。

文十三新附

巫 部

| 巫 guāi | 巫 | 背呂也。象脅肋也。凡巫之屬皆从巫。 古懷切。

脊 jǐ　　背呂也。从㐺从肉。 資昔切。

　　　　　文二

女 部

女 nǚ　　(甲骨　金文　簡帛　古璽　石刻) 婦人也。象形。王育說。凡女之屬皆从女。 尼呂切。

姓 xìng　　(甲骨　古璽　石刻) 人所生也。古之神聖母，感天而生子，故稱天子。从女从生，生亦聲。《春秋傳》曰："天子因生以賜姓。" 息正切。

姜 jiāng　　(甲骨　金文　石刻) 神農居姜水，以爲姓。从女羊聲。 居良切。

姬 jī　　(甲骨　金文　簡帛　石刻) 黃帝居姬水，以爲姓。从女𦣞聲。 居之切。

姞 jí　　(金文) 黃帝之後百鯈姓，后稷妃家也。从女吉聲。 巨乙切。

嬴 yíng　　(金文) 少昊氏之姓。从女，嬴省聲。 以成切。

姚 yáo　　(金文　漢印　石刻) 虞舜居姚虛，因以爲姓。从女兆聲。或爲姚，嬈也。《史篇》以爲姚易也。 余招切。

嬀 guī　　(金文) 虞舜居嬀汭，因以爲氏。从女爲聲。 居爲切。

妘 yún　　(金文) 祝融之後姓也。从女云聲。 王分切。 𡡓，籀文妘从員。

姺 shēn　　殷諸侯爲亂，疑姓也。从女先聲。《春秋傳》曰："商有姺邳。" 所臻切。

嬈 niàn　　人姓也。从女然聲。 奴見切。

㚻 hào　　人姓也。从女丑聲。《商書》曰："無有作㚻。" 呼到切。

娸 qī　　人姓也。从女其聲。杜林說：娸，醜也。 去其切。

妊 chà　　少女也。从女乇聲。 坼下切。

媒 méi　　謀也，謀合二姓。从女某聲。 莫桮切。

妁 shuò　　酌也，斟酌二姓也。从女勺聲。 市勺切。

嫁 jià　　女適人也。从女家聲。 古訝切。

娶 qǔ	取婦也。从女从取，取亦聲。 七句切。
婚 hūn	婦家也。《禮》：娶婦以昏時，婦人陰也，故曰婚。从女从昏，昏亦聲。 呼昆切。 籀文婚。
姻 yīn	壻家也。女之所因，故曰姻。从女从因，因亦聲。於眞切。 籀文姻从開。
妻 qī	（金文 簡帛 石刻）婦與夫齊者也。从女从中从又。又，持事，妻職也。臣鉉等曰：中者，進也，齊之義也，故从中。 七稽切。 古文妻从肖、女。肖，古文貴字。
婦 fù	（金文 簡帛 石刻）服也。从女持帚灑掃也。 房九切。
妃 fēi	（甲骨 金文 石刻）匹也。从女己聲。 芳非切。
媲 pì	妃也。从女毘聲。 匹計切。
妊 rèn	（金文）孕也。从女从壬，壬亦聲。 如甚切。
娠 shēn	女妊身動也。从女辰聲。《春秋傳》曰："后緡方娠。"一曰宮婢女隸謂之娠。 失人切。
嫋 chú	婦人妊身也。从女芻聲。《周書》曰："至于嫋婦。" 側鳩切。
孂 fàn	生子齊均也。从女从生，免聲。 芳萬切。
嫛 yī	婗也。从女殹聲。 烏雞切。
婗 ní	嫛婗也。从女兒聲。一曰婦人惡兒。 五雞切。
母 mǔ	（甲骨 金文 簡帛 古璽 石刻）牧也。从女，象褱子形。一曰象乳子也。 莫后切。
嫗 yù	母也。从女區聲。 衣遇切。
媼 ǎo	女老偁也。从女昷聲。讀若奧。 烏皓切。
姁 xǔ	嫗也。从女句聲。 況羽切。
姐 jiě	蜀謂母曰姐，淮南謂之社。从女且聲。 茲也切。
姑 gū	（金文 簡帛 石刻）夫母也。从女古聲。 古胡切。
威 wēi	（金文 簡帛 石刻）姑也。从女从戌。漢律曰："婦告威姑。" 徐鍇曰："土盛於戌，土陰之主也，故从戌。" 於非切。
妣 bǐ	（金文）殁母也。从女比聲。 卑履切。 籀文妣省。
姊 zǐ	（古璽）女兄也。从女𠂔聲。 將几切。
妹 mèi	（甲骨 金文）女弟也。从女未聲。 莫佩切。
娣 dì	女弟也。从女从弟，弟亦聲。 徒禮切。

| 媦 wèi | 楚人謂女弟曰媦。从女胃聲。《公羊傳》曰："楚王之妻媦。" 云貴切。
| 嫂 sǎo | 兄妻也。从女叜聲。 穌老切。
| 姪 zhí | (甲骨) 兄之女也。从女至聲。 徒結切。
| 姨 yí | 妻之女弟同出爲姨。从女夷聲。 以脂切。
| 妿 ē | 女師也。从女加聲。杜林說：加教於女也。讀若阿。 烏何切。
| 姆 mǔ | 女師也。从女每聲。讀若母。 莫后切。
| 媾 gòu | 重婚也。从女冓聲。《易》曰："匪寇，婚媾。" 古候切。
| 侈 chǐ | 美女也。从女多聲。 尺氏切。 姼，姼或从氏。
| 妭 bá | 婦人美也。从女犮聲。 蒲撥切。
| 奚 xī | 女隸也。从女奚聲。 胡雞切。
| 婢 bì | 女之卑者也。从女从卑，卑亦聲。 便俾切。
| 奴 nú | (甲骨 金文 簡帛 古璽 古陶 古幣 漢印)
奴、婢，皆古之辠人也。《周禮》曰："其奴，男子入于辠隸，女子入于舂藁。"从女从又。
臣鉉等曰：又，手也。持事者也。 乃都切。 ，古文奴从人。
| 妜 yì | 婦官也。从女弋聲。 與職切。
| 嫥 qián | 甘氏《星經》曰："太白上公，妻曰女嫥。女嫥居南斗，食厲，天下祭之。曰明星。"
从女前聲。 昨先切。
| 媧 wā | 古之神聖女，化萬物者也。从女咼聲。 古蛙切。 ，籀文媧从𩰋。
| 娍 sōng | 帝高辛之妃，偰母號也。从女戎聲。《詩》曰："有娍方將。" 息弓切。
| 娥 é | (甲骨) 帝堯之女，舜妻娥皇字也。秦晉謂好曰姪娥。从女我聲。 五何切。
| 嫄 yuán | 台國之女，周棄母字也。从女原聲。 愚袁切。
| 嬿 yàn | 女字也。从女燕聲。 於甸切。
| 妸 ē | 女字也。从女可聲。讀若阿。 烏何切。
| 嬃 xū | 女字也。《楚詞》曰："女嬃之嬋媛。"賈侍中說：楚人謂姊爲嬃。从女須聲。 相俞切。
| 婕 jié | 女字也。从女疌聲。 子葉切。
| 嬩 yú | 女字也。从女與聲。讀若余。 以諸切。
| 孁 líng | 女字也。从女霝聲。 郎丁切。
| 嫽 liáo | 女字也。从女尞聲。 洛蕭切。
| 嫛 yī | 女字也。从女衣聲。讀若衣。 於稀切。
| 婤 zhōu | 女字也。从女周聲。 職流切。

| 姶 è | 姶 | 女字也。从女合聲。《春秋傳》曰："嬖人婤姶。"一曰無聲。 烏合切。
| 改 jǐ | 改 | (金文) 女字也。从女己聲。 居擬切。
| 妵 tǒu | 妵 | 女字也。从女主聲。 天口切。
| 妡 jiǔ | 妡 | 女字也。从女久聲。 舉友切。
| 姐 èr | 姐 | 女號也。从女耳聲。 仍吏切。
| 始 shǐ | 始 | (金文 古璽 漢印 石刻) 女之初也。从女台聲。 詩止切。
| 媚 mèi | 媚 | (金文) 說也。从女眉聲。 美祕切。
| 嫵 wǔ | 嫵 | 媚也。从女無聲。 文甫切。
| 媄 měi | 媄 | 色好也。从女从美，美亦聲。 無鄙切。
| 嬹 xù | 嬹 | 媚也。从女畜聲。 丑六切。
| 嫷 duò | 嫷 | 南楚之外謂好曰嫷。从女隋聲。臣鉉等曰：今俗省作媠。《唐韻》作妥，非是。 徒果切。
| 姝 shū | 姝 | 好也。从女朱聲。 昌朱切。
| 好 hǎo | 好 | (甲骨 金文 簡帛 石刻) 美也。从女、子。徐鍇曰："子者，男子之美偶。會意。" 呼皓切。
| 嬹 xìng | 嬹 | 說也。从女興聲。 許應切。
| 嬮 yān | 嬮 | 好也。从女厭聲。 於鹽切。
| 姝 shū | 姝 | 好也。从女殳聲。《詩》曰："靜女其姝。" 昌朱切。
| 姣 jiǎo | 姣 | 好也。从女交聲。 胡茅切。
| 嬽 yuān | 嬽 | 好也。从女䙴聲。讀若蜀郡布名。 委員切。
| 娧 tuì | 娧 | 好也。从女兌聲。 杜外切。
| 媌 miáo | 媌 | 目裏好也。从女苗聲。 莫交切。
| 嫿 huà | 嫿 | 靜好也。从女畫聲。 呼麥切。
| 婠 wān | 婠 | 體德好也。从女官聲。讀若楚卻宛。 一完切。
| 娙 xíng | 娙 | 長好也。从女巠聲。 五莖切。
| 孂 zàn | 孂 | 白好也。从女贊聲。 則旰切。
| 孌 luǎn | 孌 | 順也。从女䜌聲。《詩》曰："婉兮孌兮。" 力沇切。 籀文孌。
| 婉 wǎn | 婉 | 婉也。从女夗聲。 於阮切。
| 婉 wǎn | 婉 | (石刻) 順也。从女宛聲。《春秋傳》曰："太子痤婉。" 於阮切。
| 㛂 dòng | 㛂 | 直項兒。从女同聲。 他孔切。

| 嫣 yān | 長皃。从女焉聲。 於建切。
| 姌 rǎn | 弱長皃。从女冄聲。 而琰切。
| 嫋 niǎo | 姌也。从女从弱。 奴鳥切。
| 孅 xiān | 銳細也。从女韱聲。 息廉切。
| 嫇 míng | 嬰嫇也。从女冥聲。一曰嫇嫇，小人皃。 莫經切。
| 媱 yáo | 曲肩行皃。从女䍃聲。 余招切。
| 嬛 xuān | （簡帛 古璽）材緊也。从女瞏聲。《春秋傳》曰："嬛嬛在疚。" 許緣切。
| 姽 guǐ | 閑體，行姽姽也。从女危聲。 過委切。
| 委 wěi | （石刻）委隨也。从女从禾。臣鉉等曰：委，曲也。取其禾穀垂穗委曲之皃。故从禾。於詭切。
| 婐 wǒ | （甲骨）婐也。一曰女侍曰婐。讀若騧，或若委。从女果聲。孟軻曰："舜爲天子，二女婐。" 烏果切。
| 婗 nuǒ | 婐婗也。一曰弱也。从女㔾聲。 五果切。
| 姑 chān | 小弱也。一曰女輕薄善走也。一曰多技藝也。从女占聲。或讀若占。 齒懾切。
| 婆 chān | 妗也。从女沾聲。 丑廉切。
| 妗 xiān | 婆妗也。一曰善笑皃。从女今聲。 火占切。
| 嬌 jiǎo | 竦身也。从女喬聲。讀若《詩》"糾糾葛屨"。 居夭切。
| 婧 jìng | 竦立也。从女青聲。一曰有才也。讀若韭菁。 七正切。
| 妌 jìng | （甲骨）靜也。从女井聲。 疾正切。
| 妃 fá | 婦人皃。从女乏聲。 房法切。
| 嫙 xuán | 好也。从女旋聲。 似沿切。
| 齎 qí | 材也。从女齊聲。 祖雞切。
| 姡 huá | 面醜也。从女昏聲。 古活切。
| 嬥 tiǎo | 直好皃。一曰嬈也。从女翟聲。 徒了切。
| 嫢 guī | 媞也。从女規聲。讀若癸。秦晉謂細爲嫢。 居隨切。
| 媞 shì | 諦也。一曰妍黠也。一曰江淮之閒謂母曰媞。从女是聲。 承旨切。
| 嫷 wù | 不繇（按：繇當作繇）也。从女敄聲。 亡遇切。
| 嫻 xián | 雅也。从女閒聲。 戶閒切。
| 嬄 yí | 說樂也。从女㠯聲。 許其切。
| 娎 qiān | 美也。从女臤聲。 苦閑切。
| 娛 yú | 樂也。从女吳聲。 噳俱切。

字	拼音	篆	釋義
娭	xī	娭（簡帛）戲也。从女矣聲。一曰卑賤名也。 遏在切。
媅	dān	樂也。从女甚聲。 丁含切。
娓	wěi	順也。从女尾聲。讀若媚。 無匪切。
嫡	dí	孎也。从女啻聲。 都歷切。
孎	zhú	謹也。从女屬聲。讀若人不孫為孎。 之欲切。
婉	wǎn	宴婉也。从女冤聲。 於願切。
嫣	yǎn	女有心嫣嫣也。从女弇聲。 衣檢切。
媣	rǎn	諉也。从女染聲。 而琰切。
嫥	zhuān	壹也。从女專聲。一曰嫥嫥。 職緣切。
如	rú	（甲骨 簡帛 古璽 古陶 石刻）从隨也。从女从口。徐鍇曰："女子从父之教，从夫之命，故从口。會意。" 人諸切。
嫧	zé	齊也。从女責聲。 側革切。
妺	chuò	（甲骨）謹也。从女束聲。讀若謹敕數數。 測角切。
孅	xiān	敏疾也。一曰莊敬皃。从女韱聲。 息廉切。
嬪	pín	（石刻）服也。从女賓聲。 符眞切。
嫀	zhì	至也。从女執聲。《周書》曰："大命不嫀。"讀若摯同。一曰《虞書》雉嫀。 脂利切。
婚	tà	偝伏也。从女沓聲。一曰伏意。 他合切。
晏	yàn	（甲骨 古璽）安也。从女、日。《詩》曰："以晏父母。" 烏諫切。
嬗	shàn	緩也。从女亶聲。一曰傳也。 時戰切。
嫴	gū	保任也。从女辜聲。 古胡切。
媻	pó	奢也。从女般聲。臣鉉等曰：今俗作婆，非是。 薄波切。
娑	suō	舞也。从女沙聲。《詩》曰："市也媻娑。" 素何切。
姷	yòu	耦也。从女有聲。讀若祐。 于救切。 侑，姷或从人。
姰	jūn	鈞適也。男女併也。从女旬聲。 居勻切。
姕	zī	婦人小物也。从女此聲。《詩》曰："屢舞姕姕。" 卽移切。
妓	jì	婦人小物也。从女支聲。讀若跂行。 渠綺切。
嬰	yīng	（金文 古璽 漢印）頸飾也。从女、賏。賏，其連也。 於盈切。
姦	càn	三女為姦。姦，美也。从女，奴省聲。 倉案切。
媛	yuàn	美女也。人所援也。从女从爰。爰，引也。《詩》曰："邦之媛兮。" 王眷切。
娉	pìn	問也。从女甹聲。 匹正切。

| 娽 lù | 隨從也。从女彔聲。 力玉切。
| 妝 zhuāng | （甲骨 金文 簡帛）飾也。从女，牀省聲。 側羊切。
| 孌 liàn | 慕也。从女䜌聲。 力沇切。
| 媟 xiè | 嬻也。从女枼聲。 私列切。
| 嬻 dú | 媟嬻也。从女賣聲。 徒谷切。
| 窫 zhuó | 短面也。从女窋聲。 丁滑切。
| 嬖 bì | 便嬖，愛也。从女辟聲。 博計切。
| 嫛 qì | 難也。从女毄聲。 苦賣切。
| 妎 hài | 妒也。从女介聲。 胡蓋切。
| 妒 dù | 婦妒夫也。从女戶聲。 當故切。
| 媢 mào | 夫妒婦也。从女冒聲。一曰相視也。 莫報切。
| 娪 yāo | 巧也。一曰女子笑皃。《詩》曰："桃之娪娪。"从女芺聲。 於喬切。
| 佞 nìng | 巧讇高材也。从女，信省。臣鉉等曰：女子之信近於佞也。 乃定切。
| 嫈 yīng | 小心態也。从女，熒省聲。 烏莖切。
| 嫪 lào | 姻也。从女翏聲。 郎到切。
| 姻 hù | 嫪也。从女固聲。 胡誤切。
| 姿 zī | 態也。从女次聲。 卽夷切。
| 嫧 jù | 嬌也。从女虘聲。 將預切。
| 妨 fáng | 害也。从女方聲。 敷方切。
| 妄 wàng | （金文）亂也。从女亡聲。 巫放切。
| 媮 tōu | 巧黠也。从女俞聲。 託矦切。
| 姱 hù | 姱鹵，貪也。从女污聲。 胡古切。
| 媌 shào | 小小侵也。从女肖聲。 息約切。
| 媠 duò | 量也。从女朵聲。 丁果切。
| 妯 chōu | 動也。从女由聲。徐鍇曰："當从冑省。" 徒歷切。
| 嫌 xián | （簡帛）不平於心也。一曰疑也。从女兼聲。 戶兼切。
| 媘 shěng | 減也。从女省聲。 所景切。
| 婼 chuò | 不順也。从女若聲。《春秋傳》曰："叔孫婼。" 丑略切。
| 婞 xìng | 很也。从女幸聲。《楚詞》曰："鯀婞直。" 胡頂切。
| 嫳 piè | 易使怒也。从女敝聲。讀若擊㢱。 匹滅切。

嫸 zhǎn	𤲃	好枝格人語也。一曰靳也。从女善聲。 旨善切。
婼 zhuó	𤳎	疾悍也。从女叕聲。讀若唾。 丁滑切。
媕 ǎn	𤳓	含怒也。一曰難知也。从女弇聲。《詩》曰："碩大且媕。" 五感切。
娿 ē	𤳘	婠娿也。从女阿聲。 烏何切。
妍 yán	𤳛（甲骨）	技也。一曰不省録事，一曰難侵也，一曰惠也，一曰安也。从女幵聲。讀若研。 五堅切。
娃 wā	𤳤（古璽）	圜深目皃。或曰吳楚之間謂好曰娃。从女圭聲。 於佳切。
㛆 shǎn	𤳫	不嫶前却㛆㛆也。从女陝聲。 失冉切。
妜 yuè	𤳮	鼻目閒皃。讀若煙火炔炔。从女，決省聲。 於說切。
嫿 huì	𤳳	愚戇多態也。从女巂聲。讀若隓。 式吹切。
婎 huì	𤳷	不說也。从女恚聲。 於避切。
嫼 mò	𤳻（金文）	怒皃。从女黑聲。 呼北切。
妭 yuè	𤳾	輕也。从女戉聲。 王伐切。
嫖 piào	𤴁（漢印）	輕也。从女票聲。 匹招切。
𡜦 qiē	𤴅	吵疾也。从女坙聲。 昨禾切。
姎 yāng	𤴉	女人自偁，我也。从女央聲。 烏浪切。
媁 wéi	𤴌	不說皃。从女韋聲。 羽非切。
嫢 huī	𤴐	姿媁，姿也。从女隹也。一曰醜也。 許惟切。
娹 xián	𤴔	有守也。从女弦聲。 胡田切。
媥 piān	𤴗	輕皃。从女扁聲。 芳連切。
嫚 màn	𤴚（金文）	侮易也。从女曼聲。 謀患切。
姹 chā	𤴝	疾言失次也。从女舌聲。讀若懾。 丑聶切。
媥 rú	𤴠	弱也。一曰下妻也。从女需聲。 相俞切。
婄 pōu	𤴢	不肖也。从女否聲。讀若竹皮箁。 匹才切。
孍 tái	𤴦	遲鈍也。从女臺聲。闒嬯亦如之。 徒哀切。
嬜 niǎn	𤴩	下志貪頑也。从女𦖞聲。讀若深。 乃忝切。
嬠 cǎn	𤴬	楚也。从女參聲。 七感切。
婪 lán	𤴯（甲骨）	貪也。从女林聲。杜林說：卜者黨相詐驗爲婪。讀若潭。 盧含切。
嬾 lǎn	𤴳	懈也，怠也。一曰臥也。从女賴聲。 洛旱切。
婁 lóu	（金文 簡帛 古璽 古幣 漢印）空也。从母、中、女，空

之意也。一曰婁，務也。 洛矦切。 𡥀，古文。

妎 xiè　𡡇　妎姎也。从女折聲。 許列切。

姎 qiè　𡠲　得志姎姎。一曰姎息也，一曰少气也。从女夾聲。 呼帖切。

嬈 niǎo　𡣸　苛也。一曰擾，戲弄也，一曰嬥也。从女堯聲。 奴鳥切。

毀 huǐ　𡣟　惡也。一曰人兒。从女毀聲。 許委切。

姍 shān　𡠿　誹也。一曰翼便也。从女，刪省聲。 所晏切。

媰 cù　𡣝　醜也。一曰老嫗也。从女酋聲。讀若蹴。 七宿切。

嫫 mó　𡢗　嫫母，都醜也。从女莫聲。 莫胡切。

婓 fēi　𡡾　往來婓婓也。一曰醜兒。从女非聲。 芳非切。

孃 ráng　𡣩　煩擾也。一曰肥大也。从女襄聲。 女良切。

嬒 huì　𡣗　女黑色也。从女會聲。《詩》曰："嬒兮蔚兮。" 古外切。

㛋 ruǎn　𡡂　好兒。从女耎聲。 而沇切。臣鉉等案：《切韻》又音奴困切，今俗作嫩，非是。

媕 yàn　𡢂　誣挐也。从女奄聲。 依劎切。

婪 làn　𡢣　過差也。从女監聲。《論語》曰："小人窮斯婪矣。" 盧瞰切。

嫯 ào　𡣒　侮易也。从女敖聲。 五到切。

婬 yín　𡢚　私逸也。从女㸒聲。 余箴切。

姘 pīn　𡡄　除也。漢律："齊人予妻婢姦曰姘。"从女并聲。 普耕切。

奸 jiān　𡢁　犯婬也。从女从干，干亦聲。 古寒切。

姅 bàn　𡠾　婦人汙也。从女半聲。漢律曰："見姅變，不得侍祠。" 博幔切。

娗 tǐng　𡢅　女出病也。从女廷聲。 徒鼎切。

婥 nào　𡢇　女病也。从女卓聲。 奴教切。

娷 zhuì　𡡰　諉也。从女𡍮聲。 竹恚切。

㛴 nǎo　𡣁　有所恨也。从女𡿧聲。今汝南人有所恨曰㛴。臣鉉等曰：𡿧，古囟字。非聲，當从𡿺省。 奴皓切。

媿 kuì　𡢋　慙也。从女鬼聲。 俱位切。 愧，媿或从恥省。

奻 nuán　𡚽（甲骨）訟也。从二女。 女還切。

姦 jiān　𡚴（金文　簡帛　漢印）私也。从三女。 古顏切。𢛬，古文姦从心旱聲。

文二百三十八　重十三

嬙 qiáng　𡣧　婦官也。从女，牆省聲。 才良切。

妲 dá 妲 女字。妲己，紂妃。从女旦聲。 當割切。

嬌 jiāo 嬌 姿也。从女喬聲。 舉喬切。

嬋 chán 嬋 嬋娟，態也。从女單聲。 市連切。

娟 juān 娟 嬋娟也。从女肙聲。 於緣切。

嫠 lí 嫠 無夫也。从女斄聲。 里之切。

姤 gòu 姤 偶也。从女后聲。 古候切。

文七新附

毋 部

毋 wú 毋（𠮛 古璽 𠮛 𠮛 漢印）止之也。从女，有奸之者。凡毋之屬皆从毋。 武扶切。

毐 ǎi 毐 人無行也。从士从毋。賈侍中說：秦始皇母與嫪毐淫，坐誅，故世罵淫曰嫪毐。讀若娭。 遏在切。

文二

民 部

民 mín 民（𠁢 甲骨 𠁢 𠁢 𠁢 𠁢 𠁢 𠁢 金文 𠁢 𠁢 𠁢 𠁢 𠁢 𠁢 簡帛 𠁢 𠁢 𠁢 石刻）眾萌也。从古文之象。凡民之屬皆从民。 彌鄰切。𠁢，古文民。

氓 méng 氓 民也。从民亡聲。讀若盲。 武庚切。

文二 重一

丿 部

丿 piě 丿 右戾也。象左引之形。凡丿之屬皆从丿。徐鍇曰："其爲文舉首而申體也。" 房密切。

乂 yì 乂（乂 石刻）芟艸也。从丿从乀，相交。 魚廢切。乂，乂或从刀。

弗 fú 弗（弗 甲骨 弗 弗 弗 弗 金文 弗 弗 弗 弗 弗 弗 弗 弗 簡帛 弗 弗 石刻）撟也。从丿从乀，从韋省。 分勿切。臣鉉等曰：韋所以束枉戾也。

乀 fú 乀 左戾也。从反丿。讀與弗同。 分勿切。

文四 重一

厂 部

厂 yì　　抴也，明也。象抴引之形。凡厂之屬皆从厂。虎字从此。徐鍇曰："象丿而不舉首。" 余制切。

弋 yì　　（金文　簡帛）橜也。象折木衺銳著形。从厂，象物挂之也。與職切。

文二

乁 部

乁 yí　　流也。从反厂。讀若移。凡乁之屬皆从乁。 弋支切。

也 yě　　（金文　簡帛　石刻）女陰也。象形。羊者切。𠃟，秦刻石也字。

文二 重一

氏 部

氏 shì　　（金文 簡帛 古璽 古幣 石刻）巴蜀山名岸脅之㫄箸欲落墮者曰氏，氏崩，聞數百里。象形，乁聲。凡氏之屬皆从氏。楊雄賦：響若氏隤。 承旨切。

氒 jué　　（甲骨 金文 簡帛 石刻）木本。从氏。大於末。讀若厥。 居月切。

文二

氐 部

氐 dǐ　　（簡帛 漢印）至也。从氏下箸一。一，地也。凡氐之屬皆从氐。 丁礼切。

䮃 yìn　　臥也。从氐㪔聲。於進切。

䟓 dié　　觸也。从氐失聲。徒結切。

嚻 xiāo 嚻 闕。臣鉉等案：今《篇》、《韻》音皓，又音效。注云：誤也。

文四

戈 部

戈 gē 戈（甲骨 金文 簡帛 古璽 古陶 古幣）平頭戟也。从弋，一橫之。象形。凡戈之屬皆从戈。 古禾切。

肇 zhào 肇 上諱。臣鉉等曰：後漢和帝名也。案：李舟《切韻》云：擊也。从戈肁聲。 直小切。

戎 róng 戎（甲骨 金文 簡帛 漢印 石刻）兵也。从戈从甲。 如融切。

叕 kuí 叕 《周禮》：侍臣執叕，立于東垂。兵也。从戈癸聲。 渠追切。

� gān 戟 盾也。从戈旱聲。 矣旰切。

戟 jǐ 戟（甲骨 金文 簡帛 古璽）有枝兵也。从戈、倝。《周禮》："戟，長丈六尺。"讀若棘。臣鉉等曰：倝非聲，義當從榦省。榦，枝也。 紀逆切。

戛 jiá 戛 戟也。从戈从百。讀若棘。 古黠切。

賊 zéi 賊（簡帛 石刻）敗也。从戈則聲。 昨則切。

戍 shù 戍（甲骨 金文）守邊也。从人持戈。 傷遇切。

戰 zhàn 戰（金文 簡帛 古璽 石刻）鬥也。从戈單聲。 之扇切。

戲 xì 戲（金文 古璽 石刻）三軍之偏也。一曰兵也。从戈虛聲。 香義切。

戜 dié 戜 利也。一曰剔也。从戈呈聲。 徒結切。

或 yù 或（金文 簡帛 石刻）邦也。从口从戈，以守一。一，地也。 于逼切。臣鉉等曰：今俗作胡國切。以爲疑或不定之意。域，或又从土。臣鉉等曰：今無復或音。

截 jié 截 斷也。从戈雀聲。 昨結切。

戡 kān 戡 殺也。从戈今聲。《商書》曰："西伯既戡黎。" 口含切。

戕 qiāng 戕（甲骨）搶也。他國臣來弑君曰戕。从戈爿聲。 士良切。

戮 lù 戮（簡帛）殺也。从戈翏聲。 力六切。

戡 kān 戡 刺也。从戈甚聲。 竹甚、口含二切。

戭 yǎn　長搶也。从戈寅聲。《春秋傳》有擖戭。　弋刃、以淺二切。

𢦏 zāi　（甲骨　金文　漢印）傷也。从戈才聲。　祖才切。

戩 jiǎn　滅也。从戈晉聲。《詩》曰："實始戩商。"　即淺切。

𢧵 jiān　絕也。一曰田器。从从持戈。古文讀若咸。讀若《詩》云"攕攕女手"。臣鉉等曰：𢧵，銳意也。故从从。　子廉切。

武 wǔ　（甲骨　金文　簡帛　古璽　古陶　古幣　石刻）楚莊王曰："夫武，定功戢兵。故止戈為武。"　文甫切。

戢 jí　藏兵也。从戈咠聲。《詩》曰："載戢干戈。"　阻立切。

戠 zhī　（甲骨　金文　簡帛　古璽）闕。从戈从音。　之弋切。

戔 cán　（甲骨　金文　簡帛）賊也。从二戈。《周書》曰："戔戔巧言。"徐鍇曰："兵多則殘也，故从二戈。"　昨干切。

　　　　文二十六　重一

戉 部

戉 yuè　（甲骨　金文　陶彙）斧也。从戈ㄚ聲。《司馬法》曰："夏執玄戉，殷執白戚，周左杖黃戉，右秉白髦。"凡戉之屬皆从戉。"臣鉉等曰：今俗別作鉞，非是。　王伐切。

戚 qī　（甲骨　簡帛　漢印　石刻）戉也。从戉尗聲。　倉歷切。

　　　　文二

我 部

我 wǒ　（甲骨　金文　簡帛　石刻）施身自謂也。或說我，頃頓也。从戈从手。手，或說古垂字。一曰古殺字。凡我之屬皆从我。徐鍇曰："从戈者，取戈自持也。"　五可切。𢍌，古文我。

義 yí 義（[甲骨][金文][簡帛][古璽][漢印][石刻]）己之威儀也。从我、羊。臣鉉等曰：此與善同意，故从羊。 宜寄切。羛，《墨翟書》義从弗。魏郡有羛陽鄉，讀若錡。今屬鄴，本內黃北二十里。

　　　　文二　重二

丿 部

丨 jué 　鉤逆者謂之丨。象形。凡丨之屬皆从丨。讀若橜。 衢月切。

亅 jué 　鉤識也。从反丨。讀若捕鳥罬。 居月切。

　　　　文二

琴 部

琴 qín 珡（[簡帛][石刻]）禁也。神農所作。洞越。練朱五弦，周加二弦。象形。凡珡之屬皆从珡。 巨今切。𨭖，古文珡从金。

瑟 sè 瑟（[簡帛]）庖犧所作弦樂也。从珡必聲。 所櫛切。𠨎，古文瑟。

　　　　文二　重二

琵 pí 琵　琵琶，樂器。从珡比聲。 房脂切。

琶 pá 琶　琵琶也。从珡巴聲。義當用枇杷。 蒲巴切。

　　　　文二新附

乚 部

乚 yǐn 　匿也，象迟曲隱蔽形。凡乚之屬皆从乚。讀若隱。 於謹切。

直 zhí 直（[甲骨][金文][玉盟書][石刻]）正見也。从乚从十从目。徐鍇曰："乚，隱也。今十目所見是直也。" 除力切。𥄂，古文直。

　　　　文二　重一

亾 部

亾 wáng （⋯⋯甲骨 ⋯⋯金文 ⋯⋯簡帛 ⋯⋯古璽 ⋯⋯古幣 ⋯⋯石刻）逃也。从入从乚。凡亡之屬皆从亡。 武方切。

乍 zhà （⋯⋯甲骨 ⋯⋯金文 ⋯⋯簡帛）止也，一曰亡也。从亡从一。徐鍇曰："出亡得一則止，暫止也。" 鉏駕切。

望 wàng （⋯⋯石刻）出亡在外，望其還也。从亡，朢省聲。 巫放切。

橆 wú （⋯⋯甲骨 ⋯⋯簡帛 ⋯⋯漢印 ⋯⋯石刻）亡也。从亡無聲。 武扶切。 无，奇字无，通於元者。王育說：天屈西北爲无。

匃 gài （⋯⋯甲骨 ⋯⋯金文）气也。逯安說：亡人爲匃。 古代切。

　　　　文五　重一

匸 部

匸 xì 袌溪，有所俠藏也。从乚，上有一覆之。凡匸之屬皆从匸。讀與傒同。 胡禮切。

區 qū （⋯⋯甲骨 ⋯⋯金文 ⋯⋯簡帛 ⋯⋯古陶 ⋯⋯石刻）踦區，藏匿也。从品在匸中。品，眾也。 豈俱切。

匿 nì （⋯⋯甲骨 ⋯⋯金文 ⋯⋯簡帛）亡也。从匸若聲。讀如羊驅箠。 女力切。

匧 lòu 側逃也。从匸丙聲。一曰箕屬。臣鉉等曰：丙非聲。義當从內。會意。疑傳寫之誤。 盧候切。

匽 yǎn （⋯⋯金文）匿也。从匸妟聲。 於蹇切。

医 yì 盛弓弩矢器也。从匸从矢。《國語》曰："兵不解医。" 於計切。

匹 pǐ （⋯⋯金文 ⋯⋯簡帛 ⋯⋯石刻）四丈也。从八、匸。八揲一匹，八亦聲。 普吉切。

　　　　文七

匸 部

匚 fāng　匚（[甲骨][金文]）受物之器。象形。凡匚之屬皆從匚。讀若方。　府良切。[籀文]，籀文匚。

匠 jiàng　匠（[古璽][石刻]）木工也。從匚從斤。斤，所以作器也。　疾亮切。

匧 qiè　匧　藏也。從匚夾聲。　苦叶切。篋，匧或從竹。

匡 kuāng　匡（[金文][簡帛][古璽][漢印]）飲（按：飲當作飯）器，筥也。從匚㞷聲。　去王切。筐，匡或從竹。

匜 yí　匜（[金文][簡帛]）似羹魁，柄中有道，可以注水。從匚也聲。　移尔切。

匴 suǎn　匴　淥米籔也。從匚算聲。　穌管切。

匞 gòng　匞　小桮也。從匚贛聲。　古送切。槓，匞或從木。

匪 fěi　匪（[石刻]）器，似竹筐。從匚非聲。《逸周書》曰："實玄黃于匪。"　非尾切。

匚 cāng　匚　古器也。從匚倉聲。　七岡切。

匧 tiáo　匧　田器也。從匚攸聲。　徒聊切。

匴 yì　匴　田器也。從匚異聲。　與職切。

匫 hū　匫　古器也。從匚㫚聲。　呼骨切。

匬 yǔ　匬　甌，器也。從匚俞聲。　度矦切。

匱 guì　匱（[簡帛]）匣也。從匚貴聲。　求位切。

匵 dú　匵　匱也。從匚賣聲。　徒谷切。

匣 xiá　匣　匱也。從匚甲聲。　胡甲切。

匯 huì　匯　器也。從匚淮聲。　胡罪切。

柩 jiù　柩　棺也。從匚從木，久聲。　巨救切。匶，籀文柩。

匰 dān　匰　宗廟盛主器也。《周禮》曰："祭祀共匰主。"從匚單聲。　都寒切。

　　　　文十九　重五

曲 部

曲 qū　曲（[甲骨][金文][簡帛][古幣][石刻]）象器曲受物之形。或說曲，蠶薄也。凡曲之屬皆從曲。　丘玉切。𠚖，古文曲。

豎 qū 㽘 䰧曲也。从曲玉聲。 丘玉切。

䰧 tāo 䰧 古器也。从曲舀聲。 土刀切。

　　　　　　文三　重一

甾　部

甾 zī 甾 （㽅 㽆 金文）東楚名缶曰甾。象形。凡甾之屬皆从甾。 側詞切。 㽅，古文。

䍁 chā 䍁 㽆也，古田器也。从甾㣇聲。 楚洽切。

畚 běn 畚 䍁屬，蒲器也，所以盛穜。从甾弁聲。 布忖切。

缾 píng 缾 㪰也。从甾幷聲。杜林以爲竹筥，楊雄以爲蒲器。讀若軿。 薄經切。

盧 lú 盧 䰧也。从甾虍聲。讀若盧同。 洛乎切。 䰧，籀文盧。 䰧，篆文盧。

　　　　　　文五　重三

瓦　部

瓦 wǎ 瓦 （㼝 㼦 古陶 㼧 古璽）土器已燒之總名。象形。凡瓦之屬皆从瓦。 五寡切。

瓬 fǎng 瓬 周家搏埴之工也。从瓦方聲。讀若瓬破之瓬。臣鉉等曰：瓬音瓦，非聲，未詳。 分兩切。

甄 zhēn 甄 （䡬 䡭 㼭 漢印 㼮 㼯 㼰 石刻）匋也。从瓦㰍聲。 居延切。

甍 méng 甍 屋棟也。从瓦，夢省聲。徐鍇曰：「所以承瓦，故从瓦。」 莫耕切。

甑 zèng 甑 䰧也。从瓦曾聲。 子孕切。 䰧，籀文甑从䰧。

甗 yǎn 甗 （㼶 㼷 㼸 㼹 㼺 㼻 㼼 甲骨 㽀 㽁 㽂 㽃 㽄 㽅 㽆 金文）甑也。一曰穿也。从瓦虘聲。讀若言。 魚蹇切。

瓵 yí 瓵 甌瓵謂之瓵。从瓦台聲。 與之切。

甓 dàng 甓 大盆也。从瓦尚聲。 丁浪切。

甌 ōu 甌 小盆也。从瓦區聲。 烏矦切。

瓮 wèng 瓮 罌也。从瓦公聲。 烏貢切。

瓨 xiáng 瓨 似罌，長頸，受十升。讀若洪。从瓦工聲。 古雙切。

䀍 wǎn 䀍 小盂也。从瓦夗聲。臣鉉等曰：今俗別作盌，非是。 烏管切。

瓴 líng 瓴 瓮，似瓶也。从瓦令聲。 郎丁切。

甈 pí 甈 罌謂之甈。从瓦卑聲。 部迷切。

甂 biān　似小瓿。大口而卑。用食。从瓦扁聲。　芳連切。

瓿 bù　甂也。从瓦咅聲。　蒲口切。

瓾 róng　器也。从瓦容聲。　與封切。

甓 pì　瓴甓也。从瓦辟聲。《詩》曰："中唐有甓。"　扶歷切。

甃 zhòu　井壁也。从瓦秋聲。　側救切。

甈 qì　康瓠，破罌。从瓦臬聲。　魚例切。　𦈡，甈或从埶。

瓽 chuǎng　瑳垢瓦石。从瓦爽聲。　初兩切。

甄 liè　蹈瓦聲。从瓦戻聲。　零帖切。

䤯 hán　治橐榦也。从瓦今聲。　胡男切。

瓫 suì　破也。从瓦卒聲。　穌對切。

瓨 bǎn　敗也。从瓦反聲。　布綰切。

文二十五　重二

瓷 cí　瓦器。从瓦次聲。　疾資切。

甀 chī　酒器。从瓦，稀省聲。　丑脂切。

文二新附

弓　部

弓 gōng　（甲骨　金文　簡帛　石刻）以近窮遠。象形。古者揮作弓。《周禮》六弓：王弓、弧弓以射甲革甚質；夾弓、庾弓以射干矦鳥獸；唐弓、大弓以授學射者。凡弓之屬皆从弓。　居戎切。

弴 dūn　畫弓也。从弓享聲。　都昆切。

弭 mǐ　（金文）弓無緣，可以解轡紛者。从弓耳聲。　緜婢切。　𢐨，弭或从兒。

㢮 xuān　角弓也，洛陽名弩曰㢮。从弓肙聲。　烏玄切。

弧 hú　（玉盟書）木弓也。从弓瓜聲。一曰往體寡，來體多曰弧。　戶吳切。

弨 chāo　弓反也。从弓召聲。《詩》曰："彤弓弨兮。"　尺招切。

彏 quán　弓曲也。从弓雚聲。　九院切。

彄 kōu　弓弩耑，弦所居也。从弓區聲。　恪矦切。

𢎺 yáo　弓便利也。从弓䚻聲。讀若燒。　火招切。

張 zhāng 張（金文 簡帛 古璽 石刻）施弓弦也。从弓長聲。陟良切。

彏 jué 彏 弓急張也。从弓矍聲。許縛切。

弸 péng 弸（簡帛）弓彊皃。从弓朋聲。父耕切。

彊 qiáng 彊（金文 簡帛 古璽）弓有力也。从弓畺聲。巨良切。

彎 wān 彎 持弓關矢也。从弓䜌聲。烏關切。

引 yǐn 引（甲骨 金文 簡帛 石刻）開弓也。从弓、｜。臣鉉等曰：象引弓之形。余忍切。

弙 wū 弙 滿弓有所鄉也。从弓于聲。哀都切。

弘 hóng 弘（石刻）弓聲也。从弓厶聲。厶，古文肱字。胡肱切。

弭 mí 弭 弛弓也。从弓耳聲。斯氏切。

弛 chí 弛 弓解也。从弓从也。施氏切。䩐，弛或从虒。

弢 tāo 弢 弓衣也。从弓从屮。屮，垂飾，與鼓同意。土刀切。

弩 nǔ 弩（古璽 石刻）弓有臂者。《周禮》四弩：夾弩、庾弩、唐弩、大弩。从弓奴聲。奴古切。

彀 gòu 彀 張弩也。从弓㱿聲。古候切。

彉 guō 彉 弩滿也。从弓黃聲。讀若郭。苦郭切。

彃 bì 彃 躲也。从弓畢聲。《楚詞》曰："弓焉彃日。"卑吉切。

彈 dàn 彈（甲骨）行丸也。从弓單聲。徒案切。弹，彈或从弓持丸。

發 fā 發（金文 簡帛 石刻）躲發也。从弓癹聲。方伐切。

弐 yì 弐 帝嚳躲官，夏少康滅之。从弓开聲。《論語》曰："弐善躲。"五計切。

文二十七　重三

弜部

弜 jiàng 弜（甲骨 金文）彊也。从二弓。凡弜之屬皆从弜。其兩切。

弼 bì 弼（金文 簡帛）輔也。重也。从弜丙聲。徐鍇曰："丙，舌也，非聲。舌柔而弜剛，以柔從剛，輔弼之意。"房密切。弻，弼或如此。㢸、弻，並古文弼。

文二　重三

弦 部

弦 xián 䋳（▨ ▨ 簡帛）弓弦也。从弓，象絲軫之形。凡弦之屬皆从弦。臣鉉等曰：今別作絃，非是。 胡田切。

盭 lì 䪻 弼戾也。从弦省，从盩。讀若戾。臣鉉等曰：盩者，擊辠人見血也，弼戾之意。 郎計切。

玅 yāo 䋱 急戾也。从弦省，少聲。 於霄切。

𢏳 yì 䋳 不成，遂急戾也。从弦省，曷聲。讀若瘞葬。 於罽切。

文四

系 部

系 xì 系 繫也。从糸丿聲。凡系之屬皆从系。 胡計切。 䌛，系或从毄、處。 䌛，籀文系从爪、絲。

孫 sūn 孫（▨▨▨▨▨▨▨▨▨▨▨▨金文 ▨ 玉盟書 ▨ ▨ 簡帛 ▨ ▨▨▨▨▨▨▨▨▨ 古璽 ▨ 古陶 ▨▨▨▨▨ 石刻） 子之子曰孫。从子从系。系，續也。 思魂切。

緜 mián 緜（▨ 簡帛 ▨ ▨ 漢印 ▨ 石刻）聯微也。从系从帛。 武延切。

繇 yáo 繇（▨▨▨▨ 金文 ▨▨▨▨▨▨ 簡帛 ▨▨▨ 古陶）隨從也。从系䍃聲。

臣鉉等曰：今俗从备。 余招切。

文四　重二

說文解字弟十三

二十三部　六百九十九文　重一百二十三

凡八千三百九十八字

文三十七新附

糸 部

糸 mì　糸（甲骨　金文　古幣）細絲也。象束絲之形。凡糸之屬皆从糸。讀若覛。徐鍇曰："一蠶所吐爲忽，十忽爲絲。糸，五忽也。" 莫狄切。𢇁，古文糸。

繭 jiǎn　繭　蠶衣也。从糸从虫，芇省。 古典切。𦅂，古文繭从糸、見。

繅 sāo　繅　繹繭爲絲也。从糸巢聲。 穌遭切。

繹 yì　繹　抽絲也。从糸睪聲。 羊益切。

緒 xù　緒（漢印）絲耑也。从糸者聲。 徐呂切。

緬 miǎn　緬　微絲也。从糸面聲。 弭沇切。

純 chún　純（金文　簡帛　石刻）絲也。从糸屯聲。《論語》曰："今也純儉。" 常倫切。

綃 xiāo　綃　生絲也。从糸肖聲。 相幺切。

緒 kāi　緒　大絲也。从糸皆聲。 口皆切。

絖 huāng　絖　絲曼延也。从糸巟聲。 呼光切。

紇 hé　紇（石刻）絲下也。从糸气聲。《春秋傳》有臧孫紇。 下沒切。

紙 dī　紙　絲滓也。从糸氏聲。 都兮切。

絓 huà　絓　繭滓絓頭也。一曰以囊絮練也。从糸圭聲。 胡卦切。

繅 yào　繅　絲色也。从糸樂聲。 以灼切。

繀 suì　繀　著絲於筳車也。从糸崔聲。 穌對切。

經 jīng　經（金文　簡帛　石刻）織也。从糸巠聲。 九丁切。

織 zhī　織　作布帛之總名也。从糸戠聲。 之弋切。䙠，樂浪《挈令》織，从糸从式。臣鉉等曰：《挈令》，蓋律令之書也。（按：䙠爲織之重文，陳本另立字頭，誤。）

紝 rèn　紝（簡帛　古璽）機縷也。从糸壬聲。 如甚切。䋕，紝或从任。

綜 zòng	緩	機縷也。从糸宗聲。 子宋切。
綹 liǔ	綹	緯十縷爲綹。从糸咎聲。讀若柳。 力久切。
緯 wěi	緯	(簡帛) 織橫絲也。从糸韋聲。 云貴切。
繀 yùn	繀	緯也。从糸軍聲。 王問切。
繢 huì	繢	織餘也。从糸貴聲。 胡對切。
統 tǒng	統	紀也。从糸充聲。 他綜切。
紀 jì	紀 (簡帛 古陶 漢印 石刻) 絲別也。从糸己聲。 居擬切。
繈 qiǎng	繈	㤈纇也。从糸强聲。 居兩切。
纇 lèi	纇	絲節也。从糸頪聲。 盧對切。
紿 dài	紿 (簡帛 古璽) 絲勞卽紿。从糸台聲。 徒亥切。
納 nà	納 (簡帛 石刻) 絲溼納納也。从糸內聲。 奴荅切。
紡 fǎng	紡 (簡帛) 網絲也。从糸方聲。 妃兩切。
絕 jué	絕 (甲骨 金文 簡帛 石刻) 斷絲也。从糸从刀从卩。 情雪切。𢇍，古文絕。象不連體，絕二絲。
繼 jì	繼 (簡帛 石刻) 續也。从糸、𢇍。一曰反𢇍爲繼。 古詣切。
續 xù	續 (漢印) 連也。从糸賣聲。 似足切。賡，古文續从庚、貝。臣鉉等曰：今俗作古行切。
纘 zuǎn	纘 (漢印) 繼也。从糸贊聲。 作管切。
紹 shào	紹 (金文 古璽) 繼也。从糸召聲。一曰紹，緊糾也。市沼切。𦅈，古文紹从邵。
繟 chǎn	繟	偏緩也。从糸羨聲。 昌善切。
經 tīng	經	緩也。从糸盈聲。讀與聽同。 他丁切。 經，經或从呈。
縱 zòng	縱 (金文 石刻) 緩也。一曰舍也。从糸從聲。 足用切。
紓 shū	紓 (石刻) 緩也。从糸予聲。 傷魚切。
繎 rán	繎	絲勞也。从糸然聲。 如延切。
紆 yū	紆 (古璽) 詘也。从糸于聲。一曰縈也。 憶俱切。
緈 xìng	緈	直也。从糸㚔聲。讀若陘。 胡頂切。
纖 xiān	纖 (石刻) 細也。从糸韱聲。 息廉切。
細 xì	細 (漢印 石刻) 微也。从糸囟聲。 穌計切。
緢 miáo	緢	旄絲也。从糸苗聲。《周書》曰：「惟緢有稽。」 武儦切。

縒 cī	縒	參縒也。从糸差聲。 楚宜切。
繙 fán	繙（簡帛）冤也。从糸番聲。 附袁切。
縮 suō	縮 亂也。从糸宿聲。一曰蹴也。 所六切。
紊 wèn	紊 亂也。从糸文聲。《商書》曰："有條而不紊。" 亡運切。
級 jí	級（簡帛 石刻）絲次弟也。从糸及聲。 居立切。
總 zǒng	總（石刻）聚束也。从糸悤聲。臣鉉等曰：今俗作揔，非是。 作孔切。
緅 jú	緅 約也。从糸具聲。 居玉切。
約 yuē	約（簡帛 石刻）纏束也。从糸勺聲。 於略切。
繚 liǎo	繚（漢印）纏也。从糸尞聲。 盧鳥切。
纏 chán	纏（漢印）繞也。从糸廛聲。 直連切。
繞 rǎo	繞（古陶）纏也。从糸堯聲。 而沼切。
紾 zhěn	紾 轉也。从糸㐱聲。 之忍切。
繯 xuàn	繯 落也。从糸睘聲。 胡畎切。
辮 biàn	辮 交也。从糸辡聲。 頻犬切。
結 jié	結（玉盟書 簡帛 古陶 石刻）締也。从糸吉聲。 古屑切。
縎 gǔ	縎 結也。从糸骨聲。 古忽切。
締 dì	締 結不解也。从糸帝聲。 特計切。
縛 fù	縛（簡帛）束也。从糸專聲。 符钁切。
繃 bēng	繃（簡帛）束也。从糸崩聲。《墨子》曰："禹葬會稽，桐棺三寸，葛以繃之。" 補盲切。
絿 qiú	絿 急也。从糸求聲。《詩》曰："不競不絿。" 巨鳩切。
絅 jiōng	絅（金文）急引也。从糸冋聲。 古熒切。
紙 pài	紙 散絲也。从糸氐聲。 匹卦切。
纝 luò	纝 不均也。从糸纍聲。 力臥切。
給 jǐ	給（石刻）相足也。从糸合聲。 居立切。
綝 chēn	綝 止也。从糸林聲。讀若郴。 丑林切。
縪 bì	縪 止也。从糸畢聲。 卑吉切。
紈 wán	紈 素也。从糸丸聲。 胡官切。
終 zhōng	終（簡帛 古陶 石刻）絿絲也。从糸冬聲。職戎切。 乑，古文終。

說文解字弟十三 407

緁 jié	緁	合也。从糸从集。讀若捷。 姊入切。
繒 zēng	繒（繒石刻）帛也。从糸曾聲。疾陵切。緈，籀文繒从宰省。楊雄以爲漢律祠宗廟丹書告。
緭 wèi	緭	繒也。从糸胃聲。 云貴切。
絩 tiào	絩	綺絲之數也。《漢律》曰："綺絲數謂之絩，布謂之總，綬組謂之首。"从糸兆聲。 治小切。
綺 qǐ	綺	文繒也。从糸奇聲。 祛彼切。
縠 hú	縠	細縛也。从糸殼聲。 胡谷切。
縛 juàn	縛	白鮮色也。从糸專聲。 持沇切。
縑 jiān	縑（簡帛）并絲繒也。从糸兼聲。 古甜切。
綈 tí	綈	厚繒也。从糸弟聲。 杜兮切。
練 liàn	練（簡帛 古璽）湅繒也。从糸柬聲。 郎甸切。
縞 gǎo	縞（簡帛）鮮色也。从糸高聲。 古老切。
縰 shī	縰	粗緒也。从糸璽聲。臣鉉等曰：今俗別作縰，非是。 式支切。
紬 chóu	紬	大絲繒也。从糸由聲。 直由切。
綮 qǐ	綮	緻繒也。一曰徽幟信也，有齒。从糸改聲。 康礼切。
綾 líng	綾	東齊謂布帛之細曰綾。从糸夌聲。 力膺切。
縵 màn	縵（簡帛）繒無文也。从糸曼聲。《漢律》曰："賜衣者縵表白裏。" 莫半切。
繡 xiù	繡	五采備也。从糸肅聲。 息救切。
絢 xuàn	絢	《詩》云："素以爲絢兮。"从糸旬聲。臣鉉等案：《論語》注："絢，文貌。" 許掾切。
繪 huì	繪	會五采繡也。《虞書》曰："山龍華蟲作繪。"《論語》曰："繪事後素。"从糸會聲。 黃外切。
緀 qī	緀（簡帛）白文皃。《詩》曰："緀兮斐兮，成是貝錦。"从糸妻聲。七稽切。
絖 mǐ	絖	繡文如聚細米也。从糸从米，米亦聲。 莫礼切。
絹 juàn	絹（簡帛）繒如麥䅌。从糸肙聲。 吉掾切。
綠 lù	綠（簡帛）帛青黃色也。从糸彔聲。 力玉切。
縹 piǎo	縹	帛青白色也。从糸票聲。 敷沼切。
綪 yù	綪	帛青經縹緯。一曰育陽染也。从糸育聲。 余六切。
絑 zhū	絑（簡帛 古璽 石刻）純赤也。《虞書》"丹朱"如此。从糸朱聲。 章俱切。
纁 xūn	纁	淺絳也。从糸熏聲。 許云切。
絀 chù	絀（簡帛）絳也。从糸出聲。 丑律切。

| 絳 jiàng | 大赤也。从糸夅聲。 古巷切。
| 綩 wǎn | （金文 漢印）惡也，絳也。从糸官聲。一曰綃也。讀若雞卵。 烏版切。
| 縉 jìn | （石刻）帛赤色也。《春秋傳》"縉雲氏"，《禮》有"縉緣"。从糸晉聲。 即刃切。
| 綪 qiàn | 赤繒也。从茜染，故謂之綪。从糸青聲。 倉絢切。
| 緹 tǐ | （簡帛）帛丹黃色。从糸是聲。 他禮切。綨，緹或从氏。
| 縓 quàn | 帛赤黃色。一染謂之縓，再染謂之䞓，三染謂之纁。从糸原聲。 七絹切。
| 紫 zǐ | （簡帛 石刻）帛青赤色。从糸此聲。 將此切。
| 紅 hóng | （簡帛）帛赤白色。从糸工聲。 戶公切。
| 繱 cōng | 帛青色。从糸蔥聲。 倉紅切。
| 紺 gàn | 帛深青揚赤色。从糸甘聲。 古暗切。
| 綥 qí | （漢印）帛蒼艾色。从糸𢌿聲。《詩》："縞衣綥巾。"未嫁女所服。一曰不借綥。 渠之切。䋞，綥或从其。
| 繰 zǎo | 帛如紺色。或曰深繒。从糸喿聲。讀若喿。 親小切。
| 緇 zī | 帛黑色也。从糸甾聲。 側持切。
| 纔 shān | 帛雀頭色。一曰微黑色，如紺。纔，淺也。讀若讒。从糸毚聲。 士咸切。
| 緂 tǎn | 帛騅色也。从糸剡聲。《詩》曰："毳衣如緂。"臣鉉等曰：今俗別作毯，非是。 土敢切。
| 綟 lì | 帛戾艸染色。从糸戾聲。 郎計切。
| 紑 fóu | （古璽）白鮮衣皃。从糸不聲。《詩》曰："素衣其紑。" 匹丘切。
| 綻 tān | 白鮮衣皃。从糸炎聲。謂衣采色鮮也。 充三切。
| 繻 xū | 繒采色。从糸需聲。讀若《易》"繻有衣"。臣鉉等曰：《漢書傳》：符帛也。 相俞切。
| 縟 rù | 繁采色也。从糸辱聲。 而蜀切。
| 纚 xǐ | 冠織也。从糸麗聲。 所綺切。
| 紭 hóng | 冠卷也。从糸厷聲。 戶萌切。𬘭，紭或从弘。
| 紞 dǎn | 冕冠塞耳者。从糸尤聲。臣鉉等曰：今俗別作髧，非是。 都感切。
| 纓 yīng | （簡帛 石刻）冠系也。从糸嬰聲。 於盈切。
| 紻 yǎng | （簡帛）纓卷也。从糸央聲。 於兩切。
| 緌 ruí | 系冠纓也。从糸委聲。 儒佳切。
| 緄 gǔn | 織帶也。从糸昆聲。 古本切。
| 紳 shēn | （簡帛）大帶也。从糸申聲。 失人切。

繟 chǎn	繟	帶緩也。从糸單聲。 昌善切。
綬 shòu	綬 (金文)	韍維也。从糸受聲。 植酉切。
組 zǔ	組 (金文 簡帛)	綬屬。其小者以爲冕纓。从糸且聲。則古切。
緺 guā	緺	綬紫青也。从糸呙聲。 古蛙切。
縌 nì	縌	綬維也。从糸逆聲。 宜戟切。
纂 zuǎn	纂 (石刻)	似組而赤。从糸算聲。 作管切。
紐 niǔ	紐	系也。一曰結而可解。从糸丑聲。 女久切。
綸 lún	綸 (簡帛)	青絲綬也。从糸侖聲。 古還切。
綎 tīng	綎	系綬也。从糸廷聲。 他丁切。
縆 huán	縆	綬也。从糸亘聲。 胡官切。
繐 suì	繐	細疏布也。从糸惠聲。 私銳切。
纅 bó	纅	頸連也。从糸，暴省聲。 補各切。
紟 jīn	紟 (簡帛)	衣系也。从糸今聲。 居音切。 鈴，籀文从金。
緣 yuàn	緣	衣純也。从糸彖聲。 以絹切。
纀 pú	纀	裳削幅謂之纀。从糸僕聲。 博木切。
絝 kù	絝	脛衣也。从糸夸聲。 苦故切。
繑 qiāo	繑	絝紐也。从糸喬聲。 牽搖切。
緥 bǎo	緥	小兒衣也。从糸保聲。臣鉉等曰：今俗作褓，非是。 博抱切。
繜 zūn	繜	薉貉中，女子無絝，以帛爲脛空，用絮補核，名曰繜衣，狀如襜褕。从糸尊聲。子昆切。
紴 bō	紴 (簡帛)	絛屬。从糸皮聲。讀若被，或讀若水波之波。 博禾切。
絛 tāo	絛	扁緒也。从糸攸聲。 土刀切。
絨 yuè	絨	采彰也。一曰車馬飾。从糸戉聲。 王伐切。
縱 zōng	縱 (漢印)	絨屬。从糸，从從省聲。 足容切。
紃 xún	紃 (簡帛)	圜采也。从糸川聲。 詳遵切。
緟 chóng	緟	增益也。从糸重聲。 直容切。
纕 rǎng	纕	援臂也。从糸襄聲。 汝羊切。
繣 zuī	繣	維綱中繩。从糸巂聲。讀若畫，或讀若維。 戶圭切。
綱 gāng	綱	維紘繩也。从糸岡聲。 古郎切。 粁，古文綱。
縜 yún	縜	持綱紐也。从糸員聲。《周禮》曰："縜寸。"臣鉉等曰：縜，長寸也。爲贇切。
綅 qīn	綅	絳綫也。从糸，侵省聲。《詩》曰："貝胄朱綅。" 子林切。

| 縷 lǚ | 縷（簡帛）綫也。从糸婁聲。 力主切。
| 綫 xiàn | 綫 縷也。从糸戔聲。 私箭切。線，古文綫。
| 絇 xué | 絇 縷一枚也。从糸穴聲。 乎決切。
| 縫 féng | 縫 以鍼紩衣也。从糸逢聲。 符容切。
| 緁 qiè | 緁 緶衣也。从糸疌聲。 七接切。緝，緁或从習。
| 紩 zhì | 紩 縫也。从糸失聲。 直質切。
| 緛 ruǎn | 緛 衣戚也。从糸耎聲。 而沇切。
| 組 zhàn | 組（簡帛）補縫也。从糸旦聲。 丈莧切。
| 繕 shàn | 繕 補也。从糸善聲。 時戰切。
| 絬 xiè | 絬 《論語》曰："絬衣長，短右袂。"从糸舌聲。 私列切。
| 纍 léi | 纍（石刻）綴得理也。一曰大索也。从糸畾聲。 力追切。
| 縭 lí | 縭（古璽）以絲介履也。从糸离聲。 力知切。
| 緱 gōu | 緱（漢印）刀劍緱也。从糸矦聲。 古矦切。
| 繄 yī | 繄 戟衣也。从糸殹聲。一曰赤黑色繒。 烏雞切。
| 縿 shān | 縿 旌旗之斿也。从糸參聲。 所銜切。
| 徽 huī | 徽 衺幅也。一曰三糾繩也。从糸，微省聲。 許歸切。
| 紫 biē | 紫 扁緒也。一曰弩弝鉤帶。从糸折聲。 并列切。
| 紉 rèn | 紉（簡帛）（古陶）繟繩也。从糸刃聲。 女鄰切。
| 繩 shéng | 繩 索也。从糸，蠅省聲。 食陵切。
| 絣 zhēng | 絣 紓未縈繩。一曰急弦之聲。从糸爭聲。讀若旌。 側莖切。
| 縈 yíng | 縈（金文）（簡帛）（古璽）（石刻）收卷也。从糸，熒省聲。 於營切。
| 絇 qú | 絇（簡帛）纑繩絇也。从糸句聲。讀若鳩。 其俱切。
| 縋 zhuì | 縋 以繩有所縣也。《春秋傳》曰："夜縋納師。"从糸追聲。 持偽切。
| 絭 quàn | 絭（金文）（漢印）攘臂繩也。从糸弄聲。 居願切。
| 緘 jiān | 緘（古璽）束篋也。从糸咸聲。 古咸切。
| 縢 téng | 縢（金文）（簡帛）緘也。从糸朕聲。 徒登切。
| 編 biān | 編 次簡也。从糸扁聲。 布玄切。
| 維 wéi | 維（金文）（簡帛）（古璽）（石刻）車蓋維也。从糸隹聲。 以追切。
| 絥 bèi | 絥 車絥也。从糸伏聲。 平祕切。茯，絥或从艸。鞴，絥或从革葡聲。
| 紅 zhēng | 紅 乘輿馬飾也。从糸正聲。 諸盈切。

綊 xié	綊	紆綊也。从糸夾聲。 胡頰切。
緐 fán	緐（金文／簡帛／古璽／陶彙）馬髦飾也。从糸每聲。《春秋傳》曰："可以稱旌緐乎？"附袁切。繁，緐或从弁。弁，籒文弁。
繮 jiāng	繮（簡帛）馬紲也。从糸畺聲。 居良切。
紛 fēn	紛（簡帛）馬尾韜也。从糸分聲。 撫文切。
紂 zhòu	紂	馬緧也。从糸，肘省聲。 除柳切。
緧 qiū	緧	馬紂也。从糸酋聲。 七由切。
絆 bàn	絆	馬縶也。从糸半聲。 博幔切。
纐 xǔ	纐	絆前兩足也。从糸須聲。《漢令》：蠻夷卒有纐。 相主切。
紖 zhèn	紖	牛系也。从糸引聲。讀若矤。 直引切。
縼 xuàn	縼	以長繩繫牛也。从糸旋聲。 辭戀切。
縻 mí	縻	牛轡也。从糸麻聲。 靡爲切。紁，縻或从多。
紲 xiè	紲	系也。从糸世聲。《春秋傳》曰："臣負羈紲。" 私列切。緤，紲或从枼。
纆 mò	纆	索也。从糸黑聲。 莫北切。
絚 gēng	絚	大索也。一曰急也。从糸恆聲。 古恆切。
繘 yù	繘	綆也。从糸矞聲。 余聿切。繘，古文从絲。繘，籒文繘。
綆 gěng	綆	汲井綆也。从糸更聲。古杏切。
絠 ǎi	絠	彈彄也。从糸有聲。 弋宰切。又，古亥切。
繛 zhuó	繛	生絲縷也。从糸敫聲。 之若切。
罿 bì	罿	罿謂之罩，罩謂之罬，罬謂之罦。捕鳥覆車也。从糸辟聲。 博戹切。
緡 mín	緡（簡帛）釣魚繁也。从糸昏聲。吳人解衣相被，謂之緡。武巾切。
絮 xù	絮	敝緜也。从糸如聲。 息據切。
絡 luò	絡（金文／石刻）絮也。一曰麻未漚也。从糸各聲。 盧各切。
纊 kuàng	纊（石刻）絮也。从糸廣聲。《春秋傳》曰："皆如挾纊。"苦謗切。絖，纊或从光。
紙 zhǐ	紙	絮一苫也。从糸氏聲。 諸氏切。
紑 fǔ	紑	治敝絮也。从糸音聲。 芳武切。
絮 rú	絮（簡帛）絜縕也。一曰敝絮。从糸奴聲。《易》曰："需有衣絮。"女余切。
繫 jì	繫（簡帛）繫繘也。一曰惡絮。从糸毄聲。 古詣切。
縭 lí	縭	繫縭也。一曰維也。从糸虎聲。 郎兮切。
緝 jī	緝	績也。从糸咠聲。 七入切。

| 欪 cì | 績所緝也。从糸次聲。 七四切。
| 績 jī | (石刻) 緝也。从糸責聲。 則歷切。
| 纑 lú | (古陶) 布縷也。从糸盧聲。 洛乎切。
| 紨 fū | 布也。一曰粗紬。从糸付聲。 防無切。
| 繐 suì | 蜀細布也。从糸彗聲。 祥歲切。
| 絺 chī | 細葛也。从糸希聲。 丑脂切。
| 綌 xì | 粗葛也。从糸谷聲。 綺戟切。 帑，綌或从巾。
| 縐 zhòu | 絺之細也。《詩》曰："蒙彼縐絺。"一曰蹴也。从糸芻聲。 側救切。
| 絟 quán | 細布也。从糸全聲。 此緣切。
| 紵 zhù | 䌎屬。細者為絟，粗者為紵。从糸宁聲。 直呂切。 䋡，紵或从緒省。
| 緦 sī | 十五升布也。一曰兩麻一絲布也。从糸思聲。 息茲切。 𦃙，古文緦从糸省。
| 緆 xī | 細布也。从糸易聲。 先擊切。 𪓐，緆或从麻。
| 綸 tóu | (玉盟書) 綸貲，布也。从糸俞聲。 度矦切。
| 縗 cuī | 服衣。長六寸，博四寸，直心。从糸衰聲。 倉回切。
| 絰 dié | (簡帛) 喪首戴也。从糸至聲。臣鉉等曰：當从姪省乃得聲。 徒結切。
| 緶 biàn | 交枲也。一曰緁衣也。从糸便聲。 房連切。
| 𢄐 huà | 履也。一曰青絲頭履也。讀若阡陌之陌。从糸戶聲。 亡百切。
| 絣 běng | (簡帛) 枲履也。从糸封聲。 博蠓切。
| 緉 liǎng | 履兩枚也。一曰絞也。从糸从兩，兩亦聲。 力讓切。
| 緳 jié | 麻一耑也。从糸韧聲。 古屑切。
| 繆 móu | 枲之十絜也。一曰綢繆。从糸翏聲。 武彪切。
| 綢 chóu | (簡帛 古璽) 繆也。从糸周聲。 直由切。
| 縕 yùn | 紼也。从糸盈聲。 於云切。
| 紼 fú | 亂系也。从糸弗聲。 分勿切。
| 絣 bēng | 氐人殊縷布也。从糸幷聲。 北萌切。
| 紕 bǐ | 氐人䌈也。讀若《禹貢》玭珠。从糸比聲。 卑履切。
| 繼 jì | 西胡毳布也。从糸罽聲。 居例切。
| 縊 yì | 經也。从糸益聲。《春秋傳》曰："夷姜縊。" 於賜切。
| 綏 suī | (簡帛 古璽) 車中把也。从糸从妥。徐鍇曰："禮：升車必正立執綏。所以安也。當从爪从安省。《說文》無妥字。" 息遺切。

彝 yí 　（甲骨　金文　古璽）宗廟常器也。从糸；糸，綦也。廾持米，器中寶也。彑聲。此與爵相似。《周禮》："六彝：雞彝、鳥彝、黃彝、虎彝、蜼彝、斝彝。以待祼將之禮。" 以脂切。䋇、䋇，皆古文彝。

緻 zhì 　密也。从糸致聲。　直利切。

文二百四十八（當作文二百四十九）　重三十一

緗 xiāng 　帛淺黃色也。从糸相聲。　息良切。
緋 fēi 　（簡帛）帛赤色也。从糸非聲。　甫微切。
緅 zōu 　（簡帛）帛青赤色也。从糸取聲。　子矦切。
繖 sǎn 　蓋也。从糸散聲。　穌旱切。
練 shū 　布屬。从糸束聲。　所葅切。
縡 zǎi 　事也。从糸宰聲。　子代切。
繾 qiǎn 　繾綣，不相離也。从糸遣聲。　去演切。
綣 quǎn 　繾綣也。从糸卷聲。　去阮切。

文九（當作文八）　新附

素 部

素 sù 　（金文　簡帛）白緻繒也。从糸、巫，取其澤也。凡素之屬皆从素。桑故切。

鰍 jú 　素屬。从素奴聲。　居玉切。
䋃 yuè 　白䋃，縞也。从素勺聲。　以灼切。
䋣 lù 　素屬。从素率聲。　所律切。
䋐 chuò 　（金文　古璽）繛也。从素卓聲。　昌約切。綽，䋐或省。
繛 huǎn 　（簡帛）繛也。从素爰聲。　胡玩切。緩，繛或省。

文六　重二

絲 部

絲 sī 絲（甲骨 金文 簡帛 漢印 石刻）蠶所吐也。从二糸。凡絲之屬皆从絲。 息茲切。

轡 pèi 轡（金文 簡帛 古璽）馬轡也。从絲从軎。與連同意。《詩》曰："六轡如絲。" 兵媚切。

𢇷 guān 織絹从糸貫杼也。从絲省，卝聲。 古還切。臣鉉等曰：卝，古礦字。

文三

率 部

率 shuài 率（金文 簡帛 古璽 石刻）捕鳥畢也。象絲罔，上下其竿柄也。凡率之屬皆从率。 所律切。

文一

虫 部

虫 huǐ （甲骨 金文 古璽）一名蝮，博三寸，首大如擘指。象其臥形。物之微細，或行[或飛]，或毛或臝，或介或鱗，以虫為象。凡虫之屬皆从虫。 許偉切。

蝮 fù 虫也。从虫复聲。 芳目切。

螣 téng 神蛇也。从虫朕聲。 徒登切。

蚦 rán 大蛇。可食。从虫冄聲。 人占切。

螼 qǐn 螾也。从虫堇聲。 弃忍切。

螾 yǐn 側行者。从虫寅聲。 余忍切。蚓，螾或从引。

螉 wēng 蟲，在牛馬皮者。从虫翁聲。 烏紅切。

蜙 zōng 螉蜙也。从虫從聲。 子紅切。

蠁 xiǎng （石刻）知聲蟲也。从虫鄉聲。 許兩切。䖵，司馬相如：蠁从向。

蛁 diāo 蟲也。从虫召聲。 都僚切。

蟲 cuì 蟲也。从虫毳聲。 祖外切。

蛹	yǒng		繭蟲也。从虫甬聲。 余隴切。
螝	guī	(食簡帛)	蛹也。从虫鬼聲。讀若潰。 胡罪切。
蛕	huí		腹中長蟲也。从虫有聲。 戶恢切。
蟯	náo		腹中短蟲也。从虫堯聲。 如招切。
雖	suī	(雖 雖 雖金文)	似蜥蜴而大。从虫唯聲。 息遺切。
虺	huǐ	(虺簡帛)	虺以注鳴。《詩》曰："胡爲虺蜥。"从虫兀聲。臣鉉等曰：兀非聲，未詳。 許偉切。
蜥	xī		蜥易也。从虫析聲。 先擊切。
蝘	yǎn		在壁曰蝘蜓，在艸曰蜥易。从虫匽聲。 於殄切。 蝘或从蚰。
蜓	diàn		蝘蜓也。从虫廷聲。一曰螾蜓。 徒典切。
蚖	yuán		榮蚖，蛇醫，以注鳴者。从虫元聲。 愚袁切。
蠸	quán		蟲也。一曰大螫也。讀若蜀都布名。从虫藋聲。 巨員切。
螟	míng		蟲，食穀葉者。吏冥冥犯法即生螟。从虫从冥，冥亦聲。 莫經切。
蟘	tè		蟲食苗葉者。吏乞貸則生蟘。从虫从貸，貸亦聲。《詩》曰："去其螟蟘。"臣鉉等曰：今俗作蚝，非是。 徒得切。
蟣	jǐ		蝨子也。一曰齊謂蛭曰蟣。从虫幾聲。 居狶切。
蛭	zhì		蟣也。从虫至聲。 之日切。
蝚	róu		蛭蝚，至掌也。从虫柔聲。 耳由切。
蛣	jié		蛣蚰，蝎也。从虫吉聲。 去吉切。
蚰	qū		蛣蚰也。从虫出聲。 區勿切。
蟫	yín		白魚也。从虫覃聲。 余箴切。
蛵	xīng		丁蛵，負勞也。从虫巠聲。 戶經切。
蛤	hàn		毛蠹也。从虫臽聲。 乎感切。
蟜	jiǎo	(蟜 蟜漢印)	蟲也。从虫喬聲。 居夭切。
蛓	cì		毛蟲也。从虫戈聲。 千志切。
蚑	kuí		蚳也。从虫圭聲。 烏蝸切。
蚔	qí		蚑也。从虫氏聲。 巨支切。
蠆	chài	(蠆玉盟書 蠆簡帛)	毒蟲也。象形。 丑芥切。 蠆或从蚰。
蝤	qiú		蝤蠐也。从虫酋聲。 字秋切。
蠐	qí		蠐螬也。从虫齊聲。 徂兮切。

蝎 hé　蝤蠐也。从虫曷聲。胡葛切。

強 qiáng　（金文 簡帛 古幣 漢印 石刻）蚚也。从虫弘聲。徐鍇曰："弘與強聲不相近，秦刻石文从口，疑从籀文省。" 巨良切。䘧，籀文強从蚰从彊。

蚚 qí　強也。从虫斤聲。巨衣切。

蜀 shǔ　（金文 簡帛 漢印 石刻）葵中蠶也。从虫，上目象蜀頭形，中象其身蜎蜎。《詩》曰："蜎蜎者蜀。" 市玉切。

蠲 juān　（漢印）馬蠲也。从虫、目，益聲。了，象形。《明堂月令》曰："腐艸爲蠲。" 古玄切。

蝓 bī　齧牛蟲也。从虫皀聲。邊兮切。

蠖 huò　尺蠖，屈申蟲也。从虫蒦聲。烏郭切。

蝝 yuán　復陶也。劉歆說：蝝，蚍蜉子。董仲舒說：蝗子也。从虫彖聲。與專切。

螻 lóu　螻蛄也。从虫婁聲。一曰鹜天螻。洛矦切。

蛄 gū　螻蛄也。从虫古聲。古乎切。

蠪 lóng　（古璽 漢印）丁螘也。从虫龍聲。盧紅切。

蛾 yǐ　羅也。从虫我聲。臣鉉等案：《爾雅》：蛾羅，蠶蛾也。蚰部已有蟁，或作蚕，此重出。五何切。

螘 yǐ　蚍蜉也。从虫豈聲。魚綺切。

蚳 chí　螘子也。从虫氏聲。《周禮》有蚳醢。讀若祁。直尼切。䖳，籀文蚳从蚰。䗒，古文蚳从辰、土。

蠜 fán　阜蠜也。从虫樊聲。附袁切。

蟀 shuài　悉蟀也。从虫帥聲。臣鉉等曰：今俗作蜶，非是。所律切。

蝒 mián　馬蜩也。从虫面聲。武延切。

蟷 dāng　蟷蠰，不過也。从虫當聲。都郎切。

蠰 náng　蟷蠰也。从虫襄聲。汝羊切。

蜋 láng　堂蜋也。从虫良聲。一名蚚父。魯當切。

蛸 xiāo　蟲蛸，堂蜋子。从虫肖聲。相邀切。

蛢 píng　蟥蟥，以翼鳴者。从虫幷聲。薄經切。

蟜 yù　蠨蟥也。从虫喬聲。余律切。

蟥 huáng　蟥蠪也。从虫黃聲。乎光切。

蛬 shī　蛄蛬，強羋也。从虫施聲。式支切。

蛅 zhān　蛅斯，墨也。从虫占聲。職廉切。

蜆 xiàn 𧉧 縊女也。从虫見聲。 胡典切。

蜰 féi 𧑓 盧蜰也。从虫肥聲。 符非切。

蜛 jué 𧑎 渠蜛。一曰天社。从虫却聲。 其虐切。

蠃 guǒ 𧒉 蠃蠃，蒲盧，細要土蠭也。天地之性，細要純雄無子。《詩》曰："螟蠕有子，蠃蠃負之。"从虫𦝣聲。 古火切。𧒉，蠃或从果。

蠃 luǒ 𧒎 蜾蠃也。从虫羸聲。一曰虒蝓。 郎果切。

蠕 líng 𧓢 螟蠕，桑蟲也。从虫需聲。 郎丁切。

蛺 jiá 𧈫 蛺蜨也。从虫夾聲。 兼叶切。

蜨 dié 𧋈 蛺蜨也。从虫疌聲。臣鉉等曰：今俗作蝶，非是。 徒叶切。

蚩 chī 𡴀 蟲也。从虫之聲。 赤之切。

蟞 bān 𧔧 蟞蝥，毒蟲也。从虫般聲。 布還切。

蝥 máo 𧑗 蟞蝥也。从虫敄聲。臣鉉等曰：今俗作蟊，非是。蟊卽蠡。蟊，蜘蛛之別名也。 莫交切。

蟠 fán 𧖇 鼠婦也。从虫番聲。 附袁切。

蛜 yī 𧋬 蛜威，委黍。委黍，鼠婦也。从虫，伊省聲。 於脂切。

蜙 sōng 𧍮 蜙蝑，以股鳴者。从虫松聲。 息恭切。𧍒，蜙或省。臣鉉等曰：今俗作古紅切，以爲蜈蚣蟲名。

蝑 xū 𧎇 蜙蝑也。从虫胥聲。 相居切。

蟅 zhè 𧕄 蟲也。从虫庶聲。 之夜切。

蝗 huáng 𧖅 螽也。从虫皇聲。 乎光切。

蜩 tiáo 𧍢 蟬也。从虫周聲。《詩》曰："五月鳴蜩。" 徒聊切。𧌐，蜩或从舟。

蟬 chán 𧔡 以㫄鳴者。从虫單聲。 市連切。

蜺 ní 𧋫 寒蜩也。从虫兒聲。 五雞切。

螇 xī 𧕞 螇鹿，蛁蟟也。从虫奚聲。 胡雞切。

蚗 jué 𧈷 蛜蚗，蛁蟟也。从虫夬聲。 於悅切。

蝒 mián 𧋕 蛜蚗，蟬屬。讀若周天子㪤。从虫丏聲。 武延切。

蜊 liè 𧋻 蜻蜊也。从虫㓟聲。 良薛切。

蜻 jīng 𧍐 蜻蜊也。从虫青聲。 子盈切。

蛉 líng 𧋰 蜻蛉也。从虫令聲。一名桑根。 郎丁切。

蠓 měng 𧔑 蠛蠓也。从虫蒙聲。 莫孔切。

蟧 lüè 𧕉 蟲蟧也。一曰蜉游。朝生莫死者。从虫㡿聲。 离灼切。

| 蚋 ruì | 秦晉謂之蚋，楚謂之蚊。从虫芮聲。 而銳切。
| 蟏 xiāo | 蟏蛸，長股者。从虫肅聲。 穌彫切。
| 蠂 shěng | 蟲也。从虫省聲。 息正切。
| 蛚 liè | 商何也。从虫孚聲。 力輟切。
| 蜡 qù | 蠅胆也。《周禮》："蜡氏掌除骴。"从虫昔聲。 鉏駕切。
| 蝡 ruǎn | 動也。从虫耎聲。 而沇切。
| 蚑 qí | 行也。从虫支聲。 巨支切。
| 蠉 xuān | 蟲行也。从虫睘聲。 香沇切。
| 蝉 chǎn | 蟲曳行也。从虫中聲。讀若騁。 丑善切。
| 蝓 yú | 螽醜蝓，垂腴也。从虫欲聲。 余足切。
| 蝙 shàn | 蠅醜蝙，搖翼也。从虫扇聲。 式戰切。
| 蛻 tuì | 蛇蟬所解皮也。从虫，挩省。 輸芮切。
| 蚵 hē | 蛸也。从虫，若省聲。 呼各切。
| 螫 shì | 蟲行毒也。从虫赦聲。 施隻切。
| 蛋 è | 跌也。从虫亞聲。 烏各切。
| 蛘 yǎng | 搔蛘也。从虫羊聲。 余兩切。
| 蝕 shí | 敗創也。从虫、人、食，食亦聲。 乘力切。
| 蛟 jiāo | 龍之屬也。池魚滿三千六百，蛟來爲之長，能率魚飛。置笱水中，即蛟去。从虫交聲。 古肴切。
| 螭 chī | 若龍而黃，北方謂之地螻。从虫离聲。或云無角曰螭。 丑知切。
| 虯 qiú | （石刻）龍子有角者。从虫丩聲。 渠幽切。
| 蜦 lún | 蛇屬。黑色，潛于神淵，能興風雨。从虫侖聲。讀若戾艸。 力屯切。蜧，蜦或从戾。
| 蠊 lián | 海蟲也。長寸而白，可食。从虫兼聲。讀若嗛。 力鹽切。
| 蜃 shèn | 雉入海，化爲蜃。从虫辰聲。 時忍切。
| 蛤 gé | 蜃屬。有三，皆生於海。千歲化爲蛤，秦謂之牡厲。又云百歲燕所化。魁蛤，一名復絫，老服翼所化。从虫合聲。 古沓切。
| 蠯 pí | 階也。脩爲蠯，圓爲蠇。从虫、庳。臣鉉等曰：今俗作魶，或作蠯，非是。 蒲猛切。
| 蝸 wō | 蝸蠃也。从虫咼聲。 古華切。
| 蚌 bàng | 蜃屬。从虫丰聲。 步項切。
| 蠣 lì | 蚌屬。似螊，微大，出海中，今民食之。从虫萬聲。讀若賴。 力制切。

蝓 yú	𧏾	虒蝓也。从虫俞聲。 羊朱切。
蜎 yuān	𧑊	蜎也。从虫肙聲。 狂沇切。
蟺 shàn	𧒽	夗蟺也。从虫亶聲。 常演切。
蟉 yōu	𧓉	蟉蟉也。从虫幽聲。 於虯切。
蟉 liú	𧑇	蟉蟉也。从虫翏聲。 力幽切。
蟄 zhé	𧑳	藏也。从虫執聲。 直立切。
蚨 fú	𧑒	青蚨，水蟲，可還錢。从虫夫聲。 房無切。
蜠 jú	𧑋	蜠鼀，詹諸，以脰鳴者。从虫匊聲。 居六切。
蝦 há	𧒖	蝦蟆也。从虫叚聲。 乎加切。
蟆 má	𧒘	蝦蟆也。从虫莫聲。 莫遐切。
蠵 xī	𧑐	大龜也。以胃鳴者。从虫巂聲。 戶圭切。𧒯，司馬相如說：蠵从夐。
蠸 jiàn	𧒗	蠸離也。从虫，漸省聲。 慈染切。
蟹 xiè	𧒞	有二敖八足，旁行，非蛇鮮之穴無所庇。从虫解聲。胡買切。𩵋，蟹或从魚。
蛫 guǐ	𧒿	蟹也。从虫危聲。 過委切。
蜮 yù	𧐨	短狐也。似鼈，三足，以气䩺害人。从虫或聲。于逼切。𧐻，蜮又从國。臣鉉等曰：今俗作古獲切，以爲蝦蟆之別名。
蟬 è	𧑍	似蜥易，長一丈，水潛，吞人卽浮，出日南。从虫罗聲。 吾各切。
蜽 wǎng	𧑏	蜽蛧，山川之精物也。淮南王說：蜽蛧，狀如三歲小兒，赤黑色，赤目，長耳，美髮。从虫网聲。《國語》曰：木石之怪夔、蜽蛧。 文兩切。
蛧 liǎng	𧑑	蜽蛧也。从虫兩聲。臣鉉等曰：今俗別作魍魎，非是。 良獎切。
蝯 yuán	𧓒	善援，禺屬。从虫爰聲。臣鉉等曰：今俗別作猿，非是。 雨元切。
蠗 zhuó	𧓔	禺屬。从虫翟聲。 直角切。
蜼 wèi	𧑼	如母猴，卬鼻，長尾。从虫隹聲。 余季切。
蚼 gǒu	𧑘	北方有（按：有當作有）蚼犬，食人。从虫句聲。 古厚切。
蛩 qióng	𧑸	（𠘓簡帛）蛩蛩，獸也。一曰秦謂蟬蛻曰蛩。从虫巩聲。 渠容切。
蟨 jué	𧒥	鼠也。一曰西方有獸，前足短，與蛩蛩、巨虛比，其名謂之蟨。从虫厥聲。居月切。
蝙 biān	𧑗	蝙蝠也。从虫扁聲。 布玄切。
蝠 fú	𧑙	（𧑙𧑚𧑛𧑜金文）蝙蝠，服翼也。从虫畐聲。 方六切。
蠻 mán	𧓽	南蠻，蛇種。从虫䜌聲。 莫還切。
閩 mǐn	𨳆	東南越，蛇種。从虫門聲。 武巾切。

虹 hóng　虹（甲骨　石刻）螮蝀也。狀似蟲。从虫工聲。《明堂月令》曰："虹始見。"戶工切。

螎，籀文虹从申。申，電也。

螮 dì　螮蝀，虹也。从虫帶聲。都計切。

蝀 dòng　螮蝀也。从虫東聲。多貢切。

蠥 niè　衣服、歌謠、艸木之怪，謂之祅。禽獸、蟲蝗之怪，謂之蠥。从虫辥聲。魚列切。

文一百五十三　重十五

蜑 dàn　南方夷也。从虫延聲。徒旱切。

蟪 huì　蟪蛄，蟬也。从虫惠聲。曰械切。

蠛 miè　蠛蠓，細蟲也。从虫蔑聲。亡結切。

蚝 zhé　蚝蟖，艸上蟲也。从虫毛聲。陟格切。

蟒 měng　蚝蟒也。从虫孟聲。莫杏切。

蟋 xī　蟋蟀也。从虫悉聲。息七切。

螳 táng　螳蜋也。从虫堂聲。徒郎切。

文七新附

䖵 部

䖵 kūn　（甲骨）蟲之總名也。从二虫。凡䖵之屬皆从䖵。讀若昆。古魂切。

蠶 cán　（漢印）任絲也。从䖵朁聲。昨含切。

蛾 é　蠶化飛蟲。从䖵我聲。五何切。𧕅，或从虫。

蚤 zǎo　（簡帛）齧人跳蟲。从䖵叉聲。叉，古爪字。子皓切。𧉈，蚤或從虫。

蝨 shī　齧人蟲。从䖵卂聲。所櫛切。

螽 zhōng　蝗也。从䖵夂聲。夂，古文終字。職戎切。𧐚，螽或从虫眾聲。

𧎮 zhǎn　蟲也。从䖵，展省聲。知衍切。

𧒒 jié　小蟬蜩也。从䖵戋聲。子列切。

蠿 zhuō　蠿蟊，作罔蛛蟊也。从䖵𢇍聲。𢇍，古絕字。側八切。

蟊 máo　蠿蟊也。从䖵矛聲。莫交切。

𧕅 níng　蟲也。从䖵𡨚聲。奴丁切。

𧕪 cáo　𧕪𧕪也。从䖵曹聲。財牢切。

| 蠚 xiá | 蠚 | 螻蛄也。从䖵蓋聲。 胡葛切。
| 螕 pí | 螕 | 蠹蛸也。从䖵卑聲。 匹標切。螕，螕或从虫。
| 蠭 fēng | 蠭 | 飛蟲螫人者。从䖵逢聲。 敷容切。蜂，古文省。
| 蜜 mì | 蜜 | 蠭甘飴也。一曰螟子。从䖵鼏聲。 彌必切。蜜，蜜或从宓。
| 蠷 qú | 蠷 | 蠷螋也。从䖵巨聲。 强魚切。
| 蟁 wén | 蟁 | 齧人飛蟲。从䖵民聲。 無分切。䘇，蟁或从昏，以昏時出也。蚊，俗蟁从虫从文。
| 䖵 méng | 䖵 | 齧人飛蟲。从䖵亡聲。 武庚切。
| 蠹 dù | 蠹 | 木中蟲。从䖵橐聲。 當故切。蠧，蠹或从木，象蟲在木中形，譚長說。
| 蠡 lǐ | 蠡 | 蟲齧木中也。从䖵彖聲。 盧啓切。蠡，古文。
| 蝤 qiú | 蝤 | 多足蟲也。从䖵求聲。 巨鳩切。蝤，蝤或从虫。
| 蝮 fú | 蝮 | 蚍蝣也。从䖵𠭰聲。 縛牟切。蝣，蝮或从虫从孚。
| 蠢 juǎn | 蠢 | 蟲食也。从䖵雋聲。 子兗切。
| 蠢 chǔn | 蠢 | 蟲動也。从䖵春聲。 尺尹切。蠢，古文蠢从戈。《周書》曰："我有䊆于西。"

文二十五　重十三

蟲 部

| 蟲 chóng | 蟲 | （蟲簡帛）有足謂之蟲，無足謂之豸。从三虫。凡蟲之屬皆从蟲。 直弓切。
| 蟊 máo | 蟊 | 蟲食艸根者。从蟲，象其形。吏抵冒取民財則生。徐鍇曰："唯此一字象蟲形，不从矛，書者多誤。" 莫浮切。蝥，蟊或从敄。臣鉉等按：虫部已有，莫交切。作螌蝥蟲。此重出。蛑，古文蟊从虫从牟。
| 蚍 pí | 蚍 | 蚍蜉，大螘也。从蟲毗聲。 房脂切。蚍，蚍或从虫比聲。
| 䗥 lìn | 䗥 | 蠹也。从蟲画聲。 武巾切。
| 蜚 fěi | 蜚 | （蜚古璽 蜚漢印）臭蟲，負蠜也。从蟲非聲。 房未切。蜚，蜚或从虫。
| 蠱 gǔ | 蠱 | （蠱蠱蠱蠱甲骨 蠱簡帛）腹中蟲也。《春秋傳》曰："皿蟲爲蠱。"晦淫之所生也。梟桀死之鬼亦爲蠱。从蟲从皿。皿，物之用也。 公戶切。

文六　重四

風 部

風 fēng （甲骨 簡帛 石刻）八風也。東方曰明庶風，東南曰清明風，南方曰景風，西南曰涼風，西方曰閶闔風，西北曰不周風，北方曰廣莫風，東北曰融風。風動蟲生。故蟲八日而化。从虫凡聲。凡風之屬皆从風。 方戎切。 ，古文風。

飊 liáng　北風謂之飊。从風，涼省聲。 呂張切。

颭 xuè　小風也。从風术聲。 翾聿切。

飆 biāo　扶搖風也。从風猋聲。 甫遙切。 ，飆或从包。

飄 piāo　回風也。从風票聲。 撫招切。

颯 sà　翔風也。从風立聲。 穌合切。

飂 liú　高風也。从風翏聲。 力求切。

颮 hū　疾風也。从風从忽，忽亦聲。 呼骨切。

颹 wèi　大風也。从風胃聲。 王勿切。

颭 yù　大風也。从風日聲。 于筆切。

颺 yáng　風所飛揚也。从風易聲。 與章切。

颲 lì　風雨暴疾也。从風利聲。讀若栗。 力質切。

颲 liè　烈風也。从風刿聲。讀若剡。 良薛切。

　　　　文十三　重二

颸 sī　涼風也。从風思聲。 息茲切。

颼 sōu　颸颼也。从風叜聲。 所鳩切。

颭 zhǎn　風吹浪動也。从風占聲。 隻冉切。

　　　　文三新附

它 部

它 tā （甲骨　金文　簡帛　古陶　漢印）虫也。从虫而長，象冤曲垂尾形。上古艸居患它，故相問無它乎。

凡它之屬皆從它。託何切。蛇，它或從虫。臣鉉等曰：今俗作食遮切。

文一　重一

龜部

龜 guī　（甲骨 金文 簡帛 古陶 石刻）舊也。外骨內肉者也。从它，龜頭與它頭同。天地之性，廣肩無雄；龜鼈之類，以它爲雄。象足甲尾之形。凡龜之屬皆從龜。居追切。𠫥，古文龜。

𪓰 tóng　龜名。从龜夂聲。夂，古文終字。徒冬切。

𪓷 rán　龜甲邊也。从龜冄聲。天子巨𪓷，尺有二寸，諸矦尺，大夫八寸，士六寸。汝閻切。

文三　重一

黽部

黽 měng　（甲骨 金文）鼃黽也。从它，象形。黽頭與它頭同。臣鉉等曰：色，其腹也。凡黽之屬皆從黽。莫杏切。𪓿，籀文黽。

鼈 biē　甲蟲也。从黽敝聲。并列切。

黿 yuán　大鼈也。从黽元聲。愚袁切。

鼃 wā　蝦蟇也。从黽圭聲。烏媧切。

鼀 cù　圥鼀，詹諸也。其鳴詹諸，其皮鼀鼀，其行圥圥。从黽从圥，圥亦聲。七宿切。𪓵，鼀或从酋。

鼅 shī　鼅鼄，詹諸也。《詩》曰："得此鼅鼄。"言其行鼅鼅。从黽爾聲。式支切。

鼉 tuó　（甲骨 金文）水蟲。似蜥易，長大。从黽單聲。徒何切。

鼷 xí　水蟲也。薉貉之民食之。从黽奚聲。胡雞切。

鼩 qú　鼷屬，頭有兩角，出遼東。从黽句聲。其俱切。

蠅 yíng　營營青蠅。蟲之大腹者。从黽从虫。余陵切。

鼅 zhī　鼅鼄，蟊也。从黽，矯省聲。陟离切。䗪，或从虫。

鼄 zhū　（古陶）鼅鼄也。从黽朱聲。陟輸切。蛛，鼄或从虫。

鼂 cháo　（簡帛 漢印）匽鼂也。讀若朝。楊雄說：匽鼂，蟲名。杜林以爲朝旦，非是。从黽从旦。臣鉉等曰：今俗作晁。直遙切。鼂，篆文从皀。

文十三　重五

鰲 áo　鰲　海大鱉也。从黽敖聲。　五牢切。

　　　　　文一新附

卵 部

卵 luǎn　（▢▢簡帛）凡物無乳者卵生。象形。凡卵之屬皆从卵。　盧管切。
毈 duàn　毈　卵不孚也。从卵段聲。　徒玩切。

　　　　　文二

二 部

二 èr　二（▢▢金文 ▢▢簡帛 ╱ ╱古幣 ▢▢▢石刻）地之數也。从偶一。凡二之屬皆从二。　而至切。弍，古文。

亟 jí　亟（▢甲骨 ▢▢金文 ▢▢▢玉盟書 ▢▢簡帛）敏疾也。从人从口，从又从二。二，天地也。徐鍇曰："承天之時，因地之利，口謀之，手執之，時不可失，疾也。"　紀力切。又，去吏切。

恆 héng　恆（▢▢甲骨 ▢▢▢▢▢▢▢金文 ▢▢▢▢▢▢簡帛 ▢古璽 ▢▢石刻）常也。从心从舟，在二之間上下。心以舟施，恆也。　胡登切。▢，古文恆从月。《詩》曰："如月之恆。"

亙 xuān　（▢甲骨 ▢▢金文 ▢古幣）求亙也。从二从囘。囘，古文回，象亙回形。上下，所求物也。徐鍇曰："回，風回轉，所以宣陰陽也。"　須緣切。

竺 dǔ　竺（▢玉盟書 ▢簡帛）厚也。从二竹聲。　冬毒切。

凡 fán　凡（▢甲骨 ▢▢▢▢金文 ▢▢▢▢▢簡帛 ▢古幣 ▢石刻）最括也。从二，二，偶也。从㇆，㇆，古文及。　浮芝切。

　　　　　文六　重二

土 部

土 tǔ　土（▢▢▢▢甲骨 ▢▢▢▢金文 ▢▢簡帛 ▢▢古幣 ▢▢

| 地 dì | (玉盟書　簡帛　古璽　漢印　石刻）地之吐生物者也。二象地之下、地之中，物出形也。凡土之屬皆從土。它魯切。
（石刻）元气初分，輕清陽爲天，重濁陰爲地。萬物所陳列也。從土也聲。徒四切。𡎚，籀文地從隊。|

坤 kūn	坤（古璽　石刻）地也。《易》之卦也。從土從申。土位在申。 苦昆切。
垓 gāi	垓　兼垓八極地也。《國語》曰："天子居九垓之田。"從土亥聲。 古哀切。
壞 ào	壞　四方土可居也。從土奧聲。 於六切。𡎆，古文壞。
堣 yú	堣（簡帛）堣夷，在冀州陽谷。立春日，日值之而出。從土禺聲。《尚書》曰："宅堣夷。" 噱俱切。
坶 mù	坶　朝歌南七十里地。《周書》："武王與紂戰于坶野。"從土母聲。 莫六切。
坡 pō	坡（金文　古璽）阪也。從土皮聲。 滂禾切。
坪 píng	坪（金文　簡帛　古璽　古幣）地平也。從土從平，平亦聲。 皮命切。
均 jūn	均（金文　簡帛　古璽）平徧也。從土從勻，勻亦聲。 居勻切。
壤 rǎng	壤（簡帛　石刻）柔土也。從土襄聲。 如兩切。
塙 què	塙（簡帛　古璽　古陶）堅不可拔也。從土高聲。 苦角切。
墝 qiāo	墝　礉也。從土敫聲。 口交切。
壚 lú	壚　剛土也。從土盧聲。 洛乎切。
垶 xīng	垶　赤剛土也。從土，觲省聲。 息營切。
埴 zhí	埴　黏土也。從土直聲。 常職切。
坴 lù	坴　土塊坴坴也。從土坴聲。讀若逐。一曰坴梁。 力竹切。
㡓 hún	㡓　土也。洛陽有大㡓里。從土軍聲。 戶昆切。
墣 pú	墣　塊也。從土菐聲。 匹角切。圤，墣或從卜。
凷 kuài	凷　墣也。從土，一屈象形。 苦對切。塊，凷或從鬼。
堛 bì	堛　凷也。從土畐聲。 芳逼切。
埈 zōng	埈　穜也。一曰內其中也。從土夋聲。 子紅切。
塍 chéng	塍（石刻）稻中畦也。從土朕聲。 食陵切。
坺 bá	坺　治也。一曰臿土謂之坺。《詩》曰："武王載坺。"一曰塵兒。從土犮聲。 蒲撥切。
埊 yì	埊（古璽）陶竈窻也。從土，役省聲。 營隻切。

基 jī 𠃩（甲骨 金文 簡帛 石刻）牆始也。从土其聲。 居之切。

垣 yuán 垣（金文 古幣 漢印）牆也。从土亘聲。雨元切。𠣦，籀文垣从𩫖。

圪 yì 圪 牆高也。《詩》曰："崇墉圪圪。"从土乞聲。 魚迄切。

堵 dǔ 堵（金文 古璽）垣也。五版爲一堵。从土者聲。 當古切。𩫡，籀文从𩫖。

壁 bì 壁（簡帛 石刻）垣也。从土辟聲。 比激切。

墝 liáo 墝 周垣也。从土尞聲。 力沼切。

堨 yè 堨（古璽）壁間隙也。从土曷聲。讀若謁。 魚列切。

㘿 liè 㘿 卑垣也。从土孚聲。 力輟切。

堪 kān 堪（漢印）地突也。从土甚聲。 口含切。

堀 kū 堀 突也。《詩》曰："蜉蝣堀閲。"从土，屈省聲。 苦骨切。

堂 táng 堂（金文 玉盟書 簡帛 古璽 漢印 古幣 石刻）殿也。从土尚聲。 徒郎切。㙶，古文堂。𩫮，籀文堂从高省。

垛 duǒ 垛 堂塾也。从土朵聲。 丁果切。

坫 diàn 坫 屏也。从土占聲。 都念切。

壠 lǒng 壠 涂也。从土瀧聲。臣鉉等案：水部已有，此重出。 力踵切。

垷 xiàn 垷 涂也。从土見聲。 胡典切。

墐 jìn 墐 涂也。从土堇聲。 渠吝切。

墍 xì 墍 仰涂也。从土旣聲。 其冀切。

堊 è 堊 白涂也。从土亞聲。 烏各切。

墀 chí 墀 涂地也。从土犀聲。《禮》："天子赤墀。" 直泥切。

墼 jī 墼 瓴適也。一曰未燒也。从土毄聲。 古歷切。

坋 fèn 坋 塵除也。从土弁聲。讀若糞。 方問切。

埽 sǎo 埽 棄也。从土从帚。 穌老切。

在 zài 在（金文 古璽 石刻）存也。从土才聲。 昨代切。

坐 zuò 坐（簡帛 古陶 石刻）止也。从土，从畱省。土，所止也。此與畱同意。 徂臥切。𡋲，古文坐。

坻 zhǐ 坻 箸也。从土氏聲。 諸氏切。

填 tián 填 塞也。从土眞聲。陟鄰切。今待季切。

坦 tǎn 坦（簡帛）安也。从土旦聲。 他但切。

坒 bì　坒（[金文]）地相次比也。衞大夫貞子名坒。从土比聲。 毗至切。

堤 dǐ　堤 滯也。从土是聲。 丁禮切。

壎 xūn　壎 樂器也。以土爲之，六孔。从土熏聲。 況袁切。

封 fēng　封（[甲骨][金文][簡帛][古璽][古幣][漢印][石刻]）爵諸矦之土也。从之从土从寸，守其制度也。公侯，百里；伯，七十里；子男，五十里。徐鍇曰："各之其土也。會意。" 府容切。圭，古文封省。𡊄，籀文从半。

壐 xǐ　壐（[古璽][古陶][漢印]）王者印也。所以主土。从土爾聲。 斯氏切。璽，籀文从玉。

墨 mò　墨（[金文][簡帛][古璽]）書墨也。从土从黑，黑亦聲。 莫北切。

塗 huán　塗 以桼和灰而鬃也。从土完聲。一曰補垸。 胡玩切。

型 xíng　型（[金文][簡帛]）鑄器之法也。从土刑聲。 戶經切。

埻 zhǔn　埻 射臬也。从土𦎧聲。讀若準。 之允切。

塒 shí　塒 雞棲垣爲塒。从土時聲。 市之切。

城 chéng　城（[金文][玉盟書][簡帛][古璽][古幣][石刻]）以盛民也。从土从成，成亦聲。 氏征切。䧆，籀文城从𩫖。

墉 yōng　墉 城垣也。从土庸聲。 余封切。𠱾，古文墉。

堞 dié　堞 城上女垣也。从土葉聲。 徒叶切。

坎 kǎn　坎 陷也。从土欠聲。 苦感切。

墊 diàn　墊（[石刻]）下也。《春秋傳》曰："墊隘。"从土執聲。 都念切。

坻 chí　坻 小渚也。《詩》曰："宛在水中坻。"从土氐聲。 直尼切。汷，坻或从水从夂。渚，坻或从水从者。

墊 zhí　墊 下入也。从土㚔聲。 敕立切。

垎 hè　垎 水乾也。一曰堅也。从土各聲。 胡格切。

垐 cí　垐 以土增大道上。从土次聲。 疾資切。墍，古文垐从土、即。《虞書》曰："龍，朕堲讒說殄行。"堲，疾惡也。

增 zēng　增（[簡帛]）益也。从土曾聲。 作滕切。

埤 pí　埤（[簡帛]）增也。从土卑聲。 符支切。

坿 fù　坿（[簡帛]）益也。从土付聲。 符遇切。

| 塞 sài | （甲骨金文簡帛漢印）隔也。从土从寅。 先代切。
| 圣 kū | 汝潁之閒謂致力於地曰圣。从土从又。讀若兔窟。 苦骨切。
| 垍 jì | 堅土也。从土自聲。讀若息。 其冀切。
| 埱 chù | 气出土也。一曰始也。从土叔聲。 昌六切。
| 埵 duǒ | 堅土也。从土巠聲。讀若朶。 丁果切。
| 堘 jīn | 地也。从土曼聲。 子林切。
| 堅 jù | 土積也。从土，从聚省。 才句切。
| 壔 dǎo | 保也。高土也。从土𩫏聲。讀若毒。 都皓切。
| 培 péi | 培敦。土田山川也。从土咅聲。 薄回切。
| 埩 zhēng | 治也。从土爭聲。 疾郢切。
| 墇 zhàng | 擁（按：擁当作壅）也。从土章聲。 之亮切。
| 㘣 cè | 遏遮也。从土則聲。 初力切。
| 垠 yín | 地垠也。一曰岸也。从土艮聲。 語斤切。圻，垠或从斤。
| 墠 shàn | （簡帛）野土也。从土單聲。 常衍切。
| 垑 chǐ | 恃也。从土多聲。 尺氏切。
| 壘 lěi | （簡帛）軍壁也。从土畾聲。 力委切。
| 垝 guǐ | 毀垣也。从土危聲。《詩》曰："乘彼垝垣。" 過委切。陒，垝或从阜。
| 圮 pǐ | 毀也。《虞書》曰："方命圮族。"从土己聲。 符鄙切。𢻹，圮或从手从非，配省聲。
| 堙 yīn | （金文）塞也。《尚書》曰："鯀堙洪水。"从土西聲。 於眞切。𡒯，古文堙。
| 塹 qiàn | 阬也。一曰大也。从土斬聲。 七豔切。
| 埂 gěng | 秦謂阬爲埂。从土更聲。讀若井汲綆。 古杏切。
| 壙 kuàng | （漢印石刻）塹穴也。一曰大也。从土廣聲。 苦謗切。
| 垲 kǎi | 高燥也。从土豈聲。 苦亥切。
| 毀 huǐ | （金文簡帛）缺也。从土，毇省聲。 許委切。𣪢，古文毀从壬。
| 壓 yā | 壞也。一曰塞補。从土厭聲。 烏狎切。
| 壞 huài | （簡帛）敗也。从土褱聲。 下怪切。𡑍，古文壞省。𡓨，籀文壞。臣鉉等按：攴部有毇，此重出。
| 坷 kě | （簡帛）坎坷也。梁國寧陵有坷亭。从土可聲。 康我切。
| 㘭 xià | 𡋛也。从土虖聲。 呼訝切。䧢，㘭或从阜。
| 㘩 chè | 裂也。《詩》曰："不㘩不疈。"从土席聲。 丑格切。

坱 yǎng	坱	塵埃也。从土央聲。	於亮切。
塺 méi	塺	塵也。从土麻聲。	亡果切。
塿 lǒu	塿	塺土也。从土婁聲。	洛矦切。
坋 fèn	坋	塵也。从土分聲。一曰大防也。	房吻切。
垟 fèi	垟	塵也。从土非聲。	房未切。
埃 āi	埃	塵也。从土矣聲。	烏開切。
堅 yī	堅	塵埃也。从土殹聲。	烏雞切。
垽 yìn	垽	澱也。从土沂聲。	魚僅切。
垢 gòu	垢	濁也。从土后聲。	古厚切。
壹 yì	壹	天陰塵也。《詩》曰："壹壹其陰。"从土壹聲。	於計切。
坯 pī	坯	(坯 簡帛) 丘再成者也。一曰瓦未燒。从土不聲。	芳桮切。
垤 dié	垤	螘封也。《詩》曰："鸛鳴于垤。"从土至聲。	徒結切。
坥 qū	坥	益州部謂螾場曰坥。从土且聲。	七余切。
埍 juǎn	埍	徒隸所居也。一曰女牢。一曰亭部。从土冒聲。	古泫切。
㞒 kū	㞒	𡆧突出也。从土叡聲。	胡八切。
瘞 yì	瘞	幽薶也。从土㾜聲。	於罽切。
堋 bèng	堋 (簡帛)	喪葬下土也。从土朋聲。《春秋傳》曰："朝而堋。"《禮》謂之封，《周官》謂之窆。《虞書》曰："堋淫于家。"	方鄧切。
垗 zhào	垗	畔也。爲四時界，祭其中。《周禮》曰："垗五帝於四郊。"从土兆聲。	治小切。
塋 yíng	塋 (石刻)	墓也。从土，熒省聲。	余傾切。
墓 mù	墓 (簡帛 石刻)	丘也。从土莫聲。	莫故切。
墳 fén	墳 (石刻)	墓也。从土賁聲。	符分切。
壠 lǒng	壠	丘壠也。从土龍聲。	力歱切。
壇 tán	壇 (石刻)	祭場也。从土亶聲。	徒干切。
場 cháng	場 (簡帛 古璽 石刻)	祭神道也。一曰田不耕。一曰治穀田也。从土昜聲。	直良切。
圭 guī	圭 (金文 簡帛 石刻)	瑞玉也。上圜下方。公執桓圭，九寸；矦執信圭，伯執躬圭，皆七寸；子執穀璧，男執蒲璧，皆五寸。以封諸矦。从重土。楚爵有執圭。 珪，古文圭从玉。	古畦切。

圯 yí 圯 東楚謂橋爲圯。从土巳聲。 與之切。
垂 chuí 坙 (石刻) 遠邊也。从土巫聲。 是爲切。
堀 kū 堀 兔堀也。从土屈聲。 苦骨切。

文一百三十一　重二十六

塗 tú 塗 (簡帛) 泥也。从土涂聲。 同都切。
塓 mì 塓 塗也。从土冥聲。 莫狄切。
埏 yán 埏 八方之地也。从土延聲。 以然切。
場 yì 場 疆也。从土易聲。 羊益切。
境 jìng 境 (石刻) 疆也。从土竟聲。經典通用竟。 居領切。
塾 shú 塾 門側堂也。从土孰聲。 殊六切。
墾 kěn 墾 耕也。从土貇聲。 康很切。
塘 táng 塘 隄也。从土唐聲。 徒郎切。
坳 āo 坳 地不平也。从土幼聲。 於交切。
壒 ài 壒 塵也。从土蓋聲。 於蓋切。
墜 zhuì 墜 (甲骨 金文) 陊也。从土隊聲。古通用磙。 直類切。
塔 tǎ 塔 (石刻) 西域浮屠也。从土荅聲。 土盍切。
坊 fāng 坊 邑里之名。从土方聲。古通用埅。 府良切。

文十三新附

垚 部

垚 yáo 垚 土高也。从三土。凡垚之屬皆从垚。 吾聊切。
堯 yáo 堯 (甲骨 簡帛 石刻) 高也。从垚在兀上，高遠也。 吾聊切。 赫，古文堯。

文二　重一

堇 部

堇 qín 堇 (金文 簡帛) 黏土也。从土，从黃省。凡堇之屬皆从堇。 巨斤切。 菣、𦰫，皆古文堇。

艱 jiān 艱（甲骨 金文 石刻）土難治也。从堇艮聲。 古閑切。 𩂂，籀文艱从喜。

文二 重三

里 部

里 lǐ 里（金文 金文 石刻）居也。从田从土。凡里之屬皆从里。 良止切。
釐 lí 釐（金文 簡帛 石刻）家福也。从里𠩺聲。里之切。
野 yě 野（甲骨 金文 簡帛 古陶 漢印 石刻）郊外也。从里予聲。 羊者切。埜，古文野从里省，从林。

文三 重一

田 部

田 tián 田（甲骨 金文 簡帛 古幣 漢印 石刻）陳也。樹穀曰田。象四口。十，阡陌之制也。凡田之屬皆从田。 待季切。
町 tīng 町 田踐處曰町。从田丁聲。 他頂切。
畇 ruán 畇 城下田也。一曰畇，邵也。从田耎聲。 而緣切。
疇 chóu 疇（石刻）耕治之田也。从田，象耕屈之形。 直由切。𠷎，疇或省。
疁 liú 疁 燒穜也。《漢律》曰："疁田茠艸。"从田翏聲。 力求切。
畬 yú 畬 三歲治田也。《易》曰："不菑畬田。"从田余聲。 以諸切。
𤰕 róu 𤰕 和田也。从田柔聲。 耳由切。
畸 jī 畸（古璽）殘田也。从田奇聲。 居宜切。
嵯 cuó 嵯 殘田也。《詩》曰："天方薦嵯。"从田差聲。 昨何切。
畮 mǔ 畮 六尺爲步，步百爲畮。从田每聲。 莫厚切。畝，畮或从田、十、久。臣鉉等曰：十，四方也。久聲。
甸 diàn 甸（金文 簡帛）天子五百里地。从田，包省。 堂練切。
畿 jī 畿 天子千里地。以遠近言之，則言畿也。从田，幾省聲。 巨衣切。
畦 qí 畦 田五十畝曰畦。从田圭聲。 戶圭切。
畹 wǎn 畹 田三十畝也。从田宛聲。 於阮切。
畔 pàn 畔（簡帛 石刻）田界也。从田半聲。 薄半切。

畍 jiè　畍（□石刻）境也。从田介聲。 古拜切。

阬 gǎng　阬 境也。一曰陌也。趙魏謂陌爲阬。从田亢聲。 古郎切。

畷 zhuì　畷 兩陌閒道也，廣六尺。从田叕聲。 陟劣切。

畛 zhěn　畛 井田閒陌也。从田㐱聲。 之忍切。

畤 zhì　畤（□金文 □石刻）天地五帝所基址祭地。从田寺聲。右扶風有五畤。好畤、鄜畤皆黃帝時祭。或曰秦文公立也。 周市切。

略 lüè　略 經略土地也。从田各聲。 离約切。

當 dāng　當（□□□□金文□□□石刻）田相值也。从田尚聲。 都郎切。

畯 jùn　畯（□甲骨□□□□□金文）農夫也。从田夋聲。 子峻切。

甿 méng　甿 田民也。从田亡聲。 武庚切。

疄 lìn　疄 轢田也。从田粦聲。 良刃切。

畱 liú　畱（□□□金文□簡帛□古陶□□□古幣□□石刻）止也。从田丣聲。 力求切。（按：對照出土文獻字從卯，小篆從丣爲形近而訛誤，大徐依據訛篆注音亦誤。）

畜 chù　畜（□□甲骨□金文□簡帛□石刻）田畜也。《淮南子》曰："玄田爲畜。" 丑六切。
　　□，《魯郊禮》畜从田从兹。兹，益也。

疃 tuǎn　疃 禽獸所踐處也。《詩》曰："町疃鹿場。"从田童聲。 土短切。

畼 chàng　畼 不生也。从田昜聲。臣鉉等曰：借爲通暢之暢。今俗別作暢，非是。 丑亮切。

　　　　　文二十九　重三

畕部

畕 jiāng　畕（□甲骨）比田也。从二田。凡畕之屬皆从畕。 居良切。

畺 jiāng　畺（□□□□□□金文□簡帛□古璽）界也。从畕；三，其界畫也。 居良切。彊，畺或从彊、土。

　　　　　文二　重一

黃部

黃 huáng　黃（□□甲骨□□□□□□□□□□□□□□□□金文□□□□□簡帛□□古璽□古幣□漢印□□□□□石刻）

黃（石刻）地之色也。从田从炗，炗亦聲。炗，古文光。凡黃之屬皆从黃。乎光切。㶡，古文黃。

㜮 xiān　㜮　赤黃也。一曰輕易人㜮姁也。从黃夾聲。　許兼切。

黇 tuān　黇　黃黑色也。从黃耑聲。　他耑切。

䵋 wěi　䵋　青黃色也。从黃有聲。　呼罪切。

黇 tiān　黇　白黃色也。从黃占聲。　他兼切。

黊 huà　黊　鮮明黃也。从黃圭聲。　戶圭切。

　　　　文六　重一

男　部

男 nán　男（甲骨　金文　簡帛　漢印　石刻）丈夫也。从田从力。言男用力於田也。凡男之屬皆从男。　那含切。

舅 jiù　舅　母之兄弟爲舅，妻之父爲外舅。从男臼聲。　其久切。

甥 shēng　甥　謂我舅者，吾謂之甥也。从男生聲。　所更切。

　　　　文三

力　部

力 lì　力（甲骨　金文　簡帛　古璽　古陶　石刻）筋也。象人筋之形。治功曰力，能圉大災。凡力之屬皆从力。　林直切。

勳 xūn　勳（漢印）能成王功也。从力熏聲。　許云切。勛，古文勳从員。

功 gōng　功（簡帛　漢印　石刻）以勞定國也。从力从工，工亦聲。古紅切。

助 zhù　助（漢印　石刻）左也。从力且聲。　牀倨切。

勴 lù　勴　助也。从力从非，慮聲。　良倨切。

勑 lài　勑　勞也。从力來聲。　洛代切。

劼 jié　劼　慎也。从力吉聲。《周書》曰："汝劼毖殷獻臣。"　巨乙切。

務 wù　務（漢印　石刻）趣也。从力敄聲。　亡遇切。

勥 qiǎng　勥（簡帛）迫也。从力強聲。巨良切。勥，古文从彊。

勱 mài　勱　勉力也。《周書》曰："用勱相我邦家。"讀若萬。从力萬聲。　莫話切。

劂 jué　劋也。从力厥聲。　瞿月切。

勍 qíng　彊也。《春秋傳》曰："勍敵之人。"从力京聲。　渠京切。

勁 jìng　（簡帛）彊也。从力巠聲。　吉正切。

勉 miǎn　（漢印　石刻）彊也。从力免聲。　亡辨切。

劭 shào　（石刻）勉也。从力召聲。讀若舜樂《韶》。　寔照切。

勖 xù　勉也。《周書》曰："勖哉，夫子！"从力冒聲。　許玉切。

勸 quàn　（金文）勉也。从力雚聲。　去願切。

勝 shēng　（簡帛　漢印　石刻）任也。从力朕聲。　識蒸切。

勶 chè　（古璽　漢印）發也。从力从徹，徹亦聲。臣鉉等曰：今俗作撤，非是。　丑列切。

勠 lù　并力也。从力翏聲。　力竹切。

勨 xiàng　繇緩也。从力象聲。　余兩切。

動 dòng　（簡帛　漢印　石刻）作也。从力重聲。　徒總切。　，古文動从辵。

勵 lèi　推也。从力畾聲。　盧對切。

劣 liè　弱也。从力少聲。　力輟切。

勞 láo　（金文　簡帛　石刻）劇也。从力，熒省。熒，火燒冂，用力者勞。　魯刀切。　，古文勞从悉。

勴 jù　務也。从力慮聲。　其據切。

勊 kè　尤極也。从力克聲。　苦得切。

勩 yì　勞也。《詩》曰："莫知我勩。"从力貰聲。　余制切。

勦 jiǎo　勞也。《春秋傳》曰："安用勦民？"从力巢聲。　子小切。又，楚交切。

劵 juàn　勞也。从力，卷省聲。臣鉉等曰：今俗作倦，義同。　渠卷切。

勤 qín　（簡帛　石刻）勞也。从力堇聲。　巨巾切。

加 jiā　（金文　簡帛　古璽　詛楚文　漢印　石刻）語相增加也。从力从口。　古牙切。

勢 háo　健也。从力敖聲。讀若豪。　五牢切。

勇 yǒng　（簡帛　漢印　石刻）气也。从力甬聲。　余隴切。　，勇或从戈、用。　，古文勇从心。

勃 bó　（漢印）排也。从力孛聲。　蒲没切。

勡 piào　劫也。从力squared聲。 匹眇切。

劫 jié　（金文）人欲去，以力脅止曰劫。或曰以力止去曰劫。 居怯切。

飭 chì　（簡帛）致堅也。从人从力，食聲。讀若敕。 恥力切。

劾 hé　法有皋也。从力亥聲。 胡槩切。

募 mù　廣求也。从力莫聲。 莫故切。

　　　　文四十　重六

劬 qú　勞也。从力句聲。 其俱切。

勢 shì　（石刻）盛力，權也。从力執聲。經典通用埶。 舒制切。

勘 kàn　校也。从力甚聲。 苦紺切。

辦 bàn　（金文　漢印）致力也。从力辡聲。 蒲莧切。

　　　　文四新附

劦 部

劦 xié　（甲骨　金文　古璽　古陶）同力也。从三力。《山海經》曰："惟號之山，其風若劦。"凡劦之屬皆从劦。 胡頰切。

協 xié　（漢印）同心之和。从劦从心。 胡頰切。

勰 xié　同思之和。从劦从思。 胡頰切。

協 xié　（石刻）眾之同和也。从劦从十。臣鉉等曰：十，眾也。 胡頰切。叶，古文協从曰、十。叶，或从口。

　　　　文四　重二

說文解字弟十四

五十一部　六百三文　重七十四

凡八千七百一十七字

文十八新附

金　部

金 jīn　金（金文 簡帛 古幣 漢印 石刻）五色金也。黃爲之長。久薶不生衣，百鍊不輕，从革不違。西方之行。生於土，从土；左右注，象金在土中形；今聲。凡金之屬皆从金。 居音切。𨤾，古文金。

銀 yín　銀（漢印 石刻）白金也。从金㫔聲。 語巾切。

鐐 liáo　鐐　白金也。从金寮聲。 洛蕭切。

鋈 wù　鋈　白金也。从金，沃省聲。 烏酷切。

鉛 qiān　鉛（石刻）青金也。从金㕣聲。 與專切。

錫 xī　錫（石刻）銀鉛之閒也。从金易聲。 先擊切。

鈏 yǐn　鈏　錫也。从金引聲。 羊晉切。

銅 tóng　銅（金文 簡帛）赤金也。从金同聲。 徒紅切。

鏈 lián　鏈　銅屬。从金連聲。 力延切。

鐵 tiě　鐵　黑金也。从金𢧜聲。 天結切。銕，鐵或省。鐵，古文鐵从夷。

鎧 kǎi　鎧（古璽）九江謂鐵曰鎧。从金皆聲。 苦駭切。

銚 tiáo　銚（金文）鐵也。一曰田器。从金攸聲。 以周切。

鏤 lòu　鏤（古璽）剛鐵，可以刻鏤。从金婁聲。《夏書》曰："梁州貢鏤。"一曰鏤，釜也。 盧候切。

鐼 fén　鐼　鐵屬。从金賁聲。讀若熏。 火運切。

銑 xiǎn　銑　金之澤者。一曰小鑿。一曰鐘兩角謂之銑。从金先聲。 穌典切。

鑒 jiàn　鑒　剛也。从金臤聲。 古甸切。

鑗 lí　鑗　金屬。一曰剥也。从金黎聲。 郎兮切。

錄 lù　錄（石刻）金色也。从金彔聲。 力玉切。

| 鑄 zhù | 鑄 （甲骨 ... 金文 簡帛 古幣 石刻）銷金也。从金壽聲。 之戍切。

| 銷 xiāo | 銷 鑠金也。从金肖聲。 相邀切。

| 鑠 shuò | 鑠 銷金也。从金樂聲。 書藥切。

| 鍊 liàn | 鍊 冶金也。从金柬聲。 郎甸切。

| 釘 dīng | 釘 鍊鉼黃金。从金丁聲。 當經切。

| 錮 gù | 錮 鑄塞也。从金固聲。 古慕切。

| 鑲 ráng | 鑲 （漢印）作型中腸也。从金襄聲。 汝羊切。

| 鎔 róng | 鎔 （石刻）冶器法也。从金容聲。 余封切。

| 鋏 jiá | 鋏 可以持冶器鑄鎔者。从金夾聲。讀若漁人莢魚之莢。一曰若挾持。 古叶切。

| 鍛 duàn | 鍛 小冶也。从金段聲。 丁貫切。

| 鋌 dìng | 鋌 銅鐵樸也。从金廷聲。 徒鼎切。

| 鐃 xiǎo | 鐃 鐵文也。从金曉聲。 呼鳥切。

| 鏡 jìng | 鏡 （石刻）景也。从金竟聲。 居慶切。

| 鉹 chǐ | 鉹 曲鉹也。从金多聲。一曰鬵鼎。讀若摘。一曰《詩》云"侈兮哆兮"。 尺氏切。

| 鈃 xíng | 鈃 似鍾而頸長。从金开聲。 戶經切。

| 鍾 zhōng | 鍾 （金文 石刻）酒器也。从金重聲。 職容切。

| 鑑 jiàn | 鑑 （金文 簡帛 石刻）大盆也。一曰監諸，可以取明水於月。从金監聲。 革懺切。

| 鐈 qiáo | 鐈 （金文）似鼎而長足。从金喬聲。 巨嬌切。

| 鐆 suì | 鐆 陽鐆也。从金隊聲。 徐醉切。

| 鋞 xíng | 鋞 溫器也。圜直上。从金巠聲。 戶經切。

| 鑴 xī | 鑴 瓽也。从金巂聲。 戶圭切。

| 鑊 huò | 鑊 （金文）鐫也。从金蒦聲。 胡郭切。

| 鍑 fù | 鍑 （漢印）釜大口者。从金复聲。 方副切。

| 鍪 móu | 鍪 鍑屬。从金敄聲。 莫浮切。

| 錪 tiǎn | 錪 朝鮮謂釜曰錪。从金典聲。 他典切。

| 銼 cuò | 銼 鍑也。从金坐聲。 昨禾切。

| 鑼 luó | 鑼 銼鑼也。从金羸聲。 魯戈切。

| 鉶 xíng | 鉶 器也。从金荊聲。 戶經切。

| 鎬 hào | 鎬 （金文 簡帛）溫器也。从金高聲。武王所都，在長安西上林苑中，字亦如此。

平老切。

鏖 āo 鏖 溫器也。一曰金器。从金麀聲。 於刀切。

銚 yáo 銚 溫器也。一曰田器。从金兆聲。 以招切。

鎦 dòu 鎦 酒器也。从金，䘺象器形。 大口切。䘺，䘺（按：䘺當作鎦）或省金。

鐎 jiāo 鐎 鐎斗也。从金焦聲。 即消切。

銷 xuān 銷 小盆也。从金肙聲。 火玄切。

鏏 wèi 鏏 鼎也。从金彗聲。讀若彗。 于歲切。

鍵 jiàn 鍵 鉉也。一曰車轄。从金建聲。 渠偃切。

鉉 xuàn 鉉（鉉石刻）舉鼎也。《易》謂之鉉，《禮》謂之鼏。从金玄聲。 胡犬切。

鋊 yù 鋊（鋊簡帛）可以句鼎耳及鑪炭。从金谷聲。一曰銅屑。讀若浴。 余足切。

鎣 yìng 鎣（鎣金文 鎣石刻）器也。从金，熒省聲。讀若銑。 烏定切。

鐵 jiān 鐵 鐵器也。一曰鎌也。从金韱聲。臣鉉等曰：今俗作尖，非是。 子廉切。

錠 dìng 錠 鐙也。从金定聲。 丁定切。

鐙 dēng 鐙 錠也。从金登聲。臣鉉等曰：錠中置燭，故謂之鐙。今俗別作燈，非是。 都滕切。

鍓 jí 鍓 鎌也。从金集聲。 秦入切。鍓，鎌或从咠。

鍱 yè 鍱 鎌也。从金葉聲。齊謂之鍱。 與涉切。

鏟 chǎn 鏟 鎌也。一曰平鐵。从金產聲。 初限切。

鑪 lú 鑪（鑪 鑪 鑪 鑪金文 鑪石刻）方鑪也。从金盧聲。臣鉉等曰：今俗別作爐，非是。 洛胡切。

鏇 xuàn 鏇 圜鑪也。从金旋聲。 辭戀切。

鍗 tí 鍗 器也。从金帝聲。 杜兮切。

鑥 lǔ 鑥 煎膠器也。从金虜聲。 郎古切。

釦 kòu 釦 金飾器口。从金从口，口亦聲。 苦厚切。

錯 cuò 錯（錯 錯漢印）金涂也。从金昔聲。 倉各切。

鋙 yǔ 鋙 鉏鋙也。从金御聲。 魚舉切。鋙，鋙或从吾。

錡 yǐ 錡 鉏鋙也。从金奇聲。江淮之間謂釜曰錡。 魚綺切。

鍤 chā 鍤 郭衣鍼也。从金臿聲。 楚洽切。

鉥 shù 鉥 綦鍼也。从金术聲。 食聿切。

鍼 zhēn 鍼 所以縫也。从金咸聲。臣鉉等曰：今俗作針，非是。 職深切。

鈹 pī 鈹 大鍼也。一曰劍如刀裝者。从金皮聲。 敷羈切。

鎩 shā 鎩 鈹有鐔也。从金殺聲。 所拜切。

鈕 niǔ	鈕	印鼻也。从金丑聲。 女久切。 珋，古文鈕从玉。
銎 qiōng	銎	斤釜穿也。从金巩聲。 曲恭切。
鎡 zī	鎡	鎡錍，釜也。从金此聲。 即移切。
錍 bēi	錍 （錍金文）鎡錍也。从金卑聲。 府移切。
鏨 zàn	鏨	小鑿也。从金从斬，斬亦聲。 藏濫切。
鐫 juān	鐫	穿木鐫也。从金雋聲。一曰琢石也。讀若瀸。 子全切。
鑿 záo	鑿 （玉盟書 石刻）穿木也。从金，鏧省聲。 在各切。
銛 xiān	銛	鍤屬。从金舌聲。讀若棪。桑欽讀若鎌。 息廉切。
鈂 chén	鈂	臿屬。从金冘聲。 直深切。
鈌 guǐ	鈌	臿屬。从金危聲。一曰瑩鐵也。讀若跛行。 過委切。
鐅 piě	鐅	河內謂臿頭金也。从金敝聲。 芳滅切。
錢 jiǎn	錢 （簡帛 古璽 石刻）銚也。古田器。从金戔聲。《詩》曰："庤乃錢鎛。" 即淺切。又，昨先切。
钁 jué	钁	大鉏也。从金矍聲。 居縛切。
鈐 qián	鈐	鈐钁，大犂也。一曰類相。从金今聲。 巨淹切。
鐉 duò	鐉	鈐钁也。从金隋聲。 徒果切。
鏺 pō	鏺	兩刃，木柄，可以刈艸。从金發聲。讀若撥。 普活切。
銅 tóng	銅	枏屬。从金，蟲省聲。讀若同。 徒冬切。
鉏 chú	鉏	立薅所用也。从金且聲。 士魚切。
鑼 bēi	鑼	枏屬。从金罷聲。讀若嬀。 彼為切。
鎌 lián	鎌	鍥也。从金兼聲。 力鹽切。
鍥 qiè	鍥	鎌也。从金契聲。 苦結切。
鉊 zhāo	鉊 （石刻）大鐮也。从金召聲。鎌謂之鉊，張徹說。 止搖切。
銍 zhì	銍 （簡帛）穫禾短鐮也。从金至聲。 陟栗切。
鎮 zhèn	鎮 （石刻）博壓也。从金眞聲。 陟刃切。
鉆 chān	鉆	鐵銸也。从金占聲。一曰膏車鐵鉆。 敕淹切。
銸 zhé	銸	鉆也。从金耴聲。 陟葉切。
鉗 qián	鉗	以鐵有所劫束也。从金甘聲。 巨淹切。
釱 dì	釱	鐵鉗也。从金大聲。 特計切。
鋸 jù	鋸 （金文）槍唐也。从金居聲。 居御切。

鐟 zān 鐟 可以綴著物者。从金朁聲。 則參切。

錐 zhuī 錐 銳也。从金隹聲。 職追切。

鑱 chán 鑱 銳也。从金毚聲。 士銜切。

銳 ruì 銳 芒也。从金兌聲。 以芮切。𠛎，籀文銳从厂、剡。

鏝 màn 鏝 鐵杇也。从金曼聲。 母官切。槾，鏝或从木。臣鉉等案：木部已有，此重出。

鑽 zuàn 鑽 所以穿也。从金贊聲。 借官切。

鑢 lù 鑢 錯銅鐵也。从金慮聲。 良據切。

銓 quán 銓 衡也。从金全聲。 此緣切。

銖 zhū 銖 權十分黍之重也。从金朱聲。 市朱切。

鋝 lüè 鋝 十銖二十五分之十三也。从金寽聲。《周禮》曰："重三鋝。"北方以二十兩爲鋝。 力輟切。

鍰 huán 鍰 鋝也。从金爰聲。《罰書》曰："刵百鍰。" 戶關切。

錙 zī 錙 六銖也。从金甾聲。 側持切。

錘 chuí 錘 八銖也。从金巫聲。 直垂切。

鈞 jūn 鈞 (金文 簡帛) 三十斤也。从金勻聲。 居勻切。鋆，古文鈞从旬。

鈀 bā 鈀 兵車也。一曰鐵也。《司馬法》："晨夜內鈀車。"从金巴聲。 伯加切。

鐲 zhuó 鐲 鉦也。从金蜀聲。軍法：司馬執鐲。 直角切。

鈴 líng 鈴 (金文) 令丁也。从金从令，令亦聲。 郎丁切。

鉦 zhēng 鉦 鐃也。似鈴，柄中，上下通。从金正聲。 諸盈切。

鐃 náo 鐃 (簡帛) 小鉦也。軍法：卒長執鐃。从金堯聲。 女交切。

鐸 duó 鐸 (金文) 大鈴也。軍法：五人爲伍，五伍爲兩，兩司馬執鐸。从金睪聲。 徒洛切。

鎛 bó 鎛 大鐘，淳于之屬，所以應鐘磬也。堵以二，金樂則鼓鎛應之。从金薄聲。 匹各切。

鏞 yōng 鏞 大鐘謂之鏞。从金庸聲。 余封切。

鐘 zhōng 鐘 (金文 簡帛 漢印 石刻) 樂鐘也。秋分之音，物種成。从金童聲。古者垂作鐘。 職茸切。鏞，鐘或从甬。

鈁 fāng 鈁 (漢印) 方鐘 (按：鐘當作鍾) 也。从金方聲。 府良切。

鎛 bó 鎛 (金文) 鎛鱗也。鐘上橫木上金華也。一曰田器。从金尃聲。《詩》曰："庤乃錢鎛。" 補各切。

鍠 huáng 鍠 鐘聲也。从金皇聲。《詩》曰："鐘鼓鍠鍠。" 乎光切。

鎗 chēng	鎗	(鎗 鎗 金文) 鐘聲也。从金倉聲。	楚庚切。
鏦 cōng	鏦	(鏦 鏦 金文) 鎗鏦也。一曰大鑿平木者。从金悤聲。	倉紅切。
錚 zhēng	錚	金聲也。从金爭聲。	側莖切。
鏜 tāng	鏜	鐘鼓之聲。从金堂聲。《詩》曰："擊鼓其鏜。"	土郎切。
鏗 qìng	鏗	金聲也。从金輕聲。讀若《春秋傳》曰"鏗而乘它車"。	苦定切。
鐔 xín	鐔	劍鼻也。从金覃聲。徐鍇曰："劍鼻，人握處之下也。"	徐林切。
鏌 mò	鏌	鏌釾也。从金莫聲。	慕各切。
釾 yé	釾	鏌釾也。从金牙聲。	以遮切。
鏢 biāo	鏢	刀削末銅也。从金票聲。	撫招切。
鈒 sà	鈒	鋋也。从金及聲。	穌合切。
鋋 chán	鋋	小矛也。从金延聲。	市連切。
鈗 yǔn	鈗	侍臣所執兵也。从金允聲。《周書》曰："一人冕，執鈗。"讀若允。	余準切。
鉈 shī	鉈	(鉈 鉈 簡帛) 短矛也。从金它聲。	食遮切。
鏦 cōng	鏦	矛也。从金從聲。 七恭切。臣鉉等曰：今音楚江切。鏦，鏦或从彖。	
錟 tán	錟	(錟 簡帛) 長矛也。从金炎聲。讀若老聃。	徒甘切。
鋒 fēng	鋒	兵耑也。从金逢聲。	敷容切。
錞 duì	錞	矛戟柲下銅鐏也。从金𦎫聲。《詩》曰："厹矛沃錞。"	徒對切。
鐏 zùn	鐏	柲下銅也。从金尊聲。	徂寸切。
鏐 liú	鏐	(鏐 鏐 鏐 金文) 弩眉也。一曰黃金之美者。从金翏聲。	力幽切。
鍭 hóu	鍭	矢。金鏃翦羽謂之鍭。从金矦聲。	乎鉤切。
鏑 dí	鏑	矢鏠也。从金啻聲。	都歷切。
鎧 kǎi	鎧	(鎧 石刻) 甲也。从金豈聲。	苦亥切。
釬 hàn	釬	臂鎧也。从金干聲。	矦旰切。
錏 yā	錏	錏鍜，頸鎧也。从金亞聲。	烏牙切。
鍜 xiá	鍜	錏鍜也。从金叚聲。	乎加切。
鐧 jiàn	鐧	車軸鐵也。从金閒聲。	古莧切。
釭 gāng	釭	車轂中鐵也。从金工聲。	古雙切。
錭 shì	錭	車樘結也。一曰銅生五色也。从金折聲。讀若誓。	時制切。
鈘 xì	鈘	乘輿馬頭上防釳。插以翟尾、鐵翮，象角。所以防網羅釳去之。从金气聲。	許訖切。
鑾 luán	鑾	人君乘車，四馬鑣，八鑾鈴，象鸞鳥聲，和則敬也。从金，从鸞省。	洛官切。

| 鈗 huì | 鈗（▨▨▨▨▨石刻）車鑾聲也。从金戌聲。《詩》曰："鑾聲鈗鈗。"臣鉉等曰：今俗作鐬，以鈗作斧戉之戉，非是。 呼會切。
| 鍚 yáng | 鍚 馬頭飾也。从金陽聲。《詩》曰："鉤膺鏤鍚。"一曰鍱，車輪鐵。臣鉉等曰：今經典作錫。 與章切。
| 銜 xián | 銜（▨石刻）馬勒口中。从金从行。銜，行馬者也。 戶監切。
| 鑣 biāo | 鑣 馬銜也。从金麃聲。 補嬌切。䕺，鑣或从角。
| 鈒 jié | 鈒 組帶鐵也。从金，劫省聲。讀若劫。 居怯切。
| 鈇 fū | 鈇（▨▨簡帛）莝斫刀也。从金夫聲。 甫無切。
| 釣 diào | 釣 鉤魚也。从金勺聲。 多嘯切。
| 鑙 zhì | 鑙 羊箠耑有鐵。从金執聲。讀若至。 脂利切。
| 鋃 láng | 鋃 鋃鐺，瑣也。从金良聲。 魯當切。
| 鐺 dāng | 鐺 鋃鐺也。从金當聲。 都郎切。
| 鋂 méi | 鋂 大瑣也。一環貫二者。从金每聲。《詩》曰："盧重鋂。" 莫桮切。
| 鎁 wěi | 鎁 鎁鑸，不平也。从金畏聲。 烏賄切。
| 鑸 lěi | 鑸 鎁鑸也。从金壘聲。 洛猥切。
| 鑀 xì | 鑀 怒戰也。从金氣聲。《春秋傳》曰："諸矦敵王所鑀。" 許既切。
| 鋪 pū | 鋪（▨金文 ▨▨石刻）箸門鋪首也。从金甫聲。 普胡切。
| 鐉 quān | 鐉 所以鉤門戶樞也。一曰治門戶器也。从金巽聲。 此緣切。
| 鈔 chāo | 鈔（▨▨簡帛）叉取也。从金少聲。臣鉉等曰：今俗別作抄。 楚交切。
| 鎝 tà | 鎝 以金有所冒也。从金沓聲。 他荅切。
| 銛 guā | 銛 斷也。从金昏聲。 古活切。
| 銘 luò | 銘（▨簡帛）鬋也。从金各聲。 盧各切。
| 鐉 zhǎn | 鐉 伐擊也。从金亶聲。 旨善切。
| 鏃 zú | 鏃 利也。从金族聲。 作木切。
| 鈌 jué | 鈌 刺也。从金夬聲。 於決切。
| 鏉 shòu | 鏉 利也。从金欶聲。 所右切。
| 鎦 liú | 鎦 殺也。徐鍇曰："《說文》無劉字，偏旁有之，此字又史傳所不見，疑此即劉字也。从金从丣，刀字屈曲，傳寫誤作田尔。" 力求切。
| 錉 mín | 錉 業也。賈人占錉。从金昏聲。 武巾切。
| 鉅 jù | 鉅（▨ ▨漢印 ▨ ▨石刻）大剛也。从金巨聲。 其呂切。

鏜 táng	鏜	鏜鍗，火齊。从金唐聲。	徒郎切。
鍗 tí	鍗	鏜鍗也。从金弟聲。	杜兮切。
鈋 é	鈋	吡圜也。从金化聲。	五禾切。
鐜 duī	鐜	下垂也。一曰千斤椎。从金敦聲。	都回切。
鍒 róu	鍒（[石刻]）鐵之耎也。从金从柔，柔亦聲。		耳由切。
鋽 táo	鋽	鈍也。从金周聲。	徒刀切。
鈍 dùn	鈍（[古璽]）鋽也。从金屯聲。		徒困切。
鈭 qí	鈭	利也。从金󠄀聲。讀若齊。	徂兮切。
錗 nèi	錗	側意。从金委聲。	女恚切。

文一百九十七　重十三（當作重十二）

鑺 qú	鑺	兵器也。从金瞿聲。	其俱切。
銘 míng	銘（[石刻]）記也。从金名聲。		莫經切。
鎖 suǒ	鎖	鐵鎖，門鍵也。从金𧴪聲。	穌果切。
鈿 tián	鈿	金華也。从金田聲。	待季切。
釧 chuàn	釧	臂環也。从金川聲。	尺絹切。
釵 chāi	釵	筓屬。从金叉聲。本只作叉，此字後人所加。	楚佳切。
釽 pī	釽	裂也。从金、爪。	普擊切。

文七新附

开 部

开 jiān　开　平也。象二干對構，上平也。凡开之屬皆从开。徐鉉曰："开但象物平，無音義也。"　古賢切。

文一

勺 部

勺 zhuó　勺（[簡帛] [古幣] [漢印]）挹取也。象形，中有實，與包同意。凡勺之屬皆从勺。　之若切。

与 yǔ　与（简帛）賜予也。一勺爲与。此与與同。　余吕切。

　　　　文二

几　部

几 jǐ　几（简帛 石刻）踞几也。象形。《周禮》五几：玉几、雕几、彤几、鬃几、素几。凡几之屬皆从几。　居履切。

凭 píng　凭 依几也。从几从任。《周書》："凭玉几。"讀若馮。臣鉉等曰：人之依馮，几所勝載，故从任。　皮冰切。

尻 jū　尻（金文 简帛）處也。从尸得几而止。《孝經》曰："仲尼尻。"尻，謂閒居如此。　九魚切。

处 chǔ　处（金文 古璽 古幣 漢印 石刻）止也。得几而止。从几从夂。　昌與切。 處，处或从虍聲。

　　　　文四　重二

且　部

且 jū　且（甲骨 金文 简帛 古幣）薦也。从几，足有二橫，一其下地也。凡且之屬皆从且。　子余切。又，千也切。

俎 zǔ　俎（金文 简帛）禮俎也。从半肉在且上。　側呂切。

虡 zù　虡 且往也。从且虍聲。　昨誤切。

　　　　文三

斤　部

斤 jīn　斤（金文 古幣）斫木也。象形。凡斤之屬皆从斤。　舉欣切。

斧 fǔ　斧（甲骨 金文）斫也。从斤父聲。　方矩切。

斨 qiāng　斨（金文 简帛）方銎斧也。从斤爿聲。《詩》曰："又缺我斨。"　七羊切。

斫 zhuó　斫 擊也。从斤石聲。　之若切。

斪 qú　斪（简帛）斫也。从斤句聲。　其俱切。

斸 zhú　斫也。从斤屬聲。陟玉切。

斱 zhuó　斫也。从斤、毘。臣鉉等曰：毘，器也。斤以斱之。竹角切。　斱或从畫从刀。

釿 yǐn　（金文　古璽　古幣）劑斷也。从斤、金。宜引切。

所 suǒ　（金文　玉盟書　簡帛　古璽　漢印　石刻）伐木聲也。从斤戶聲。《詩》曰："伐木所所。" 疏舉切。

斯 sī　（金文　簡帛　石刻）析也。从斤其聲。《詩》曰："斧以斯之。" 息移切。

斮 zhuó　斬也。从斤昔聲。側略切。

斷 duàn　（石刻）截也。从斤从𢇍。𢇍，古文絕。徒玩切。　，古文斷从𠃜。𠃜，古文叀字。《周書》曰："詔詔猗無他技。"　，亦古文。

斯 luǒ　柯擊也。从斤良聲。來可切。

新 xīn　（甲骨　金文　玉盟書　簡帛　古璽　古幣　漢印　石刻）取木也。从斤新（按：新當作亲）聲。息鄰切。

斦 yín　二斤也。从二斤。語斤切。

文十五　重三

斗　部

斗 dǒu　（甲骨　金文　簡帛　古璽　古幣　石刻）十升也。象形，有柄。凡斗之屬皆从斗。當口切。

斛 hú　（金文　簡帛　石刻）十斗也。从斗角聲。胡谷切。

斝 jiǎ　（甲骨）玉爵也。夏曰琖，殷曰斝，周曰爵。从叩从斗，冂象形。與爵同意。或說斝受六升。古雅切。

料 liào　（金文　古陶）量也。从斗，米在其中。讀若遼。洛蕭切。

斞 yǔ　量也。从斗臾聲。《周禮》曰："黍三斞。"以主切。

斡 wò　（漢印）蠡柄也。从斗倝聲。楊雄、杜林說：皆以爲軺車輪斡。烏括切。

魁 kuí　（漢印）羹斗也。从斗鬼聲。苦回切。

斠 jiào　平斗斛也。从斗冓聲。古岳切。

斟 zhēn　勺也。从斗甚聲。職深切。

斜 xié　杼（按：杼當作抒）也。从斗余聲。讀若荼。似嗟切。

斪 jū 挹也。从斗叴聲。舉朱切。

料 bàn 量物分半也。从斗从半，半亦聲。博幔切。

斜 pāng 量溢也。从斗旁聲。普郎切。

斞 juàn 杅滿也。从斗䜌聲。俱願切。

斣 dòu 相易物，俱等為斣。从斗蜀聲。昌六切。

魁 tiāo 斛旁有魁。从斗厎聲。一曰突也。一曰利也。《尔疋》曰："魁謂之疀。"古田器也。臣鉉等曰：《說文》無厎字，疑厂象形，兆聲。今俗別作鍫，非是。土雕切。

升 shēng （甲骨 金文 簡帛 漢印）十龠也。从斗，亦象形。識蒸切。

　　文十七

矛部

矛 máo （金文 簡帛）酋矛也。建於兵車，長二丈。象形。凡矛之屬皆从矛。莫浮切。
古文矛从戈。

稂 láng 矛屬。从矛良聲。魯當切。

瘄 kài 矛屬。从矛害聲。苦蓋切。

䅿 zé 矛屬。从矛昔聲。讀若笮。士革切。

矜 jīn （簡帛 詛楚文）矛柄也。从矛今聲。居陵切。又，巨巾切。

狃 niǔ 刺也。从矛丑聲。女久切。

　　文六　重一

車部

車 chē （甲骨 金文 簡帛 古璽 漢印 石刻）輿輪之總名。夏后時奚仲所造。象形。凡車之屬皆从車。尺遮切。籒文車。

軒 xuān （簡帛 古璽 石刻）曲輈藩車。从車干聲。虛言切。

輜 zī 軿車前，衣車後也。从車甾聲。側持切。

軿 píng 輜車也。从車并聲。薄丁切。

輼 wēn 臥車也。从車𥁕聲。烏魂切。

輬 liáng 臥車也。从車京聲。呂張切。

| 軺 yáo | 軺 | 小車也。从車召聲。 以招切。
| 輕 qīng | 輕 (石刻) 輕車也。从車巠聲。 去盈切。
| 輶 yóu | 輶 | 輕車也。从車酋聲。《詩》曰："輶車鑾鑣。" 以周切。
| 輣 péng | 輣 | 兵車也。从車朋聲。 薄庚切。
| 軘 tún | 軘 | 兵車也。从車屯聲。 徒魂切。
| 幢 chōng | 幢 | 陷陣車也。从車童聲。 尺容切。
| 轈 cháo | 轈 | 兵高車加巢以望敵也。从車巢聲。《春秋傳》曰："楚子登轈車。" 鉏交切。
| 輿 yú | 輿 (簡帛 漢印) 車輿也。从車舁聲。 以諸切。
| 輯 jí | 輯 | 車和輯也。从車咠聲。 秦入切。
| 幔 màn | 幔 | 衣車蓋也。从車曼聲。 莫半切。
| 軓 fàn | 軓 | 車軾前也。从車凡聲。《周禮》曰："立當前軓。" 音範。
| 軾 shì | 軾 | 車前也。从車式聲。 賞職切。
| 輅 lù | 輅 (金文 軿 輅 古璽) 車軨前橫木也。从車各聲。臣鉉等曰：各非聲，當从路省。 洛故切。
| 較 jué | 較 | 車騎（按：騎當作輢）上曲銅也。从車爻聲。 古岳切。
| 軬 fǎn | 軬 | 車耳反出也。从車从反，反亦聲。 府遠切。
| 轛 zhuì | 轛 | 車橫軨也。从車對聲。《周禮》曰："參分軹圍，去一以爲轛圍。" 追萃切。
| 輢 yǐ | 輢 | 車旁也。从車奇聲。 於綺切。
| 輒 zhé | 輒 (漢印) 車兩輢也。从車耴聲。 陟葉切。
| 輇 chūn | 輇 | 車約輇也。从車川聲。《周禮》曰："孤乘夏輇。"一曰下棺車曰輇。 敕倫切。
| 轖 sè | 轖 | 車籍交錯也。从車嗇聲。 所力切。
| 軨 líng | 軨 | 車轖閒橫木。从車令聲。 郎丁切。轠，軨或从霝，司馬相如說。
| 輑 yǐn | 輑 | 軺車前橫木也。从車君聲。讀若羣，又讀若褌。 牛尹切。
| 軫 zhěn | 軫 (簡帛) 車後橫木也。从車㐱聲。 之忍切。
| 轐 bú | 轐 | 車伏兔也。从車僕聲。《周禮》曰："加軫與轐焉。" 博木切。
| 韗 mǐn | 韗 | 車伏兔下革也。从車䫟聲。䫟，古昏字。讀若閔。 眉殞切。
| 軸 zhóu | 軸 | 持輪也。从車由聲。徐鍇曰："當从冑省。" 直六切。
| 輹 fù | 輹 | 車軸縛也。从車复聲。《易》曰："輿脫輹。" 芳六切。
| 軔 rèn | 軔 | 礙車也。从車刃聲。 而振切。
| 輮 róu | 輮 | 車軔也。从車柔聲。 人九切。
| 𮕩 qióng | 𮕩 | 車輮規也。一曰一輪車。从車，熒省聲。讀若榮。 渠營切。

轂 gǔ　轂　輻所湊也。从車㱿聲。　古祿切。

輥 gǔn　輥　轂齊等皃。从車昆聲。《周禮》曰："望其轂，欲其輥。"　古本切。

軝 qí　軝　（金文）長轂之軝也，以朱約之。从車氏聲。《詩》曰："約軝錯衡。"　渠支切。靬，軝或从革。

軹 zhǐ　軹　車輪小穿也。从車只聲。　諸氏切。

叀 wèi　叀　（金文）車軸耑也。从車，象形。杜林說。徐鍇曰："指事。"　于歲切。轊，叀或从彗。

輻 fú　輻　輪轑也。从車畐聲。　方六切。

轑 lǎo　轑　蓋弓也。一曰輻也。从車尞聲。　盧皓切。

軑 dì　軑　車輨也。从車大聲。　特計切。

輨 guǎn　輨　轂端沓也。从車官聲。　古滿切。

轅 yuán　轅　（石刻）輈也。从車袁聲。　雨元切。

輈 zhōu　輈　轅也。从車舟聲。　張流切。䡘，籀文輈。

䡞 jú　䡞　直轅車䡞也。从車具聲。　居玉切。

軏 yuè　軏　車轅耑持衡者。从車元聲。　魚厥切。

軛 è　軛　轅前也。从車戹聲。　於革切。

輥 hún　輥　軛軥也。从車軍聲。　乎昆切。

軥 qú　軥　（簡帛　石刻）軛下曲者。从車句聲。　古候切。

轙 yǐ　轙　車衡載轡者。从車義聲。　魚綺切。钀，轙或从金从獻。

軜 nà　軜　驂馬內轡繫軾前者。从車內聲。《詩》曰："浂以觼軜。"　奴荅切。

𧗠 juàn　𧗠　車搖也。从車从行。一曰衍省聲。　古絢切。

𠅮 chéng　𠅮　輅車後登也。从車丞聲。讀若《易》"拯馬"之拯。　署陵切。

載 zài　載　（金文　簡帛　石刻）乘也。从車𢦏聲。　作代切。

軍 jūn　軍　（金文　簡帛　古璽　石刻）圜圍也。四千人爲軍。从車，从包省。軍（按：軍當作車），兵車也。　舉云切。

軷 bá　軷　出將有事於道，必先告其神，立壇四通，樹茅以依神爲軷。既祭軷，轢於牲而行爲範軷。《詩》曰："取羝以軷。"从車犮聲。　蒲撥切。

範 fàn　範　範軷也。从車，笵省聲。讀與犯同。　音犯。

轍 niè　轍　載高皃。从車，臲省聲。　五葛切。

| 轄 xiá | 轄 | (▨簡帛) 車聲也。从車害聲。一曰轄，鍵也。 胡八切。
| 轉 zhuǎn | 轉 (轉 ▨石刻) 運也。从車專聲。 知戀切。
| 輸 shū | 輸 | 委輸也。从車俞聲。 式朱切。
| 輖 zhōu | 輖 | 重也。从車周聲。 職流切。
| 輩 bèi | 輩 | 若軍發車百兩為一輩。从車非聲。 補妹切。
| 軋 yà | 軋 | 報也。从車乙聲。 烏轄切。
| 報 niǎn | 報 | 轢也。从車反聲。 尼展切。
| 轢 lì | 轢 | 車所踐也。从車樂聲。 郎擊切。
| 軌 guǐ | 軌 (▨石刻) 車徹也。从車九聲。 居洧切。
| 𨎌 zōng | 𨎌 | 車迹也。从車，從省聲。臣鉉等曰：今俗別作蹤，非是。 即容切。
| 軼 yì | 軼 | 車相出也。从車失聲。 夷質切。
| 輑 kēng | 輑 | 車輑𨎌也。从車㥯聲。讀若《論語》"鏗尓，舍瑟而作"。又讀若擎。 苦閑切。
| 輊 zhì | 輊 | 抵也。从車執聲。 陟利切。
| 軭 kuáng | 軭 | 車戾也。从車匡聲。 巨王切。
| 輟 chuò | 輟 | 車小缺復合者。从車叕聲。臣鉉等按：网部綴與叕同，此重出。 陟劣切。
| 䡗 qǐ | 䡗 | 礙也。从車多聲。 康禮切。
| 轚 jí | 轚 | 車轄相擊也。从車从毄，毄亦聲。《周禮》曰："舟輿轚互者。" 古歷切。
| 䡭 shuàn | 䡭 | 治車軸也。从車算聲。 所眷切。
| 軻 kě | 軻 | 接軸車也。从車可聲。 康我切。
| 𨎟 kēng | 𨎟 | 車堅也。从車殸聲。 口莖切。
| 䡤 rǒng | 䡤 | 反推車，令有所付也。从車从付。讀若胥。 而隴切。
| 輪 lún | 輪 (▨▨▨▨簡帛) 有輻曰輪，無輻曰輇。从車侖聲。 力屯切。
| 輇 quán | 輇 | 蕃車下庫輪也。一曰無輻也。从車全聲。讀若饌。 市緣切。
| 輗 ní | 輗 | 大車轅耑持衡者。从車兒聲。 五雞切。輨，輗或从宁。𨍶，輗或从木。
| 軧 dǐ | 軧 | 大車後也。从車氐聲。 丁禮切。
| 轃 zhēn | 轃 | 大車簀也。从車秦聲。讀若臻。 側詵切。
| 轒 fén | 轒 | 淮陽名車穹隆轒。从車賁聲。 符分切。
| 輓 yuān | 輓 | 大車後壓也。从車宛聲。 於云切。
| 䡝 jú | 䡝 | 大車駕馬也。从車共聲。 居玉切。
| 𨌿 chái | 𨌿 | 連車也。一曰却車抵堂為𨌿。从車，差省聲。讀若遲。 士皆切。

輦 niǎn　輦（甲骨　金文）輓車也。从車，从扶在車前引之。　力展切。

輓 wǎn　輓　引之也。从車免聲。　無遠切。

軖 kuáng　軖（簡帛）紡車也。一曰一輪車。从車㞷聲。讀若狂。　巨王切。

轘 huàn　轘　車裂人也。从車瞏聲。《春秋傳》曰："轘諸栗門。"臣鉉等曰：瞏，渠營切。非聲。當从　還省。　胡慣切。

斬 zhǎn　斬（簡帛　古璽）截也。从車从斤。斬法車裂也。　側減切。

輀 ér　輀（石刻）喪車也。从車而聲。　如之切。

輔 fǔ　輔（金文　石刻）人頰車也。从車甫聲。　扶雨切。

轟 hōng　轟　羣車聲也。从三車。　呼宏切。

　　　　　文九十九　重八

輚 zhàn　輚　車名。从車孱聲。　士限切。

轔 lín　轔　車聲。从車粦聲。　力珍切。

轍 zhé　轍（簡帛）車迹也。从車，徹省聲。本通用徹，後人所加。　直列切。

　　　　　文三新附

𠂤部

𠂤 duī　𠂤（甲骨　金文）小𨸏也。象形。凡𠂤之屬皆从𠂤。臣鉉等曰：今俗作堆。　都回切。

𡵂 niè　𡵂　危高也。从𠂤中聲。讀若臬。　魚列切。

官 guān　官（甲骨　金文　簡帛　古璽　古幣　石刻）吏，事君也。从宀从𠂤。𠂤猶眾也。此與師同意。　古丸切。

　　　　　文三

𨸏部

𨸏 fù　𨸏（甲骨）大陸，山無石者。象形。凡𨸏之屬皆从𨸏。　房九切。𠼛，古文。

陵 líng　陵（金文　簡帛　古璽　漢印　石刻）大𨸏也。从𨸏夌聲。　力膺切。

| 隇 hùn | 大自也。从自緜聲。 胡本切。
| 阞 lè | （石刻）地理也。从自力聲。 盧則切。
| 陰 yīn | （……金文……古璽……古幣……漢印……石刻）闇也。水之南、山之北也。从自侌聲。 於今切。
| 陽 yáng | （……甲骨……金文……古璽……古幣……漢印……石刻）高、明也。从自昜聲。 與章切。
| 陸 lù | （……金文……簡帛……古璽……漢印……石刻）高平地。从自从坴，坴亦聲。 力竹切。 𨽸，籀文陸。
| 阿 ē | （……金文……古璽……古幣……石刻）大陵也。一曰曲自也。从自可聲。 烏何切。
| 陂 bēi | （石刻）阪也。一曰沱也。从自皮聲。 彼爲切。
| 阪 bǎn | （簡帛）坡者曰阪。一曰澤障。一曰山脅也。从自反聲。 府遠切。
| 陬 zōu | 阪隅也。从自取聲。 子侯切。
| 隅 yú | （石刻）陬也。从自禺聲。 噳俱切。
| 險 xiǎn | （簡帛……石刻）阻，難也。从自僉聲。 虛檢切。
| 限 xiàn | （金文）阻也。一曰門榍。从自艮聲。 乎簡切。
| 阻 zǔ | 險也。从自且聲。 側呂切。
| 隹 duì | （甲骨）隉隗，高也。从自隹聲。 都皋切。
| 隗 wěi | （漢印）隉隗也。从自鬼聲。 五皋切。
| 阭 yǔn | 高也。一曰石也。从自允聲。 余準切。
| 㙙 lěi | 磊也。从自厽聲。 洛猥切。
| 陗 qiào | （石刻）陵也。从自肖聲。 七笑切。
| 陖 jùn | 陗高也。从自夋聲。 私閏切。
| 隥 dèng | （玉盟書）仰也。从自登聲。 都鄧切。
| 陋 lòu | 阨陜也。从自㔷聲。 盧侯切。
| 陜 xiá | 隘也。从自夾聲。臣鉉等曰：今俗从山，非是。 矦夾切。
| 陟 zhì | （甲骨……金文……石刻）登也。从自从步。 竹力切。 𦤻，古文陟。
| 陷 xiàn | （甲骨）高下也。一曰陊也。从自从臽，臽亦聲。 戶猎切。
| 隰 xí | （簡帛）阪下溼也。从自㬎聲。 似入切。
| 𨹟 qū | 斂也。从自區聲。臣鉉等曰：今俗作崎嶇，非是。 豈俱切。
| 隤 tuí | （石刻）下隊也。从自貴聲。 杜回切。

隊 zhuì 隊（金文 石刻）從高隊也。从𨸏㒸聲。 徒對切。

降 jiàng 降（甲骨 金文 簡帛 石刻）下也。从𨸏夅聲。 古巷切。

隕 yǔn 隕 從高下也。从𨸏員聲。《易》曰："有隕自天。" 于敏切。

隉 niè 隉 危也。从𨸏，从毀省。徐巡以爲：隉，凶也。賈侍中說：隉，法度也。班固說：不安也。《周書》曰："邦之阢隉。"讀若虹蜺之蜺。 五結切。

阤 zhì 阤（金文 石刻）小崩也。从𨸏也聲。 丈尒切。

隓 huī 隓（簡帛）敗城𨸏曰隓。从𨸏㱾聲。臣鉉等曰：《說文》無㱾字，蓋二左也。眾力左之，故从二左。今俗作隳，非是。 許規切。𡼜，篆文。

頃 qīng 頃 仄也。从𨸏从頃，頃亦聲。 去營切。

陊 duò 陊 落也。从𨸏多聲。臣鉉等曰：今俗作墮，非是。 徒果切。

阬 kēng 阬 門也。从𨸏亢聲。 客庚切。臣鉉等曰：今俗作坑，非是。

隤 dú 隤 通溝也。从𨸏賣聲。讀若瀆。 徒谷切。𥧮，古文隤从谷。

防 fáng 防（古璽 石刻）隄也。从𨸏方聲。 符方切。埅，防或从土。

隄 dī 隄 唐也。从𨸏是聲。 都兮切。

阯 zhǐ 阯 基也。从𨸏止聲。 諸市切。址，阯或从土。

陘 xíng 陘 山絕坎也。从𨸏巠聲。 戶經切。

附 bù 附（漢印）附婁，小土山也。从𨸏付聲。《春秋傳》曰："附婁無松柏。" 符又切。

阺 dǐ 阺 秦謂陵阪曰阺。从𨸏氐聲。 丁禮切。

阢 wù 阢 石山戴土也。从𨸏从兀，兀亦聲。 五忽切。

嶘 yǎn 嶘 崖也。从𨸏兼聲。讀若儼。 魚檢切。

阸 è 阸 塞也。从𨸏戹聲。 於革切。

隔 gé 隔 障也。从𨸏鬲聲。 古覈切。

障 zhàng 障 隔也。从𨸏章聲。 之亮切。

隱 yǐn 隱（古陶 石刻）蔽也。从𨸏㥯聲。 於謹切。

隩 ào 隩 水隈，崖也。从𨸏奧聲。 烏到切。

隈 wēi 隈 水曲，隩也。从𨸏畏聲。 烏恢切。

𨽴 qiǎn 𨽴 䢿商，小塊也。从𨸏从甹。臣鉉等曰：甹，古文𥫍字。 去衍切。

𨻲 xiè 𨻲 水衡官、谷也。从𨸏解聲。一曰小谿。 胡買切。

隴 lǒng 隴（石刻）天水大阪也。从𨸏龍聲。 力踵切。

| 陭 yī | 隑 | 酒泉天依阪也。从𨸏衣聲。 於希切。
| 陝 shǎn | 陜 | 弘農陝也。古虢國，王季之子所封也。从𨸏夾聲。 失冉切。
| 隒 wú | 隒 | 弘農陝東陬也。从𨸏無聲。 武扶切。
| 䧢 juǎn | 䧢 | 河東安邑陬也。从𨸏卷聲。 居遠切。
| 陭 yì | 陭 (金文) 上黨陭氏阪也。从𨸏奇聲。 於离切。
| 隃 shù | 隃 | 北陵西隃，鴈門是也。从𨸏俞聲。 傷遇切。
| 阮 yuán | 阮 (古陶) 代郡五阮關也。从𨸏元聲。 虞遠切。
| 陷 kū | 陷 | 大𨸏也。一曰右扶風鄠有陷𨸏。从𨸏告聲。 苦茨切。
| 𨹔 fù | 𨹔 | 丘名。从𨸏武聲。 方遇切。
| 陙 zhēng | 陙 | 丘名。从𨸏貞聲。 陟盈切。
| 阠 dīng | 阠 | 丘名。从𨸏丁聲。讀若丁。 當經切。
| 隔 huī | 隔 | 鄭地，阪。从𨸏爲聲。《春秋傳》曰："將會鄭伯于隔。" 許爲切。
| 陼 zhǔ | 陼 | 如渚者，陼丘。水中高者也。从𨸏者聲。 當古切。
| 陳 chén | 陳 (金文 簡帛 古璽 古陶 古幣 漢印 石刻) 宛丘，舜後媯滿之所封。从𨸏从木，申聲。臣鉉等曰：陳者，大昊之虛，畫八卦之所，木德之始，故从木。 直珍切。 𨸏，古文陳。
| 陶 táo | 陶 (金文 漢印 石刻) 再成丘也。在濟陰。从𨸏匋聲。《夏書》曰："東至于陶丘。"陶丘有堯城，堯嘗所居，故堯號陶唐氏。 徒刀切。
| 隉 zhào | 隉 | 耕以臿浚出下壚土也。一曰耕休田也。从𨸏从土，召聲。 之少切。
| 阽 yán | 阽 | 壁危也。从𨸏占聲。 余廉切。
| 除 chú | 除 (石刻) 殿陛也。从𨸏余聲。 直魚切。
| 階 jiē | 階 | 陛也。从𨸏皆聲。 古諧切。
| 阼 zuò | 阼 | 主階也。从𨸏乍聲。 昨誤切。
| 陛 bì | 陛 | 升高階也。从𨸏坒聲。 旁禮切。
| 陔 gāi | 陔 (石刻) 階次也。从𨸏亥聲。 古哀切。
| 際 jì | 際 | 壁會也。从𨸏祭聲。 子例切。
| 隙 xì | 隙 | 壁際孔也。从𨸏从㿭，㿭亦聲。 綺戟切。
| 陪 péi | 陪 (石刻) 重土也。一曰滿也。从𨸏咅聲。 薄回切。
| 隊 zhuàn | 隊 | 道邊庳垣也。从𨸏象聲。 徒玩切。

陾 réng 築牆聲也。从𨸏耎聲。《詩》云：“捄之陾陾。” 如乘切。

陴 pí 城上女牆俾倪也。从𨸏卑聲。 符支切。[illegible]，籀文陴从𩫏。

隍 huáng （石刻）城池也。有水曰池，無水曰隍。从𨸏皇聲。《易》曰：“城復于隍。” 乎光切。

阹 qū 依山谷爲牛馬圈也。从𨸏去聲。 去魚切。

陲 chuí （金文）危也。从𨸏垂聲。 是爲切。

隝 wǔ 小障也。一曰庳城也。从𨸏烏聲。 安古切。

院 yuàn （石刻）堅也。从𨸏完聲。臣鉉等桉：宀部已有，此重出。 王眷切。

陯 lún 山𨸏陷也。从𨸏侖聲。 盧昆切。

陙 chún 水（按：水當作小）𨸏也。从𨸏辰聲。 食倫切。

⿰阝戔 jiàn 水（按：水當作小）𨸏也。从𨸏戔聲。 慈衍切。

文九十二　重九

阠 shēn 陵名。从𨸏卂聲。 所臻切。

阡 qiān 路東西爲陌，南北爲阡。从𨸏千聲。 倉先切。

文二新附

𨺅部

𨺅 fù 兩𨸏之閒也。从二𨸏。凡𨺅之屬皆从𨺅。 房九切。

⿲𨸏夬𨸏 jué 𨸏突也。从𨺅，決省聲。 於決切。

⿲𨸏䒼𨸏 ài （石刻）陋也。从𨺅䒼聲。䒼，籀文嗌字。 烏懈切。隘，籀文⿲𨸏䒼𨸏从𨸏、益。

⿲𨸏燧𨸏 suì （ 漢印）塞上亭守𤐫火者。从𨺅从火，遂聲。 徐醉切。隧，篆文省。

文四　重二

厽部

厽 lěi 絫坺土爲牆壁。象形。凡厽之屬皆从厽。 力軌切。

絫 lěi 增也。从厽从糸。絫，十黍之重也。 力軌切。

垒 lěi 絫墼也。从厽从土。 力軌切。

文三

四 部

四 sì 四（[甲骨][金文][簡帛][古幣][石刻]）陰數也。象四分之形。凡四之屬皆从四。 息利切。 ᕕ，古文四。亖，籀文四。

　　　　文一　重二

宁 部

宁 zhù 宁（[甲骨][金文][古幣]）辨積物也。象形。凡宁之屬皆从宁。 直呂切。
甹 zhǔ 甹 㡀也。所以載盛米。从宁从甾。甾，缶也。 陟呂切。

　　　　文二

叕 部

叕 zhuó 叕（[甲骨]）綴聯也。象形。凡叕之屬皆从叕。 陟劣切。
綴 zhuì 綴 合箸也。从叕从糸。 陟衛切。

　　　　文二

亞 部

亞 yà 亞（[甲骨][金文][簡帛]）醜也。象人局背之形。賈侍中說：以爲次弟也。凡亞之屬皆从亞。 衣駕切。
䜑 yà 䜑 闕。 衣駕切。

　　　　文二

五 部

五 wǔ 五（[甲骨][金文][簡帛][古幣]）

石刻）五行也。从二，陰陽在天地閒交午也。凡五之屬皆从五。臣鉉等曰：二，天天（按：衍一天字）地也。 疑古切。X，古文五省。

　　　　文一　重一

六　部

六 liù （甲骨 金文 簡帛 古幣 石刻）《易》之數，陰變於六，正於八。从入从八。凡六之屬皆从六。 力竹切。

　　　　文一

七　部

七 qī （甲骨 金文 簡帛 古幣 石刻）陽之正也。从一，微陰从中衺出也。凡七之屬皆从七。 親吉切。

　　　　文一

九　部

九 jiǔ （甲骨 金文 簡帛 古幣 石刻）陽之變也。象其屈曲究盡之形。凡九之屬皆从九。 舉有切。

馗 kuí 九達道也。似龜背，故謂之馗。馗，高也。从九从首。 渠追切。逵，馗或从辵从坴。

　　　　文二　重一

禸　部

禸 róu 獸足蹂地也。象形，九聲。《尔疋》曰："狐貍貛貉醜，其足蹯，其迹厹。"凡厹之屬皆从厹。 人九切。蹂，篆文从足柔聲。

禽 qín （金文 簡帛 漢印）走獸總名。从禸，象形，今聲。禽、离、兕頭相似。 巨今切。

离 chī　𨿳（[古璽]）山神獸也。从禽頭，从厹从中。歐陽喬說：离，猛獸也。臣鉉等曰：从中，義無所取，疑象形。　呂支切。

萬 wàn　萬（[甲骨][金文][簡帛][古璽][漢印][石刻]）蟲也。从厹，象形。　無販切。

禹 yǔ　禹（[金文][簡帛][古璽][漢印]）蟲也。从厹，象形。　王矩切。𠫟，古文禹。

𧴜 fèi　𧴜　周成王時，州靡國獻𧴜。人身，反踵，自笑，笑即上脣掩其目。食人。北方謂之土螻。《尔疋》云："𧴜𧴜，如人，被髮。"一名梟陽。从厹，象形。　符未切。

禼 xiè　禼（[簡帛]）蟲也。从厹，象形。讀與偰同。　私列切。𥝢，古文禼。

　　　　文七　重三

嘼　部

嘼 chù　嘼（[金文][簡帛]）𤙭也。象耳、頭、足厹地之形。古文嘼，下从厹。凡嘼之屬皆从嘼。　許救切。

獸 shòu　獸（[甲骨][金文][簡帛]）守備者。从嘼从犬。　舒救切。

　　　　文二

甲　部

甲 jiǎ　甲（[甲骨][金文][簡帛][古幣][漢印][石刻]）東方之孟，陽气萌動，从木戴孚甲之象。一曰人頭空爲甲，甲象人頭。凡甲之屬皆从甲。　古狎切。𠇚，古文甲，始於十、見於千、成於木之象。

　　　　文一　重一

乙　部

乙 yǐ　乙（[甲骨][金文][簡帛][古幣][石刻]）

象春艸木冤曲而出，陰气尚彊，其出乙乙也。與丨同意。乙承甲，象人頸。凡乙之屬皆從乙。 於筆切。

乾 qián 𩰲（　　　石刻）上出也。从乙，乙，物之達也；倝聲。 渠焉切。又，古寒切。𩰲，籀文乾。

亂 luàn 亂（　　　　　　簡帛　石刻）治也。从乙，乙，治之也；从𠬪。 郎段切。

尤 yóu 㞤（　石刻）異也。从乙又聲。徐鍇曰："乙欲出而見閡，見閡則顯其尤異也。" 羽求切。

　　　文四　重一

丙 部

丙 bǐng 丙（　　　　甲骨　　　　　金文　　　簡帛　古璽　古幣　漢印　　石刻）位南方，萬物成，炳然。陰气初起，陽气將虧。从一入冂。一者，陽也。丙承乙，象人肩。凡丙之屬皆从丙。徐鍇曰："陽功成，入於冂。冂，門也，天地陰陽之門也。" 兵永切。

　　　文一

丁 部

丁 dīng 个（　　　甲骨　　　　　金文　　簡帛　古璽　古幣　　　漢印　　石刻）夏時萬物皆丁實。象形。丁承丙，象人心。凡丁之屬皆从丁。 當經切。

　　　文一

戊 部

戊 wù 戊（　　　　甲骨　　　　　　　　金文　簡帛　古璽　古幣　石刻）中宮也。象六甲五龍相拘絞也。戊承丁，象人脅。凡戊之屬皆从戊。 莫候切。

成 chéng 成（　甲骨　　　　　　　　　金文　　　簡帛　　　古璽　　　　　古幣　　　　　石刻）就也。从戊丁聲。 氏征切。𢦩，古文成从午。徐鍇曰："戊中宮成於中也。"

　　　文二　重一

己 部

己 jǐ 己（甲骨 金文 簡帛 古璽 古幣 石刻）中宮也。象萬物辟藏詘形也。己承戊，象人腹。凡己之屬皆从己。 居擬切。 㠯，古文己。

丞 jǐn 謹身有所承也。从己、丞。讀若《詩》云"赤舃己己"。 居隱切。

巽 jì 巽（甲骨 金文）長踞也。从己其聲。讀若杞。 暨己切。

　　　　文三　重一

巴 部

巴 bā 巴（甲骨 漢印 石刻）蟲也。或曰食象蛇。象形。凡巴之屬皆从巴。徐鍇曰："一，所吞也。指事。" 伯加切。

䎽 bǎ 搹擊也。从巴、帚。闕。 博下切。

　　　　文二

庚 部

庚 gēng 庚（甲骨 金文 簡帛 古璽 古幣 石刻）位西方，象秋時萬物庚庚有實也。庚承己，象人齎。凡庚之屬皆从庚。古行切。

　　　　文一

辛 部

辛 xīn 辛（甲骨 金文 簡帛 古璽 古幣 石刻）秋時萬物成而孰；金剛味辛，辛痛即泣出。从一从䇂。䇂，辠也。辛承庚，象人股。凡辛之屬皆从辛。 息鄰切。

辠 zuì 辠（金文 簡帛）犯法也。从辛从自，言辠人蹙鼻苦辛之憂。秦以辠似皇字，改爲罪。臣鉉等曰：言自古者以爲鼻字，故从自。 徂賄切。

辜 gū　辜（辜石刻）辠也。从辛古聲。 古乎切。䇽，古文辜从死。

辥 xuē　辥（辥辥辥辥辥辥辥金文辥古璽辥辥辥辥石刻）辠也。从辛屮聲。 私列切。

辝 cí　辝（辝石刻）不受也。从辛从受。受辛宜辝之。 似兹切。辝，籀文辝从台。

辭 cí　辭（辭辭辭辭辭金文辭辭辭古幣辭石刻）訟也。从䜌，䜌猶理辜也。䜌，理也。 似兹切。辭，籀文辭从司。

　　　文六　重三

辡 部

辡 biǎn　辡　辠人相與訟也。从二辛。凡辡之屬皆从辡。 方免切。

辯 biàn　辯　治也。从言在辡之閒。 符蹇切。

　　　文二

壬 部

壬 rén　壬（壬甲骨壬壬壬壬壬金文壬壬簡帛壬壬壬壬古幣）位北方也。陰極陽生，故《易》曰："龍戰于野。"戰者，接也。象人裹妊之形。承亥壬以子，生之敘也。與巫同意。壬承辛，象人脛。脛，任體也。凡壬之屬皆从壬。 如林切。

　　　文一

癸 部

癸 guǐ　癸（癸甲骨癸癸癸癸癸癸癸癸癸金文癸癸簡帛癸古陶癸癸癸漢印癸癸石刻）冬時，水土平，可揆度也。象水從四方流入地中之形。癸承壬，象人足。凡癸之屬皆从癸。 居誄切。癸，籀文从癶从矢。

　　　文一　重一

子 部

子 zǐ （甲骨 金文 簡帛 古璽 古幣 石刻）十一月，陽气動，萬物滋，人以爲偁。象形。凡子之屬皆从子。李陽冰曰："子在襁褓中，足併也。" 卽里切。古文子从巛，象髮也。籒文子囟有髮，臂脛在几上也。

孕 yùn （甲骨 簡帛）裹子也。从子从几。徐鍇曰："取象於裹妊也。" 以證切。

挽 miǎn 生子免身也。从子从免。徐鍇曰："《說文》無免字，疑此字从㝢省。以免身之義，通用爲解免之免。晚冕之類皆當从挽省。" 芳萬切。臣鉉等曰：今俗作亡辯切。

字 zì （金文 簡帛 石刻）乳也。从子在宀下，子亦聲。 疾置切。

穀 gòu 乳也。从子𣪊聲。一曰穀瞀也。 古候切。

孿 luán 一乳兩子也。从子𢇱聲。 生患切。

孺 rú （漢印 石刻）乳子也。一曰輸也，輸尚小也。从子需聲。 而遇切。

季 jì （甲骨 金文 簡帛 漢印 石刻）少偁也。从子，从稚省，稚亦聲。 居悸切。

孟 mèng （金文 簡帛 古璽 漢印 石刻）長也。从子皿聲。 莫更切。古文孟。

孼 niè 庶子也。从子辥聲。 魚列切。

孳 zī （金文 簡帛）汲汲生也。从子兹聲。 子之切。籒文孳从絲。

孤 gū （簡帛 石刻）無父也。从子瓜聲。 古乎切。

存 cún （漢印 石刻）恤問也。从子才聲。 徂尊切。

㝅 jiào 放也。从子爻聲。 古肴切。

疑 yí （甲骨 金文 古陶 漢印 石刻）惑也。从子、止、匕，矢聲。徐鍇曰："止，不通也。矣，古矢字。反匕之，幼子多惑也。" 語其切。

文十五 重四

了 部

了 liǎo　尣也。从子無臂。象形。凡了之屬皆从了。盧鳥切。

孒 jié　（簡帛）無右臂也。从了，乚象形。居桀切。

孓 jué　無左臂也。从了，丿象形。居月切。

　　文三

孨 部

孨 zhuǎn　謹也。从三子。凡孨之屬皆从孨。讀若翦。旨兗切。

孱 chán　（金文）迮也。一曰呻吟也。从孨在尸下。臣鉉等曰：尸者，屋也。士連切。

孴 nǐ　盛皃。从孨从日。讀若薿薿。一曰若存。魚紀切。籀文孴从二子。一曰㬯即奇字。

　　文三　重一

厶 部

厶 tū　不順忽出也。从到子。《易》曰："突如其來如。"不孝子突出，不容於內也。凡厶之屬皆从厶。他骨切。或从到古文子，即《易》突字。

育 yù　（甲骨　金文　漢印　石刻）養子使作善也。从厶肉聲。《虞書》曰："教育子。"徐鍇曰："厶，不順子也。不順子亦教之，況順者乎？"余六切。育或从每。

疏 shū　（石刻）通也。从㐬从疋，疋亦聲。所菹切。

　　文三　重二

丑 部

丑 chǒu　（甲骨　金文　簡帛　玉盟書　古幣　石刻）紐也。十二月，萬物動，用事。象手之形。時加丑，亦舉手時也。凡丑之屬皆从丑。敕九切。

肚 niǔ　𠕎　食肉也。从丑从肉。 女久切。

羞 xiū　羞（[甲骨][金文]）進獻也。从羊，羊，所進也；从丑，丑亦聲。息流切。

　　　文三

寅 部

寅 yín　寅（[甲骨][金文][簡帛][古璽][石刻]）髕也。正月，陽气動，去黃泉欲上出，陰尚彊，象宀不達，髕寅於下也。凡寅之屬皆从寅。徐鍇曰："髕斥之意，人陽气銳而出，上閡於宀臼，所以擯之也。" 弋真切。𡩟，古文寅。

　　　文一　重一

卯 部

卯 mǎo　卯（[甲骨][金文][簡帛][古璽][古陶][古幣][石刻]）冒也。二月，萬物冒地而出。象開門之形。故二月爲天門。凡卯之屬皆从卯。 莫飽切。非，古文卯。

　　　文一　重一

辰 部

辰 chén　辰（[甲骨][金文][簡帛][漢印][石刻]）震也。三月，陽气動，靁電振，民農時也。物皆生，从乙、匕，象芒達；厂，聲也。辰，房星，天時也。从二，二，古文上字。凡辰之屬皆从辰。徐鍇曰："匕音化。乙，艸木萌初出曲卷也。" 臣鉉等曰：三月陽气成，艸木生上徹於土，故从匕。厂非聲。疑亦象物之出。 植鄰切。厇，古文辰。

辱 rǔ　辱（[簡帛]）恥也。从寸在辰下。失耕時，於封畺上戮之也。辰者，農之時也。故房星爲辰，田候也。 而蜀切。

　　　文二　重一

巳 部

巳 sì （甲骨 金文 簡帛 古陶 古幣 漢印 石刻）巳也。四月，陽气已出，陰气已藏，萬物見，成文章，故巳爲蛇，象形。凡巳之屬皆从巳。 詳里切。

㠯 yǐ （甲骨 金文 玉盟書 簡帛 古璽 漢印 石刻）用也。从反巳。賈侍中說：巳，意已實也。象形。 羊止切。

文二

午 部

午 wǔ （甲骨 金文 簡帛 古璽 古幣 漢印 石刻）啎也。五月，陰气午逆陽。冒地而出。此予矢同意。凡午之屬皆从午。 疑古切。

啎 wǔ 逆也。从午吾聲。 五故切。

文二

未 部

未 wèi （甲骨 金文 簡帛 古璽 石刻）味也。六月，滋味也。五行，木老於未。象木重枝葉也。凡未之屬皆从未。 無沸切。

文一

申 部

申 shēn （甲骨 金文 簡帛 古璽 漢印 石刻）神也。七月，陰气成，體自申束。从臼，自持也。吏臣餔時聽事，申旦政也。凡申之屬皆从申。 失人切。 ，古文申。 ，籒文申。

㚘 yìn 擊小鼓，引樂聲也。从申柬聲。 羊晉切。

曳 yú　　（甲骨 金文）束縛捽抴爲曳。从申从乙。臣鉉等曰：乙，屈也。 羊朱切。

曳 yè　　曳曳也。从申丿聲。 余制切。

　　　　文四　重二

酉　部

酉 yǒu　　（金文 簡帛 古璽 石刻）就也。八月黍成，可爲酎酒。象古文酉之形。凡酉之屬皆从酉。 與久切。丣，古文酉。从卯，卯爲春門，萬物已出。酉爲秋門，萬物已入。一，閉門象也。

酒 jiǔ　　（甲骨 金文 石刻）就也，所以就人性之善惡。从水从酉，酉亦聲。一曰造也，吉凶所造也。 古者儀狄作酒醪，禹嘗之而美，遂疏儀狄。杜康作秫酒。 子酉切。

醽 méng　　篱生衣也。从酉冡聲。 莫紅切。

醦 yín　　孰篱也。从酉甚聲。 余箴切。

釀 niàng　　醞也。作酒曰釀。从酉襄聲。 女亮切。

醞 yùn　　釀也。从酉昷聲。 於問切。

䣧 fàn　　酒疾孰也。从酉弁聲。 芳萬切。

酴 tú　　（簡帛）酒母也。从酉余聲。讀若廬。 同都切。

釃 shī　　（石刻）下酒也。一曰醇也。从酉麗聲。 所綺切。

酮 juān　　酮酒也。从酉肙聲。 古玄切。

醨 lì　　酮也。从酉鬲聲。 郎擊切。

醴 lǐ　　（金文 石刻）酒一宿孰也。从酉豊聲。 盧啟切。

醪 láo　　汁滓酒也。从酉翏聲。 魯刀切。

醇 chún　　不澆酒也。从酉𦎫聲。 常倫切。

醹 rǔ　　厚酒也。从酉需聲。《詩》曰："酒醴惟醹。" 而主切。

酎 zhòu　　（甲骨）三重醇酒也。从酉，从時省。《明堂月令》曰："孟秋，天子飲酎。" 除柳切。

醠 àng　　濁酒也。从酉盎聲。 烏浪切。

醲 nóng　　厚酒也。从酉農聲。 女容切。

䤖 róng　　酒也。从酉茸聲。 而容切。

酤 gū　　一宿酒也。一曰買酒也。从酉古聲。 古乎切。

醬 zhī	櫃	酒也。从酉，𥎦省。 陟离切。
灆 làn	醒	泛齊，行酒也。从酉監聲。 盧瞰切。
䤃 gǎn	醇	酒味淫也。从酉，贛省聲。讀若《春秋傳》曰"美而豔"。 古禫切。
酷 kù	醋 （訪 郭 簡帛 㷀 古陶）	酒厚味也。从酉告聲。 苦沃切。
醰 dàn	醰	酒味苦也。从酉覃聲。 徒紺切。
酺 pò	酺	酒色也。从酉市聲。 普活切。
配 pèi	配 （𤰞 石刻）	酒色也。从酉己聲。臣鉉等曰：己非聲，當从妃省。 滂佩切。
酏 yì	酏	酒色也。从酉弋聲。 與職切。
醆 zhǎn	醆	爵也。一曰酒濁而微清也。从酉戔聲。 阻限切。
酌 zhuó	酌 （𠚻 簡帛）	盛酒行觴也。从酉勺聲。 之若切。
醮 jiào	醮 （𤓋 石刻）	冠娶禮；祭。从酉焦聲。 子肖切。 禚，醮或从示。
醉 jǐn	醋	歃酒也。从酉晉聲。 子朕切。
酳 yìn	酳	少少飲也。从酉匀聲。 余刃切。
醻 chóu	醻 （𩰿 𩱏 石刻）	主人進客也。从酉𠷎聲。 市流切。 酬，醻或从州。
醋 zuó	醋	客酌主人也。从酉昔聲。在各切。臣鉉等曰：今俗作倉故切。
醠 mì	醠	歃酒俱盡也。从酉𧖴聲。 迷必切。
釂 jiào	釂	歃酒盡也。从酉，嚼省聲。 子肖切。
酣 hān	酣	酒樂也。从酉从甘，甘亦聲。 胡甘切。
酖 dān	酖 （𤰞 金文）	樂酒也。从酉冘聲。 丁含切。
醧 yù	醧	私宴歠也。从酉區聲。 依倨切。
醵 jù	醵	會歠酒也。从酉豦聲。 其虐切。 醵，醵或从巨。
酺 pú	酺 （𨣈 漢印）	王德布，大歠酒也。从酉甫聲。 薄乎切。
醅 pēi	醅	醉飽也。从酉音聲。 匹回切。
醉 zuì	醉	卒也。卒其度量，不至於亂也。一曰潰也。从酉从卒。 將遂切。
醺 xūn	醺	醉也。从酉熏聲。《詩》曰："公尸來燕醺醺。" 許云切。
醟 yòng	醟	酗也。从酉，熒省聲。 爲命切。
酗 xù	酗	醉營也。从酉句聲。 香遇切。
酲 chéng	酲	病酒也。一曰醉而覺也。从酉呈聲。 直貞切。
醫 yī	醫 （𨰻 漢印）	治病工也。殹，惡姿也，醫之性然。得酒而使。从酉。王育說。一曰殹，病聲。酒所以治病也。《周禮》有醫酒。古者巫彭初作醫。 於其切。

茜 sù　茜（🔍簡帛）禮祭，束茅，加于祼圭，而灌鬯酒，是爲茜。象神歆之也。一曰茜，榼上塞也。从酉从艸。《春秋傳》曰："尔貢包茅不入，王祭不供，無以茜酒。" 所六切。

醨 lí　醨　薄酒也。从酉离聲。讀若離。 呂支切。

醶 chǎn　醶　酢也。从酉韱聲。 初減切。

酸 suān　酸　酢也。从酉夋聲。關東謂酢曰酸。 素官切。𣧩，籒文酸从畯。

截 zài　截　酢漿也。从酉𢦏聲。 徒奈切。

酓 yàn　酓　酢漿也。从酉僉聲。臣鉉等曰：今俗作釅，非是。 魚窆切。

酢 cù　酢（🔍金文）酸也。从酉乍聲。倉故切。臣鉉等曰：今俗作在各切。

酏 yǐ　酏　黍酒也。从酉也聲。一曰甜也。賈侍中說：酏爲鬻清。 移尔切。

酱 jiàng　酱（🔍簡帛🔍古璽）鹽（按：鹽當作醢）也。从肉从酉，酒以和酱也；爿聲。 即亮切。𦞦，古文。𤖕，籒文。

醢 hǎi　醢　肉酱也。从酉、𣶒。臣鉉等曰：𣶒，甌器也。所以盛醢。 呼改切。𤁈，籒文。

䰼 mú　䰼　䰼䫄，榆酱也。从酉秋聲。 莫俟切。

䫄 tú　䫄　䰼䫄也。从酉俞聲。 田俟切。

酹 lèi　酹　餟祭也。从酉寽聲。 郎外切。

䤈 bì　䤈　擣榆酱也。从酉畢聲。 蒲計切。

䤃 jú　䤃　酱也。从酉矞聲。 居律切。

䤍 liáng　䤍　雜味也。从酉京聲。 力讓切。

䤇 jiàn　䤇　闕。 慈冉切。

䤆 rǎn　䤆　闕。 而琰切。

　　　　文六十七　重八

酪 lào　酪　乳漿也。从酉各聲。 盧各切。

醐 hú　醐　醍醐，酪之精者也。从酉胡聲。 戶吳切。

酩 mǐng　酩　酩酊，醉也。从酉名聲。 莫迥切。

酊 dǐng　酊　酩酊也。从酉丁聲。 都挺切。

醒 xǐng　醒　醉解也。从酉星聲。按：醒字注云：一曰醉而覺也。則古醒，亦音醒也。 桑經切。

醍 tǐ　醍　清酒也。从酉是聲。 它禮切。

　　　　文六新附

酉 部

酉 qiú 酉（金文、簡帛）繹酒也。从酉，水半見於上。《禮》有"大酉"，掌酒官也。凡酉之屬皆从酉。 字秋切。

尊 zūn （甲骨、金文、簡帛、古璽、石刻）酒器也。从酉，廾以奉之。《周禮》六尊：犧尊、象尊、著尊、壺尊、太尊、山尊，以待祭祀賓客之禮。 祖昆切。 ，尊或从寸。臣鉉等曰：今俗以尊作尊卑之尊。別作罇。非是。

　　　　文二　重一

戌 部

戌 xū （甲骨、金文、簡帛、石刻）滅也。九月，陽气微，萬物畢成，陽下入地也。五行，土生於戊，盛於戌。从戊含一。凡戌之屬皆从戌。 辛聿切。

　　　　文一

亥 部

亥 hài （甲骨、金文、玉盟書、簡帛、古璽）荄也。十月，微陽起，接盛陰。从二，二，古文上字。一人男，一人女也。从乙，象褢子咳咳之形。《春秋傳》曰："亥有二首六身。"凡亥之屬皆从亥。 胡改切。 ，古文亥爲豕，與豕同。亥而生子，復從一起。

　　　　文一　重一

說文解字弟十五

漢　太尉祭酒許慎記

宋　右散騎常侍　徐鉉等校定

古者庖犧氏之王天下也，仰則觀象於天，俯則觀法於地，視鳥獸之文與地之宜，近取諸身，遠取諸物，於是始作《易》八卦，以垂憲象。及神農氏結繩爲治而統其事，庶業其繁，飾僞萌生。黃帝之史倉頡，見鳥獸蹏迒之迹，知分理之可相別異也，初造書契。百工以乂，萬品以察，蓋取諸"夬"。"夬，揚于王庭。"言文者宣教明化於王者朝廷，君子所以施祿及下，居德則忌也。倉頡之初作書，蓋依類象形，故謂之文；其後形聲相益，即謂之字。字者，言孳乳而浸多也。著於竹帛謂之書。書者，如也。以迄五帝三王之世，改易殊體，封于泰山者，七十有二代，靡有同焉。

《周禮》：八歲入小學，保氏教國子，先以六書。一曰指事。指事者，視而可識，察而可見，上下是也。二曰象形。象形者，畫成其物，隨體詰詘，日月是也。三曰形聲。形聲者，以事爲名，取譬相成，江河是也。四曰會意。會意者，比類合誼，以見指撝，武信是也。五曰轉注。轉注者，建類一首，同意相受，考老是也。六曰假借。假借者，本無其字，依聲託事，令長是也。

及宣王太史籀，箸大篆十五篇，與古文或異。至孔子書六經，左丘明述《春秋傳》，皆以古文，厥意可得而說。其後諸矦力政，不統於王，惡禮樂之害己，而皆去其典籍，分爲七國，田疇異畮，車涂異軌，律令異法，衣冠異制，言語異聲，文字異形。

秦始皇帝初兼天下，丞相李斯乃奏同之，罷其不與秦文合者。斯作《倉頡篇》，中車府令趙高作《爰歷篇》，太史令胡毋敬作《博學篇》，皆取史籀大篆，或頗省改，所謂小篆者也。是時秦燒滅經書，滌除舊典，大發隸卒，興役戍，官獄職務繁，初有隸書，以趣約易，而古文由此絕矣。徐鍇曰："王僧虔云：'秦獄吏程邈善大篆，得辠繫雲陽獄，增減大篆，去其繁複。始皇善之，出爲御史，名其書曰隸書。'班固云：'謂施之於徒隸也。即今之隸書，而無點畫俯仰之勢。'"

自爾秦書有八體：一曰大篆，二曰小篆，三曰刻符，四曰蟲書，徐鍇曰："案《漢書》注蟲書即鳥書。以書幡信，首象鳥形，即下云鳥蟲是也。"五曰摹印，蕭子良以刻符、摹印合爲一體。徐鍇以爲符者，竹而中剖之，字形半分，理應別爲一體。摹印屈曲填密，則秦璽文也。子良誤合之。六曰署書，蕭子良云："署書，漢高六年蕭何所定。以題蒼龍、白虎二闕。"羊欣云："何覃思累月，然後題之。"七曰殳書，徐鍇曰："書於殳也。殳體八觚，隨其勢而書之。"八曰隸書。

漢興，有艸書。徐鍇曰："案：書傳多云張芝作艸，又云齊相杜探作，據《說文》則張芝之前已有矣。"蕭子良云："藁書者，董仲舒欲言災異，藁艸未上，即爲藁書。藁者，艸之初也。《史記》上官奪屈原藁艸。今云漢興有艸，知所言藁艸是創艸，非艸書也。"尉律：徐鍇曰："尉律，漢律篇名。"學僮十七已上始試，諷籀書九千字，乃得爲吏，又以八體試之。郡移太史并課，最者以爲尚書史。書或不正，輒舉劾之。今雖有尉律不課，小學不修，莫達其說久矣。

孝宣時，召通《倉頡》讀者，張敞從受之。涼州刺史杜業、沛人爰禮、講學大夫秦近，亦能言之。孝平時，徵禮等百餘人，令說文字未央廷中，以禮爲小學元士。黃門侍郎楊雄采以作《訓纂篇》，凡《倉頡》已下十四篇，凡五千三百四十字，羣書所載，略存之矣。

及亡新居攝，使大司空甄豐等校文書之部，自以爲應制作，頗改定古文。時有六書：一曰古文，孔子壁中書也；二曰奇字，即古文而異者也；三曰篆書，即小篆，秦始皇帝使下杜人程邈所作也；徐鍇曰："李斯雖改《史篇》爲秦篆，而程邈復同作也。"四曰佐書，即秦隸書；五曰繆篆，所以摹印也；六曰鳥蟲書，所以書幡信也。

壁中書者，魯恭王壞孔子宅，而得《禮記》、《尚書》、《春秋》、《論語》、《孝經》；又北平矦張倉獻《春秋左氏傳》；郡國亦往往於山川得鼎彝，其銘即前代之古文，皆自相似。雖叵復見遠流，其詳可得略說也。而世人大共非訾，以爲好奇者也。故詭更正文，鄉壁虛造不可知之書，變亂常行，以燿於世。諸生競說字解經誼，稱秦之隸書爲倉頡時書，云父子相傳，何得改易。乃猥曰"馬頭人爲長"，"人持十爲斗"，"虫者，屈中也"。廷尉說律，至以字斷法：苛人受錢，苛之字，止句也。若此者甚眾，皆不合孔氏古文，謬於史籀。俗儒啚夫，翫其所習，蔽所希聞，不見通學，未嘗覩字例之條，怪舊埶而善野言，以其所知爲祕妙，究洞聖人之微恉。又見《倉頡篇》中"幼子承詔"，因號"古帝之所作也，其辭有神僊之術焉"。其迷誤不諭，豈不悖哉！

《書》曰："予欲觀古人之象。"言必遵修舊文而不穿鑿。孔子曰："吾猶及史之闕文，今亡也夫。"蓋非其不知而不問，人用己私，是非無正，巧說衺辭，使天下學者疑。

蓋文字者，經藝之本，王政之始。前人所以垂後，後人所以識古。故曰"本立而道生"，"知天下之至賾而不可亂也"。

今敘篆文，合以古籀。博采通人，至于小大，信而有證。稽譔其說，將以理羣類，解謬誤，曉學者，達神恉。徐鍇曰："恉即意旨字。旨者，美也。多通用。"分別部居，不相雜廁。徐鍇曰："分部相從，自許始也。"萬物咸覩，靡不兼載。厥誼不昭，爰明以諭。其偁《易》，孟氏；《書》，孔氏；《詩》，毛氏；《禮》，周官；《春秋》，左氏；《論語》、《孝經》，皆古文也。其於所不知，蓋闕如也。

敘曰：此十四篇，五百四十部，九千三百五十三文，重一千一百六十三，解說凡十三萬三千四百四十一字。其建首也，立一爲耑。方以類聚，物以羣分。同牽條屬，共理相貫。雜而不越，據形系聯。引而申之，以究萬原。畢終於亥，知化窮冥。

于時大漢，聖德熙明，承天稽唐，敷崇殷中。遐邇被澤，渥衍沛滂。廣業甄微，學士知方。探嘖索隱，厥誼可傳。

粵在永元，困頓之季。徐鍇曰："漢和帝永元十二季，歲在庚子也。"孟陬之月，朔日甲申。

曾曾小子，祖自炎神。縉雲相黃，共承高辛。太岳佐夏，呂叔作藩。俾矦于許，世祚遺靈。自彼徂召，宅此汝瀕。竊卬景行，敢涉聖門。其弘如何，節彼南山。欲罷不能，既竭愚才。惜道之味，聞疑載疑。演贊其志，次剡微辭。知此者稀，儻昭所尤。庶有達者，理而董之。

召陵萬歲里公乘艸莽臣冲稽首再拜，上書皇帝陛下：

臣伏見陛下神明盛德，承遵聖業。上考度於天，下流化於民。先天而天不違，後天而奉天時。萬國咸寧，神人以和。猶復深惟五經之妙，皆為漢制。博采幽遠，窮理盡性，以至於命。先帝詔侍中騎都尉賈逵，修理舊文，殊藝異術，王教一耑，苟有可以加於國者，靡不悉集。《易》曰："窮神知化，德之盛也。"《書》曰："人之有能有為使羞其行，而國其昌。"臣父，故太尉南閣祭酒慎，本從逵受古學，蓋聖人不空作，皆有依據。今五經之道，昭炳光明，而文字者，其本所由生。自《周禮》、《漢律》，皆當學六書，貫通其意。恐巧說衺辭使學者疑，慎博問通人，考之於逵，作《說文解字》。六藝羣書之詁，皆訓其意，而天地鬼神、山川艸木、鳥獸蚰蟲、雜物奇怪、王制禮儀，世閒人事，莫不畢載。凡十五卷，十三萬三千四百四十一字。慎前以詔書校東觀，教小黃門孟生、李喜等，以文字未定，未奏上。今慎已病，遣臣齋詣闕。慎又學《孝經》孔氏古文說。文古《孝經》者，孝昭帝時魯國三老所獻，建武時給事中議郎衛宏所校，皆口傳，官無其說，謹撰具一篇并上。

臣冲誠惶誠恐，頓首頓首，死辠死辠，臣謟首再拜，以聞皇帝陛下。

建光元年九月己亥朔，二十日戊午上。徐鍇曰："建光元年，漢安帝之十五年，歲在辛酉。"

召上書者汝南許冲，詣左掖門。會令并齋所上書。

十月十九日，中黃門饒喜，以詔書賜召陵公乘許冲布四十匹，即日受詔朱雀掖門。敕勿謝。

銀青光祿大夫守右散騎常侍上柱國東海縣開國子食邑五百戶臣徐鉉，奉直郎守祕書省著作郎直史館臣句中正，翰林書學臣葛湍，臣王惟恭等，奉詔校定許慎《說文》十四篇，并《序目》一篇，凡萬六百餘字。聖人之旨，蓋云備矣。

稽夫八卦既畫，萬象既分，則文字為之大輅，載籍為之六轡。先王教化，所以行於百代。及物之功，與造化均。不可忽也。雖復五帝之後，改易殊體；六國之世，文字異形；然猶存篆籀之迹，不失形類之本。及暴秦苛政，散隸聿興，便於末俗，人競師法。古文既絕，譌偽日滋。至漢宣帝時，始命諸儒修倉頡之法，亦不能復故。光武時，馬援上疏論文字之譌謬，其言詳矣。及和帝時，申命賈逵修理舊文，於是許慎采史籀、李斯、楊雄之書，博訪通人，考之於逵，作《說文解字》。至安帝十五年，始奏上之。而隸書行之已久，習之益工，加以行草八分，紛然閒出，返以篆籀爲奇怪之迹，不復經心。至於六籍舊文，相承傳寫，多求便俗，漸失本原。《爾雅》所載艸木魚鳥之名，肆意增益。不可觀矣。諸儒傳釋，亦非精究；小學之徒，莫能矯正。唐大曆中，李陽冰篆迹殊絕，獨冠古今。自云："斯翁之後，直至小生。"此言爲不妄矣。於是刊定《說文》，修正筆法。學者師慕，篆籀中興。然頗排斥許氏，自爲臆說。夫以師心之見，破先儒之祖述，豈聖人之意乎？今之爲字學者，亦多從陽冰之新義，所謂貴耳賤目也。自唐末喪亂，經籍道息。皇宋膺運，二聖繼明。人文國典，粲然光被。興崇學校，登進羣才。以爲文字者，六藝之本，固當率由古法。乃詔取許慎《說文解字》，精加詳校，垂憲百代。臣等愚陋，敢竭所聞。蓋篆書堙替，爲日已久。凡傳寫《說文》者，皆非其人。故錯亂遺脫，不可盡究。今以集書正副本及羣臣家藏者，備加詳考。有許慎注義序例中所載而諸部不見者，審知漏落，悉從補錄。復有經典相承傳寫，及時俗要用而《說文》不載者，承詔皆附益之，以廣篆籀之路。亦皆形聲相從，不違六書之義者。其閒《說文》具有正體，而時俗譌變者，則具於注中；其有義理乖舛、違戾六書者，竝序剢於後。俾夫學者，無或致疑。大抵此書務援古以正今，不徇今而違古。若乃高文大册，則宜以篆籀著之金石；至於常行簡牘，則艸隸足矣。又許慎注解，詞簡義奧，不可周知。陽冰之後，諸儒箋述有可取者，亦從附益；猶有未盡，則臣等粗爲訓釋，以成一家之書。《說文》之時，未有反切。後人附益，互有異同。孫愐《唐韻》，行之已久。今竝以孫愐音切爲定，庶夫學者有所適從。食時而成，既異淮南之敏；縣金於市，曾非呂氏之精。塵瀆聖明，若臨冰谷。謹上。

新修字義

左文一十九，《說文》闕載，注義及序例偏旁有之，今竝錄於諸部：

詔 志 件 借 魋 蔡 剔 嚪 酸 赸 鯱 璵 膽 檼 緻 笑 迂 睆 峯

左文二十八，俗書譌謬，不合六書之體：

亹　　字書所無，不知所從，無以下筆。《易》云："定天下之亹亹。"當作娓。

个　　亦不見義，無以下筆。明堂左右个者，明堂旁室也。當作介。

暮　　本作莫。日在茻中也。

熟　　本作孰。享芽，以手進之。

捧　　本作奉。从廾，从手，丰聲。經典皆如此。

遨　　本作敖。从出，从放。

徘徊　本作裴回。寬衣也。取其裴回之狀。

迴　　本作回。象回轉之形。

腰	本只作要。《説文》象形。借爲玄要之要。後人加肉。
鳴	本只作烏。烏，吁呼也。以其名自呼。故曰烏呼。後人加口。
慾	《説文》欲字注云："貪欲也。"此後人加心。
揀	本只作柬。《説文》从束八，八，柬之也。後人加手。
俸	本只作奉。古爲之奉祿，後人加人。

自"暮"已下一十二字，後人妄加偏傍，失六書之義。

鞦韆	案詞人高無際作《鞦韆賦》序云："漢武帝後庭之戲也。"本云千秋，祝壽之詞也。語譌轉爲秋千。後人不本其意，乃造此字。非皮革所爲，非車馬之用，不合从革。
影	案影者，光景之類也。合通用景。非毛髮藻飾之事，不當从彡。
斌	本作彬或份，文質備也。从文配武，過爲鄙淺。復有从斌从貝者，音頻。亦於義無取。
悦	經典只作説。
藝	本只作埶。後人加艸、云，義無所取。
著	本作箸。《説文》陟慮切，注云："飯攲也。"借爲住箸之箸。後人从艸。
墅	經典只用野。野亦音。常句切。
襄	襄字本作蘇禾切。从衣，象形。借爲衰朽之衰。
隤	《周易疏義》云："深也。"案：此亦假借之字，當通用隤。
黌	學堂也。从學省，黄聲。《説文》無學部。
瑱	充耳也。从纊省，主聲。《説文》無纊部。
矗	直皃。經史所無。《説文》無直部。

此三字皆無部類可附。

麌	《説文》噳字注云："麋鹿羣口相聚也。"《詩》"麀鹿麌麌"，當用噳字。
池	池沼之池。當用沱。沱，江之别流也。

篆文筆迹相承小異：

及 尺	及本作 。尺本从二，从古文及，左彡不當引筆下垂。蓋前作筆勢如此，後代因而不改。
卪	《説文》不从人，直作卪。
親	左旁亲从辛从木，《説文》不省。此二字李斯刻石文如此，後人因之。
言	从辛，从口。中畫不當上曲，亦李斯刻石如此，上曲則字形茂美，人皆效之。
彡	《説文》作彡，象二屬之形。李斯筆迹小變，不言爲異。

〖尢〗 《說文》作尣，亦李斯小變其勢。李陽冰乃云："从開口形。"亦爲臆說。

〖朩〗 《說文》从中而垂下，於相出入也。从入。此字从中下垂，當只作屮，蓋相承多一畫。

〖肉〗 如六切。《說文》本作肉，後人相承作肉，與月字相類。

〖奭〗 《說文》作奭。上史籀筆迹小異，非別體。

〖無〗 此本蕃廡之廡，李斯借爲有無之無。後人尚其簡便，故皆从之。有無字本从亡，李陽冰乃云不當加亡。且蕃廡字从大，从冊，數之積也。从林，亦蕃多之義。若不加亡，何以得爲有無之無？

〖畾〗 或作畾，亦止於筆迹小異。

〖堯〗 《說文》作堯。李斯筆迹小異。

銀青光祿大夫守右散騎常侍上柱國東海縣開國子食邑五百戶臣徐鉉等，伏奉聖旨，校定許愼《說文解字》一部。伏以振發人文，興崇古道。考遺編於魯壁，緝蠹簡於羽陵。載穆皇風，允符昌運。伏惟應運統天，睿文英武，大聖至明廣孝皇帝陛下，凝神繫表，降鑒機先。聖謨不通，思無不及。以爲經籍旣正，憲章具明。非文字無以見聖人之心，非篆籀無以究文字之義。眷茲譌俗，深惻皇慈。爰命討論，以垂程式。將懲宿弊，宜屬通儒。臣等寔愧謏聞，猥承乏使，徒窮憒學，豈副宸謨？塵瀆冕旒，冰炭交集。其書十五卷，以編袟繁重，每卷各分上下，共三十卷。謹詣東上閣門進上，謹進。

雍熙三年十一月　日　翰林書學臣王惟恭、臣葛湍等狀進

奉直郎守祕書省著作郎直史館臣句中正

銀青光祿大夫守右散騎常侍上柱國東海縣開國子食邑五百戶臣徐鉉

中書門下牒徐鉉等新校定《說文解字》

牒奉敕：許愼《說文》，起於東漢。歷代傳寫，譌謬實多。六書之蹤，無所取法。若不重加刊正，漸恐失其原流。爰命儒學之臣，共詳篆籀之跡。右散騎常侍徐鉉等，深明舊史，多識前言。果能商搉是非，補正闕漏。書成上奏，克副朕心。宜遣雕鐫，用廣流布。自我朝之垂範，俾永世以作程。其書宜付史館，仍令國子監雕爲印版，依九經書例，許人納紙墨價錢收贖。兼委徐鉉等點檢書寫雕造，無令差錯，致誤後人。牒至準敕，故牒。

雍熙三年十一月　日牒

給事中叅知政事辛仲甫

給事中叅知政事呂蒙正

中書侍郎兼工部尚書平章事李昉

部首檢字表

【一畫】		厂 394	广 288	巾 185	斗 445	生 186	此 47
一	1	匚 398	丸 291	日 201	五 455	禾 187	行 56
丨	12	匸 399	乞 296	月 207	六 456	旦 204	舌 64
丶	153	二 424	大 319	冊 209	宂 456	禾 212	辛 77
丿	355	力 433	矢 320	片 211	巴 459	瓜 221	共 79
乙	367	几 444	尢 321	凶 219	壬 460	穴 226	甹 85
丿	393	七 456	方 324	木 219	丑 462	广 228	聿 89
八	394	九 456	川 356	月 232	午 464	白 238	臣 90
亅	397	丁 458	孔 366	市 237			北 251	自 103
乚	397	了 462	女 384	从 250	【五畫】		丘 251	羽 105
乙	457			亼 398	比 251	示	2	兄 264	羊 109
【二畫】		【三畫】		弓 401	壬 252	玉	6	司 279	糸 118
亠	1	三	5	土 424	毛 259	半	32	匚 279	受 119
八	31	士	12	勺 443	尺 261	癶	47	印 280	死 122
冂	42	中	12	己 459	方 263	正	48	包 282	肉 123
夂	55	小	31	子 461	先 264	疋	55	戶 287	刃 132
丩	66	口	35	ナ 462	欠 267	正	62	石 291	耒 132
十	66	彳	53	巳 464	旡 270	冊	63	本 323	竹 135
又	86	干	64			丏 275	只	65	齐 323	旨 145
厂	88	寸	91	【四畫】		文 277	句	65	立 324	卢 148
几	91	幺	117	王	5	卯 281	古	66	永 357	血 152
卜	96	刃	131	气	11	冉 294	史	88	民 393	缶 159
刀	129	廾	141	牛	33	勿 294	聿	88	氏 394	舛 165
乃	143	工	142	止	46	犬 306	皮	92	戊 396	灸 184
丂	144	亐	145	牙	58	火 311	用	97	它 422	乑 205
厶	151	人	157	卅	67	天 320	目	98	田 431	有 207
入	158	夂	164	収	78	亢 323	白	103	且 444	多 209
冖	161	冬	167	刈	79	夫 324	个	109	矛 446	束 211
马	210	久	167	爪	85	心 326	玄	118	四 455	米 217
冂	232	才	184	支	88	水 337	歨	120	宁 455	臼 219
人	240	之	185	殳	90	欠 358	凸	122	甲 457	耳 220
匕	250	毛	186	支	93	不 367	左	141	丙 458	网 233
七	250	口	189	爻	97	戶 369	甘	142	戊 458	西 234
儿	263	夕	208	予	119	手 374	可	144	卯 463	仦 252
卩	280	宁	222	丰	132	毋 393	号	145	申 464	肙 253
勹	281	冃	232	曰	143	氏 394	皿	150	未 464	衣 253
厶	284	巾	235	兮	144	戈 395	去	152	【六畫】		老 258
厂	290	尸	260	丹	153	瓦 400	矢	160	艸	13	舟 262
巛	355	彡	276	井	153			出	185	皿	42	兆 264
		山	284	木	168	斤 444	米	186				

先	265	貝	190	林	183	頁	271	【一一畫】		焱	318	燕	365
后	279	邑	193	彔	212	面	275	異	79	壺	321	龍	365
色	281	囧	208	枾	220	首	275	教	96	壹	322	龜	423
甶	284	克	212	帛	238	県	275	習	105	悉	336	龥	454
屾	287	网	233	臥	253	苟	282	奞	108	雲	361	【一七畫】	
危	291	冏	238	長	294	鬼	283	鳥	112	琴	397	龠	62
而	295	呂	252	希	296	㐬	305	麥	163	絲	414	壽	161
亦	320	身	253	易	298	思	326	巢	188	蚰	420	橐	189
交	321	尾	261	兔	305	泉	356	㮌	188	黃	432	【一八畫】	
囟	325	兒	264	狀	309	飛	366	𠂤	208	【一三畫】		叢	111
辰	357	禿	265	炎	315	風	422	麻	220	蓐	29	瞿	111
至	367	見	265	炙	318	圶	430	瓠	221	晨	80	豊	148
西	368	次	270	夲	322	癸	460	豚	297	𧯿	92	蟲	421
耳	372	百	274	秝	355	酉	468	象	298	鼓	146	【一九畫】	
曲	399	㐬	277	雨	359	【十畫】		㕚	298	虘	148	瀕	355
弜	402	豕	295	非	366	哭	43	鹿	304	會	158	【二〇畫】	
糸	404	豸	297	門	369	牵	77	莧	306	嗇	163	嚴	227
虫	414	囱	317	甾	400	禼	83	奢	322	琴	187	【二二畫】	
𣪘	435	赤	318	弦	403	鬥	85	魚	361	鼎	212	鱻	365
幵	443	谷	357	金	436	殺	91	鹵	368	裘	258	【二四畫】	
自	450	臣	373	㐬	450	眢	102	巫	383	辟	281	靐	111
厽	454	我	396	癸	455	烏	116	率	414	鼠	310	【二五畫】	
叒	462	系	403	亞	455	冓	117	堇	430	黽	423	鹽	369
戌	468	卵	424	庚	459	豈	147	寅	463	【一四畫】		【二七畫】	
亥	468	里	431	【九畫】		凷	154	詰	76	鼻	104	驫	357
【七畫】		男	433	是	48	倉	158	舜	29	箕	140	【三〇畫】	
釆	32	車	446	品	62	高	160	啚	64	鼂	200	爨	81
告	35	辛	459	音	76	冎	162	美	78	齊	211	【三三畫】	
走	43	辰	463	舁	80	富	162	畫	89	覞	267	麤	305
步	47	酉	465	革	81	桀	167	舀	104	熊	311		
廴	48	【八畫】		旻	98	巫	187	雀	108	羍	460		
足	58	玨	11	眉	103	華	187	筋	128	【一五畫】			
谷	65	隶	89	盾	103	員	190	珏	142	𤎒	34		
冏	65	臤	89	首	109	軌	205	喜	146	齒	56		
言	67	焱	97	骨	122	冥	206	豐	148	稽	187		
臼	80	隹	106	豆	146	東	210	舜	165	履	262		
華	117	㪅	118	食	155	秝	216	晶	206	歙	270		
𠬪	120	放	119	㐬	162	宮	225	黍	216	瞿	457		
角	133	虎	149	韋	165	㬢	277	㵿	239	【一六畫】			
巫	142	青	153	肉	210	馬	299	毳	260	彌	84		
豆	147	京	161	香	217	能	310	須	276	雔	111		
皀	154	㐬	163	尚	220	竝	325	鬼	284	艫	150		
弟	166	來	163	韭	221	素	413	廌	303	毇	219		
束	188	東	183	重	252	畕	432	黑	316				

筆畫檢字表

【一畫】		ム	284	才	184	天	1	耂	132	尺	261	升	446
一	1	厂	290	之	185	王	5	巨	142	方	263	阝(左)	451
丨	12	巛	355	毛	186	玉	6	曰	143	允	263	阝(右)	453
丶	153	乂	393	口	189	气	11	巳	144	先	264	五	455
丿	355	厂	394	夕	208	中	12	兮	144	欠	267	六	456
乙	367	匚	398	宀	222	屯	12	丹	153	旡	270	冂	456
丿	393	匸	399	日	232	少	31	井	153	丏	275	巴	459
八	393	二	424	巾	235	小	31	今	157	文	277	壬	460
乀	394	力	433	尸	260	分	31	内	158	厄	280	丑	462
亅	397	几	444	兀	263	介	32	从	158	歺	280	午	464
ㄴ	397	七	456	彡	276	穴	32	尣	161	卯	281	【五畫】	
ㄱ	397	九	456	山	284	公	32	及	167	勹	282	丕	1
乚	457	丁	458	广	288	牛	33	木	168	匀	282	示	2
【二畫】		了	462	丸	291	止	46	市	185	勾	282	艾	18
上	1	【三畫】		乇	296	乏	48	帀	186	仄	291	芳	19
丁	2	三	5	大	319	牙	58	丰	186	广	291	芋	21
八	31	士	12	矢	320	功	67	邛	199	勿	294	卉	27
凵	42	中	12	尢	321	廿	67	日	201	㞢	294	芫	27
夂	55	小	31	丮	324	卅	67	月	207	犬	306	芳	28
丩	66	口	35	川	356	攴	78	冊	209	火	311	仒	31
十	66	少	47	孔	366	爿	79	弖	210	夭	320	必	32
又	86	彳	53	女	384	爪	85	片	211	亢	323	半	32
𠂇	88	亍	55	弋	394	爫	85	凶	219	夫	324	召	37
几	91	干	64	也	394	广	86	木	219	心	326	台	38
卜	96	丈	66	亼	398	叉	86	月	232	水	337	右	38
刀	129	千	66	弓	401	父	86	市	237	巜	356	叴	40
乃	143	叉	86	凡	424	夬	87	仁	240	欠	358	叱	40
万	144	及	87	土	424	尹	87	仍	243	孔	367	叫	40
亼	151	寸	91	勹	443	反	87	什	244	不	367	仚	42
入	158	幺	117	与	444	叚	87	仆	247	户	369	宀	47
冂	161	刃	131	尢	458	友	87	仇	248	手	374	正	48
馬	210	刀	141	己	459	支	88	弔	248	毋	393	延	55
冖	232	工	142	子	461	攴	90	化	250	氏	394	疋	62
人	240	亏	145	子	462	攵	93	卬	250	戈	395	冊	63
七	250	入	157	孑	462	爻	97	印	250	匹	398	羊	65
匕	250	夊	164	去	462	予	119	从	250	瓦	400	芐	65
儿	263	夂	167	巴	464	幻	119	比	251	引	402	只	65
卪	280	亍	167	【四畫】		切	129	壬	252	斤	444	句	65
勹	281	久	167	元	1	办	131	毛	259	斗	445	古	66

世	67	囡	190	岇	286	阡	454	迅	49	吃	145	束	211
右	86	囚	190	庐	287	四	455	迪	51	旨	145	米	217
叏	87	叨	195	庐	291	宁	455	迁	52	卢	148	臼	219
史	88	邛	195	石	291	甲	457	迂	52	血	152	兇	219
聿	88	邢	195	犯	307	丙	458	迄	53	阱	154	朮	220
夂	91	邵	197	发	308	戊	458	彶	54	荆	154	宅	222
皮	92	邛	198	夲	323	孕	461	廷	55	合	157	向	222
卟	96	邢	198	夰	323	卯	463	延	55	缶	159	宇	222
占	96	邺	200	立	324	目	464	行	56	舛	165	安	223
用	97	旦	204	氿	337	未	464	舌	64	夆	167	守	224
目	98	夗	209	氾	344	申	464	丙	65	朹	171	宄	224
白	103	外	209	氿	346	【六畫】		辛	77	机	173	宊	226
丫	109	禾	212	汀	350	吏	1	丞	78	朱	173	同	232
幼	117	瓜	221	汁	352	玊	6	异	78	朴	173	青	232
玄	118	宂	223	永	357	玎	8	共	79	朵	174	网	233
歺	120	宄	224	冬	358	玑	9	臾	85	杁	174	両	234
凸	122	穴	226	匄	369	艸	13	聿	89	朸	175	刎	235
肌	124	失	379	失	379	芝	13	臣	90	杆	181	帆	237
刌	129	广	228	扔	380	芋	13	寺	92	休	182	企	240
刉	129	疕	236	扐	380	芊	14	收	95	灰	184	伉	241
刊	130	布	237	打	383	芃	15	攷	95	回	189	仲	241
左	141	白	238	母	385	艺	15	自	103	因	190	伊	241
巧	142	仞	240	奴	386	芨	15	百	104	邦	193	仔	241
甘	142	仕	240	民	393	芅	19	羽	105	郊	194	仫	241
可	144	伋	241	弗	393	芎	20	帀	109	邠	194	份	241
叵	144	仜	242	氏	394	茋	22	羊	109	祁	196	仿	242
乎	145	仡	242	戍	396	芁	22	再	117	邢	196	仰	244
号	145	付	244	乍	398	芑	28	丝	118	郃	196	伍	244
平	145	代	245	勾	398	芊	29	妥	119	加	197	任	245
皿	150	仔	246	匝	399	牝	33	歹	121	邦	197	价	246
去	152	企	249	弘	402	牟	33	死	122	邯	197	伎	246
主	153	北	251	它	422	吸	37	肉	123	邠	198	伏	248
宍	158	丘	251	由	425	名	37	肋	124	祁	198	伐	248
仝	158	尻	260	圣	428	吉	39	肎	125	邪	199	仳	248
矢	160	尼	260	田	431	吐	39	肌	127	邦	199	件	249
市	161	兄	264	功	433	吃	39	育	128	邨	199	歧	250
央	161	仺	276	加	434	吒	40	刐	130	邦	199	艮	250
本	173	司	279	凥	444	吁	40	刓	131	邨	199	似	252
末	173	后	279	处	444	吅	40	刎	131	早	201	月	253
札	180	令	280	且	444	各	41	韧	132	旭	201	衣	253
出	185	印	280	矛	446	吅	42	耒	132	邑	202	老	258
氺	186	归	280	陁	452	此	47	竹	135	队	205	考	259
生	186	包	282	阢	452	巡	48	迈	141	有	207	辰	260
禾	187	叽	285	阴	454	辻	49	式	142	多	209	舟	262

筆畫檢字表 479

充	263	汗	350	地	425	芩	19	呀	42	刓	122	屍	180
兆	264	汣	351	圪	426	芰	19	走	43	育	123	极	180
先	265	汲	353	在	426	芡	19	步	47	肘	124	里	185
次	269	汛	353	圯	428	茚	19	迉	48	肖	125	孛	186
后	279	汧	353	圭	429	芫	20	迋	49	肕	125	束	188
卲	280	汝	354	圬	430	芪	20	迎	50	肙	128	园	189
夘	280	汔	356	劣	434	芜	21	迚	50	刨	129	困	190
卯	280	岁	356	劦	435	芭	21	返	50	利	129	囤	190
色	281	州	356	开	443	芽	22	近	52	初	129	贝	190
旬	282	辰	357	自	450	茉	22	迍	52	判	130	邑	193
匈	282	冰	358	阪	451	芧	22	迊	53	删	130	邸	194
由	284	至	367	阬	451	芮	23	远	53	剌	130	邰	194
屺	285	西	368	阮	452	芼	23	迎	53	刮	131	邳	194
岌	286	耳	372	防	452	芝	24	彴	55	角	133	邮	195
屾	287	扛	378	阯	452	芳	25	延	55	巫	142	邢	195
屼	291	扪	379	阮	453	芰	25	足	58	粤	144	邵	195
危	291	扛	381	厽	454	苣	26	谷	65	豆	147	邻	195
而	295	扱	381	成	458	芥	27	冏	65	彤	153	邯	196
灰	312	扚	381	字	461	芴	27	言	67	皀	154	鄂	196
光	314	扞	382	存	461	芙	29	弄	78	矣	160	邡	197
夸	319	扞	383	孨	462	余	32	弅	78	良	162	邴	197
夷	319	扣	383	臾	465	采	32	戒	79	夋	164	邳	198
亦	320	妊	384	曳	465	牡	33	兵	79	弟	166	邱	199
交	321	奻	384	戌	468	牢	34	臼	80	夆	167	邽	199
尥	321	妃	385	亥	468	牣	34	孚	85	夆	167	邑	200
𡵂	321	妣	386	【七畫】		告	35	巩	85	杏	168	旳	201
囟	325	改	387	祀	3	吻	35	屁	85	李	168	旰	202
忏	330	㕈	387	衤	3	吞	35	巠	87	杜	169	旱	202
忍	332	好	387	社	4	吮	36	役	91	杕	170	囦	208
忏	334	如	389	玖	9	含	36	攸	93	杞	172	炚	209
忐	335	妄	390	玗	9	吹	37	孜	93	杤	173	甹	210
忔	335	奸	392	玓	10	吾	37	改	94	杈	173	甫	210
江	337	妉	392	玕	10	君	37	更	94	枚	173	克	212
汝	338	𡛿	394	玘	11	听	38	攽	94	朴	174	秀	213
汕	342	戌	395	壯	12	启	38	歧	94	杦	174	私	213
汝	342	匠	399	圩	12	呈	38	攻	95	材	175	宏	222
汗	342	匡	399	每	13	哎	39	改	95	杅	176	完	223
汛	344	曲	399	岑	13	吟	40	㩀	96	杇	176	宜	224
汋	345	牙	402	岜	13	呲	40	甫	97	枇	177	穸	224
汜	347	弛	402	苇	15	吝	41	旬	100	杠	177	宋	225
汕	347	弪	402	苁	17	否	41	羌	110	杕	177	吕	225
汙	348	糸	404	芙	17	昏	41	華	117	杞	178	究	227
休	348	虫	414	芹	18	吠	41	冇	120	构	178	疔	228
汔	350	亘	424	芸	18	局	41	孥	120	杖	179	疕	229

疫	229	卯	280	忨	332	戾	369	巩	400	玲	9	命	37
网	233	卲	280	忌	332	耴	372	系	403	玭	10	和	37
爺	235	岑	285	怖	332	臣	373	卵	424	玟	10	咄	38
钯	237	庀	288	忧	333	扶	375	均	425	玨	11	咀	38
伯	241	庌	288	忦	333	抈	375	坺	425	氛	11	呷	38
佖	241	序	288	忡	334	把	375	坐	426	芙	14	周	39
伴	242	庋	289	忍	335	抪	377	坻	426	苹	14	咈	39
伾	242	庇	289	沉	338	投	377	坒	427	苺	15	呧	39
佛	242	底	290	汭	338	抌	377	坎	427	苦	15	呹	40
佗	243	居	290	汧	338	抉	377	坋	429	苦	16	呻	40
何	243	庝	290	汾	338	抎	378	坏	429	茅	16	咼	41
位	243	豖	295	沁	339	抪	378	坊	430	苣	16	咆	41
作	244	戔	296	沅	339	扮	378	里	431	苓	17	呓	41
侶	245	豕	297	沸	339	抒	379	町	431	苗	17	呦	41
伶	245	尨	306	汨	339	技	380	甸	431	苞	18	哈	42
伸	246	狋	307	汳	340	抈	381	男	433	茄	19	岠	46
但	246	狙	307	沂	341	抵	381	助	433	茉	20	建	47
佃	246	狘	307	汶	341	抁	382	劭	434	芺	21	些	48
佚	246	狒	308	沛	342	抗	382	劫	435	苂	21	证	49
佁	247	狎	308	沈	342	抛	383	劬	435	苗	22	退	49
伳	247	狂	308	汭	343	妣	384	車	446	英	22	述	49
伺	247	狄	308	汪	344	妀	384	阿	451	苃	22	迚	49
佚	247	夭	312	沖	344	妊	385	陂	451	茂	23	迪	50
但	248	灸	313	沄	344	妣	385	阻	451	苗	23	迟	51
伭	248	灼	313	沆	344	姊	385	附	452	苛	23	迲	51
低	249	炧	313	沙	346	毁	387	阺	452	苑	24	迭	51
伺	249	囱	317	汻	346	姆	388	院	452	苐	24	迫	52
佇	249	赤	318	沚	347	妗	388	陁	453	苡	24	迣	52
身	253	夾	319	汷	347	姘	388	阼	453	苦	25	迱	52
孝	259	奈	319	決	348	妭	388	陸	454	若	25	迴	52
尾	260	奔	319	泛	348	妟	389	辛	459	苴	26	迢	53
尾	261	奄	319	沈	349	妓	389	辛	461	苟	27	往	54
尿	261	夾	320	浡	350	妝	390	辰	463	范	27	彼	54
兒	263	吳	320	泒	350	妠	390	酉	465	苓	28	徂	54
兒	264	尬	321	泪	350	妒	390	【八畫】		苕	28	建	55
禿	265	志	326	沐	352	佞	390	祉	2	尚	31	拘	66
見	265	快	326	汩	354	妨	390	祇	3	帗	33	糾	66
吹	267	忻	327	坙	356	妣	391	祉	3	牻	34	肸	66
欨	268	忱	327	昆	356	毒	393	祈	4	物	34	妾	77
飲	268	怟	328	谷	357	戕	396	袄	5	呱	35	奉	78
次	270	忧	328	冶	358	我	396	玠	7	咀	36	奔	78
頁	274	忒	330	冷	358	函	398	玦	7	味	36	具	79
形	276	忮	331	波	358	医	398	玩	8	咄	36	𢍰	85
彡	277	志	331	否	367	匣	399	珇	9	呼	37	叔	87

筆畫檢字表 481

秉	87	刮	130	杮	174	邢	199	岥	235	并	251	狗	306
叔	87	刲	130	杪	174	旻	201	帖	236	坴	252	狂	306
取	87	制	131	枉	174	吻	201	峡	236	臥	253	㹨	307
卑	88	刵	131	枎	174	昃	202	帑	236	衻	255	狀	307
事	88	刑	131	杲	175	昏	202	帚	236	衶	257	狎	307
隶	89	券	131	杳	175	昌	203	帑	237	卒	257	狉	307
臤	89	刺	131	枅	175	販	203	帗	237	衫	258	戾	308
役	90	刹	131	㯘	177	昔	203	帛	238	夌	259	狙	309
杸	90	典	141	枕	177	咅	203	佼	240	居	260	狛	309
殴	90	畀	141	杷	178	昆	203	佩	240	屆	260	狐	309
肝	92	㓺	143	杵	178	昕	204	侚	241	屍	260	狘	309
效	93	沓	143	枓	178	旿	204	佳	241	屈	261	狀	309
牧	96	卥	143	柕	179	昉	204	侅	241	刷	262	炊	312
卦	96	奇	144	㭒	180	昂	204	侗	242	服	263	炅	315
卙	96	虎	149	柳	181	昇	204	佶	242	肮	263	炕	315
炏	97	孟	150	采	181	朒	207	侹	242	兒	263	炎	315
旰	99	咢	152	柹	181	夜	208	供	243	殀	264	炙	318
盱	99	卹	152	析	182	姓	209	佺	243	欣	268	奄	319
盲	102	音	153	枒	182	版	211	侔	243	欼	268	奆	319
者	104	青	153	東	183	彔	212	併	243	欨	268	奇	319
隹	106	劦	154	林	183	秋	214	弑	243	欥	269	衺	319
芈	110	俞	157	囷	189	秄	214	俌	243	𣤩	276	奓	319
奐	118	舍	157	囹	190	秔	214	依	243	卷	280	奔	320
放	119	匋	159	固	190	季	215	欤	244	匊	282	旎	321
受	119	弢	160	郊	194	秏	216	侱	244	匈	282	㞑	321
爭	119	知	160	郁	194	臽	219	侍	244	匍	282	幸	322
歿	120	京	161	邻	194	㭫	220	侒	244	岱	285	臭	324
肌	123	㐭	163	邦	195	宛	222	侐	244	岵	285	扶	324
肺	124	來	163	邸	195	宏	222	佹	244	岨	285	性	326
肪	124	夌	164	邢	195	定	223	佰	244	岡	285	忠	326
肩	124	厔	164	郇	196	宓	223	佶	244	岫	285	念	327
胁	125	奅	164	到	196	宗	223	佮	244	弟	286	怡	328
股	125	柿	168	郎	196	宕	225	使	245	岸	287	怙	329
肮	125	枏	168	邪	197	宗	225	俌	246	府	288	恶	329
朋	126	杶	170	邾	197	宝	225	侚	246	庖	288	怞	329
肴	126	柔	170	郑	197	宙	225	佽	246	底	289	忞	329
肰	128	枇	170	邵	198	空	226	佻	246	庚	289	怕	329
肫	128	枋	171	郪	198	穸	227	侈	247	疭	289	怛	330
肥	128	柜	172	郆	198	岁	227	侉	247	匪	290	怪	331
剆	129	枒	172	廓	198	疝	229	例	248	長	294	怫	331
刻	130	枌	172	郎	198	疛	229	𠆮	248	豕	296	忿	331
剉	130	松	172	邸	198	疲	231	侒	248	希	296	忽	331
刿	130	果	173	郯	199	兩	233	侑	249	易	298	悦	331
刷	130	枝	173	娜	199	岥	235	卓	250	兔	305	恨	332

恑	332	泳	348	姁	385	坴	425	祇	2	荂	22	哀	41
㤴	332	泆	348	姐	385	坡	425	神	2	茲	23	咮	41
忩	332	洩	351	姑	385	坫	426	祕	3	荏	23	咢	43
快	333	汨	351	妹	385	垚	426	祔	3	荒	23	赴	43
怛	333	洞	352	㜮	386	坦	426	祖	3	茭	24	赳	43
恂	333	沫	352	妭	386	坻	427	祐	3	茜	24	前	46
悋	334	泣	353	姻	386	垪	427	祠	3	茉	24	衉	47
怢	334	洋	354	妵	387	坷	428	祝	3	荐	25	癹	47
悉	335	泯	354	始	387	垬	429	被	4	茨	25	是	48
怍	335	㳅	355	妿	387	坥	429	祚	5	荃	25	迹	48
怩	335	侃	356	委	388	垂	430	皇	5	茵	26	迨	49
怊	335	雨	359	姞	388	坳	430	珌	8	茵	26	适	49
沩	337	非	366	敄	389	屯	432	珇	8	茭	26	逆	50
泓	337	乳	367	妯	390	刦	433	珍	8	茹	26	迬	50
沱	337	到	368	妵	391	券	434	玲	8	苗	26	逄	50
沫	337	房	369	姎	391	刼	435	珣	9	荔	27	送	50
沮	337	門	369	姍	392	協	435	珉	10	苤	28	迵	51
泠	339	拇	374	姘	392	金	436	珊	10	茸	28	迷	51
油	339	抵	374	姐	393	凭	444	珈	10	草	28	逃	51
泄	340	拉	375	㞪	393	斧	444	珂	11	荀	29	追	52
泡	340	抨	375	或	395	斨	444	毒	13	茗	29	逈	52
泗	340	拑	375	戜	395	所	445	苷	13	豙	31	逅	53
沐	341	拊	375	戕	395	所	445	荏	14	胖	32	進	53
治	341	拈	375	㦸	396	軋	449	莒	14	叛	32	俟	54
派	341	拊	376	武	396	官	450	苣	14	牲	33	待	54
沽	341	承	377	戔	396	昌	450	茿	15	牫	33	後	54
沠	342	招	377	直	397	限	451	茗	15	㸿	33	很	55
泥	342	扙	377	甾	400	陋	451	茢	16	牲	34	律	55
泌	343	披	378	瓶	400	降	452	芙	16	牴	34	衍	56
泫	343	拚	379	瓮	400	陊	452	荁	16	咽	35	卧	59
況	344	担	379	瓵	401	陃	453	芣	17	哆	35	廷	62
沉	344	拓	379	甌	401	陔	453	萎	17	咺	36	品	62
波	344	拔	380	弧	401	叕	455	茈	18	咷	36	扁	63
泓	344	拘	380	弨	401	亞	455	茜	18	咳	36	訂	68
洴	345	拙	380	弢	402	庚	459	茦	18	咦	36	訊	69
泏	346	抨	381	弩	402	季	461	苦	18	咨	37	信	69
洗	346	扶	381	弦	403	孟	461	苩	19	咥	37	計	70
沴	346	抉	381	虯	418	孤	461	萉	19	哉	38	訇	73
沸	347	拂	382	巫	424	育	462	茢	19	甚	38	訌	73
沼	347	拕	382	竺	424	胇	463	莖	20	咸	38	訕	76
注	348	扡	382	坤	425	【九畫】		茱	21	哇	39	音	76
沍	348	拗	383	坶	425	帝	1	茅	21	咅	39	奐	78
沿	348	姓	384	坡	425	祐	2	荆	21	皆	39	弇	78
泝	348	妻	385	坪	425	祐	2	莛	22	啞	40	皁	78

筆畫檢字表

奕	79	再	117	盅	150	栖	178	昇	203	胄	232	袄	254
羿	80	幽	118	盆	151	枝	179	昱	203	冒	232	袂	255
要	80	爰	119	盈	151	柯	179	昶	204	罕	233	衲	255
革	81	曼	119	盅	151	柄	179	映	204	帥	235	衿	256
窀	86	胆	121	盋	152	柲	179	昳	204	帤	235	袒	256
段	87	殆	121	盍	152	柎	180	施	205	帨	235	袆	258
度	87	映	121	卽	154	枹	180	胋	207	峋	235	耇	258
叚	89	珍	121	厘	154	枳	180	鹵	210	桊	236	耆	258
段	91	殄	121	食	155	枯	181	秔	213	峘	237	眉	260
敃	93	骨	122	缸	159	柧	181	耗	213	峟	237	屑	260
敄	93	胎	123	矦	160	枰	182	采	214	岠	238	眉	260
敀	93	肝	124	亭	161	柆	182	秒	214	峢	238	屍	260
故	93	胃	124	亯	162	柮	182	秕	215	保	240	屋	261
政	93	背	124	厚	162	枼	182	秋	215	俅	240	屏	261
敏	95	胂	124	夐	165	柙	182	科	216	俊	240	巶	261
畋	95	胠	124	韋	165	南	186	秭	216	俟	242	俞	262
貞	96	肢	125	柚	168	柬	188	香	217	俣	242	彤	262
骨	96	胤	125	奈	168	剌	188	秅	218	俚	242	敊	267
昱	98	胄	125	柳	169	囿	189	籹	218	俜	244	欨	269
盼	99	胗	125	柍	169	負	191	畐	219	俠	244	欨	269
販	99	胝	125	柀	170	郡	193	枲	220	怚	244	厑	270
眊	99	胅	126	柅	170	郭	194	尚	220	侳	244	頁	271
盱	99	胙	126	柞	170	郎	194	韭	221	侵	245	面	275
眂	99	脃	126	枰	170	郝	194	室	222	便	245	首	275
眈	99	胹	126	柅	171	郖	195	宣	222	俔	245	県	275
昒	100	胲	126	枸	171	郂	195	宦	222	俒	245	修	276
相	100	胸	126	柣	171	邵	195	宬	222	俗	245	彥	277
看	101	胥	127	柘	172	郟	196	宗	223	俢	246	哘	279
眏	101	胜	127	柏	172	耶	197	宦	223	徐	246	卻	280
眇	101	胆	128	枯	173	郯	197	宥	224	俄	247	卸	280
眄	102	削	129	某	173	郜	198	客	224	侮	247	葡	281
盰	102	則	129	柢	173	郝	198	穿	226	俙	247	胞	282
盼	102	剆	130	柷	174	郤	198	突	226	俑	247	苟	282
眨	102	剄	130	柖	174	郤	198	窔	227	促	248	鬼	283
眉	103	剉	131	枯	174	郚	199	窀	227	係	248	畏	284
省	103	剈	133	柔	175	邧	199	疢	229	俘	248	禺	284
盾	103	竿	138	柱	175	郗	199	疥	230	俔	248	峋	286
皆	103	笐	139	柤	176	郙	200	痁	230	徍	249	庠	288
翂	106	差	141	柵	177	郫	200	疾	231	侶	249	庭	288
荝	109	甚	143	栘	177	昧	201	痏	231	振	249	屛	288
首	109	曹	143	柘	177	昭	201	痕	231	虴	250	座	289
牵	110	曷	143	枔	178	昀	202	疫	231	毖	251	庤	289
美	110	豆	146	栿	178	昂	202	冠	232	重	252	庰	289
羑	111	虐	149	柳	178	昨	203	衽	254	衵	254	庳	290

字	頁	字	頁	字	頁	字	頁	字	頁	字	頁	字	頁
庯	290	恮	328	洫	347	姺	384	紉	406	軍	448	班	11
庬	290	恂	328	洐	347	姻	385	紅	408	軌	449	莊	13
庲	291	恃	329	津	348	威	385	紃	409	峕	450	莆	13
疸	291	恨	329	洄	348	姪	386	紉	410	陟	451	菰	13
砑	293	恤	329	砅	348	姨	386	紂	411	陵	451	莠	13
砭	293	思	330	涷	349	姼	386	組	415	陝	451	苤	14
砌	293	急	330	洦	349	娀	386	蚩	418	陟	451	莧	14
易	294	怹	330	洽	349	娛	386	虹	420	陘	452	苣	15
虒	295	息	331	洿	350	姶	387	蚊	420	陜	453	茞	15
象	296	恑	331	洎	351	姟	387	風	422	陪	453	蕫	15
龟	305	怨	332	洝	351	姝	387	恆	424	除	453	莞	16
狡	306	怒	332	涆	351	姣	387	垓	425	陞	453	荳	16
臭	306	恨	332	洒	352	敂	387	垣	426	院	454	荸	17
狼	307	恫	333	洗	253	娓	388	梁	426	陙	454	蓁	17
猛	307	恒	334	染	353	妮	388	封	427	垒	454	蕊	18
狟	308	恷	334	洟	353	姞	388	型	427	禹	457	荿	19
狩	308	悈	335	洛	354	姷	389	城	427	畺	459	荷	20
炟	311	恰	336	泉	356	娟	389	垎	427	癸	460	莪	20
烂	311	洮	338	飛	366	斐	389	垕	427	酌	467	茵	20
烑	312	洛	338	冣	369	姿	390	垍	428	酉	468	莕	21
炭	312	沾	339	扃	369	妥	390	埽	428	【一〇畫】		莨	21
炙	312	洭	339	指	374	媡	390	垠	428	旁	2	萊	21
炱	312	洭	339	拱	374	妍	391	垮	428	祥	2	莖	22
炮	313	洇	340	持	375	娃	391	塊	428	祒	3	荚	22
炳	314	洧	340	挐	375	姘	392	堊	428	祫	3	茄	22
炯	314	洹	341	按	376	姪	392	垢	429	祜	4	荻	23
炫	314	洙	341	拾	376	姦	392	埕	429	祟	4	莳	23
奎	319	洋	341	挺	376	姤	393	垗	429	祢	4	莜	26
查	319	洨	341	批	376	戚	395	挺	430	桃	5	蔓	26
奛	319	洵	342	抵	377	匽	398	垚	430	珇	6	芻	26
契	319	洇	342	挏	377	医	399	畎	432	珣	6	莄	26
奡	320	洎	342	挑	377	匯	399	畋	432	珦	7	堇	26
夐	320	洪	343	拹	378	柩	399	勁	434	斑	7	蒳	26
旭	321	洚	343	拾	379	瓴	400	勉	434	珩	7	莎	27
奏	323	衍	343	挺	380	瓹	400	勐	434	珥	7	菩	27
昇	323	活	343	捆	380	瓴	400	勇	434	珌	8	菲	28
奕	324	洩	344	括	380	珥	401	勃	434	珽	8	茶	28
奘	324	洸	344	拮	381	鸢	402	恊	435	珢	9	莋	29
思	326	洞	345	挃	381	紗	403	俎	444	瑰	9	莫	29
悁	326	淘	345	挂	382	紀	404	斫	444	珠	10	莽	30
怠	327	洌	345	挌	382	紀	405	斮	444	瑜	10	寀	32
悛	327	洊	346	姜	384	紓	405	料	446	珧	10	特	33
恬	327	派	347	姞	384	級	406	矜	446	珝	11	牷	34
恢	327	洼	347	姚	384	約	406	租	446	琪	11	唉	36

筆畫檢字表

哺	36	訊	69	曻	106	耕	132	桃	168	圃	189	秩	214
哲	37	託	70	峕	106	笁	136	桂	169	圄	190	秧	215
唏	38	記	70	坙	106	笄	136	栜	169	圂	190	租	215
唉	38	訖	71	隻	106	第	136	栟	169	員	190	秦	215
唐	39	訒	71	羔	110	笔	138	栩	170	眞	190	秖	216
唲	39	訕	72	粉	110	笠	138	桔	170	財	190	秝	216
哽	39	訌	73	粠	110	笏	139	栘	171	貢	191	兼	216
唊	39	訂	73	殺	110	笑	140	桐	172	貣	191	粗	218
唇	40	訐	74	烏	116	笏	140	桅	173	貤	191	氣	218
唬	40	許	74	畢	117	鹵	143	根	173	都	193	粉	218
哨	40	討	75	菁	117	哿	144	株	173	郵	194	粌	218
啍	41	挙	77	玆	118	哥	144	條	173	郫	195	舀	219
哮	41	乑	78	敉	119	鴐	144	枲	173	部	195	鼓	220
哦	42	鬲	83	晉	119	豈	147	梃	174	鄄	196	尬	221
哭	43	鬥	85	殊	120	虔	148	梴	174	郼	197	尻	221
赵	44	書	89	殉	121	虓	149	格	174	郴	197	家	222
起	44	殻	90	肝	123	虒	149	柴	175	耶	198	宦	222
趄	45	毅	91	肫	123	虖	150	栽	175	鄆	198	宸	222
趕	46	殺	91	脅	124	盉	150	栵	176	鄉	198	寎	222
峙	46	專	92	胳	124	盍	151	栭	176	郭	199	宴	223
逝	49	皰	92	胯	125	宭	151	栢	176	鄎	199	容	223
造	49	效	93	胻	125	盦	151	桓	177	郰	199	宮	223
速	49	敔	94	胲	125	盉	151	栓	177	時	201	宰	223
逢	50	敊	94	朓	126	孟	151	案	178	晄	201	宵	224
通	50	敉	94	胫	126	益	151	桙	178	晉	201	宭	224
逗	51	敁	95	脩	126	盈	151	栲	178	晏	202	害	224
逡	51	敕	96	脡	127	盆	151	核	179	晛	203	宮	225
連	51	眩	98	胹	127	蚨	152	桁	179	晟	204	宖	226
述	51	眚	99	脂	127	蚍	152	桊	179	軓	205	突	226
退	51	毗	99	脆	127	邕	154	桻	180	旂	205	窊	226
逋	51	眣	99	胸	128	飢	157	栝	180	旅	205	窌	226
逐	52	眕	100	剗	129	倉	158	臬	180	族	205	窋	227
逎	52	眾	100	剮	129	釬	159	校	181	旄	206	窈	227
逞	52	昧	100	剡	129	畲	159	桃	181	旅	206	寋	227
逖	52	智	100	剛	129	缺	159	桯	182	冥	206	疾	228
透	53	告	101	剖	130	高	160	栨	183	朔	207	病	228
逍	53	眛	101	剹	130	亳	161	桑	184	朗	207	疧	228
徑	54	眽	101	剝	130	雀	161	師	185	朓	207	疪	229
徎	54	眙	102	釗	131	鼻	162	敊	185	圅	210	府	229
徐	54	眝	102	剔	131	富	162	索	186	柬	210	疴	229
徤	54	曹	102	剃	131	致	164	牷	186	秌	213	疽	230
復	54	朏	102	剡	131	夏	164	巫	187	秏	214	痂	230
跤	60	翁	105	契	132	奊	165	華	187	秠	214	痁	230
訓	68	羧	105	挈	132	烒	167	圓	189	秨	214	疲	230

疸	231	俗	248	覓	266	能	310	洴	337	珊	372	姿	389
痳	231	催	248	欵	267	烈	311	涂	338	耿	372	娉	389
疲	231	值	248	欯	268	烝	312	涇	338	明	373	娛	390
痁	231	倦	248	歍	268	烄	312	浪	338	聆	373	娟	390
冣	232	倅	249	歆	269	烓	312	浯	341	肥	373	嬰	391
冡	232	個	249	歐	269	烘	312	淇	342	拳	374	姓	391
罬	233	倒	249	欨	269	袞	313	瀧	342	挚	374	姶	391
罟	233	貞	250	弱	276	妻	313	洇	342	摻	374	娈	392
罜	233	睨	251	彭	277	栽	314	海	343	挫	375	姝	392
罠	234	殷	253	卿	281	烇	314	涓	343	挈	375	娟	393
罞	234	袞	254	豖	282	威	315	浩	344	挾	375	跌	394
罾	234	衿	254	猋	285	烙	315	浮	344	抓	375	匿	398
置	234	袤	254	峯	286	泳	318	涌	345	捋	376	匪	399
罢	235	袍	254	告	286	委	320	淀	345	捉	376	區	399
帠	235	祇	254	峨	286	羡	324	涅	346	抑	376	瓷	401
席	236	袪	255	硜	286	奚	324	泡	346	抒	376	弱	401
常	238	袥	255	庫	288	約	325	浹	346	揭	377	孫	403
倩	241	袉	255	廝	289	竝	325	浦	347	挐	378	純	404
俠	241	袑	255	庪	290	毗	326	浹	348	捀	378	紙	404
倭	241	袁	256	匯	290	息	326	溲	348	振	378	納	405
健	242	被	256	庪	290	悃	327	涔	349	捎	379	紡	405
倞	242	衾	256	䏶	290	恭	327	洇	349	挩	379	紓	405
倨	242	衷	256	脣	290	恕	327	消	350	挹	379	紊	406
俺	242	祖	256	扉	291	恩	328	涘	350	捄	380	紝	408
倬	242	袢	256	骰	291	恢	328	況	351	捄	381	紘	408
倜	242	袒	257	笞	292	悟	329	浚	351	挨	381	統	408
俶	242	褢	257	破	293	悛	329	浘	352	捕	382	紐	409
倫	243	衰	257	砢	293	悭	330	浴	352	捈	382	絵	409
俱	243	袚	257	砧	293	恬	330	凍	353	挐	382	紛	411
倚	243	袨	258	豪	296	悒	330	泰	353	拳	382	絅	411
健	244	耄	258	豹	297	悍	331	涕	353	捐	382	紙	411
倣	244	耆	258	豻	297	恣	331	浹	354	捌	383	絮	412
借	245	毨	259	豺	297	悝	331	邕	356	脊	384	紕	412
俾	245	耴	259	馬	299	悄	332	浴	358	姬	384	素	413
倪	245	展	260	馮	299	恚	332	清	358	娠	385	絳	414
倌	246	屘	260	冤	305	悔	332	涷	358	娣	385	蚨	414
倍	246	犀	260	獮	307	恙	333	凋	358	姆	386	蚣	415
倀	246	屛	262	條	308	悄	334	涵	358	娥	386	蚳	415
儻	246	展	262	狺	308	恐	334	扇	369	娧	387	蚔	416
俊	246	朕	262	臭	308	悑	335	庫	369	娙	387	蚩	417
倡	247	舫	262	猗	308	恥	335	辰	369	娛	388	蚆	417
俳	247	般	262	狻	308	恧	335	雨	371	娭	389	蚋	417
傷	247	覓	264	狼	309	悌	336	閃	371	娓	389	蚵	417
侑	247	尋	266	狷	309	浙	337	耽	372	姝	389	蚊	418

筆畫檢字表 487

蚌	418	离	457	鼓	20	唱	37	訪	68	爽	97	脘	126
蚨	419	㧟	461	梺	20	啞	38	訛	69	夏	98	㙸	128
垿	426	羞	463	菀	20	啡	38	眷	69	眼	98	朘	128
埌	426	辱	463	蒁	20	啖	39	訴	70	皆	98	脬	128
垸	427	酒	465	菱	21	唰	39	設	70	眮	99	筋	128
埑	428	酎	465	菁	21	啐	40	訝	71	逭	99	剪	129
堲	428	配	466	菌	21	啥	40	訥	71	眿	100	劗	129
埃	429	酖	466	萸	21	啾	41	詝	72	眷	101	副	130
垤	429	酌	466	涪	21	啄	41	紗	74	眵	101	劇	130
埍	429	茜	467	萌	22	唬	41	訟	74	眯	101	牗	133
畔	431	酏	467	萋	22	售	42	詓	75	眺	101	舺	133
畛	432	【一一畫】		筡	22	唳	42	詎	76	睂	102	筐	135
畜	432	祭	3	萃	23	赸	43	訣	76	眭	102	笨	135
畕	432	紫	3	㧕	24	赽	44	章	77	睐	102	范	136
勑	433	祫	3	菸	24	趌	44	竟	77	眸	102	符	136
務	433	祳	4	菜	24	赹	45	異	79	習	105	笮	136
勖	434	祴	4	菑	25	赾	45	靪	82	翊	105	笛	137
釘	437	裖	4	菹	25	過	49	勒	83	翏	106	笯	138
料	445	裓	4	菰	25	進	49	匋	85	翊	106	笠	138
軒	446	球	7	莩	26	逜	49	曼	87	翠	106	笭	138
軓	447	理	8	菱	26	逮	50	冕	87	翎	106	笞	139
軔	447	珸	9	菲	27	逼	51	彗	87	雀	107	笪	139
軏	447	琀	9	萊	27	逯	51	畫	89	雅	107	答	139
軎	448	瑛	9	菉	27	逭	51	堅	90	堆	108	笙	139
軟	448	琅	10	落	27	道	51	殼	90	锥	108	笛	139
陵	450	珺	10	萄	28	逦	52	殷	91	奞	108	旹	143
陰	452	琁	10	菣	28	逳	52	將	92	狺	110	曹	143
陸	451	莲	13	菖	28	徑	54	專	92	羝	110	桓	147
陬	451	其	13	菰	29	得	55	啟	93	鳥	112	處	148
陲	451	蔀	13	蓟	29	徛	55	敏	93	焉	116	盧	149
陷	451	莁	13	悉	32	術	56	敦	93	烋	118	虖	149
甞	452	菊	14	牿	33	趾	60	俶	94	敘	120	彪	149
隆	453	菁	14	徐	33	距	61	敕	94	奕	120	虓	149
陭	453	菔	14	將	33	蹈	61	救	94	脣	123	盛	150
賦	453	莱	15	牽	34	跂	61	斂	94	脛	123	盉	150
陼	453	菨	15	牿	34	跌	61	敎	94	脟	124	既	154
陳	453	菉	16	牼	34	跘	61	敗	94	胕	124	飤	155
陶	453	菩	16	啜	36	跋	61	寇	95	脢	124	鉆	159
陲	453	菅	16	啪	36	商	65	𠭖	95	脛	125	鬲	163
陪	453	萑	16	唾	36	笱	66	敏	95	脫	125	麥	163
陴	454	菡	17	啍	37	𣠋	66	敘	95	脉	125	夏	164
陲	454	菣	17	啥	37	䰱	66	教	96	脝	126	楒	168
阭	454	莉	18	問	37	訐	67	庸	97	隋	126	梅	168
陵	454	釡	19	唯	37	許	67	葡	97	脯	126	桼	168

棖	168	販	192	㝢	221	俟	245	彭	276	奘	307	患	334
梣	169	貪	192	瓠	221	倩	245	彩	277	猜	307	悡	334
梓	170	貶	192	宿	224	價	245	魩	281	猛	307	悼	334
櫻	170	貧	192	寔	224	傑	245	匐	282	猖	308	惕	334
梢	171	鄭	194	寄	224	俳	246	匏	282	烽	311	惏	335
将	171	鄌	194	寀	225	偃	246	麸	284	焌	311	悱	335
梭	171	鄘	194	寍	226	偏	246	崢	285	烰	312	涷	337
榜	171	鄆	195	室	227	偕	247	崟	285	羡	312	涪	337
柳	171	鄐	195	寃	227	御	247	崒	285	焆	314	淹	338
梀	172	鄒	195	寏	227	偺	247	密	285	炮	314	涓	338
梧	172	鄔	196	窒	227	偃	247	崛	286	焙	315	淇	339
梗	172	鄞	196	㽆	229	偶	248	崝	286	恩	317	深	339
桥	173	鄲	196	痒	229	停	249	崗	286	赧	318	淮	340
根	174	鄭	196	痎	230	偵	249	崨	286	執	322	淠	340
桴	175	鄂	197	痔	230	匙	250	崇	286	圉	322	淩	340
桷	176	鄧	198	痏	230	頃	250	崔	286	奢	322	淨	340
棟	176	鄝	198	痍	230	𡿺	250	崑	287	麃	323	菏	340
梱	176	晢	201	痕	230	從	250	崙	287	奉	323	渚	341
桯	177	晤	201	㾗	231	眾	252	崖	287	皋	323	淶	342
桱	177	晛	202	痊	231	袤	254	庚	288	規	324	淫	342
梳	177	晧	202	冕	232	褒	255	庨	289	竫	325	浛	342
桛	178	晚	202	兩	233	衸	256	庇	289	情	326	㴍	342
梧	178	晦	202	罥	233	袷	256	庫	289	悙	327	淓	342
梯	179	暴	203	帶	235	袜	256	庶	289	悆	327	淐	342
梲	179	晞	203	常	235	袈	257	雁	289	悰	327	淉	342
梧	180	晙	204	帴	235	袪	257	廊	290	惟	328	㳶	342
桶	180	旌	205	帷	236	挺	258	廄	290	惀	328	淖	343
楑	180	旗	206	帳	236	毬	259	廏	291	悚	329	混	343
梁	181	旋	206	㠵	237	扈	260	碧	292	悓	330	淲	343
梜	181	族	206	帢	238	屠	261	硩	292	念	330	減	343
梡	182	朂	208	皎	238	船	262	硬	293	悵	330	淪	344
械	182	桯	209	敝	239	觕	262	犰	295	悘	331	淙	344
桔	182	貫	209	偉	240	觗	263	殺	295	悸	331	淀	345
梟	183	移	214	傑	241	兜	264	豚	297	㥆	332	淑	345
梔	183	案	214	傀	241	視	265	嵒	298	惛	332	清	345
梵	184	秸	214	偉	241	覒	267	象	298	惆	333	涅	345
產	186	梨	215	俸	241	欲	268	鹿	304	悵	333	淫	346
巢	188	粗	217	偲	242	欸	268	逸	305	悽	333	淺	346
㝱	188	粜	217	偫	243	歆	268	媿	305	惜	333	淖	346
杂	188	粒	217	偓	243	欣	269	莧	306	愡	334	溶	346
國	189	卷	218	偕	243	歅	269	猈	306	懳	334	渠	347
圈	189	粕	218	側	244	頂	271	猗	306	怡	334	潛	348
貨	191	舂	219	偋	244	胝	274	猝	307	悠	334	溯	348
責	192	麻	220	假	244	彫	276	猰	307	悴	334	淦	348

筆畫檢字表 489

淒	348	接	377	婼	390	絆	411	釭	441	閏	5	葉	22
淥	349	揞	377	婷	390	継	411	釵	441	琪	6	葩	22
涪	349	据	377	媁	391	絮	411	釣	442	瑛	6	蔓	22
涸	350	掉	378	媁	391	紨	412	釧	443	琳	7	葰	23
涫	351	掀	378	媸	391	絎	412	釵	443	琮	7	荻	23
渣	351	掇	379	婪	391	緋	412	斷	445	琥	7	蒝	23
淅	351	探	380	婁	391	率	414	斛	445	琬	7	落	24
淤	351	捼	380	斐	392	蛁	414	斜	445	琰	7	葻	24
淦	351	掎	380	淹	392	蚰	415	軝	447	琫	8	葺	25
涼	352	掅	381	婬	392	強	416	較	447	琢	8	蓋	25
淡	352	掘	381	婥	392	蛄	416	軟	447	琱	8	葟	26
液	352	掩	381	婳	392	蚯	416	軝	448	琚	9	菡	26
淬	352	掕	381	娷	392	蛅	416	軔	448	琟	9	葭	26
淳	353	捲	381	戠	395	蛉	417	軜	448	琨	10	菻	27
淋	353	捭	382	戛	395	蚕	418	軒	450	琖	11	葦	27
萍	354	捶	382	戜	395	蚒	419	斬	450	琛	11	葭	27
涯	355	撇	382	戚	396	埴	425	陽	451	琲	11	萱	28
惡	356	掤	383	望	398	基	426	隅	451	琡	11	葆	28
羕	357	捷	383	區	398	堵	426	隗	451	堝	12	薄	28
硲	358	捃	383	匭	399	堀	426	隊	452	葵	14	犇	29
扇	360	掖	383	豐	400	堂	426	陧	452	葙	14	葬	30
零	360	掠	383	瓵	401	埕	426	隉	452	葷	14	曾	31
魚	361	掐	383	弴	401	埽	426	隈	452	營	14	番	32
萑	366	捻	383	張	402	埻	427	隃	453	蓤	15	犓	33
鹵	368	㪍	383	弸	402	埠	427	隕	453	葰	15	惊	33
閈	370	婕	384	紙	404	埱	428	階	453	萹	15	犉	33
閉	371	娶	385	紿	405	埵	428	隊	453	葥	15	犇	34
貼	372	婚	385	紹	405	堅	428	陝	454	䓍	16	犖	34
聊	372	婦	385	細	405	培	428	隍	454	萬	16	犀	34
聆	372	婗	385	紾	406	圭	429	馗	456	蔆	16	犍	34
聃	373	婢	386	絅	406	埲	429	卨	457	葲	17	喙	35
聉	373	媧	386	終	406	場	430	乾	458	葍	17	喉	35
掊	374	婕	386	紬	407	堇	430	冔	459	葛	17	喗	35
推	374	婣	386	絀	407	野	431	寅	463	葳	18	啾	35
排	374	媌	387	紺	408	畦	431	悟	464	蔽	18	喤	35
捦	375	婠	387	袟	408	時	432	酖	466	葥	18	暗	36
捫	375	婉	387	紳	408	略	432	酌	466	莧	18	喘	36
捨	376	媖	388	組	409	勖	434	酤	466	葎	18	啺	37
控	376	婆	388	絨	409	動	434	【一二畫】		葑	18	喔	38
掊	376	婧	388	紞	410	勘	435	祿	2	萩	20	啻	38
措	376	娶	388	絩	410	釦	438	祺	2	葛	20	嗞	40
掄	376	婚	389	組	410	欽	439	裸	3	萋	21	喛	40
捽	376	娽	390	絢	410	鈒	441	裯	4	荑	21	喝	40
授	377	婣	390	紝	410	釬	441	禍	4	葚	21	喈	41

喔	41	衝	56	軒	82	雇	108	割	130	棠	169	甤	186
喝	41	踦	58	靬	83	雊	108	剝	131	橍	169	秫	187
喫	42	跂	58	爲	85	雄	108	刲	132	楷	169	圍	190
喚	42	跋	59	軌	85	雋	108	魣	134	椆	169	貢	191
單	43	跻	60	敔	87	崔	108	魱	134	櫻	169	賀	191
咒	43	跙	60	敱	88	莧	109	鮦	134	棪	169	貸	191
喪	43	跋	60	筆	89	挑	110	筍	135	椋	169	販	191
超	43	跌	60	畫	89	羨	110	等	136	椅	170	貯	192
越	43	跛	61	殻	90	羋	110	箉	136	械	170	貳	192
趁	43	跔	61	殻	91	舄	116	筵	136	椐	170	貰	192
趆	45	跎	61	殷	91	棄	117	筳	136	椅	170	貿	192
趙	45	䟎	62	皺	92	幾	118	筥	137	棣	171	費	192
趄	45	喦	62	敷	93	惠	118	答	137	楮	172	買	192
趀	46	品	64	敞	93	舒	119	箉	137	楺	173	貤	192
堂	46	噐	65	叙	94	弼	119	簽	138	榘	173	貴	193
赦	46	喬	65	敦	94	矮	120	策	139	榕	174	貶	193
登	47	博	66	攽	95	殔	120	築	139	棟	175	貼	193
歨	47	啻	68	致	95	殂	121	筰	139	極	175	貽	193
紫	47	訣	68	敫	95	殔	121	筒	139	植	176	郾	195
逾	49	詖	68	鈙	95	殘	121	筑	139	犍	177	鄴	195
遄	49	詔	69	敦	95	殖	121	巽	141	椑	178	鄱	195
遇	50	詰	69	敖	95	殪	121	奠	141	暴	179	鄭	195
遷	50	証	69	甯	97	歇	122	丞	142	棚	179	鄢	196
運	50	詠	70	㮒	97	肝	123	獸	143	棧	179	鄙	196
遁	50	評	71	睞	98	肫	123	簪	143	根	179	鄭	196
違	51	詠	71	睟	99	腎	124	喜	146	棓	179	鄲	196
達	51	詑	71	睨	99	脾	124	尌	146	椎	179	部	196
遂	51	詒	71	晚	99	胰	124	彭	146	菜	180	郮	197
遏	52	詛	72	睛	101	䐁	124	登	147	楼	180	馭	197
迦	52	詗	72	睟	101	腓	125	魁	149	栓	180	鄂	198
逮	52	詍	72	眼	101	膏	125	虓	149	榮	180	鄒	198
道	53	詇	73	眢	101	腫	125	飯	155	楣	181	郤	200
遑	53	詐	74	睢	102	䐃	126	飪	155	梱	181	晤	201
逼	53	訶	74	睇	102	胹	126	饗	155	梭	181	啓	202
遐	53	訴	74	畺	103	脴	127	餅	159	椓	181	暘	202
復	54	詘	75	茵	104	脺	127	鈕	159	棱	181	景	202
徠	54	誉	75	羿	105	胾	127	躬	160	椒	182	晷	202
循	54	詞	75	禽	105	腌	127	短	160	棺	182	晻	202
徥	54	詆	75	翔	106	腏	127	高	160	椁	183	昨	203
徧	54	診	75	雅	106	脂	128	就	161	棐	183	暑	203
徦	54	童	77	雒	107	腎	128	舜	165	棽	184	普	203
徫	55	業	78	雎	107	腔	128	靱	166	棼	184	晬	204
御	55	靮	81	雛	107	筋	128	桼	167	森	184	旖	205
街	56	鞁	81	雁	107	劃	129	棃	168	蠹	186	游	206

筆畫檢字表												
晶	206	最	232	欽	267	貂	297	惲	327	漳	344	滄	358
期	207	晷	233	歇	267	貀	297	慨	327	測	344	澤	358
盟	208	罨	234	款	268	豻	298	愊	327	湍	344	潦	358
棗	211	晉	234	欹	268	馴	299	愃	328	湆	345	雲	361
棘	211	幅	235	欲	269	馮	301	愫	328	渾	345	㜢	368
鼎	212	幃	235	欺	269	猰	306	意	328	湜	345	罣	368
稀	213	慒	235	盜	270	猲	306	惰	329	淵	345	扉	369
稌	213	愉	236	㱂	270	猎	306	惵	329	滑	346	閔	370
䆁	214	惼	236	琼	270	猩	307	恫	329	湉	346	閖	370
稈	215	幫	236	頇	271	猥	307	愚	330	滋	346	開	370
稍	215	幝	236	項	272	猴	307	愁	330	溇	347	閒	370
稅	215	幅	237	順	273	猋	308	惻	330	湖	347	閑	371
稍	215	幣	237	領	273	猶	309	愒	330	湄	347	閎	371
程	216	萠	239	須	276	猴	309	愙	330	渡	348	聑	372
黍	216	傑	240	斐	277	猵	309	愉	330	湊	348	聃	373
臬	218	俗	241	詞	279	猋	309	愓	331	湛	348	掌	374
䇷	219	傲	242	艴	281	猙	309	惑	332	湮	348	掔	374
椒	220	偏	242	敬	282	猰	309	惡	332	湥	348	揖	374
奧	222	備	243	彭	283	尞	311	慅	332	湝	349	揲	375
寒	222	傅	243	嵬	284	然	311	愭	333	湡	349	握	375
窓	223	傆	244	嵎	285	閔	312	悶	333	漆	349	提	375
寔	223	傍	245	崵	285	敯	312	悲	333	渥	349	揗	376
窽	223	候	247	㕤	286	尉	313	惻	333	渴	350	掾	376
富	223	傔	249	嵯	286	焠	313	愡	333	湆	350	插	376
寑	224	虚	251	嵍	286	焞	314	怪	333	湫	350	揃	376
寓	224	奡	252	巽	286	焯	314	慈	333	湯	351	揁	377
寒	224	量	252	嵌	287	焜	314	惴	334	渙	351	揣	377
寴	226	裁	254	嵐	287	燊	316	惶	335	浚	351	搔	377
窒	226	裕	256	嵇	287	黑	316	甚	335	湑	352	揞	378
窖	226	裂	257	廁	288	燚	318	憐	335	湎	352	揘	378
窜	227	補	257	寫	289	喬	320	愠	335	漿	352	揚	378
寐	228	裎	257	廁	290	絞	321	惆	335	湁	352	揭	378
病	228	裇	257	厤	290	尳	321	悡	335	漯	353	揄	379
痛	228	祝	258	廊	290	壺	321	惢	336	渾	353	揆	379
痛	228	毳	260	碻	292	壹	322	惢	336	涷	353	搤	379
痏	228	屆	260	硠	292	壺	322	湖	337	渝	353	援	379
痒	229	屚	261	确	292	報	322	渭	338	減	353	握	380
痏	229	艇	263	碈	292	鞅	323	湟	338	湝	354	揻	380
痤	229	牋	265	硞	293	鼻	323	湀	339	湲	354	揮	380
痙	230	覘	266	硯	293	竦	325	湘	339	港	354	揁	380
痎	231	覗	266	鈇	294	竣	325	湞	339	淼	354	揣	381
痓	231	覑	266	狙	296	竢	325	湡	341	畖	357	摡	381
㾆	231	覎	267	鼂	296	意	326	渝	342	渙	358	揈	381
訮	232	覘	267	黿	296	惲	327	湝	343	朕	358	揬	382

摒	382	紙	406	堛	425	粮	446	禁	5	蓆	25	逼	49
搜	383	給	406	墢	425	韶	447	瑜	6	葙	25	邁	50
換	383	絩	407	堨	426	輇	447	𤤰	6	莘	25	遞	50
媒	384	絢	407	堪	426	軫	447	琍	6	蔽	26	遜	50
媚	386	絑	407	堤	427	軸	447	瑗	7	蒸	26	遣	50
媛	386	絒	407	圳	428	軹	448	瑒	7	蒜	27	遠	52
媊	386	絳	408	墢	428	軝	448	瑁	7	萑	27	遙	53
媚	387	紫	408	場	429	軥	448	瑞	7	蒙	27	微	54
媄	387	綎	409	塔	430	軷	448	瑤	8	菡	27	徬	54
媞	388	組	409	堯	430	報	449	琢	8	蒿	28	徯	54
嫠	388	綺	409	畬	431	軼	449	瑳	8	蓬	28	徧	56
媢	389	絛	409	晦	431	軻	449	瑕	8	蓄	28	徦	56
婷	389	絬	410	峻	432	軔	449	瑝	8	蓉	29	犉	58
嫐	389	綷	410	崮	432	軝	449	瑀	9	蓀	29	跟	58
媛	389	綎	410	黃	432	陸	451	珊	9	蔧	29	跪	59
媟	390	絲	410	甥	433	隕	452	瑎	10	詹	31	跧	59
媚	390	綃	411	勝	434	陸	452	瑰	10	嗌	35	跨	59
媮	390	絮	411	勞	434	陳	452	瑚	10	嗛	36	跳	60
婿	390	絡	411	勢	434	隔	452	瑄	11	嗜	36	跆	60
娶	391	絭	412	飭	435	隙	453	蓏	13	嗔	38	跌	61
媁	391	綸	412	募	435	隖	454	萱	14	嗂	38	路	61
媥	391	經	412	鈏	436	絫	454	荔	15	嗢	39	梟	62
媸	391	絜	412	鈕	439	禽	456	蔑	16	嗑	39	嗣	63
敫	392	絣	412	鈗	439	萬	457	蒲	16	嗑	39	鈞	66
娛	392	絲	414	鈐	439	禩	459	蒻	16	嗙	40	詵	67
媰	392	蛕	415	鈞	440	辠	460	蒿	16	嗷	40	詩	68
媿	392	蜓	415	鈀	440	摯	461	蔣	17	嗁	41	詥	68
戡	396	蛭	415	鈁	440	屌	462	萈	18	殼	41	詳	68
戣	396	蛄	415	鈃	441	疏	462	蒹	19	嘆	41	詧	69
琴	397	蛓	415	鈆	441	叀	465	蒺	19	喁	42	誠	69
琶	397	畫	415	鈇	442	酩	465	菌	19	趍	44	試	69
琵	397	蚌	416	鈔	442	酣	466	蓮	19	趙	44	詮	69
匱	399	蜊	417	鈌	442	酌	466	蓍	20	越	44	話	70
甞	400	蜂	418	鉅	442	酢	467	蓂	20	趌	44	詡	70
瓴	400	蛟	418	鉳	443	尊	468	蓂	20	趍	45	詞	70
瓫	401	螝	418	鈍	443	【一三畫】		蒟	21	趁	45	諍	70
瓶	401	蜿	419	鋪	443	禎	2	蓐	22	趏	45	詣	71
發	402	蛯	419	鈑	443	福	2	蔭	23	趌	45	誐	72
弼	402	蜩	419	釿	445	褆	2	葐	23	趌	46	詖	72
統	404	蜑	419	斯	445	禮	3	蔽	23	趍	46	詿	72
絓	404	蜑	420	斮	445	禘	3	蓁	23	趋	46	詷	72
統	405	蚰	420	斝	445	襟	4	蒼	23	歲	47	訾	72
絕	405	𡈽	425	㪺	445	禣	4	蒔	23	赻	48	訐	72
結	406	𡉌	425	斞	446	禓	4	菽	24	遷	49	誂	73

誇	73	睜	100	勦	132	亶	163	楘	180	暗	202	罨	233
誕	73	睢	100	觠	133	嗇	163	楫	181	暇	203	罩	233
誾	73	睦	100	觢	133	愛	164	槎	182	暍	203	罪	233
詿	73	睿	100	觩	133	𪎭	165	楄	182	暈	204	𦋐	234
詵	74	睗	101	觟	133	楸	168	福	182	旎	205	署	234
詢	74	睞	101	觡	133	楷	168	栭	182	旒	205	置	234
詛	74	督	101	觜	133	樟	169	楬	183	夢	208	罭	234
諫	75	睡	101	解	133	楢	169	椸	183	募	209	幣	235
詰	75	睒	101	觓	134	楯	169	楚	184	虜	209	幌	236
詭	75	䁅	101	筱	135	槩	169	㮁	184	槖	210	慊	236
誅	75	睚	102	節	135	楒	169	隆	186	榀	211	幕	236
諫	75	奭	103	筴	135	楞	169	芎	187	牒	211	㡇	236
詬	75	㚬	106	筮	136	楸	170	葉	188	牑	211	飾	236
該	76	雉	107	筦	136	楤	170	圓	189	牏	211	滕	237
詢	76	雛	107	筌	136	椵	170	啚	189	稙	213	塚	237
業	77	雎	107	筤	137	楲	171	園	189	稑	213	皙	238
與	80	翟	108	箚	138	楊	171	賕	190	稠	213	僣	242
曟	80	瞿	108	筰	138	楓	172	資	191	稗	214	傭	242
翶	81	𦻋	108	筭	140	槐	172	賂	191	秾	214	㑌	242
靶	82	巹	110	筠	140	楝	172	賈	192	稇	214	傾	244
靳	82	羣	110	號	145	榆	172	賃	192	稞	214	僅	245
靷	82	鳩	112	粵	145	搭	173	貲	192	稔	215	傳	246
鞬	83	敫	119	鼓	146	楨	175	鄙	194	稘	216	僞	246
斟	84	殣	120	愷	147	槢	175	鄂	194	稃	216	僄	247
戙	87	殟	120	塋	147	楤	175	㟖	194	梁	217	詹	247
尞	87	㗲	122	豐	148	榅	175	鄏	195	粲	217	傷	247
肅	88	腜	123	虛	148	榕	175	鄒	195	索	224	催	247
亞	90	腸	124	虞	148	椽	176	鄍	196	寘	225	傴	248
殿	91	腹	124	虢	149	楣	176	鄭	196	躬	225	僂	248
毁	91	腳	125	棱	152	楅	176	鄲	196	窠	226	僇	248
弒	91	腨	125	飪	155	根	176	鄂	197	窞	226	像	248
㲋	91	脂	125	飴	155	楣	176	鄜	197	竁	227	僧	248
甃	92	腫	126	餎	156	楯	176	廊	197	窣	227	債	249
敬	94	腠	126	飴	156	楔	177	鄞	197	寐	228	裏	254
敫	95	腯	126	飿	156	握	177	廊	197	痦	229	裸	254
鼓	95	臂	126	飽	156	械	177	鄣	198	瘷	229	裣	254
𣫍	95	腰	127	餃	156	樺	177	郲	199	瘀	229	裯	254
耆	98	腥	127	飵	156	槩	178	皶	199	痺	229	裾	255
賢	98	膉	127	餹	157	楷	178	鄖	199	痱	229	裔	256
㬎	99	筋	128	餅	157	槌	178	鄠	199	痲	230	裨	256
睒	99	募	130	僉	157	楦	178	郿	200	痿	230	裼	257
睨	99	剽	130	會	158	楃	179	暘	201	痹	230	裝	257
睘	99	剺	130	矮	160	援	179	暉	202	瘃	230	裹	257
睹	100	劍	131	稟	163	楯	179	暲	202	瘏	231	裺	257

褚	257	磐	292	艳	318	滎	340	徣	373	義	397	塡	426
裘	258	碎	293	戴	319	寔	341	挈	374	瑟	397	埓	427
氈	259	碓	293	爢	321	漉	341	摇	374	匪	399	塞	428
舲	263	磑	293	罩	322	漬	342	搏	375	匯	399	堽	428
覜	267	磧	293	隷	324	漠	343	搞	375	畚	400	毀	428
歇	268	碌	293	竫	324	溥	343	摘	376	甄	400	塋	429
歂	268	碰	294	靖	325	滔	343	搵	376	甌	401	墓	429
欷	269	犴	295	彔	325	滂	343	搣	376	甃	401	塗	430
歔	269	狠	295	踖	325	溶	345	搢	378	甎	401	塓	430
歎	269	豢	295	睥	325	涸	345	摯	378	瓽	402	塘	430
飮	269	豦	296	意	326	溽	346	搖	378	彈	402	畸	431
歇	269	貆	297	愼	326	溝	347	搈	378	綃	404	畹	431
歆	269	貉	297	愷	327	渝	348	損	379	經	404	畷	432
歙	270	貊	298	愿	327	溟	349	搜	379	綠	406	當	432
羨	270	駒	300	慈	328	滈	349	搰	380	綈	407	畺	432
頌	271	犖	300	慷	328	溦	349	掊	380	絹	407	舅	433
煩	272	馱	301	想	328	涵	349	搊	381	綬	409	勦	434
碩	272	馳	301	愒	328	滓	349	搣	381	絮	410	勤	434
預	272	馴	302	愙	328	漼	349	搉	382	綊	411	勸	434
頏	272	馱	303	慺	329	溓	350	搵	382	綌	411	勤	434
頑	272	鳶	303	慎	329	涇	350	搒	382	綆	411	勛	435
頗	273	麀	305	愭	329	準	350	摺	383	絺	412	勢	435
項	273	奰	305	愚	330	潏	351	嫁	384	裕	412	鉛	436
頓	273	獦	307	愆	332	滓	351	媲	385	綏	412	鉉	438
頎	274	鼠	310	慊	332	漓	352	嫋	385	練	413	銖	438
煩	274	煦	312	惷	332	溢	352	媼	385	約	413	鈹	438
預	274	煨	312	愠	332	滌	352	媾	386	蛹	415	鍛	438
髡	278	煁	312	惊	333	滄	352	嫄	386	蛵	415	鉏	439
卻	280	煎	313	愴	333	嬗	386	蜀	416	鉊	439
辟	281	煬	313	憨	333	滅	353	嬉	387	蛾	416	鉆	439
魂	283	煉	313	感	333	溢	354	嫋	388	蛸	416	鉗	439
魅	283	煣	313	惶	333	覞	357	嬈	388	蜆	417	鈴	440
愧	283	煙	314	愁	334	電	359	媱	388	蛺	417	鉦	440
嶅	285	熅	314	憁	334	雹	359	嬰	388	蟒	418	鉈	441
陵	285	照	314	愸	334	零	359	婉	389	蜉	418	鉞	442
嵩	287	煒	314	惛	335	鮎	365	嫠	389	蛻	418	銈	442
嵞	287	煜	314	溫	337	陞	366	嫛	390	蜃	418	鈿	443
崖	287	煇	314	滇	338	滎	366	嫌	390	蜪	419	新	445
崴	287	煌	314	溺	338	開	370	嫭	391	颶	422	魁	445
廉	289	煖	315	漅	339	問	370	蔓	392	電	423	斟	445
廄	290	煥	315	溱	339	聞	370	婆	392	塙	425	猎	446
廋	290	煥	315	漱	340	閔	370	孨	395	垟	425	載	446
碑	292	黏	316	溍	340	聖	372	賊	395	塍	425	軾	447
磽	292	䃺	318	湨	340	聘	373	歇	395	塗	426	輅	447

筆畫檢字表 495

軵	448	蔗	17	趕	44	誒	72	翡	105	箄	137	櫻	173
衛	448	蔶	17	趑	44	誤	74	翠	105	箬	137	槇	174
叇	448	蔓	18	趙	45	誌	76	翥	105	箾	137	榣	174
載	448	葦	18	趖	45	誩	76	翣	106	箇	138	槊	174
輊	449	蔦	18	遹	46	韶	77	雒	107	箈	138	槀	174
輘	449	蓤	19	遝	47	僕	78	虖	108	箋	138	榑	175
輄	449	蔤	20	達	48	奭	78	雌	108	箱	138	榦	175
辇	449	蔚	20	隨	49	鞄	81	奪	108	箠	139	構	175
辈	449	蔓	20	適	49	靶	81	蔑	109	箙	139	模	175
輔	450	蔣	21	遺	49	鞀	82	羧	110	管	139	楷	175
隝	451	蒟	21	遭	50	靲	82	鳳	112	箏	140	榱	176
隕	452	蓸	22	遷	51	鞁	82	鳴	116	筑	140	槐	176
障	452	蓉	22	遯	51	靾	82	麼	117	算	140	樑	176
隒	453	蒟	22	遮	52	靽	83	麿	118	箕	140	槍	177
際	453	蔕	22	邊	52	鞅	83	叡	120	覡	142	榍	177
齓	455	蓺	23	衝	56	靴	83	叡	120	寧	144	槃	178
亂	458	蔽	24	踞	59	敲	83	夢	121	嘗	145	櫪	178
皋	459	蔦	24	踎	59	閡	86	殞	121	嘉	146	榩	178
榖	461	蔡	24	踴	59	綝	88	殪	121	叆	147	楝	179
舂	462	蓻	24	踡	59	緊	90	膏	124	盡	151	滕	179
截	467	蔎	24	踢	60	臧	90	膀	124	竭	152	榜	180
舋	467	蓴	26	跟	60	殻	90	臍	125	監	152	槁	181
酩	467	蓕	26	踼	61	穀	91	脆	126	嶠	152	権	181
酪	467	蔥	27	踧	64	鞁	92	朦	126	犖	154	榾	182
【一四畫】		董	27	䞓	64	肇	93	膊	126	餅	155	榭	183
禛	2	蓷	27	踢	64	敫	93	腒	127	養	155	槊	183
禠	2	蓸	27	嘏	66	歠	93	腊	127	飼	156	榻	183
禡	4	蔋	29	語	67	噘	94	膜	127	艙	158	穊	187
瑱	7	犉	33	誦	68	毃	95	腸	127	錇	159	團	189
琳	8	犖	33	誨	68	敫	95	膁	127	鍼	159	圖	189
瑲	8	犒	33	誠	69	敲	95	膍	128	鍚	160	貶	190
瑣	8	犓	34	記	69	爾	97	羸	128	麸	164	賬	191
瑮	9	啐	36	誥	69	夐	98	腐	128	犳	164	賓	192
堅	9	嘈	38	誓	69	暖	99	劉	129	舞	165	賒	192
瑪	9	嘌	38	諫	69	暉	99	劃	130	靮	166	賕	192
碧	10	嘑	38	說	70	暗	99	剺	130	榛	170	賙	193
瑤	10	嘝	38	誡	70	睽	100	罰	131	槐	170	鄰	194
熏	13	嚆	39	誧	70	督	100	劋	131	樣	170	鄲	194
冀	13	嚓	39	僭	71	睨	101	耤	132	榴	170	鄭	194
蓼	14	嗾	39	詐	71	賕	102	箘	135	樺	171	鄂	195
薩	14	噴	40	誆	72	睮	102	箐	135	橄	171	鄲	196
蒸	16	嘆	40	諏	72	厰	103	箸	135	槆	171	鄹	196
摧	16	嗾	41	詩	72	鼻	104	箋	136	轂	172	鄧	196
藍	17	嘩	41	誤	72	翟	105	箅	137	榮	172	鄴	197

鄻	197	寪	226	僥	249	膞	279	葵	307	漢	338	魠	363
鄭	197	寱	228	僛	249	𩜹	282	縠	309	漆	338	臺	368
鄳	199	寰	228	僧	249	覆	282	獌	309	漣	338	閨	370
鄴	199	瘨	228	聚	252	魅	283	獄	309	漢	338	閤	370
鄒	199	瘍	229	朢	252	魄	283	熊	311	漳	339	閭	370
鄡	199	瘠	229	監	253	魃	283	煇	312	漸	339	閣	370
鄄	200	瘖	229	褕	254	魌	283	熇	312	過	340	閡	371
䭾	200	痩	230	禡	254	𩴪	285	熄	312	漑	341	閥	372
皆	202	瘧	230	褙	254	嶂	285	熬	313	滷	342	聞	373
熬	203	瘟	230	褥	255	隨	285	熉	313	漉	342	聝	373
暱	203	瘓	231	褒	255	廠	288	熑	313	馮	342	摳	374
暨	204	癇	231	褍	255	廣	288	熒	315	漵	343	搽	374
旗	205	瘥	231	複	255	廡	289	熙	315	演	343	摧	374
旖	206	瘉	231	褆	255	廎	289	煽	315	漻	344	𩬷	376
翩	208	署	234	裻	255	廢	289	銡	316	漂	344	撊	376
貪	209	罳	234	裹	256	廏	289	熮	318	滲	345	摬	377
猓	209	墊	235	褊	256	廖	290	經	318	灌	345	摜	377
蒙	209	幣	235	裳	257	層	290	赫	318	滿	346	摽	377
齊	211	幘	235	褐	257	厲	290	端	324	漘	346	摘	377
鼏	212	幔	236	褌	257	厭	291	竭	325	熒	347	撕	378
鼎	212	幢	236	製	257	磙	291	慤	326	窪	347	摺	378
種	213	幑	236	壽	259	硬	292	愿	327	潢	347	摟	378
穊	213	幖	236	毦	259	碣	292	慧	328	滴	348	摯	379
稯	213	㡛	237	毣	259	碬	292	慈	328	漊	349	搯	379
稱	214	僮	240	氀	259	磔	292	慘	328	漬	349	摹	380
稞	214	僎	240	屢	261	碞	292	愯	329	漚	349	搏	381
稭	215	僕	241	覡	265	豨	295	慕	329	滯	350	摎	381
程	215	僚	241	覷	267	豨	296	慓	330	漮	350	操	381
穛	215	償	241	歊	268	豪	296	態	331	涼	351	撟	382
稱	215	僑	241	歌	268	豬	296	憀	331	漉	351	掔	382
稷	216	僤	242	歋	268	鼐	296	慢	331	漱	352	摳	383
精	217	偮	242	歐	268	貍	298	憜	331	潊	353	摵	383
粺	217	僶	242	歉	268	駁	300	憽	331	漕	354	摀	383
粹	218	僟	243	歈	268	駃	300	憍	331	漏	354	嫛	385
糦	218	僖	245	歔	269	駜	300	慘	333	漙	354	嫗	385
糪	218	𠍽	246	歎	269	駉	301	慇	333	漀	354	嬌	387
康	222	僭	246	領	272	駾	302	愓	334	漱	355	嫣	388
察	223	僞	247	碩	272	騾	302	恩	334	漃	356	嫙	388
實	223	僐	247	頥	273	駟	302	憾	334	漸	358	嫛	388
寬	224	傲	247	頨	273	駚	303	慆	334	霆	359	嫡	389
寡	224	債	247	頗	273	獄	307	連	335	雺	359	嫥	389
娶	224	傅	248	彰	276	獠	307	憯	335	霂	360	嫧	389
寭	225	僦	248	髦	277	獢	307	慟	336	需	360	摯	389
寍	226	僰	249	髣	278	獨	307	漾	338	霄	360	嫪	390

筆畫檢字表　497

嫮	390	縱	409	墣	429	陞	451	蔦	20	趣	43	諄	68
嫳	390	綱	409	墜	429	隕	451	蔣	21	趙	44	閫	68
嫱	391	綫	410	境	430	陝	452	蓴	21	趑	44	諏	68
嫖	391	緄	410	墊	430	隔	453	蓣	21	趣	44	論	68
嫚	391	維	410	墜	430	隘	455	蕍	22	趡	44	諗	69
嫟	391	緇	411	墺	431	瞀	455	蓺	22	趒	44	課	69
嫠	393	綌	411	睬	431	奪	460	蒪	23	趙	45	調	70
睡	394	緆	412	暉	431	疑	461	蕉	23	趟	45	誰	70
肇	395	綱	412	暘	432	瞂	464	蒕	24	趣	45	諉	70
輑	395	綢	412	勢	433	酺	465	蘊	24	趣	45	誼	70
戩	396	緋	413	勩	433	酹	465	薋	25	趡	46	諓	70
匱	399	緂	413	劈	434	酷	466	菚	25	進	46	譜	71
匯	399	綣	413	勪	434	醂	466	蕩	25	邁	48	諛	71
廡	400	蜥	415	銀	436	醒	466	酷	25	遵	49	誹	72
甍	400	蛤	415	銅	436	酸	467	蓴	26	遷	50	諏	72
甂	401	蕫	415	銑	436	醇	467	蕡	26	選	50	諸	72
甌	401	蜑	417	鋌	437	【一五畫】		蔽	26	遲	50	說	73
彄	401	蜻	417	銍	437	縈	4	蕉	26	遹	51	綦	73
彊	402	蚰	417	銒	437	瑾	6	蕫	27	遴	51	調	73
竭	403	蜩	417	銚	437	璜	7	蕨	27	遺	51	諕	73
緒	404	蜺	417	銚	438	璋	7	蕃	28	遼	52	諆	74
綜	405	蜻	417	鎣	439	塗	8	蔬	29	遂	52	證	74
緎	405	蜡	418	鑒	439	瑩	8	藏	29	遼	52	許	75
緈	405	蛋	418	銛	439	璊	8	慘	33	德	53	誰	75
緉	405	輪	418	鋦	439	璑	9	慷	33	慫	54	樊	79
素	406	蝸	418	鋻	439	璀	9	憥	34	徳	55	鞀	81
綝	406	蜘	419	鈾	439	璁	9	輋	34	齒	56	鞏	81
綺	407	蟘	419	銊	439	璀	11	氂	35	踝	58	鞎	82
縈	407	蛺	419	銓	440	珊	11	嘿	36	跨	59	鞃	82
綾	407	蜼	419	銖	440	墫	12	噍	36	跤	59	韏	82
縷	407	閩	419	錚	441	蕷	15	嘰	36	踖	59	鞂	83
綠	407	蝀	420	鋌	441	蓤	15	嚊	36	踐	59	靦	85
緔	407	蜢	420	衡	442	蔄	16	噓	37	踔	59	閙	86
綰	408	颲	422	鉻	442	蔬	16	噂	38	踤	60	豎	90
綪	408	颯	422	銘	443	蒪	16	嘰	38	踞	60	毆	90
綼	408	颱	422	靳	445	蕕	17	嘾	39	踣	61	毅	91
緇	408	墐	426	斡	445	複	17	噎	39	跽	61	得	92
緃	408	墘	426	斠	445	萱	17	噅	40	踴	61	導	92
緃	408	墉	427	斜	446	奭	18	嘹	40	踦	61	徹	93
綾	408	墊	427	輕	447	蔌	18	噴	40	談	67	數	93
緄	408	墇	428	輒	447	蕫	18	噱	40	諒	67	敫	94
綬	409	塹	428	輗	447	矮	19	嘵	40	請	67	敵	94
綢	409	墝	428	鞔	450	溝	20	嘈	40	諸	67	瞞	99
綸	409	塵	429	輔	450	潲	20	嘲	42	諸	67	磐	100

睹	100	劇	130	礫	167	賭	193	瘢	230	歊	268	磴	293
瞋	100	劈	130	樝	168	舚	195	瘱	231	歍	269	碼	293
瞌	101	剝	130	櫅	169	嚚	195	瘊	231	歆	270	磊	293
曖	101	劇	131	楸	169	鄯	196	罷	234	頜	271	隸	294
瞑	101	耦	132	虢	169	鄫	198	罵	234	頞	271	豬	295
瞢	102	觭	133	樟	169	鄹	198	幡	236	頷	271	貓	298
廡	103	觴	133	樅	171	暉	202	幝	236	頡	272	豫	298
廞	103	觶	133	樗	171	暴	202	幠	236	頰	272	駒	299
魯	104	箭	135	槭	171	暫	203	幢	237	頠	272	駄	300
奭	104	箜	135	橢	172	暵	203	幢	237	頻	273	駁	300
瓿	105	篆	135	樅	172	暬	203	幟	237	頤	273	駕	301
瓺	105	篇	136	標	174	槀	210	幞	237	頡	273	駉	301
甍	105	篁	136	樛	174	牗	211	睢	238	頜	273	駙	301
翺	105	箿	136	槮	174	霡	212	皚	238	頛	273	駿	301
膝	105	篠	137	槷	174	稼	213	皛	238	頰	273	駒	301
翬	105	篙	138	樘	175	穄	213	儇	241	頪	274	駄	302
翻	106	箋	138	樀	176	積	213	優	242	頌	274	駐	302
瞢	109	篌	138	樞	176	稷	213	儋	243	髶	277	駸	302
擎	110	箱	138	樓	176	稻	213	儃	244	髮	277	駘	302
鞠	110	箴	139	樸	176	秫	213	儀	245	鬢	278	駔	302
羯	110	箭	139	橢	178	穇	215	儉	245	髩	278	駟	302
羥	110	筵	139	楓	179	稾	215	億	245	髳	278	麃	304
鳩	113	筿	139	槽	180	穄	215	僻	246	髻	279	麩	305
鴠	113	筯	139	樂	180	穀	215	僵	247	壁	281	獢	306
鷹	114	筬	140	槃	180	黎	217	儈	249	嶅	285	獦	307
駁	114	薏	147	櫟	181	糕	217	價	249	棧	286	猲	307
鴞	114	虨	149	橫	181	糈	218	徵	252	巉	286	獠	308
鴉	115	虠	150	櫓	182	糅	218	裹	255	嶕	286	獒	308
鳲	115	盡	152	樢	183	縈	221	襐	257	嶙	286	獧	308
鳩	116	餐	155	樻	183	絲	221	覼	259	嶠	287	獄	309
鴛	116	舖	156	椿	183	寫	222	屨	260	崙	287	熯	312
殤	121	餌	156	賣	185	寫	224	層	261	廎	288	熮	312
殂	121	餘	156	黜	185	窽	225	履	262	廡	288	熲	312
骿	122	餓	157	嘩	187	窯	226	艘	262	廚	288	熛	312
骷	123	餒	157	稽	187	窳	226	艎	263	廑	288	熜	313
骸	123	餕	157	賢	191	寶	227	觬	265	廢	289	熸	314
骹	123	韏	162	資	191	寢	227	覭	265	廟	289	熠	314
骼	123	管	162	賞	191	瘨	228	親	265	廠	289	熱	314
髀	123	竇	162	賜	191	瘻	228	親	266	廛	290	熭	315
膞	126	穄	163	質	192	瘨	229	覭	266	廠	290	赭	318
膘	126	麩	164	賮	192	瘞	229	靚	266	廛	291	翼	323
膊	127	麪	164	賤	192	癃	230	歊	267	磏	292	瞀	325
膠	128	憂	164	賦	192	癉	230	歎	268	碩	292	鼠	325
劊	129	奞	166	賚	192	瘥	230	歐	268	磕	292	慮	326

筆畫檢字表　499

憕	327	澳	347	撾	378	縒	406	蝠	419	曇	448	藋	19
慧	327	潛	348	撟	378	絹	406	螽	420	範	448	薕	19
憭	327	澍	349	撥	379	締	406	蟲	420	輖	449	薠	19
憼	328	潦	349	播	379	絹	407	螽	420	董	449	蕭	20
慶	328	澌	350	摸	380	練	407	螙	421	縱	449	薋	23
憮	329	潕	350	撐	380	緹	408	颶	422	輟	449	薈	23
慰	329	潤	350	擎	380	縋	409	墺	425	輪	449	薆	23
憪	330	潘	351	摩	380	緣	409	墣	425	輗	449	薄	24
憃	331	潎	351	撞	380	緵	409	墝	426	輓	449	薤	24
憧	331	澆	352	撝	380	緟	409	墀	426	輦	450	薪	26
憍	331	潍	352	播	381	緻	410	墨	427	險	451	薔	28
憤	332	潛	353	撻	381	緣	410	墣	427	隣	452	赫	28
憎	332	潁	354	撲	381	縋	410	增	427	罶	457	薳	29
憒	333	潺	354	撚	382	緘	410	埤	428	辥	460	薅	29
憯	333	潔	354	撅	382	編	410	壿	429	醇	465	橦	34
憗	334	澉	355	嫣	384	緒	411	瘥	429	酸	466	噭	35
憚	334	槤	355	嬈	384	緬	411	墳	429	醋	466	噣	35
憨	335	霅	359	嫷	385	緝	411	墾	430	醅	466	噲	35
憝	335	震	359	頫	386	緫	412	畿	431	醉	466	噬	36
憬	335	霄	359	嫽	386	緰	412	勴	434	醬	467	窶	36
潼	337	霖	359	嫵	387	纏	412	勰	435	醇	467	噫	36
潦	338	霓	360	燼	387	尌	412	鋆	436	【一六畫】		噤	37
蕩	339	魴	362	嬌	387	緗	413	鋻	436	禧	2	噱	38
澽	339	魵	363	嫺	388	蝮	414	銷	437	福	4	嘯	38
潭	339	鮒	363	嬋	389	魄	415	鋏	437	禪	4	噦	39
潿	339	魦	363	嬰	390	蝘	415	鋞	437	禫	5	嘆	41
潘	339	魿	364	嬉	391	蝶	415	銼	437	璙	6	噞	42
潕	340	魧	364	嫘	391	蜳	415	銷	438	璥	6	罻	42
潁	340	魷	364	嬗	391	蝎	416	鉛	438	璠	6	趞	44
潧	340	魮	365	嬈	392	蝯	416	鈉	439	璊	6	趨	45
澓	342	靠	366	嬌	393	蝁	416	銳	440	璒	8	趙	45
熬	343	閭	370	嬋	393	螆	416	銲	440	墅	9	趑	46
熘	344	閫	371	戳	395	蝱	416	鑒	441	璿	9	歷	46
膝	344	閱	371	戮	395	蜡	417	銀	442	璔	9	還	50
潏	344	聯	372	戴	396	螯	417	銿	442	璣	10	避	51
潷	344	擗	374	甌	400	蝟	417	鋪	442	蕽	14	邊	53
澄	345	摯	375	甏	401	蝗	417	鋯	442	薇	14	邂	53
潤	345	撢	375	彈	402	蝣	418	錟	443	藁	15	徼	54
澗	345	撩	376	縣	403	蟎	418	禧	446	蓟	15	衛	56
潯	345	撮	376	緬	404	蝓	419	輻	446	夢	17	蹄	59
潰	346	撫	377	緒	404	蟲	419	轅	446	薜	18	踰	59
潢	346	撓	377	緯	405	蝦	419	輖	447	甄	18	踵	59
潦	347	揭	377	緁	405	蝯	419	輥	448	薟	19	踶	60
潤	347	擰	378	縕	405	蝙	419	輶	448	薛	19	踏	60

踢	60	虜	84	叡	120	盥	151	橙	181	癃	231	顛	271
跨	60	融	84	殰	121	靜	153	橋	181	瘵	231	頸	271
蹁	61	鬻	84	殯	121	馂	154	槭	182	麗	233	頿	272
跟	61	鬻	84	殫	121	餳	155	棘	183	尉	234	顯	272
蹉	61	鬩	86	薨	122	餐	156	麭	188	罹	234	領	272
蹟	61	整	93	薧	122	餟	156	橐	189	幦	237	頳	273
器	64	潄	93	髀	123	餕	156	圓	189	幬	237	覭	275
謂	67	敶	94	膌	123	館	156	圍	189	錦	238	翩	275
謁	67	敵	94	膳	126	餧	157	賣	191	黺	239	韜	275
諷	68	斁	96	膫	126	餒	157	賴	191	儒	240	縣	276
諭	68	閿	98	膴	126	餧	157	賵	193	儐	243	頯	276
諜	68	瞭	100	膮	127	霝	159	鄩	197	儕	243	髮	278
諟	68	瞤	100	膩	127	營	159	鄴	197	儗	246	鬢	278
諦	68	瞷	101	膪	127	麩	164	鄭	197	儔	246	髻	278
諶	69	瞥	101	騰	127	敖	164	曙	202	倒	249	髻	279
諱	69	瞫	102	臑	127	橘	168	曀	202	冀	251	翦	281
諝	69	矯	104	散	127	橙	168	曉	204	襛	254	醜	283
諫	69	觓	104	辦	130	樺	169	曈	204	褧	254	篡	284
諴	69	翰	105	劑	130	樕	169	曇	204	褻	254	嶧	285
諧	70	翩	105	劒	132	橫	169	曆	204	褢	255	嵒	285
詒	70	鷽	106	賴	132	橢	170	朣	205	褰	255	墓	286
謨	70	閹	107	鰓	133	楮	170	穆	213	褭	255	隆	286
諺	71	雕	107	艇	133	横	170	穄	213	鵝	256	嶼	287
諢	71	雁	107	衡	133	樓	170	穎	214	豫	256	嶒	288
諞	73	雖	107	艜	133	樲	171	積	214	禧	257	嶭	288
諸	73	雛	108	舳	134	燃	171	穑	215	福	257	廥	288
諰	74	奮	108	箬	135	播	172	穌	215	褎	258	磺	291
諯	74	雒	111	節	136	樵	172	黏	216	襄	258	磧	292
諱	75	鴟	112	箹	137	樹	173	糒	218	豪	258	磛	292
諳	75	鴞	113	簿	137	榛	173	糗	218	甑	259	磬	293
諡	75	鵗	113	篚	138	橺	174	糲	218	甗	259	獄	295
諜	75	鴂	113	篆	139	橈	174	糖	219	覦	265	獬	296
諼	76	鴦	114	篳	140	樸	174	毇	219	題	266	貐	297
謎	76	鴛	114	篦	140	築	175	瓢	221	覯	266	貒	298
對	77	鴝	114	篙	140	橑	176	寰	225	覬	266	駱	299
羁	78	鴨	114	篌	140	樿	176	營	225	覤	266	駰	299
舉	80	駮	114	磨	143	橦	177	窻	226	親	266	螞	300
興	80	鶩	114	羲	144	橐	177	窵	227	歙	268	駡	300
鞊	81	鴻	115	憙	146	機	179	竅	227	歜	268	駹	300
鞍	81	鴘	115	虦	149	檗	179	癆	228	欲	269	駢	301
鞞	82	鳧	115	麉	150	機	179	瘵	228	歠	269	篤	301
鞘	83	鴿	115	麠	150	橄	180	瘜	229	頭	271	駧	302
觀	83	鴠	116	盧	150	隉	180	瘦	229	頟	271	駭	302
鞘	83	鴨	116	盦	151	橘	181	癖	231	頰	271	駴	302

筆畫檢字表 501

駪	302	憋	327	霅	361	噲	392	颲	422	隱	452	蘍	23
駮	303	憝	328	鮚	361	嬙	392	龜	423	韔	454	蕺	23
駛	303	憙	328	鮍	362	戰	395	鰕	424	辝	460	蕶	24
駢	303	憨	329	魩	362	匴	399	墩	425	醍	465	藉	25
薦	303	憺	329	鮒	362	曡	400	壁	426	醐	465	薲	26
麋	304	憸	330	鮇	362	䮺	400	擊	426	醢	466	藻	27
塵	304	憑	330	鮀	363	餅	400	𢾭	429	螯	467	藙	28
魯	305	懁	330	鮎	363	甌	400	壇	429	䣽	467	藏	29
獪	306	懈	331	鮐	364	彊	402	堀	430	醑	467	㯿	33
獳	306	憿	331	鮑	364	縛	406	壈	430	醒	467	嶷	36
獫	306	憭	332	鮏	364	縡	406	曒	431	醁	467	嚌	36
默	306	憖	332	鮑	364	縠	407	黇	433			噱	37
獮	308	憿	333	鮟	364	縑	407	勳	433	【一七畫】		趨	43
獨	308	恕	334	鮦	364	縞	407	辦	435	禮	2	趡	44
獯	308	憚	336	鮋	364	縉	408	錫	436	齋	3	塞	44
勳	310	澮	338	鲅	364	縓	408	鍪	436	縶	3	趟	44
燔	311	潞	339	鮁	364	縫	408	錄	436	檾	3	趣	45
燒	311	澧	340	燕	365	緻	408	鋼	437	禬	4	趣	46
膴	312	澹	340	龍	365	縛	408	銚	437	禦	4	趙	46
燋	312	澶	341	臻	368	縝	409	鍵	438	磬	6	趣	46
燀	312	濁	341	墼	368	縫	410	錠	438	璵	6	壁	46
熹	313	澥	343	閹	369	縭	410	錯	438	璐	6	遽	48
覞	313	潚	343	閽	370	縈	410	錡	438	環	7	邇	52
樊	313	激	345	閻	370	縢	410	錍	439	璪	7	徻	54
燎	313	澮	345	閫	370	縲	411	錢	439	璨	8	衛	56
燂	314	澸	346	閼	371	縝	412	鋸	439	瑽	8	齔	56
熾	315	澤	346	閣	371	縹	412	錐	440	珴	9	蹠	58
燠	315	澨	348	閣	371	縕	412	鍋	440	璩	9	蹌	59
燄	316	濆	349	薛	373	縊	412	鎚	440	瑿	10	蹋	59
營	316	濩	349	聲	373	緻	413	錘	440	璩	11	蹈	59
燅	316	濛	349	撿	374	縡	413	錟	441	瑭	11	蹅	60
黇	316	濃	350	操	375	縢	414	錞	441	璨	11	蹟	60
薰	317	潿	350	據	375	螆	414	錏	441	蕢	14	踦	60
黔	317	澱	351	擇	376	螟	415	錙	442	藍	14	塞	61
黖	317	澡	352	擻	379	蜵	416	錯	442	薰	15	龠	62
燊	318	淼	353	擅	379	螳	416	鋼	443	蓋	15	謜	68
椴	319	濊	354	擐	379	螫	417	錣	443	蘹	15	譁	68
癭	319	霅	359	赢	384	蟴	417	輶	447	蕀	17	謨	68
覃	321	霖	360	嬹	386	蟓	417	輯	447	蘾	17	謐	70
颶	321	霑	360	嬛	388	螨	418	輹	447	蕢	17	謙	70
罂	324	霎	360	嬾	389	餿	418	輮	447	夐	17	謝	70
簿	325	霓	360	嬗	389	螭	418	輻	448	齊	18	講	71
憲	327	霏	361	嬰	390	蟒	418	輬	448	蘧	19	膳	71
癊	327	霂	361	婴	392	矗	421	隰	451	薿	22	營	71

警	71	鴒	113	饕	155	鄞	195	儳	241	頤	274	燦	315
譁	71	鴻	114	餬	156	鄭	196	儦	241	頯	274	燮	316
謗	72	鴗	114	餫	156	曙	204	儲	243	髽	278	黜	316
謫	72	鵝	115	餲	156	旟	206	償	245	髼	279	黔	316
講	73	鴰	115	餧	157	暈	206	償	245	犛	281	點	316
詈	74	鵁	115	饘	159	曑	206	優	245	魑	283	黚	316
誷	74	鴬	115	馨	159	朦	207	儡	248	魁	283	黜	317
誓	75	鳶	115	矯	160	幭	208	臨	253	獄	285	穀	318
謨	75	鴇	116	矰	160	穜	213	鬵	253	嶷	285	幹	318
謚	76	鵠	116	臺	161	穆	214	禔	254	嶸	286	鰲	322
戴	80	鸁	117	牆	163	穄	214	襰	254	嶺	287	暴	323
鞠	82	殔	121	檊	164	檗	215	襖	254	厤	292	頸	325
鞞	82	髀	122	雞	165	黏	216	襑	255	礉	292	增	325
鞗	82	髁	122	鞿	166	黏	216	襘	255	磻	293	應	326
鞭	82	骰	123	羼	166	糜	218	襴	255	磯	293	簋	329
鞧	82	膽	124	檍	169	糟	218	襄	256	穀	295	懋	329
鞭	83	臂	124	樻	170	糙	218	襌	256	獢	295	懇	329
鞰	83	膻	125	樹	170	鐵	221	襄	256	獫	296	懦	330
輔	84	膊	127	檀	171	寫	223	褻	256	貔	297	憾	330
燮	86	臊	127	檗	171	覆	226	襯	257	貘	297	懝	331
隸	89	膾	127	樫	171	寮	226	襚	258	駽	299	憝	335
隸	89	魼	133	檀	172	審	226	襖	258	駣	300	懇	335
斂	94	鮮	133	槲	172	寏	227	氈	259	駿	300	澶	339
斁	94	穀	134	檜	172	邃	227	屨	262	騏	301	濚	340
斁	94	簽	135	橚	174	竃	227	覬	265	騶	301	濮	340
斀	95	篲	136	檥	175	寱	228	覦	266	駰	301	濕	340
瞎	98	簀	136	樽	175	癉	228	覯	266	駼	301	濰	341
瞵	99	筵	137	檐	176	癃	229	覰	266	騖	302	濟	341
瞷	99	簞	137	櫛	177	痲	229	覸	266	騁	302	濡	341
睛	100	篹	137	檼	178	瘤	229	覗	267	駾	302	濱	343
瞋	100	篡	137	檕	179	癘	230	歟	267	駻	302	濞	344
瞳	101	篭	138	檢	180	癕	230	歠	268	駼	303	濫	344
瞷	101	筤	138	檄	180	癊	231	歜	268	麗	304	瀾	345
鼾	104	簧	139	檞	181	癆	231	歡	269	麇	304	澤	346
翱	106	穄	140	穛	188	翼	233	歔	269	麐	304	濘	347
翳	106	虧	145	簪	188	罾	233	頞	272	麈	304	濼	347
蕫	109	虨	149	槖	189	罽	233	頤	272	麏	305	瀞	350
舊	109	虞	149	賸	191	罿	234	顝	272	獮	307	瀎	351
鷙	110	盨	151	贅	192	幰	235	顈	272	獳	307	濤	352
羨	110	盪	151	購	192	幬	236	鎖	273	豁	310	濯	353
鵂	112	蓝	152	賣	193	幭	236	顧	273	駼	310	濤	354
鴿	112	䑉	153	賽	193	曉	238	顦	273	燧	311	豯	357
鳥	113	爵	154	賻	193	曊	238	顊	273	燭	313	礱	358
鵑	113	餞	155	廓	195	龂	239	領	274	燥	315	靁	359

筆畫檢字表 503

字	頁	字	頁	字	頁	字	頁	字	頁	字	頁	字	頁
霓	360	簎	382	螭	419	轅	448	趨	45	鞨	82	簊	137
霖	360	壓	387	蟒	420	轄	449	趕	45	鞊	82	箾	137
霏	360	齋	388	螻	420	輾	449	趣	46	輻	83	簞	137
霜	360	嬥	388	螳	420	轃	449	歸	46	鞭	83	簹	137
霙	360	嬪	389	孟	420	隨	452	疐	48	鶯	84	簝	138
霞	361	嬰	389	蟊	421	孺	461	遺	49	瀋	84	簦	138
鯆	361	嬬	391	颷	422	釀	465	邀	51	闋	86	簿	140
鮪	361	嬣	391	颱	422	醪	465	邂	52	觳	90	箾	140
鮯	361	嬶	392	鼀	423	醨	465	邊	53	斂	95	蠡	146
鮥	362	戲	395	熏	427	醢	465	衛	56	敳	96	鼕	146
銅	362	匯	399	璽	427	醬	466	鼾	57	膻	100	豐	148
儵	362	簃	401	壒	427	醯	467	齕	57	瞻	100	號	148
鮝	363	繅	404	壔	428	醢	467	艶	59	瞻	100	虢	149
鮮	363	繉	404	壙	428	醒	467	蹲	59	薯	101	鑾	152
鮫	364	縫	405	壓	428	【一八畫】		曚	101	饍	155
鮨	364	縱	405	艱	431	禱	4	鷙	60	馨	102	鎌	156
鱉	364	縮	406	嘯	432	襬	5	蹢	60	瞼	102	鑑	156
鮚	364	總	406	瞳	432	瓊	6	蹟	60	翹	105	饎	156
鮡	364	繃	406	豑	433	璿	7	蹠	60	翻	106	饎	157
鮬	368	縛	407	韰	433	璧	7	蹙	61	犢	107	鞰	166
闔	370	縵	407	劈	434	璪	8	囂	64	鞾	107	鞭	166
闇	370	縹	407	勳	434	璹	8	罄	67	雞	107	鞭	166
闊	371	縷	410	鍇	436	瑾	9	謹	69	雛	107	檮	170
闌	371	繄	410	鍊	437	蕙	15	警	70	離	107	樸	171
闒	371	繆	410	鍛	437	藷	17	謳	70	雝	107	櫟	172
関	371	徽	410	鍾	437	蕹	17	譁	71	播	110	櫖	172
闊	371	縯	411	鍍	437	蕡	18	譃	71	彝	111	檉	173
関	372	縻	411	鍪	437	薺	18	謾	71	瞿	111	檳	174
聯	372	績	412	鍱	438	薽	18	諧	71	雙	111	檷	176
聰	372	繒	412	鍶	438	薸	19	謷	71	鵐	113	檮	176
聲	373	繆	412	鍼	438	藷	20	譀	71	鵠	114	榕	178
膺	373	蟣	414	鍥	439	隴	21	諺	71	鵝	114	橫	179
擠	374	蟵	414	鍰	440	藪	24	誠	73	鶉	115	櫊	179
擥	375	蟣	414	鍠	440	藥	25	誇	73	駿	115	檮	182
摘	377	蠁	414	鏃	441	藩	25	謬	74	殯	121	檻	182
擧	378	雛	415	鎩	441	賣	28	諡	74	髀	122	櫂	183
擩	379	螻	416	鎄	442	藜	28	膽	74	膺	124	橐	189
擬	379	螾	416	鍒	443	犧	33	謫	74	齋	124	竅	194
攉	379	蠍	417	鰍	446	憚	34	謨	75	劈	129	甖	197
擣	380	蟄	418	斟	446	嚛	36	叢	77	艟	134	鄹	199
肇	380	螢	418	輻	446	嚔	37	鞫	81	觸	134	鄺	200
擘	381	蠆	418	輿	447	嚆	38	鞣	81	簜	135	鄭	200
擎	382	蟏	419	肇	447	嚌	39	鞭	81	簡	136	曠	201
擊	382	蟄	419	轂	448	趯	44	鞰	82	算	136	曩	203

獻	205	顧	274	舉	314	鯇	363	蟯	415	隴	452	蹯	61
旟	205	頭	274	燿	314	鰻	363	蠔	415	醪	465	蹭	61
旗	206	顥	276	燻	314	鯸	363	蠓	415	簪	466	蹬	61
旛	206	辯	277	燼	315	鮸	363	蟬	415	醯	466	譆	68
辮	210	鬈	277	黠	317	鯁	364	蟜	415	醫	466	識	68
穫	214	髻	278	儵	317	鹽	369	蟜	416	【一九畫】		譪	69
穤	214	鬐	278	黟	317	闓	370	蟠	417	瓃	8	譒	70
穭	214	鬆	278	羳	323	闕	370	蟬	417	瓅	10	譊	71
馥	217	鬃	278	彌	325	闔	370	蟥	418	璽	10	譏	72
糜	217	尃	279	赢	325	闐	370	蠆	419	蘇	13	孿	72
糟	217	嶽	285	廳	328	闈	370	蟪	420	薑	14	譆	72
檀	218	廫	289	壓	329	闋	371	蟲	421	蘐	14	譜	73
糧	218	廈	290	辦	330	闖	371	颶	422	蘆	14	講	73
縈	220	礜	292	錜	331	職	372	颺	422	蕙	14	讚	73
竅	226	磑	292	憝	332	聵	373	颸	422	蘗	16	誡	73
竄	227	磬	292	懣	333	聶	373	颼	422	蘄	16	譎	73
窟	227	礎	293	篩	333	擸	375	黿	423	蘭	16	譎	74
癢	230	獥	295	懜	335	擊	376	鼃	423	蘋	18	譖	74
罶	233	獮	295	繁	336	嬪	390	黽	423	蘜	19	譙	75
覆	235	橐	296	濼	340	繇	403	疊	428	蘭	19	證	75
瞰	238	貙	297	瀏	343	繭	404	鼇	431	龍	20	譜	76
軀	253	貓	297	澗	346	織	404	鼢	433	摲	24	韻	77
襃	254	騏	299	瀆	347	續	405	鏈	436	薐	25	闚	81
襘	254	騅	299	瀆	348	纁	405	鎔	437	犢	33	鞳	81
襠	255	騙	300	瀑	349	繎	405	鎬	437	犡	33	鏧	81
襗	255	騂	300	瀁	349	繙	406	鏗	438	犧	34	鞴	82
禮	255	騷	300	瀘	350	繚	406	鋆	438	犓	34	鞭	82
襦	256	駛	300	濈	350	繞	406	鏃	438	犛	35	鞾	82
雜	256	騎	301	瀋	352	繖	407	鎌	439	嚴	42	轉	82
屬	262	騑	301	瀱	352	繒	407	鎮	439	疐	43	華	83
競	264	駒	303	瀦	354	繹	409	鎛	440	疈	43	醱	84
覿	266	麕	304	謬	358	總	409	鎗	441	趬	44	矉	98
覲	266	麇	304	癞	358	暴	409	鎂	441	幾	45	辦	100
覯	266	獵	308	瀨	359	繡	409	鏠	441	遭	45	矉	100
覾	267	貄	310	賨	359	縛	409	鎧	441	邋	52	覽	100
顏	271	貔	310	霖	359	繕	410	鑇	442	遴	53	疇	104
題	271	貗	310	霖	360	繩	410	鏀	443	斷	56	翾	105
顒	272	鼩	310	霤	310	纇	411	鎖	443	齗	56	翻	106
顓	272	鼬	310	霪	360	紃	411	齟	444	齔	57	雛	107
顉	272	鼨	310	霩	360	繘	411	轆	447	蹺	59	離	108
顙	272	嫯	311	鯀	362	彝	413	轇	447	蹴	59	贏	110
顋	273	爇	311	鯉	362	繳	413	轏	449	蹶	60	鵪	112
題	273	齋	313	鯢	362	繛	413	犖	449	蹲	60	雛	112
魍	273	焦	313	鯨	362	繅	414	聲	449	蹼	61	鶊	113

筆畫檢字表 505

鷂	113	檟	177	襤	254	騠	303	鯕	364	壞	428	藹	20
鶉	114	檍	178	襦	256	駿	303	麿	366	疇	431	蘀	21
驁	114	櫺	178	襞	257	騖	303	關	371	勸	434	薵	21
䖟	114	檜	180	贏	257	麖	304	關	371	鏤	436	蘿	22
鯖	115	檻	183	積	265	麒	304	闋	371	鏡	437	蘯	25
殯	120	檾	184	覬	265	麋	304	闚	371	鏘	437	釋	32
髀	122	麓	184	覦	266	麑	304	闕	371	鐺	438	犨	33
癠	124	櫐	189	歜	269	麗	304	瞻	372	鏳	438	犧	34
臘	126	賻	191	歠	270	類	308	攘	374	鏇	438	譽	35
劓	130	購	191	顛	271	獵	309	擴	379	鏨	439	嚨	35
鯏	133	贊	191	頹	271	獺	310	攄	382	鐯	439	嚶	36
觶	134	贈	191	額	271	鼫	310	嬿	386	鏝	440	嚦	41
䰠	134	酇	196	顒	272	羆	311	嫟	387	鏞	440	趫	43
簵	135	鄺	197	顙	272	爆	313	嬨	387	鏓	441	趩	43
簰	135	鄭	198	顋	272	爍	315	嬾	391	鏜	441	趣	44
簧	136	鄯	198	願	272	頹	326	繹	404	鏢	441	趨	44
簾	136	鄧	199	贅	272	懷	328	繶	406	鏦	441	趣	44
簃	138	旞	205	顓	273	憾	332	繡	407	鏐	441	趨	45
簸	139	旜	205	額	276	黎	332	繪	407	鏑	441	齅	56
簫	139	䢅	207	髮	277	懲	335	繰	408	鐊	442	齗	57
籑	140	疊	207	鬆	278	瀞	340	繩	411	墊	442	齠	57
簽	140	牘	211	鬍	278	瀅	342	繫	411	鏩	442	齟	58
簸	141	穧	213	鬎	278	瀁	343	繁	411	鏃	442	齡	58
寴	142	齋	213	鬌	278	瀉	346	繫	411	轔	447	躅	60
嚭	146	穩	214	魎	283	瀨	346	纁	413	蹼	447	譬	68
馨	147	穧	214	犖	285	瀝	351	繇	413	轑	448	議	68
蕓	147	穩	216	廬	288	濶	353	繹	413	轒	449	諡	69
盦	150	釋	217	龐	289	瀍	354	蠖	416	輽	450	護	70
瀣	151	檗	217	礙	293	瀘	354	蟷	416	轔	450	譞	70
醯	151	廬	220	礎	293	瀟	354	蠍	417	轍	450	譽	70
盤	152	櫺	221	礪	293	瀛	354	蠃	417	獸	457	警	71
罋	154	瓣	221	獷	295	瀨	355	蠔	417	辭	460	譟	72
餘	155	窺	223	獾	295	霪	359	蠕	418	孽	461	譖	73
饉	157	窾	224	獼	297	霩	359	蠑	418	醰	466	譴	74
縠	159	癡	231	隳	299	霧	360	蟺	419	醮	466	譯	76
磬	159	羅	234	騤	299	鯤	362	蟹	419	醭	466	譱	76
臌	161	羃	234	駵	299	鯢	362	蠆	420	醴	467	競	76
靆	165	羆	234	騢	300	鮊	363	羸	420	【二○畫】		響	77
韠	166	羈	234	騚	301	鯡	363	蠡	421	襄	14	馤	77
韜	166	覈	235	騥	301	鯪	363	臚	423	蘭	15	鼙	79
韝	166	簪	237	鶩	301	鯛	363	甗	423	藨	15	農	80
韡	166	憴	237	騙	301	鮸	364	蠅	423	藪	17	鞾	82
韓	166	黼	239	鶖	301	鯛	364	黿	423	蔿	19	辮	92
櫟	172	儳	247	騷	302	鯨	364	壚	425	蘜	20	斅	96

矇	98	櫜	176	魔	283	瀹	351	蠐	420	蘚	28
翻	106	欂	177	巍	284	瀰	351	蠕	421	蕭	28
徹	108	櫪	182	廲	289	瀲	353	飄	422	趯	43
瞿	111	櫬	182	礫	292	瀹	354	颺	422	趣	44
鵑	112	贏	191	礦	293	灋	360	壞	425	邈	49
鵙	112	贖	193	韓	300	鮨	361	墓	429	邇	51
鵒	113	贈	193	鶩	300	鮧	361	端	433	衢	54
鷴	113	酆	194	騯	301	鯁	362	鏡	436	齜	56
鵪	113	鄺	198	騫	301	鮨	363	鎮	436	齡	57
鷗	113	蠍	200	騊	301	鯛	363	鐈	437	齦	57
鶩	114	薺	202	騫	302	鯽	364	鏶	438	齣	57
鵝	114	穧	213	騾	302	鰒	364	鐙	438	齩	57
鶖	114	穫	214	驕	302	鰕	364	鏬	438	齧	57
鵠	115	穭	216	騰	302	鱃	364	鏘	438	齬	57
髏	122	馨	217	騅	302	鰈	365	鐻	439	鮊	58
懺	123	糧	218	騋	303	糞	366	鏃	439	齬	58
臚	123	糨	218	驎	303	鹹	368	鐺	440	齰	58
觸	133	簽	220	驛	303	闡	370	鐃	440	蹶	59
觷	133	籥	220	虞	304	闔	370	鐘	440	躋	59
鬶	134	肇	221	麀	304	闠	370	鐔	441	躍	59
鬵	135	寶	223	麃	304	闌	372	鐏	441	囂	64
籍	136	寵	224	獻	308	閱	372	鋼	441	譽	67
籃	137	竈	226	顧	310	擾	374	鎮	442	誕	72
籥	138	竇	226	爨	312	攘	374	鎘	442	譸	72
籌	140	癆	227	爍	313	擾	377	鏊	443	譟	72
覬	148	癥	231	爛	314	擧	378	斷	445	護	75
馨	150	懺	236	㸦	316	攙	383	轎	447	嚳	76
巇	152	辭	239	黰	316	霎	386	轏	448	鞴	81
饐	155	儺	243	黨	317	孀	388	警	449	鞽	83
饎	155	襦	254	黥	317	嬗	388	舉	449	鶩	84
饋	156	襞	256	黣	317	孃	392	轗	450	靬	85
饗	156	襫	257	嚮	318	甗	400	隧	451	圉	86
饒	156	齋	257	燎	318	彊	401	醴	465	園	86
餧	156	毳	260	懷	330	蟄	403	醵	465	縣	98
饑	157	瞰	266	灌	339	繼	405	酘	466	陸	108
層	158	覺	266	澓	339	辮	406	酸	467	羼	111
罌	159	顥	276	灈	343	纁	407	【二一畫】		鵲	113
膚	162	鬃	278	潘	344	總	408	襁	4	鶴	113
鏒	164	髼	278	瀾	344	繡	408	瑾	6	鷂	114
礬	164	鬍	278	灡	345	纂	409	瓔	6	鴿	115
櫕	171	髯	278	瀸	346	纀	409	瓏	7	鵬	115
櫟	171	髪	278	濼	347	續	411	瓊	9	鷥	115
檀	172	髻	278	瀧	349	齎	415	藶	15	鶬	116
櫨	175	魋	283	瀵	350	躍	419	蘞	24	鷇	116

字	頁	字	頁	字	頁	字	頁	字	頁	字	頁	字	頁
癭	228	懼	334	鑣	438	鷓	112	癬	230	霽	361	齗	57
癮	228	灄	337	鏘	438	鷚	112	攮	237	鱔	361	龏	60
齇	239	灌	340	鐲	440	鷙	113	儻	249	鱒	362	囂	64
儺	241	灘	341	鐸	440	鷟	113	氍	259	鱘	362	囃	67
儼	242	灃	341	鐺	442	鷩	114	屨	262	鰻	362	譠	71
儹	243	瀟	345	鐽	442	鷞	114	艫	262	鰭	363	龔	79
儷	245	濟	351	轍	447	鷗	114	巎	266	鰪	363	鷥	84
襏	255	霢	360	輢	447	鷸	114	覿	267	鱅	363	醱	93
屬	261	露	360	轟	450	鷳	115	覾	267	黛	365	變	94
覽	266	霜	360	䭾	454	鷟	115	霓	267	龕	365	雞	107
覿	266	鰍	361	辯	460	鷲	115	欞	269	聽	372	鶤	113
歡	268	鰡	361	醺	465	鷴	115	顑	272	攤	383	鷦	113
歙	268	鰌	361	醽	466	鴨	116	顛	274	孀	387	鵑	113
顴	272	鯢	362	釀	466	鶊	116	鬢	278	變	390	鷯	113
顧	273	鱇	362	釁	466	髑	122	髝	278	戀	395	鷸	114
鬻	273	鱅	362	醬	467	體	123	戀	285	欒	398	鷽	114
顒	273	鰭	362	【二二畫】		鱠	123	巖	286	彎	402	鷿	115
顥	273	鰣	362	霻	10	臚	125	礱	293	彎	402	鸇	115
顢	274	鰨	363	虌	19	鱞	133	驌	299	纑	412	鷹	115
醮	275	鰥	364	蘿	20	籧	136	驍	299	纙	412	鷦	116
髫	277	鰩	365	蘼	21	籚	138	驕	299	彎	414	殰	121
覺	283	闇	370	虋	25	籟	139	驔	300	蠱	416	髖	122
罏	286	闡	370	蘸	29	囍	147	驕	300	蠻	420	髓	122
龐	288	闥	371	囐	40	聾	147	驕	300	蠶	421	鬻	134
彌	294	攫	375	趙	45	饑	147	驚	302	蠹	421	籥	136
驄	299	攝	375	趨	46	饗	156	驛	303	鑄	437	籤	137
驃	300	攜	375	邐	50	邏	158	麞	304	鑑	437	籠	138
騮	300	攤	379	邅	53	鑛	159	獾	307	鑒	441	籜	138
駿	301	媼	391	籤	57	籨	164	轤	310	轢	449	蘭	139
驢	301	孿	401	齬	58	鞠	166	疉	310	孿	461	籤	139
鷙	302	繰	404	躑	59	欉	169	燭	315	【二三畫】		籃	148
瀘	303	顥	405	躓	60	藁	169	甗	317	襯	3	贊	150
龐	304	續	405	穌	62	槀	173	齆	317	瓚	6	饐	156
獿	308	纏	406	膽	67	轚	187	黸	317	齒	17	罐	159
爐	312	纍	410	讀	68	囊	189	爐	321	蘸	19	罐	159
爌	315	纊	413	譸	75	贖	192	懿	322	攓	34	轣	166
爎	315	蠻	416	欒	79	鸑	195	寨	328	趨	44	欒	171
黯	316	蠢	421	讙	83	鼅	206	灨	342	趣	44	欑	179
賜	316	蟲	421	䜩	84	籠	208	灑	353	趣	44	贛	191
黠	317	飆	422	醬	84	齋	211	灒	353	齱	57	彎	202
黢	317	艫	423	譻	84	穰	213	纔	356	齭	57	羅	203
黥	317	籠	423	曬	99	穫	215	霰	359	齮	57	曬	203
懦	329	鐵	436	鬚	104	釁	217	霽	360	齯	57	纕	216
慟	331	鑊	437	鶩	112	瘦	229	霾	360	齰	57	籩	221

癰	230	鱖	363	讙	73	麢	304	躐	59	鑲	437	钁	443
癉	230	鯉	363	謹	73	龥	305	籥	62	鐵	438	轣	447
儻	244	鱗	364	譬	74	爛	313	讜	72	鏡	440	釃	465
襲	254	龕	365	讒	74	嬰	324	調	74	厮	445	【二七畫】	
褊	254	聾	373	讓	75	灑	342	譟	74	闕	457	虌	13
襛	258	聽	373	調	75	灝	352	轡	83	【二六畫】		釀	14
繳	267	擘	377	贛	83	灑	354	瞻	99	蘗	16	戇	17
顧	271	攪	379	驚	84	虉	355	鷲	112	蘴	25	趯	45
顥	274	攀	380	鷙	84	霞	359	齬	125	齭	56	躩	60
顯	274	攪	380	闠	86	靐	361	艫	134	齟	57	鱷	62
靨	275	摩	383	彎	99	鱣	362	籠	137	躒	61	讞	76
鬢	279	覆	402	臬	104	鯷	362	簪	137	齰	62	鞲	83
魈	283	纖	405	霽	111	體	362	簸	140	響	73	鵲	112
魖	283	纏	408	犨	111	鱏	363	饔	156	譽	81	鷀	114
覷	283	縷	408	鷀	112	鱧	364	欏	178	讚	84	鸕	114
魊	283	纕	409	鵙	113	鰊	364	欖	181	譓	84	饗	155
驗	300	罐	415	鴛	113	鹽	369	槎	181	譓	84	饌	155
驒	302	蠋	416	鷺	113	鹹	369	羅	185	鬥	86	雡	166
驛	302	蠛	416	蒙	114	孃	389	糯	218	閨	86	斷	275
羸	303	螂	416	辮	114	繒	409	癟	228	鵲	113	攫	297
麟	304	蠕	417	鶻	115	蠛	419	覺	266	鷄	113	驪	300
麚	304	蠹	420	巍	115	蠱	420	顧	271	鶺	115	驤	301
獲	308	蠶	421	艣	133	竀	420	顥	274	鷥	116	䭴	302
鼥	310	雛	423	鹽	147	蠹	421	鬘	277	籩	137	驖	316
驂	310	鼇	424	鏊	147	蠧	421	鬃	278	簻	138	驗	317
鬗	310	鏺	436	畫	152	鼉	423	鬃	278	艦	149	蠢	357
鬑	310	鑠	437	黴	155	鑌	437	騷	310	艤	150	鱺	363
癱	313	鑼	439	讐	159	鑪	438	鱠	316	竊	218	鬬	371
黳	316	鑢	440	櫼	181	鏠	440	鱇	317	繫	219	鑿	420
黲	316	鑛	442	癧	230	餬	454	鑪	321	觀	265	矗	420
徽	317	孌	446	羅	233	醸	465	灕	347	顴	272	電	423
黻	317	【二四畫】		觀	266	醬	466	靂	359	廬	278	鑠	437
篘	322	瓛	7	覷	266	醶	466	鱣	362	籞	297	鑽	440
韇	322	蘷	15	鱖	269	釃	467	灪	365	驣	300	鑾	441
懋	327	趲	45	顦	273	【二五畫】		闟	371	驦	300	轤	448
縈	348	擸	45	鬢	277	蘥	27	闠	371	驢	303	【二八畫】	
瀾	351	趱	45	鑞	277	趣	44	纘	405	麤	316	闌	86
瀆	353	衢	56	髵	278	謙	57	纁	406	纂	317	雧	112
瀧	358	齟	57	礦	292	齲	57	纏	407	鱗	363	鸛	115
靐	359	齰	57	礰	293	膼	57	纏	408	鱠	399	鸚	116
鱒	361	齬	57	貛	298	齷	57	蠻	419	靁	421	豔	148
鰲	361	鹼	57	騣	300	齼	58	蠢	421	蠶	421	鬱	154
鱧	362	齝	58	驟	301	鱮	58	鼊	423	鑹	437	廳	304
鱰	363	讖	68	廬	304	躍	59	勸	433	鐘	442	夔	314

筆畫檢字表 509

鱸 316	虋 13	鱺 364	籬 138	豔 82	龖 305	【三六畫】
戀 330	讟 76	蠹 421	驫 303	籲 274	鱻 365	麤 26
蠱 421	龘 164	【三〇畫】	鱷 362	鱻 362	籠 365	鸞 84
囹 421	鬱 184	爨 81	【三一畫】	齷 366	【三四畫】	麈 305
鑿 439	癲 229	鸒 84	鸝 84	饢 454	纛 174	【三八畫】
钁 439	驪 299	鸔 84	【三二畫】	【三三畫】	【三五畫】	韉 82
【二九畫】	廳 357	鷙 112	醫 57	齉 111	齾 57	

音序檢字表

	A		盦	151		獒	285		拔	380		阪	451		魃	150		鰏	363
āi			安	223		熬	307		妭	386		**bàn**			褒	255		紕	410
唉	38		侒	244		熬	313		坺	425		半	32		勹	282		輩	449
哀	41		ǎn			滶	340		軷	448		瓣	221		豹	297		**bēn**	
挨	381		罯	234		聱	373		**bǎ**			伴	242		爆	313		奔	320
埃	429		領	273		鼇	424		把	375		扶	324		報	322		**běn**	
ái			濶	343		ǎo			靶	459		姅	392		暴	323		本	173
齷	57		媕	391		芺	17		bà			絆	411		瀑	349		畚	400
敳	93		àn			鴉	113		靶	82		辦	435		鮑	364		bèn	
殪	121		荌	17		襖	258		罷	234		料	446		bēi			笨	135
皚	238		案	178		拗	383		椑	325		bāng			蘢	21		bēng	
ǎi			揞	202		媼	385		鮍	364		邦	193		卑	88		繃	3
噫	36		暗	202		ào			bái			bàng			椑	122		嗙	40
藹	69		䅖	214		奧	222		白	238		桮	178		榜	180
矮	160		岸	287		傲	242		bǎi			玤	9		碩	276		崩	286
侉	247		豻	297		贅	272		百	104		徬	54		碑	292		繃	406
靄	361		駻	300		驁	300		柏	172		謗	72		悲	333		絣	412
毐	393		黯	316		奧	315		佰	244		棓	179		錍	439		běng	
絠	411		洝	351		奡	323		捭	382		傍	245		鎞	439		琫	8
ài			闇	371		嫯	392		bài			鬓	278		陂	451		摓	22
艾	18		按	376		墺	425		蚌	418		bèi			唪	38
薆	25		áng			嶴	452		退	51		bāo			桮	11		絣	412
譺	72		茚	19			B			敗	94		苞	18		菩	16		bèng	
簽	140		劰	81		bā			稗	214		郞	197		帗	33		迸	53
餲	156		昂	204		八	31		粺	217		褒	255		牬	34		埲	429
愛	164		àng			板	179		猈	306		勹	281		跟	60		bī	
瘂	231		盎	151		豝	295		搫	374		包	282		詩	72		逼	53
僾	242		枊	181		馻	299		bān			胞	282		鞁	82		皀	154
礙	293		聊	301		捌	383		班	11		báo			葡	97		楅	182
忞	329		醠	465		鈀	440		奱	78		雹	359		背	124		陛	366
懡	331		āo			巴	459		攽	93		bǎo			孛	186		蜰	416
閡	371		凹	430		bá			華	117		葆	28		邶	195		bí	
壒	430		鏖	438		茇	22		瘢	230		鴇	114		糒	218		鼻	104
瞷	454		áo			癹	47		頒	272		飽	156		備	243		鷓	114
ān			嗷	40		跋	60		辬	277		宗	223		倍	246		bǐ	
諳	75		警	71		魃	283		盤	417		寶	223		北	251		祉	3
鞌	77		翱	106		废	289		bǎn			保	240		被	256		彼	54
窐	82		敖	119		犮	308		昄	203		早	250		bào			筆	89
鵪	108		鏊	185		烣	312		版	211		緥	409		惼	335		畝	95

髀	122	賁	191	陛	453	杓	178	掤	383	馱	114	摌	382
箅	137	貝	191	醒	467	旚	206	bǐng		髆	122	捕	382
畐	163	邶	195	biān		穮	214			筟	128	bù	
柀	170	鐾	197	萹	15	幖	236	鞞	82	簿	140	荹	26
鄁	194	愊	211	邊	44	儦	241	秉	87	亳	161	步	47
秕	215	柴	217	邉	53	髟	277	餅	155	郭	199	胉	127
稗	216	痹	230	鞭	83	驫	303	稟	163	礴	217	節	136
疕	229	瘅	230	邉	138	猋	309	柄	179	瓟	221	錇	159
牝	236	幣	235	簭	138	熛	312	邴	197	帛	238	部	195
俾	245	芇	238	牑	211	奰	314	炳	314	伯	241	布	237
匕	250	敝	239	砭	293	滮	343	怲	334	僰	249	怖	335
比	251	佖	241	猵	309	瀌	350	鮩	364	襏	254	拊	375
魮	365	毖	251	鯾	362	丙	458	艒	281	瓿	401		
妣	385	禆	256	甂	401	飆	422	bìng		毂	295	附	452
紕	412	襞	257	編	410	鑣	441	病	228	駁	300	C	
bì		髲	278	蝙	419	鐮	442	病	228	駮	303	cāi	
璧	7	叩	280	biǎn		biǎo		併	243	狛	308	赵	44
珌	8	仳	280	表	254	俜	246	狛	309	偲	242
碧	10	辟	281	扁	63	biào		并	251	怕	329	猜	307
薜	18	僻	281	瞸	98	受	119	屛	288	搏	375	cái	
蔽	24	廦	288	挶	188	biē		竝	325	暴	409	對	164
苾	24	庳	289	貶	192	鷩	115	bō		勃	434	材	175
必	32	庇	289	窆	227	鼈	410	癶	47	鏺	440	才	184
趕	46	駜	300	褊	256	鼊	423	剝	130	鎛	440	財	190
壁	46	斃	308	辡	330	bié		盋	151	裁	254
避	51	燁	312	辫	460	穴	32	陂	235	bǒ		cǎi	
詖	68	穮	313	biàn		彆	60	被	257	跛	61	采	181
靴	82	彝	319	釆	32	刐	122	磻	293	簸	141	宷	225
斁	95	蠚	324	徧	54	胉	126	波	344	庶	321	彩	277
貱	99	幅	327	變	94	bīn		魦	364	bò		悇	330
咇	104	泌	343	辨	130	彬	149	撥	379	繙	70	cài	
畢	117	潷	358	昇	203	賓	192	播	381	檗	171	蔡	24
臂	124	鮅	364	覓	264	邠	194	紴	409	檗	217	菜	24
鷩	134	閟	370	汳	340	份	241	bó		擘	380	cān	
算	137	閉	371	開	370	氿	337	薄	24	bū		餐	156
筆	140	婢	386	拚	379	bìn		啵	36	逋	51	參	242
笓	140	嬖	390	擶	382	殯	121	趉	46	誧	70	驂	301
畀	141	彈	402	辮	406	髕	122	迫	49	舖	156	cán	
飶	156	弻	402	緶	412	償	243	鱅	58	bú		奴	120
韠	166	緷	406	辯	460	觀	266	跛	59	樸	447	殘	121
槿	171	絮	411	biāo		鬢	277	蹈	61	bǔ		䏺	121
榑	175	堛	425	藨	19	bīng		博	66	哺	36	憯	335
秘	179	壁	426	蔈	22	兵	79	礴	74	卜	96	撕	378
柲	180	垑	427	彪	149	栟	169	轉	82	欙	113	càn	
				標	174	汃	358	礴	84	補	257	戔	396

蠶	420	昃	165	犙	449	燀	312	鈔	442	邰	198
căn		側	244	chǎi		滻	338	cháo		曟	207
噆	40	惻	333	茝	15	闡	370	嘲	42	宸	222
晵	143	測	344	chài		縓	405	樔	181	麎	304
黲	316	箣	382	瘥	231	繟	409	巢	188	麞	305
憯	333	測	428	蕫	415	蠆	418	鄛	196	煁	312
慘	333	cén		chān		鏟	438	漳	343	忱	328
毵	391	岺	158	延	55	醮	467	鼀	423	湛	348
càn		梣	169	梴	174	chàn		轏	447	沈	349
璨	11	岑	285	痑	230	羼	111	chǎo		霃	360
謲	71	涔	349	襜	255	顫	274	麨	84	鈖	439
粲	217	鱏	363	閿	266	硟	293	chē		陳	453
燦	315	céng		攙	383	chāng		車	446	辰	463
效	389	鄫	199	姑	388	昌	203	chě		chěn	
cāng		層	261	婆	388	倀	246	赿	46	踸	61
蒼	23	曾	325	鉆	439	倡	247	chè		chèn	
鶬	115	cèng		chán		閶	369	中	12	趁	43
倉	158	蹭	61	巉	36	cháng		徹	93	觍	56
滄	352	chā		躔	59	萇	15	俴	243	讖	68
凔	358	叉	86	讒	74	腸	124	硩	293	櫬	182
匢	399	差	141	劖	130	嘗	145	聅	373	疢	231
cáng		杈	173	鄭	198	常	235	墋	428	闖	371
藏	29	臿	219	儃	244	償	245	劵	434	chēng	
cāo		插	376	儳	247	長	294	chēn		琤	8
操	375	婼	391	廛	288	鱨	362	琛	11	堂	46
cáo		酏	400	斳	292	場	429	謓	74	再	117
螬	400	鍤	438	毚	305	chǎng		瞋	100	檉	171
曹	27	chá		天	312	敞	93	膞	128	樘	175
曹	143	督	69	澶	341	昶	204	篸	135	稱	215
槽	180	槎	182	潺	354	氅	259	棽	184	竀	227
棘	183	秅	216	嬋	393	chàng		郴	197	偁	244
褿	257	察	223	纏	406	瑒	7	彤	262	泟	318
漕	354	庍	289	蟬	417	暢	23	艖	266	經	318
蠹	420			鑱	440	唱	37	綝	406	鎗	441
cǎo		chà		鋋	441	鬯	154	chén		chéng	
艸	13	刹	131	羼	462	韔	166	莀	14	呈	38
懆	333	姹	384	chǎn		悵	333	芅	20	誠	69
cè		chāi		於	12	鬯	432	諶	69	丞	78
萴	18	釵	443	藏	29	chāo		訦	69	喬	125
蓛	18	chái		犝	33			晨	80	盛	150
荝	26	紫	3	誧	71	弨	40	臣	90	棠	167
册	63	鱭	56	產	186	超	43	瀋	94	橙	168
敕	96	柴	175	嘽	236	訬	74	鷐	115	根	179
策	139	儕	243	𡨚	307	怊	335	霃	158	朾	181
晋	143	豺	297			弨	401				

音序檢字表　513

峙 46	瘛 231	殼 90	嫦 385	舛 165	奄 319	濱 349
遲 50	忕 243	敕 95	鉏 439	歜 268	渀 346	瓷 401
鸍 62	魑 283	燾 104	除 453	chuàn	淳 353	垈 427
諱 68	庤 289	雛 111	chǔ	叡 96	純 404	辤 460
匙 250	熾 315	籌 140	齭 57	鶉 113	陙 454	辭 460
馳 301	赤 318	椆 169	楮 172	釧 443	醇 465	cǐ
泜 341	忯 333	鄝 197	杵 178	chuāng	chǔn	玼 8
治 341	懘 335	稠 213	楚 184	刅 131	朘 128	趀 44
漦 343	洟 342	幬 236	齼 239	倲 245	偆 245	此 47
持 375	淯 345	簒 329	儲 243	靚 266	惷 332	佌 246
弛 402	墼 368	恀 329	褚 257	囪 317	蠢 421	鴜 300
蚔 416	瘴 378	惆 333	礎 293	chuáng	chuò	泚 344
墀 426	扶 381	愁 334	処 444	牀 177	啜 36	cì
坻 427	飭 435	懋 353	chù	橦 177	趎 45	莿 18
chǐ	chōng	儵 362	俶 11	幢 237	辵 48	蒒 18
哆 35	衝 56	紬 407	俶 46	chuàng	逴 52	諫 75
齒 56	盅 151	綢 412	亍 55	刱 154	腏 127	刺 131
誃 72	春 219	疇 431	觸 133	愴 333	歠 270	賜 191
忮 220	罿 234	醻 466	鄐 195	甀 401	皀 305	束 211
佟 247	傭 242	chǒu	俶 242	chuī	惙 334	伙 244
袳 256	充 263	杽 182	歜 268	吹 37	娖 389	次 269
褫 257	憃 331	醜 283	欨 269	篅 62	婼 390	髮 278
尺 261	憧 331	丑 462	豖 296	吹 267	齱 413	廁 288
卶 280	忡 334	chòu	黜 317	炊 312	輟 449	紫 412
廖 289	沖 344	蓫 23	怵 334	chuí	cī	載 415
彖 296	罿 447	殠 121	絀 407	箠 139	趑 44	cōng
炵 314	chóng	chū	俶 428	壨 159	越 45	瑽 9
恥 335	種 213	初 129	畜 432	椎 179	齹 57	蔥 27
妿 386	崇 286	樗 169	矗 457	巫 187	雌 108	樅 172
垑 428	爞 315	出 185	chuā	顀 272	辈 110	廗 289
銎 437	緟 409	貙 297	欻 317	鬌 278	骴 123	驄 299
chì	蟲 421	摴 383	chuǎi	搥 382	疵 229	恖 317
啻 38	chǒng	chú	揣 377	垂 430	觀 266	聰 372
叱 40	寵 224	蒢 16	chuān	錘 440	縒 406	蘷 408
遫 45	chōu	藸 20	穿 226	陲 454	cí	鏓 441
趆 45	犨 33	怓 26	川 356	chūn	祠 3	鏦 441
彳 53	啻 101	犓 34	chuán	萅 28	薺 18	cóng
敕 94	瘳 231	蹰 60	遄 49	杶 170	薋 23	琮 7
眙 102	擔 379	雛 107	篅 138	橁 170	茨 25	叢 28
趩 105	妯 390	勒 132	椿 169	馴 447	鶿 114	叢 77
翄 105	chóu	篨 137	椽 176	chún	鶿 115	賨 192
傺 130	臭 39	廚 288	船 262	雜 108	餈 155	从 250
饎 155	儔 67	狙 296	chuǎn	脣 123	詞 279	從 250
屎 180	訓 72	滁 354	喘 36	臺 162	慈 328	悰 327

懆	329	脞	127	剉	130	簞	137	dāng		到	368	彴	243
淙	344	膬	127	矬	165	丹	153	璫	11	dé		覿	267
漇	347	粹	218	厝	290	鄲	196	當	416	德	53	駺	300
còu		窜	225	挫	375	儋	243	噹	432	得	55	狄	308
湊	348	竁	227	措	376	襌	256	鐺	442	㝵	266	炟	314
cū		倅	249	銼	437	覘	266	dǎng		悳	326	滌	352
麤	26	毳	260	錯	438	耽	372	譡	76	dēng		嫡	389
粗	217	顇	274	**D**		聃	372	䣊	199	璒	9	鏑	441
麁	305	焠	313	dá		聸	372	黨	317	登	47	dǐ	
cú		悴	329	荅	13	媅	389	攩	377	簦	138	牴	34
徂	49	瘁	334	達	51	匷	399	dàng		𩰲	147	呧	39
殂	121	淬	352	靼	81	酖	466	邁	10	甎	259	迖	51
cù		繱	414	奎	110	dǎn		蕩	135	鐙	438	詆	75
蔟	26	cūn		筓	139	膽	124	筜	138	děng		柢	173
蹴	59	墫	12	炟	311	亶	163	盪	151	等	136	邸	194
蹙	61	皴	92	黕	316	疸	231	宕	225	dèng		底	289
楝	176	邨	199	怛	333	默	317	碭	291	蹬	61	氐	290
促	248	cún		妲	393	黵	317	憘	331	鄧	196	抵	374
猝	307	存	461	dǎ		黮	317	惕	331	隥	451	氏	394
敵	392	cǔn		打	383	扰	382	瀁	339	dī		堤	427
麕	423	刌	129	dà		紞	408	澘	343	趆	45	軧	449
酢	467	忖	335	罙	100	dàn		礡	400	鞮	81	阺	452
cuán		cùn		大	319	襢	5	dāo		羝	110	dì	
欑	179	寸	91	夶	324	蕳	19	刀	129	低	249	帝	1
cuàn		鑹	159	dài		啗	36	裯	254	袛	254	禘	3
爨	81	cuō		逮	50	嘾	39	dǎo		衹	319	玓	10
竄	227	瑳	8	待	54	啖	39	禱	4	廄	321	蒂	22
篡	284	蹉	61	蹛	59	誕	73	禂	4	滴	348	遞	50
cuī		撮	376	戴	80	嗎	112	蹈	59	紙	404	遰	51
榱	176	cuó		隸	89	膻	125	導	92	隄	452	迎	53
催	247	齹	57	隶	89	觛	134	倒	249	dí		踶	60
崔	286	瘥	102	殆	121	旦	204	島	285	苖	17	諦	68
摧	374	虘	149	貸	191	窞	226	擣	380	薇	23	睇	102
縗	412	麆	164	帶	235	癉	231	墿	428	迪	50	弟	166
cuǐ		廏	197	俗	237	僤	242	dào		㣪	54	棣	171
璀	11	痤	229	代	245	但	248	到	29	趴	59	杕	174
趡	46	嵯	286	岱	285	憛	329	道	53	靮	83	的	201
漼	345	蓾	368	臺	317	憚	334	翿	106	敵	94	瘱	328
㵰	350	瘥	431	怠	331	澹	345	稻	213	翟	105	摕	376
cuì		cuǒ		紿	405	淡	352	蓧	215	鸐	115	娣	385
毳	3	髿	277	dān		撢	375	儔	246	笛	139	締	406
萃	23	cuò		單	43	彈	402	盜	270	鸏	158	蟘	420
啐	40	埀	26	眈	99	蛋	420	燾	315	楠	176	地	425
翠	105	造	49	殫	121	醰	466	悼	334	耀	218	鈦	439

軑 448	蜩 414	頂 271	鎉 438	duān	庉 288	哦 42
diǎn	diǎo	酊 467	斢 446	剬 129	鈍 443	誐 70
趝 46	扚 214	dìng	dū	耑 133	duō	譕 73
蹎 60	抌 381	訂 68	督 101	稖 214	咄 38	䴖 114
槇 174	diào	定 223	都 193	崈 220	多 209	囮 190
瘨 228	藋 15	鋌 437	闍 370	褍 255	duó	俄 247
顛 271	莜 26	錠 438	dú	端 324	敓 94	額 271
滇 338	寫 227	dōng	毒 13	duǎn	奪 108	峨 286
阽 372	弔 248	苳 28	藩 15	短 160	劇 130	硪 292
diǎn	掉 378	東 183	犢 33	duàn	瘝 231	涐 337
董 27	釣 442	凍 337	遺 49	躖 59	襗 255	娥 386
敟 93	diē	冬 358	讀 68	段 91	碩 271	蠡 420
典 141	跌 60	蕫 76	鍛 166	掇 379	鈋 443
鈷 159	dié	dǒng	韇 83	腶 424	鐸 440	ě
點 316	芙 21	董 18	毅 90	鍛 437	duǒ	厄 280
diàn	迭 51	dòng	殰 120	斷 445	朵 174	騀 301
唸 40	墊 60	迵 51	髑 122	duī	椯 179	閼 371
殿 91	眣 73	眮 99	櫝 177	崔 287	鞼 322	è
刮 131	諜 75	筒 139	牘 211	鐜 443	垜 426	啞 38
簟 136	昳 101	棟 175	襡 255	自 450	垖 428	哙 39
奠 141	軼 113	駧 302	裻 255	duì	duò	呃 41
窴 225	胅 126	洞 345	獨 308	對 77	鴇 114	咢 43
佃 246	映 204	湩 353	黷 317	役 90	隋 126	遌 50
者 258	疊 207	凍 358	潰 347	墼 221	柮 182	遏 52
屟 260	牒 211	挏 377	嬻 390	憞 249	疼 231	詻 68
驔 300	绖 221	敵 387	匵 399	兌 263	裿 254	鞥 82
瘨 317	褋 254	崠 420	隫 452	碓 293	隋 285	歹 120
澱 351	裹 256	動 434	dǔ	惇 324	隓 286	剫 129
电 359	耊 258	dōu	睹 100	憞 332	馱 303	餕 157
靛 360	跌 294	吺 39	管 162	憝 332	惰 331	餓 157
蜓 415	跌 394	篼 138	賭 193	瓕 361	鲔 361	鄂 197
坫 426	殶 395	兜 264	睹 201	錞 441	媠 387	瘚 230
墊 427	絰 412	觊 267	篤 301	陮 451	嫷 390	頞 271
甸 431	蜨 417	dǒu	竺 424	dūn	鐏 439	戹 287
diāo	墆 427	斗 445	堵 426	蹲 60	阤 452	齷 310
琱 8	挃 429	dòu	逗 51	敦 94	E	惡 332
鵰 101	dīng	韜 82	dù	惇 327	ē	亿 369
雕 107	玎 8	鬥 85	度 87	弴 401	娿 386	閼 371
鵃 256	靪 82	鬪 86	敩 95	dùn	妸 386	搹 375
祧 258	釘 437	脰 123	殬 121	遁 50	婴 391	搤 376
彫 276	阠 453	豆 147	杜 169	遯 51	阿 451	姶 387
貂 297	丁 458	梪 147	瓧 232	盾 103	é	蛋 418
凋 358	dǐng	郖 195	渡 348	笖 138	莪 20	蜵 419
鯛 364	鼎 212	窦 226	妒 390	頓 273	吪 40	至 426

軶	448	fǎ		范	27	鼖	260	厞	291	坋	429	鄜	195
陒	452	灋	303	笵	136	驨	300	沸	347	fēng		邟	199
ēn		fà		飯	155	騑	301	韮	429	封	18	稃	214
裧	313	髪	277	梵	184	靟	361	闠	457	夆	54	俘	248
恩	328	fān		販	192	飛	366	fēn		豐	148	袯	254
ēng		藩	25	岎	291	非	366	氛	11	豑	164	庸	290
鞥	82	翻	106	婏	305	扉	369	妢	13	夆	167	貐	295
ér		籓	137	犯	307	妃	385	分	31	楓	172	夫	324
荋	24	旛	206	汎	344	斐	392	闠	86	丰	186	怤	327
胹	127	幡	236	氾	344	緋	413	鳶	116	鄷	194	洀	348
栭	176	颿	301	泛	348	fěi		饙	155	豐	222	鮄	364
兒	263	瀥	345	蠜	356	腓	125	粉	171	峯	286	紨	412
而	295	fán		鼱	385	肥	128	爺	235	燓	315	鈇	442
洏	351	璠	6	軓	447	疿	229	袡	256	蠭	421	fú	
鮞	361	蕃	19	範	448	蜰	417	紛	411	風	422	福	2
輀	450	蘩	28	奋	465	fèi		fén		封	427	袚	4
ěr		蕃	28	fāng		菲	27	賁	25	鎽	441	璑	11
珥	7	番	32	芳	25	誹	72	粉	110	féng		蕧	14
薾	22	樊	79	雅	107	翡	105	蠹	146	逢	50	菖	17
尒	31	棥	97	枋	171	篚	138	枌	172	酆	200	荸	17
邇	52	薠	110	邡	197	餥	155	棼	184	捀	378	苯	22
駬	84	播	172	方	263	棐	183	幩	237	縫	410	莩	24
爾	97	鬡	195	匚	399	奜	277	獖	295	fěng		芙	29
耴	259	蹯	221	坊	430	悱	335	鼢	310	諷	68	咈	39
耳	372	袢	256	鈁	440	舴	366	汾	338	覂	235	趙	45
èr		籭	266	fáng		匪	399	濆	346	fèng		跟	60
刵	131	辪	273	肪	124	蠹	421	鈖	363	奉	78	孚	85
樲	171	煩	274	魴	362	fèi		墳	429	鳳	112	㞋	87
貳	192	獖	307	房	369	蕜	13	鐼	436	賵	193	鳬	91
佴	244	鱕	310	妨	390	䏁	34	轒	449	fóu		翇	106
姕	387	燔	311	防	452	吠	41	fěn		紑	408	駁	114
二	424	樊	313	fǎng		跳	61	粉	218	fǒu		制	130
		鐇	318	訪	68	灣	84	黺	239	否	41	符	136
	F	繙	406	魴	113	曹	102	扮	378	刯	129	箙	139
fā		緐	411	昉	204	肺	124	fèn		缶	159	虙	148
發	402	鏺	416	仿	242	鐆	134	奮	108	否	367	富	162
fá		蟠	417	舫	262	櫍	169	鷏	117	不	367	夏	164
茷	24	凡	424	瓬	400	柿	181	膹	127	fū		扶	174
乏	48	fǎn		紡	405	費	192	幩	237	莆	23	榑	175
廠	103	返	50	fàng		穦	213	僨	247	専	92	桴	175
罰	131	反	87	跳	61	癈	229	忿	332	敷	93	茀	178
橃	181	軓	447	放	119	扉	260	憤	333	笔	136	枹	180
伐	248	fàn		fēi		髳	278	漢	350	麩	164	郛	194
閥	372	芝	24	昔	98	廢	289	奎	426	柎	180	包	234
妛	388												

音序檢字表　517

罟 234	撫 377	茭 22	蘚 17	臭 324	駒 301	珙 11
幅 235	絻 411	該 76	旰 99	縞 407	gè	収 78
幞 237	斧 444	毅 91	骬 123	gào	各 41	鞏 81
市 237	輔 450	胲 125	榦 175	告 35	箇 138	珙 85
巚 239	fù	剴 129	旰 202	誥 69	gēn	碈 292
佛 242	衭 3	核 179	軌 205	郜 198	跟 58	悧 334
伏 248	負 17	郂 199	軌 205	誥 286	根 173	挙 374
服 263	覆 17	晐 203	翰 318	gē	gěn	拱 374
髟 278	薹 17	侅 241	洤 348	鴿 112	頎 271	拳 382
蔔 282	赴 43	垓 425	紺 408	駒 114	gèn	gòng
甶 284	復 54	陔 453	胳 124	楲 182	贛 17
弗 286	趴 59	gǎi	割 130	艮 250	共 79
羹 312	父 86	改 94	剛 129	gēng	峯 137
烰 312	腹 124	敚 95	舩 133	鶊 84	貢 191
烰 312	楧 179	gài	笎 136	更 94	贛 191
淥 325	負 191	蓋 25	缸 159	耕 132	供 243
怫 331	賦 192	戤 120	杠 177	揯 379	膭 399
涪 337	賻 193	扢 178	岡 285	縆 411	gōu
浮 344	馥 217	槩 178	亢 323	庚 459	句 65
波 358	富 223	溉 341	扛 378	gěng	鉤 66
扶 375	覆 226	摡 381	綱 409	哽 39	刣 129
拂 382	府 229	匄 398	釭 441	髖 123	篝 137
弗 393	覆 235	gān	gǎng	鞂 83	韝 166
乀 393	傅 243	玕 10	崗 323	翺 105	溝 347
紼 412	付 244	旰 15	港 354	骼 123	緱 410
蚨 419	複 255	迀 52	肮 432	挌 132	gǒu
蝠 419	髩 278	干 64	gāo	舩 133	珣 9
蠱 421	復 282	肝 124	羔 20	鬲 149	苟 27
幅 448	駙 301	竿 138	羔 110	格 174	笱 66
fǔ	蠡 305	甘 142	膏 124	硌 177	耉 258
莆 13	鮒 362	麼 143	篙 140	檙 181	狗 306
黼 84	鰒 364	郣 200	瞽 146	鄗 197	蚼 419
歧 94	婦 385	燻 321	餻 157	胳 237	gòu
甫 97	縛 406	忏 330	高 160	佮 244	茩 19
脯 126	蝮 414	泔 351	槔 183	匌 282	遘 50
腐 128	坿 427	戩 395	襃 189	雹 360	詬 75
簠 137	鍑 437	gǎn	皋 323	閤 370	雊 107
酺 200	鞏 447	旰 92	gǎo	閣 370	菁 117
黼 239	阜 450	赦 120	楛 169	掎 382	構 175
俌 243	賦 453	程 215	棗 174	佮 418	購 192
頫 273	韍 454	衦 257	杲 175	隔 452	覯 266
酺 275	**G**	感 333	磬 188	gě	媾 386
府 288	gāi	橄 466	稾 215	哿 144	姤 393
柎 376	祴 4	gàn	亢 323	舸 263	彀 402

垢	429	gù		鰥	362	嶲	107	槶	179	hāi		睅	99
穀	461	崮	17	關	371	珪	132	膭	191	咍	42	翰	105
gū		牿	34	綸	414	邽	195	貴	193	hái		韓	107
苽	21	故	93	官	450	鄶	199	儈	249	咳	36	旱	202
菰	29	梏	181	guǎn		傀	241	檜	254	趆	44	暵	203
呱	35	楛	182	鞤	82	蘬	272	澮	338	骸	123	暵	203
鴣	116	固	190	筦	136	鬹	299	鱖	363	頦	274	柬	210
觚	134	痼	231	管	139	廛	304	匱	399	hǎi		马	210
箍	140	顧	273	館	156	規	324	gǔn		海	343	骭	259
枮	181	錮	437	輨	448	閨	370	丨	12	醢	467	頷	271
罛	233	guā		guàn		嫣	384	稛	189	hài		頷	272
夃	319	苦	18	裸	3	孌	388	袞	254	餃	156	翰	300
沽	341	昏	41	瓘	6	魄	415	鯀	362	夆	167	駻	302
泒	342	鴰	115	遣	49	龜	423	緄	408	害	224	熯	312
姑	385	骷	123	曨	99	圭	429	輥	448	駭	302	悍	331
媷	389	刮	130	蘳	109	guǐ		gùn		恞	335	漢	338
蛄	416	劀	130	盥	151	袨	3	睴	99	姟	390	滒	349
辜	460	瓜	221	罐	159	詭	75	睔	99	亥	468	汗	353
孤	461	騧	300	毌	209	觤	133	guō		hān		閈	370
酤	465	緺	409	貫	209	簋	137	䯏	84	鼾	104	搟	380
gǔ		銛	442	爟	315	桅	173	墉	161	酣	466	扞	382
古	66	guǎ		悹	328	晷	202	郭	199	hán		蛤	415
詁	69	丫	109	懽	330	宄	224	崞	285	琀	10	釬	441
鼓	95	凸	122	灌	339	鬼	283	過	340	含	36	háng	
瞽	102	寡	224	涫	351	庋	290	活	343	韓	166	迒	53
殳	110	guà		摜	377	屠	290	聒	372	邯	196	杭	263
鶻	112	詿	72	guāng		恑	331	彉	402	邗	198	魧	364
骨	122	誫	72	侊	246	氿	346	guó		函	210	沆	344
股	125	詿	73	光	314	湀	347	虢	149	寒	224	hāo	
鼓	146	卦	96	洸	344	媿	388	國	189	顑	271	蒿	28
蠱	150	挂	382	guǎng		蛫	419	幗	237	頷	310	薅	29
及	167	guāi		廣	288	垝	428	漍	350	涵	349	薨	122
穀	172	乖	109	獷	307	鐀	439	馘	373	涵	358	háo	
賈	192	罜	383	舜	323	軌	449	guǒ		雷	360	嗥	41
穀	215	guài		guàng		癸	460	果	173	埳	401	諕	73
罟	233	夬	87	啞	90	guì		椁	183	hǎn		号	145
尣	264	筶	209	桄	181	襘	4	裹	257	罕	233	號	145
湆	345	怪	331	徎	249	跪	59	稞	342	厂	290	豲	169
汨	354	guān		悇	331	韢	81	蠃	417	獢	307	鄠	196
谷	357	莞	16	guī		劊	129	guò		hàn		籉	296
盬	369	棺	182	瑰	10	劌	130	過	49	菡	19	勞	434
絝	406	冠	232	茥	16	餽	157	**H**		藕	27	hǎo	
蠱	421	倌	246	歸	46	桂	169	há		譀	73	郝	194
穀	448	觀	266	薈	83	檜	172	蝦	419	敢	93	好	387

音序檢字表　519

hào											
皞	9	騍	302	玒	6	謊	71	鄗	199	畫	89
號	148	餎	310	靪	82	虖	108	汻	346	鮭	133
鄗	196	河	337	翃	106	臐	126	hù		樺	171
晧	202	涸	350	崞	108	召	143	祜	2	稞	214
暭	202	闔	370	鴻	114	乎	145	芐	19	乚	250
秏	213	紇	404	粂	218	虍	148	嚛	36	化	250
顥	273	蠍	416	宏	222	虖	149	殻	41	傀	283
昦	323	劾	435	弘	222	榾	174	護	70	崋	285
浩	344	hè		仜	242	吻	201	韄	83	鱯	362
滈	349	和	37	洪	343	寣	228	雇	108	鯇	362
灝	352	嗃	42	泓	344	幠	236	笗	138	魶	365
鰝	364	鶴	113	峪	358	歟	267	笏	140	揋	383
皜	384	叡	120	閎	370	魖	283	椢	170	爉	387
鎬	437	脼	127	弘	402	曍	296	杚	180	絓	404
hē		賀	191	紅	408	幸	323	鄠	194	席	412
訶	74	何	243	紘	408	塩	330	扈	194	鸛	433
乞	144	褐	257	虹	420	忽	331	旴	204	huái	
欱	269	熇	312	hòng		溜	346	瓠	221	踝	58
抲	380	赫	318	訌	73	匫	399	罟	234	槐	172
螚	418	塔	427	鬨	86	颬	422	岵	285	裹	255
hé		hēi		澒	354	hú		居	290	襄	255
荷	20	黑	316	hóu		瑚	10	嗀	309	懷	328
迨	49	hén		喉	35	鸒	84	縠	318	淮	340
覈	57	鞎	82	猴	105	鵠	114	怙	329	瀤	342
龢	62	痕	230	餱	155	胡	126	戶	369	huài	
詥	70	hěn		矦	160	觳	134	嫮	390	壞	428
敆	94	很	55	猴	309	餬	156	妒	390	huān	
翮	105	詪	73	鯸	364	雈	161	huā		瓘	73
鶡	115	hèn		鍭	441	黏	216	謹	73	驩	115
曷	143	恨	332	hǒu		狐	309	吪	187	讙	198
盇	151	héng		吼	279	黽	310	華	187	歡	268
盍	152	珩	7	hòu		燖	313	蘤	325	豸	296
合	157	胻	125	逅	53	皞	321	huá		貛	298
麫	164	衡	133	後	54	壺	321	鶻	58	驩	300
槅	175	橫	181	垕	162	湖	347	劃	130	huán	
郃	194	瀇	348	厚	162	搰	381	欯	164	環	7
郚	200	恆	424	郈	195	捐	381	茦	177	瓛	7
禾	212	hōng		郈	198	弧	401	滑	346	薱	16
秮	214	訇	73	候	245	殻	407	姑	388	萑	27
覈	235	薨	122	后	279	斛	445	huà		還	50
雗	238	儚	246	hū		醐	467	蕐	22	萑	108
礉	293	烘	312	呼	37	hǔ		話	70	桓	177
貉	297	轟	450	嘑	38	琥	7	調	73	奐	222
		hóng		評	71	虎	149	玦	85	寰	225

鬟	279
茂	289
獾	296
貆	298
寰	299
萈	306
狟	308
查	319
洹	341
闤	371
組	409
垸	427
鍰	440
huàn	
喚	42
逭	51
囂	64
奐	78
幻	119
肒	125
宦	223
豢	295
煥	315
患	334
渙	343
瀚	353
鯶	363
擐	379
換	383
輐	450
毈	413
huāng	
荒	23
肓	123
衁	152
謊	208
稴	215
巟	235
騜	302
宺	356
絖	404
huáng	
皇	5
璜	7

瑝	8	回	189	匯	399	霍	111	枅	175	极	180	祭	3
喤	35	洄	348	繢	405	檛	181	機	179	楫	181	薊	15
遑	53	蛕	415	繪	407	貨	191	禾	187	椰	197	繫	19
翌	106	huǐ		螅	420	穫	214	稽	187	棘	211	芰	19
篁	136	毇	219	鏏	442	既	270	齏	191	疾	228	薊	22
簧	139	烜	311	hūn		獲	308	積	214	痰	231	薊	23
雞	165	燬	311	葷	14	齍	319	稘	216	伋	241	嚌	36
皇	185	悔	332	殙	120	惑	332	爉	221	佶	242	唧	41
程	215	撝	382	昏	202	瀗	343	畢	234	俟	247	徛	55
艎	263	嬒	392	惛	332	濩	349	幾	243	襋	254	跽	59
煌	314	虫	414	閽	371	瀔	356	屐	262	覬	266	誋	69
惶	335	虺	415	婚	385	穫	358	磯	293	岌	286	計	70
湟	338	毀	428	hún		擭	380	激	345	急	330	記	70
潢	347	huì		樺	177	蠖	416	擊	382	悏	330	薺	73
蟥	416	薈	23	槶	182	鑊	437	姬	384	湒	349	劑	130
蝗	417	薉	23	魂	283			緝	411	濈	352	迹	141
黃	432	卉	27	鼲	310	**J**		績	412	汲	353	既	154
鍠	440	喙	35	渾	345	jī		基	426	鮤	364	櫼	172
隍	454	嘒	38	韗	425	璣	10	墼	426	抑	376	櫻	173
huǎng		遤	48	輼	448	芨	15	畸	431	姞	384	繫	179
詤	74	誨	68	hùn		蔇	17	畿	431	戢	396	鄿	194
横	179	諱	69	梡	182	譏	36	jí		級	406	暨	204
晄	201	詯	72	圂	190	吃	39	喋	36	亟	424	概	213
怳	331	讀	73	俒	245	趚	45	吉	39	鏶	438	穊	213
huī		譓	73	賱	272	迹	48	赾	44	輯	447	穄	213
鷻	74	篲	87	慁	334	躋	59	起	45	鵖	449	穧	214
睢	100	毁	96	混	343	讥	72	伋	54	jǐ		宋	223
眭	102	翽	106	溷	345	鼓	88	踖	59	邔	199	寄	224
翬	105	惠	118	掍	383	鼚	90	蹐	60	機	214	癠	228
暉	202	會	158	騯	451	卟	96	岊	64	凯	285	瘠	229
徽	236	槥	170	huó		雞	107	尳	66	廎	304	屩	233
褘	254	槶	183	姞	4	幾	118	訐	67	悇	330	伎	246
狟	309	賄	190	秳	214	肌	123	鞊	83	泲	339	冀	251
灰	312	晦	202	佸	244	膌	123	亟	85	濟	341	臮	252
煇	314	瘣	228	huǒ		剞	129	及	87	擠	374	覬	266
恢	327	慧	327	烌	199	刉	129	彙	112	掎	380	欯	268
揮	380	恚	332	穄	209	笄	136	殛	121	脊	384	无	270
撝	380	濊	339	火	311	箕	136	膌	125	改	387	旣	279
摩	383	沬	352	huò		丌	141	劇	131	戟	395	苟	282
婎	391	濊	354	禍	4	鑒	152	耤	132	給	406	魝	283
徽	410	闠	370	蘁	13	饑	157	籍	136	蟣	415	彑	296
陸	452	嫭	391	眓	99	飢	157	卽	154	几	444	驥	300
隳	453	媈	391	曘	100	檵	170	人	157	己	459	齋	313
huí		燴	392	蔓	108	机	173	極	175	jì		悸	331

音序檢字表 521

忌	332	袷	238	懺	236	葥	15	豤	352	鐎	438	斠	445
惎	335	頰	271	監	253	蕲	24	肝	375	jiǎo		㸮	461
濈	342	忦	333	歊	269	荐	25	姜	384	璬	7	醮	466
灡	345	扴	377	豣	295	趣	46	繮	411	敽	94	釂	466
洎	351	戛	395	麗	304	徤	54	畕	432	腳	125	jiē	
霽	360	蛺	417	煎	313	建	55	畺	432	剢	130	萎	21
鱭	362	鋏	437	韉	316	徤	56	jiǎng		角	133	喈	41
鰶	363	jiǎ		黔	316	踐	59	講	71	筊	138	街	56
技	380	叚	54	湔	337	諫	69	篧	136	溋	151	譛	71
妓	389	瑕	66	瀸	346	諓	70	槳	307	矯	160	嗟	74
繼	405	叚	87	雿	359	笰	128	jiàng		朴	174	皆	103
紀	405	椵	170	霰	360	劒	132	趣	44	疕	228	腊	125
繋	411	檟	170	鱱	365	箭	135	將	92	皎	238	楷	168
纚	412	假	244	奸	392	餞	156	洚	343	曒	238	楼	180
垍	428	斝	445	姦	392	榗	170	滰	351	狡	306	痎	230
際	453	甲	457	戔	396	楗	174	匠	399	烄	312	罝	234
鳮	459	jià		縑	407	楗	177	弜	402	敫	312	湝	343
季	461	稼	213	緘	410	栫	179	絳	408	絞	321	接	377
jiā		嫁	237	艱	431	檻	182	降	452	湫	350	階	453
珈	10	價	249	鐱	438	賤	192	醤	467	灗	351	jié	
茄	19	駕	301	开	443	健	242	jiāo		撟	378	孑	31
葭	27	嫁	384	jiǎn		僭	246	茮	21	攪	380	趐	44
迦	52	jiān		湔	20	倩	246	茭	26	撉	381	羯	45
嘉	146	玪	9	蹇	61	件	249	蕉	26	姣	387	迼	47
枷	178	菱	15	瞼	102	見	265	噍	38	孎	388	訐	74
梜	181	菅	16	蕑	105	薦	303	迒	50	蟜	415	詰	75
家	222	兼	19	剪	129	漸	339	鷦	113	勦	434	映	98
痂	230	葏	28	簡	136	灡	346	鮫	115	jiào		羯	110
佳	241	犍	34	檢	180	澗	347	鶐	116	嗷	35	鶡	113
裌	256	逮	52	柬	188	閒	370	膠	128	嘐	36	鴶	114
猳	295	鹹	57	葉	188	蜥	419	郊	194	叫	40	劼	131
麚	304	軒	81	儉	245	鞍	436	佼	240	徼	54	節	135
夾	319	鞬	83	襇	254	鑑	437	悬	275	餃	64	桀	167
浹	354	韉	83	鬋	278	鍵	438	醮	275	警	71	桔	170
加	434	堅	90	蕉	317	鐗	441	驕	300	訆	73	楷	175
jiá		監	100	筒	333	陵	454	燋	312	教	96	楬	183
莢	22	鵑	115	灡	351	礓	467	爝	313	校	181	稭	214
唊	39	殲	121	減	353	jiāng		夔	314	窔	226	傑	240
跲	60	肩	124	鹻	369	薑	14	交	321	窖	226	健	244
鞈	81	箋	136	揃	376	蔣	21	憿	331	歊	269	祜	257
韐	114	櫼	177	戩	396	橿	33	澆	352	歊	269	鬏	278
契	132	械	178	繭	404	橿	171	鮫	364	嶠	287	卩	280
郟	196	兼	216	錢	439	僵	247	嬌	393	燷	315	截	285
秸	215	鯿	236	jiàn		江	337	蛟	418	漅	350	卪	286

碣	292	盡	152	縉	408	頸	273	韭	221	裾	255	苴	14
戛	320	jīn		墐	426	彰	276	灸	313	居	260	苣	21
竭	325	今	157	jīng		敬	282	奻	387	蜀	281	咀	36
潔	354	巾	235	菁	14	靖	325	九	456	匊	282	踽	59
拮	381	衿	254	荊	21	靖	325	酒	465	疽	289	筥	137
捷	383	祲	264	莖	22	瀞	350	jiù		駒	299	簴	138
婕	386	津	348	鶄	115	婧	388	遒	49	狙	309	枸	171
截	395	紟	409	京	161	姅	388	酋	58	筥	322	柜	172
結	406	堅	428	徑	177	境	430	殷	91	沮	337	秬	187
纈	407	金	436	旌	205	勁	434	救	94	澽	342	耟	372
絜	412	斤	444	晶	206	鏡	437	舊	109	洰	342	舉	378
秸	415	矜	446	秔	213	jiōng		鵂	113	据	377	jù	
蠽	420	jǐn		精	217	冂	161	就	161	挶	377	苣	26
刦	433	瑾	6	競	264	駉	300	臬	218	捄	381	岠	46
劫	435	堇	27	驚	302	駫	302	臼	219	屌	444	邊	53
鈌	442	謹	69	麖	304	扃	369	欠	224	且	444	齟	57
孑	462	緊	90	涇	338	絅	406	究	227	斛	446	蹋	60
jiě		蓳	147	巠	356	jiǒng		咎	248	jú		距	61
解	133	饉	157	鯨	364	迥	52	俗	248	菊	14	詎	76
姐	385	錦	238	經	404	囧	208	僦	249	鞠	19	具	79
jiè		僅	245	靖	417	窘	227	餿	282	鞫	20	昍	102
玠	7	廑	289	jǐng		褧	254	廄	288	局	41	瞿	111
藉	25	嵤	459	璥	6	熲	312	麋	304	趜	45	巨	142
芥	27	醛	466	警	70	炯	314	鰌	364	趜	45	虡	149
介	32	jìn		弇	120	灵	315	樞	399	趣	45	簴	154
犗	33	祲	4	到	131	泂	352	舅	433	尻	85	粔	218
誡	69	禁	5	井	153	jiū		jū		鵙	112	窶	224
戒	79	瑨	9	阱	154	啾	35	琚	9	鵙	112	取	232
鳽	115	盡	15	邢	196	起	43	苴	26	鳥	113	倨	242
羋	132	衿	34	景	202	丩	66	趄	45	橘	168	聚	252
疥	230	唫	37	憼	242	糾	66	跔	61	彙	179	祖	256
借	245	噤	37	頸	271	繆	66	拘	66	鄡	196	屨	262
价	246	進	49	憼	327	圖	86	諏	68	驧	302	躩	323
屆	260	近	52	憼	335	鳩	112	臼	80	臭	306	懼	329
髻	278	靳	82	jìng		爵	166	鞠	82	鮈	363	怛	330
駶	302	摯	110	徑	54	樛	174	爽	103	擢	375	據	375
奔	319	殣	121	詰	76	杸	174	鷗	115	鞫	376	媿	390
尬	321	盡	151	競	76	勾	282	腒	127	鞠	406	堅	428
悈	328	贐	191	竟	77	摎	378	椐	170	鞫	413	劇	434
阶	432	晉	201	脛	125	揂	378	郹	194	蜠	419	鋸	439
jīn		覲	267	靜	153	摎	381	欶	224	暈	448	鉅	442
瑾	9	袠	313	瘴	230	jiǔ		痀	229	犨	449	醵	466
孝	89	寖	341	惊	242	玖	9	疽	230	醵	467	juān	
筋	128	撞	377	靚	266	久	167	俱	243	jǔ		稍	215

音序檢字表　523

涓	343	赳	45	絕	405	慨	327	歁	269	肎	128	圣	428
捐	382	糾	45	蜐	417	愒	327	濂	350	猏	295	硻	429
娟	393	赼	45	蚗	417	闓	370	闊	372	懇	335	堃	430
鵑	416	蹶	60	蠽	419	塏	428	kāo		掔	430	陼	453
鐫	439	躩	60	劂	434	鎧	436	尻	260	kēng		kǔ	
酹	465	趹	61	钁	439	鎧	441	kǎo		牼	34	苦	16
juǎn		谷	65	鈌	442	kài		祃	3	硜	286	kù	
臇	127	譎	74	較	447	嘅	40	攷	95	硻	292	酷	25
卷	280	訣	76	餽	454	欬	269	丂	144	鏗	382	嚳	35
蜷	421	鈌	85	孓	462	磕	292	栲	170	頃	449	蘛	220
埍	429	映	101	jūn		瘥	446	考	259	聲	449	庫	288
陒	453	矍	111	君	37	kān		kào		阬	452	焅	315
juàn		鴃	112	鈞	92	看	101	靠	366	kōng		綺	409
讞	75	鵙	113	麇	304	刊	130	kē		空	226	酷	466
弄	78	驚	115	姰	389	栞	173	珂	11	涳	345	kuā	
睊	101	蹷	122	均	425	龕	365	藒	21	kǒng		尚	41
眷	101	肕	125	鈞	440	戡	395	苛	23	恐	334	誇	73
罥	103	劂	129	軍	448	勘	395	髁	122	孔	367	侉	247
雋	108	鐍	133	jùn		堪	426	榼	178	kòng		夸	319
登	147	觖	134	菤	16	kǎn		柯	179	控	376	kuǎ	
桊	179	爵	154	菌	21	欿	42	科	216	kōu		平	167
圈	189	桷	176	鶱	92	壏	149	窠	226	摳	374	kuà	
鄄	198	爵	179	駿	115	轗	164	疴	228	彄	401	跨	59
羂	233	疾	229	箘	135	欿	269	kě		kǒu		跨	60
絭	236	瘮	229	餕	157	歁	269	欨	95	口	35	胯	125
倦	248	御	247	郡	193	顑	274	可	144	叩	195	kuǎi	
獧	308	覺	266	晙	204	惉	334	澉	269	kòu		蒯	18
狷	309	崛	286	俊	240	侃	356	顆	272	訆	73	kuài	
慻	330	厥	290	埈	285	坎	427	渴	350	寇	95	喟	35
縛	407	玃	297	駿	300	坷	428	軻	449	敂	95	膾	123
絹	407	駃	303	燅	305	kàn		kè		敼	116	澮	127
券	434	臬	305	焌	311	衎	56	嗑	39	彀	159	鄶	198
孿	446	玃	308	埈	325	岾	152	課	69	佝	247	鄶	200
衞	448	憰	331	浚	351	闞	371	刻	130	漚	342	儈	205
juē		沉	344	容	358	勘	435	克	212	扣	383	稞	214
屩	262	濬	344	擴	379	kàng		客	224	鈕	438	廥	288
撅	382	決	348	畯	432	邟	196	賺	258	kū		獪	306
jué		抉	377	陵	451	亢	241	磬	292	殌	121	快	326
玦	7	攫	379			犺	307	窓	328	剋	130	巜	355
珏	11	掘	381	**K**		炕	315	溘	354	攀	164	凷	425
蕝	25	芞	394	kāi		忼	327	勀	434	枯	174	kuān	
蕨	27	丿	397	開	370	抗	382	稞	215	kěn		髖	122
噱	38	乚	397	緒	404	kāng		kěn		頜	273	寬	224
趹	43	覺	402	kǎi		康	222	齦	57	堀	426	kuǎn	

款	268	畫	415	鞡	81	蘫	25	láo		灪	342	驪	299
kuāng		魁	445	梠	180	讕	75	牢	34	罍	428	黧	332
邼	195	馗	456	頦	272	籃	137	潦	338	鐳	442	黎	334
恇	334	kuǐ		髻	278	籣	139	勞	434	厽	451	蠡	362
洭	339	蹞	45	懇	331	帵	235	醪	465	絫	454	藜	393
匡	399	魍	273	濶	340	襤	254	lǎo		垒	454	縭	410
kuáng		頍	273	霩	360	籃	277	蕨	25	厽	454	纙	411
誆	72	kuì		闊	371	嵐	287	橑	176	lèi		鳌	431
狂	308	蕢	26	括	380	廩	290	老	258	襰	3	鑸	436
輊	449	喟	37			惏	332	潦	349	莱	24	醽	467
軭	450	殨	121	**L**		瀾	344	轑	448	肋	124	lǐ	
kuàng		體	123	lā		瀾	351	lào		邦	197	禮	2
貺	193	饋	156	垃	182	蘭	371	癆	231	頼	273	理	8
壙	201	樻	170	应	290	闌	371	嫪	390	頪	274	邐	50
穬	214	鬘	278	拉	375	婪	391	酪	467	類	308	歷	93
礦	291	憒	332	là		lè		蟄	9	顡	405	焱	97
廎	328	潰	346	瑚	6	覽	266	扐	67	勖	434	豊	148
況	344	瞶	373	劌	57	顲	274	勒	83	酹	467	李	168
纊	411	媿	392	臘	126	撏	375	朸	175	léng		欐	181
壙	428	kūn		梸	171	嬾	391	泐	350	棱	181	郮	197
kuī		琨	10	剌	188	làn		扐	380	lěng		俚	242
虧	28	薰	21	瘌	231	爛	313	防	451	冷	358	裏	254
歧	103	鵾	113	軒	236	濫	344	léi		lí		澧	340
刲	130	鼮	166	lái		儖	392	璃	8	蘺	15	鯉	362
虧	145	昆	203	坴	6	醽	466	贏	110	菫	15	鱺	362
窺	227	褌	235	萊	27	láng		樏	173	麗	25	鱧	362
覛	266	鯤	269	藜	35	琅	10	櫑	178	黎	28	蠡	421
顝	272	顐	273	來	163	萉	13	儡	181	犁	34	里	431
悝	331	髡	278	秾	214	莨	21	儡	248	犂	34	醴	465
闚	371	崑	287	騋	300	筤	137	爐	321	邌	51	lì	
kuí		焜	314	淶	342	桹	174	靁	359	謧	72	吏	1
葵	14	蚰	420	lài		郎	198	纍	410	謷	87	壐	6
跻	61	坤	425	睞	101	食	222	lěi		雞	107	珕	8
夅	78	kǔn		籟	139	廊	290			離	107	瓅	10
睽	100	壼	61	賚	191	硠	292	蘽	18	券	130	玲	10
夔	165	梱	176	賴	191	狼	309	讄	75	黎	168	茢	16
樛	169	蛊	189	覩	266	螂	416	誄	75	柂	177	蒿	16
鄈	195	稇	214	瀨	346	鋃	442	鸖	116	邟	195	荔	27
騤	245	悃	327	瀨	359	粮	446	耒	132	秜	214	犡	33
頯	271	kùn		鱱	363	lǎng		藟	169	黎	217	唳	42
騤	301	困	190	勑	433	朗	207	儡	244	儷	234	趚	46
奎	319	kuò		lán		làng		壘	286	儷	245	歷	46
揆	379	适	49	藍	14	狼	338	磊	293	熬	277	帚	83
戣	395	銛	58	蘭	15	閬	370	潷	341	貍	298	弼	84

隸 89	蓮 19	涼 352	liào	濫 347	淩 340	翏 106
鴗 115	連 51	飇 422	廖 290	淋 353	朕 358	雡 107
利 129	醫 57	輬 446	寮 311	鄰 356	霝 359	鷚 112
笠 138	謰 71	酴 467	尥 321	霖 360	零 359	餾 155
樆 171	簾 136	liǎng	料 445	鰲 361	鯠 364	廇 288
櫟 172	籨 137	倆 126	liè	鱗 364	籠 365	溜 339
櫪 182	鎌 156	仍 158	苅 19	轔 450	聊 372	雷 360
酈 200	慊 236	网 233	将 33	lǐn	㥄 381	六 456
曆 204	覝 265	兩 233	迾 52	林 20	霎 386	lóng
栗 210	鬑 278	緉 412	邋 52	亩 163	瓴 400	瓏 7
秝 216	廉 289	蜽 419	受 119	嶙 273	綾 407	龍 20
糲 217	磏 292	liàng	肼 124	辭 316	蠕 417	嚨 35
粒 217	熑 313	諒 67	列 130	癛 358	蛉 417	籠 138
癘 230	憐 335	眼 101	㭰 171	lìn	鈴 440	簍 147
癧 230	憀 335	寮 270	栵 176	藺 16	軨 447	龑 176
詈 234	溓 350	liáo	梨 215	吝 41	陵 450	櫳 182
例 248	霖 360	璙 6	儠 241	遴 51	lǐng	隆 186
厤 262	鱺 362	遼 52	裂 257	蹸 61	領 272	朧 204
觀 265	聯 372	敹 94	鬣 278	閵 107	嶺 287	朧 207
攊 286	蠊 418	鷯 113	䳝 302	賃 192	lìng	礲 208
厲 290	鏈 436	膫 126	獵 308	閔 312	令 280	癃 231
厤 290	鎌 439	簝 138	烈 311	圇 421	liú	襱 255
礫 292	liǎn	寮 226	鼠 325	疄 432	塗 8	壟 293
曆 292	蘞 19	療 231	洌 345	líng	珋 10	瀧 349
礪 293	斂 94	鐐 289	尖 356	囹 86	罶 358
麗 304	槤 179	獠 308	擸 375	靈 10	鷯 113	龍 365
戾 308	鄻 195	熮 312	甄 401	苓 17	劉 136	聾 373
立 324	撿 374	憀 328	蜊 417	蓤 19	瘤 229	壟 416
隸 324	liàn	漻 344	蜉 418	藞 21	驑 299	lǒng
溧 339	湅 93	謬 358	颿 422	齡 58	顪 310	埄 353
涖 346	楝 172	聊 372	垍 426	翎 106	瀏 343	壟 426
砅 348	煉 313	撩 376	劣 434	答 138	漻 355	壅 429
瀝 351	湅 353	嫽 386	lín	崚 152	螺 419	隴 452
溧 358	變 390	嫽 426	琳 7	棱 157	飂 422	lòng
鱳 363	練 407	鐐 436	瞵 99	鑐 159	嘐 431	弄 78
盭 403	鍊 437	liǎo	林 183	夌 164	畾 432	梇 173
綟 408	liáng	蓼 14	鄰 194	檂 176	鏐 441	lōu
蠇 418	涼 33	鄝 199	麻 230	柃 178	鎦 442	搂 378
颲 422	良 162	僚 241	臨 253	图 190	liǔ	lóu
力 433	椋 169	燎 313	嶙 286	畱 197	柳 171	蔞 18
轢 449	梁 181	繚 318	麟 304	伶 245	醔 233	遱 52
醴 465	梁 217	憭 327	雴 304	領 272	絡 405	謱 71
lián	糧 218	繚 406	獜 307	廛 304	liù	髏 122
薕 19	量 252	了 462	粦 316	冷 339	福 4	樓 176

僂 248	鏤 438	屢 261	倫 243	M	槾 176	茂 23
廔 289	lù	履 262	崙 287	má	幔 236	莜 23
鱸 362	祿 2	漊 349	惀 328	麻 220	獌 309	芼 23
婁 391	璐 6	纑 410	淪 344	蟆 419	慢 331	蓩 28
塿 416	峹 13	lǜ	掄 376	mǎ	嫚 391	萺 28
lǒu	彔 27	葎 18	綸 409	馬 299	縵 407	眊 99
簍 137	逯 45	律 55	蜦 418	mà	鏝 440	瞀 99
嶁 429	逮 51	孚 120	輪 449	禡 4	輓 447	督 100
lòu	路 61	臂 126	隃 454	罵 197	máng	楸 168
瘻 229	睩 101	慮 326	luō	瘰 229	芒 22	楣 176
漏 354	鷺 113	綠 407	捋 376	罵 234	牻 33	梀 184
扇 360	壁 114	稑 413	luó	髳 278	哤 40	貿 192
區 398	鯥 133	勠 433	蘿 20	mái	盲 102	鄚 197
鏤 436	簵 135	鑢 440	邐 53	蘿 26	宋 176	冃 232
陋 451	簏 138	luán	臝 128	瞙 100	邙 195	冒 232
lú	麓 184	孿 16	羅 234	霾 360	厖 290	袤 254
蘆 14	賂 191	戀 72	覶 265	mǎi	駹 300	薶 258
驢 114	彔 212	臠 79	嬴 303	買 192	尨 306	兒 264
欚 118	稑 213	鷥 112	鑼 437	mài	浝 342	覓 266
臚 123	麗 233	臠 125	luǒ	邁 48	mǎng	戀 329
簬 138	儢 248	欒 171	蓏 13	購 73	茻 29	媚 390
盧 150	親 265	臠 202	贏 257	麥 163	莽 30	méi
枰 170	碌 293	臠 267	砢 293	賣 185	māo	祺 4
櫨 175	鹿 304	臠 285	贏 417	脈 357	貓 298	珥 9
鄜 196	潞 339	欒 348	所 445	霢 359	máo	玫 10
艫 262	灥 351	攣 380	luò	勠 433	矛 16	蘪 15
顱 271	露 360	鑾 441	落 24	mán	犛 35	眉 103
鬳 278	娽 390	孿 461	犖 33	趨 45	旄 206	腜 123
廬 288	戮 395	luǎn	路 81	謾 71	毛 259	脢 124
鱸 316	奎 425	媨 387	路 102	鞔 81	覒 267	梅 168
瀘 354	勠 434	卵 424	椎 107	瞞 99	髦 277	某 173
擄 382	錄 436	luàn	鵅 113	楠 172	髳 278	枚 173
臚 400	輅 447	敵 94	癃 121	菡 233	蝥 417	楣 176
纑 412	陸 451	奞 119	答 137	髳 277	蛮 420	郿 194
墟 425	lú	亂 458	駱 299	憛 331	蠹 421	穈 216
鑪 438	膢 126	lüè	烙 315	鰻 362	矛 446	穈 233
lǔ	臚 303	掠 383	贏 325	蠻 419	mǎo	徽 317
薔 18	閭 370	螺 417	洛 338	mǎn	薯 15	湄 347
魯 104	lǚ	略 432	濼 340	晚 99	菲 28	媒 384
櫓 180	柖 176	銂 440	零 359	懣 99	昴 202	座 429
虜 209	旅 206	lún	鮥 362	滿 346	日 232	鋂 442
賡 288	呂 225	論 68	臠 406	màn	卯 463	měi
鱏 363	侶 249	俞 157	絡 411	蔓 20	mào	每 13
鹵 368	褸 254	棆 169	骼 442	曼 87	瑁 7	莓 15

美	110	岷	393	祕	3	miàn		鏱	442	mò	
浼	350	愍	400	蔤	20	麵	164	mǐn		瑿	9
媺	387	罠	421	蓂	20	宀	224	頣	18	拇	374
mèi		旼	432	謐	70	面	275	悶	41	母	385
呅	100	醽	465	魆	149	miáo		敏	87	姆	386
眛	101	měng		嵇	151	苗	23	睯	100	晦	431
靺	166	猛	307	否	203	媌	387	脈	100	mù	
昧	201	蠓	417	鼏	212	緢	405	憫	333	莫	29
寐	228	蜢	420	宓	223	miǎo		澠	345	蟊	82
袂	255	黽	423	宀	232	邈	53	泯	354	牧	96
頮	272	měng		幎	236	眇	101	閔	371	目	98
魅	283	懞	227	幦	237	䏚	113	閩	419	睦	100
妹	385	懵	332	密	285	篎	139	鼆	447	木	168
媚	387	孟	461	汩	339	杪	174	míng		楘	180
mén		mí		湣	339	秒	214	茗	29	穆	213
璊	8	迷	51	滵	357	藐	326	名	37	幕	236
虋	13	謎	76	糸	404	淼	354	瘝	228	幦	237
穈	259	篃	135	蟸	421	miào		顡	273	嫪	276
顄	274	麋	218	塓	430	廟	289	礥	293	慕	329
門	369	巻	218	醾	466	miè		貘	297	慔	329
捫	375	蘪	218	mián		蠛	84	鶩	301	沐	352
mèn		縻	233	瞒	98	薎	101	默	306	霂	359
懣	333	覙	266	㫚	103	蔑	109	沫	337	坶	425
悶	333	彌	294	丏	109	蔑	109	漠	343	墓	429
méng		犘	304	櫋	176	蠛	152	洺	354	募	435
夢	17	廳	304	宀	222	幭	213	娳	388	N	
茵	20	爢	313	寫	223	懱	236	螟	415	ná	
萌	22	瀰	354	髯	277	晲	267	灢	351	袤	257
蒙	27	壐	402	綿	403	威	315	嫇	391	拏	375
曚	101	縻	411	蠅	416	懱	330	縄	411	拿	382
萺	109	mǐ		蚵	417	滅	353	墨	427	nà	
矇	114	敉	94	miǎn		搣	376	鏌	441	囡	190
㠓	156	眯	101	鞭	83	蠛	420	móu		豽	297
鄳	197	羋	110	眄	102	mín		牟	33	魶	361
甿	206	米	217	冕	232	珉	10	謀	68	納	405
朦	207	寐	228	偭	245	鵲	113	眸	102	軜	448
盟	208	愢	335	丏	275	旻	201	斳	164	nǎi	
夢	208	瀰	345	愐	329	罠	234	膜	127	乃	143
冡	232	洣	352	沔	338	繁	285	魔	283	nài	
幪	236	靡	366	湎	352	惢	329	摩	380	奈	168
驄	303	摩	373	鮸	363	怋	332	摹	380	鼐	202
濛	349	弭	401	緬	404	揗	377	蘽	392	鼐	212
雺	360	絑	407	勉	434	民	393	mǒ		耏	295
鯍	361	mì		娩	461	緡	411	麼	117	漆	349

nán		néi		睨	265	讘	74	nóng		妠	291	紙	406
諵	72	餧	237	怒	330	丰	88	農	80	nuǒ		pān	
鸐	113	něi		惄	334	歛	95	盥	152	妸	388	兆	79
枏	168	餒	157	伱	348	籋	138	禮	255	nuò		販	99
南	186	nèi		匿	398	臬	180	獮	306	諾	67	潘	351
㧱	375	內	158	縊	409	櫱	181	濃	350	鍩	134	pán	
男	433	錗	443	niān		朏	185	醲	465	稬	213	鑿	81
nǎn		néng		拈	375	糵	217	nòng		懦	330	磐	100
暔	203	能	310	nián		嶭	285	癑	230	挼	380	槃	178
赧	318	ní		鮎	156	顟	301	nóu			O	幋	235
戁	327	齯	57	郫	195	牵	322	猱	307	ōu		般	262
湳	342	敔	95	秊	215	涅	346	nǒu		謳	70	鬕	278
nàn		腇	127	黏	216	瀎	353	𦒼	342	毆	90	黛	317
䍶	203	鯢	133	鮎	363	闑	370	nòu		驅	114	拏	379
náng		郳	199	niǎn		聶	373	槈	177	漚	400	pàn	
囊	189	倪	245	辰	260	蠥	420	nú		óu		胖	32
蠰	416	怩	251	淰	351	巘	448	笯	138	齵	57	叛	32
nǎng		尼	260	撚	382	甾	450	笯	292	ǒu		盼	99
曩	203	麛	304	嬋	391	陧	452	奴	386	滿	20	辨	100
náo		怩	335	報	449	孼	461	怒	332	髑	122	判	130
璑	6	泥	342	輦	450	níng		nǔ		耦	132	泮	354
呶	40	霓	360	niàn		蘏	17	弩	402	偶	248	畔	431
譊	71	鯢	362	廿	67	薴	24	nǜ		歐	268	pāng	
夒	165	婗	385	念	327	嶷	42	籹	218	òu		滂	343
猱	285	蜺	417	汋	342	寧	144	女	384	漚	349	䩌	446
恅	332	輗	449	嬈	384	窜	223	nù			P	páng	
撓	377	nǐ		niàng		冰	358	衂	152	pā		旁	2
蟯	415	禰	5	釀	14	㝕	420	胹	207	葩	22	膀	124
鐃	440	薿	22	釀	465	nìng		恧	335	吧	238	郟	196
nǎo		闟	86	niǎo		甯	97	沑	350	pá		榜	215
堖	250	柅	171	蔦	18	濘	347	nuán		杷	178	龐	289
㺚	307	欐	179	鳥	112	佞	390	奻	392	琶	397	pāo	
㛻	392	儗	246	褭	258	niú		nuǎn		pà		胞	124
nào		鬖	278	嫋	388	牛	33	煗	315	帕	237	橐	189
鬧	86	擬	379	嬈	392	niǔ		澳	351	pāi		泡	340
臑	124	𢍰	462	niào		狃	13	nuàn		拍	376	拋	383
橈	174	nì		尿	261	邢	199	㘝	304	pái		páo	
淖	346	逆	50	niē		狃	307	nüè		俳	247	咆	41
婥	392	屰	65	捻	383	紐	409	虐	149	排	374	鞄	81
nè		說	73	niè		鈕	439	瘧	230	pài		袍	254
肭	65	睨	99	釜	47	衵	446	nuó		𣪠	220	匏	282
訥	71	膩	127	嚙	57	肚	463	邢	197	㵾	339	庖	288
疒	228	㬯	203	躡	59	niù		儺	241	派	347	麃	304
甈	253	䵒	216	㗊	62	靵	155	譺	283	辰	357	炮	313

pào		搒 382	仳 248	瓢 221	粤 144	魄 283	踦 59
炮	92	弸 402	頗 273	piǎo	俜 244	破 293	諆 74
麭	188	輣 447	嶏 287	殍 100	艵 281	洦 342	鵏 113
奅	319	pī	匹 398	縹 126	píng	酺 466	殦 121
pēi		丕 1	圮 428	翲 266	苹 14	pōu	觭 133
胚	123	邳 198	pì	縹 407	幷 17	剖 130	榿 172
伾	152	旇 206	革 26	piào	洴 27	姠 391	杢 188
醅	466	秠 214	譬 68	剽 130	平 145	póu	鄿 196
péi		伍 242	鼙 114	僄 247	缾 159	箁 135	期 207
䢺	194	頟 276	劈 130	驃 300	枰 182	髻 278	僛 247
㟝	195	駓 300	副 130	慓 330	邴 199	掊 376	欺 269
裒	256	鮍 362	癖 229	嫖 391	屏 261	抔 376	顊 274
碩	272	魾 362	僻 246	勡 435	馮 301	音 153	敧 291
培	428	披 378	廦 291	piē	甹 310	pǒu	悽 333
陪	453	挖 380	澼 344	瞥 101	泙 345	攴 93	慽 334
pěi		坏 429	澨 353	撆 380	洴 348	痡 228	漆 338
肧	207	鈹 438	闢 370	piě	萍 354	仆 247	淒 348
pèi		鈚 443	媲 385	丿 393	絣 400	撲 381	霋 360
邶	197	pí	甓 401	鐅 439	蚄 416	鋪 442	娸 384
斾	205	蚍 16	piān	piè	坪 425	pú	妻 385
帔	235	芘 21	翩 106	嫳 390	凭 444	蒲 16	戚 396
佩	240	皮 92	篇 136	pīn	軿 446	羑 78	緀 407
崥	287	脾 124	瘺 230	闉 86	pō	僕 78	七 456
怖	332	膍 126	偏 246	姘 392	頗 273	犀 164	qí
湃	340	薭 147	媥 391	pín	扑 377	樸 171	祺 2
浿	342	鵧 158	pián	玭 10	坡 425	匍 281	祇 3
沛	342	枇 170	蹁 61	蘋 14	鏺 439	濮 340	祈 4
轡	414	椑 176	骿 122	響 73	pó	纀 409	璂 8
配	466	槺 178	楄 182	矉 100	鄱 197	墣 425	其 13
pēn		郫 197	便 245	顰 171	嶓 238	酺 466	萁 16
噴	40	疲 231	駢 301	貧 192	媻 389	pǔ	藄 17
歕	268	貔 297	piǎn	覕 283	pǒ	普 76	芪 20
pén		羆 311	諞 73	瀕 355	叵 144	樸 174	赾 43
盆	151	毗 326	piàn	顰 355	駊 301	圃 189	跂 61
pēng		琵 397	片 211	嬪 389	pò	普 203	臮 78
怦	33	甑 400	piāo	pǐn	迫 52	溥 343	齎 124
抨	381	盧 418	犥 33	品 62	敀 93	浦 347	奇 144
péng		蠱 421	嘌 38	pìn	膊 126	pù	畿 147
芃	22	蠹 421	趰 44	牝 33	轉 166	暴 203	棊 180
蓬	28	埤 427	藨 206	木 219	朴 173		郝 194
彭	146	陴 454	漂 344	聘 373	柈 186	Q	祁 196
棚	179	pǐ	摽 377	娉 389	霸 207	qī	旗 205
傰	242	嚭 146	飄 422	pīng	粕 218	萋 22	旂 205
騯	301	痞 231	piáo	俜 54	䐚 219	敧 58	

齊	211	臮	38	趀	45	婘	386	繾	405	搴	152
齌	211	趬	45	遷	50	鈐	439	堅	433	竅	218
疷	231	迟	51	逇	52	鉗	439	qiàng		疢	231
耆	258	迄	53	千	66	乾	458	唴	36	羥	307
鬐	279	器	64	謙	70	qiǎn		qiāo		愿	327
臡	283	訖	71	辛	77	掔	34	膲	43	悫	334
騏	299	睩	100	臦	80	遣	50	趬	44	淁	342
騎	301	啟	100	臥	89	譴	74	蹺	59	鰽	363
麒	304	棄	117	雃	107	槏	176	敲	91	挈	375
忯	328	肸	125	巠	110	淺	346	敲	95	奀	392
淇	339	栔	132	籤	139	繾	413	愍	96	匧	399
鮨	364	蚕	146	嬐	157	肯	452	骹	123	緁	410
鯕	364	磬	147	鄎	200	qiàn		鄡	196	鍥	439
齋	388	磬	159	褰	255	茜	18	幧	237	qīn	
綨	408	企	240	覸	267	芡	19	顈	272	窺	223
蚔	415	跂	250	欿	268	槧	180	礄	292	侵	245
齋	415	褚	254	顅	273	倩	241	繑	409	衾	256
蚚	416	眉	260	髷	278	倪	245	墽	425	親	266
蚑	418	屆	260	嵌	287	傔	249	qiáo		欽	267
畦	431	頯	273	騫	302	欠	267	茄	16	駸	301
銵	443	磧	292	慾	332	歉	269	落	27	綅	409
紙	448	砌	293	汧	338	鎌	362	翹	105	qín	
qǐ		契	319	汘	342	繏	408	樵	172	芨	14
玘	11	愒	330	浛	358	塹	428	橋	181	芹	18
荁	14	憩	335	攘	374	qiāng		僑	241	苓	19
芑	28	汔	350	掔	378	瑲	8	顤	274	芩	19
启	38	湆	350	摸	380	戧	59	鐈	320	鈐	83
起	44	泣	353	婜	388	蹡	59	鐈	437	鷐	84
啟	93	揭	378	鉛	436	羌	110	qiǎo		鈙	95
脊	128	嬰	390	阡	454	腔	128	巧	142	秦	215
豈	147	瓶	401	qián		牆	158	悄	334	瘽	228
杞	172	qiā		赶	46	槍	177	qiào		厃	290
棨	180	掐	383	前	46	椌	180	譙	75	鈐	364
邔	197	qià		雃	107	戕	395	鞘	83	聆	373
啟	202	賕	102	箝	138	斨	444	竅	226	揨	375
謮	275	刧	132	箍	138	qiáng		擎	381	琴	397
屺	285	硈	292	虔	148	蘠	20	陗	451	堇	430
綺	407	恰	336	鄭	195	牆	163	qiē		勤	434
綮	407	洽	349	黚	316	戕	286	切	129	禽	456
夥	449	擖	377	黔	317	嬙	392	妾	391	qǐn	
qì		qiān		灊	337	彊	402	qiè		蔓	26
气	11	芊	29	潛	348	強	416	藒	15	趣	44
艺	15	牽	34	拑	375	qiǎng		髒	57	赾	45
茸	25	塞	44	撦	379	襁	254	妾	77	棍	168

音序檢字表　531

趙	44	毬	259	騅	114	佺	158	塙	425	讓	75	訒	69
闠	81	悆	333	鴝	115	權	172	qūn		攘	374	卥	143
景	99	汓	348	臞	125	佺	243	趚	45	ráo		杒	171
桏	169	絿	406	朐	126	髯	277	逡	51	蕘	26	仍	243
籧	194	蝤	415	籧	136	泉	356	炈	164	饒	156	陾	454
邛	198	蚯	418	邭	199	拳	374	困	189	rǎo		rì	
穹	227	蠡	421	氍	259	捲	381	qún		嬈	34	遰	52
窮	227	酋	468	瘳	296	蕽	401	羣	94	擾	377	日	201
惸	334	qiǔ		駒	310	絟	412	羣	110	繞	406	馹	302
煢	366	糗	218	瞿	340	罐	415	宭	223	rè		眰	368
蛩	419	qū		渠	347	銓	440	帬	235	熱	314	róng	
肇	447	苴	25	鰹	364	輇	449	R		惹	336	茸	28
qiū		苗	26	絢	410	quǎn		rán		rén		蓉	29
薼	17	趨	43	蟲	421	捲	218	蘸	21	仁	240	鞼	82
萩	20	詘	75	蠅	423	犬	306	嘫	38	人	240	融	84
趙	44	胠	124	劬	435	〈	355	肰	128	任	245	榮	172
擣	114	胆	128	鑺	443	綣	413	顃	276	儿	263	容	223
簌	140	厺	151	朐	444	quàn		然	311	壬	460	頌	271
楸	170	袪	181	鞠	448	券	131	燃	405	rěn		髶	278
邱	199	箊	218	qǔ		拳	166	蚺	414	荏	14	嶸	286
秋	215	佉	246	犈	58	繏	408	鼹	423	蒽	15	駥	303
丘	251	軀	253	取	87	縈	410	rǎn		羊	65	搑	378
鰌	363	袪	255	袧	325	勸	434	燃	171	栠	173	戎	395
緧	411	屈	261	娶	385	quē		偄	246	稔	215	甝	401
qiú		岨	285	qù		缺	159	冄	294	忍	335	鎔	437
球	7	驅	301	趣	43	歔	161	染	353	rèn		醽	465
苶	21	魼	361	去	152	què		橪	360	牣	34	rǒng	
芁	27	鰸	363	麩	164	趙	44	姌	388	訒	71	宂	223
叴	40	區	398	覰	266	嗀	90	燃	389	刃	131	觞	310
速	51	曲	399	尿	369	雀	107	髥	467	餁	155	搑	380
逎	52	豐	400	闃	372	舄	116	ráng		靭	166	軔	449
九	76	蛆	415	蜡	418	權	181	襄	4	杒	173	róu	
虯	104	坥	429	quān		青	232	蘘	14	刃	235	鞣	81
脒	125	嶇	451	悛	328	卸	280	簑	138	仞	240	腬	126
肌	127	阹	454	悛	329	确	292	鄭	196	袵	254	柔	175
觓	133	qú		鐉	442	礐	292	穰	215	恁	330	粗	218
觩	134	璖	11	quán		确	292	瀼	354	妊	385	腬	274
梂	172	蕖	14	荃	25	碻	293	孃	392	紝	404	蝚	415
囚	190	蘧	14	佺	34	磍	325	鑲	437	紉	410	瞤	431
賕	192	趯	44	墐	45	慤	326	rǎng		軔	447	鍒	443
邽	199	瞿	54	齺	57	湛	349	膿	125	rēng		鞣	447
俅	240	衢	56	詮	69	闃	370	纕	409	扔	380	内	456
仇	248	躣	59	夋	98	闋	371	壤	425	réng		rǒu	
裘	258	翑	105	觠	133	榷	382	ràng		芿	28	徕	54

煣	313	犹	186	sāi		色	281	山	284	愓	334	赦	94
ròu		緌	408	颸	133	塞	328	潸	353	shǎng		舍	157
肉	123	ruǐ		sài		澘	346	挻	376	餉	155	躲	160
rú		蕊	336	簺	140	涑	349	姍	392	賞	191	韘	166
茹	26	ruì		賽	193	瑟	397	纔	408	shàng		麝	304
鞣	108	瑞	7	塞	428	轃	447	縿	410	上	1	懾	334
挐	199	芮	23	sān		sēn		shǎn		尚	31	涉	342
帤	235	叡	120	三	5	森	184	睒	99	shāo		欇	355
儒	240	汭	343	毵	33	sēng		覢	266	莦	23	攝	375
襦	256	螺	418	箾	137	僧	249	㺑	307	箾	137	揌	383
靦	283	銳	440	sǎn		shā		䀹	316	筲	137	shēn	
濡	341	rún		纖	155	殺	91	夾	320	梢	171	滲	16
如	389	犉	33	糁	217	樧	171	閃	371	稍	215	蔘	16
嬬	391	瞤	100	縿	413	沙	346	㜑	391	燒	311	呻	40
絮	411	rǔn		sàn		魦	363	陝	453	捎	379	詵	67
嚅	461	稐	259	散	108	鍛	438	shàn		sháo		侁	87
rǔ		rùn		散	127	shà		襌	4	韶	77	僕	94
郞	195	閏	5	椒	220	萐	13	訕	72	招	174	胂	124
臑	228	朒	128	棧	235	娶	106	蕭	76	shǎo		曑	174
汝	338	潤	350	sāng		歃	106	膳	126	少	31	槮	174
乳	367	ruó		桑	184	筸	138	贍	193	邨	198	甡	186
擩	379	挼	380	sàng		歃	269	鄯	194	shào		曑	206
辱	463	ruò		喪	43	潺	352	疝	229	哨	40	突	226
醹	465	蒻	16	顙	271	霎	361	偏	242	邵	194	俷	244
rù		若	25	sāo		shāi		善	247	邵	195	伸	246
蓐	29	腸	127	臊	127	籭	137	猭	307	袑	255	㑴	248
入	158	箬	135	傁	247	筲	137	煽	315	邵	280	身	253
溽	346	焫	184	騷	302	shài		汕	347	娋	390	祱	265
洳	349	弱	276	慅	333	曬	203	鱔	363	紹	405	屾	287
縟	408	爇	311	鰠	364	shān		扇	369	劭	434	駪	302
ruán		溺	338	搔	377	珊	10	擅	379	shē		燊	318
畖	431		S		繅	404	芟	25	嬗	389	賒	192	深	339
ruǎn		sǎ		sǎo		苦	25	繕	410	奢	322	抙	379
荺	21	靸	81	媵	19	葰	26	蝙	418	shé		姺	384
壴	92	灑	353	嫂	386	羴	111	蟺	419	斯	26	娠	385
偄	246	sà		埽	426	脠	127	墠	428	舌	64	紳	408
碝	292	靸	54	sè		刪	130	shāng		揲	375	阠	454
耎	324	跋	60	璱	8	笘	139	商	65	shě		申	464
婑	392	卅	67	薔	28	樧	170	蒿	84	捨	376	shén	
緛	410	榝	218	鼜	47	邲	200	殤	121	shè		神	2
蝡	418	駁	301	窒	142	痁	230	觴	134	社	4	魅	283
ruí		泧	351	嗇	163	誕	258	傷	160	shěn	
蕤	22	颯	422	棟	183	衫	258	貰	192	宋	32
桵	170	鈒	441	穯	213	彡	276	傷	247	設	70	諗	69

音序檢字表　533

瞫 101	施 205	嗜 39	百 274	璹 8	衛 56	欻 269
弞 160	尸 260	是 48	首 275	翻 85	帥 235	碩 272
瘆 229	屍 260	適 49	手 374	贖 192	率 414	獡 307
吲 268	鳲 267	逝 49	shòu	秫 213	蟀 416	爍 315
頤 273	溼 350	徥 54	售 42	朮 220	shuàn	掣 374
瀋 352	失 379	趆 60	受 119	塾 430	腨 125	妁 384
shèn	纏 407	舓 64	瘦 231	shǔ	膞 279	鑠 437
振 4	蝨 416	卋 67	壽 259	數 93	篹 449	sī
甚 21	蝨 420	諟 68	狩 308	貯 192	shuāng	褫 2
腎 124	亹 423	誓 69	授 377	暑 203	雙 111	玡 9
甚 143	鉈 441	試 69	綬 409	曙 204	鵝 112	茲 19
罙 234	釃 465	諡 75	鏉 442	黍 216	霜 360	虒 150
欣 269	shí	事 88	獸 457	署 234	shuǎng	榹 178
慎 326	祏 3	弒 91	shū	襡 256	爽 97	私 213
滲 345	十 66	眂 99	蔬 29	鼠 310	shuí	罳 234
蜃 418	識 68	賜 101	邃 59	蜀 416	誰 75	司 279
shēng	筥 139	奭 104	疋 62	shù	脽 124	厶 284
牲 34	食 155	鵡 116	疏 15	鸀 309	shuǐ	獄 309
笙 139	時 201	餙 133	述 49	嬲 310	水 337	思 326
生 186	秱 216	箷 136	術 56	思 326	shuì	濿 341
昇 204	寔 223	式 142	叔 87	繂 36	澌 350	澌 358
聲 373	實 223	冟 154	書 89	黻 146	睡 101	霝 359
甥 433	什 244	市 161	殳 90	艫 149	錐 107	緫 412
勝 434	石 291	枾 168	杸 90	樹 173	稅 157	絲 414
升 446	鼫 310	貰 192	几 91	束 188	帨 215	颸 422
shéng	湜 345	釋 217	舒 119	瘐 231	幣 235	斯 445
繩 410	拾 379	室 222	殊 120	眨 244	祝 258	sǐ
shěng	餘 418	飾 236	樞 176	㝛 257	涗 351	死 122
眚 101	塒 427	仕 240	梳 177	敄 259	shǔn	sì
楮 178	shǐ	侍 244	橾 181	庶 289	吮 36	祀 3
消 346	芺 14	視 265	鄃 196	恕 327	楯 176	藚 17
媋 390	菌 26	駛 303	邹 199	沭 341	揗 376	蕠 18
蛕 418	史 88	恃 329	輸 236	澍 349	shùn	牭 33
shèng	䭔 154	瀡 348	倏 308	漱 352	䑞 21	伺 63
滕 179	矢 160	媞 388	儵 317	戍 395	瞚 102	寺 92
膡 191	使 245	氏 394	洙 341	鉥 438	舜 165	笥 137
晟 204	豕 295	螫 418	淑 345	隃 453	順 273	飤 155
聖 372	始 387	勢 435	抒 379	shuā	鬊 278	粆 163
shī	shì	鏨 441	姝 387	shuō	相 177	椸 178
蓍 20	示 2	軾 447	毅 387	厰 87	說 70	柶 178
詩 68	士 12	shōu	紓 405	刷 130	shuò	俟 242
敁 93	蒔 23	收 95	練 413	shuāi	數 139	侣 245
師 185	釋 32	shǒu	輸 449	衰 231	槊 183	
邿 198	噬 36	守 224	疏 462	shuài	朔 207	

伺	249	sū		隨	49	索	186	闒	372	錟	441	濤	354
肆	294	蘇	13	suǐ		貟	190	搨	381	tǎn		搯	374
絲	296	穌	215	髓	123	索	224	撻	381	菼	19	畱	400
罵	298	窣	227	suì		碎	292	婚	389	嗿	38	弢	402
駟	301	sú		祟	4	惢	336	鐥	442	肒	128	絛	409
駛	301	俗	245	㒸	31	澻	342	tāi		盬	152	táo	
竢	325	sù		歲	47	鎖	443	胎	123	襘	255	萄	28
泗	340	蓫	19	遂	51	所	445	tái		繸	408	咷	36
洍	342	速	49	誶	75	suò		㙮	21	坦	426	逃	51
涘	346	諫	69	韢	166	些	48	苔	135	tàn		詢	72
汜	347	訴	74	橞	170	脽	127	邰	194	嘆	40	韜	82
四	455	欶	84	旞	205		T	駘	302	歎	268	匋	159
巳	464	肅	88	采	214	tā		炱	312	炭	312	桃	168
sōng		鷫	112	穟	214	搨	173	鮐	364	撢	380	橖	182
松	172	楸	169	邃	227	它	422	臺	368	tāng		駣	303
嵩	287	橚	174	襚	258	tǎ		嬯	391	葛	17	洮	338
娀	386	欯	209	碎	293	獺	309	tài		鼞	147	銅	443
蚣	417	槀	210	愻	328	鰨	361	態	331	湯	351	陶	453
sǒng		宿	224	甀	401	塔	430	汏	351	鐋	441	tǎo	
竦	325	廜	304	維	404	tà		泰	353	táng		討	75
慫	329	瀟	343	繐	409	少	47	tān		唐	39	tè	
悚	331	泝	348	繀	412	遝	49	嘽	36	踢	60	特	33
徖	373	素	413	鏾	437	蹋	59	貪	192	棠	169	貣	191
sòng		茜	467	鸘	454	踏	60	灘	347	鄧	200	忒	330
送	50	suān		sūn		龤	64	探	380	糖	219	忑	330
誦	68	狻	308	蓀	29	諽	72	攤	383	闛	371	蟘	415
訟	74	霰	359	飱	155	諸	72	緂	408	螗	420	téng	
宋	225	酸	467	孫	403	調	74	tán		堂	426	謄	71
sōu		suǎn		sǔn		噐	76	蕁	16	塘	430	騰	150
蒐	18	匴	399	損	127	㬲	106	談	67	鎕	443	朕	237
膄	127	suàn		笋	135	沓	143	錟	139	tǎng		騰	302
梭	181	祘	4	弩	144	馨	147	倓	162	矘	99	滕	344
鄒	196	蒜	27	損	379	䨼	147	檀	172	帑	237	縢	410
獀	306	筭	140	suō		鈒	159	橝	176	儻	249	螣	414
湅	353	算	140	莎	27	榹	173	鄲	198	tāo		tī	
擻	383	suī		趖	44	榻	183	鄟	199	牰	33	鯷	114
擻	422	荽	15	傞	247	毾	259	曇	204	犆	34	剔	131
sǒu		鞖	83	衰	257	磕	293	禪	218	攴	87	梯	179
藪	24	夎	108	搯	379	猾	307	倓	241	饕	156	tí	
嗾	41	夊	164	娑	389	濕	340	貒	297	韜	166	荑	16
叜	86	倠	248	縮	406	渣	351	燂	314	騊	301	蕛	21
膄	102	綏	412	suǒ		䚟	365	惔	334	夲	323	噅	41
籔	137	雖	415	瑣	8	齫	366	潭	339	悑	329	趧	46
浚	351	suí		籔	164	闒	370	壇	429	滔	343	徥	55

音序檢字表　535

蹄 58	鈿 443	覥 267	撞 34	荼 28	讙 73	鼉 423
鶗 115	tiǎn	絩 407	衕 56	捈 33	穨 265	tuǒ
禔 255		琠 6	調 70	迌 49	魋 283	橢 178
題 266	殄 121	貼 193	童 77	腯 126	雁 289	tuò
題 271	腆 126	聑 373	殼 91	筡 135	隤 451	萚 24
庠 290	栝 180	tié	箽 138	彘 150	tuǐ	唾 36
騠 303	靦 275	呫 83	彤 153	圖 189	債 241	橐 174
鯷 363	悿 335	tiě	桐 172	鄏 195	tuì	檡 175
提 375	忝 335	驖 300	瞳 204	鄐 198	復 54	檬 177
綈 407	錪 437	鐵 436	痌 231	稌 213	駾 302	W
銕 438	tiàn	tiè	同 232	瘏 229	悇 329	wā
銻 443	瑱 7	飻 156	僮 240	屠 261	婗 387	哇 39
tǐ	疢 65	帖 236	柚 318	龕 287	蛻 418	窐 226
體 123	瞁 101	tīng	潼 337	駼 303	tūn	窊 226
緹 408	tiāo	芌 21	銅 362	涂 338	吞 35	歚 269
醍 467	祧 5	桯 177	爐 423	捈 382	啍 37	洼 347
tì	佻 246	汀 350	銅 436	塗 430	焞 314	媧 386
薙 24	挑 377	聽 372	鈾 439	酴 465	黗 316	娃 391
嚏 37	脙 446	絟 405	tǒng	酳 467	涒 352	黿 423
逖 52	tiáo	挺 409	桶 180	tǔ	tún	wǎ
睇 100	蓨 17	町 431	統 405	吐 39	箟 139	瓦 400
骰 123	芀 19	tíng	tòng	土 424	屯 260	wà
倜 249	苕 28	莛 22	痛 228	tù	豚 297	嗢 39
禘 255	迢 46	廷 55	慟 336	兔 305	軘 447	韈 166
鬀 278	迢 53	筵 136	tōu	tuān	tuō	聉 373
鬄 278	調 70	粤 152	婾 390	貒 298	託 70	聉 373
啻 325	條 173	亭 161	tóu	湍 344	脫 125	眀 373
惕 334	卤 210	停 249	投 377	猯 433	桅 179	wài
悌 336	髫 278	庭 288	骰 90	tuán	侂 248	外 209
涕 353	髾 279	霆 359	脰 211	專 26	祏 255	額 272
涕 353	岧 399	tǐng	廞 220	黻 115	涶 342	顡 274
戾 369	蜩 417	珽 7	頭 271	篿 137	鮀 363	wān
tiān	鋚 436	挺 174	緰 412	團 189	拕 379	剜 131
天 1	tiǎo	侹 242	tǒu	譻 275	扡 382	登 147
齭 433	誂 73	壬 252	紵 113	漙 354	tuó	婠 387
tián	朓 126	艇 263	鯈 362	搏 381	跎 61	彎 402
嗔 38	脁 207	頲 272	妵 387	tuǎn	詑 71	wán
敗 95	窕 227	挺 380	tòu	疃 432	靯 83	玩 8
甜 143	篠 227	娗 392	透 53	tuàn	橐 189	芄 15
寘 227	燿 388	tōng	tū	彖 296	佗 243	刓 131
恬 327	tiào	通 50	侗 242	tuī	袉 255	完 223
闐 371	跳 60	恫 242	禿 265	蓷 16	馱 303	頑 272
塡 426	朓 101	恫 333	弐 462	推 374	沱 337	丸 291
田 431	糶 185	tóng	tú	tuí	鮀 363	忨 332

汍	354	妄	390	潍	344	味	36	殟	120	鄔	196	鶩	114
紈	406	望	398	澫	345	衛	56	wèn		屋	261	晤	201
wǎn		wēi		闈	370	蘬	60	問	37	歍	268	窨	224
琬	7	薇	14	媁	391	謂	67	餫	156	洿	350	瘜	228
菀	20	逶	51	維	410	矮	110	饐	156	汙	350	痸	229
脘	126	微	54	wěi		胃	124	汶	341	亏	402	刣	262
盌	150	媺	133	蔦	20	饎	156	搵	382	wú		兀	263
妴	164	楲	176	芛	22	韋	186	絻	406	璑	6	嵍	286
晚	202	械	177	葦	27	尉	234	wēng		蕪	23	勿	294
宛	222	倭	241	蓮	29	位	243	翁	105	菩	27	鶩	301
妜	387	嵬	265	唯	37	褽	254	箬	135	吾	37	悟	329
婉	387	巍	284	韙	48	畏	284	鰮	363	梧	172	霚	360
媛	389	儀	290	諉	70	磈	293	螉	414	蓩	184	扤	381
鋺	400	危	291	殘	120	帍	296	wěng		部	198	婺	388
綰	408	煨	312	骪	123	蘷	297	滃	348	吳	320	務	433
睕	431	烓	312	樟	169	尉	313	wèng		浯	341	鋈	436
鞔	450	渨	348	韡	187	熭	315	甕	159	毋	393	阢	452
wàn		溦	349	寪	222	繪	316	瓮	400	雧	398	戉	458
堅	9	威	385	痿	229	慰	329	wō		隖	453	X	
亂	19	陾	452	痿	230	蘅	332	喔	41	wǔ		xī	
瓽	105	wéi		痏	230	渭	338	踒	61	珷	9	禧	2
購	191	琟	9	癟	230	媦	386	蝸	418	趡	44	蒵	17
鄤	197	薓	14	偉	241	緭	407	wǒ		鴟	116	悉	32
掔	374	蕥	22	偽	247	雖	419	婐	388	舞	165	犀	34
萬	457	違	51	尾	261	颶	422	我	396	䑞	234	犠	34
wāng		爲	85	頠	272	錯	438	wò		伍	244	吸	37
尣	321	敳	94	疒	291	曹	448	晤	101	侮	247	唏	38
汪	344	釐	108	媧	291	未	464	睉	102	廡	288	叩	40
wáng		薇	135	媍	307	wēn		腛	153	憮	329	徯	54
王	5	韋	165	煒	314	䀛	151	幄	177	憮	329	諔	72
葂	18	口	189	洧	340	溫	337	偓	243	憮	340	譆	72
亾	398	圍	190	鮪	361	輼	446	臥	253	嫵	387	斳	75
wǎng		轈	210	闠	370	wén		鶩	301	武	396	犕	95
往	54	帷	236	委	388	閿	98	渂	348	隖	454	瞦	98
敳	95	幃	236	娓	389	僒	240	渥	349	五	455	睎	101
柱	174	敯	244	緯	405	乄	277	掓	374	午	464	舃	105
网	233	禕	255	鞼	433	文	277	握	375	悟	464	龠	134
蝄	419	黻	266	鋘	442	駮	300	攫	379	wù		兮	144
wàng		嵬	284	隗	451	聞	373	斡	445	艿	27	義	144
迋	49	獮	295	wèi		䗈	421	wū		物	34	虖	148
誆	75	壝	321	蔚	20	wěn		誣	72	誤	72	醯	151
旺	203	惟	328	薉	20	吻	35	烏	116	誤	74	槶	170
望	252	洈	339	蘷	26	刎	131	巫	142	誤	74	析	182
忘	331	濰	341	蘳	34	穩	216	朽	176	孜	93	槭	182

音序檢字表 537

郞	196	鑲	437	霓	267	蠱	421	马	210	羨	270	骴	200
鄗	198	xí		欷	267	鍛	441	稧	213	獮	307	黖	200
晞	203	蓆	25	歔	269	轄	449	癇	228	獻	308	曓	202
昔	203	謵	74	歗	269	陝	451	憪	237	鰥	310	向	222
夕	208	習	105	豓	318	xiǎ		伭	246	憲	327	像	248
稀	213	鷔	134	怸	332	閜	370	次	270	霞	359	襐	256
痑	227	覡	142	傒	333	xià		駽	299	鮌	363	項	272
痨	229	槢	169	洶	340	丅	2	麤	304	綫	410	象	298
瘜	230	橺	180	戲	395	鏬	159	惃	316	蜆	417	鬨	371
晳	238	郞	196	匸	398	夏	164	憪	330	垷	426	勷	434
僖	245	席	236	系	403	廈	290	慈	330	限	451	xiāo	
俙	247	襲	254	細	405	墟	428	慊	332	陷	451	蠨	15
裼	257	稧	287	綌	412	xiān		鹹	368	xiāng		蕭	20
屖	260	驨	300	墍	426	衻	5	閑	371	薌	29	歗	23
欷	268	鰼	363	鋓	441	躔	61	嫺	388	相	100	嘐	39
歙	268	虉	423	錸	442	鶱	116	嫌	390	箱	138	嘵	40
欰	268	隰	451	隙	453	枮	173	嬶	391	貏	200	哮	41
欹	269	xǐ		xiā		韱	221	弦	403	香	217	唬	41
鬩	278	辿	50	呷	38	傿	248	衒	442	襄	256	逍	53
剢	280	躧	61	呀	42	仚	249	xiǎn		厢	290	嚣	64
奚	295	諰	70	跭	61	先	265	尟	48	驤	301	囂	84
豨	296	謑	75	蝦	364	憸	330	跣	61	湘	339	鴞	113
騦	303	鞨	82	xiá		思	330	諴	69	緗	413	膮	127
騽	310	喜	146	袷	3	鮮	363	壂	82	xiáng		簘	139
熄	312	意	146	瑕	8	鱻	365	㷉	203	祥	2	虓	149
熹	313	枲	220	瑺	9	攕	374	憸	237	詳	68	枵	174
熙	315	厎	290	遐	53	掀	378	洗	253	翔	106	梟	183
奊	324	洒	352	䶖	57	妗	388	毨	259	夆	167	宵	224
息	326	纚	408	輂	165	孅	388	顯	274	橡	180	痟	229
惜	333	壐	427	韘	166	嬐	389	玁	306	庠	288	歊	268
漵	344	xì		柙	182	纖	405	獫	308	洋	341	驍	300
淅	351	呬	36	暇	203	尲	433	顯	311	玒	400	獢	306
豀	357	咥	37	瘕	230	銛	439	銑	436	xiǎng		獟	307
西	368	䏖	66	俠	244	xián		險	451	響	77	消	350
粞	368	僁	71	庋	291	弦	17	xiàn		饟	156	瀟	354
扱	381	閱	86	碬	292	嗛	36	莧	14	餉	156	霄	359
媐	386	盻	102	夊	296	咸	38	哯	39	饗	156	綃	404
娭	389	虩	149	騢	299	啞	40	趏	44	言	162	蛸	416
錫	412	盡	152	狎	307	趄	44	賢	98	想	328	蠨	418
蜥	415	郤	195	黠	317	諴	69	睍	99	蜜	414	銷	437
螇	417	鄎	199	赮	319	瞷	101	胘	128	xiàng		xiáo	
蠵	419	氣	218	霞	361	鷼	115	睍	202	珦	6	殽	91
蟋	420	禀	238	撨	378	肱	126	臽	219	鈃	159	恔	327
錫	436	係	248	匣	399	賢	191	僴	242	樣	170	洨	341

xiǎo		挟 378	瀣 343	荊 154	修 276	徐 246	譞 70
小 31		絠 411	渫 353	鍚 155	傄 300	xǔ	諼 71
詨 76		劦 435	瀥 354	邢 195	潃 351	湑 4	暖 99
筱 135		協 435	閑 370	熒 221	羞 463	珝 11	翾 105
曉 204		勰 435	媟 390	形 276	xiǔ	許 67	䑖 133
皢 238		協 435	妎 392	榮 347	歺 121	詡 70	舳 134
鐃 437		斜 445	絬 410	汧 347	xiù	盨 151	宣 222
xiào		xiě	繼 411	娙 387	琇 7	栩 170	儇 241
芍 20		寫 224	蠏 419	型 427	璓 9	䚏 196	駽 299
嘯 38		魯 305	解 452	鈃 437	鱃 104	糈 218	煖 315
效 93		xiè	离 457	鋞 437	秀 213	惰 329	嬛 388
肖 125		瓊 9	xīn	銒 437	褎 255	湑 352	娟 401
笑 140		薛 19	薪 26	陘 452	岫 285	姁 385	蠉 418
皛 238		嘿 40	訢 70	xǐng	臭 308	頵 411	亘 424
孝 259		邂 53	昕 204	省 103	繡 407	xù	銷 438
歊 268		齘 56	馨 217	醒 467	xū	塏 12	軒 446
㩋 303		齹 58	欣 268	xìng	嘘 37	賣 28	xuán
㦽 395		謝 70	歆 269	荇 21	吁 40	蓄 28	璿 7
xiē		燮 86	廞 289	腥 127	謣 69	訹 71	玄 118
歇 268		取 94	心 326	杏 168	訏 74	敍 95	櫏 172
猲 306		獬 104	忻 327	姜 320	盱 99	鷽 113	檈 178
xié		劈 129	新 445	性 326	胥 127	卹 152	圓 189
瑎 10		楔 176	辛 459	悻 330	芋 145	旭 201	旋 206
鮚 62		楔 177	xín	姓 384	楈 169	瘦 229	縣 276
諧 70		械 182	鐔 441	嬹 387	橐 177	侐 244	淀 345
讗 72		榭 183	xìn	婞 390	朐 202	屖 262	嫙 388
鞵 82		藝 203	信 69	緈 405	虛 251	序 288	xuǎn
覕 83		襟 218	鱟 81	xiōng	欨 267	煦 312	咺 36
肸 99		亶 221	脪 126	詾 74	欻 268	恤 328	選 50
脅 124		幧 236	囟 325	凶 219	歔 268	恤 329	癬 230
脄 126		偰 241	xīng	兇 219	頊 273	洫 347	翼 233
偕 243		俲 242	殽 65	兄 264	須 276	潊 354	親 265
襄 257		袺 255	興 80	匈 282	魖 283	鱮 362	愃 328
褉 257		褻 256	胜 127	洶 345	頿 325	婿 387	xuàn
歑 268		眉 260	觲 133	xióng	忖 334	緒 404	衒 56
頁 271		屑 260	曌 206	雄 108	需 360	續 405	鞙 83
頡 273		屟 261	騂 303	熊 311	鮦 361	絮 411	閱 86
騱 301		欼 268	猩 307	xiòng	揟 381	勖 434	縣 98
臭 320		卸 280	鮏 364	趨 44	頢 386	酗 466	夐 98
爡 321		灺 313	蛵 415	詗 75	繻 408	xuān	眩 98
㦂 331		燮 316	垶 425	xiū	蝑 417	瑄 11	旬 100
㥯 332		㐱 319	xíng	脩 126	戌 468	蕿 14	賛 150
挾 375		繲 331	行 56	休 182	xú	屾 42	楥 179
攜 375		忢 331	刑 131	鬃 188	徐 54	趨 45	袨 258

炫	314	詢	76	崖	287	檐	176	壓	316	巘	324	yāo	
泫	343	潯	92	厓	290	郔	198	黶	316	燕	365	祆	4
繯	406	橁	171	涯	355	顔	271	黤	317	嬿	386	葽	21
絢	407	鄩	195	yǎ		顓	272	黦	317	晏	389	要	80
縼	411	郇	196	雅	106	巖	286	奄	319	媕	392	幺	117
鉉	438	恂	235	庌	288	嵒	286	沇	339	釅	467	枖	174
鏇	438	旬	282	yà		礦	292	衍	343	yāng		夭	320
xuē		峋	286	亞	57	暑	292	演	343	鴦	114	妖	390
薛	16	馴	302	訐	71	研	293	溎	349	殃	121	紗	403
韡	83	恂	328	乞	226	狠	307	鰋	363	央	161	yáo	
削	129	洵	342	兩	234	炎	315	揜	377	秧	215	瑤	10
辥	460	潯	345	猰	309	沿	348	掩	381	泱	348	珧	10
xué		蠢	357	閼	371	潤	353	婣	389	姎	391	蘨	24
斅	96	鱘	362	揠	380	鹽	369	戭	396	yáng		喑	38
嚣	106	紃	409	軋	449	閻	370	匽	398	禓	4	遙	53
鷽	113	xùn		亞	455	閽	370	顩	400	羊	109	蹻	60
觷	133	蕈	21	碞	455	妍	391	蝘	415	楊	171	耆	69
穴	226	迅	49	yān		埏	430	隒	452	暘	201	爻	97
嶨	285	遜	50	薦	24	阽	453	yàn		瘍	229	肴	126
翯	347	徇	55	咽	35	yǎn		喭	41	痒	229	榣	174
絈	410	訓	68	鞇	110	琰	7	遜	52	崵	285	繇	221
xuě		訊	69	焉	116	晱	42	鸚	57	易	294	窯	226
雪	359	欯	141	腌	127	兗	42	趼	61	揚	378	僉	247
xuè		巽	141	猒	143	齞	56	諺	71	颺	422	傜	247
茓	28	梭	171	鄢	197	齬	57	赝	84	錫	442	僥	249
謔	73	徇	241	鄭	199	羍	78	遌	99	陽	451	歈	268
旻	98	憩	328	猽	306	眼	98	雁	107	yǎng		顤	272
血	152	汛	353	煙	314	暥	101	鷹	114	鞅	83	嶢	286
窬	226	潠	355	懕	329	鷗	113	鴳	116	養	155	鰩	365
狘	309	卂	366	淹	338	剡	129	豔	148	怏	169	摇	378
颶	422			漹	342	棪	169	晏	202	仰	244	姚	384
xūn		**Y**		闉	371	檿	172	蕚	202	卬	250	婬	388
熏	13	yā		壓	387	郾	196	宴	223	抰	381	嬺	401
薰	15	鴨	116	嫣	388	郔	198	俺	242	紻	408	繇	403
纁	407	窅	227	yán		斾	205	偃	246	蛘	418	垚	430
壎	427	厭	291	琂	9	罨	233	彥	277	坱	429	堯	430
勳	433	閹	370	曮	40	儼	242	硯	293	yàng		銚	438
醺	466	壓	428	嚴	42	偃	247	驗	300	訣	68	yǎo	
xún		鏗	441	延	55	褗	257	驗	300	煬	313	齩	57
珣	6	yá		言	67	裺	257	狋	308	賜	316	窅	99
荀	29	芽	22	訮	72	顉	272	臙	312	怏	333	鴢	116
趨	44	牙	58	筵	136	魘	283	爓	314	恙	333	杳	175
巡	48	睚	102	簷	140	广	288	燄	316	漾	338	邑	202
循	54	雅	107	麒	150	䖱	316	焱	318	羕	357		
		杒	172										

腰	205	液	352	栘	171	蟻	416	殔	121	逸	305	禋	3
舀	219	擪	376	柏	177	錡	438	肊	124	熠	314	茵	26
匋	222	拖	382	椸	183	輢	447	剭	131	亦	320	喑	36
窅	227	掖	383	貤	193	轙	448	㶣	149	懿	322	音	76
窈	227	擖	426	鄬	198	乙	457	虒	149	罿	322	因	190
yào		鍱	438	臨	202	乚	464	益	151	奕	324	瘖	229
藥	25	曳	465	移	214	酏	467	饐	156	意	326	殷	253
鷂	115	yī		宧	222	yì		檍	169	癔	327	駰	299
窔	227	一	1	戺	224	瑿	9	檹	170	憶	328	慇	333
覞	266	鷖	114	痍	230	弉	13	杙	170	愱	329	澭	340
覜	267	椅	170	儀	245	薏	16	槸	174	悒	330	洇	342
獟	308	檹	174	䏌	250	䔬	19	椸	178	忍	332	湮	348
燿	314	伊	241	歋	268	薿	25	圛	189	忢	335	霠	361
旭	321	依	243	灰	270	嗌	35	䣋	191	懌	336	闉	370
爍	404	肙	253	嶷	285	噫	36	邑	193	漠	338	捆	380
yē		衣	253	狋	307	呭	38	邔	200	瀷	339	姻	385
噎	39	猗	306	夷	319	邁	45	昜	202	澺	340	垔	428
喝	203	繄	316	怡	328	齸	58	暘	202	泄	340	陰	452
yé		黟	317	沂	341	跇	60	窫	223	洟	346	yín	
䎒	19	壹	322	臣	373	音	68	㝮	228	洦	346	珢	9
邪	199	悠	333	匜	373	議	68	瘞	231	溢	352	黃	17
鈒	441	揖	374	姨	386	誼	70	疫	231	糞	366	荶	23
yě		嫛	385	嫛	388	詣	71	帟	237	擅	374	吟	40
冶	358	妷	386	乁	394	誃	72	仡	242	挹	379	斷	56
也	394	繄	410	義	397	譯	76	億	245	妶	386	嚚	64
野	431	蛜	417	匜	399	謚	76	伿	247	又	393	圁	68
yè		堅	429	瓵	400	羿	78	佚	247	厂	394	瘖	149
葉	22	陜	453	彝	413	异	78	傷	247	弋	394	辇	150
喝	40	醫	466	圯	430	弈	79	佾	249	医	398	尢	161
謁	67	yí		疑	461	異	79	裔	256	匿	399	鄞	197
業	77	珆	9	yǐ		執	85	衵	256	弩	402	鄯	200
箕	136	荍	22	苢	16	赫	88	歐	269	竭	403	寅	209
饁	156	咦	36	迆	51	殹	91	归	280	繹	404	似	252
枼	182	台	38	齮	57	毅	91	臂	281	縊	412	𦝫	252
曄	187	迻	50	敵	83	役	91	嶧	285	投	425	㐆	285
鄴	196	遺	51	矣	160	敤	94	廙	289	圪	426	廞	290
曗	202	徲	54	樣	175	斁	94	厈	290	塯	429	狺	307
夜	208	詒	71	旖	206	羿	105	殶	295	塲	430	狀	309
僷	241	羠	110	倚	243	翳	106	㺒	295	場	430	淫	346
裛	257	犧	115	顗	273	翊	106	豙	296	勩	434	霪	360
黶	275	簃	140	憘	328	隹	108	希	296	軼	449	婬	392
廞	289	飴	155	乙	367	鱧	114	易	298	隊	453	蟫	415
焆	314	橪	169	辰	369	鶂	114	駅	302	酏	466	垠	428
㸚	314	棟	169	蛾	416	殪	121	驛	302	yīn		銀	436

音序檢字表 541

圻	445	櫻	183	喜	162	優	245	yòu		竿	139	齬	58
寅	463	賏	193	廊	197	麀	305	祐	2	亐	145	語	67
酳	465	鄭	199	癰	230	怮	333	茴	17	虞	148	與	80
yǐn		應	326	廱	288	悠	334	右	38	盂	150	敔	95
听	38	嬰	389	貐	297	恿	334	趙	44	餘	156	羽	105
越	44	孾	390	慵	335	泑	337	又	86	榆	172	予	119
廴	55	纓	408	灉	341	漫	349	右	86	楰	173	篽	140
靷	82	yíng		邕	356	蟉	419	幼	117	邟	195	梄	169
尹	87	瑩	8	鱅	363	yóu		盉	150	旗	205	圉	190
窨	119	榮	24	墉	427	蕕	17	柚	168	窬	226	邪	197
隱	180	迎	50	鏞	440	茵	27	囿	189	仔	241	鄅	198
歙	270	營	71	yóng		遙	49	宥	224	褕	254	瓜	221
憖	328	嫈	102	喁	41	訧	75	疣	229	衧	255	宇	222
濥	343	籯	137	鱅	114	肬	125	頄	274	魷	259	窳	226
乚	397	盈	151	顒	272	鹵	143	赳	284	俞	262	俁	242
引	402	楹	175	鰫	361	畚	159	貁	298	艅	263	傴	248
螾	414	贏	191	鯒	363	楢	169	鼬	310	鯢	266	禹	257
釔	436	營	225	yǒng		樆	173	忧	333	歈	267	瘐	273
釿	445	褮	258	滎	4	郵	194	妯	389	歔	270	嶼	287
輴	447	熒	318	踊	46	邮	195	yū		峿	285	庚	288
隱	452	瀛	354	踴	59	旒	205	菸	24	惇	330	貐	297
yìn		贏	384	詠	70	游	206	迁	52	愉	330	圄	322
廕	23	縈	410	甬	210	由	210	瘀	229	愚	330	懇	329
胤	125	蠅	423	俗	241	覦	266	壴	321	湡	341	雨	359
檃	176	瑩	429	俑	247	猶	309	淤	351	澳	342	雺	360
窨	226	yǐng		涌	345	油	339	渝	353	雩	360	匬	399
印	280	桊	154	溶	345	沈	342	扜	383	魚	361	鋙	438
猌	308	樱	168	泳	348	輶	447	紆	405	鱀	365	与	444
愁	328	郢	197	永	357	尤	458	yú		鱖	365	斞	445
胭	394	穎	214	攦	379	yǒu		璵	6	舉	378	禹	457
坒	429	癭	229	蛹	415	槱	10	瑜	6	揄	379	yù	
㲈	464	廮	289	勇	434	羑	13	玗	9	嬩	386	禦	4
酳	466	穎	340	yòng		友	87	萸	21	娛	388	玉	6
yīng		潁	347	用	97	羑	111	余	32	嶔	418	芋	14
瑛	6	撅	382	醤	466	槱	182	趣	44	蝓	419	薁	18
英	22	yìng		yōu		有	207	逾	49	堣	425	菁	21
嚶	41	應	67	嗄	39	牖	211	衙	56	龠	431	萑	27
譻	67	映	204	呦	41	歐	269	踰	59	興	447	喅	38
嚶	107	倂	246	攸	94	欷	269	諛	71	隅	451	噊	40
鶯	115	鎣	438	丝	118	㰾	269	誇	73	奧	465	遇	50
鸚	116	yōng		幽	118	庮	289	旉	80	yǔ		遹	51
膺	124	庸	97	憂	164	黝	316	軒	82	瑀	9	御	55
罌	159	雍	107	櫌	178	鮋	362	䑛	110	萬	16	喬	65
營	159	饔	155	鄾	196	酉	465	腴	124	嘘	41	諭	68

譽	70	霸	360	湲	354	龠	62	湨	340	哉	38	záo	
弅	78	圂	370	厵	357	鸑	84	沄	344	栽	314	鑿	439
鬻	84	嫗	385	援	379	暈	101	澐	344	巛	356	zǎo	
聿	89	或	395	嫄	386	驚	112	雲	361	戈	396	璪	8
挈	110	綃	407	蚖	415	鵁	113	妘	384	zǎi		璵	9
鵒	113	繘	411	螈	416	敔	119	縜	409	宰	223	藻	27
鶌	114	蟜	416	媛	419	刖	130	yǔn		睪	373	早	201
骹	115	蜮	419	黿	423	籥	136	荺	22	縡	413	棗	211
鵒	115	颮	422	垣	426	龠	136	暈	35	zài		澡	352
簛	137	鉛	438	轅	448	鑰	139	趣	44	飵	85	繰	408
鬱	154	育	462	阮	453	曰	143	齳	57	再	117	蚤	420
鉞	156	醖	466	粵	145	允	263	栽	175	zào		
鉞	159	yuān		樂	180	預	272	戠	199	草	28		
棫	170	葾	18	遠	52	月	207	碩	292	沛	349	趮	43
鬱	184	遹	51	詧	75	突	226	夻	319	在	426	造	49
賣	193	鞙	82	顪	272	寏	226	鞁	323	載	448	皁	62
郁	194	昬	100	yuàn		頤	272	貫	359	戠	467	譟	73
昱	203	鼘	111	瑗	7	獄	285	抎	378	zān		竈	226
礥	208	鴛	114	苑	24	庐	291	鋆	441	鐕	440	燥	315
寓	224	鳶	115	胃	128	爇	312	阮	451	zǎn		zé	
瘉	231	剈	130	餪	156	爴	317	隕	452	寁	224	嘖	40
罭	234	藔	147	夗	209	瀹	351	yùn		儹	243	迮	49
價	245	褍	236	傆	244	閱	371	蘊	24	zàn		齰	56
裕	256	冤	305	顠	271	閱	371	運	50	瓚	6	齚	57
歇	267	悁	332	願	272	捐	381	韻	77	饡	155	譜	71
欲	268	淵	345	愿	327	妜	391	鞰	81	贊	191	則	129
欥	269	嬽	387	怨	332	妯	391	餫	156	暫	203	筰	136
籲	274	蜎	419	掾	376	戉	396	鄆	195	瓚	353	簀	136
預	274	鞁	449	媛	389	絨	409	量	204	孍	387	責	192
禺	284	yuán		緣	409	紆	413	肩	228	鏨	439	幘	235
磐	292	元	1	院	454	軏	448	覞	265	zāng		澤	346
豫	298	芫	21	yuē		yūn		惲	327	臧	90	潜	348
驈	299	蕵	22	噦	39	贇	272	慍	332	牂	110	擇	376
虞	304	赴	46	約	406	熅	314	縕	405	zǎng		嬯	389
狳	308	邍	52	yuè		壹	322	縕	412	駔	302	獵	446
獄	309	諢	68	袎	3	yún		孕	461	zàng		zè	
煜	314	爰	119	蘥	19	芸	18	醞	465	葬	30	昃	202
鷸	317	圜	189	軏	33	趯	43	Z		奘	307	仄	291
忿	330	圓	189	越	43	筠	140	zā		奘	324	矢	320
淯	338	園	189	䨖	45	囩	189	帀	185	zāo		zéi	
減	343	員	190	述	52	貟	190	zá		遭	50	鯽	364
澳	347	邧	198	跀	59	鄖	197	雥	111	糟	218	賊	395
浴	352	袁	256	躍	59	勻	282	雜	256	傮	248	zēn	
昱	356	沅	338	朒	61	惲	333	zāi		熸	314	璔	9

先 264	zhài	璋 7	照 314	禎 2	鳭 116	隻 106
zèn	鄒 195	葦 18	魿 364	禎 2	朋 126	雄 108
譖 74	瘵 228	章 77	廑 369	珍 8	栚 178	鵳 113
zēng	債 249	鄣 198	肇 395	葴 18	賑 191	胑 125
曾 31	zhān	粻 218	垗 429	蓁 18	侲 249	胝 125
譄 73	詹 31	彰 276	陿 453	蓁 23	朕 262	脂 127
繒 160	邅 43	麞 304	zhē	唇 40	震 359	知 160
罾 233	饘 84	漳 339	遮 52	貞 96	雨 371	枝 173
奲 313	占 96	張 402	zhé	鸇 115	抌 377	榰 175
憎 332	瞻 100	zhǎng	哲 37	箴 139	振 378	栀 183
繒 407	鸇 115	蟄 71	亲 168	紖 411	之 185
增 427	饘 155	爪 85	謫 74	榛 170	鎮 439	厄 279
zèng	旃 205	掌 374	讋 74	楨 175	zhēng	駅 300
䌀 84	氈 259	zhàng	縢 127	偵 249	莘 24	泜 347
贈 191	鱣 302	丈 66	磔 167	眞 250	蒸 26	汁 352
甑 400	惉 335	杖 179	矗 173	砧 293	証 49	戠 396
zhā	沾 339	帳 236	埒 178	鬒 302	延 55	織 404
齇 57	霑 360	嶂 428	毛 186	湞 339	爭 119	籠 423
諸 71	鱣 362	障 452	晢 201	湞 339	箏 140	簪 466
戲 87	蛅 416	zhāo	柾 237	潧 340	徵 252	zhí
艚 133	zhǎn	啁 39	尾 260	臻 368	崝 286	趣 44
楂 168	琖 11	釗 131	猭 308	甄 400	烝 312	蛆 57
柤 176	瞻 100	盅 150	懘 327	鍼 438	絟 410	跖 58
挓 209	琞 142	昭 201	愲 334	斟 445	紅 410	蹢 60
溠 339	榐 169	鞀 205	耴 372	蓁 449	埩 428	蹠 60
担 379	展 260	佋 248	扟 375	zhěn	鉦 440	殖 121
zhá	顫 273	招 377	摺 378	診 75	錚 441	䐜 164
札 180	嫸 391	鉊 439	蟄 419	殄 90	陙 453	植 176
霅 359	屦 420	zhǎo	虺 420	殄 91	zhěng	穓 179
zhǎ	飐 422	瑤 8	鉽 439	眕 100	整 93	穖 213
眨 102	鐔 442	爪 85	輒 447	胗 125	抍 378	帙 236
羛 312	斬 450	叉 86	轍 450	胗 125	zhèng	值 248
鮺 364	醆 466	沼 347	zhě	枕 177	正 48	雉 302
zhà	zhàn	zhào	者 104	積 213	証 69	執 322
咤 40	蘸 29	召 37	赭 318	袗 254	諍 70	熱 335
詐 71	巉 149	趙 45	zhè	辰 260	證 75	漬 346
詐 74	棧 179	踔 59	蔗 17	煩 272	政 93	職 372
栅 177	襄 254	詔 69	嗻 39	賑 273	拓 379
乍 398	祖 257	肇 93	鷓 116	參 276	鄭 194	姪 386
zhāi	棧 286	抓 96	樜 171	紾 406	zhī	直 397
齋 3	戰 395	翟 108	柘 172	畛 432	祗 2	埴 425
摘 377	組 410	挑 110	浙 337	軫 447	禔 2	墌 427
zhái	輾 450	櫂 183	蟅 417	zhèn	芝 13	zhǐ
宅 222	zhāng	旋 205		跈 60	菬 25	祉 2
		罩 233	zhēn	朕 102	支 88	

止 46	桎 182	zhōng	肘 124	舳 262	筑 139	腫 125
只 65	櫍 183	中 12	疛 229	爥 313	髻 279	雎 299
詆 74	質 192	苎 17	帚 236	泏 346	zhuān	錐 440
鼓 95	到 196	忪 235	zhòu	嬲 389	跧 59	zhuǐ
旨 145	稺 213	忪 241	囑 35	斸 445	耑 74	氿 355
夂 167	秩 214	衷 256	味 41	zhǔ	專 92	zhuì
枳 171	實 225	鬷 310	詷 72	鬻 84	叀 118	諈 70
稙 187	室 227	忠 326	晝 89	、 153	顓 273	欼 87
疻 230	痔 230	汷 342	冑 125	主 153	嫥 389	笍 139
薾 239	置 234	霵 359	籀 136	料 178	zhuǎn	饌 157
禃 257	幟 237	終 406	宙 225	宔 225	膞 127	槌 178
囮 261	侍 243	螽 420	胃 232	㞚 233	腨 279	贅 192
悁 326	製 257	鍾 437	驟 301	屬 261	竱 325	碌 292
洔 346	厔 289	鐘 440	甃 401	麈 304	鱒 362	硾 294
沚 347	庢 289	zhǒng	紂 411	渚 341	闢 371	惴 334
泜 350	礩 293	煄 46	繰 412	陼 453	轉 449	娷 392
指 374	彘 296	徰 55	酎 465	宁 455	叀 462	縋 410
扺 377	豸 297	踵 59	zhū	zhù	zhuàn	墜 430
抵 381	隲 299	腫 126	珠 10	祝 3	瑑 8	畷 432
紙 411	鷙 302	瘇 230	藸 17	芧 15	譔 68	轛 447
坁 426	廌 303	冢 282	茱 21	迃 51	篆 135	隊 452
軹 448	狾 308	zhòng	諸 67	宁 102	籑 155	綴 455
阯 452	炙 318	種 213	誅 75	鬻 105	賺 193	zhūn
zhì	戠 319	仲 241	筑 139	矝 110	僎 240	屯 12
璏 8	志 326	眔 252	朱 173	箸 137	俴 241	諄 68
菣 24	忮 331	重 252	株 173	豆 146	傳 246	肫 123
茝 26	滍 340	憧 327	邾 197	籚 148	頭 274	窀 227
噴 37	滯 350	zhōu	袾 256	㝢 151	卵 280	幀 237
迣 52	至 367	周 39	豬 295	柔 170	隊 453	zhǔn
逮 52	摯 375	舟 43	潴 354	築 175	zhuāng	準 350
舐 58	摘 377	譸 72	絑 407	柱 175	莊 13	埻 427
躓 60	抾 378	鬻 84	鼄 423	杼 179	樁 183	zhùn
誌 76	挃 381	鵃 112	銖 440	柷 180	裝 257	睜 100
鞑 82	摯 381	侜 246	zhú	貯 192	妝 390	稕 216
矯 104	藝 389	舟 262	竺 15	佇 249	zhuàng	zhuō
雉 107	紩 410	輈 282	茱 20	甹 300	壯 12	劉 130
鷙 115	緻 413	盩 322	趨 44	駐 302	狀 307	椓 169
廌 118	蛭 415	州 356	逐 52	汪 306	戇 330	糕 217
制 131	時 432	週 386	躅 60	注 348	撞 380	倬 242
觓 133	銍 439	舼 448	竹 135	紵 412	zhuī	卓 250
觶 134	贄 442	輖 449	筑 139	助 433	萑 16	頋 273
鷙 148	摯 449	zhóu	韣 166	鑄 437	追 52	焯 311
致 164	陟 451	軸 447	櫝 178	宁 455	隹 106	捉 376
櫛 177	阯 452	zhǒu	瘃 230	zhuā	雛 112	拙 380

鱲	420	婠	391	鎝	439	漬	349	驟	302	阻	451	zǔn	
zhuó		繁	411	錙	440	眥	378	鯫	363	崒		尊	26
琢	8	蠰	419	輜	446	字	461	摵	382	齟	444	噂	38
茁	22	鐯	440	挚	461	zōng		縱	413	zuān		翦	131
窀	36	勺	443	zí		蓯	22	陬	451	籫	82	傅	248
啄	41	斫	444	薂	23	鯫	84	zǒu		zuǎn		zùn	
丵	77	斲	445	zǐ		嫯	165	走	43	篹	137	鱒	361
輟	82	斱	445	茊	18	棷	169	zòu		鄼	194	捘	374
敪	95	叕	455	茡	25	稷	216	㔫	280	纘	405	鐏	441
敠	95	酌	466	呰	39	宗	225	奏	323	篡	409	zuó	
篤	112	zī		啙	47	嵏	286	zū		zuàn		茬	29
啅	133	茲	23	訾	72	猣	295	菹	25	鑽	440	筰	138
籗	138	蒩	24	侳	128	駿	303	葅	25	zuī		昨	203
櫡	178	咨	37	第	136	縱	409	租	215	朘	128	秨	214
椓	181	嗞	40	梓	170	蝬	414	zú		厜	290	捽	376
稸	188	孜	93	帘	186	堫	425	辥	57	騒	300	酢	466
秶	215	茲	118	秄	214	鞍	449	足	58	繀	409	zuǒ	
窣	227	盎	150	秭	216	腠	262	蹲	60	zuǐ		ナ	88
窋	227	資	191	痄	231	zǒng		瘁	120	觜	47	左	141
翟	234	賨	192	渄	351	熜	313	薉	152	茈	133	尨	321
襗	256	鄑	198	批	376	總	406	械	171	澤	346	zuò	
礋	293	赢	212	姊	385	zòng		族	206	zuì		祚	5
䂂	310	齋	213	紫	408	糉	218	卒	257	樶	181	胙	126
灼	313	稽	214	子	461	瘲	229	猝	268	晬	204	飵	156
焯	314	仔	246	zì		綜	405	猝	268	最	232	柞	170
濁	341	齎	257	芓	13	縱	405	崒	285	罪	233	繫	219
灂	344	顧	276	皆	98	zōu		鏃	442	辤	239	作	244
汋	345	鼒	310	自	103	菆	28	zǔ		辠	286	侳	244
涿	349	滋	346	自	103	齺	57	祖	3	皋	459	怍	335
泜	349	賣	360	靖	110	飌	57	珇	8	醉	466	坐	426
濯	353	斐	389	歠	122	椒	182	菹	14	zūn		阼	453
鯙	364	姿	390	胾	127	鄒	198	詛	72	遵	49		
擢	379	甾	400	欻	268	郰	198	組	409	縛	409		
窭	390	緇	408	恣	331	麛	220	俎	444	尊	468		

圖書在版編目(CIP)數據

實用説文解字/臧克和，劉本才編．—上海：上海古籍出版社，2012.9
ISBN 978-7-5325-6590-0

Ⅰ．①實…　Ⅱ．①臧…　②劉…　Ⅲ．①漢字—古文字學—研究　Ⅳ．①H121

中國版本圖書館CIP數據核字(2012)第177160號

書　　名	實用説文解字
作　　者	臧克和　劉本才　編
責任編輯	張旭東
出版發行	上海世紀出版股份有限公司
	上海古籍出版社
	（上海瑞金二路272號　郵政編碼200020）
(1) 網　　址：www.guji.com.cn	
(2) E-mail：gujil@guji.com.cn	
(3) 易文網網址：www.ewen.cc	
印　　刷	上海展强印刷有限公司
版　　次	2012年9月第1版
	2012年9月第1次印刷
規　　格	開本889×1194　1/16
印　　張	34.75　字數 300,000
印　　數	1—3,300
國際書號	ISBN 978-7-5325-6590-0/H·79
定　　價	98.00元